www.ingramcontent.com/pod-product-compliance
Lightning Source LLC
LaVergne TN
LVHW021219080526
838199LV00084B/4287
9789369084326

ادبی رسائل کے شماروں کا جائزہ

مصنف :
ڈاکٹر ناظم علی

© Taemeer Publications LLC
Adabi Rasail ke ShumaroN ka jaiza
by: Dr Mohd Nazim Ali
Edition: December '2024
Publisher :
Taemeer Publications LLC (Michigan, USA / Hyderabad, India)

ISBN 978-93-6908-432-6

مرتب یا ناشر کی پیشگی اجازت کے بغیر اس کتاب کا کوئی بھی حصہ کسی بھی شکل میں بشمول ویب سائٹ پر اَپ لوڈنگ کے لیے استعمال نہ کیا جائے۔ نیز اس کتاب پر کسی بھی قسم کے تنازع کو نمٹانے کا اختیار صرف حیدرآباد (تلنگانہ) کی عدلیہ کو ہو گا۔

© تعمیر پبلی کیشنز

کتاب	:	**ادبی رسائل کے شماروں کا جائزہ**
مصنف	:	**ڈاکٹر محمد ناظم علی**
صنف	:	تبصرہ و تنقید
ناشر	:	تعمیر پبلی کیشنز (حیدرآباد، انڈیا)
سالِ اشاعت	:	۲۰۲۴ء
صفحات	:	۳۹۲
کمپوزنگ	:	لولو گرافکس (حیدرآباد، انڈیا)
ملنے کے پتے	:	ڈاکٹر ناظم علی، فون:09603018825
		مقیت بک ڈپو، قلعہ روڈ، نظام آباد
		ھدیٰ بک ڈپو، پرانی حویلی، حیدرآباد

انتساب

اردو والوں کے نام جو اردو کی ترقی
بقا و ترویج کا کام کر رہے ہیں۔

ڈاکٹر ناظم علی

فہرست

اردو دنیا کے شماروں پر تبصرہ

☆	حرف آغاز	ڈاکٹر ناظم علی	۱۳
☆	پیش لفظ	ڈاکٹر نادرالمسدوسی	۱۴
۱۔	اردو دنیا اکتوبر ۲۰۱۴ء		۱۷
۲۔	ماہنامہ اردو دنیا ماہ اگست ۲۰۱۷ء		۱۹
۳۔	اپریل ۲۰۱۹ء		۲۶
۴۔	جولائی ۲۰۱۹ء		۳۰
۵۔	اگست ۲۰۱۹ء		۳۲
۶۔	ڈسمبر ۲۰۱۹ء		۳۵
۷۔	ستمبر ۲۰۲۰ء		۳۸
۸۔	ڈسمبر ۲۰۲۰ء		۴۱
۹۔	ماہ جنوری ۲۰۲۱ء		۴۴
۱۰۔	فبروری ۲۰۲۱ء		۴۶
۱۱۔	مارچ ۲۰۲۱ء		۴۹
۱۲۔	اپریل ۲۰۲۱ء		۵۳
۱۳۔	مئی ۲۰۲۱ء		۵۷
۱۴۔	جون ۲۰۲۱ء		۶۲

۱۵۔ جولائی ۲۰۲۱ء		۶۸
۱۶۔ اگست ۲۰۲۱ء		۷۲
۱۷۔ ستمبر ۲۰۲۱ء		۷۵
۱۸۔ اکتوبر ۲۰۲۱ء		۷۸
۱۳۔ نومبر ۲۰۲۱ء		۸۱
۱۴۔ دسمبر ۲۰۲۱ء		۸۴
۱۵۔ جنوری ۲۰۲۲ء		۸۷
۱۶۔ فروری ۲۰۲۲ء		۸۹
۱۷۔ مارچ ۲۰۲۲ء		۹۱
۱۸۔ اپریل ۲۰۲۲ء		۹۳
۱۹۔ مئی ۲۰۲۲ء		۹۵
۲۰۔ جون ۲۰۲۲ء		۹۷
۲۰۔ جولائی ۲۰۲۲ء		۱۰۰
۲۲۔ اگست ۲۰۲۲ء		۱۰۳
۲۳۔ ستمبر ۲۰۲۲ء		۱۰۶
۲۴۔ اکتوبر ۲۰۲۲ء		۱۱۱
۲۵۔ نومبر ۲۰۲۲ء		۱۱۴
۲۶۔ دسمبر ۲۰۲۰ء		۱۱۹
۲۷۔ جنوری ۲۰۲۳ء		۱۲۲
۲۸۔ فروری ۲۰۲۳ء		۱۲۴

روشن ستارے فہرست

ا۔	روشن ستارے جون ۲۰۱۹ء	۱۲۷
۲۔	ماہنامہ بچوں کا ادب۔ جون ۲۰۱۹ء	۱۳۰
۳۔	ستمبر ۲۰۲۰ء	۱۳۴
۴۔	قومی زبان۔ جون ۲۰۲۱ء	۱۳۸
۵۔	روشن ستارے۔ ڈسمبر ۲۰۲۰ء	۱۴۲
۶۔	روشن ستارے۔ اپریل ۲۰۲۱ء	۱۴۴
۷۔	روشن ستارے۔ مارچ ۲۰۲۱ء	۱۴۶
۸۔	روشن ستارے۔ مئی ۲۰۲۱ء	۱۴۸
۹۔	قومی زبان۔ مئی ۲۰۲۱ء	۱۵۰
۱۰۔	روشن ستارے۔ جولائی ۲۰۲۱ء	۲۰۲۱ء
۱۱۔	روشن ستارے۔ اگست ۲۰۲۱ء	۱۵۵
۱۲۔	روشن ستارے۔ ستمبر ۲۰۲۱ء	۱۵۷
۱۳۔	روشن ستارے۔ اکتوبر ۲۰۲۱ء	۱۵۹
۱۴۔	روشن ستارے۔ نومبر ۲۰۲۱ء	۱۶۲
۱۵۔	روشن ستارے۔ ڈسمبر ۲۰۲۱ء	۱۶۴
۱۶۔	ماہنامہ قومی زبان کا تعارف۔ پہلا شمارہ جون ۱۹۸۱ء	۱۶۶

ماہ نامہ صدائے شبلی

۱۔ شمارہ جولائی ۲۰۱۹ء ۱۶۹

۲۔ جنوری۔۲۰۲۰ء ۱۷۱

۳۔ ڈسمبر ۲۰۲۰ء ۱۷۴

۴۔ جنوری ۲۰۲۱ء ۱۷۶

۵۔ نومبر ۲۰۲۲ء ۱۸۳

۶۔ ڈسمبر ۲۰۲۲ء ۱۸۴

ماہ نامہ رنگ و بو

۱۔ رنگ و بو کا شمارہ علی سردار جعفری نمبر۔نومبر ۲۰۰۹ء ۱۸۵

۲۔ انشائیہ انتخاب نمبر۔جنوری ۲۰۰۶ء ۱۸۸

۳۔ پرویز شاہدی نمبر۔جون ۲۰۰۶ء ۱۹۰

۴۔ ستمبر ۲۰۰۶ء ۱۹۲

۵۔ خصوصی شمارہ محسن عرفی۔جنوری ۲۰۰۷ء ۱۹۴

۶۔ یوسف ناظم نمبر۔اگست ۲۰۰۹ء ۱۹۹

۷۔ گوشہ راجا مہدی علی خاں۔اپریل ۲۰۱۰ء ۲۰۳

۸۔ خصوصی شمارہ صاحبزادہ میکش کے نام فبروری ۲۰۱۴ء ۲۰۶

۹۔ ڈاکٹر محمد علی اثر نمبر۔اکتوبر ۲۰۱۴ء ۲۱۱

۱۰۔ ۵۴۰ نعت گو شعراء کے اشعار۔جون ۲۰۱۶ء ۲۱۷

۱۱۔ حضرت بیکل اتساہی کے نام۔فبروری ۲۰۱۷ء ۲۱۹

۱۲۔ گوشہ ڈاکٹر انور سدید۔جولائی ۲۰۱۸ء ۲۲۴

۱۳۔ گوشہ سعادت حسن منٹو۔جولائی ۲۰۱۸ء ۲۲۶

۱۴۔ سلور جوبلی سال افسانہ نمبر۔ستمبر ۲۰۲۰ء ۲۲۹

۱۵۔ عزیز قیسی کے نام۔مئی ۲۰۲۰ء ۲۳۱

۱۶۔ مئی۔۲۰۲۱ء ۲۳۵

۱۷۔ جون ۲۰۲۱ء ۲۳۷

۱۸۔ جولائی ۲۰۲۲ء ۲۴۰

۱۹۔ افسانہ نمبر حیدرآباد۔اکتوبر ۲۰۲۲ء ۲۴۱

۲۰۔ نومبر ۲۰۲۲ء ۲۴۳

ماہ نامہ شگوفہ

۱۔ ماہنامہ شگوفہ جوبلی سال۔اپریل ۲۰۱۸ء ۲۴۴

۲۔ شگوفہ کا پچاس واں سال ۲۴۷

۳۔ شگوفہ کا حبیب ضیاء نمبر۔اکتوبر ۲۰۲۲ء ۲۵۰

ماہنامہ تلنگانہ

۱۔ ماہنامہ تلنگانہ نومبر ۲۰۲۱ء ۲۵۳

۲۔ ڈسمبر ۲۰۲۱ء ۲۵۵

۳۔ جنوری ۲۰۲۲ء ۲۵۷

۴۔ جون ۲۰۲۲ء ۲۵۹

۵۔	اکتوبر۲۰۲۲ء	۲۶۲
۶۔	نومبر۲۰۲۲ء	۲۶۴
۷۔	ڈسمبر۲۰۲۲	۲۶۷

ماہنامہ فکرونظر۔علی گڑھ

ا۔	فکرونظر رسالہ کے شمارہ کا تعارف وتبصرہ اگست ۱۹۸۹ء	۲۶۹
۲۔	ناموران علی گڑھ کا تعارف وتبصرہ مارچ ۱۹۹۱ء	۲۷۱
۳۔	رسالہ فکرونظر کا شمارہ کا تعارف وتبصرہ اکتوبر ۱۹۹۱ء	۲۷۳
۴۔	فکرونظر کا رسید نمبر اکتوبر ۱۹۹۲ء	۲۷۵
۵۔	سرور نمبر۔نومبر ۲۰۰۳ء	۲۸۱

سہ ماہی ریختہ نامہ

ا۔	انجمن ریختہ گویان۔جولائی ۲۰۱۹ء	۲۸۲
۲۔	ریختہ۔سہ ماہی اپریل تا جون ۲۰۲۱ء	۲۸۴
۳۔	گوشہ جیلانی بانو۔اپریل تا جون ۲۰۲۱ء	۲۸۶

سوونیئر

ا۔	ارمغان جشن الماس جامعہ عثمانیہ ۱۹۷۸۔۱۹۱۸ء	۲۹۲
۲۔	سوونیئر بسلسلہ پلاٹینم جوبلی جامعہ عثمانیہ ۱۹۹۷ء	۲۹۷
۳۔	مجلّہ عثمانیہ یادگار شاذ تمکنت ڈسمبر ۲۰۰۷ء	۳۰۱
۴۔	سوونیئر ۲۰۱۳ء	۳۰۶

۵۔ سوونیئر ۲۰۱۵ء ۳۰۹

۶۔ سوونیئر بسلسلہ سوسالہ عظیم تاریخ جامعہ عثمانیہ ۲۰۱۹ء ۳۱۱

ماہنامہ شاداب انڈیا

۱۔ شادب انڈیا۔ جنوری ۲۰۲۱ء ۳۱۴

۲۔ جولائی ۲۰۱۹ء ۳۱۶

ماہنامہ گونج

۱۔ ماہنامہ گونج مارچ ۲۰۱۹ء ۳۱۸

۲۔ مئی ۲۰۱۹ء ۳۲۰

متفرق رسالوں کے شمارہ

۱۔ ماہنامہ پروانہ دکن حیدرآباد یکم جنوری ۲۰۲۱ء ۳۲۳

۲۔ پندرہ روزہ صیانت اوقاف حیدرآباد اکتوبر ۲۰۲۲ء ۳۲۵

۳۔ گلشن سعید بنگلور ستمبر ۲۰۱۵ء ۳۲۸

۴۔ اردو ماہنامہ سائنس، نئی دہلی ۳۲۹

۵۔ زبان وادب بہار اردو اکیڈیمی کا مجلّہ اکتوبر ۲۰۲۲ء ۳۳۱

۶۔ سہ ماہی ادیب جامعہ علی گڑھ ۳۳۲

۷۔ کتاب نما کا خصوصی شمارہ پروفیسر آل احمد سرور ۳۳۳

۸۔ ماہنامہ کتاب نما۔ نئی دہلی ڈسمبر ۲۰۱۸ء ۳۳۴

۹۔ جامعہ اردو کا علمی وتدریسی مجلّہ سہ ماہی ادیب ۳۳۶

۱۰۔ سہ ماہی ریختہ نامہ۔انشائیہ نمبر۔جنوری ۲۰۲۳ء ۳۳۷

۱۱۔ تاریخ دکن حیدرآباد جولائی ۲۰۲۱ء ۳۴۰

۱۲۔ اوج یعقوبی۔ہمارا پھولبن۔اپریل۔۲۰۲۱ء ۳۴۲

۱۳۔ عدسہ کا جمیل شیدائی نمبر ڈسمبر ۲۰۲۱ء ۳۴۳

۱۴۔ پندرہ روزہ صیانت اوقاف حیدرآباد۔نومبر ۲۰۲۱ء ۳۴۶

۱۵۔ سہ ماہی ادب گاؤں۔جنوری تا مارچ ۲۰۲۰ء ۳۴۸

۱۶۔ سہ ماہی اردو امراوتی جنوری تا مارچ ۲۰۲۲ء ۳۵۰

۱۷۔ اردو بک ریویو سہ ماہی ۳۵۲

ماہنامہ قومی زبان

۱۔ رسالہ قومی زبان۔ستمبر ۲۰۱۷ء ۳۵۵

۲۔ ماہنامہ قومی زبان۔اپریل ۲۰۱۸ء ۳۵۷

۳۔ قومی زبان فبروری ۲۰۱۹ء ۳۵۹

۴۔ قومی زبان مارچ ۲۰۱۹ء ۳۶۱

۵۔ قومی زبان اپریل ۲۰۱۹ء ۳۶۳

۶۔ قومی زبان۔مئی جون۔۲۰۱۹ء ۳۶۶

۷۔ قومی زبان جولائی ۲۰۱۹ء ۳۶۸

۸۔ قومی زبان اکتوبر ۲۰۱۹ء ۳۷۱

۹۔ قومی زبان نومبر ۲۰۱۹ء ۳۷۲

۱۰۔	قومی زبان ڈسمبر ۲۰۱۹ء	۳۷۵
۱۱۔	قومی زبان جنوری ۲۰۲۰ء	۳۷۸
۱۲۔	قومی زبان۔فروری ۲۰۲۰ء	۳۸۰
۱۳۔	قومی زبان۔مئی جون جولائی ۲۰۲۰ء	۳۸۳
۱۴۔	قومی زبان اگست۔ستمبر ۲۰۲۰ء	۳۸۶
۱۵۔	قومی زبان اکتوبر ۲۰۲۰ء	۳۹۰

حرف آغاز

یہ میری تیرھویں کتاب ہے جو ادبی رسائل کا جائزہ کے نام سے شائع ہو رہی ہے۔ اس میں مختلف ادبی رسائل کا تعارف و جائزہ پیش کیا گیا ہے۔ جو ہندوستان کے مختلف مقامات، شہروں سے نکلتے ہیں۔ ان رسائل کی ادبی اہمیت سب پر واضح ہے، اردو کے اس کساد بازاری میں پھر بھی مدیر ادبی رسائل نکال کر رہے ہیں۔ اس میں جو رسائل مجھ کو وقتاً فوقتاً ملے ہیں ان پر نظر ڈالی ہے اور تعارف و تبصرہ لکھ دیا ہوں۔ کتاب کی خوبیوں، خامیوں کی نشاندہی آپ کر لیں، آئندہ درست کر لیا جائے گا۔

اس کتاب کی کتابت کے لئے میں حافظ محمد خواجہ حمید الدین کلیم کا شکریہ ادا کرتا ہوں کہ انہوں نے اپنی بے پناہ مصروفیات کے باوجود بروقت کتابت کی تکمیل کی ناشر اور طباعت کرنے والوں کا شکریہ ادا کرتا ہوں۔

میں جناب نادر المسدوسی صاحب کا شکریہ ادا کرتا ہوں انہوں نے طبیعت کی ناسازی کے باوجود میری درخواست پر کتاب کا پیش لفظ لکھا ہے۔

ڈاکٹر ناظم علی
سابق پرنسپل گورنمنٹ ڈگری کالج موڑتاڑ
واکیڈیمک سنیٹ ممبر تلنگانہ یونیورسٹی، نظام آباد

پیش لفظ

ڈاکٹر ناظم علی ایک تعلیم یافتہ علمی وادبی گھرانے سے تعلق رکھتے ہیں۔ان کی ساری زندگی تعلیم کے حصول اور ایک معلم (لکچرر) کی حیثیت سے موڑتاڑ ڈگری کالج۔نظام آباد میں سینکڑوں طلباء کو تعلیم کے زیور سے آراستہ کرنے میں گزری ہے۔

انھیں یہ خصوصیت بھی حاصل ہے کہ نہ صرف یہ تعلیمی میدان میں اپنی گرانقدر خدمات انجام دیتے رہے ہیں بلکہ سماج میں پیدا ہونے والے تغیرات اور حالات پر بھی ان کی بڑی گہری نظر ہے۔یہی وجہ ہے کہ یہ جو کچھ بھی حالات اور مشاہدات سے جو کچھ محسوس کرتے ہیں اسے مضامین کی شکل میں قلمبند کر کے مختلف ادبی رسائل کے علاوہ مؤقر اخبارات میں شائع کروا کر عوام الناس میں شعور بیداری کا اہم فریضہ ادا کرتے ہیں۔یہی نہیں بلکہ مراسلوں کے ذریعہ اخبارات میں اکثر شائع کرواتے۔اس پر بنا اخبار کا ہر قاری ڈاکٹر ناظم علی کے نام کے ساتھ نظام آباد ہمیشہ جڑا ہوا رہا جسے وہ جانتا ہے اور وہ ایک مراسلہ نگار کی حیثیت سے شہرہ رکھتے ہیں۔

ڈاکٹر ناظم علی سے عرصے دراز سے ان مراسلوں کے ذریعہ ان سے واقفیت اور ان کی فکری صلاحیتوں کی قدر کرتا رہا ہوں۔لیکن جب ڈاکٹر ناظم علی نظام آباد سے حیدرآباد منتقل ہو گئے تو پھر مختلف ادبی جلسوں میں ان سے ملاقات کا سلسلہ بڑھتا رہا۔مختلف اداروں اور انجمنوں میں دیئے گئے عنوانات پر ان کی پر مغز تقاریر سننے کا بھی موقع ملا۔ان کی تقاریر کا انداز ایک لیکچرر کی طرح ہوا کرتا ہے اور اس کا پورا اندازہ ہوتا ہے کہ یہ دئے گئے عنوان پر اس کا حق ادا کرنے کے لئے اس کا مطالعہ کر کے آتے ہیں۔

ڈاکٹر ناظم علی کا شمار اچھے ادیبوں اور محققین میں ہوتا ہے چونکہ انہوں نے ڈاکٹریٹ کی اعلیٰ ترین سند حاصل کی ہے اس بنا پر یہ کہا جاسکتا ہے کہ یہ جب بھی کچھ لکھتے ہیں اور مطالعہ کرتے ہیں تو تحقیقی وتنقیدی جائزہ لیتے ہیں اس لئے ان کی تحریر وتقریر دونوں میں یہ خوبیاں صاف دکھائی دیتی ہیں۔یہی وجہ ہے کہ ان کی بیشتر کتابیں تحقیقی وتنقیدی جائزہ ومطالعہ پر مبنی ہیں۔

ڈاکٹر ناظم علی کی پیش نظر تیرھویں (۱۳) تصنیف ''ادبی رسائل کا جائزہ'' سے قبل بارہ کتابیں

منظر عام پر آ کر ادبی دنیا میں بے حد مقبولیت حاصل کر چکی ہیں۔ اور وہ یہ ہیں (۱) آئینہ عصر (۲) روح عصر (۳) عکس ادب (۴) حیدرآباد کے ادبی رسائل (۵) پروفیسر آل احمد سرور۔ فکر وفن (۶) ادبی بصیرت (۷) تنقیدی فکر (۸) افکار جدید (۹) نقش ہیں سب نا تمام، (۱۰) ادبی وتہذیبی رپورتاز (۱۱) ادبی نظر ۲۰۲۰ء (۱۲) ادبی تبصرے۔

مذکورہ بالا ڈاکٹر ناظم علی کی تصانیف کے عنوانات سے ہی قارئین کو اس بات کا اندازہ ہو گیا ہوگا کہ یہ سبھی کتابیں تحقیقی وتنقیدی جائزہ لیئے ہوئے ہیں۔ ان کتابوں میں سے چند پر راقم الحروف کے تبصرے بھی اخبارات میں شائع ہو چکے ہیں۔ اور ان کی سبھی کتابیں میری لائبریری میں موجود ہیں۔

ڈاکٹر ناظم علی سے چونکہ قریبی دوستانہ روابط ہو چکے ہیں۔ انھوں نے پیش نظر کتاب پر پیش لفظ لکھنے کی خواہش کا اظہار کیا۔ حالانکہ آج کل مزاج میں کچھ خرابی ہے مگر ناظم علی کی محبت اور ان کے خلوص کی بنیاد پر یہ سطور قلمبند کیا ہوں جو کچھ ان سے متعلق اور ان کی تصانیف کی روشنی میں قلبی وذہنی احساسات ہیں انھیں رقم کر دیا ہوں۔

ڈاکٹر ناظم علی کی ۱۳ ویں تصنیف ادبی رسالہ کا جائزہ جس میں ہندوستان کے مختلف مقامات سے شائع ہونے والے چند رسائل کے شماروں کا جائزہ تعارف اور محاکمہ ملتا ہے۔ اردو دنیا NCPUL اور قومی زبان کے زیادہ شماروں کا جائزہ لیا ہے۔ یہ رسالے پابندی سے شائع ہوتے ہیں۔ ان ادبی رسالوں سے قاری کو جو اردو ادب وشعر سے تعلق رکھتے ہیں انھیں روحانی تسکین حاصل ہوتی ہے۔ اور معلومات میں بے پناہ اضافہ ہوتا ہے۔ بالخصوص رسالے وجرائد کے ایڈیٹر کا اپنا ایک نظریہ ہوتا ہے جو وہ اداریے میں پیش کرتا ہے۔ اس طرح کی تصانیف ریسرچ اسکالرز کے لئے نعمت مترقبہ سے کم نہیں۔ اس میں کوئی شک نہیں کہ ادبی صحافت میں بھی کتابیں نکلتی ہیں لیکن ڈاکٹر ناظم علی کی پیش نظر کتاب ایک بہتر اضافہ ہے جس میں قاری کو بہت سی معلومات حاصل ہونگی۔

ڈاکٹر ناظم علی جب سے ہوش سنبھالا اخبارات، میگزین، ادبی رسائل کی دنیا سے وابستہ ہیں۔ یہ صفت ورثے میں ملی ان کے والد محمد خواجہ علی کو بھی اخبارات سے دلچسپی تھی اور وہ کتب خانوں سے اخبارات، رسائل اپنے بچوں کے لئے لاتے تھے تاکہ بچے استفادہ کر کے اپنا مستقبل سنواریں اور صلاحیت لیاقیت اپنے میں پیدا کریں۔ ان کے خاندان میں اخبارات اور میگزین زندگی کا لازمہ تھے آج بھی گھر پر کئی ایک اخبارات ادبی رسائل منگواتے ہیں۔ تمام بھائی بہن اس کا مطالعہ کرتے ہیں۔ انھوں

نے موروثی روایت کو برقرار رکھتے ہوئے ادبی رسائل کو جیسا جیسا ملتے گئے ان پر تبصرے لکھے یا تعارف پیش کیا۔اب ہندوستان میں گنتی کے رسائل مل جاتے ہیں بعض تو اردو والوں کی بے حسی سے موقوف ہو رہے ہیں۔ جو رسائل جاری ہور ہے ہیں ان رسائل کے حاصل ہونے پر ناظم علی تعارف اور تبصرہ کر کے اپنی فائیل میں شامل کرتے رہتے ہیں۔ یہ ان کی عادت ثانیہ بن چکی ہے کہ حیدرآباد ہو یا حیدرآباد کے باہر کے رسائل جو کچھ بھی انھیں ملتے ہیں اس سے استفادہ کرتے ہیں اور اس پر تبصرہ لکھدیا کرتے ہیں۔ یعنی پرانے ادبی رسائل کے شمارے ان کے کتب خانے میں موجود تھے اس پر بھی نظر ڈالی بہر حال پیش نظر تصنیف سے قاری کو اندازہ ہوجائے گا کہ ماضی قریب میں اور حال میں کتنے ادبی رسائل نکلا کرتے تھے کتنے جاری ہیں کتنے بند ہوگئے ہیں۔ بہر حال ادبی رسائل کے عام شماروں کے علاوہ خاص شماروں سے گوشے نمبر پر بھی انہوں نے تبصرے لکھے ہیں۔

ناظم علی اخبارات وادبی رسائل کو اسکول کے دورِ طالب علمی سے پوری سنجیدگی کے ساتھ مصروف مطالعہ رہے۔اور موجودہ دور میں بھی رسائل واخبار بینی ان کی ہر صبح کی پہلی کرن کے ساتھ پہلا مشغلہ ہوتی ہے۔ان رسائل میں ماہ نامے زیادہ ہیں۔سہ ماہی اور سالانہ کم ہیں۔ بہرحال مختلف کتب خانوں میں رسائل ملتے گئے۔تبصرہ انھوں نے لکھدیا۔تبصرہ تعارف سے ان کے مشمولات کی کیفیت وکوائف کا اندازہ ہوجاتا ہے۔ یہ کتاب ریسرچ اسکالر اور ادب کے طالب علموں کے لئے کارگر ثمرآور ثابت ہوگی کیونکہ رسائل میں نیا مواود، نئے موضوعات، جدت ندرت پر مبنی ہوتے ہیں۔اس لئے رسائل کے مواد، مشمولات کی اہمیت اپنی جگہ ہے یہ ان کی تیرھویں تصنیف ہے اگر چھپنے کے بعد خرید کر پڑھیں تو اردو کی خدمت ہوگی۔ ورنہ کوئی شکایت نہیں۔

اس بات کی قوی امید ہے کہ پیش نظر کتاب کی اس سے قبل شائع ہونے والی تصانیف کی طرح ادبی دنیا میں پذیرائی ہوگی۔

آخر میں اللہ تعالیٰ سے دعا ہے کہ وہ انھیں صحت وعافیت کے ساتھ عمر درازی عطا کرے اور ان کے قلم سے اصلاح معاشرہ کی خدمت لے لے۔آمین

ڈاکٹر نادر المسدوسی

ایم۔اے، ایم فل، پی۔ایچ۔ڈی

اردو دنیا اکتوبر ۲۰۱۴ء

اردو دنیا اکتوبر ۲۰۱۴ جلد ۱۶ شمارہ ۱۰ مدیر خواجہ محمد اکرام الدین نائب مدیر ڈاکٹر عبدالحی اعزازی مدیر نصرت ظہیر

اداریہ ہماری بات خطوط آپ کی بات انٹرویو اطہر فاروقی خواجہ محمد اکرام الدین

کتاب میلہ سری نگر کتاب میلہ۔امتیاز وحید

کور اسٹوری۔مولانا شبلی کے سیاسی تدابیر کی بازیافت شمس بدایونی

شبلی کی سوانح نگاری۔جو جاوید گیاوی

شبلی کی اردو شاعری اور ملی درد مندی مسعود الحسن ندوی

شعر نامہ شبلی کی تاریخی و تہذیبی اہمیت شاہ نواز فیاض

شبلی کے خطوط سرسید کے نام خالد ندیم

دارالمصنفین ماضی و حال کلیم صفات الٰہی

دارالمصنفین کی گولڈن جوبلی اور محمد عبدالحفیظ صدیقی

ایک یادگار شمارہ

قسطنطنیہ کی اجمالی تاریخ اور مختصر حالات علامہ شبلی

انتخاب کلام۔علامہ شبلی

زبان و تعلیم۔

اردو میڈیم سے ٹکنیکی و پیشہ وارانہ تعلیم

درخشاں سوانح۔محمد ظفر الدین

ادبی مباحث

مولوی عبدالصمد کی مرقع نگاری عبدالناصر

پروفیسر نذیر احمد کی ادبی خدمات عتیق الرحمٰن

شخصیات خان عبدالغفار خان انبالہ عطاالرحمٰن قاسمی

ہماری مطبوعات مذہبی جستجو

مہاتما گاندھی ٹی آر نندا

خراج عقیدت

رچرڈ ائین برا۔ایک عظیم گاندھی شناس محمد عبدالرحمٰن ارشد

صبح کے موقع پر اقتصادی تطہیر نفس کے دائرے میں سید اطر رضا بلگرامی

ہم نے جنہیں بھلا دیا

ترجمان محبت شعری بھوپالی فاروق ارگلی

صحت ایبولا کا قہر۔محمد رفیق

کتابوں کی دنیا

تبصرہ وتعارف

عالمی اردو نامہ

عالمی خبریں

خبرنامہ

اردو دنیا کی خبریں

۱۰۰ اصفحات کا شمارہ ہے۔

ماہنامہ اردو دنیا ماہ اگست ۲۰۱۷

مدیر : پروفیسر سید علی کریم (ارتضیٰ کریم)

نائب مدیر : ڈاکٹر عبدالحئی

ماہ نامہ اردو دنیا قومی کونسل برائے فروغ اردو زبان وزارت ترقی انسانی وسائل محکمہ اعلی تعلیم حکومت ہند نئی دہلی کی جانب سے شائع ہوتا ہے اس کے علاوہ سہ ماہی فکر و تحقیق ماہ نامہ بچوں کی دنیا خاتون۔ بھی بڑی آب وتاب سے نکلتا ہے اس طرح NCPUL کی جانب سے ہر ماہ رسائل وجرائد نکلتے ہیں مذکورہ اردو زبان او ادب کی ترویج واشاعت میں مدو معاون ثابت ہورہے ہیں اوران میں شائع ہونے والا مواد ندرت وحدت پر مبنی ہوتا ہے تمام مشمولات نیا پن اور بصیرت افروز پہلو لئے ہوتے ہیں۔ ہر اردو داں ان کو خرید کر پڑھیں تو انشاء اللہ مستقبل سنور سکتا ہے اور معلومات میں بے پناہ اضافہ ہوسکتا ہے۔ قومی سطح سے یہ رسالے شائع ہوتے ہیں ان میں زبان وادب اور مختلف علوم وفنون سے متعلق مواد بھی قومی و بین قومی ہوتا ہے۔ نالج سوسائٹی و نالج ویلیج کے دور میں ان سے ہر اردو والا استفادہ کرے تو آ گہی حاصل ہوگی۔

ماہ اگست کا شمارہ یوں تو عام شمارہ ہے لیکن ماہ اگست کا ہونے کی وجہ سے اس میں جدو جہد آزادی اور حصول آزادی اور وطن۔ محبّ وطن۔ شہیدان وطن جانثاران وطن سے متعلق معلومات موجود ہیں اور بعض نادر نکتہ بیان کئے گئے ہیں تا کہ نئی نسل واقف ہوسکے۔ ہماری بات اداریہ میں مدیر صاحب نے اردو زبان وادب کا کردار جو ۱۸۵۷ء جدو جہد آزادی سے متعلق ہے اس پر دانش مندانہ انداز سے روشنی ڈالی ہے وہ کہتے ہیں آزادی کے بعد اس ملک نے ترقی کی نئی تاریخ بھی رقم کی۔ تعلیم۔ ٹکنالوجی سائنس اور دیگر میدانوں میں ہمارا ملک ایک مضبوط طاقت کی حیثیت سے آج عالمی نقشے پر اپنی شناخت رکھتا ہے ۔ یقیناً اپنے عصری کردار سے ملک کی شناخت پورے عالم میں ہوگی۔ مزید برآں انہوں نے اردو اور آزادی سے متعلق کردار پر جامع روشنی ڈالی ہے وہ کہتے ہیں اردو اور آزادی کا رشتہ ہندوستان میں انگریزی استعماریت تھی تو دیگر زبانوں کے ساتھ اردو نے بھی آزادی۔ اتحاد اور اخوت کا پرچم بلند کیا۔

اس زبان کے اخبارات۔صحافت۔شاعری۔ نغمے۔قومی اور وطنی شاعری کے علاوہ شہیدان وطن مجاہدین آزادی سیاسی قائدین وعمائدین سماجی جہد کاروں نے ملک وطن کو آزادی دلائی۔ان کی خدمات کو فراموش نہیں کیا جاسکتا۔آزادی سے متعلق ان کا کردار کا حصہ اٹوٹ ہے۔مزید کہتے ہیں کہ اردو زبان کا کردار بہت اہم رہا ہے اردو زبان آج بھی اتحاد واخوت، یک جہتی کے پیغام کو عام کرتی ہے۔ یہ زبان میٹھی۔شیریں۔محبت۔اتحاد۔اخوت سیکولرازم کی زبان ہے۔

یہ تھے مدیر کے تاثرات وتصورات نئی نسل کے لئے مشعل راہ ہے۔آپ کی بات اس کالم سے مشمولات کی قدر و قیمت کا اندازہ ہوتا ہے محکمہ سے شمارے کی قدر کا تعین ہوتا ہے۔کالم میں قارئین کی رائے کو جگہ دی جاتی ہے خطوط میں تبصرے تنقید اور تجزیہ کا پہلو ہوتا ہے نئ زندگی وتوانائی ملتی ہے۔اشتیاق سعید نے ضمیر کاظمی سے جوانٹرویولیا ہے جو معلومات کا خزانہ ہے۔آپ نے فلمی حقائق اور اپنے زندگی کے تجربات پیش کئے تاکہ نئی نسل اپنے میں اصلاح پیدا کرے۔انہوں نے نئی نسل کے لئے اردو کی حفاظت سے متعلق جو پیغام دیا ہے اس پر عمل پیرا ہیں۔انہوں نے کہا کہ نئی نسل اپنی مادری زبان ضرور پڑھیں، نہ صرف پڑھیں بلکہ اس کے ادب سے بھی وابستہ ہوں، اپنی تہذیب اپنی زبان کی حفاظت بالکل اسی طرح کریں جیسے اپنے مذہب کی حفاظت کرتے ہیں۔زبان مذہب کو سمجھنے کے لئے ناگزیر ہے۔زبان ہی خود اور خدا کیا ہے سکھاتی ہے، اخلاق وکردار سنوارتی ہے، شخصیت سازی کا مظہر ہے، محمد اسلم اصلاحی نے مولانا ابوالکلام آزاد اور عالم عرب میں مولانا کے عربی اور اردو کارناموں کا ذکر کیا ہے ،مولانا کی مادری زبان عربی تھی۔انہوں نے عربی اور اردو میں بے لوث خدمات انجام دی ہے۔محمد ذاکر حسین نے محمد قلی قطب شاہ کے عہد کے قلمی آثار۔خدا بخش لائبریری میں محمد قلی قطب شاہ کو کتابوں سے محبت اور کتب خانوں سے دلچسپی کا اظہار ہوتا ہے۔اس مضمون میں محمد ابراہیم قطب شاہ محمد قلی قطب شاہ کے دور کے قلمی آثار علمی ماخذوں سے استفادہ کر کے اس دور کے حالات کو آشکار کیا گیا۔خدا بخش خاں کی کتب سے محبت اور نسبت کو اجاگر کیا گیا۔

احمد حسن نے منشی ہرگوپال تفتہ غالب کے ایک عزیز شاگرد میں تفتہ کی حیات اور کارناموں سے بحث کی گئی۔تفتہ مکتوب نویس کے علاوہ شاعرہ بھی تھے۔طاہرہ پروین نے ہندوستانی اکاڈمی الہ آباد کی علمی۔ادبی۔مذہبی خدمات کا تذکرہ کیا اس اکاڈمی کی خدمات پر مفصل روشنی ڈالی۔

ساجد حسین انصاری سے شہریار کے فکروفن اور اسلوب پر روشنی ڈالی۔ وہ کہتے ہیں ''شہریار کا

سب سے بڑا کمال ان کی لسانی کفایت شعاری اور جذباتی خودمختاری میں مضمر ہے وہ اپنی آواز کو اپنے تجربے کو، اپنے شدید ترین ردعمل کو، اوران سب کا احاطہ کرنے والے بے حد شفاف اور شخصی اسلوب کو پل بھر کے لئے بھی بے حجاب نہیں ہونے دیتے۔‘‘

خواجہ عبدالمنتقم نے چکبست کے کلام میں جذبہ حب الوطنی وحب قومی میں آزادی سے متعلق ان کی نظموں کا تجزیہ پیش کیا اور چکبست کے بارے میں کہا کہ’’پنڈت برج نرائن چکبست کی شکل میں یہ پھلدار درخت صرف ۴۴ سال کی عمر میں اردو ادب کو بہت کچھ دے کر اور بہت کچھ سے محروم کر کے ہم سب ہندوستانیوں کو حب الوطنی وحب قومی کا سبق دے کر داغ مفارقت دے گیا۔ اسے ابھی طبعی وادبی زندگی کی کئی منازل سے گذرنا تھا اور اپنی زندگی کی دوسری اور تیسری اننگز میں اپنی بہترین کارکردگی کا مظاہرہ کرتے ہوئے ادبی اولمپکس میں سونے کا تحفہ حاصل کرنا تھا مگر وہی ہوتا ہے جو منظور خدا ہوتا ہے ۔چکبست اگر دنیا میں رہتے تو بیش بہا اور نادرادبی تصانیف چھوڑ جاتے ہیں اسی مضمون میں اردو کے شاعروں نے وطن پر جو اشعار تخلیق کئے ہیں ان کا بیان ہے۔

میر تقی میر نے کہا

دہلی کے گلی کوچوں کو اوراق مصور کہا

شیخ محمد ابرہیم ذوق نے کہا

کون جائے دلی کی گلیاں چھوڑ کر

مرزا غالب نے کہا

رنگ لالہ وگل ونسرین جدا جدا
رنگ میں بہار کا اثبات چاہیئے

علامہ اقبال نے کہا

سارے جہاں سے اچھا ہندوستان ہمارا

مجاز نے علی گڑھ کی شام وشب کو بالترتیب شام مصر وشب شیراز نہیں کہا

ساحر نے کہا

اب کوئی گلشن نہ اجڑے اب وطن آزاد ہے
روح گنگا کی ہمالیہ کا بدن آزاد ہے

فیض نے کہا

نثار میں تیری گلیوں کے اے وطن

کیفی اعظمی نے کہا

کر چلے ہم فدا جان وتن ساتھیوں
اب تمہارے حوالے وطن ساتھیوں

اختر شیرانی

وہ باغ وطن فردوس وطن
وہ سرووطن ریحان وطن

رگھوپتی سہائے فراق گورکھپوری

اے خاکِ وطن تونے بنایا ہم کو
کچھ ہم بھی بنائیں تیرے بگڑے ہوئے کام

راہی معصوم رضا۔

ہم تو ہیں پردیس میں دیس میں نکلا ہوگا چاند
اپنی رات کی چھت پر کتنا تنہا ہوگا چاند

شکیل بدایونی

انصاف کی ڈگر پہ بچوں دکھاؤ چل کے
یہ دیش ہے تمہارا نیتا تم ہی ہوکل کے

مجروح سلطانپوری

دشمن کی دوستی ہے اب اہل وطن کے ساتھ

ندافاضلی

جدا جدا ہیں دھرم علاقے ایک سی لیکن زنجیریں ہیں

سمپورن سنگھ کالڑاگلزار

اے میرے پیارے وطن اے میرے بچھڑے چمن تجھ پہ دل قربان
توہی میری آرزو توہی میری آبرو توہی میری جان

پنڈت آنند نرائن زتشی گلزار دہلوی

ہم روز نئے ملک بنا سکتے ہیں
تہذیب کی تقسیم نہیں ہوسکتی

مخدوم محی الدین

حیات لے کے چلو کائنات لے کے چلو
چلو تو سارے زمانے کو ساتھ لے کے چلو

کلیم عاجز

اپنا لہو بھر کر لوگوں کو بانٹ گئے پیمانے لوگ
دنیا بھر کو یاد رہیں گے ہم جیسے دیوانے لوگ

جاوید اختر

جاگے ہیں اب سارے لوگ تیرے دیکھ وطن
گونجے ہیں نعروں سے اب یہ زمین اور یہ گگن
کل تک میں تنہا تھا سونے تھے سب رستے
کل تک میں تنہا تھا پر اب ہیں ساتھ میرے
لاکھوں دلوں کی دھڑکن

چکبست نے وطن کی محبت میں کئی نظمیں لکھیں ہیں جن میں فردیا قوم ۱۹۱۴ء قوم کے سورماؤں کو الوداع آواز ہ قوم ۱۹۱۶۔ وطن کا راگ ۱۹۱۷ ہوم رول کی وکالت۔ حب قومی۔ مرثیہ گوپال کرشن گوکھلے۔ بال گنگا دھر تلک۔ یاد کشمیر و یاد ماضی۔ بچوں کے نام پیغام حب الوطنی۔

ہمارا وطن دل سے پیارا وطن۔ ۱۹۱۶ وطن کو ہم وطن ہم کو مبارک ۱۹۱۶۔ گائے وغیرہ۔ عنوانات پر نظمیں تخلیق کی ہیں۔ ان منظومات میں آ میرے وطن۔ ناموس وطن آپ جوئے گلشن۔ آبروئے قوم۔ سہاگ قوم۔ قوم کی شیرازہ بندی و خانہ بربادی وطن و ہلیان وطن کی شکستہ حالی۔ طوق غلامی۔ لازمت اسیری۔ دور ضبط حکمراں وقت کی ستم ایجادی۔ نئی طرز جفا۔ قلب دشمن کی سیاہی۔ آزادی کی تڑپ فغان درد دل۔ رنگ بے کسی۔ رنگ جنوں کوئی کے درد انگیز نالے شہیدوں کی داستان خونچکا۔ رہبران قوم وعوام کی داستان ایثار و قربانی قومی یک جہتی کی خواہش دل خواہ۔ کبھی شیدائے حرم و فدائے صنم کی حد درجہ

قربت والفت۔خلش خار تعصب۔اذان کا نعرہ دلکش تو کبھی نغمہ ناقوس کی نغمگی بے مائیگی دل۔ دوستوں کی بے وفائی تہذیب نو۔ بے حجابانہ نگاہیں۔حسن حیا پرزور۔خدمت انساں عالم اسیری میں اپنی صدائے محرومی۔لرزتی زمین بہتے ہوئے خون کے دریا۔شہید یاس وغیرہ پائے جاتے ہیں۔

عبدالرحمٰن نے سرور کی قومی ووطنی شاعری پر معلومات آ گہی مضمون۔پر کیا ہے۔وہ کہتے ہیں نظیر کے بعد سرور جہاں آبادی کے یہاں حب الوطنی کا جذبہ نسبتاً زیادہ واضح نظر آتا ہے انہوں نے نظم کی تعمیر وترقی میں ہندوستانی عناصر کو شامل کرنے جیسا اہم رول نمایاں انجام دیا انہوں نے نظموں کے علاوہ رباعیات میں ہندوستان رنگ شامل کیا یہ رباعیات نظمیں ہندوستان کے سیاسی۔سماجی۔اقتصادی۔ تاریخی اور مذہبی وطنی نظریات کی ترجمان عکاس ہیں ان کے اشعار میں وطن پرستی جھلکتی ہے۔

پھولوں کا کنج دل کش بھارت میں اک بنائیں
حب وطن کے اس میں پورے نئے لگائیں
مل مل کے ہم ترانے حب وطن کے گائیں
بلبل ہیں جس چمن کے گیت اس چمن کے گاہیں

عبدالرحمٰن نے تجزیہ پیش کرتے ہوئے فرمایا کہ ’’شادی کے ذریعہ عوام کے دلوں میں بغاوت کا جذبہ پیدا کرنے کی بجائے ان کے دلوں میں محبت کا جذبہ بیدار کیا مزاج میں شرافت اور سادگی کی وجہ سے انقلاب کا نعرہ بلند کرنے کی بجائے انہیں مصلحت پسندی پر آمادہ کیا احتجاج کے بجائے دلوں میں مادر وطن کی عظمت کا احساس پیدا کیا قومی اتحاد اور آپسی محبت کا درس دیا آزاد ہندوستان کا ایسا واضح اور دل خوش کن ہو کر پیش کیا جو دوسرے کی شاعری کے یہاں قطعی نظر نہیں آتا۔اسطرح درگا سرور جہاں آبادی کی زندگی اور قومی شاعری بھرپور محاکمہ وتجزیہ ملتا ہے۔سعدیہ پروین نہال احمد نے ۱۸۵۷ء اور بہادر شاہ ظفر مضمون میں ۱۸۵۷ کے لال قلعہ اور بہادر شاہ ظفر کے دور کے عصری حالات کا نقشہ حقیقی انداز سے کھینچا ہے جس سے اس زمانے کی سیاسی۔معاشی۔سماجی داخل وخارجی حالات وکوائف کا صحیح اندازہ ہوجاتا ہے ان کے علاوہ دیگر مشمولات خان محمد آصف کا اردو زبان وادب کی ترویج میں سائبر سماج کا حصہ ایم رحمت اللہ نے قلم کا سپاہی شاہد رام نگری صالحہ رشید نے جدوراج بلی عیش سلطانپوری کے شعری محاسن سرجیل احمد خاں نے فلسفہ خیر وشتر روبینہ تبسم تاریخ فرشتہ کا تنقیدی مطالعہ اکبر کے عہد کے حوالے سے حفیظ جالندھری بہ حیثیت افسانہ نگار۔شاہد نواز آزادی کے بعد اردو خودنوشت

مقصود احمد بڑودہ کی ادبی سرگرمیاں اردو کے حوالے سے رسالہ شاہراہ کا ناولٹ نمبر نوشاد منظر نے تحریر کیا ہے۔ ارشاد قمر نے فکر و تحقیق کا توضیحی اشاریہ جولائی تا ستمبر اور اکتوبر تا ڈسمبر ۱۹۹۸ قسط ۶ شائع ہوا۔ غرض ۱۰۰ اصفحات شمارہ اپنے اندر ہندوستان کی جدوجہد آزادی اور وطن پرستی۔ حب وطن کے تعلق سے اردو زبان و ادب نے خدمات انجام دی ہے اس کو پیش کیا ہے یہ تاریخ جدوجہد آزادی کے تعلق سے اہم ادبی دستاویز ہے نئی نسل اس کو پڑھیں تو کیا حاصل کریں۔

☆☆

اردو دنیا ماہنامہ اپریل ۲۰۱۹

شمارہ اور اس کا بھر پور تعارف:

ماہ نامہ اردو دنیا ماہ اپریل ۲۰۱۹ کا شمارہ بر وقت ہمدست ہوا۔ جس کا جلد نمبر ۲۱ شمارہ ۴ ہے اس کے مدیر ڈاکٹر شیخ عقیل احمد نائب مدیر ڈاکٹر عبدالحی مشیر حقانی القاسمی ہے ناشر اور طابع ڈائرکٹر قومی کونسل برائے فروغ اردو زبان وزارت ترقی انسانی وسائل محکمہ اعلی تعلیم حکومت ہند مطبع ایس نارائن اینڈ سنز جی۔ ۸۸ اور کھلا انڈسٹریل ایریا فیز ۱۱ نئی دہلی ۱۱۰۰۲۰ مقام اشاعت دفتر قومی اردو کونسل کمپوزنگ محمد اکرام ڈیزائنگ محمد زید قیمت ماہانہ ۱۵ روپیے اور سالانہ ۱۵۰ روپے جملہ ۱۰۰ سوصفحات پر مشتمل ہوتا ہے خریدی کے لئے ڈرافٹ NCPUL New Delhi کے نام ارسال کریں صدر دفتر فروغ اردو بھون ایف سی ۳۳/۹ انسٹی ٹیوشنل ایریا جسولہ نئی دہلی ۱۱۰۰۲۵ شعبہ ادارت کا فون نمبر ۴۹۵۳۹۰۰۰ ویب سائٹ

http:www-urduconcil.nic.in
E-mail: editorincpul.in
urduduniyancpul@yahoo.co.in

شعبہ فروخت ویٹ بلاک ۔ ۸ ۔ ونگ آر کے پورم نئی دہلی ۱۱۰۰۶۶ فون 26109746 فیکس 26108159

ای میل ncpulsaleunit@gmail.com sales@ncpul.in

شاخ 22-7-110 تھرڈ فلور ساجد یار جنگ کمپلکس بلاک نمبر ۵ ۔ ا پتھر گٹی حیدر آباد ۵۰۰۰۰۲ فون 24415194 -040 ہے اداریہ ہماری بات کے عنوان سے مستقل لکھے جاتے ہیں۔ اس شمارے کے اداریہ میں ابتداء میں اردو زبان اور دیگر زبانوں کے کردار پر روشنی ڈالی گئی ہے۔ کہتے ہیں زبانیں قوموں وطبقات کو جوڑتی ہیں ان میں محبت اور رابطہ پیدا کرتی ہے ملک وقوم کی تہذیب وثقافت کا تحفظ وبقا کا فرض انجام دیتی ہیں اردو زبان بھی ابتداء سے لے کر آج تک ہی ہمہ جہت انداز سے کردار ادا کر رہی ہے اردو میں سالم ہندوستانیت رچ بس گئی ہے۔ دوسرے پیرے گراف

میں یوں رقم طراز ہے کہ:

ہندوستان میں اردو کی پرورش وپرداخت میں تمام طبقات نے حصہ لیا ہے یہ زبان ملک کی گنگا جمنی تہذیب کی زبان اور ہماری مشترکہ وراثت ہے۔زبانوں کا تعلق مذہب سے نہیں کلچر سے ہوتا ہے مزید کہا کہ اردو کوڈ یجیٹل میڈیا سے جوڑنا ضروری ہے اور خط نسخ کے علاوہ خط نستعلیق سے مربوط کرنا ہوگا۔ٹکنالوجی عصری ٹکنالوجی سے مربوط کرنے کے لئے جو کمزوریاں خامیاں ہیں اسے دور کریں تا کہ اردو پورے ٹکنالوجی سے مربوط ہوسکے۔

آپ کی بات کالم پر نظر ڈالنے سے ایسا محسوس ہوتا ہے کہ اس میں جو خطوط شامل ہوتے ہیں ان میں مشمولات کا تجزیہ۔محاکمہ۔تنقید۔تحقیق آرا۔تبصرہ۔ تشریح۔تفہیم۔وغیرہ جیسے پہلو مل جاتے ہیں اس لئے اس کالم سے شمارے کی صحیح قدر و قیمت کا اندازہ ہو جاتا ہے۔

محمد قمر سلیم نے تعمیریت اورزبان کی تدریس میں طلباء کا اکتساب علم تربیت وتعمیر ذہن کی طرف اشارے ملتے ہیں آج کے دور میں معلم کی مکمل ذمہ داری ہے اور باصلاحیت قابلیت والا بنائیں۔کیونکہ درس وتدریس کے نئے طریقے ایجاد ہوگئے ہیں ان کا استعمال بھی ضروری ہے۔محمد نذیر احمد نے دکنی شاعری میں تلمیحات میں مختلف نقادوں کے حوالے سے اپنی بات پیش کی ہے۔چند تلمیحات حسب ذیل میں ہے۔آب کوثر۔آب حیات وچشمہ خضر۔یوسف ذلیخا۔کوہ طور۔طوفان نوح۔لیلیٰ مجنون آئینہ سکندری ان کی تشریحات وتفہیم کو پیش کیا ہے محمد اسلم فاروقی نے اردو رباعی اخلاقی قدریں اوران کی عصری معنویت میں اور رباعی گوئی فن اور ادب کو پیش کرتے ہوئے مختلف رباعی گو شاعر کی رباعیات کا تجزیہ وتنقیدی انداز سے کیا ہے۔انہوں نے کہا کہ اردو رباعیوں میں اخلاقی پیغام اوران کی عصری معنویت اردو رباعی سے اخلاقی تربیت اور سماجی اثر تعمیر ہے۔قمر اقبال نے علامہ شبلی اور جدید عربی زبان میں کہتے ہیں جدید عربی زبان کی ترقی سے وابستہ مولانا کا دوسرا اہم کام مدارس اسلامیہ کے نصاب تعلیم کی اصلاح تھا اس اصلاح میں جہاں اور بہت سی چیزیں تھیں زبان کے واسطے سے بھی اس میں بڑا کام ہوا ادب کی شرحوں کو نکال کر خالص ادبی کتب کو نصاب درس کا حصہ بنایا گیا مدارس کے نصاب کا ایک بڑا نقص یہ ہے کہ موجودہ نصاب میں عربی ادب اور عربی ادبیت کا حصہ بہت کم ہے حالانکہ یہ امر یقینی ہے کہ ادب اور تربیت کے بغیر کسی چیز میں کمال نہیں پیدا ہوسکتا۔مزید کہتے ہیں کہ شبلی نے روم ومصر وشام میں مصر کے اس وقت کے صحافتی منظرنامہ کا نقشہ کھینچتے ہوئے لکھا ہے کہ مصر میں صحافتی آزادی ہے تیس سے

زائد اخبار اور رسالے نکلتے ہیں اور اخبارات ہر قسم کے معاملات پر نہایت آزادی سے کہتے ہیں اور خوب لکھتے ہیں چونکہ عربی زبان میں politics پر کم کتابیں لکھی گئی ہیں اور ہمارے ہندوستان کے علماء اس قسم کے مضامین پر چار سطریں بھی نہیں لکھ سکتے اس لئے بعض بزرگوں کا خیال تھا کہ politics کے خیالات اس زبان میں پوری طرح ادا نہیں ہو سکتے لیکن مصر کے اخبارات نے اس خیال کو قطعاً باطل کر رہا ہے محمد خالد ظہیر نے اردو املا اور زبان وقواعد کی اصلاح میں رشید حسن خان کا کردار میں تفصیل سے روشنی ڈالی ہے اور اردو زبان کو اردو کے صوتی تناظر وآہنگ پس منظر میں دیکھنا چاہتے ہیں البتہ عربی الفاظ کو بدلنے کی کوشش کی گئی ہے نہ ممکن ہے نہیں تبدیل کر سکتے ہیں عربی کے الفاظ جوں کا توں لکھیں تو بہتر ہے۔

پی کے عبدالحمید کا داشیرہ نے اپنے مضمون قومی یکجہتی کے فروغ میں اردو کا حصہ میں لکھتے ہیں ہندوستان کی مخلوط گنگا جمنی تہذیب کی پروردہ زبان۔ مادر وطن کی ادبی عظمت کا نشان قومی یک جہتی کی روشن مثال یہ وہ دلفریب ودلنشین زبان ہے جس نے ہندوستان کی مقدس سرزمین میں یہیں کے مختلف النسل اور مختلف باشندوں کی ہم نشین کی کوکھ سے جنم لی یہیں کے کھیتوں کھلیانوں۔ گھروں اور بازاروں میں پلی بڑھی یہیں کی درس گاہوں۔ دفتروں۔ اور بدایئوں میں پروان چڑھی ابراہم عادل سے لے کر گلزار دہلوی نے اردو میں قومی یک جہتی کے جذبے کو پروان چڑھا رہا ہے مسلمان کی طرف غیر مسلم شاعروں نثر نگاروں اور ادیبوں کا اردو زبان کو ترقی دینے اور پروان چڑھانے میں بڑھ رہا ہے ان میں رتن ناتھ سرشار۔ دیاشنکرنسیم کول۔ لالہ شری رام۔ تلوک چند محروم برج نارائن چکبست۔ دیانارائن نگم۔ مہیش پرساد۔ فراخ گورکھپوری امرناتھ۔ ساحر آنند نارائن ملا بیشو پرساد منور پنڈت کرش پرشاد کول۔ جگر بریلوی۔ پیچ بہادر پرومیلا روم وفا۔ مہاشے سدرشن۔ مالک رام جگن ناتھ گلزار دہلوی۔ ڈاکٹر گیان چند جین کمار پاشی مہندر سنگھ بیدی۔ راجندر سنگھ بیدی۔ کرشن چندر اپیندر ناتھ اشک۔ رام لال کرشن سیانے وغیرہ قابل ذکر ہیں۔ فوزیہ خانم نے لسان القوم صفی لکھنوی کی حیات اور ادبی خدمات پر تفصیلی سے ترجمانی کی ہے ذاکر حسین ذاکر امیر خسرو کے ہندوی کلام کی معنویت پر شائع شکیب جلالی کی غزلوں میں عصری حسیت ناظم علی نے سوال نامہ برائے انٹرویو کا جواب مؤثر متاثر کن انداز سے لکھا ہے ہر محلّہ میں اردو تعلیم کا نظم کیا جائے۔ اردو دنیا کا اداریہ یوں لکھا ہے کہ ڈاکٹر ناظم علی ایک عرصے تک تدریسی خدمات سے وابستہ رہے ہیں۔ پرنسپل کے فرائض بھی انہوں نے انجام دیتے ہیں اور زبان کے تعلق سے نہایت سنجیدہ ہیں اور زبان وادب کے مسائل پر اکثر اپنے خیالات کا اظہار بھی کرتے رہے ہیں زبان کی زمینی

صورت حال سے بھی وہ واقف ہیں اپنے اس انٹرویو میں انہوں نے اردو زبان کے حوالے سے اہم نکات کی طرف اشارے کئے ہیں جن پر اگر سنجیدگی سے غور کیا جائے تو اس کے مفید نتائج سامنے آسکتے ہیں۔

سلیم محی الدین ادب اطفال ایک دشت امکان سید اسرار الحق سبنلی عصر حاضر میں بچوں کی کہانیاں پروفیسر ظہور الدین ایک ہمہ جہت شخصیت شان الحق حقی شہرت یافتہ ناظم مشاعرہ عمر قریشی نوبل لاریٹ ارینٹ سمینگوے ایک منفرد ناول نگار سوشل میڈیا اور اردو زبان روپوتاژ نگاری۔ آبی جانوروں کی دل میں رہنا۔

مصنوعی ذہانیت اور اس کے استعمالات وغیرہ اچھے فکر انگیز مشمولات ہیں ۱۰۰ اصفحات کا یہ رسالہ ہمہ جہت صفات سے ہوئے تھے۔

☆

اردو دنیا جولائی ۲۰۱۹ کا شمارہ

جولائی ۲۰۱۹ کا اردو دنیا کا شمارہ وقت پر ہمدست ہوا جس کا جلد نمبر ۲۱ شمارہ ۰۷ ہے اس کے مدیر ڈاکٹر شیخ عقیل احمد نائب مدیر ڈاکٹر عبدالحی مشیر حقانی القاسمی ہیں سرورق پر کتابوں کی تصویر سے ایسا لگتا ہے کہ عصری دنیا میں ترقی کرنا ہوتو کتابوں سے دل لگانا چاہئے کتاب زندگی کا سچا ساتھی ہے قوموں وملکوں کی ترقی کا راز اس میں پنہاں ہے اسی مناسب سے مدیر شیخ عقیل احمد نے اداریہ ہماری بات میں کتابوں کی اہمیت پر روشنی ڈالتے ہوئے کہا کہ انسانی اقدار اور روحانیت کے تحفظ کے لئے کتاب اہم ہے کتابوں سے رشتہ جوڑنا بہت ضروری ہے یہی کتابیں جو ہمیں مختلف تہذیبوں اور ثقافتوں سے آشنا کرتی ہے اور ہمارے ضمیر اور ذہن کو نئی زندگی عطا کرتی ہیں آج کے معاشرے کو کتابوں سے جوڑا جائے ماضی میں لوگ کتابوں سے اٹوٹ وابستگی رکھتے تھے اور ہر گھر خاندان میں کتابی کلچر عام تھا اب ٹی وی اور سیل فون کی وجہ سے لوگ کتابوں سے دور ہوتے جارہے ہیں کتابوں سے رشتہ جوڑ کر ہم اپنی روایت اور تہذیب کا بھی تحفظ کرسکتے ہیں۔اور ملک وقوم کو ترقی سے ہمکنار کرسکتے ہیں کتب میلے نمائش اور کتب کا خزانہ کتب خانے کتاب کلچر کے شعور کو بیدار کررہے ہیں۔

آپ کی بات کالم سے شمارے کی قدرومنزلت ہوتی ہے۔خطوط میں شمارے کی خوبیوں وخرابیوں کو ملحوظ رکھنا ہوگا۔ڈاکٹر شیخ احمد نے سوال نامہ میں جوابات معلوماتی دیتے ہیں اور اردو کا مستقبل کیسے روشن ہوگا تجاویز پیش کئے ہیں تقی عابدی حالی کی مخالفت میں کن کن لوگوں نے مخالفت کی ہے ان کی تفصیل لکھی ہے ہردورومعاصر میں ایسا ہوتا ہے آپسی چشمک اور رقابت چلتی ہے تخریبی تنقید زوروں پر ہوتی ہے ذاتیات شخصیات حیات پر بہت کچھ کہا جاتا ہے تخریبی تنقید کو ادب میں کوئی مقام نہیں۔فکروفن پر تنقید بجا ہے غالب کی صدی تقاریب ۱۸۶۹۔۱۹۶۹ کے دوران تھا۔ایک دیوان شائع ہوئے ہیں ان کا احاطہ کیا گیا ہے۔

علی عباس نے اردو کا پہلا نثری سفرنامہ میں تاریخی لحاظ سے بہت بحث کی ہے تاریخ افغان اور دیگر سفرناموں کا حوالہ دیتے ہوئے انہوں نے یہ نتیجہ اخذ کیا ہے کہ یوسف کمبل پوش کا سفرنامہ عجائبات

فرنگ فنی لحاظ سے مکمل ہے اس لئے یہی پہلا سفرنامہ کہلاتا ہے۔ مہتاب جہاں سلاطین دہلی علمی رجحانات میں دہلی کے سلطان کے زمانے میں مکتب و مدرسہ کے قیام اور تعلیمی وعلمی کارناموں پر روشنی ڈالی ہے۔

نہال چندلا ہواں اور مذہب عشق کی تدوینی کیفیت اور علمی خطی نسخوں سے بحث کی ہے ندیم احمد انصاری نے الٰہی بخش نشاط کاندھلوی اور ان کی لکھی کہانی میں تحقیقی اعتبار سے بکٹ کہانی بھی بحث کی ہے افضل جھنجانوی کی نوسرہار بھی مثنوی ہے محمد نہال افروز نے ۱۹۸۰ کے بعد جتنے افسانے لکھے گئے ان کے موضوعات فکر و بحث طویل بحث کی ہے اور افسانوں کے نام ان کا خلاصہ پیش کیا ہے عبدالرحمٰن فیصل نے اردو زبان وادب کے مسائل محمد عظمت الحق غیر افسانوی اصناف ادب، عبداللہ شمانی مطبع مجتبائی دلی۔ محمد بشیر مالیر کوٹلوی شمع کی لو یونس دہلوی۔ پی پی سریواستو رند نے شاعر رومان کیفی وجدانی بریلوی، محمد ناصر سعید اکرمی شاعر بھٹکل ڈاکٹر محمد حسین فطرت مرحوم انیس احمد ندوی حکیم سید فخرالدین خیالی ایک پرفکر شاعر اور کہنہ مشق نثار وادیب آغا غیاث الرحمٰن ودربھ میں فارسی زبان وادب کا ارتقا۔ ذاکر انعامدار۔ انگریزی کا اسعد اللہ اردو ادب اور عالمی مسائل۔ عبدالحئی آیئے تعلیم کو سزا سے مزہ میں بدل دیں۔ پروفیسر ادریس صدیقی۔ کاغذ کی اہمیت اور اس کی افادیت سلطان آزاد حمید ادیبی ناندوری فضائی آلودگی عظیم اقبال اوزون کو درپیش خطرہ۔ تبصرہ وتعارف مشمولات فکر انگیز اور معلوماتی ہے۔ اس کے مضامین میں تحقیقی تنقیدی تدوینی خصوصیات شامل ہے موضوعات عصری اور سلگتے ہوئے مصنوعات پر مشتمل ہیں ایم اے اردو وریسرچ اسکالر کے لے ہی اس کے مشمولات نعمت سے کم نہیں۔ ۱۰۰ اصفحات کا یہ شمارہ اپنے اندر ادبی معلومات لئے ہوئے ہے۔ اس کا ہر شمارہ بحرالعلوم معلوم محسوس ہوتا ہے۔

☆

شمارہ اردو دنیا اگست ۲۰۱۹

اردو دنیا کا شمارہ اگست ۲۰۱۹ کا بروقت ہمدست ہوا جس کا جلد ۲۱ شمارہ ۰۸ اگست ۲۰۱۹ ہے اداریہ ہماری بات مدیر نے اردو دنیا کے قارئین کو یوم آزادی کی مبارک باد دیتے ہوئے اردو کے قومی و وطنی کردار پر روشنی ڈالی۔ انہوں نے کہا کہ اردو کا ادبی سرمایہ قومیت اور وطنیت کے تصور سے مالا مال ہے اور اس زبان کا دیش بھکتی اور سوراج سے بہت گہرا رشتہ ہے لال چند فلک اور پنڈت برج نارائن چکبست کے اشعار کا حوالہ دیتے ہوئے وطنیت وقومیت کی تشریح وتعبیر کی ہے بے شک اردو کا کردار ہمیشہ محبت اتحاد یک جہتی کا رہا اردو کی شاعری وملک کی تعمیر وتشکیل ہے ملک کو ہمہ جہت انداز سے مضبوط توانا بنایا ہے اردو میں ہندوستان کے زرہ زرہ سے محبت کا اظہار ہے آج بھی ہمارے شعراء ہند کی یک جہتی کے گن گاتے ہیں۔

اردو میں مکمل ہندوستانیت موجود ہے یہاں ہر رنگ پیش کیا ہے حسرت موہانی مشق سخن جاری رکھا اور آزادی کے لئے چکی کی مشقت یعنی روزآنہ ایک من گیہوں پیستے رہے اتنی قربانیوں کے بعد آزادی کے ثمرات سے فائدہ اٹھانا چاہئے ملک کے تمام طبقات کوسماجی۔ معاشی۔تعلیمی اعتبار سے ترقی دیں۔ سب طبقات کی فلاح وبھلا ہونا چاہئے ملک ہمہ جہت انداز سے ترقی یافتہ ہوجائے وبھلا ہونا چاہئے ملک ہمہ جہت انداز سے ترقی یافتہ ہوجائے گا تو دنیا میں شناخت بنے گی اور مثالی کہلائے گا۔ آزادی کی حقیقی خوشی تب ہی حاصل ہوگی۔ آپ کی بات کے تحت ڈاکٹر م۔ ق۔ سلیم کا خط چھپا اس میں موصوف رہنمائے دکن اور سیاست کی سن اشاعت پر روشنی ڈالی لیکن میری دانست میں رہنمائے دکن جولائی ۱۹۴۹ء سے شروع ہوا یہ رہبر دکن کا تسلسل ہے مدیر رہبر دکن سید احمد محی الدین تھے۔ روزنامہ سیاست جناب عابد علی خاں کی ادارت میں ۱۵؍اگست ۱۹۴۹ء کو شائع ہوا۔ منصف کو محمد انصاری نے ۳ مارچ ۱۹۷۹ء کو یوم رحمۃ اللعالمین کے مبارک موقع پر نظام شاہی روڈ حیدر آباد سے جاری کیا۔ نوید دکن جمعہ ۲۶ فبروری ۱۹۷۶ء عظیم عسکری۔ نواب محبوب عالم خاں کی ادارت میں شائع ہوا تھا۔ عبدالحئی نے کشمیر میں کتاب میلہ میں ابتداء وتمہید میں کشمیر کی وجہ تسمیہ اور سری نگر کی تاریخ بیان کی ہے کشیپ سے

کشیپ میر یا کشمیر بنا ہے۔ کشمیر کی تاریخ۔ تہذیب وثقافت کو پیش کرتے ہوئے ۲۳واں اردو کتاب میلہ کی ہر دن کی تفصیلات روداد وسرگرمیاں پیش کی ہیں ۹ دن کا یہ کتاب میلہ نہ صرف کتب کی خرید وفروخت بلکہ تہذیب وتمدن اور کلچر کا عکاس وترجمان بن گیا ہے یہ رپورٹ کور اسٹوری کے تحت شامل ہے اردو تدریس ذیلی عنوان کے تحت خواجہ محمد اکرام الدین نے غیر ملکی جامعات میں اردو تدریس صورت حال اور مستقبل کے امکانات کا نقشہ پیش کیا ہے بیرون ہند اردو شعبہ ہیں لیکن اردو کی بنیادی تعلیم کا نظم ہو تو اردو کی اعلی تعلیمی خواب مستقل طور پر درخشاں رہیں گے محمد فیروزی عالم نے ذیل عنوانات زبان وتعلیم کے تحت رائٹ ٹو ایجوکیشن ایکٹ موجودہ صورت حال اور امکانات میں حق تعلیم کے کوائف وتفصیلات بیان کی ہے حق تعلیم آنے کے بعد بھی خاص کر مسلمان بھی تعلیمی طور پر پسماندہ ہیں۔ نقد ونگاہ کے تحت منظر اعجاز نے ظفر عدیم کی چند منظومات فضا ابن فیضی کی غزلوں میں ایم نسیم اعظمی خود نقدیت کے عناصر حاذق فرید نے مسدس حالی کی غرض وغایت اور اس نظم محاکمہ وتبصرہ پیش کیا ہے اسی سے یہ شعور اجاگر ہوتا ہے کہ مسلمان کون تھے کیا تھے کیا ہو گئے ہیں۔

علم وتعلیم سے محروم ہو گئے اس لئے تجارت۔ حکومت وحکمرانی میں پیچھے رہ گئے۔ اردو شاعری میں رام اور رام کتھاؤں کی روایت محمد قاسم انصاری نے لکھا ہے علامہ اقبال رام کو امام ہند کہا ہے اور نظم لکھی ہے اردو ادب میں رام پر وسیع ادب موجود ہے۔ نکولن کے وی نے اردو کی ادبی تاریخ نگاری میں غیر مسلم ادبا کے حصہ پر روشنی ڈالی مضمون معلوماتی ہے۔ اسماء نے نظیر اکبرآبادی کی شاعری میں ہندوستانی تہوار وتہذیب کی تفصیلی ترجمانی کی ہے نظیر نے اپنے عہد کے آگرہ وہندوستان کی مکمل تصویر پیش کی ہے۔

محمد طیب شمس نے زبان اور زمینی صورت حال سوال نامے کا جواب دیا ہے انہوں نے کہا ہے مدارس سے اردو کا مستقبل روشن ہے میں یقیناً مدارس سے اردو پھیل رہی ہے لیکن مدارس کی تعلیم کے بعد طلبہ اردو ترک کر دیتے ہیں آئندہ کی تعلیم اردو میں جاری نہیں رکھتے نگر نگر اردو کے تحت اردو زبان کا ارتقائی مرکز برہان پور تاریخ میں مرکز رہا ہے لیکن آج صورت بدل گئی ہے وہاں کے شعراء ادبا نے صحافت نے اردو کی خدمت کی ہے خراج عقیدت میں شفاعت علی صدیقی شاہد حبیب اقبال مجید کا فن عشرت لطیف نے اس کی ادبی جذبات فکر وفن پر عکاسی کی ہے سلسلہ صحافت میں اڈیشہ میں اردو صحافت سعید رحمانی وہاں کے اخبارات رسائل وجرائد پر لکھا ہے ہندو ثقافت فاروق ارگلی نے گنگا مقدس لکھا

ہے۔گنگا مقدس مانی جاتی ہے تو اس کی حفاظت اور دیکھ بھال اچھی طرح سے ہونی چاہئے۔

نیا آسمان نئے ستارے کے تحت محمد حسنین رضا نے مخدوم محی الدین کی غزلیہ شاعری میں ان کی شاعری کی خصوصیات فکر و فن پر لکھا ہے مخدوم کی شاعری میں گھن گرج بھی ہے اور نیا آدم نئی دنیا بنانے کی تمنا بھی ہے۔

ہم نے جنہیں بھلا دیا ابو زر عبدالاحد فرقانی نے نرالے میاں شمس کی حیات کا رنامے سے بحث کی ہے سائنس ٹکنالوجی کے تحت انفارمیشن ٹکنالوجی اور اردو عرفان رشید نے لکھا ہے اردو کا ٹکنالوجی میں کتنا استعمال ہو رہا ہے اندازہ ہوتا ہے۔

کمپیوٹر گرافکس۔ کتابوں کی دنیا تعارف و تبصرہ۔ خبر نامہ سب کچھ ادبی و علمی معلومات سے مزین ہے اردو طالب علم اسکالر اور اردو کے عام قاری کے لئے اس کے مشمولات ادبی آگہی عطا کرتے ہیں ۱۰۰ صفحات کا یہ شمارہ اپنے انداز ہمہ جہت ادبی خصوصیات و اہمیت رکھتا ہے۔ ہر شمارہ قدآور اور معیاری کہلاتا ہے۔ اردو ماحول میں اس کی انفرادیت بن گئی ہے کہ اس میں عصری موضوعات اور جدید ادبی حالات کی ترجمانی کی جاتی ہے۔

اردو دنیا ڈسمبر ۲۰۱۹ کا شمارہ

اردو دنیا ڈسمبر ۲۰۱۹ کا شمارہ بروقت وصول ہوا جن کا جلد نمبر ۲۱ شمارہ ۱۲ ہے ہماری بات کے تحت مدیر شیخ عقیل احمد نے زبان وادب کے مسائل اور حالات پر دانش وارانہ انداز سے ترجمانی کرتے ہیں اب کہ بھی انہوں نے عصری معاشرے وسماج کے تہذیبی لسانی اور نسلی مسائل پر روشنی ڈالی ہے وہ کہتے ہیں پوری دنیا میں جس طرح نظری اور فکری انتہا پسندی بڑھتی جارہی ہے اس سے سماج پر نہایت منفی اثرات مرتب ہورہے ہیں اور اس کا اثر موجودہ نسل پر نہیں بلکہ آنے والی نسلوں پر بھی پڑے گا دنیا سے نفرت اور انتشار وانتہا پسندی کو ختم کرنے کے لئے ادیبوں اور شعراء کو ترغیب دی ہے کہ سماجی وعصری مسائل کے انسداد وتدارک کے لئے نثر ونظم سے کام لیں ادیب یا شاعر صرف زمانے وزمینی حقائق کو پیش کرتے ہیں وہ آنے والے طوفان کا رخ موڑ سکتے ہیں۔ ہندوستان کو ہندی سے نجات کے لئے ادیب وشاعروں نے کلیدی رول ادا کیا لیکن ملک کے بٹوارہ وتقسیم کے عمل کو روک سکے تقسیم کو سیاسی مسئلہ بنا کر رہ گئے اقتدار والے تقسیم کے عمل کو روک سکتے تھے بہر حال سماج میں محبت کے جذبوں کو عام کرنا ہے نفرت کو محبت ہمدردی میں بدل دینا ہے ادیب وشاعر اپنی تخلیقات کے ذریعہ یہ کام کرسکتے ہیں مدیر کہتے ہیں'' آج جب کہ پوری دنیا میں انتشار کی ایک عجب سی کیفیت ہے تو ایسے میں اہل قلم کی ذمہ داریاں اور بڑھ جاتی ہیں کہ وہ کبیر بلھے شاہ امیر خسرو اور دیگر صوفیوں سنتوں کی طرح محبت کا ساز چھیڑیں اور اپنے نغمے کلام سے معاشرے کے اندھیرے کو دور کر کے روشنی پھیلائیں۔ عالمی معاشرہ میں اندھیرا چھا گیا ہے اس کو کردار۔ اخلاص۔ محبت سے روشنی میں تبدیل کرسکتے ہیں۔ ماحول کا اندھیرا علم وتعلیم اور کلام سے دور ہوسکتا ہے آپ کی بات کا کالم تنقیدی ومحکماتی تجزیاتی شعور قاری کو عطا کرتا ہے کس نے کیا لکھا کیسا لکھا ادبی معیار کیا ہے ان سب سے آگہی ہوتی ہے۔

مصباح النظر نے اپنے انٹرویو میں کہا کہ زبانوں کو زندہ رکھنے کے لئے سائنس ٹکنالوجی سے رابطہ ضروری۔ ٹھیک ہے لیکن نئی نسل اردو سے نابلا ہوتی جارہی ہے اردو والے اپنے بچوں کو انگلش میڈیم سے پڑھارہے ہیں اگر آج نسل نو اردو سے ناواقف ہوگی آئندہ زمانوں میں اردو کے مستقبل کی

کیا ضمانت ہے خود اردو یونیورسٹی کی بقا کا دارومدار نئی نسل کے اردو سیکھنے میں ہے ورنہ یہ ادارہ مستقبل میں اردو پڑھنے والے نہ ملنے پر انگلش میڈیم میں تبدیل ہو جائے گا ریاست تلنگانہ میں اردو کا موقف ٹھیک نہیں ہے جامعات میں ایم اے اردو کی ۳۰ سیٹس مکمل نہیں ہو رہی ہے سوال UoH اور اردو یونیورسٹی کے کیونکہ وہاں پر ایم اے۔ ایم فل Phd طلبا کے بالترتیب ۲۰۰۰۔ ۵۰۰۰۔ ۳۰۰۰ اسکالرشپ دیا جاتا ہے اس لئے سیٹ فل ہو جاتے ہیں ریاستی جامعات میں طلبہ کو ایسی سہولت نہیں ہے بہر حال اردو کے اساسی و بنیادی کام پر توجہ دینا وقت کی ضرورت ہے اردو کے تخلیق سو کے ابھی خشک نہیں ہوئے لیکن تعلیمی محکمہ میں اردو بتدریج فروغ پا رہی ہے معصوم شرفی نے خاموش غازی پوری ایک مقبول عوامی شاعر ۱۹۳۲۔ ۱۹۸۱ ان کی ادبی خدمات فکر و فن پر اچھا مضمون لکھا ہے ابوبکر عباد نے ملک کی تعمیر و ترقی میں اردو زبان و ادب کا کردار میں زبان و ادب کے رول کو اہم بتایا زبان و ادب ملک قوم۔ معاشرہ سماج کی تشکیل کرتے ہیں اور سنوارتے ہیں اس کی اصلاح انجام دے کر صحت مند معاشرہ بنانے کی کاوش کرتے ہیں وہ کہتے ہیں ملک کے پہلے اردو شاعر حضرت امیر خسرو نے وطن عزیز کو نہ صرف ایک نئی زبان میں صوفیانہ شاعری پہیلیاں اور کہہ مکرنیاں دیں بلکہ ہندوستانی موسیقی کو اپنی ایجاد کردہ متعدد راگ راگنیوں سے سجایا اسے مالا مال کیا اردو ادیبوں و شعراء نے اپنے سرمایہ میں پوری ہندوستانیت کو پیش کیا ہے اردو زبان و ادب سے امیر خسرو سے لے کر آج تک رواداری سیکولر قدروں کو پروان چڑھایا ہے۔

فیروز عالم نے اختر شیرانی کی نظم نگاری جو رومانیت سے بھرپور ہے اچھا تجزیہ کیا ہے انہوں نے کہا کہ اختر شیرانی نے اپنی نظموں میں عورت سے جس محبت کا اظہار کیا ہے اس میں خلوص سچائی اور زندگی کو خوب صورت بنانے کا جذبہ ملتا ہے مزید کہا کہ اختر شیرانی کی شاعری میں عشق کا جسمانی تصور ملتا ہے بعض ترقی پسند شعراء کے یہاں حب وطن۔ آزادی محبوبہ بن کر پیش ہوتی ہے بہر حال اختر کو رومانیت کا امام کہا جاتا ہے نظم او دیس سے آنے والے بتا مشہور نظم ہے ادا جعفری بحیثیت نظم نگار الگ تجربہ رکھتی ہیں۔ سہیل عظیم آبادی کی خاکہ نگاری میں موصوف نے ان کے فن پر بحث کی ہے قمر النساء نے لئیق صلاح کی علمی و ادبی جذبات کو تفصیل سے پیش کیا ہے نئے طالب علموں کے لئے مشعل راہ ہے وہ بھی محنت مشقت سے لئیق صلاح کی طرح بن سکتے ہیں عبدالحی نے شفیق الحسن پر جوانٹرویو شائع کیا ہے وہ معلوماتی ہے اردو زبان و ادب کے بغیر ہماری شخصیت ادھوری ہے اردو پڑھنے سے شخصیت سازی کردار سازی اور اخلاق سازی ہوتی ہے گھروں خاندانوں میں نسل نو اردو نہ پڑھنے سے اخلاق باختگی کا شکار

ہوتے ہیں سعد یہ صدف آج کے عالمی تناظر میں اردو کا تحفظ اور فروغ کی بات کی ہے میڈیم اردو بہت کچھ اور سب کچھ ہے لیکن اردو کو زندہ رکھنا ہے تو اردو سکھاؤ کی تحریک عملی حیثیت سے شروع کرنا ہوگا۔ اردو سیکھنے والوں کی تعداد کم ہوتے جارہی ہے۔ اردو کی ترقی بقا چاہتے ہیں تو ریاستی۔قومی اور عالمی سطح پر اردو کو عوام سے مربوط کرنا ہوگا اس شمارے میں متنوع انداز کے موضوعات پر مبنی مضامین مل جائیں گے جو ادبی بصیرت لئے ہوئے ہے۔۱۰۰ اصفحات کا یہ شمارہ اپنے اندر ادبی نالج کا خزانہ لئے ہوتے ہے۔

☆

ماہنامہ اردو دنیا ستمبر ۲۰۲۰ء

اردو زبان وادب کا فروغ وبقا اور ارتقاء میں ادبی رسائل کا اہم رول ہوتا ہے اور رسائل میں مواد نیا اور جدید ہوتا ہے فکروسوچ کے سانچے جدید تر ہوتے ہیں ان کے مشمولات کے مواد کی جدت ندرت قابل ذکر ہوتی ہیں ادبی رسائل بھی زندگی اور زمانے کے ساتھ ساتھ چلتے ہیں ان میں قابل ذکر رسائل ماہ نامہ اردو دنیا ہے جو NCPUL کی جانب سے شائع ہوا کرتا ہے اس رسالے نے اردو داں طبقہ میں عصری وٹکنالوجی کا شعور پیدا کر رہا ہے اردو زبان وادب کو عصری جدید وسائل سے ہمکنار کرنا ہے اس سے وابستہ ناظم۔ مدیر اپنے اپنی اپنی صلاحیت وقابلیت کے لحاظ نیا روپ آہنگ عطا کرتے ہیں رسالہ ۱۰۰ اصفحات پر مشتمل ہے مگر اپنے اندر ہمہ جہت انداز کا مواد لئے ہوئے ہوتا ہے اب اس میں ادب کے علاوہ سائنس وٹکنالوجی کے مضامین اور دیگر سبجیکٹ کے مضامین شائع ہوتے اس کے اداریئے اردو زبان وادب سے متعلق مدبرانہ ودانش مندانہ پہلو لئے ہوئے ہوتے ہیں ان اداریوں کو یکجا کر کے کتابی شکل دی جائے اور اردو والوں میں تقسیم کیا جائے تو ان میں زبان سیکھنے کا ذوق وشوق پیدا ہوگا۔

زیر جائزہ شمارہ ستمبر ۲۰۲۰ کا ہے جس کا جلد ۲۲ شمارہ ۹ ستمبر ہے ڈاکٹر شیخ عقیل احمد مدیر مشیر حقانی القاسمی ہے ہماری بات کے تحت اداریہ لکھا گیا ہے جس میں قومی تعلیمی پالیسی ۲۰۲۰ کی خوبیاں وخصوصیات کے علاوہ خدوخال پیش کئے گئے ہیں مدیر صاحب لکھتے ہیں یہ پالیسی نئے ہندوستان کی تعمیر میں سنگ بنیاد ثابت ہوگی اس پالیسی پر ملک کے کونے کونے سے رائے لی گئی ہے اور اس میں تمام طبقات کے لوگوں کی آرا کو شامل کیا گیا ہے اس تعلیمی پالیسی کو تیار کرنے پہلے ملک بھر کی ڈھائی لاکھ گرام پنچایتوں ۲۵۰۰۰۰ اور بلاکس ۶۶۰۰ اور ۶۷۶ اضلاح سے مشاورت کی گئی ہے اس پالیسی کے تحت اب ابتداء سے پانچویں درجے تک کے طلباء کو لازمی طور پر اور آٹھویں تک اختیاری طور پر مادری زبان مقامی اور قومی زبان میں تعلیم دی جائے گی مضامین (خواہ انگریزی ہی کیوں نہ ہو) بطور سبجیکٹ پڑھائے جائیں گے۔ اس التزام سے دیگر زبان والوں کے علاوہ ان طلبہ وطالبات کو بھی خاص فائدہ ہوگا جن کی مادری زبان اردو ہے وہ آٹھویں کلاس تک کی تعلیم اردو زبان میں حاصل کرسکیں گے۔ طالب علموں کو بنیادی سطح پر ہی

ووکیشنل تربیت دی جائے گی۔انہیں کوڈھنگ سکھائی جائے گی اور چھٹی کلاس ہی انٹرن شپ کا موقع فراہم کیا جائے گا۔کتابی علم سے زیادہ خود سے سیکھنے پر توجہ دی جائے گی۔اسی پالیسی میں ورچوئل کلاسز اور آن لائن نظام تعلیم کے فروغ پر توجہ دی گئی ہے۔

بارہویں جماعت کا بورڈ امتحان ہوگا۔نویں سے بارہویں جماعت تک سمسٹر میں امتحانات ہوں گے 15=5+3+3+4 فارمولے کے تحت تعلیم دی جائیگی۔اس طرح کالج کی ڈگری ۳،۴ اور ۴ سالہ ہوگی۔ڈگری کے پہلے سال سرٹیفکیٹ دوسرے سال ڈپلوما اور تیسرے سال میں ڈگری دی جائے گی تین سالہ ڈگری ان طلبہ کیلئے جو اعلیٰ تعلیم حاصل نہ کرنا چاہتے ہیں اعلیٰ تعلیم حاصل کرنے کے خواہش مند کو ۴ سالہ کورس ہوگا۔اس کے بعد وہ ایک سال میں ایم اے کرنے کے بعد براہ راست phd میں داخلہ لے سکتے ہیں تعلیم کا یہ ڈھانچہ سانچہ قابل غور وفکر نظر ثانی کا محتاج ہے اس طرح کی تعلیم طلبہ پر کسی بھی Field میں ماہر نہ بنا سکے۔ آرٹس۔سائنس۔کامرس میں ماہر بنانا ہو تو آئندہ اعلیٰ تعلیم میں ان شعبوں مضامین کیلئے راستہ بنانا ہوگا۔

Interdinary course کا تجربہ کرکے دیکھ لیا گیا ہے طلبہ سائنس کے ساتھ تاریخ معاشیات۔انگریزی یا دیگر مضامین کیسے پڑھ سکتے ہیں ان کے مستقبل کے لئے ایک مستقل field ہونا چاہئے۔ورنہ طلبا کا معیار مستقبل داؤ پر لگ جائے گا۔اسی پالیسی پر نظر ثانی کی ضرورت ہے۔

گجرات میں اردو غزل ۱۹۵۰ کے بعد غلام محمد انصاری نے لکھا ہے جس میں گجرات کے شعراء ادیبوں کا ذکر ملتا ہے اس نہج کے مزید مضامین میں ہونا چاہئے یادرفتگان کے تحت گلزار دہلوی۔معصوم مرادآبادی۔نند کشور وکرم کے ساتھ سیلفی۔خورشید اکرم۔کبیر اجمل۔اشتیاق سعید نصرت ظہیر آ بگینہ عارف میں ان کی زندگی کارنامے فکروفن پر روشنی ڈالی گئی ہے باب تجزیہ کے تحت ساحل پر لیٹی ہوئی عورت شہناز رحمٰن۔بلراج حسین را کا افسانہ وہ نورفاطمہ نے تجزیہ پیش کیا ہے ستمبر کے ستارے کے تحت حبیب تنویر لوک تھیٹر کی بازیافت۔محمد شاہ نواز قمر۔مانک ٹالا کے افسانوں میں ہندو دیومالا کی عناصر توصیف بریلوی ان کے کارنامے اور فکروفن کی ترجمانی کی ہے۔

سلسلہ صحافت کے تحت مشرقی پنجاب میں اردو صحافت یوسف رامپوری اور روزنامہ رہبر دکن سے رہنمائے دکن کا ۱۰۰ سالہ صحافتی سفر شیخ عمران نے رہنمائے دکن کی تاریخ۔کردار۔تہذیب اور رول پر لکھا ہے شخصیت کے تحت ابوالقاسم زہراوی عبدالناصر فاروقی نے لکھا ہے سرجری کا بانی ہے لیکن ان مسلم ڈاکٹر کے فن اور کارناموں کو نئی نسل تک لانا ناگزیر ہے ورنہ پردہ اخفا میں رہ جائیں گے طب وصحت

کے تحت وبائی امراض اور انسان رویہ شفیق احمد نے لکھا ہے جس میں انہوں نے ماضی اور حال کی بیماریوں سے کس طرح احتیاط کرنا چاہئے لکھا ہے ابتدائی طبی امداد لیق احمد صدیقی نے کورونا سے کس طرح احتیاط کرنا چاہئے یہاں کیا ہے۔

آپ کی بات کالم سے شمارے کی قدو قامت خوبیوں وخرابیاں کمیاں کا اندازہ ہوجاتا ہے شاہین پروین نے طلبا کے ذہنی احتساب میں امتحان کا کردار میں مختلف تعلیمی طریقوں وسیلوں سے بحث کی ہے ایک معلم کو اپنے پیشے سے محبت ومحنت کرنی چاہئے۔ وسیلے جدید روایتی ہیں ان کو کما حقہ استعمال کرنا۔ یہ مضمون ذیلی عنوان زبان وتعلیم کے تحت ہے نقد ونگاہ کے تحت محمد توقیر عالم نے جدیدیت کے آغاز عروج وزوال پر بحث کی ہے بعد میں تائید کی ہے زبان وادب نامیانی شئے ہے وہ زندگی۔ زمانے تحریکات کے اثرات قبول کرتی ہے رد بھی کرتی ہے جدیدیت ہوترقی پسندی ہوادب کوفروغ عطا کرتے ہیں چار بیت میں برسات کی بہاریں راشد میاں نئی صنف شاعری کے فن خدوخال اور اشعار سے اپنی بات بتاتی ہے چار بیت رباعی نہیں الگ صنف ہے اشرف مون نے ادبی تھیوری پیش کیا ہے میں ادبی رجحان نظریہ سے بحث کی ہے ایم اے کنول جعفری نے مرزا غالب کا طبی شعور میں غالب کے اشعار سے طبی دواؤں ونسخوں کا ذکر کیا ہے غالب کے دور میں یونانی اور جڑی بوٹیوں کا علاج تھا جب انسان کو بیماری آتی ہے تو دواؤں کا محتاج ہوجاتا ہے غالب دوائیں استعمال کی ہیں درد کو دور کرنے کے لئے لیکن شعر میں کیا لکھا ہے قابل غور ہے عشق اور بیماری کا درد ہے۔

درد منت کش دوا نہ ہوا میں نہ اچھا ہوا برا نہ ہوا

نیا آسمان نئے ستارے کے تحت سراج کی شاعری میں اسلامی تلمیحات صدیقی صائم الدین اسکولی سطح پر اردو زبان کی تدریس کے مسائل غفرانہ بیگم۔ شہروں وعلاقوں کے نام پر اردو کے اثرات عائشہ صدیقہ۔ کمپیوٹر کے تحت ایم ایس ایکسل پر کام شروع کرنا۔ کتابوں کی دنیا میں نئے کتابوں پر تعارف وتبصرہ تجزیہ ملتا ہے خبرنامہ کے تحت اردو دنیا کے حالات سرگرمیاں اجلاسوں کی خبریں مل جاتی ہیں ۱۰۰ اصفحات پر مبنی اس رسالے میں ہمہ جہت وہمہ اقسام کا مواد مشمولات مل جائیں گے۔ Ncpul کا یہ رسالہ اردو کو کمپیوٹر۔ ٹکنالوجی اور جدید وعصری ماحول سے مربوط ومزین کرنے میں پیش پیش ہے اس رسالے کو ہندوستان کے ہر اردو داں خاندان میں ہونا ضروری ہے تاکہ اردو ماحول اور دنیا میں کیا کیا جدید عصری تبدیلیاں ہورہی ہیں واقف ہوسکے۔ ☆

ماہ نامہ اردو دنیا ڈسمبر ۲۰۲۰

ڈسمبر ۲۰۲۰ کا اردو دنیا کا شمارہ بروقت ہمدست ہوا۔ سرورق پر رحلت کر جانے والوں ادیبوں۔ شعراء کی تصاویر دی گئی ہیں لیکن ان کی تخلیق ان کو ہمیشہ زندہ رکھیں گی۔ یقیناً لفظ ان کے ہونے کی گواہی دیں گے۔ اس شمارے میں مدیر ڈاکٹر شیخ عقیل احمد۔ مشیر حقانی القاسی۔ معاونین عبدالرشید آعظمی یوسف رامپوری۔ نایاب حسن شامل ہیں جس کا جلد ۲۲ شمارہ ۱۲۰ ہے اداریہ ہماری بات میں اردو زبان کے تحقیقی موضوعات اوراس کی وسعت جدت۔ ندرت پر گفتگو کی ہے جامعات اور جامعات سے ہٹ کر تحقیق میں موضوعات کا تنوع نہیں رہا۔ وہی گھسے پٹے مصامین موضوعات پر مکرر تحقیق ہورہا ہے ادیب شعراء کی حیات اور کارنامے کو ترجیح دی جارہی ہے مدیر کہتے ہیں موضوعات پر تحقیق وتنقیدی مقالے لکھے جاتے ہیں جن پر پیشتر کام ہو چکا ہوتا ہے اور یہاں بھی صورت حال یہ ہے کہ بات حیات اور کارنامے سے آگے نہیں بڑھتی۔ نئے انکشافات یا نئے زاویوں کی جستجو کی کوئی صورت بھی نظر نہیں آتی اس کے ساتھ بڑا المیہ یہ بھی ہے کہ ہماری تنقید اور تحقیق کی سوئی صرف چند ناموں پر اٹک کر رہ گئی ہے وہی چار ادبی شخصیتیں جن پر چند تحقیقی وتنقیدی مضامین لکھے جا چکے ہیں۔ اور بھی تخلیق کار ہیں جو گوشہ گمنامی میں ہے ان پر تحقیق ہونی چاہئے بین علومی۔ بین لسانی موضوعات پر توجہ کرنی چاہئے۔

مدیر صاحب سچ کہتے ہیں کہ اردو ادب میں نئے جہات کی تلاش ان پر تحقیق ناگزیر ہے نئی نسل میں تحقیق سے دلچسپی کم ہوتی جارہی ہے سندی تحقیق میں موضوع کی تکرار ہورہی ہے جامعات کے سربراہوں کو ایک دوسرے سے ربط تال میل ہونا چاہئے تاکہ موضوع پر دوبارہ کام نہ ہوسکے۔

سیدہ نسیم سلطانہ نے مقامی اور علاقائی زبانوں کا فروغ بے حد ضروری ہے اپنے انٹرویو میں لکھا ہے مادری زبان اردو سے محبت اولاد کی طرح کرنا چاہئے جو تڑپ بچے کی پرورش و پرداخت میں مضمر ہوتی ہے اردو کی بھی پرورش اسی طرح ہو تو اردو کی بقاء ہوگی۔ انگریزی کے ساتھ اردو کو گلے لگائیے۔ ف س اعجاز نے ڈیجیٹل لٹریسی میں اردو کے موقف لکھنے پڑھنے تحریر کرنے کی تفصیل دی ہے انہوں نے صحیح کہا ہے کہ تحریری ادب میں اب خط لکھنا ختم ہورہا ہے مکتوب نگاری ڈیجیٹل لٹریسی کی وجہ ختم ہوتی جارہی

ہے اس پر اہل دانش وغور وفکر کریں۔ اچھی نثری صنف کا خاتمہ ہونا ادب کے لئے المیہ ہے۔

وجیتا پرویز اپنے مضمون میں ۲۰۲۰ نئی قومی تعلیمی پالیسی کے خدوخال اور اس کے تقاضے اس کا موقف پھر قوم وملک کے لئے کتنا فائدہ مند ہے ماضی سے مثالیں دے کر اپنی بات کہی ہے نئی تعلیمی پالیسی میں مادری زبان کو اہمیت دی گئی اچھا عمل ہے اس پر سختی سے عمل کرنا چاہئے۔

محمد کلیم ضیا نے ادب میں اخلاقی اقدار کا تقاضا میں انہوں نے اخلاق کی تعریف بہت خوب کی ہے قسمیں بتلاتی ہیں۔

۱) اخلاق دو قسم کے ہوتے ہیں اول یہ کہ جن میں سچائی۔ ہمدردی رواداری۔ محبت۔ ایمانداری۔ صفائی۔ قدردانی وغیرہ شامل ہیں انسانی بھلائی انسانی اچھے رویے نیکی وغیرہ سب اخلاق کی فہرست میں آتے ہیں۔

۲) برائی کے خلاف غصہ تادیب آتے ہیں لیکن غصہ سے کئی برائیاں جنم لیتی ہیں ان کے مثبت اور منفی پہلو ہیں سزا کا بھی وہی حال ہے۔ جھوٹ۔ لالچ۔ حسد۔ بغض۔ چغلی۔ غیبت۔ بے ایمانی۔ گندگی۔ ناپاکی۔ کسی کی ہنسی اڑانا کسی کی عیب جوئی کرنا۔ برے الفاظ یا نام سے پکارنا کسی کی ٹوہ میں رہنا وغیرہ بہرحال اچھے اخلاق کی تلقین کرنا چاہئے آپ نے اردو کے معروف شعراء کے کلام میں اخلاقی قدروں کی عکاسی وترجمانی کی ہے آپ بھی حالی کے اس شعر پر انسانیت سر دھنتی ہے:

فرشتوں سے بہتر ہے انسان بننا
مگر اس میں پڑتی ہے محنت زیادہ

غالب نے کہا

بس کہ دشوار ہے ہر کام کا آسان ہونا
آدمی کو بھی میسر نہیں انساں ہونا

مشتاق احمد نے جدید فیملی اور ہندی کا قطب نما بابا ناگارجن کی ادبی خدمات فکر وفن پر اچھا لکھا ہے معلوماتی مضمون ہے شہاب ظفر آعظمی سے مظہر امام کی کئی نظمیں حقیقت اور رومان کا آمیزہ ہے یقیناً مظہر امام نے عصری حسیت حالات کو بھی فن کی بلندیوں پر لے گئے ادب کا بڑا نام ہے سرفراز جاوید نے پیسہ اور پرچھائی کے ڈراموں میں المناک تصویر ڈاکٹر محمد حسن کا تجزیہ پیش کیا ہے لیکن تعارف میں ان کا ایک ڈراما ضحاک کا بیان ندارد ہے ضحاک بھی سیاسی ڈراما ہے جس میں اس دور کے سیاسی حالات پر طنز

وتنقید ملتی ہے۔

محمد توقیر عالم راہی نے اردو نصاب ہندوستان کے مدرسوں میں پر تفصیلی گفتگو کی لیکن اردو نصاب کو عصری اور نئے جدید موضوعات کے ہم آہنگ مربوط کرنا چاہئے نصاب زمانے اور زندگی کی بدلتی قدروں کے ساتھ بدلنا چاہئے۔مدیر نے اردو بند وگھوش ہندوستانی روحانیت کا مسیحا میں ان کی روحانیت اور انسانیت والی زندگی پر رقم کیا ہے مذہب کے علاوہ انسانیت بھی بڑا مذہب ہے انسانی قدریں اور انسانیت روحانیت کو فروغ دینا چاہئے آج کے معاشرے کے لئے مذکورہ مضمون معنویت رکھتا ہے۔

غالب پر تین مضامین لکھے گئے ہیں غالب کی عظمت میں شعری حوالوں سے ان کی عظمت فکروفن پر اظہار ملتا ہے غالب جیسا شاعر اب تک اردو ادب میں ناپید ہے غالب کی افہام وتفہیم کے لئے مشرق۔ومغرب۔ایران۔توران۔عرب۔ہندوستانی کی تاریخ وتہذیب کو سمجھنا ضروری ہے ورنہ غالب کا کلام سمجھنے سے قاصر ہو جائے۔

مظفرحنفی کے تعلق سے تین مضامین ہیں یہ بھی اردو زبان وادب کا بڑا اوروقیع ارفع نام ہے انہوں نے اردو شاعری۔تنقید تحقیق کو نیا موڑ دیا اور شعری فن کو اعلی درجہ تک پہنچایا۔جگر اور ان کی عشقیہ شاعری میں جگر کے کلام کی خوبیاں خصوصیات کا ذکر ہے راحت اندوری منفرد لہجے کا شاعری میں ان کی زندگی۔فکروفن پر بات کی ہے راحت بھائی کے یہاں ترسیلی خوبیان ہیں۔شعر کو قاری تک پہنچانے میں مفہوم بھی ادا کردیئے ہیں۔اس ۱۰۰ اصفحات کے شمارہ میں اردو زبان وادب کے تعلق سے بہت معلوماتی مضامین ہیں۔مشمولات میں تنوع ہے، رنگا رنگی ہے نئی نسل کے لئے تنقید۔تحقیق تخلیق کے مبادیات اصول پر مضامین شائع کریں تو معلومات میں اضافہ ہوگا عالمی سطح پر اردو کا کیا موقف ہے مضامین ہونے چاہئے۔

☆

اردو دنیا ماہ جنوری ۲۰۲۱

سرورق پر' آو کہ کوئی خواب بنیں' یعنی نئے سال کی آمد پر انسان خواب دیکھتا ہے اوراس کو شرمندہ تعبیر کرنے کی جستجو میں لگا رہتا ہے اداریہ میں مدیر نے ۲۶ رجنوری کے دن کی اہمیت کو دستوری تناظر پس منظر میں پیش کیا ہے اور کہتے ہیں کہ اتحاد سے ہی ملک وقوم ترقی کرسکتی ہے وہ اردو کے جمہوری کردار پر روشنی ڈالتے ہوئے کہتے ہیں کہ اردو ہمارے ملک کی ایسی زبان ہے جس نے ہمیشہ جمہوری اقدار کا پاس ولحاظ رکھا ہے اور اپنے کردار سے جمہوریت کو تقویت بخشی ہے اس زبان کے صحافیوں ادیبوں اور شاعروں کے گنگا جمنی تہذیب کی بھرپور ترجمان کی اردو کی جبلت میں جمہوریت ہے آج کے دور میں محبت یگانگت اتحاد واخوت کو فروغ دینے کی شدید ضرورت ہے غرض اردو میں پوری ہندوستانیت پنہاں ہے روبینہ نے کہا کہ جدید ٹکنالوجی اور تدریسی نظام کے جتنے نئے طریقے آتے ہیں اساتذہ ان کو سیکھ لیں۔ تیز رفتار کمپیوٹر اور انٹرنیٹ کنکشن۔ ویڈیوز۔ بلاگز۔ ویب سائٹس سکائیپ۔ مختلف تعلیمی ایپ آپس جیسے Aenos- viki- class room- Google kanoot-zoom کا استعمال کریں۔

موجودہ امتحانی نظام مسائل اور امکانات میں ملک کو نالج پاور بنانے کی بات کی ہے لیکن تعلیمی اداروں میں کمرہ جماعت کی تدریس روایتی بن کر رہ گئی ہے اور امتحان نظام میں اصلاحات کی ضرورت ہے اب بھی یادداشت کی بنیاد پر امتحانات کا سسٹم رائج ہے تعلیمی نظام میں انقلابی اصلاحات ناگزیر ہے اب بچے fail ہونے سے بھی نہیں گھبراتے ہیں بلکہ آئندہ باقی امتحانات لکھ کر پاس ہوتے ہیں Back log رکھنا عادت بن گئی ہے پنجابی بولی اور پٹیالہ میں اردو تحقیق میں وہاں کی تحقیق صورت حال کا جائزہ لیا ہے محقق جس علاقے کا ہے وہاں کے زمینی موضوعات کو منتخب کریں تا کہ علاقاتی سطح کے ادیب شاعر جو گوشہ گمنامی کا شکار ہو گئے محمد نذیر احمد نے اردو تذکرہ نویسی اور مولوی عبدالحق کی تحقیق میں اردو اور فارسی تذکروں کا جائزہ اور محاکمہ تعارف پیش کیا ہے۔

نذیر فتح پوری نے حسرت بے پوری کی غزل گوئی میں ان کے فلمی گیت اور رنگ تغزل پر تبصرہ کیا

ہے حسرت کے بے پوری نے غزل کو تغزل بنادیا اور ہندوستانی حالات تاریخ کی عکاسی کی ہے عبدالحفیظ نے دوراول کی اردو شاعری میں حب الوطنی میں ولی۔مرزا مظہر جان جاناں۔سودا۔میر تقی میر کے افکار میں وطن سے محبت کا اظہار کیا ہے رئیسہ پروین نے نام راشد اور اقبال کا تقابلی مطالعہ پیش کیا ہے دونو ں کے مزاج ادبی مذاق میں بڑا فرق ہے دونوں نے مغرب سے نفرت کی ہے دونوں مشرق کی پیروی کرتے نظر آتے ہیں محبوب حسن عطیہ حسین کے جاگیردارانہ ماحول کی کمزوریوں کو اجاگر کیا ہے محبوب ثاقب نے زیرلب صفیہ اختر کی ایک سرگوشی جو گونج اٹھی کا تذکرہ کیا ہے زیرلب خطوط رومانیت سے بھرپور ہے رومانی انداز تشنگی لئے ہوئے ہے محمد علوی کے فکروفن پر روشنی ڈالی گئی ہے پیغام آفاقی کے ناولوں افسانوں کا تجزیہ وتبصرہ کیا ہے ان کے علاوہ زاہد جعفری جلال پوری سے گفتگو ساجد جلال پوری۔ سعودی میں ناول نگاری۔حبیب عالم

لوک انعام یافتہ ناول نگار عبدالوہاب سیاوی۔نسیم الدین۔عبدالحمید جودہ سحار۔محمد قاسم وامق جونپوری۔آفتاب عالم آعظمی۔مخمور سعید کی شعری کائنات، بیکانیر میں غیر مسلم قلمکاروں کی اردو خدمات ۔شکیلہ بانو خودنوشت سوانح نگاری میں ہیئتی تجربہ کاری سید وجاہت مظہر علی جواد زیدی اور تعمیری ادب عبداللہ اسلم اردو میں ادبی تاریخ نگاری۔ارشاد قمر کورونا بحران اور پیشہ وارانہ سوشل ورک محمد اسرار کمپیوٹر ورک شیٹ کو سجانا۔کتابوں کی دنیا۔تبصرہ وتعارف اردو دنیا کی خبریں۔شامل ہے۔۱۰۰ اصفحات پر مشتمل ہے۔☆

اردو دنیا کا شمارہ فبر وری ۲۰۲۱

سرورق پر شمس الرحمٰن فاروقی کی علمی وادبی تصویر شائع ہوتی ہے ہماری بات میں مدیر نے ادبی شخصیات محقق ناقد۔ادیب وشاعروں کی رحلت پر اظہار تاسف وغم کرتے ہوئے کہا کہ ان ادبی بزرگوں کی صلاحیت پوری ہوگی جب کہ ہم نسل نو کو اردو سکھائیں۔اہم نکتہ ہے اردو جاننے والے ادیب وشاعر گذرتے رہیں گے تو خلا پر کیسے ہوگا۔جو اردو سے ناواقف ہیں ان کو اردو سے واقف کروایا جائے۔اب شمس الرحمٰن فاروقی جیسے ادیب اب کہاں عظیم اقبال نے شمس الرحمٰن فاروقی کی رحلت پر اپنے مضمون میں ان کی زندگی تعلیم وتربیت اور ادبی خدمات پر بھر پور روشنی ڈالی۔اور جدیدیت اور ترقی پسند تحریک کا تقابل پیش کیا۔ادبی تحریکات سے مثبت پہلو لے لیں۔جو زندگی کے لئے سماج کے لئے فائدہ مند ہے تعمیری بحث کب تک رجحان اور تحریک ہر دور میں چلتے ہیں اور معدوم ہو جاتے ہیں۔محمد اقبال لون نے شمس الرحمٰن فاروقی کا نظریہ ناول کی شعریات کے تناظر میں ناول کے تعلق سے فاروقی کے نظریے سے بحث کی گئی ہے لہٰذا اسلامی تہذیب وثقافت اور فاروقی کا ناول کئی چاند تھے سر آسمان بقول فاروقی یہ اٹھارویں انیسویں صدی کی ہند اسلامی تہذیب اور انسانی اور تہذیبی وادبی سروکاروں کا مرقع سمجھ کر پڑھا جائے تو بہتر ہوگا ناول میں اٹھارویں اور انیسویں صدی کی تہذیب وثقافت طرز فکر۔شاعری۔تصوف۔فن موسیقی۔فن عروض سیاست حکمرانی ہندوستان سے مغل حکمرانی کے خاتمے کی جھلکیاں سب کچھ معلوم ہے توصیف بریلوی نے ناول قبض زماں ایک ماحولیاتی قرات کا تجزیہ پیش کیا ہے اور ماحولیات کی بقا اور فروغ تقویت کا پیغام دیتا ہے اس ناول میں کئی جگھوں پر پیڑوں کے تنے یا وقت کی آندھیوں میں کھوجانے پر شدید اظہار افسوس ملتا ہے بہت سے جانوروں اور پرندوں کا ذکر پر فضا ماحول اور زندگی کی علامت کے طور پر کہا گیا ہے مجموعی طور پر کہا جاسکتا ہے کہ ناول قبض زماں میں تاریخی جغرافیائی۔اور Time Travel جیسے نکات سموئے ہوئے ہے لیکن اس کا ماحولیاتی پہلو بھی قابل غور وفکر ہے۔صغیر افراہیم نے سید اکبر علی ترمذی کی غالب پسندی فارسی خطوط کا مسودہ کی حالت بیان کی ہے انہوں نے مسودہ کو مرتب کیا ہے جس سے کلکتہ کے حالات اور نئے حقائق اخذ کر سکتے ہیں فارسی

خطوط میں بھی بہت کچھ ملتا ہے سلطان آزاد نے بہار میں رثائی ادب میں بہار کے شعراء جنہوں نے مرثیہ لکھا ہے ان کا تعارف فکروفن پر روشنی ڈالی ہے۔

فرحت نادر رضوی اجنبی انہوں نے بہ حیثیت نظم نگاری ان کی نظموں کا فنی کری تبصرہ تجزیہ کیا ہے صبح بہاریں مرد فقیر نظمیں کافی مشہور ہوئیں محمد محسن نے کرشن چندر کا ناول میری یادوں کے بہار میں مصنف اس زندگی کی عکاسی کرتا ہے جوانہوں نے پونچھ میں گزاری مختصراً یہ کہ یہ ناول کرشن چندر کے لڑکپن اوران کے والدین کی گھریلو زندگی کے ساتھ جڑا ہوا دکھائی دیتا ہے مٹی کے صنم۔ آدھے سفر کی پوری کہانی نہیں رہی زندگی کا کچھ حصہ منظر عام پر لے آئے۔

پروفیسر احمد لاری غلام حسین نے لکھا ہے جس میں پروفیسر احمد لاری صاحب کی خدمات انجام دی ہیں وہ کہتے ہیں پروفیسر احمد لاری صاحب محض اردو کے ایک پروفیسر ہی نہیں تھے بلکہ تخلیقات تحریکات اور دیگر کاوشات میں سرگرم عمل تھے۔ آزادی کے بعد اردو کے اس دور بخت خفتہ میں انہوں نے تدریس۔ تحریر۔ ترسیل ترغیب جیسے اہم امور پر جس نہج پر خدمات انجام دی ہیں اوراس سمت میں انہوں نے جومخلصانہ اور رضا کارانہ اقدام کئے ہیں وہ مستحسن ہے محمد اختر نے وہی چراغ بجھایا جس کی لو قیامت تھی آہ ظفر احمد صدیقی لکھتے ہیں ظفر احمد صدیقی کی شخصیت معاصرین میں کسی اعتبار سے ممتاز ہے وہ عالم بے بدل متین وحلیم۔ اور نفاست پسند تھے تحقیق وتنقید کے دوران تغافل اور تساہل کو ناقابل معافی جرم سمجھتے تھے ان کی علمی وادبی اکتسابات کے اعتراف کے لئے کئی کتابیں درکار ہیں ان کی فارسی عربی خدمات بے پایاں ہیں۔ حنیف ترین تیری یاد کی ہنستی رم جھم ہر سو گونجتی رہتی ہے ان کی ادبی خدمات پر روشنی ڈالی ہے اور شخصیت میں تضادات نہیں ہے جو کہتے ہیں اس پر عمل کرتے ہیں محمد اسلام خاں نے لکھا ہے۔

محمد سمیع الدین بیجاپور کا شعروادب آزادی کے بعد علاقائی نوعیت کے ادیب وادب کو منظر عام پر لانے کی احسن کاوش ہے بیجاپور کے شعراء میں میراں جی شمس العشاق۔ شاہ برہان الدین جانم۔ ابراہیم عادل شاہ ثانی عبدل معمیشی صنعتی۔ ملک خوشنود۔ رسمی۔ حسن شوقی۔ سلطان علی عادل شاہ ثانی شاہی۔ ملانصرتی۔ امین الدین اعلی۔ شاہ معظم مرزا ہاشمی بیجاپوری بحری۔ وغیرہ۔ عادل شاہی حکومت ۱۴۹۰ سے شروع ہوتی ہے اس شعر سے وابستہ مزید شعراء سید برہان الدین عرف اقبال۔ خلش رفاعی۔ زیتون بی ضیا۔ تاج عادل۔ بیجاپور۔ نثار شیرکوٹی۔ جاوید رفاعی۔ ڈاکٹر بیگم رضیہ سلطانہ سلیمان خمار۔ کمال

دکنی۔ محمود قاضی۔ سید حفیظ اللہ۔ شبیر احمد ناگھان۔ اقبال آصف۔ عشرت جہاں زیب ڈاکٹر عبدالقادر فاروقی۔ رؤف خوشتر ڈاکٹر ریاض فاروقی۔ ڈاکٹر منظور احمد۔ ڈاکٹر ہاجرہ پروین۔ امام مظہر الزماں ڈاکر سید علیم اللہ حسینی وغیرہ۔ کے ادبی خدمات کا تذکرہ ہے۔

بلا احمد دار نے جموں کشمیر کے دیہی علاقوں کی معاشی وسماجی ترقی میں ماحولیاتی سیاحت سیکولرز کا کردار کے تحت فعل۔ مویشی پالن۔ جنگلات کان کنی۔ مچھلی پالن۔ شاذیہ کمالنے کمال الدین کمال عظیم آبادی شخصیت اور شاعری میں لکھتے ہیں موصوف نے اپنی شاعری کے ذریعہ قلب مسلم کو بیدار کرنے کی کوشش کی ہے انہیں حالات حاضرہ سے آگاہ کیا ہے موصوف کی فکر علامہ اقبال سے جاملتی ہے شاعر کی نظر میں خودی انسان کے لئے بہت ضروری ہے انہوں نے زندگی کے مختلف حالات وکیفیات کو شعری پیکر میں ڈھال دیا ہے جہاں حقیقت نگاری بھی ہے اور فنکاری بھی دیگر مشمولات جن میں جاوید احمد کا نذیر بنارسی کی شاعری میں عصری حسیت۔ محمد اویس سنبھلی سعادت علی صدیقی اردو ادب وزبان کا ندامت گذار۔ عبدالحی نے خلیل سے طلباء میں سائنس کا موقف انٹرویو پیش کیا ہے جو معلوماتی ہے محمد لطیف شاہ اسلوب کی شعریات اور ادبی تنقید اسلوب کی تشکیل تعمیر خوبیاں خصوصیات بیان کی ہیں۔ حفیظ میرٹھی کی شعری کائنات میں ان کی نظموں کا تجزیہ تبصرہ ہے۔ نذر الاسلام نے حیات اللہ انصاری کے افسانوں کا انفرادو اختصاص میں ان کے انسانوں پر تبصرہ تجزیہ کیا ہے تبصرہ وتعارف خوب ہے۔

☆

اردو دنیا ماہ مارچ کا شمارہ ۲۰۲۱

سرورق پر تصویروں کے ساتھ مختلف موزوں ومناسب موضوعات عنوانات دیئے گئے ہیں امیر خسرو کی مثنوی مطلع الانوار۔ بچوں کا ادب سطح اول کے حوالے سے اسماعیل میرٹھی کی مثنوی بن چکی۔ مجروح سلطانپوری ساحر کی ساحرانہ شاعر حنیف کیفی ۔۲۰۲۰ کا فکشن اور فکشن تنقید شہر آگرہ ہماری بات میں مدیر نے اردو زبان اور سائنسی ادب اور سائنس پر مدیرانہ گفتگو کی ہے اردو تکنیکی علوم اور موضوعات کو انگریز کرنے کی صلاحیت نہیں ہے اور یہ بھی کہا گیا کہ اردو زبان سائنسی اور علمی مضامین ادا کرنے کی صلاحیت نہیں ہے اور یہ بھی کہا گیا کہ اردو زبان میں سائنسی وٹکنیکی علوم کے بیان واظہار کی قدرت نہیں ہے۔۱۸۸۴ سے حیدر آباد دکن میں سائنسی مدرسے اور تعلیمی اداروں میں تدریس تصنیف کا کام شروع ہو گیا۔ عثمانیہ یونیورسٹی میں سابق وزیر اعظم پی وی نرسمہا راؤ نے اردو میڈیم سے تعلیم حاصل کی MB BS اور دیگر سائنسی علوم کی تدریس ہوا کرتی تھی البتہ عصری دور میں اردو داں طبقہ میں سائنسی شعور اور مسلمانوں میں سائنس کا جذبہ پیدا کرنا ہوگا۔ مسلم طبقہ اردو داں طبقہ سائنس سے دور ہے دیگر ابنائے وطن کو اس کا احساس ہے یقیناً زبان اوسائنس کا مذہب نہیں ہوتا زبان میں مذہب کا پرچار ہوتا ہے۔

عبدالحق نے امیر خسرو کی مثنوی مطلع الانوار کا ایک اہم مخطوطہ کا تعارف وتعریف پیش کی ہے اور امیر خسرو کی تمام تخلیقات پر روشنی ڈالی ہے ذکیہ مشہوی نے بچوں کا ادب سطح اول کے حوالے سے میں بچوں کے ادب کی افادیت اہمیت عظمت کو ظاہر کیا ہے بچے ادب اطفال سے دل لگائیں۔ بچوں کے رسالے بچوں کا ادب بچوں کے لئے ہے ایسے میں بچے بجائے سیل فون اور دیگر ترسیل عصری ذرائع سے کنارہ کش ہوکر بچوں کے ادب کو پڑھیں سمجھیں اور اپنے میں صلاحیت پیدا کریں آج کل بچوں کا ادب بڑے لکھ رہے ہیں بچے لکھنا چاہئے بڑے بچے نہیں بن سکتے۔

علیم اشرف خاں ڈاکٹر معین الحق یہ بحیثیت مترجم تاریخ فیروز شاہی ہیروڈوش کو بابائے تاریخ کہا جاتا ہے مگر طرز خاص میں تاریخ نویسی چودھویں صدی میں ابن خلدون کی مرہون منت ہے جس نے عالم اسلام ہی نہیں بلکہ ساری دنیا میں تاریخ کے مقصد کو وسعت دے کر انسان کی اجتماعی اور حکمرانی زندگی

کو اس کا موضوع قرار دیا تھا۔ ضیاء الدین برنی کے نسخہ اور تدوین و تالیف سے بحث کی گئی ہے تاریخ فیروزی شاہی کے تعلق سے تحقیقی تفصیلات مل جاتے ہیں محمد اسماعیل میرٹھی کی مثنوی بن چکی جائزہ تفصیل سے لیا ہے ان کی نظمیں اور مثنوی کے فکر وفن پر بات کی ہے امین احسن کے مجروح سلطانپوری کا ابتدائی ادبی نو میں مجروح کی زندگی اور ادبی خدمات کا احاطہ کیا ہے کہتے ہیں مجروح کو موسیقی آرٹ اور شاعری سے دیوانگی کی حد تک لگاؤ تھا قرب وجوار اور اطراف ٹانڈہ میں شادی بیاہ اور تیوہاروں پڑھنے والی تقاریب جیسے مشاعرے قاولی ڈراما۔ اور نوٹنکی وغیرہ میں شرکت کا جنون اس قدر تھا کہ وہ مدرسے کے اصول واضوابط سے روگردانی کرنے سے بھی نہیں چوکے تھے۔

محمد یاسین گنائی۔ جموں وکشمیر کی پہلی غزل گو شاعرہ

۱) خاتون کل دید چودھویں صدی کی ایک عظیم شخصیت تھیں انہوں نے سنسکرت آمیز کشمیری زبان میں عارفانہ صوفیانہ اور قلندرانہ شاعری کی ہے۔

۲) حبہ حبہ خاتون کشمیری ۱۵۴۱ میں پیدا ہوئی۔ قیوم بدر نے ساحری ساحرانہ شاعری فلمی نغموں کے حوالے سے اشترا کی خیالات کے ہم نوا ہو گئے محبت میں نا کامی نے باغی بنا دیا۔ آپ بیتی کو جگ بیتی کی شکل عطا کی ان کے علمی گیت بھی ادب کا اثاثہ ہے۔

دنیا نے تجربات وحوادث کی شکل میں
جو کچھ مجھے دیا ہے وہ لوٹا رہا ہوں میں
چلو اک بار پھر سے اجنبی بن جائیں ہم دونوں
پل دو پل کا ساتھ ہمارا پل دو پل کی یاری
دھن دولت کے پیچھے کیوں ہے یہ دنیا دیوانی
میں نے خوابوں میں برسوں تراشا جسے
تم وہی سنگ مرمر کی تصویر ہو
ملتی ہے زندگی میں محبت کبھی کبھی
ہوتی ہے دلبروں کی عنایت کبھی کبھی
اپنوں پہ ستم غیروں پہ کرم
اے جان وفا یہ ظلم نہ کر

رہنے دے ابھی تھوڑا سا بھرم
اے جان وفا یہ ظلم نہ کر
میں زندگی کا ساتھ نبھاتا چلا گیا
ہر فکر کو دھویں میں اڑاتا چلا گیا
تنہا نہ کٹ سکیں جوانی کے راستے
پیش آئے گی کسی کی ضرورت کبھی کبھی

کوثر مظہری نے حنیف کیفی ۔اظہر ابرار نے حنیف کیفی کی شاعری میں

درد انسانیت محمد اکرام حنیف کیفی کوائف و کیفیات ان تینوں مضامین میں تنقیدی تحقیقی انداز سے کام لے کر حنیف کیفی کی ادبی جذبات اورفنی نکات وفکری رموز پر بحث ملتی ہے حنیف کیفی شناسی میں مددگار ثابت ہونگے۔

اسلم جمشید پوری سے ۲۰۲۰ کا فکشن اورفکشن تنقید میں افسانہ اورناول اور ۲۰۲۰ کی فکشن تنقید۔ رسائل کے نمبر سوشل میڈیا پر اردو فکشن پر تفصیل سے تنقیدی نظر ڈالی

۲۰۲۰ میں افسانوی مجموعے شائع ہوئے۔

تین کہانیاں ۔خالد جاوید

ادراک ۔شبیر مصباحی

ذہن ذاد۔توصیف بریلوی

نئی راہ نئی روشنی ۔انور آفاقی

دیوار ہجر کے سائے ۔عشرت مدین سیما

بکھرے رنگ ۔ڈاکٹر عقیلہ

ڈائجسٹ کہانیاں ۔راشد اشرف

امریکی کہانیاں ۔یاسر حبیب

میری چاہت کے گلاب ۔احمد حسین

نیا حمام ۔ڈاکٹر ذاکر فیضی

خون کا رنگ ۔ارشد نسیم

گمشدہ دولت۔ طارق شبنم

وہ دس اور دوسری کہانیاں۔ ف۔ س اعجاز۔ احتیاط۔ راجیوں پرکاش ساحر

چراغوں کے اندھیرے۔ محمد عرفان ثمین

پس پردہ ڈاکٹر عارف انصاری

دخمہ۔ پروفیسر بیگ احساس

اور بچوں کی کہانیاں حمیدہ سہروردی

اونچی اڑان۔ ڈاکٹر اسرار الحق سبیلی

ڈاکٹر ایم اے حق۔ کل اور آج کا غم

تنکے۔ ڈاکٹر عظیم راہی ڈاکٹر مشتاق وغیرہ

ناصر آزاد۔ خواب اور حقیقت

آفاق ندیم خان نے بچوں میں تحصیل زبان سے متعلق نفسیاتی نظریات بچوں میں زبان کی تحصیل اور نشو نما میں اپنا کلیدی کردار ادا کرسکیں۔

جین پیاجے کا نظر۔۱۹۸۰۔۱۸۹۶

وائیگوٹکی کا نظریہ۔۱۹۳۴۔۱۸۹۶

چوسکی کے نظریے کی اہم باتیں۔۱۹۵۷

بچوں میں تحصیل زبان کے تعلق سے چار نظریات بالترتیب وقوفی برتاوی۔ تاعملی اور مقامی کافی اہمیت کے حامل ہیں روف خیز نے چراغ جاں کی مدھم لو کے شاعر مختار شمیم میں مختار شمیم کی زندگی حیات اور ادبی تنقیدی تخلیق کارناموں کو اجاگر کیا ہے عبدالغنی طنز و مزاح کا معتبر حوالہ زبیر الحسن کا تعارف اور تجزیہ پیش کیا ہے۔ ہرچرن چاولہ بحیثیت افسانہ نگار تسنیم فاطمہ نے لکھا ہے۔

ذیلی عنوانات متاثر کن ہے اداریہ۔ خطوط۔ نقد و نگاہ۔ صدی شخصیت ذکر حنیف کیفی۔ جائزہ۔ زبان و تعلیم۔ خراج عقیدت ماہ و انجم نگر اردو۔ خصوصی گفتگو۔ کتاب دریچہ۔ نیا آسمان نئے ستارے یادیں باتیں۔ طب اور ادب۔ قلم۔ کمپیوٹر کتابوں کی دنیا خبرنامہ شامل ہیں۔ اردو دنیا کا ایک ایک شمارہ ایک نئی تازہ کتاب کے مانند ہے جس میں بھرپور تنقیدی و تحقیقی مزاح تقاضے لئے ہوئے مشمولات مل جاتی ہیں اردو طلبہ کے لے یہ مذکورہ شمارے ایک نعمت سے کم نہیں۔ ☆

اردو دنیا ماہ اپریل کا شمارہ ۲۰۲۱

سرورق پر خمسہ کیفی، پنڈت برجموہن دتاتریہ کیفی کہ اشعار شائع ہوئے جس میں اردو کو پیاری میٹھی زبانی کیا ہے اس میں سائنس۔ فلسفہ اور دیگر علوم کی عکاسی واشارے ملتے ہیں اردو زبان وادب اب کسی دوسری زبان سے کم نہیں عالمی زبان بن گئی ہے وہ کہتے ہیں اردو ہے جس کا نام ہماری زبان ہے دنیا کی ہر زبان سے پیاری زبان ہے وہ وصف کون سا ہے جو اس میں ملا نہیں سائنس اس میں یا ادب وفلسفہ نہیں ایسی زبان میں وجہ شرف کی یہی ہے بات اردو کو ہر زبان سے ہے بطور التفات ان اشار سے اندازہ ہوگیا ہے کہ اردو زبان وادب ہمہ صفات کا گہوارہ ہے اس میں وہ سب کچھ ہے جو آج کا قاری چاہتا ہے ایسی ہمہ صفات زبان کی پرورش وپرداخت وتحفظ ونگہبان پر ہندوستانی کی زمہ داری ہے اردو میں نہ صرف مختلف علوم وفنون کا ذکر ہے بلکہ مکمل ہندوستانیت اس میں شامل ہے نظیر۔ محمد قلی قطب شاہ سے لے کر واحد نظام آبادی جتنا کلام تخلیق ہوا اس میں ہندوستانی تہذیب تمدن۔ گنگا جمنی تحریکیں شامل ہیں ایسے زبان وادب کو گلے لگانا چاہئے۔

ہماری بات میں مدیر شیخ محمد عقیل نے کہا کہ اردو علمی زبان بن گئی ہے اس کا دائرہ وسیع سے وسیع تر ہوتا جا رہا ہے ان کی گونج دور دراز کے ملکوں اور علاقوں میں سنی جا رہی ہے اردو کی نئی بستیاں وجود میں آرہی ہیں اردو کتابیں دنیا کے مختلف ملکوں میں نظر آتی ہیں سوشل میڈیا پر اردو کی چمک دمک۔ سائبر کی دنیا میں اردو تیزی سے پھیل رہی ہے مدیر نے سچ کہا ہے کہ اردو میں مضامین تو لکھے گئے ہیں مگر باضابطہ کتابوں کی کمی ہے مثلاً سائنس۔ ٹکنالوجی، نفسیات۔ اقتصادیات۔ معلومات عام پر اور وہیں کم مواد ہے اس مواد کی ضرورت ہے جو زندگی کی ضروریات کو پورا کرتا ہے مذکورہ مضامین کے بغیر کامیاب زندگی کا تصور نہیں کیا جا سکتا ہے اہل قلم ان مضامین ومعرضوی سے پر توجہ دیں۔ تا کہ عالمی لحاظ سے اردو up to date ہو اردو دنیا ایسا رسالہ ہے جس میں مختلف نوع وتنوع درجے مضامین شائع ہوتے ہیں اس نے عصری زندگی کے تقاضوں کو ملحوظ رکھتے ہوئے حرکیاتی کردار سمجھا رہا ہے اس میں ادبیات سماجیات۔ اقتصادیات کامرس۔ کمپیوٹرس۔ تہذیب وثقافت۔ تعلیم وتدریس زبان ولسانیات۔ سائنس وٹکنالوجی۔

طب وفلسفہ۔فنون لطیفہ۔نفسیات۔زبان کی زمینی صورت حال۔عالمی ادبیات۔اوردیگر علوم وفنون پر مضامین جگہ پاتے ہیں اردو دنیا رسالہ اردو والوں کو عصری ماحول سے ہم آہنگ کررہا ہے یہ رسالہ ۱۰۰ صفحات پر مشتمل ہوتا ہے لیکن اس کا ہر شمارہ ایک کتاب سے کم نہیں بحرالعلوم ومخزن العلوم معلوم ہوتا ہے اور مشمولات کا مواد معتبر ومستند اور قابل بھروسہ ہوتا ہے مضامین میں نیا پن جدت ندرت ہوتی ہے اس رسالے کو اردو کے ہر خاندان گھر میں ہونا ضروری ہے جس طرح زندگی کے لئے بنیادی ضرورتیں دودھ۔پانی۔غذا۔اس طرح اردو والے اس رسالے کو بنیادی ضرورتوں میں شامل کریں تاکہ بچوں کا مستقبل درخشاں تابناک ہوسکے خطوط ذیلی عنوان کے تحت ربط والتفات قارئن کے خطوط کو شامل کیا گیا ہے ان خطوط سے رسالے کی قدوقامت۔اورحسن وقبیح مالہ۔ماعلیہ۔خوبیاں خرابیاں کا اندازہ ہوسکتا ہے اس کالم کو جاری رکھیں۔

نقدونگار ذیلی عنوان کے تحت شمیم طارق نے علامہ اقبال کے دوممدوح مرزا غالب اورسوامی رام تیرتھ میں غالب کی شاعرانہ عظمت کا اعتراف کیا ہے شعری محاسن کی نشاندھی کی جو شاعری کو عظیم بناتی ہیں اس میں اقبال اور غالب کی فکر اور اسلوب کا تقابل کیا ہے۔سوامی رام تیرتھ اور اقبال کے فنا فی اللہ کے علاوہ اقبال جس تصوف کو مانتے تھے اور سوامی جی جس بھکتی کے قائل تھے اس میں اتحاد فکر کے ساتھ یہ اختلاف پوشیدہ ہے کہ اقبال کے نزدیک متقی ہستی کا مفہوم دنیا میں رہتے ہوئے خود کو ہر قسم کے زرائل سے پاک کرنا تھا اور سوامی جی کے نزدیک پران تاگ دینا ہے دونوں کے تصورات کا تقابلی مطالعہ گز یرہے۔

ابرار اجراوی نے تاجور نجیب آبادی کی اقبال شناسی میں اقبال کے فکروفن کو عام کرنے میں اہم رول ادا کیا اور اس مضمون میں تاجور نجیب آبادی کی ادبی خدمات صحافتی خدمات فکروفن کو بھی تفصیل سے پیش کیا ہے ذکیہ رخشندہ نے حسرت موہانی کی تذکرہ نگاری میں تذکرہ شعراء اردو میں درج مندرجات کا محاکمہ تشریح وتجزیہ پیش کیا ہے حسرت اردو شعراء کا تذکرہ لکھا ہے لیکن تذکرہ میں عموماً حیات شاعر اور کلام کے نمونے کو مختصر پیش کیا جاتا ہے لیکن حسرت کے تذکروں میں Biographycal biotionary قاموس تاریخ از literary History تنقید ادب literary criticgion کے عناصر سہ گانہ یکجا مجتمع ہوتے تھے۔تذکرہ الشعراء میں لکھتے ہیں حسرت نہ صرف ممتاز شاعر ہیں بلکہ ایک بہترین نقاد بھی ہیں اور صاحب طرز ادیب بھی ان کے تذکروں کی تنقید میں بھی ادب کا رنگ غائب رہتا ہے ان کے یہاں یہ ادبیت محض تشبیہات واستعارات اور رنگینی عبارت کی مرہون

منت ہوتی ہیں۔ انکی تحریریں سلیس اور رواں ہوتی ہیں شگفتگی برقرار رہتا ہے سنجیدہ خاتون نے حنیف نقوی کی بعد از وفات مطبوعہ نئی تصانیف کا تعارف وتعریف محاکمہ تجزیہ ملتا ہے پروفیسر حنیف نقوی ۱۹۳۶۔۲۰۲۱ کا شمارہ عصر حاضر کے نامور محققین میں ہوتا ہے مولانا امتیاز علی خاں عرشی مالک رام۔ پروفیسر گیان چند۔ ڈاکٹر ابو محمد سحر اور رشید حسن خان جیسے ممتاز اور معروف اہل قلم اور ارباب تحقیق نے ان کی تحقیق خدمات کا اعتراف کیا ہے اس مضمون میں حنیف نقوی کی ادبی خدمات پر روشنی ڈالی گئی ہے۔

شاکر علی صدیقی نے اسلوب احمد انصاری بحیثیت غالب اواقبال شناس میں لکھتے ہیں غالب اور اقبال کی شعری کائنات اور پیکر تراشی۔ استعاروں کو اشعار سے سمجھایا ہے غالب اور اقبال کا شعری مقام متعین کیا ہے صالحہ صدیقی نے بہت خوب کہا کہ بہت سے دلوں میں ہے اردو سیکھنے کی چاہت لیکن لوگ آگے کیوں نہیں آتے۔ کیا بات ہے کیوں اردو والوں کے قول وفعل ہی تضاد ہے قومی سطح سے اردو کے سیکھنے کے مراکز مختلف صدیوں میں قائم کریں۔

اردو سیکھنے کا م ٹھوس بنیاد پر ہو اردو میں سب کچھ ہو رہا ہے نئی نسل اردو سے ناواقف نابلد ہوتی جارہی ہے اردو کے دانش ور مفکر توجہ دیں۔ امام آعظم نے پی جی شعبہ اردو اہل دین ایم یو در بھنگہ کی پیش رفت شعبہ سے وابستہ پروفیسر لکچرار کی ادبی خدمات کا بھرپور احاطہ موضوع۔ مقالہ نگار۔ نگراں۔ سال ایوارڈ تقریبا تمام جامعات اس نہج پر روشنی ڈالیں تو اور جامعات کے کام کو ظاہر کریں اہم تحقیقی دستاویز بنے گا مولانا مفتی عطاالرحمٰن قاسمی نے ماہر غالبیات مالک رام کی زندگی حیات اور پر گہری نظر تھی۔ فیضان الحق نے انور عظیم اور اختر ایمان میں اختر ایمان کی شاعری اور فکر وفن پر تنقیدی جائزہ لیا ہے۔

لکھتے ہیں انور عظیم صحیح معنوں میں اس شاعر کے قدرداں تھے اور اسے پرکھنے کا ان کا اپنا زاویہ نظر تھا یہی وجہ ہے کہ اختر الایمان کی شخصیت شاعری سوانح نثر اور تنقید کا ایک بھی گوشہ انور عظیم کی نظر میں سے پوشیدہ نہیں انہوں نے اپنی تاثراتی وتنقیدی تحریروں کے ذریعہ اختر الایمان کی مکمل بازیافت کی ہے یہ مضامین گنج ہائے گرانمایہ کے تحت شامل شمارہ ہے ہندی ادبیات کے تحت معاصر ہندی شاعری اور نشنک کا شعری مخاطبہ حسرت۔ عصری حسیت اور ساتویں دہائی کی اہم ہندی کہانیاں فیضان حسن ضیائی نفسیات کے تحت اردو میں نفسیات کی ترویج واشاعت میں سید اقبال امروہی کی خدمات غلام نبی مومن۔ خصوصی گفتگو توصیف احمد نے زاہد مختار سے انٹرویو لیا ہے فکر رنگ اردو ذکری خاتون نے مئوناتھ بھنجن کا شعری منظرنامہ نیا آسمان نئے ستارے میں اردو میں خواتین کے اولین سفرنامے۔ دوار کا پرشاد افق

لکھنوی کی شاعری آصف پرویز مشاعروں کے فروغ میں الیکٹرانک سیاحت کی اہمیت و ہندوستان کے حوالے رفعت مشتاق۔ کمپیوٹر ایم ایس ایکس میں فکشن کتابوں کا تعارف وتبصرہ خبرنامہ اردو دنیا کی خبریں۔ان مشمولات سے اگر خاطر خواہ استفادہ کریں گہرائی و گیرائی سے پڑھیں مطالعہ کریں تو اسکالر اور اردو طلبہ کا مستقبل سنور جائے گا۔اب یہ اردو خاندان کے ہر گھر میں موجود ہونا چاہیے اس کے مواد اور مشمولات کے مطالعہ سے دیگر مسابقتی امتحانات میں مقام بنا سکتے ہیں۔ بہ شرطیکہ پڑھیں۔☆

اردو دنیا۔ ماہ مئی ۲۰۲۱

زیرِ تبصرہ نظر شمارہ ۲۲ مئی کے بعد آن لائن پر دستیاب ہوا لاک ڈاؤن کی وجہ سے صدر آفس سے شائد ارسال نہیں ہوا۔ ٹپہ کے ذریعہ انتظار رہا آخر کار آن لائن پڑھنے کو ملا خوشی ہوئی۔ اردو والوں کو بے چینی سے اس کا انتظار رہتا ہے کیونکہ مذکورہ میگزین کا شمارہ ماہ کے اواخر یعنی ۲۹۔ ۳۰۔ ۳۱ کو باقاعدہ حاصل ہوجاتا ہے۔ اب کہ وجہ لاک ڈاؤن ہے اس لئے اردو والوں کو آن لائن واٹس ایپ پر دستیاب ہے اس پر پڑھ کر تبصرہ و تجزیہ کررہے ہیں سرورق پر کتابیں۔ قلم گلوب اور اعزازی ٹوپی کی تصویر ۹ جو طلبہ کو سند ڈگری تفویض کرتے وقت مل جاتی ہے طلبہ گاؤن اور ٹوپی پہن کر ایوارڈ ڈگری حاصل کرتے ہیں میں قلم کاروں سے چند معروضات مضامین روانہ کرنے کے لئے ہیں اصول وضوابط پر عمل کرنا ہر قلم کار کے لئے ناگزیر ہے۔

مدیر ڈاکٹر شیخ عقیل احمد۔ مشیر حقانی القاسمی۔ معاونین عبدالرشید آعظمی یوسف رامپوری نایاب حسن ہیں اس کا جلد ۲۳ شمارہ ۵ مئی ۲۰۲۱ کا ہے مدیر ہماری بات اداریہ میں اہم بات اردو کے تعلق سے کہہ جاتے ہیں لفظوں کا املا اور تلفظ پر یقیناً اور لہجہ مخارج پر ورک شاپ اور کانفرس اجتماع منعقد ہونا چاہئے تا کہ مغالطہ و مبہم باتیں دور ہوسکے۔ رشید حسن خان کی اصلاحات زبان پر بھی بحث ہونی چاہئے پتہ اردو مخطوط زبان ہونے کی وجہ سے تلفظ املا کی غلطیاں وار دو والوں سرزد ہورہی ہیں ان کے تعلق سے تعمیری و مثبت انداز سے مذاکرہ بحث وفکر ہونے کے بعد حتمی طور پر طے کرلینا چاہئے آپ نے سچ کہا ہے کہ غلط تلفظ کے ساتھ معنی بدل جاتے ہیں اردو کو اردو یانہ کرنے کی کوشش کرنی چاہئے تا کہ صوتی لحاظ اس کی انفرادیت پر کررہے ہیں یہ بہت اہم نازک مسئلہ ہے اس پر مفکر و دانشور حضرات غور کریں اور ایک صحیح فیصلے پر تلفظ کو برقرار رکھیں۔ اہل علم بھی منعکس کو من عکس پڑھ رہے ہیں اور بھی بہت سارے الفاظ ہیں ان پر توجہ دیں۔

شریف احمد قریشی نے نئی تعلیمی پالیسی ہندوستانی زبانوں۔ علوم وفنون تہذیب اور قومی یک جہتی کے تحفظ فروغ کے تناظر بہت خوب ہے نئی تعلیمی ۲۰۲۰ میں مادری زبانوں کے فروغ و ترویج کا اہم وسیلہ

ذریعہ ثابت ہوگی لیکن ہندوستان میں انگریزی کوقوم نے اپنے اوپر لازمی کرلیا اپنی زبان کا تحفظ ہندوستانی تہذیب کا تحفظ ہے ملک وقوم مزید طاقتور بنانا ہوتو مادری زبان کوترقی عطا کریں دستور نے بھی ضمانت دی ہے ہر شخص اپنی اپنی زبان وتہذیب کا فروغ کرسکتا ہے کہتے ہیں۔

اعلیٰ تعلیمی اداروں میں ہندوستانی زبانوں علوم وفنون اورتہذیب ومعاشرت کے مطالعے کے لئے وظائف اور ہرزبان کے فروغ وتحفظ کے لئے اکیڈیمیوں کے قیام کی تجاویز بھی لائق ستائش ہیں۔ ویب سائٹ اوروکی پیڈیا کےتوسط سےبھی ہندوستانی زبانوں۔علوم وفنون تہذیب ومعاشرت اورحب الوطنی کے جذبےکوفروغ دینے پرزوردیا گیا ہے یہ عمل ٹھیک ہے لیکن ایک اہم مسئلہ ہے کہ ہر ریاست کی ایک زبان مادری زبان بھی ہے اور یہ اپنے علاقائی حدود بھی محدود ہوگئی ہے وہاں ہی فروغ پائے گی ریاست کے باہر دوسری زبان سے سروکار رہے گا۔ٹامل۔کیرالا اوراڑیسہ والے کوئی دوسری زبان نہ سمجھے تواس کا حل کیا ہے کثیرلسانی ملک ہونے کی وجہ سے ہرایک صوبے علاقے میں تقسیم کردی گئی۔۱۹۵۶ء میں ریاستوں کی تشکیل لسانی بنیادوں پرہوئی۔ ہرریاست اپنی زبان کی ترقی کے بارے میں سوچے اور دیگرزبانوں کااقرارکریں۔تعصبیت نہ برتے۔

بدرالاسلام نے قومی تعلیمی پالیسی ۲۰۲۰ اساتذہ کا مطلوبہ کردار میں کہتے ہیں ہم اس نظام تعلیم کے ذریعہ ایک ایسے فرد کی تعمیر کرنا چاہتے ہیں جومنطقی سوچ اورعمل کا حاصل ہوجوانسانیت کاہمدردہو۔دردمند ہوہم آہنگی کے ساتھ جرأت اورحوصلے کا پیکر ہو۔ لچکدار شخصیت کا مالک ہواورسائنسی طرزعمل کے ساتھ تخلیقیت کے قابل ہوان سب کے ساتھ وہ اخلاقی اقدار کا حامل بھی ہو۔ایسے رجحانات توانسانیت اورانسانی قدروں کوفروغ دیتے ہیں لیکن تعلیم برائے تجارت کا عمل دخل ہوگیا ہے تو ایسے میں کس طرح اقداراورانسانی قدریں مذکورہ نظام سے جنم لیں گے پرائمری نرسری سے لےکراعلیٰ تعلیم تک داخلے کے لئے ڈونیشن پیسہ دیناپڑتا ہے۔

ایسے عالم میں مذکورہ تعلیمی رجحانات کوکیسے لاگوکرسکتے ہیں تجارتی رجحان وسسٹم کوتعلیمی نظام سے علاحدہ کرنا ہوگا۔ایم بی بی ایس ایک سیٹ ایک کروڑ میں فروخت ہوتی ہے توبتاؤ کہ ایسا ڈاکٹر سے اخلاق وپیشہ وارانہ نیک جذبوں واخلاق کا فقدان پایا جاتا ہےتعلیم کے لئے جتنا روپیہ خرچ کرتا ہے اتنا اس سے زیادہ کمالیتا ہے بہرحال ۲۰۲۰ کی تعلیمی پالیسی اچھی ہے لیکن برسوں سے جوسسٹم میں خرابیاں ہیں ان کوختم کرنا ہوگا۔اوراستاد کا کرداربھی بدلنا ہوگا دن جاوگنڈے آئررجحان کومستردکرنا ہوگا۔ Bell اور

Bill ہی تعلیمی نظام کا ماحاصل ہوگیا۔

محمد فیروز عالم نے تعلیمی دائرے میں وسعت کا رجحان تعلیمی مواقع میں یکسانیت کی ضرورت نہیں ہوگی ہر ریاست وعلاقے کے تقاضے الگ ہوتے ہیں البتہ مرکزی حکومت یکسانیت کے لئے احکامات صادر کرکے عمل کرواسکتی ہے وہ کہتے ہیں آج کل نالج کے میدان میں سیکولرزم کی معنی ہیں کہ حقیقی نالج یا سائنس کو مشاہدہ۔ تجربہ اور ذہانیت پر مبنی کیا جائے۔اس کو مذہب وعقیدے کی مداخلت سے آزاد رکھا جائے تعلیم میں سیکولرزم کا مطلب ہے ایسی تعلیمی نظام جو عقلیت تجربیت اور سائنسی روح کے ساتھ مرتب کیا جائے سیکولرایجوکیشن پبلک تعلیم کا وہ نظام ہے جو سیکولر ملکوں نے اختیار کیا ہے جس میں مذہب اور ریاست کو الگ رکھا جاتا ہے سیکولرایجوکیشن کی ایک وسیع تعریف میں یہ بھی آتا ہے کہ ایسی کلچرل تعلیم ہو جو ایک شہری کو دی جائے اور اس سے وہ ایک مضبوط سیکولرسوسائٹی میں پروان چڑھے۔

ایک سچا مذہبی انسان ہی سچا سیکولر بھی ہوسکتا ہے سبھی دانشوروں نے تسلیم کیا ہے بہر حال جو سسٹم رائج ہے اگر کمیاں خرابیاں ہیں تو دور کرنے کے لئے سسٹم پالیسی کو مسلط کریں۔ روایتی جراثیم کو ختم کرنا ہوگا۔

ہمایوں اشرف نے شانتی رنجن بھٹاچاریہ کے تحقیقی وتنقیدی کارنامے بیان کئے انہوں نے اردو۔ بنگلہ اور مغربی بنگال کی علمی۔ ادبی صحافتی۔ تاریخی سماجی اور سیاسی پہلو کا محاسبہ اور محاکمہ اور تنقید وتحقیق کی ہے ان کی تصانیف ریسرچ اسکالر کے لئے مفید ثابت ہوگی۔عشرت ناہید نے مضطر خیرآبادی ہندی شاعری میں ہندوستانی تہذیب میں لکھتے ہیں ان کی ہندی شاعری کا جائزہ لینے پر ان کی کلیات ''خرمن'' میں ہوری۔

ٹھمری۔ دوہے۔ برہا۔ ملہار۔ سنت اور دارا میں تہذیب کی رنگارنگی ملتی ہے یہ ایک ایسا ادبی سرمایہ ہے جو اپنے عہد اور ماحول کی آئینہ داری بھی کرتا ہے ہندوستانی تہذیب کی ترجمانی۔ مضطر کی شاعری مشترکہ تہذیب کی علامت ہے مشترکہ تہذیب کے عناصر دکن میں قلی قطب شاہ وجہی۔نشاطی۔ غواصی۔ ولی اورنگ آبادی شمال میں ۔حاتم۔ فائز مرزا مظہر جان جاناں۔ ملک محمد جائسی ۔میارک علی بلگرامی سید امانت لکھنو۔ کے ڈراما اندرسبھا میں مشترکہ تہذیب کا رنگ نظر آتا ہے۔

مضطر کی ہندی شاعری ہندوستان کے اس صوفیانہ ماحول اور پیغامات کی بھی ترسیل کرتی ہے مضطر کی جو موسیقی کے رچاؤ سے فروغ پاتے ہیں رقص اور موسیقی دونوں ہی کہیں نہ کہیں وجدانی کیفیت

کے مظہر ہیں محمد سہیل انور نے مثنوی سحر البیان کا تجزیاتی مطالعہ میں صرف مثنوی کی تعریف وفن پر بات کی ہے اشعار کے حوالوں سے ماضی اور حال کا تقابل کیا ہے سائنس وٹکنالوجی کے دور میں مثنوی سحر البیان کی اہمیت ہے لوگ داستانوں سے خط اٹھانے کے علاوہ دیگر اخلاقی ۔سماجی شعور حاصل کر سکتے ہیں۔

ریحان حسن نے شکیل الرحمٰن کی گرونانک شناسی میں لکھتے ہیں بابا نانک کی وجدانی بصیرت کی ایک بہت بڑی تخلیق ہے باطنی تجربوں کے ارتعاشات غیر معمولی مسحور کن صباحت لئے ہوتے ہیں انتہائی خوب صورت جو حیرت انگیز بصیرت کی دین ہے جب جی صاحب کا مطالعہ کرتے ہوئے ایسے لگا کہ خدا ہے اس لئے جہنم ہیں خدا ہے ہر مقام پر بہشت ہے خدا ہی زندگی خوب صورت ہے اس سے گرونانک کی تعلیمات اور فلسفہ کا اظہار ہوتا ہے۔

محمد جہانگیر وارثی نے اردو لسانیات کے حوالے سے علی گڑھ مسلم یونیورسٹی کی خدمات میں کہتے ہیں اردو لسانیاتی شعور انشا اللہ خاں اور مولانا محمد حسن آزاد کے بیان ابتداء میں لکھتا ہے بعد میں پروفیسر عبدالقادر سروری ۔ پروفیسر احتشام حسین ۔ پروفیسر مسعود حسین خاں پروفیسر گیان چند جین ۔ ڈاکٹر شوکت سبزواری اور ڈاکٹر سہیل بخاری نے لسانی موضوع پر کام کیا ہے علی گڑھ میں اردو لسانیات میں کئے گئے ہیں۔

تمام پروفیسر مسعود حسین خاں ۔اردو زبان تاریخ ۔تشکیل ۔تقدیر
مرزا خلیل احمد بیگ ۔اردو کی لسانی تشکیل
پروفیسر اقتدا حسین ۔لسانیات کے بنیادی اصول اور لسانیات
علی رفا فتحی ۔اردو لسانیات
عبدالغفار شکیل ۔زبان و مسائل زبان اور لسانی تحقیقی مطالعے
پروفیسر خطیب مصطفیٰ ۔٨ کتابیں لکھی۔
ڈاکٹر صباح الدین احمد اردو حرف وصوت اور اردو حروف تہجی ڈاکٹر عبدالعزیز خاں
Tessing urdu languge linguistics Approacn 48
کتابیں مصنفین نے لکھی ہیں۔

حیات افتخار نے دیویندر ستیارتھی ہندوستانی لوک ادب کی دنیا کا کولمبس میں ان کے لوک گیتوں کا تجزیہ پیش کیا ہے۔ گاے جا ہندوستان مجموعہ ہے نگری نگری دیس بدیس کا سفر کر کے ہندوستانی لوک

ادب کے گمشدہ خزینے کو دریافت کیا ہے۔

نسیم اختر نے طارق جمیلی ایک کمیاب غزل گو ہیں ان کی شعری خدمات کا ذکر کیا ہے ارشاد احمد نے جن کتابوں سے متاثر کیا میدان عمل ۔ جانے پہنچانے لوگ گو دان کیفیات ۔ تاریخ الامت ۔ تلاش حق ۔ گاندھی کی آپ بیتی روشنائی ۔ عورت کا تجزیہ خوبیاں ۔ خصوصیات بیان کی ہے مہتاب امروہی نے اردو صحافت اور کالم نگاری میں لکھتے ہیں۔

تہذیب میں اخبار اور اس کی متعلقات کو ایک رومانی حیثیت حاصل رہی ہے صحافت کو ایک طرح سے عبادت سمجھا جاتا رہا ہے صحافت کا یہ تصور عام کرنے میں البلاغ اور ہمدرد جیسے اخبارات اس طرح پیش پیش رہے ہیں کہ اخبارات کا تجارتی اور معاشرتی پہلو پس پشت پڑ گیا حقیقت یہ ہے کہ دوسری صنعتوں کی طرح اخبار بھی ایک صنعت ہے کاروباری ہنرمندی درکار ہے تا کہ ترقی کر سکے۔

ساجد ذکی فہمی مولانا عبدالغنی عزیزی رسالہ کرن گیا کی ادبی خدمات آغاز وارتقاء اور کردار نگاری پر روشنی پڑتی ہے۔

ایم اے کنول جعفری نے نئی جہت اور صداقتوں کا شاعر برگ رفتاب جلیس نجیب آبادی کی شاعری وفکروفن پر اظہار ملتا ہے ۔ ذاکر حسین ذاکر نے موسی مجروح کی افسانہ نگاری اشتیاق رسید نے زندگی رات ہے رات ڈھل جائے گی ۔ کمال جاشی کی یاد میں

ف س اعجاز شکسپیر کے گیارہ سانئس کا اردو ترجمہ کیا ہے اس کا تجزوتبصرہ ملتا ہے سجاد احمد نجار نے اردو شاعری میں ہندوستان کی مشترکہ تہذیب ومعاشرت کے عناصر میں شعری اصناف داستاں ۔ نظمیں اور مرثیہ میں نشاندہی کی ہے۔

نیا سماں نئے ستارے نے سرسید احمد خاں کے انشائیوں کا محاکمہ وبحث ملتی ہے اس کے ذیلی عنوانات کے تحت موضوعات معنویت رکھتے ہیں اداریہ ۔ خطوط ۔ زبان وتعلیم ۔ نقد ونگار ۔ رفتار تحقیق ۔ گنج ہائے گرانمایاں ۔ یادرفتگان ۔ دوسری زبانوں سے نیا آسمان نئے ستارے ۔ کمپیوٹر کتابوں کی دنیا جزنامہ شامل ہیں ایسے رسالے کی اہمیت بڑھ جاتی ہے جس نے اپنے دامن میں ادبی ۔ علمی تعلیمی سائنس اور عصری موضوعات کو شائع کرتا ہے ١٠٠ اصفحات کا یہ رسالہ ہمہ رنگ ہمہ ادبی وعلمی صفات رکھتا ہے خرید کر پڑھیں تو ثواب نہیں تو کوئی شکایت نہیں۔

☆

اردو دنیا کا شمارہ ماہ جون ۲۰۲۱

رسالہ اردو دنیا عالمی رسالوں کا مقتدر رسالہ کہلاتا ہے اس کا ایک اہم مقصد عالمی اردو داں طبقہ کو عصری ماحول میں لے جانا ہے یہ رسالہ نہیں بلکہ بحرالعلوم معلوم ہوتا ہے اس کے مشمولات و ہر شمارہ ایک نئ تصنیف و کتاب سے ہیں ادبی و علمی مشمولات کے علاوہ عصری ٹکنالوجی کمپیوٹر۔ سائنس ۔ کامرس۔ معاشیات۔ ماحولیات۔ قانون۔ ادب کے شعبہ تخلیق۔ تنقیدہ تحقیق پر مواد دستیاب ہوتا ہے البتہ تحقیق کے فن اور اردو میں تحقیقی سرمایہ اور ماہرین محقق کے تعلق سے ایک گوشہ یا نمبر کا اجرا کریں اسکالرز کے لئے نعمت سے کم نہیں ہوگا۔ اس رسالے کے مضامین تحقیق تنقید اور حوالے جات کے لئے معتبر و مستند مواد رکھتے ہیں۔ اس نے اپنے کردار کے ذریعہ اردو کو عصری ٹکنالوجی سے مربوط کیا ہے ایسا رسالہ ماضی اور حال میں شکل سے ملے گا۔

ہماری بات کے اداریے اردو مسائل۔ لسانی مسائل اور تاریخ عصری موقف پر مبنی ہوتے ہیں اداریوں میں عمدہ اور قابل غور و فکر نکات پیش کئے ہیں زیر نظر اداریہ موقع ماحول کی مناسبت پر اردو میں ماحولیاتی ادب پر مدبرانہ خامہ سرائی کی ہے اور یہ سچ تھے کہ اردو ادب و شعراء نے اپنی تخلیقات میں بہت کم ترجمانی کی ہے ہم نے ماحولیات کو ثانوی بنا کر رکھ دیا ہے حالانکہ ماحولیات کی انسانیت کی بقا ہوتی ہے قدرتی عناصر میں بھی انسانی داخل اندازی زیادہ ہوگئی ہے اب ضرورت تعلیم اور تخلیقات میں ماحولیاتی شعور۔ ماحولیاتی تحفظ اور شجر کاری سرسبز بنانے کی باتیں پیش کی جائیں وقت اور حالات کا تقاضہ بھی فضائی آلودگی۔ صوتی آلودگی۔ آبی آلودگی۔ ضیائی آلودگی۔ صنعتی آلودگی اور کئی قسم کی آلودگیاں موجود ہیں ان کے سدباب وانسداد کے لئے اردو ادیب وشعراء آگے آئیں تو انسانیت کی بقا ہوگی بیماریوں نجات ملے گی صحت مند ماحول ملے گا۔

ریاض احمد نے اسکولی تعلیم کی تشکیل نو میں قومی تعلیمی پالیسی کے خدوخال اور موقف پر بات کی GER-NEP-20-E CCE سروشکشا ابھیان۔GS IIT-SED N-T اسکول اور کالجس کی تعلیم پر ترجمانی ہے لیکن اتنا سب ہونے کے باوجود اسکول بچے میٹرک تک آنے کے باوجود خود زبانی

کوئی تخلیق کام نہیں کرتے اور تعلیمی معیار بھی نہیں بن پا رہا ہے تعلیمی مفکرین ماہرین مگر ملازمین اسکولی تعلیمی میں معیار کے بجائے گراوٹ آرہی ہے اس کے وجوہات پر عمل کرنا ہوگا۔ اسکولی اور اعلیٰ تعلیم میں سب وسیلے ہیں لیکن تعلیم وتربیت کا فقدان پایا جاتا ہے تدریسی واکتسابی عمل میں روحانی ذہانیت کا کردار محمد اکبرالقاری نے لکھا ہے انہوں نے رومانی ذہانیت کے اصول بتائے ہیں اور اس کے ارباب پر روشنی ڈالی ہے ذہانیت کے فروغ میں استاد کے علاوہ والدین اور بچے کی محبت ضروری ہے جماعت میں ہر بچہ کا IQ بھی الگ الگ ہوتا ہے اکثر یہ بھی دیکھا گیا کہ جو بچے جماعتوں میں ذہن ہوتے ہوآ گے نہیں بڑھ پائے اور کمزور بچے محبت مشقت سے دنیا میں بڑے بڑے کمالات کئے مشاہدہ تجربہ شاہد ہے۔ ذہانیت اچھی تعلیم سے ترقی پاتی ہے آجکل بچے کی تعلیم وربیت اور ذہانت کے فروغ میں ماں باپ بچے اور استاد تینوں کا حرکیاتی رول ہونا چاہیئے سید احمد قادری نے درد وغم کا شاعر وکیل اختر میں ان کی خدمات اور کارناموں سے بحث کی ہے اسی نئے شاعر اور ادیب کو متعارف کروانا زبان وادب کے لئے خوش آئند عمل ہے جاوید حسن نے ایک روایتی موضوع پر قلم اٹھایا ہے اور میرانیس کے مرثیوں میں ڈرامائی عناصر کی نشاندھی کی ہے یہاں ایک نکتہ بحث کے لئے ہے میر انیس واقعات کربلا کو آنکھوں سے دیکھا ہی نہیں اسلامی تاریخی کتابوں کو پڑھ کر واقعات حالات کوائف کو مرثیہ کا روپ دیا ہے جو آدمی واقعات کا چشم دید گواہ نہ وہ کیسے محاکات ڈراماتی عناصر پیدا کرسکتا ہے۔

پھر بھی انیس نے اپنے فن کے ذریعہ سے ایسا کمال دیکھایا ہے کہ ہم اسی دور کے حالات و واقعات تک پہنچ جاتے ہیں یہ لفظوں اور فن کا کمال ہے قاری اس ماحول دور میں سانس لیتا ہے۔ جو ادیب شاعر ہو بہو واقعات وحالات کو دیکھا اس کے بیان کرنے میں کچھ تو فرق ہوگا۔

سید عنین علی حق نے مفتی صدرالدین خان آزردہ کی مذہبی ادبی اور قومی خدمات کا ذکر کیا ہے آصف مبین نے علم ماحولیات اور اردو کا ثانوی نصاب تعلیم میں اس بات پر زور دیتے ہیں کہ کسانی کتابوں میں ماحولیات پر مضامین شامل کریں اور ماحولیات پر بنی اردو ادب کو پیش کریں تا کہ بچوں میں ماحولیات کا تحفظ کرنے کا شعور پیدا ہوگا۔

محمد محسن رضا نے۔تلوک چند محروم اور ادب اطفال میں لکھتے ہیں۔

ادب اطفال کے حوالے سے تلوک چند محروم کا نام بہت اہمیت کا حامل ہے انہوں نے بچوں کی تعلیم وتربیت اور ذوق وشوق کو نکھارنے کے لئے بہت سی نظمیں لکھی جو مجموعہ کی شکل میں بھار طفلی کے نام

سے ۱۹۶۰ میں اور بچوں کی دنیا سے ۱۹۶۴ میں شائع ہو کر منظر عام پر آ چکی ہیں بہار طفلی میں چوبیس طبع زاد نظمیں۔ پانچ شدہ نظمیں اور قطعات کے علاوہ فرہنگ میں مشکل الفاظ کے معانی بھی درج ہیں بچوں کے لئے جتنی نظمیں لکھی جاتی ہیں ان کا بنیادی مقصد تعلیم۔ حسن اخلاق اور پوشیدہ صلاحیتوں کو نکھارنا ہوتا ہے اس پس منظر میں تلوک چند محروم کی نظمیں مکس کامیاب ہیں اس طرح تلوک چند محروم کی تخلیقات بچوں کے لئے سودمند ہے ای آر محمد عادل اردو غزل میں فوبیا جن جن اشعار میں ملتا ہے ہر شاعر کا ایک شعر میں اس کی نشاندہی کی ہے وہ کہتے ہیں فوبیا یونانی Greek لفظ فوبوس میں نکلا ہے آپ ضرورت سے زیادہ اور بنا کسی وجہ کے ڈرتے ہیں یا خوف زدہ ہوتے ہیں تو فوبیا کہلاتا ہے یہ ڈر کسی خاص وجہ حالت جگہ کی وجہ سے ہوتا ہے فوبیا کے ۱۰۰/ اقسام ہیں چند کی نشاندہی اشعار کی گئی ہے۔

شہر یار کا شعر ہے۔

عجیب سانحہ مجھ پر گزر گیا یارو
میں اپنے سائے سے کل رات ڈر گیا یارو

لکٹو فوبیا کی مثال ہے

کیسی اندھیری رات ہے دیکھو
اپنے آپ سے ڈر لگتا ہے ناصر کاظمی

اقبال احمد نے اردو کے ڈراما نگار کرتا ہے سنگھ دگل کی ڈراما نگاری پر مضمون لکھا ہے جس میں انہوں نے کرتار سنگھ ڈنگل کے ڈراموں کا تجزیہ پیش کیا ہے وہ کہتے ہیں کرتار سنگھ دگل نے اپنے ڈراموں کے ذریعہ زندگی کے تمام پہلوؤں کی نمائندگی کی ہے انہوں نے نہ صرف اردو ادب کو بہت سے ڈراموں اور کہانیوں سے نوازا ہے بلکہ پنجابی ادب کو بھی ڈھائی سو کے قریب کہانیاں عطا کی ہیں ان کی تخلیقات میں انسان دوستی۔ اتحاد۔ رفاقت نئے دور کی بشارت وطن پرستی۔ سماجی شعور۔ ہندوستانی کی معاشرت کا نقشہ اور قومی تصورات وغیرہ شامل ہیں۔ شہاب ظفر آعظمی نے اکیسویں صدی میں ہندوستان کا اردو افسانہ میں لکھتے ہیں موجودہ دور جدید ترین عہد جیسے اکیسویں صدی کے نام سے جانا جاتا ہے یہ موضوعاتی فکری اور تہذیبی اعتبار سے گذشتہ صدی سے کئی معنوں میں مختلف ہے یہ عہد انفارمیشن ٹکنالوجی کا عہد ہے۔

E-mail protal- website- internet-wikiped- G08001 seeren twitter- watsapp sms E-library-E -Books interner mobile

اسکول کالج اور یونیورسٹی نہیں ہماری زندگیوں میں بھی انقلاب پیدا کر دیا ہے نئے مسائل نئے موضوعات اور نئے راستوں سے آشنا کیا مگر دوسری طرف زندگی کو سہل اور آسان بنانے کی جتنی راہیں ہموار ہوئیں آسائشوں کے دروازے بھی کھل گئے کاریں۔ فلیٹس۔ موبائل اور ٹیبلیٹ ہمارے لئے اسٹیٹس سمبل بن گئے انسان کی پوری توجہ مادی آسائش پر اسٹوری۔ حصول دولت پر ہوگئی نتیجہ یہ ہوا کہ فحاشی۔ ہوس پرستی۔ قتل و غارت گری۔ زنا۔ درندگی اور عنبر انسانی افعال نے معاشرے کو اپنی گرفت میں لے لیا۔ انسانیت کا زوال آخری حد کو پہنچ گیا اور رشتوں کا تقدس باقی نہیں رہا۔ مسائل کا نیا اخبار ہے مثبت اور توانا قدروں کی جانب سوچنے کا بھی موقع نہیں دینا۔ ۲۰ صدی سے لکھنے والے ناول نگار اور ۲۶ ویں صدی تک یہی مسائل کو پیش کرر ہے ہیں ان میں قابل ذکر یہ ہیں۔

جیلانی بانو۔ عبدالصمد۔ غضنفر۔ حسین الحق۔ سلام بن رزاق۔ شوکت حیات شموئل احمد۔ طارق چھتاری۔ سید محمد اشرف۔ بیگ احساس۔ نورشاہ۔ خورشید حیات انیس رفیع۔ نورالحسنین۔ شاہد اختر۔ ذکیہ مشہدی۔ ترنم۔ ریاض۔ نگار عظیم احمد صغیر دیپک بدکی۔ اسلم جمشید پورہ۔ فیاض رفعت۔ عشرت بیتاب اقبال حسین۔ انجم عثمانی مشتاق آعظمی۔ ف س اعجاز۔ صدیق عالم۔ حمید سروری اقبال حسن آماد۔ شہیرہ مسرور۔ قاسم خورشید۔ فخرالدین عارفی۔ عشرت ظہیر ابن کنول۔ شاہیں۔ ۲۰ ویں صدی سے لکھے ہیں اور اب ۲۱ ویں صدی میں بھی نئے صدری کے مسائل موضوعات نے انہیں متوجہ کیا ہے ان لکھنے والوں میں افسانہ نگاروں میں کہکشاں پروین۔ مسرور تمنا۔ اشرف جہاں۔ شبیر احمد۔ پرویز۔ شہر یار ایم مبین۔ سید احمد قادری۔ فہیم اختر۔ فاروق۔ راہیب۔ بلراج بخش وحشی سعید۔ یسین احمد۔ خالد جاوید۔ اشتیاق سعید۔ سلمی صنم۔ بشیر مالیرکوٹلوی صادقہ نواب سحر شائستہ فاصری۔ تسنیم فاطمہ۔ افشاں ملک شبانہ رضوی۔ زیب انساء۔ ریاض توحیدی۔ ابرار مجیب اشا پربھات عشرت ناہید۔ شہناز رحمان۔ نشاں زیدی۔ احمد رشید۔ نوشابہ خاتون رخسانہ صدیقی۔ عنبری رحمان۔ اختر آزاد۔ مہتاب عالم پرویز۔ نیاز اختر نصرت شمس۔ شارقہ شفقتین۔ سلمان عبدالصمد۔ سفینہ۔ شفقت نوری نہال آڑھوی۔ ترنم جہاں شبنم۔ وسیم عقیل شاہ۔ مستمر۔ محمد علیم اسماعیل رومانہ تبسم۔ ذاکر فیضی اپنے عہد صدی کی نمائندگی کرتے ہیں عہد حاضر کے مسائل کو پیش کیا ہے ماحولیات کا تحفظ۔ پانی کی قلت مذہبی منافرت شدت پسندی انسان کی جنسی کج روی روایتی عورتوں کے خانگی مسائل مسلک کی لڑائی۔ دلت طبقات کے مسائل انسانیت کا زوال فرقہ

پسندی دہشت گردی خودغرضی و بے ضمیری وطن سے محبت عورتوں کی آزادی۔

دلت مسائل پر افسانے لکھنے والوں میں سینئر لکھنے والوں میں پریم چند۔کرشن چندر۔عصمت چغتائی۔خواجہ احمد عباس۔سلام بن رزاق۔انورقمر ساجد رشید۔غضنفر۔شوکت حیات۔جابر حسین۔اس میں رفتار۲۱ ویں صدی میں بیدار ہوتی ہے شموئل احمد۔مشتاق احمد۔مشتاق احمد نوری۔ذوقی۔رحمان شاہی۔صغیر رحمانی احمد صغیر۔قاسم خورشید۔اختر آزاد۔مجیر احمد۔

مشتاق احمد گنائی نے اکیسویں صدی میں اردو غزل کے امکانات کشمیر کے حوالے سے لکھتے ہیں ریاست میں اردو غزل کا سنہرا دور تقسیم ہند کے بعد شروع ہوتا ہے تقسیم ملک کے بعد ہونے والی سیاسی۔ اورسماجی تبدیلیوں کا اثر ریاست کے قلم کاروں پر بھی پڑا ہے۔ادب کے اہم تحریکات ورجحانات کے ساتھ ریاست کے ادباء وشعراء سے بھی منسلک ہوکر اپنی ذہنی وابستگی کا اظہار اپنے کلام میں کیا ہے علاوہ ریاست کے مختلف حالات وحادثات کا اظہار بھی یہاں کے شعراء اہم موضوع رہا ہے مزید کہتے ہیں ریاست جموں وکشمیر میں اردو غزل کسی بھی دوسری ریاست کے مقابلے میں کہیں زیادہ توازن اورتازہ کاری کے ساتھ کئی بلند رویاں چھورہی ہے کشمیر کے غزل گوشاعروں نے غزل کی روح سے انحراف نہیں کیا ہے اوراپنی غزلوں میں ارضیت اورعصریت کی محسوس یا نامخصوص اثر پذیری کے باوجود غزل کی شعربات کے مطابق انسانی جذبات واحساسات اوراحوال وحوادث کا ہی اظہار نئ جمالیاتی دروبست کے ساتھ کیا ہے۔وسیم فرحت نے ایک قسم کا فاصلہ میں ساحر کی زندگی علالت اورفلمی اورادبی جذبات پرروشنی ڈالی ہے۔محمد حسین نے حسان الہند مولانا احمد رضا خاں کی شاعری فن پر گفتگو کی ہے غلام حسین نے اختر بستوی بلند پایہ دوستی میں اختر کی زندگی سوانح اورشعری خدمات فکروفن کا محاکمہ کیا ہے۔

عظیم راہی نے قمر اقبال قرض مٹی کا چکانے کے لئے زندہ ہوں میں قمر اقبال کی شاعری اور اورادبی جذبات کا احاطہ کیا ہے۔

شمع اختر کاظمی نے مضمون اردو ادب وصحافت کے امام افتخار امام صدیقی میں جو۱۶ستمبر۱۹۴۷ کوآگرہ پیدا ہوئے اور۱۴اپریل ۲۰۲۱ کواس دارفانی سے کوچ کرگئے میں ان کی شعری ادبی صحافتی خدمات کی عکاسی ترجمانی کی ہے وہ لکھتے ہیں افتخار امام صدیقی کی مقبولیت اورعظمت کاراز دراصل ان کی صلاحیتوں اوربے پایاں فکروفن میں پوشیدہ ہے گوکہ وہ ایک منفرد لب ولہجہ کے جدت پسند شاعر تھے لیکن انہیں اداریہ نگاری میں یہ طولیٰ حاصل تھا۔

اردو میں اداریہ نگاری کو غیر معمولی اہمیت حاصل ہے یہ مشکل فن ایک بیدار متنوع ذہن چاہتا ہے اداریے کے مطالعے سے حالات حاضرہ سے لے کر ادب۔تاریخ۔فلسفہ طنز ومزاح سب کچھ صحافی کے قلم کے زد پر رہتا ہے اور جن کے پاس بے پناہ مدیرانہ صلاحیتیں۔ادب وشاعری تینوں جو ہر معبود ہوں تو ان کی زبان اور ذہن میں خلاقانہ شان پیدا ہوجاتی ہے تب اداریہ دل ودماغ کی تربیت کا فریضہ ادا کرتا ہے ادبی مسائل کی گرہ کشائی کرتا ہے ادب کے کھوکھلے پن کو اجاگر کرتا ہے اور ادب کی صالح اور دیرپا قدروں کے فروغ میں حصہ لیتا ہے۔

رئیس فاطمہ نے ماسٹر رامچند را اور فوائد الناظرین میں اس پرچہ کی خوبیوں کردار امل سے بحث کی ہے۔منصور خوشتر نے پروفیسر عبدالمنان طرزی سے بات چیت کی ہے جس سے ان کی زندگی۔فکروفن سے آگیا حاصل ہوتی ہے اور ادبی خدمات کا اندازہ ہوتا ہے زمیرہ نے محی الدین قادری زور بہ حیثیت شاعر جائزہ لیا ہے روز نے کبھی کبھی مزہ بدلنے کے لئے شعر کہتے ہیں باقاعدہ شاعری نہیں کی دیوان موجود ہے پھر بھی اشعار جمع کر کے بہ حیثیت شاعر شناخت بنانا نئی بات ہے ذیلی عنوانات۔اداریہ خطوط۔زبان وتعلیم۔نقد ونگاہ۔اکیسویں صدی اور اردو۔صدی شخصیت شمس وقمر۔یادرفتگان۔سلسلہ صحافت۔خصوصی گفتگو۔سماجیات نیا آسمان نئے ستارے۔دیگر زبانوں سے۔کتابوں کی دنیا۔خبرنامہ کے مشمولات فکر انگیز معنونیت لئے ہوتے ہے ۱۰۰ اصفحات کے شمارے میں ہمہ نوعیت وتنوع لئے مواد مضامین ملیں گے۔

☆

اردو دنیا ماہ جولائی ۲۰۲۱

جولائی ۲۰۲۱ کا شمارہ آن لائن ہمدست ہوا۔ اس کے مدیر ڈاکٹر شیخ عقیل احمد مشیر حقانی القاسمی۔ معاونین عبدالرشید اعظمی۔ یوسف رامپوری۔ نایاب حسن اس کا جلد نمبر ۲۳ شمارہ ۰۷ ہے NCPUL وزارت تعلیم محکمہ اعلی تعلیم حکومت ہندنئی دہلی کی جانب سے ۱۹۹۹۔۲۲ سال سے شائع ہورہا ہے کمپوزنگ محمد اکرام اورڈیزائننگ محمد زید نے کی ہے مدیر رسالہ نے ہماری بات اداریہ میں اردو کی جن شخصیتوں کی رحلت پر اظہار تعزیت وتاسیف کیا ہے وہ کہتے ہیں۔

گذشتہ چند مہینوں میں جن شخصیات کی وفات ہوئی وہ ہمارے معاشرے کے لئے قیمت اثاثہ تھیں انہوں نے ہمیں علوم وفنون کا بیش بہا سرمایہ عطا کیا ہمارے تاریک ذہنوں کو روشن کیا ہمارے منجمد وجود میں تحریک اورطغیانی پیدا کی اورہمیں حیات وکائنات کے اسرار ورموز سے بھی آشنا کیا ہے شخصیات صرف ایک شعبے سے وابستہ نہیں تھیں لیکن مختلف شعبہ حیات سے ان کا تعلق تھا اوران تمام شعبوں میں انہی کی وجہ سے فعالیت تھی تحرک تھا ان تمام شعبہ حیات کے ارتقا میں ان شخصیات کے رول کونظر انداز نہیں کیا جاسکتا بات سچ ہے کہ ان ادبی وعلمی شخصیتوں نے نہ صرف زبان بلکہ سماج ومعاشرہ کی تعمیر تطہیر بھی کی اور ملک وقوم کی ترقی میں اپنا حصہ ادا کیا اب ایسے ادیب نقاد وشاعر کہاں جواپنی تخلیقات سے معاشرہ کوصحت مندی سے ہمکنار کیا۔ ادب میں خلاء پیدا ہوگیا جس کا پرہونا مشکل ہوگیا ہے اداریہ کے ایک ایک جملہ سے دردوغم کے ساتھ اس کے کارناموں کی بلندیوں کا احساس ہوتا ہے ۲۰۱۹۔۲۰۲۰۔۲۰۲۱ میں اردو کے بڑے دانش ورمفکرادیب شاعرگذر گئے آئندہ ادب وزبان کا کیا ہوگا وقت بتلائے گا۔

قارئین کے خطوط ربط والتفات کے تحت جوخطوط آتے ہیں ان کومن وعن شائع کریں مختصر کرنے سے بات مکمل سمجھ میں نہ آئے گی۔ تبصرے کی شکل میں آجائے توشائع کردیں خطوط میں شمارہ کی خوبیوں خرابیوں کا ذکر ہوتا ہے ان خطوط سے شمارے کی قدوقامت اورقدر کا تعین ہوتا ہے حسن وقبیح سے آگہی ہوتی ہے اس کالم کواب تک جاری رکھیں زبان وتعلیم کے تحت عالمگیریت اورتعلیم باہمی رشتے اوراثرات آفتاب عالم نے لکھا ہے انہوں نے عالمی تعلیمی معیار کی بات کی ہے اورعالمی مارکیٹ میں

کھپت پر روشنی ڈالی ہے لیکن ہر ملک کے وسائل الگ الگ ہیں مشرق ابھی تعلیمی وسائل کے لحاظ سے پیچھے ہے مغرب ترقی یافتہ ہے مشرقی ممالک میں وسائل اور سہولتوں کا فقدان ہے اس لئے مغرب کا معیار تعلیمی لحاظ سے اونچا ہے مشرق میں روایتی انداز کی تعلیم آج بھی جاری وساری ہے یہاں کے تعلیمی سسٹم میں انقلاب واصلاحات لانی ہوگی عالمی تعلیمی نظریات کوموضوع بنایا ہے نقدونگاہ کے تحت پنچ تنتر تہذیب وتاریخ کے آئینے میں شازیہ عمیر نے لکھا ہے دراصل یہ کتاب وشنوشرما نے لکھا ہے اور پرندوں جانوروں کے ذریعہ اخلاق تہذیب اور علم وتعلیم کے حصول کی ترغیب دی گئی ہے دوسری زبانوں کے ادب میں بھی اس طرح کی اخلاقی کہانیاں چرندوں پرندوں کے ذریعہ تخلیق ہوتی ہیں مضمون معلوماتی ہے وہ لکھتی ہیں پنچ تنتر کی کہانیوں نے انسان کو یہ درس دینے کی کوشش کی ہے کہ سیاسی مسائل ہوں یا معاشی الجھنیں سماجی رشتوں کی گتھیاں ہوں یا نظام حکومت کی پیچیدگیاں ان کے حل کے لئے کیا طریقہ اختیار کرنا چاہئے اور ایک کامیاب زندگی کے لئے کیسی دانشمندی اور فہم وفراست کی ضرورت ہوتی ہے نیز اگر حکمت ودانائی سے کام لیا جائے تو بڑی سے بڑی شکلیں آسان ہوسکتی ہیں اس لئے قدرت نے انسان کو اشرف المخلوقات بنایا ہے کہ وہ اپنی حکمت وتدبیر سے ہر پریشانی سے نجات حاصل کرسکتا ہے۔

سرزمین ہند کے داناؤں کا کمال ہے کہ معصوم جانوروں کی زبانی انہوں نے دقیق اور پیچیدہ مسائل کو بھی عام فہم اور دلچسپ بنادیا۔

عبدالمغنی صدیقی حیدرآباد میں اردو ناول ۱۹۰۰ تا ۲۰۱۴ کا جائزہ لیا ہے اور حیدرآباد کا پہلا ناول مطلع خورشید ۱۹۰۰ کو قرار دیا ہے۔

مہاراجہ کشن پرشاد کے تین ناول ۔ ۱) مطلع خورشید ۱۹۰۰ چنچل نار ۱۹۰۳ بزم خیال ۱۹۱۲ وغیرہ اس طرح حیدرآباد ناول نگاروں کی تفصیل اور ان ناولوں کا تعارف پیش کیا ہے۔

۱۸۸۴ء میں عبدالحلیم شرر لکھنو سے حیدرآباد آتے تھے انہوں نے ۴۲ ناول لکھے معاشرتی۔ اصلاحی ۔تاریخی ناول لکھے ۱۹۰۸ تا ۱۹۱۰ شرر نے ناول لکھے۔

قیس ولیلیٰ ۔آغا صادق کی شادی۔ ماہ ملک

بیسویں صدی کی شروعات میں شرر۔شاد۔عزیز احمد نے ناول تھے۔

حیدرآبادی خواتین ناول نگاروں میں

۱) طیبہ بیگم بلگرامی ناول انوری بیگم۔ حشمت النساء احمدی بیگم غیر مطبوعہ ہے

۲) صغرا ہمایوں مرزا نے اصلاحی ناول لکھیں مشیر نواں۔موہنی۔سرگزشت ہاجرہ

قاضی عبدالغفار۔۱۹۳۲۔۱۹۳۴ ناول لیلیٰ کے خطوط مجنوں کی ڈائری۔لکھی۔

عزیز احمد نے ہوس ۱۹۳۲ میں لکھا۔حیدرآباد کا پہلا جنسی ناول تھا ۱۹۳۳ میں مرمر اور خون۔ گریز۔آگ۔ایسی بلندی ایسی پستی۔شبنم ابراہیم جلیس۔عزیز احمد۔جیلانی بانو رفیعہ منظورالدین صابر علی سیوانی نے فلسفہ موت کی شعری تشریحات مضمون میں جن اشعار میں موت کا تصور ذکر ہے ان کی تشریح صراحت کی اور مختصراً جائزہ لیا ہے غالب۔میر فانی وغیرہ کے یہاں موت کا تصور ملتا ہے غالب نے کہا۔

موت کا ایک دن معین ہے۔نیند کیوں رات بھر نہیں آتی احسن ایوبی نے قیصر تمکین کا تنقیدی رجحان میں لکھتے ہیں قیصر تمکین فکشن کو شاعری پر فوقیت دیتے تھے۔اس لئے فکشن سے تعلق ان کے کئی مضامین میں جن میں فکشن کیوں قابل ذکر ہے اسے فکشن سے تعلق ایک وقیع مضمون کہا جاسکتا ہے اس میں انہوں نے فکشن تنقید کی طرف سے برتی جانے والی تساہلی کو نشانہ بنایا ہے جاوید انور نے تخلیق وجود اور ارتقاء میں لکھتے ہیں۔

تخلیقی زبان ایسے الفاظ کا مجموعہ ہے جو نا معلوم کی معلومات فراہم کرنے کے علاوہ ہے جس کا وہ مواد جو مرکزی اہمیت رکھتا ہے براہ راست تعلق نہ ہونے کے باوجود مختلف شعبہ ہائے زندگی میں اپنی منفرد اہمیت رکھتے ہیں نجمہ رحمانی نے یادرنگ شمیم حنفی کی ادبی خدمات تنقیدی رجحان پر روشنی ڈالی ہے تاثرات کا اظہار بھی ہے۔

محمد قاسم انصاری نے پروفیسر شمیم حنفی مضمون میں لکھتے ہیں حنفی صاحب نے نثر کی مختلف اصناف کے ساتھ انصاف تو کیا ہے انہوں نے اردو شاعری کے گیسوؤں کو بھی سنوارا ہے وہ ایک سنجیدہ شاعر تھے ان کی شاعری میں کلاسکیت اور جدیدیت کا امتزاج ملتا ہے۔

قدوس جاوید نے کشمیر کی درد آشنا ترنم ریاض کے فکر وفن شاعری اور شعریت پر اظہار کیا ہے۔

ناصرالدین انصار نے شگفتہ مزاج نقاد ڈاکٹر صفدر میں ان کی شخصیت کے بارے میں لکھتے ہیں۔

ڈاکٹر صفدر بڑے باغ و بہار آدمی تھے ان کے ہونٹوں پر ہمیشہ مسکراہٹ کھیلتی رہتی ہے میں نے انہیں کبھی غمگین اور فکر مند نہیں دیکھا جب تک وہ خاموش ہوتے ہیں نہایت سنجیدہ اور متین نظر آتے ہیں لیکن ج یسے ہی گفتگو شروع کرتے ہیں بلبل ہزار داستاں معلوم ہوتے ہیں شگفتہ مزاجی ان کی شخصیت کا خاص وصف ہے وہ جس جگہ جاتے ہیں شگفتگی بکھیر دیتے ہیں۔

نشان زیدی نے فکرو احساس کا شاعر نیر سلطانپوری میں لکھتی ہیں۔

نیر سلطان پوری کی شاعری میں حقیقی دنیا ہے وہ گل و بلبل کے فرسودہ قصے بیان نہیں کرتے اور نہ ہی محبوب کی تعریف میں آسمان کے ستارے توڑنے کی بات کرتے ہیں اور نہ ہی محبوب کی روایتی ستم گاریوں کو اپنی شاعری میں سموتے ہیں وہ سماج میں بکھری ہوئی زندگی اور مسائل پر غور کرتے ہیں شفیع احمد نے احمد جمال پاشا کی انشائیہ نگاری اور فکروفن پر بات کی ہے کہتے ہیں احمد جمال پاشا اپنے انشائیوں کے لئے مواد تہذیب وثقافت علم وادب سیاست ومعاشرت کے میدان سے حاصل کیا ہے زمانے کے نامساعد حالات جن سے انسانی زندگی پریشانی کا سامنا کررہی ہے اس سلسلے سے بھی باتیں کی ہیں۔

محمد الیاس الاعظمی انور آعظمی ایک مطالعہ میں لکھتے ہیں۔

بہ نظر غائر دیکھا جائے تو انور آعظمی کو یہ افتخار حاصل ہے کہ وہ آعظم گڈھ کے اردو کے اولین صحافیوں میں ہیں مگر اس کے باوجود ماہ نامہ زندگی رام پور میں جس کی انہوں نے ادارت بھی کی ہے تھی اس میں ان کی صحافیانہ خدمات کا جائزہ ملتا ہے اختر شاہ جہاں پوری الطاف شاہ آبادی کا شعری مزاج میں ان کی شاعرانہ فکروفن وخصوصیات خرابیوں پر روشنی ڈالی ہے۔ دیگر مشمولات بھی بہت خوب ہیں شماروں میں جنوبی ہند کے قلم کاروں کے تنقیدی و تحقیقی مضامین شامل کریں۔ اردو دکنی ادب کے شاہ پاروں فنکاروں پر تنقیدی اور تحقیقی مضامین شائع کریں ایک تجویز یہ ہے کہ عالمی ادب یا انگریزی ادب کے فنکاروں کو ہر شمارے میں متعارف کروانے کا سلسلہ شروع کریں تا کہ اردو والے انگریزی ادب سے متعارف ہوسکے۔ اور ہر ملک کی ایک ایک ریاست سے ایک علاقائی ادیب یا شاعر کی حیات اور ادبی کارناموں کو پیش کریں تو معلومات میں اضافہ ہوگا۔ ۱۰۰ اصفحات کا یہ شمارہ اپنے دامن وجلو میں بہت کچھ لئے ہوئے ہیں۔

اور ذیلی عنوانات کے تحت جو مشمولات شامل ہیں وہ جدت ندرت لئے ہوئے نئے شعراء اور گوشہ گمنامی میں جو تھے ان کو متعارف کروایا جارہا ہے اس رسالے سے استفادہ کرنا ہر اردو فرد کی ذمہ داری ہے اور ہندوستان اس سے باہر کی دنیا کے ہر اردو خاندان میں یہ رسالہ ہونا چاہئے۔

اس کے مشمولات اردو اسکالر اردو طلبہ کے لئے مفید و ثمر آور ثابت ہوں گے اس کے مطالعہ سے مسابقتی امتحانات میں آسانی سے کامیابی حاصل کرسکتے ہیں اب اس میں مختلف علوم وفنون کی عکاسی ترجمانی ہورہی ہے ادبی اردو قاری کے لئے عام قاری مخصوص قاری بھی استفادہ کرے تو عصری معلومات سے آگہی حاصل ہوگی۔ ☆

ماہ نامہ اردو دنیا اگست ۲۰۲۱

اگست ۲۰۲۱ کا اردو دنیا کا شمارہ بروقت ہمدست ہوا۔ مہینے کی آخری تاریخ یعنی ۳۰۔۳۱۔ تک مل جاتا ہے جس کی وجہ سے خوشی حاصل ہوتی ہے ماضی میں جس طرح پیسہ اخبار اور دوسرے ماہ ناموں کا لوگ انتظار کرتے تھے اس طرح اردو دنیا کا بھی لوگ بے چینی سے انتظار کرتے ہیں۔ یہ سب کچھ رسالہ کے مشمولات کی وجہ سے ہے اس میں علمی وادبی اور دیگر علوم وفنون سے متعلق معلومات بھرپور شائع ہوتی ہیں اس لئے ہر مذاق مزاج رکھنے والے ہر شوق وذوق سے پڑھتے ہیں اہل وطن کو ۷۵ ویں جشن آزادی مبارک۔ اس کی مناسبت سے سرورق پر ترنگا اور اشوک چکرا کی تصویر شائع کی گئی ہے مدیر نے ہماری بات میں جنگ وجدوجہد آزادی میں شعراء ادیبوں اور صحافیوں کے کردار پر روشنی ڈالی ۱۸۵۷ء کے موقع پر اردو صحافیوں نے برطانوی سامراج کے خلاف کھل کر لکھا اور بے خوف وخطر کاروان حریت کی حمایت کی عوام کے اندر ملک کی آزادی کے لئے جوش وجذبہ پیدا کیا مولوی محمد باقر کے دہلی اردو اخبار۔

مولوی ظفر علی خاں کا زمیندار مولانا حسرت مولانی کے اردو معلیٰ

مولانا محمد علی جوہر کے ہمدرد مولانا ابوالکلام آزاد الہلال اور دیگر اخبارات نے حصہ لیا

مولانا الطاف حسین حالی۔ سرور جہاں آبادی۔ برج نرائن چکبست۔ علامہ اقبال۔ عرش ملسیانی۔ بسمل عظیم آبادی۔ جوش ملیح آبدی۔ تلوک چند محروم۔ سجاد ظہیر۔ رشید جہاں۔ اسرار الحق مجاز۔ لال چند فلک۔ فراق گورکھپوری۔ انور صابری۔ معین احسن جذبی۔ علی سردار جعفری۔ نذیر بنارسی جیسے سیکڑوں ادیب وشاعر تھے جنھوں نے شعلہ بار تحریروں اور تقریروں سے تحریک آزادی کی آبیاری کی ملک کے تمام طبقات کی جہد مسلسل سے ۱۵/اگست ۱۹۴۷ کو ہمارا ملک آزاد ہوگیا۔

ان اشعار میں وطن سے محبت والفت کا اظہار ملتا ہے۔

سرفروشی کی تمنا اب ہمارے دل میں ہے
دیکھنا ہے اور کتنا بازوئے قاتل میں ہے
خوں شہیداں وطن کا رنگ لاکر ہی رہا

آج یہ جنت نشاں ہندوستان آزاد ہے
دل سے نکلے گی نہ مر کر بھی وطن کی الفت
میری مٹی سے بھی خوشبوئے وفا آئے گی
وطن کی پاسبانی جان وایماں سے بھی افضل ہے
میں اپنے ملک کی خاطر کفن بھی ساتھ رکھتا ہوں

ربط والتفات خطوط کا کالم سے رسالہ کی قدوقامت کا اندازہ ہوتا ہے خطوط میں زیادہ تعریف وتوصیف ہورہی ہے تنقید کم ۔توازن ہونا چاہئے غضنفر نے تحقیق کیسے کریں میں تحقیق کے فن تقاضے اور تحقیق کس طرح کی جائے اس پر تفصیل سے مضمون لکھا ہے تحقیق کی زبان کے لئے کہتے ہیں زبان آسان ۔ وضاحتی ۔استدلالی ۔سائنٹفک ۔ ہوقمر جمالی نے میرابائی استغراق اورعرفان ذات کی شاعرہ کے کلام کا تجزیہ کیا ہے اور ہندوروحانی قدروں پر روشنی ڈالی ہے کرشن سے محبت کا اظہار میرا کی شاعری میں ملتا ہے پھر قیصر زماں نے حسرت کا شاعرانہ کردار میں سے حسرت کا شعری آہنگ اور کلام کا فنی وموضوعاتی تجزیہ کیا ہے حسرت نے داخلی اور خارجی عوامل کو شاعری کا موضوع بنایا ہے۔

قمر سلیم نے سچ کہا ہے اردو قومی یک جہتی کی زبان اور اتحاد کی ہے اس میں مکمل ہندوستانیت جلوہ گر ہے ہندوستان اردو کو کیا دیا شمالی ہند میں اردو ختم ہورہی ہے جنوبی ہند میں بھی یہی حال ہے اردو سے حقیقی محبت اولاد کی طرح کریں تو اس کی بقا ہوگی۔

احسان حسن نے رام کے حوالے سے چکبست کی شاہ کار نظم کا تجزیہ کیا ہے یہ نظم رام چندر کی بن باس کے لئے رخصتی پر لکھی گئی ہے نظم پر ایک غم کا عنصر ہے ماں کے جذبات کی معراج ہے نظم فطری روانی سے آگے بڑھتی ہے رخصتی پر سب کو دکھ ہوتا ہے فطری بات ہے اس کو والہانہ انداز سے پیش کیا ہے۔

زاہد ندیم احسن ماحولیاتی تحفظ اورادب اطفال میں میں ماحولیات کی بقا کے لئے لکھتے ہیں پیڑ کٹنے سے سب سے بھلا نقصان تو یہی ہے کہ ہوا گندی ہوتی ہے لیکن اس کے علاوہ بارش کا پیڑوں کے ساتھ بھی کافی گہرا رشتہ ہوتا ہے یہ ہے کہ سمندر سے پانی بھر کر ہوا بھاری ہوجاتی ہے تو وہ ایسے علاقوں کی طرح چلتی ہے جہاں کی ہوا سورج کی گرمی سے گرم ہو کر ہلکی ہو جاتی ہے اور اوپر اٹھنے لگتی ہے سمندر سے آنے والی بھاری ہوا اس جگہ کو بھرنے آتی ہے جو ہلکی ہوا نے خالی کی تھی ۔اب اگر اس علاقے میں پہاڑ ہوں تو ہوا ان سے ٹکرا کر بارش کرتی ہے۔

سلمی محمد رفیق نے کاشف الحقائق مثنوی کا تنقیدی جائزہ لیا ہے اطہر حسین نے ماہ نامہ معارف اور تحقیقات سلیمانی۔ ماہ نامہ معارف اور تحقیقاتی سلیمانی اطہر حسین اور بھی مشمولات عصری شعور آگہی عطا کرتے ہیں۔ اداریہ۔ خطوط۔ ادب محبت اور زاویے۔ زبان وبیان۔ یاد رفتگان۔ لعل وگوہر۔ سمت وامکانات۔ اردو تاریخ تہذیب اور ٹکنیک۔ نفسیات۔ نیا آسمان نئے ستارے۔ کمپیوٹر کتابوں کی دنیا۔ عالمی اردو نامہ خبر نامہ کے تحت جو مواد ہے وہ اردو قاری کو نئے وجدید معلومات عطا کرتے ہیں۔ ۱۰۰ صفحات کے رسالے شمارے میں بہت کچھ موجود ہے ہر اردو داں اس سے استفادہ کریں طلبہ واسکالر کے لئے ثمر آور مفید ثابت ہوگا۔

☆

اردو دنیا کا شمارہ ستمبر ۲۰۲۱

سرورق پر قدرتی مناظر کی تصویر ہے جو دل کو شگفتہ کر دیتی ہیں مدیر شیخ عقیل احمد نے ہماری بات اداریہ میں اردو کا سرمایہ انگریزی میں منتقل کرنے کی تلقین کی انگریزی والے اردو کے تعلق سے لکھ رہے ہیں اردو زبان وادب پر سوچ رہے ہیں خوش آئند اقدام ہے اردو کو دیگر زبانوں میں یعنی تلگو۔ ملیالم۔ ٹامل میں کہ ترجمہ کرنے کی ضرورت ہے انگریزی ہندی میں اردو تخلیقات کے ترجمہ ہو رہے ہیں اردو کو ہندوستان کے تمام علاقوں میں اس کی ترویج واشاعت کے لئے کوشش کرتے رہنا چاہئے کیونکہ اردو ایک سیکولر اور جمہوری زبان ہے جس کی پرورش و پرداخت میں تمام مذاہب اور طبقات کا خون جگر شامل ہے بسلسلہ امتیاز مذہب وملت اس زبان نے ہندوستانی افکار واقدار کی ترجمانی کی ہے یہی وجہ ہے کہ اس زبان کے لئے بہت سے ان ذہنوں میں بھی بے پناہ عقیدت ہے جن کی زبان کوئی اور ہے مگر وہ اردو کے ادبی سرمایے سے بہت متاثر ہیں خاص طور پر اردو کی غزلیہ شاعری سے ایسے افراد کی روح کا ایک گہرا رشتہ ہے وہ اپنے جذبات واحساسات کا اظہار اس زبان کے شعری پیرائے میں کرنے کے خواہش مند ہوتے ہیں ہمیں ان کے اس جذبے کا احترام کرتے ہوئے اردو کا سرمایہ ان تک پہنچانا ہوگا تا کہ ہماری زبان کو نئی زندگی اور نیا کارواں مل سکے بشرطیکہ تمام طبقات اردو سیکھے اور اردو کو فروغ دینے کا جذبہ اپنے میں پیدا کریں یہ تمام طبقات کی زبان ہے پھر سے ہندو و مسلم سکھ عیسائی کی نسل نو اردو رسم خط کو سیکھیں تا کہ اردو کی آئندہ صدیوں میں بقا ہو ربط التفات سے شمارے کی قدو تعین کا اندازہ ہو جاتا ہے سرسید کے زینو بھیا کی شخصیت سرسید کی کردار اور ادبی کا کارنامے کی طرف اشارہ کیا ہے اور علی گڑھ کی عمارتوں کی تشکیل کی ہے۔

سعید رحمانی نے اکیسویں صدی میں اردو تنقید نگاری کی پیش رفت ریاست اڈیشا کے حوالے سے کرمت علی کرامت عبدالمجید صدیقی۔ عبدالمتین جامی سعید رحمانی۔ خاور نقیب۔ یوسف جمال کی تنقیدی خدمات رویہ پر روشن ڈالی گئی ہے۔ اسی نہج پر ہر ریاست میں تحقیق وتنقید کا جائزہ لے کر مضامین ارسال کریں تو علاقائی نوعیت کا بڑا ادبی کام ہوگا۔

حنا آفریں نے مالک رام کی کتاب فسانہ غالب ایک تحقیقی کاوش میں مالک رام کی غالب پر تحقیق کو اجاگر کہا گیا ہے آتش کے شاگرد آغا جو شرف لکھنوی کی ایک غیر مطبوعہ مثنوی بعنوان شکوہ فرہنگ کو دریافت کیا غرض اس مضمون میں غالب کے تعلق سے تحقیقی حقائق شامل ہیں۔ اور معلومات فکر انگیز ہیں فیروز عالم نے الیاس احمد گدی سفرنامہ نگاری پر روشنی ڈالی ہے لکشمن ریکھا کے پار کا تجزیہ کیا ہے تقسیم کے حالات کو موضوع بحث بنایا ہے تقسیم کے بعد کے حالات کا اچھا تجزیہ کیا ہے تقسیم کا دردالمیہ ناولوں افسانوں میں آج تک پیش کیا جارہا ہے۔ وحد بندی انسانیت کے لئے وحشت ہے اللہ کی زمین پر انسان کہیں بھی رہ سکتا ہے انسان کے پیدا کردہ حالات سے انسانیت تباہ ہورہی ہے راشد میاں نے تحقیق کے معلم اول پروفیسر حافظ محمود شیرانی کی حیات اور تحقیقی کارناموں کا ذکر کیا ہے ان میں تنقید شعرالعجم ترجمہ خزائن الفتوح پنجاب میں اردو فردوسی اور شاہ نامہ پر مقالے۔ مجموعہ نغز تصحیح تنقید قصہ چہار درویش۔ پرتھوی راج راسا۔ تنقید آب حیات۔ خالق باری کی تحقیق وتنقیدی کا جائزہ لیا ہے شیرانی سے تحقیق کی شناخت ہے غرض ہے کہتے ہیں تحقیق میں کوئی حرف آخر نہیں ہوتا۔ تحقیقات شیرانی سے متعلق مزید تحقیقات وتخلیقات منظر عام پر آتی ہیں گی لیکن محمود شیرانی اولاً اپنے مخصوص ومنفرد تحقیقی کارہا ہے نمایاں کی بدولت اردو میں تحقیق کے معلم اول کہلانے کے بجا طور پر مستحق رہیں گے سرفراز جاوید نے دولت وصحت کی نعمت کا فسلفہ میں نظیر کے کلام میں دولت اور صحت کے رجحان پر روشنی ڈالی ہے دولت وصحت انسان کے لئے ناگزیر ہے انسان کے لئے سب سے پہلے صحت ضروری ہے تندرستی ہزار نعمت ہے دولت تندرستی کے بعد ہی ہے سماج کے تمام طبقات کا ذکر ہے بوڑھا جوان عالم فاضل گدا۔ بادشاہ۔ میر۔ وزیر تونگر۔ غنی۔ بےنوا۔ اور فقیر سب صحت کے لئے آرزومند ہوتے ہیں صحت ہی سب کچھ ہے ساجد علی قادری نے اردو افسانے میں تقسیم ہند کے مسائل اور کرب میں اردو کے وہ افسانے پیش کئے جس میں تقسیم کا کرب اطیہ ہے منظر ہے کرشن چندر۔ سعادت حسن منٹو۔ مہتندر رناتھ۔ بلونت سنگھ احمد ندیم قاسمی۔ خواجہ احمد عباس اجنتا۔ عصمت چغتائی۔ راجندر سنگھ بیدی۔ قرۃ العین حیدر۔ جلاوطن حیات اللہ انصاری۔ انتظار حسین۔

کرشن چندر ہم وحشی ہیں۔ اشفاق احمد کا افسانہ گڈریا۔ عزیز احمد کا کالی رات ان کے علاوہ درد کے خیمے بیگ احساس تقسیم کے موضوع پر لکھا اور بھی افسانے ہیں جس میں تقسیم ہند کے بعد کے کرب ناک حالات کی ترجمانی ہوتی ہے۔

آ عظم عباس کے شکیل نے شمیم کرہانی کی انقلابی شاعری کا تجزیہ پیش کیا ہے ان کی نظمیں قومی

یک جہتی حب الوطنی کا پیکر ہے۔

ناشرنقوی نے محرک تعلیم مصلح ملک وملت نواب مشتاق حسین وقارالملک کی تعلیمی ادبی خدمات کا ذکر کیا ہے افشاں ملک نے شان الحق حقی کا لکھا ہوا مضمون ۱۹۵۴ میں تبصرہ کیا ہے کہتے ہیں ز۔خ۔ش کا ادبی قد اتنا بلند اور معتبر ہے کہ اردو زبان وادب کی تاریخ ان کو فراموش نہیں کر سکتے۔ان کی شاعری میں فطرت جمالیات اور تصور۔ نیز شاعری اور نثری مضامین میں آیات قرآنی اور احادیث کے حوالے ملتے ہیں مہر دکن جے پی سعید۔ غضنفر اقبال۔ پریم ناتھ پردیسی خورشید احمد ڈار۔ خالد سعید کی شاعری سلیم شہزاد۔ حیرت فرخ آبادی۔ایک معتبر شاعر نصیر افسر۔ ہندوستانی تہذیب وتمدن کا ستون دلیپ کمار منتظر قاسمی وغیرہ قابل ذکر ہیں لیکن ماہ نامہ سب رس ایک تحقیقی وتنقیدی جائزہ بہت اچھا لکھا ہے لیکن دکن نمبر کی سال اشاعت ۱۹۳۸۔ اردو نمبر جنوری۔ ۱۹۳۸۔ جنگ نمبر۔ ۔۱۹۴۰ ترقی پسند ادب نمبر ۱۹۴۲ میری تحقیقی کتاب حیدرآباد کے ادبی رسائل آزادی کے بعد میں درج ہے سال اشاعت تحقیق میں اہمیت کی حامل ہوتی ہے بہرحال اس نکات پر غور وفکر کرنا ضروری ہے۔اداریہ۔خطوط۔ادب زاویے اور جہاد۔ لعل وگہر۔ یادرفتگان تہذیب وتمدن۔ سلسلہ صحافت ۔ کتاب دریچہ تجارت وہ معیشت گفتگو، تشریح وتجزیہ۔ کتابوں کی دنیا۔خبرنامہ ذیلی کالم سے قاری کو بصیرت وبصارت علمی وادبی حاصل ہوتی ہے یہ شمارہ مختلف علوم وفنون کا پیکر ہے۔ علوم کا بحر بیکراں ہے اسکالرز اس سے کماحقہ استفادہ کریں اردو قارئین کو ۱۰۰ اصفحات اردو دنیا کے شمارے میں علمی ادبی مواد بہت ملے گا۔ یہ رسالہ اردو گھرانوں میں موجود ہونا چاہئے۔

☆

اردو دنیا کا شمارہ ماہ اکتوبر ۲۰۲۱

اردو دنیا رسالہ کا شمارہ وہ بھی تازہ ہر ماہ کی پہلی تاریخ سے پہلے مل جاتا ہے ایسا شاید ہی کسی دوسرے ماہ نامہ کو شرف حاصل ہوا ہوگا۔ اردو قاری کو وقت پر دستیاب ہوتا ہے اس کا سرورق اکتوبر کی مناسبت سے موزوں ہے اس پر گاندھی کی تصویر شائع ہوتی۔ اوران کی ان پر لکھے گئے تصانیف بھی شامل ہے تلاش حق گاندھی کی آپ بیتی از ڈاکٹر سیدی عابد حسین اور بیداری ہند از لالہ منصدی لعل ہندی۔ میرٹھ۔ مہاتما گاندھی از محمد حفیظ الدین مہتمم آصفیہ بورڈنگ ہاوز ملک پیٹھ۔ حیدرآباد دکن جنوری۔ ۱۹۵۳ جگر کا شعر مہاتما گاندھی کے امن رجحان کی عکاستی کرتا ہے۔

وہی مہاتما شہید امن وآشتی پریم چند کی زندگی خلوص جس کا پیرہن اس کا جلد نمبر ۲۳ شمارہ ۱۰ اکتوبر ۲۰۲۱ ہے مدیر ڈاکٹر شیخ عقیل احمد مشیر حقانی القاسمی معاونین عبدالرشید آعظمی۔ یوسف رامپوری۔ نایاب حسن اداریہ میں مدیر نے گاندھی جی کی سیاسی۔ سماجی۔ صحافتی۔ تاریخی خدمات پر خراج عقیدت پیش کیا ہے وہ کہتے ہیں۔

گاندھی جی کی شخصیت اور افکار کے حوالے سے بیشتر زبانوں میں بہت سی کتابیں لکھی گئی ہیں اردو میں گاندھی جی کی خود نوشت۔

The story my Experiment with Truth

کا تلاش حق کے عنوان سے ترجمہ ہوا اس کے علاوہ کئی اور ترجمے ہوئے جو اردو دنیا میں بہت مقبول ہوئے۔ گاندھی جی کے افکار کی معنویت اور عصریت کے حوالے اردو میں بہت سی کتابیں تحریر کی گئی ان کے نظریات اور افکار پر مقالات کی کثرت ہے۔

انیس الحسن صدیقی نے اپنے مضمون گاندھی جی بطور ایک شوقین پیت داں میں علم ہئیت واجرام فلکی نے ان کے ذوق وشوق کو ظاہر کیا ہے غزالہ پروین نے احمد شوقی کے ممدوح مہاتما گاندھی میں انکی سیرت شخصیت اور خدمات پر روشنی پڑتی ہے۔

بانو سرتاج نے اردو اور ہندوستانیت میں اردو اور ہندی کا تعلق اور موقف پر تجزیہ پیش کیا ہے وہ

کہتی ہے کہ اردو زبان اپنی پیدائش کے وقت ہی سے مشترکہ ہندوآریائی کلچر کی ترجمانی رہی ہے اردو ادب میں وطنیت ہندوستانیت اور سیکولزم کی جتنی بوباس رہتی ہے وہ شاید ہی ہندوستان کی کسی دوسری زبان میں ہو محترمہ نے اردو میں جو ہندوستانیت ہے اس کا عمدہ نمونہ مضمون میں پیش کیا ہے انہوں نے ہمالیہ پہاڑ۔ندیاں۔شہر تاریخی وراثت۔تہوار۔زراعتی ملک۔موسیقی۔موسم دیسی زندگی۔دھرتی ماں اور مقدس دیویاں وغیرہ کو اشعار کے حوالے سے بات کی ہے۔اسلم جمشید پوری نے اردو میں مکتب نگاری آغاز ارتقاءاور زوال پر روشنی ڈالی ہے لیکن تعجب ہے کہ اردو کا پہلا خطوط نگار کون ہے انہوں نے خلیق انجم کے حوالے سے بات کی ہے تاریخی ترتیب سے کس نے پہلے خط لکھا۔افتخار الدین علی خاں شہرت ۱۸۱۰ رجب علی بیگ سرور خواجہ غلام خاں بے خبر۔۱۸۴۶ جان طپش۔راسخ عظیم آبادی ۱۹۱۴ سے قبل کے خطوط ہیں بقول ڈاکر ثریا حسین کی تحقیق کے مطابق شہرت کا خط تاریخی اعتبار اردو کا پہلا خط قرار پاتا ہے کس کے نام لکھا ہے ذکر نہیں ہے راجا رام موہن رائے سید احمد شبلی نعمانی۔محمد اقبال۔سعادت حسن منٹو وغیرہ کے نمونے خطوط دیئے گئے جو سادہ اور سلیس نثر میں ہے مکتوب نگاری کا زوال میں اس کی وجہ بتلائی گئی ہے انفارمیشن ٹکنالوجی اور دیگر نئے ترقی یافتہ ذرائع کی وجہ سے خطوط لکھنا کم ہوگیا ہے خط سے آدھی ملاقات ہوتی ہے خطوط لکھنا چاہئے عبدالحی پیام انصاری نے امجد نجمی کی شاعری کا جائزہ لیا ہے اور حب الوطنی کے عناصر کی نشاندھی کی ہے آزاد ہندوستان نظم کے کچھ شعر

رہ آزادی ملک و وطن ہموار ہوجائے
وطن کے راستے سے دور ہر ایک خار ہوجائے
وطن اپنائیت کر غیرت گلزار ہوجائے
وطن کا گوشہ گوشہ مطلع انوار ہوجائے
ہمارے ملک کی کشتی بھنور سے پار ہوجائے

مایا یہ سنسار نظم میں

اللہ ہوکا نعرہ ہویا ہری ہری کی تان
دل ہی تیرا پاک نہیں ہے تو کیا سمرن کیا دھیان
زمزم میں تو غسل کرے یا گنگا میں اشنان
لاحاصل سب سجدے تیرے پوجا سب بیکار

مایا یہ سنسار رے بابا مایا یہ سنسار

ان نظموں میں عصری حالات تقاضوں کوملحوظ رکھا گیا ہے معید الرحمٰن سائنس اور ادب کے امتیازات میں سائنس اور ادب کا موازنہ کیا ہے وہ کہتے ہیں

سائنس کے مطابق علم اسے کہتے ہیں جسے تجربہ گاہ میں ثابت کیا جاسکے جس چیز کوثابت نہ کیا جاسکے وہ احاطہ علم خارج ہے جہاں تک ادب کا معاملہ ہے تو ادب کا مرکزی موضوع انسان ہے انسان کے جذبات اس کے داخلی خارجی کوائف اس سے تعلق مظاہر جیسے سماج معاشرہ سیاست مذہب اداروں کی رسومات اوران کے تقاضوں کی تعمیل یا انحراف کے سبب جو پے چیدگیاں جنم لیتی ہیں ادب ان سب کو اپنی گرفت میں لینے کی سعی کرتا ہے ادب کا طریقہ کار سائنس کے برعکس وجدانی ہوتا ہے۔

عمران عراقی نے ساحرلدھیانوی ایک مقبول اور حقیقت پسند شاعر میں ان کے کلام کی بنیادی خصوصیات کو اجاگر کیا ہے ان کا کلام انقلابی احتجاجی کے ساتھ رومانی دیکھائی دیتا ہے۔

سالک جمیل براڑ نے ساحر بطور بچوں کا شاعر میں ان کی نظمیں جو بچوں پر ہے اس کا تجزیہ کیا ہے بچہ ہے مہان۔ بچے من کے سچے۔ میرا منا۔ ننھی پری

میرے گھر آئی ایک ننھی پری

چاندنی کے حسین رتھ پہ سوار

میرے گھر آئی ایک ننھی پری۔

ننھی لاڈلی۔ انسان کی اولاد

تو ہندو بنے گا نہ مسلمان بنے گا۔

انسان کی اولاد ہے انسان بنے گا

درخشاں تاجور نے ۱۸۵۷ میں ان کے کردار پر روشنی ڈالی ہے

عظیم انصاری نے جنگ آزادی کا ایک عظیم مجاہد مولوی سید علاوالدین حیدر کی زندگی اور کارناموں کو موضوع بنایا ہے یہ حیدرآباد کی تاریخ بھی ہے طرہ بازخاں اور علاء الدین نے آزادی کی روح پھونکی۔ اس طرح اس شمارے کے باقی مشمولات بھی ادبی معلومات سے پر اور تنقیدی و تحقیقی نکات حقیقت لئے ہوتے ہے ۱۰۰ اصفحات کا شمارہ ہمہ جہت خوبیوں کا پیکر ہے اسکالر کے لئے افادیت واہمیت کا حامل ہے ادبی نالج میں اضافہ کرلیں۔ ☆

اردو دنیا کا شمارہ ماہ نومبر ۲۰۲۱

اردو دنیا کا شمارہ یکم نومبر سے پہلے ہمدست ہوا ہماری بات میں مدیر نے عالمی تناظر میں ادب کا جائزہ لیا عالم گیریت میں انسان کی زندگی بدل گئی ہے پرزے اقدار تبدیل ہوگئے ہیں طرز زندگی طور طریقہ میں تبدیلی آتی ہے شاعری کے رموز و علائم اور فنی و فکر بھی تبدیل ہو رہی ہے۔ معنی و معنویت دنیا مزید وسیع ہوگئی ہے لفظ الفاظ معنی کی ایک وسیع دنیا تناظر بدلتے حالات کے تحت لے کر چلتا ہے مدیر نے کہا کہ کتاب کلچر کی دنیا کا احیاء کریں۔ ایک زمانہ تھا لوگ اپنی جیبوں میں انگریزی اردو ناول رکھا کرتے تھے فرصت جب بھی ملی کتاب میگزین کا مطالعہ کرتے تھے۔ نئی وجدید ٹکنالوجی اور انفارمیشن کے جدید ذرائع نے انسان کو کتاب سے دور کر رہا ہے اس کا انداز و تدارک ہو کتابی کلچر کے فروغ کے لئے چاہئے E-Book! یا کوئی ذرائع اس کو فروغ دنا چاہے کتاب کے مطالعہ سے شخصیت سازی۔ کردار سازی۔ تربیت اور معلومات حاصل ہوتے ہیں بغیر کتاب کے انسان کچھ بھی نہیں ایم جے وارثی نے سچ کہا ہے کہ اردو میں سائنسی و سماجی موضوعات پر مواد کم ہے آج جامعات اور دیگر خانگی اداروں میں ہو رہا ہے لیکن نہ کے برابر ہے اردو زبان کو ادب کو پروان چڑھانے کے لئے ٹھوس منصوبہ بندی نہیں کی آزادی کے بعد ہمارے دانشوروں نے سیاسی نشیب و فراز میں الجھ کر رہ گئی زبان و ادب کی طرف سائنسی و سماجی لحاظ سے بہت کم توجہ کرتے رہے۔

آمنہ تحسین نے صنفی مساوات کا فروغ اور اردو میں معلومات ادب کی ضرورت و اہمیت میں معاشرتی و سماجی لحاظ سے اچھا تجزیہ پیش کیا ہے دراصل عورت اور مرد اپنے منصب کو سمجھنے اور عورت کو برابر کا شریک گرادنیں دونوں برابر ہے لیکن مرد اس سماج میں عورت کو کم تر سمجھا جاتا ہے اسلام میں عورت کو مرد کے برابر کا درجہ دیا گیا۔ پردے میں رہ کر عورت سماجی کام و کاج کر سکتی ہے صنفی مساوات حضور کے دور میں رائج تھی۔ حضور باہر کے کام کے علاوہ گھر میں بھی کام کاج میں حصہ لیا کرتے تھے لیکن آج کل مرد اموری خانہ گھر گرہستی کو عورت کا شعبہ زمر بتلاتے ہیں حالانکہ مرد بھی گھر میں اہم کردار ادا کر سکتا ہے لیکن بعض مرد گھر کے کام کاج عورت کے فرائض گرداتے ہیں عورت مرد ایک گاڑیکے دو پہیئے ہیں

دونوں ساتھ ساتھ چلیں ایک دوسرے کو کمتر نہ سمجھے مضمون نگار نے بہت اچھا معاشرتی سماجی تجزیہ پیش کیا ہے اختر آزاد نے غزل کائنات کا آئینہ گر شائق مظفر پوری کے شعری وفکروفن کا اچھا محاکمہ کیا ہے امیر خسرو دہلوی کی نقد نگاری نیلوفر حفیظ نے ادب میں ان کے موقف کا جائزہ لیا ہے دیباچہ غرۃ کمال کے حوالے سے بہ حیثیت نقادان پر روشنی ڈالی ہے ویسے تخلیق کار پہلے نقاد ہوتا ہے بعد میں تخلیق کار۔

تسلم عارف نے مولانا ابوالکلام آماد کی شاعری پر ایک نظر میں مولانا کی شاعری کا جائزہ لیا ہے جو منفرد ہے ورنہ بنیادی طور پر مولانا اردو نثار مقبول ہوئے محمد فیصل نے اکبر اور کمال اکبر میں اکبر الہ آبادی کی شعری کائنات کا محاکمہ کیا ہے اکبر نے سرسید کی مخالفت کی وقتی طور پر وہ مشرقی تہذیب کے ہمنوا تھے۔ اور انگریزی تہذیب کے ہر جز سے نفرت کرتے تھے تاکہ انگریز یہاں سے چلے جائیں صرف پڑھنا پڑا ہے ٹائپ کا پانی پینا پڑا ہے پائپ کا مہتاب جہاں نے خدا بخش خاں بہار اور ان کی لائبریری میں ان کے کارنامے پر روشنی ڈالی ہے انہوں نے کتابوں کے ذریعہ سے روشنی پھیلانے کا بہت بڑا کام کیا ہے آج یہ کتب خانہ پورے عالم میں مشہور ہے۔

مشتاق احمد گنائی نے شعبہ اردو سیوا سدن کالج برہانپوری کی ادبی وتحقیقی خدمات میں جو تحقیقی کام ہوا ہو رہا ہے ان کی تفصیلات ہے اس طرح اور بھی ایسے مضامین شائع کرنا چاہئے۔

رؤف خیر نے جنوبی ہند کے نابغہ روزاگر سید احمد ایثار کے کارنامے بیان کئے ہیں انہوں نے اقبال کے فارسی تصانیف کا اردو میں ترجمہ کیا ہے یہ بہت بڑا کام ہے ان کو متعارف کروایا ہے ورنہ دکن وشمال والوں کو نہیں معلوم تھا کہ جنوب بھی بڑا ماہر اقبالیات ہے۔

شبیر احمد لون دیار دکن کا پروقار قلم کار پروفیسر بیگ احساس میں ان کی حیات اور ادبی کارناموں سے بحث کی ہے اور ان کے چند افسانوں کا تجزیہ محاکمہ پیش کیا ہے معلوماتی مضمون ہے ریسرچ اسکالرز کے لئے نعمت سے کم نہیں۔

آفتاب عالم آعظمی نے علامہ شبلی نعمانی کے نظریہ تعلیم کی انفرادیت میں جدید اور قدیم تعلیم کی طرف مائل تھے لیکن حالی۔ شبلی۔ سرسید جدید تعلیم کی طرف توجہ کرتے تو محمد عارف بالی ووڈ فلمیں اور مشاہیر میں۔ منٹو۔ مجروح۔ ندا فاضلی وغیرہ کا ذکر کیا ہے دلیپ کمار کے بارے میں معلومات دینا چاہئے تھا یوسف اپنی فلموں کے ذریعہ ہندوستانی آزادی کے لئے جدوجہد کی ہے کلچر کو پیش کیا ہے لہٰذا ان کو بعد از مرگ بھارت رتن ایوارڈ دیا جائے باقی مشمولات پڑھنے کے لائق ہیں اردو داں طبقہ حضرات کے

لئے یہ رسالہ بہت کچھ دے گا۔ طلبہ کی تو زندگی سنور جائے گی۔ اس میں موضوعات پر عصری اور جدید مواد ملے گا۔ اپنے عصر سے ہم آہنگ رسالہ ہے مختلف علوم وفنون کی ترجمانی عکاسی کی جاتی ہے۔ NCPUL کے پورے اسٹاف کو مبارک دیتا ہوں کہ انہوں نے ایسا رسالہ شائع کیا ہے جو اردو والوں کی دلوں کی دھڑکن بن گیا ہے اور اردو والوں سے گذارش کرتا ہوں کہ وہ اس کو خرید کر پڑھیں ادبی وعصری آگہی حاصل ہوگی۔

اردو دنیا کا شمارہ ڈسمبر ۲۰۲۱

اردو دنیا کا شمارہ بروقت ہمدست ہوا وقت پر ملنے سے خوشی ہوئی اس کا جلد نمبر ۲۳ شمارہ ۱۲ ڈسمبر ۲۰۲۱ اس کے مدیر ڈاکٹر شیخ عقیل احمد مشیر حقانی القاسمی معاونین عبدالرشید آعظمی۔ یوسف رام پوری۔ نایاب حسن ہیں۔ ہماری بات اداریہ میں مدیر صاحب نے کورونا وبا سے وفات پانے والوں ادیبوں وشاعروں پر خراج عقیدت پیش کیا ہے ان پر رحلت پر ادبی خلا کیسے پر ہوگی نوجوان ادیب اس پایے ومعیار کے نہیں ملتے۔ یہ بڑا المیہ ہے اردو کے لے عالمی وبا وآفات نے سب کچھ تہس نہس کر دیا۔ نسل نو ان کے افکار خیالات آثار سے نئی روشنی پیدا کریں۔ ادب کے تین بڑے شعبوں تخلیق تنقید۔ تحقیق میں خلا پیدا ہوگیا ہے خال خال نظر آتا ہے اس کے پر ہونے پر برسوں لگ جائیں گے عبدالحق نے مچھلی شہری علمی شہریاری اور تاریخی۔ تہذیبی۔ مذہبی اہمیت پر تفصیل سے روشنی ڈالی ہے دیدہ انجم میں ہے تیسری زمین آسمان اس شہر کی علمی ادبی اہمیت افادیت کا ذکر کیا ہے علمی روایات کا جائزہ لیا ہے۔

کرامت علی کرامت نے دلی کا ایک گمنام شاعر منوہر لال ہادی کی زندگی ادبی کاوشیں اور خاص سانیٹ جو ۱۴ مصرعوں والی نظم ہوتی ہے اس کی تشریح تعبیر کی ہے تفصیلی تعارف کروایا ہے حیات افتخار نے ٹامل ادب کا خلیل جبران گوی کو عبدالرحمٰن کا علمی وادبی تعارف پیش کیا اور تقابل بھی کیا ہے نیاز سلطان پوری نے اردو میں بین العلومی تنقید کے نقادوں کی مثالیں دی ہیں جنہوں نے اپنی تنقید میں مختلف علوم وفنون کا تجزیہ ترجمانی کی ہے امداد امام اثر نے درختوں کی کچھ چھاؤں اور کچھ وہ دھوپ وہ دھانوں کی سبزی وسرسوں کا روپ۔

یقیناً فن باغبانی وفن ذراعت پر تنقید ہے سرسوں اور دھان کے موسم الگ الگ ہیں لیکن یہاں ملا دیا ہے موسم کو یکجا کر دیا ہے وقت کا دورانیہ ہوتا ہے لسانی طور پر ٹھیک ہے تخلیق کار کو اس کا بھی لحاظ رکھنا ہوگا میر حسن نے جھول پیدا کیا ہے بین العلومی تنقید نگاری میں انجینئر محمد عادل ڈاکٹر سلام سندیلوی ڈاکٹر سید احتشام حسین۔ محمد حسن عسکری۔ ڈاکٹر وزیر آغا۔ ڈاکٹر نورالحسن۔ محمد حسن عسکری۔ سلیم احمد۔ پروفیسر شمیم حنفی۔ گوپی چند نارنگ۔ ڈاکٹر شکیل الرحمٰن۔ پروفیسر عتیق اللہ۔ کرامت علی کرامت۔ ڈاکٹر محمد حسن۔

مغنی تبسم۔ابن فرید۔حقانی القاسمی نیاز سلطانپوری۔سیف حامد علی شاہ۔

محمد احسن نے ہمارا تعلیمی نظام اور بدلتا ہوا تکنیکی منظرنامہ میں تعلیمی معیار کی باتیں کی ہیں۔تکنیکی ماحول ووسیلوں سے معیار اور مضبوط وفروغ پاتا ہے لیکن معیار نہیں بن پارہا ہے بختیار احمد مساوات پر مبنی تعلیم اور قومی تعلیمی پالیسی ۲۰۲۰ یہ تو ٹھیک طریقہ ہے لیکن مساوی ومساوات پر مبنی تعلیم کہاں ہے تعلیم تو تجارت بن گئی ہے ایسے مساوات کیا معنی۔ جتنا پیسہ دوگے معیاری تعلیم ویسے ملے گی۔مساوات کی تعلیم خواب بن گیا ہے۔محمد عظمت الحق پریم چند اور تعلیم وتدریس میں انہوں نے زراعت اور زندگی سے قریب شعبوں کو نصاب میں شامل کرنا چاہتے تھے لیکن نہیں ہوا پی پی سریواستوند نے واجپئی بہ حیثیت ہندی شاعر میں ان کی شاعری وموضوعات کا تجزیہ پیش کیا۔ان کی شاعری حقیقت سے مربوط ہے وہ جو کچھ محسوس کرتے ہیں سماج سے من وعن پیش کرتے ہیں۔اقدار پر مبنی ساست داں تھے۔امن کے خوگر تھے جنگ پر اعتراض تھا۔ جنگ سے دور بھاگتے تھے۔ جگ موہن سنگ نے بھی واجپئی ہند کا دانش مند شاعر روشنی ڈالی ہے۔محمد اسد اللہ نے وِدربھ کی خواتین افسانہ نگار منفرد مضمون ہے جنوب میں تلنگانہ آندھرا کے افسانہ نگار پر مضمون لکھا جاسکتا ہے علاقائی اعتبار سے ادبی دستاویز بن جائے گا۔

پرویز عادل ماحی نے مہر تبسم احمد اور ضلع بجنور میں اردو صحافت کا امام میں تحقیقی انداز سے روشنی ڈالی ہے تمہید میں جام جہاں نما سے بحث ملتی ہے پروفیسر انورالدین کے مطابق جام جہاں نما ۲۷ مارچ ۱۸۲۲ کو شائع ہوا ہے تاریخ مستند نہیں ہوتی اخبار رسالے صحافت کے فن پر اترتا ہے یا نہیں تحقیق میں دیکھنا چاہئے تاریخی لحاظ سے اولیت تو ہوتی ہے صحافت کا فن بھی کچھ معنی رکھتا ہے نشان زیدی نے آہ بلبل دکن پروفیسر فاطمہ پروین کی حیات۔ زندگی شخصیت کارناموں پر روشنی ڈالی ہے پروفیسر فاطمہ پروین میں نقاد۔محقق تخلیق کار مترجم۔ کی صلاحتیں بدرجہ اتم تھیں۔خلیق انجم احمد اکبر آبدی کے کارناموں سے بحث کی گئی ہے ابرار رحمانی نے تحقیق کے بارے میں کہا ہے کہ لچر ہوگئی ہے اب جامعات جامعات سے ہٹکر تحقیق کا وہ معیار نہیں رہا۔ جو ہمارے ادبی اسلاف میں تھا گیان چند جین میں جو تحقیقی معیار تھا اب ندارد ہے دیگر مشمولات بھی فکر انگیز اور تنقید وتحقیقی آگہی لئے ہوئے ہے تبصرے وتعارف کا کالم بھی بہت خوب ہے ادبی علمی کتابوں پر تبصرہ سے قاری کو نئی معلومات حاصل ہو رہی ہیں ۱۰۰ اصفحات کا یہ شمارہ اپنے اندر ادب کے مختلف ومتنوع پہلو کی عکاسی کرتا ہے عام قاری کے علاوہ طلبہ اور ریسرچ اسکالر کے لئے کارآمد ثابت ہوگا۔اردو ماحول کا عصری شمارہ ہے جس میں عصری مواد ونکات مل جائیں گے۔☆

اردو دنیا کا شمارہ جنوری ۲۰۲۲

اب کہ اردو دنیا کا شمارہ نہ مل سکا دوست سے لے کر مطالعہ کر رہا ہوں حالانکہ میری خریدی کی تاریخ ۲۰۲۴ تک ہے بہرحال سرورق پر خوب صورت سوچ کے ساتھ ایک نئی صبح کا آغاز یعنی نئے سال کی نئی خواہشوں ۔تمناؤں آرزوں اور ترقی کا جذبہ پنہاں ہوتا ہے نیا سال آیا نئی امیدیں لایا ہے لوگ عزم وحوصلہ لے کر آگے بڑھتے ہیں اپنے ملک وقوم کی ترقی کا جذبہ رکھتے ہوئے آرزو کرتے ہیں یہ سال پر امن گذر جائے ہر طبقہ وفرقہ ترقی کی سمت گامزن ہو جائے نئے سال کا سورج ماحول کے اندھیرے کو دور کر دے گا۔

ہماری بات میں مدیر صاحب نے نئے سال کی آمد پر نئے منصوبوں اور امنگوں کے اظہار کیا ہے انہوں نے اردو دنیا کے نیک خواہشات کا اظہار کرتے ہوئے اردو کے قلم کاروں اور تخلیق کاروں سے یہ درخواست کی ہے کہ وہ نئی تحریریں نئے مضامین مقالات لکھ کر کتابی وادبی ذخیرے میں اضافہ کرنے اور اردو قاری اردو کتابیں پڑھیں اردو کو آنکھوں اور کانوں کی زبان بنائیں ۔اردو کتب پڑھنے کا ذوق وشوق پیدا کریں اردو کتابیں خریدنے کی عادت ڈالیں ۔مزید انہوں نے کہا کہ اردو کا اساسی کام اردو پڑھنا لکھنا سکھائیں ۔نسل نو میں اردو سکھانے کا کام ہر ریاست میں شروع کریں ۔اردو سکھانے کے مرکز قائم کریں ۔ اردو سکھانے کا م شوشل میڈیا اور دیگر عصری ٹکنالوجی کے وسیلوں سے اردو سکھائیں وقت کی ضرورت ہے ربط والتفات کے کالم سے شمارے کی قدر وقیمت کا تعین ہو جاتا ہے مشمولات کا مقام متعین ہو جاتا ہے۔

معزہ قاضی دلوی نے اردو ادب میں خواتین کی نیرنگیاں ۱۸۵۷ کے بعد خواتین کی علمی وادبی خدمات کو موضوع بنایا ۱۸۵۷ سے پہلے بھی تحقیق ہونی چاہئے اس دور میں خواتین کا کتنا ادبی تعاون رہا ہے ۱۸۵۷ کے بعد خواتین کے ناول ۔شاعری اور دیگر اصناف میں تعاون کو تفصیل سے پیش کیا ہے ۱۸ ویں صدی میں خواتین کے ادبی کارنامے ہیں تو آشکار کریں ۔نیا تحقیقی انکشاف ہوگا پھر بھی خواتین کی ادب کے مختلف شعبوں میں خدمات کا ذکر کیا ہے معلوماتی ہے۔

عمیر منظر نے تیج بہادر سپرو کی آئنی اور تہذیبی بصیرت پر روشنی ڈالی ہے اور ان کی تعلیمی خدمات

تصور پر لکھا گیا ہے نوشاد حسین نے تحقیق میں اخلاقیاتی ملحوظات مثالیں دے کر پیش کیا ہے تحقیقی اخلاقیات کوعصری دور میں بہت کم ہے اچھا مضمون لکھا ہے معلومات سے پر ہے دوسری اہم بات یہ ہے کہ گائیڈ اور رہنما کا بھی اخلاقی فرض بنتا ہے کہ وہ ریسرچ اسکالر کا تحقیقی کام دیکھتے رہے اورضروری ہدایات ورہنمائی کرتے رہیں اردو میں ایسا ہوگا ہے کہ اسکالر موضوع لے کر چلا جاتا ہے مقالا لے کرآجاتا ہے اورداخل بھی ہوجاتا ہے اردو میں تحقیق کی رفتار بہت سست ہے معیاری بنانا ہوگا۔ مالک رام۔ گیان چندجین۔ امتیاز علی درشی کالی داس گیتارضا جیسے محقق عصری دور میں ناپید ہے نسل نو میں ان جیسا محقق پیدا نہیں ہوا۔

جہانگیر احمد خاں نے قاضی عبدالغفار کی ادبی سرگرمیاں پر تفصیل سے روشنی ڈالی بہ حیثیت صحافی۔ ادیب۔ شاعراور دیگر خدمات کا احاطہ کیا ہے بڑی شخصیت کے مالک تھے حیدرآباد میں بھی اپنی خدمات کے انمٹ نقوش چھوڑے ہیں کرشن چندجوہی بیگم نے لکھا ہے انہوں نے آپ کے ریڈیائی ڈراما پر روشنی ڈالی ہے مضمون میں نیا پن ہے ارشد اقبال نے بیسویں صدی کا افسانوی ادب اور ہندوستانی سماج میں اس دور کے سماجی ادیبوں وافسانہ نگاروں کی تخلیقات اوران کا محاکمہ تجزیہ پیش کیا ہے ریسرچ اسکالر کے لئے نعمت سے کم نہیں اقلیمہ حبیب بلراج مین را کے افسانوں کی فکری وفنی جہتیں پیش کی ہیں۔ شاذیہ تمکین نے زندگی کی کڑوی حقیقتوں سے لپٹی روٹیاں میں دوافسانوں کا تجزیہ کیا ہے پلکوں میں آنسواور پلکوں سے پلکوں تک میں شامل افسانے جس کو نکہت افلاک نے لکھا ہے روٹی عزت دیتی ہے اورعزت لیتی ہے روٹی سے متعلق کڑوی حقیقت کا بیان ہے پیٹ کی آگ روٹی سے بجھتی ہے یہی روٹی کے حصول کے لئے دنیا میں کیا کیا کچھ کرنا پڑتا ہے آج بھی have nots کے پاس روٹی کپڑا مکان کا مسئلہ ہے ارشاد احمد نے سیوان میں ادب اطفال ماضی تا حال میں سیوان ک ے بچوں پر ادب لکھنے والے ادیب کا تعارف کارنامے بیان کئے ہیں ان میں علامہ جمال مظہری قابل ذکر ہیں رضی شہاب نے کامکس اورادب اطفال کا اچھا تقابل کیا ہے بچے آج کل کارٹون اسٹرپس اور کامکس کی طرف راغب ہوگئے ہیں بچوں کا ادب پران کی توجہ کم ہوگئی ہے دل شاد حسین اصلاحی نے شاعر اطفال ابوالمجاہدزاہد میں بچوں کے ادب پران کی خدمات کا احاطہ کیا ہے شعری حوالوں سے اپنی بات مکمل کی ہے شفاعت احمد مادری زبان میں ابتدائی تعلیم کی اہمیت اورقومی تعلیمی پالیسی میں مادری زبان کی اہمیت وعظمت پر روشنی ڈالی ہے اردو مادری زبان کواگر فروغ دینا ہوتو اولاد کی طرح اس کی پرورش پرداخت محبت ومحنت کرنے

کی ضرورت ہے عظیم راہی نے سحر سعید ایک وضع دار شخصیت میں ان کی ادبی خدمات سے بحث کی ہے بہ حیثیت ان کی شاعری کا محاکمہ کیا ہے محمد ضیا المصطفی نے اردو صحافت کی خشت اول جام جہاں نما پر تحقیقی انداز سے بحث کی ہے وہ لکھتے ہیں۔

ہندوستان میں پہلا انگریزی اخبار ۱۷۸۰ء میں شائع ہوا۔ James Augustas Hicky کا تھا ہکیز بنگالی گزٹ ٹیپو سلطان نے اردو میں فوجی اخبار شائع کیا۔ دستاویزی ثبوت نہیں ملتے مولوی اکرام علی نے ۱۸۱۰ء میں ہندوستانی پریس سے اردو اخبار جاری کیا جام جہاں نما ۲۷ مارچ ۱۸۲۲ء

مراۃ الاخبار۔ راجا رام موہن رائے۔ مضمون نگار نے تحقیقی دلائل کے بعد پہلا اخبار جام جہاں نما کو قرار دیا ہے یہ پہلے اردو میں بعد میں فارسی میں پھر اردو فارسی میں شائع ہوا۔ مزید کہتے ہیں جام جہاں نما کو صحافت کے بنیادی وظائف خبر کی فراہمی تعلیم اور تفریح کے اعتبار سے اردو صحافت کا امید افزا آغاز کہا جا سکتا ہے اس اخبار نے اردو صحافت میں جن روایات کو رواج دیا بعد میں دوسرے اخبارات نے تقلید کی۔ زین البشر انصاری نے کتابوں کا محل امیر الدولہ پبلک لائبریری میں اس کی تفصیل پیش کی جو لکھنو میں واقع ہے صدف کلام نے جھاگ چھوڑتے اور جلتے ہوئے پانی کے ذخائر ایک خطرناک معمہ میں پانی کی صفات ذخیرہ اور پانی سے دریا سمندر اور اس کی خصوصیات بیان کی ہے سائنسی بصیرت حاصل ہوتی ہے ابو اسامہ نے غیر حکومتی تنظیموں کی بدلتی جہات میں ان اداروں کے رول اور کارناموں کا ذکر کیا ہے جن کا حکومت و سرکار سے کوئی تعلق نہیں ہے محمد قطب الدین نے احمقوں کی ٹولی وعربی سے اردو میں ترجمہ ہوئی اس کا تجزیہ پیش کیا۔ عصری تہذیب وفیشن اور حرکات وسکنات نے سماجی حالات بدل دئے۔ ماحول گندہ اور پراگندہ ہوگیا ہے ایسے میں شریف پاک دامن نیک نام شخصیت ملنا قسمت کی بات ہے تمنا شاہین نے بنارس میں فارسی ادب کا احاطہ کیا ہے نوشاد عالم ندوی نے پروفیسر صادق سے انٹرویو لیا ہے اس میں ان کی ہمہ جہت کارناموں ورول۔ صفات اور ادبی علمی خدمات کا احاطہ ہوتا ہے اردو میں آج بھی ایسے لوگ موجود ہیں بہت خوب سجاد احمد صوفی نے پروفیسر اکبر حیدری کشمیری کی تحقیقات عالیہ میں ان کی تحقیقی نگارشات طور طریقہ پر لکھا ہے اور ان کے تحقیق کارنامے کی تشریح وتفسیر کی ہے تبصرہ وتعارف میں نئی مطبوعات پر تبصرے شامل ہیں بہرحال ۱۰۰ صفحات کے اس شمارے مختلف علوم وفنون سے آگہی ہوتی ہے اردو داں طبقہ اس رسالے سے استفادہ کریں بہت کچھ ملے گا۔ ☆

ماہ نامہ اردو دنیا کا شمارہ فروری ۲۰۲۲

اردو دنیا کا شمارہ بروقت وصول ہوا۔اس کا جلد نمبر۲۴ شمارہ۲ ہے سرورق پر مالیگاؤں کتاب میلہ ۲۰۲۱ کی افتتاحی تقریب کی تصویر شائع ہوئی۔ دوسرے صفحہ پر۲۴ ویں قومی اردو کتاب میلے کی تصویری جھلکیاں ہیں ہماری بات ادارے میں مدیر صاحب نےDigital Age اور کتابوں کی پرنٹ دنیا کا تقابل کرتے ہوئے کہا کہ پرنٹ کتابوں کی اہمیت وعظمت آج بھی واضح ہے ڈیجیٹل کتب خانے کا آغاز ہوا ہے لیکن پرنٹ کتابیں نہ صرف معاشرہ وسماج کو ترقی عطا کرتے ہیں بلکہ حکومت وحکمرانی کومضبوط توانا صحت مند بناتے ہیں دور کیسا بھی آئے پرنٹ کتب میں اہمیت افادیت ہمیشہ رہے گی وہ کہتے ہیں کیوں کہ اسکرین پر کتاب پڑھنا اپنے آپ میں ایک دشوار گزار عمل ہے Digital libraries پرنٹ لابریریوں کا پورے طور پر متبادل نہیں بن پارہی ہیں ایسے ہی اسکرین پر موجود کتابیں بھی مطبوعہ کتابوں کی جگہ نہیں لے پارہی ہیں اس لئے مطبوعہ کتابوں کا پڑھنا اور خریدنا بہت ضروری ہے کتابی مطالعہ کے کلچر کو عام کرنے کی ضرورت ہے جس طرح پہلے زمانے میں ہر پڑھا لکھا آدمی اپنے ساتھ ناول افسانہ شاعری کی کتاب ساتھ رکھتا تھا وہ جہاں پر بھی ہوں فرصت کے اوقات میں مطالعہ کیا کرتا تھا ایسے کتابی کلچر اسٹیڈی کلچر کی ضرورت ہے صفحہ ۸ سے ۱۹ تک پر مالیگاؤں کتاب میلے کی دن بہ دن رپورٹ پیش کی گئی ہےجس میں جزویات شامل ہے لیکن ڈسمبر ۲۰۲۱ کتاب میلہ کی خاص خوبی یہ ہے کہ اس میں اردو گاہکوں نے تقریبا سوا کروڑ سے زائد روپے کی کتابیں خریدی ہیں یہ ورلڈ ریکارڈ کارنامہ ہے مالے گاؤں والے قابل مبارکباد ہیں انہوں نے اردو کو گلے لگایا اور اردو سے محبت وعشق کا ثبوت دیا اردو کا ذوق وشوق کا اندازہ ہوجاتا ہے اردو کتابوں کی فروخت اس سے پہلے کوئی اردو وشہر میں ادبی نہیں ہوگی۔ اسلم آزاد نے مخدوم کی شاعری میں تصور عشق کی حیثیت ان کی شاعری کا تجزہ کرتے ہوئے کہا کہ

مخدوم کا عشق کسی ایک نکتے پر ساکت نہیں بلکہ حرکی تھا جو کائنات کی حقیقت اور فطرت کا مشاہدہ کرتا رہتا تھا وہ مذہب کو مسجد۔ مندر۔ گرودوارہ اور گرجا گھر سے ماورا دیکھنے کے قائل تھے۔ دراصل انہیں

سچائی۔ نیکی۔ انسانیت اور مساوات کی تلاش تھی۔ یہ اوصاف برھندایت کے عناصر ترکیبی ہوتے ہیں۔ چناچہ وہ ہر مذہب کا احترام کرتے تھے بہرحال مخدوم کی کلام اور رومانیت میں حقیقت کا امتزاج تھا رومانیت کے پردے میں سماجی حقیقی سپاس باتیں پیش کرتے تھے مخدوم مارکسی بھی تھے روٹی کپڑا مکان کے مسائل کے علاوہ آفاقی مسائل کو موضوع بنایا ہے ریاض توحیدی نے کہا پروفیسر ابوالکلام قاسمی کی تنقیدی بصیرت اور خسرو شناسی میں قاسمی صاحب کے تنقیدی تصورات سے بحث کرتے ہوئے خسرو شناسی کے تعلق سے ان کے تنقیدی نظریات وتصورات کو موضوع بنایا ہے سیدہ نسیم سلطانہ آزادی کے بعد نمائندہ خواتین ناول نگاروں جن میں عصمت چغتائی۔ قراۃ العین حیدر آمنہ ابوالحسن کے ناولوں کا تجزیہ پیش کیا ہے تصنیف مراۃ الشعراز عبدالرحمٰن جسیم الدین نے کتاب کی تنقیدی اہمیت خوبیاں اور خرابیوں کا ذکر کیا ہے مسرت جہاں نے بہار میں اردو فکشن کی تنقید لکھنے والوں کا عمدہ احاطہ کیا ہے خراج عقیدت کے تحت حسین الحق فکشن کے ایک روشن باب کا خاتمہ محمد شاداب نے ان کی ادبی خدمات اور فکشن پر تفصیلی لکھا ہے فاطمہ خاتون نے زبیرالحسن غافل کی شاعری کے امتیازی پہلو میں ادبی خوبیاں بیان کی ہیں خصوصی گفتگو میں عبدالودود انصاری کی سائنسی ادب بچوں کے لئے خدمات پر روشنی پڑتی ہے عمران عاکف خاں نے انٹرویو سوالات جوابات دیتے ہیں اردو دلوں کو جوڑنے والی زبان ہے یہ توازن میانہ روی اور گنگا جمنی تہذیب کی زبان ہے ساجد ممتاز نے اردو غزل میں علامتی نظام پر فکر انگیز مضمون لکھا ہے اشعار کے حوالے کم دیتے ہیں پھر بھی علامت کہا ہے سمجھانے کی کوشش کی ہے سنیل کمار نے حالی اور آزاد کو پہلا قومی وطنی شاعر قرار دیا ہے ہماری تحقیق اور بھی انکشافات کرسکتی ہے مگر حالی سے قبل بھی دیکھیں۔

☆

اردو دنیا ماہ مارچ کا شمارہ ۲۰۲۲

ماہنامہ اردو دنیا مارچ کا شمارہ ہمدست ہوا۔ مدیر ڈاکٹر شیخ عقیل احمد مشیر حقانی القاسمی اور معاونین عبدالرشید آعظمی یوسف رامپوری نایاب حسن زمہ داروں کی نگرانی سرپرستی شمارے معیاری بنتے جارہے ہیں اور اردو قارئین کو ادبی بصیرت علمی وفن آگہی عطا کررہے ہیں NCPUL کے تمام اسٹاف کو مبارک باد کہ ۲۱ ویں کے اس کساد بازاری کے ماحول میں اردو دنیا اردو زبان وادب کا معتبر مستند رسالہ بن گیا ہے اسکالر وطلبہ ادب کے لے ایک نعمت سے کم نہیں۔ اس کا جلد نمبر ۲۴ شمارہ ۳ ہے ہماری بات میں مدیر نے دانشمندانہ باتیں کی ہیں انہوں نے اردو موضوعات۔ افکار۔ خیالات کو عصری تقاضوں سے مربوط کرنے کی کوشش کی ہے کیونکہ حالات ناگفتہ ہے اس لئے ماحول میں اصلاح وسدھار کے لئے زمین حقائق وموضوعات پر خامہ فرسائی ہونی چاہئے۔ انہوں نے گنگا جمنی تہذیب مشترکہ قدروں اور قومی یک جہتی پر بھی ادیبوں وشاعروں کو تلقین کی کہ وہ ان موضوعات پر لکھتے رہے تاکہ ہماری جمہوریت اور مشترکہ قدریں واقدار مزید توانا مضبوط ہو سکے انہوں نے سچ کہا ہے کہ قریہ وقصبات کے ادیبوں وشاعروں کو منظر عام پر لانا ہے ان کی خدمات کا اعتراف ہوان پر تحقیقی وتنقیدی مضامین لکھے جانا چاہئے وہ لوگ پردہ اخفا میں ہے ان پر لکھنا چاہئے۔

سید یحیا نشیط نے املا۔ ہجا۔ ہکاری۔ مصمتے اور تشدید کا عمل پر مفکرانہ بصیرت افروز روشنی ڈالی ہے اردو میں یہ آج بھی مسئلہ بنا ہوا ہے تشدید جزم۔ زیر زبر ان کے الٹ پھیر سے معنی مافاہیم بدل جاتے ہیں ہر زبان میں اعراب کا استعمال ناگزیر ہے انہوں نے اردو ۳۷ حروف تہجی میں مزید اور ہندوستانی آوازوں کو شامل کیا ہے۔

بھ۔ پھ۔ تھ۔ ٹھ۔ جھ۔ دھ۔ ڈھ۔ رھ۔ ڑھ۔ کھ۔ گھ۔ لھ۔ مھ جھ۔ خھ۔ دھ۔ ۔ بھ۔

ان کو ملا کر ۵۸ حروف تہجی بن گئے ہیں اور یہ آوازیں اردو میں مستعمل ہیں ۳۷ سے ۵۸ اس پر دانشور غور وفکر کر سکتے ہیں وارث مظہری نے مولانا مناظر احسن گیلانی کا نظریہ تعلیم اور اس کی عصری معنویت میں بہت اہم نکات کی طرف اشارہ کیا ہے پہلے زمانے میں تعلیم کی تفریق نہیں تھی۔ سسٹم ایک

تھا تعلیم بھی ایک تھی مذہبی اور عصری تعلیم کا تصور نہیں تھا دینی و دنیاوی تعلیم کا امتیاز نہیں تھا اسلئے اس دور کے سسٹم سے نکلنے والے بچے عالم۔ فاضل۔ مفتی۔ IAS IPS اعلی افسر بنے اور ملک کی پالیسی ساز اداروں میں اہم رول ادا کیا وہ ملک کا تھنک ٹینک بھی بنے لیکن آج دو تصورات دینی اور دنیاوی تعلیم مروج ہیں ان دونوں کو ملادیں پھر دیکھیں product بھی معیاری اعلی تخلیق ہوگا۔

ضیاء الرحمٰن صدیقی اردو سفرنامہ فن اور روایت میں سفرنامہ کا فن غرض غایت کے علاوہ اردو سفرنامہ اور اس کی تاریخ پر بحث کی ہے آدمی سفرنجی نوعیت کا کرتا ہے کچھ سفر علمی ادبی مذہبی ہوتے ہیں لیکن سفر کرنے والے کے اختیار تمیزی پر منحصر ہے کہ وہ خانگی دورہ بھی کرے تو علمی وادبی روداد بھی نوٹ کرسکتا ہے انہوں نے سفرنامہ کا آغاز آدم علیہ السلام سے کیا ہے بالکل سچ ہے نقل مکانی سفر سے مظفر بن سکتے ہیں کامیابی عطا ہوتی ہے حضور بھی تجارت کی غرض ملک شام کا سفر کیا۔ سفر زندگی زمانہ میں کامیابی کی دلیل ہے تاریخ شاہد ہے۔

مشیر احمد قصیدے کی تدریس اور ظفر احمد صدیقی نے قصیدہ کیسا پڑھایا جاتا ہے اس دور کے تمام مروجہ علوم وفن۔ اصطلاحات سے استاد کو واقف ہونا چاہئے قصیدہ پڑھانا مشکل فن ہے۔

صابر علی سیوانی نے ظہیر دہلوی کی شعری کائنات میں ان کے کلام کا تجزیہ کیا اور غدر کے آنکھوں دیکھا حالات کی ترجمانی کی ہے محمد نوشاد احمد نے خواجہ حیدر علی آتش کی شاعری اسلم جمشید پورہ نے ۲۰۲۱ کے اردو فکشن اور فکشن تنقید کا جائزہ لیا ہے کافی معلوماتی ہے اردو کا پہلا خاکہ اور خاکہ نگار میں پہلے خاکے سے بحث کی گئی لیکن خاکہ کی جھلکیاں دیگر اصناف نثر میں مل جاتی ہیں باقاعدہ خاکہ تاریخی لحاظ سے اولیت دیں تو مناسب ہے ویسے تحقیق در تحقیق کا عمل چلتا رہتا ہے۔

پروفیسر مجاور حسین میرے بھی ایم اے ایم فل میں استاد رہے انٹرویو معلوماتی اور فکر انگیز ہے آب حیات کو آپ نے پی لیا۔ از بر ہے حافظہ بلا کا ہے Genious ادیب ہے کلاس روم لکچرس تخلیقی ہوتے ہیں نئے پہلوئے عبارت موضوع سے متعلق اخذ کرتے ہیں لیکن ایک استاد کو جانب دار نہیں ہونا چاہئے غیر جانب دار ہو وہ سب طلبہ کے ساتھ محبت کرے باقی مشمولات بھی فکر انگیز ہیں۔

☆

ماہ نامہ اردو دنیا۔اپریل ۲۰۲۲

ماہنامہ اردو دنیا کا شمارہ وقت پر ہمدست ہوا سرورق پر ملک ترنم لتا منگیشکر کی تصویر شائع ہوئی۔ لتا جی کی یاد کے تحت جملہ ۱۰ مضامین شائع ہوئے یہ ان پر بھرپور خراج عقیدت ہے لتا جی نے گانوں گیتوں کے ذریعہ ہندوستانیوں کے دل میں ہمیشہ رہے گی۔ان کا وہ گانا

اے میرے وطن کے لوگو

ذرا آنکھ میں پانی بھرلو

جو شہید ہوئے ہیں ان کی

ذرا یاد کرو قربانی

ماضی کے حالات اور فوجوں کی شہادت کے منظر کو تازہ کر دیتا ہے اور حب وطن کا جذبہ کارفرما ہو جاتا ہے اردو دنیا کا اسٹاف بروقت لتا جی پر خراج کے لئے ۱۰ مضامین اکٹھا کر کے شائع کیا ہے ان مضامین میں لتا جی کی زندگی اور ان کے گائے ہوئے گانے کا تجزیہ محاکمہ ملتا ہے اور تاثراتی مضامین میں ان کے فن کو سراہا گیا ہے اب لتا جی جیسی آواز اب کہاں وہ تو چلی گئی لیکن ان کی آواز۔ان کی یاد دلاتے رہے گی۔یہی ایک فن چھوڑ کر چلی گئی۔

مدیر شیخ محمد عقیل نے ان کے فکر وفن پر اظہار کرتے ہوئے کہا کہ

لتا منگیشکر نے اپنی آواز کے ذریعہ دلوں پر حکمرانی کی ان کی سلطنت کا کوئی محدود رقبہ یا علاقہ نہیں تھا بلکہ جہاں جہاں نغموں کے شیدائی تھے وہاں وہاں اس آواز کی بادشاہت قائم تھی اور یہ بادشاہت سبھی کو بہت عزیز تھی کہ سیدھے دلوں پر اس کا اثر تھا ان مدھر گیتوں کے درمیان عوام کی صبح وشام گزرتی تھی۔بہر حال دنیا لتا جی کی یاد کو ان کے گانوں کے ذریعہ یاد تازہ ہوتے رہے گی۔ربط والتفات بظاہر خطوط کا صفحہ ہے لیکن اس میں مضامین کا کماحقہ تجزیہ ہونا چاہئے۔جو خوبیاں خرابیاں ہے اس کا اظہار ہو لتا جی کی شخصیت اور فن پر ۳۲ صفحات نذر کئے ہیں مزید اور بھی لکھا جاسکتا ہے حنا آفرین نے دوران تدریس بچوں کے نفسیاتی مسائل اور حل پر تفصیلی روشنی ڈالی ہے عصر حاضر میں تعلیم کے ترقی یافتہ وسیلے ذرائع ایجا

ہوئے لیکن تعلیمی معیار بننے نہیں پا رہا ہے تعلیم معیار پر تشویش کا اظہار کر رہے ہیں بچے میٹرک انٹر۔ ڈگری میں آنے تک اپنے سے کچھ بھی تحریر نہیں لکھ پا رہے ہیں SSC تک بچو میں تحریر و تقریر کی صلاحیت پیدا ہو جانا چاہئے۔ پہلے زمانے کی تعلیم میں ترقی یافتہ ذرائع نہیں تھے دیگر تدریس میں تعلیمی معیار بن جاتا ہے صدائے عام سے یاران نکتہ داں کے لئے اشتیاق عالم آعظمی اردو زبان کے فروغ کے مسائل پر عکاسی کی ہے اردو کے لئے تجاویز کے علاوہ اردو کا عصری منظرنامہ پیش کیا ہے دراصل لوگ اردو سے دور اس لیے ہو رہے ہیں کہ انگریزی کو ملازمت کی زبان متصور کر رہے ہیں اس لئے اردو والے اردو سے دور ہو رہے ہیں۔ آج کل تعلیم برائے ملازمت نوکری کا تصور ہے اس لئے اردو کو بھی روزگار کی زبان بنا دیجئے اردو کی بہار لوٹ کر آئے گی غضنفر نے تعمیر وطن میں زبان اردو کا حصہ میں جدوجہد آزادی اور حب وطن غلامی سے ہند کو آزاد کروانا۔ اردو نے ملک و قوم کی تعمیر و تشکیل کی ہے ان خیالات کا اظہار ملتا ہے۔

سرور مہدی گلزار نسیم نے ابہام گوئی کی شمیم رواں میں ابہام گوئی کی اشعار کے ذریعہ مثالیں دے کر اپنی بات ثابت کی ہے ابہام گوئی رجحان تحریک کے طور پر اس ۱۸ ویں صدی میں فروغ پائی بعد میں اس کی مخالفت شروع ہوئی۔ سرور مہدی نے گلزار نسیم میں صنعت اور ابہام گوئی کی نشاندھی اشعار میں کی ہے باقی مضامین بھی منفرد و جدید نئے موضوعات پر ہیں جس سے ادبی نئی جدید معلومات میں اضافہ ہوتا ہے تبصرہ و تعارف میں دیگر اشاعتی اداروں سے شائع شدہ کتابوں پر تبصرہ کروا کر شائع کیجئے میں نے اب تک دو کتابیں روانہ کی ہیں ادبی نظر ۲۰۲۰ اور ادبی تبصرے پتہ نہیں کب تبصرہ شائع ہوگا اس پر غور کرنا چاہئے جب اس رسالہ میں ہماری کتاب پر تبصرہ شائع ہوتا ہے تو ہمیں فخر محسوس ہوتا ہے اور معیار کی دلالت کا موجب بنتا ہے ادبی دنیا میں اردو دنیا کا ایک معیاری رسالہ کے طور پر مانا جاتا ہے یہ اردو داں حضرات کے ہر گھر میں ہونا ضروری ہے طلبہ اور اسکالر اسے استفادہ کریں تو مسابقتی امتحانات میں سہولت ہوگی اور مقام بنے گا۔

☆

اردو دنیا۔ ماہ مئی ۲۰۲۲

مدیر نے ہماری بات میں اردو صحافت کے دو سال کی تکمیل پر اس کی تاریخ بیان کرتے ہوئے کہتے ہیں کہ اردو کی بقا کا دارومدار نئی نسل پر ہے نسل نو اردو سیکھیں اور مزید کہتے ہیں کہ اردو والوں کو چاہئے کہ وہ اردو اخبارات ورسائل کو خرید کر پڑھیں اور قومی سطح سے اردو اخبارات وجرائد خرید نے اور پڑھنے کی مہم چلائیں ماضی میں بھی چلی تھی لیکن اب اردو والے خود اردو کے دشمن بن گئے ہیں وہ اپنی اولاد کو ملازمت کے لئے انگریزی کی طرف راغب کررہے ہیں ایسے عمل سے اردو کی بقا کے لالے پڑ جائیں گے۔اور اردو صحافت کا بھی خسارہ ہو جائے گا۔لہٰذا نسل نو کو اردو پڑھانے لکھانے کا کام مہم کی حد تک چلانا ہوگا۔مظفر اسلام نے اردو زبان کی تدریس مقاصد مسائل اور امکانات پر بات کی ہے پہلے زمانے میں جو تدریس تھی اس میں بچوں کو نصابی معلومات کے ساتھ شخصیت سازی کردار سازی ہوتی تھی لیکن درس وتدریس کے ترقی یافتہ ذرائع ہونے کے باوجود نہ کردار سازی نہ شخصیت سازی بلکہ تعلیمی سسٹم مادیت کی ترغیب دے رہا ہے جب تعلیم برائے کل روزگار کا تصور آ جائے تو کیسے اخلاق وکردار کی تشکیل ہوگی۔غور طلب امر ہے محمود شیخ نے عشق اور آج کے معنی عصری دور میں ہوس پرستی کے ہو گئے ہیں حقیقی عشق اب کہاں روحانی اداروں سے بھی عشق کا مطلب کچھ اور ہو گیا ہے عشق کے لئے آگ کے دریا سے گذرنا پڑتا ہے نار نمرود۔گلزار ابراہیم ایسی عشق موجودہ دور میں کہاں ہے بہر حال عشق سچا اور حقیقی ہو تو کائنات کی ترقی ہو سکتی ہے۔محسن علی نے مقدمہ دیوان نانی گورکھپوری کی خصوصیات اور صفات بیان کی ہے اس کی علمی وادبی خصوصیات پر روشنی ڈالی ہے محمد شاہد نے ۱۹۵۰ کے بعد اردو نظم کا رجحان پر ۱۹۴۷ء کے بعد سے جو نظم جن موضوعات پر لکھی گئی ہیں اس کے حوالے دیتے ہوئے ان کا تجزیہ پیش کیا ہے باقاعدہ جدید نظم ۱۹۶۰ء سے شروع ہو چکی تھی۔قیصر تمکین کی افسانہ نگاری میں فیضان الحق لکھتے ہیں قیصر تمکین کے افسانوں کے بیشتر کردار خیال دنیا کے بجائے آس پاس کے ماحول سے سروکار رکھتے ہیں علامتیں اور تجریدی افسانہ نگاری سے یقیناً انہوں نے اثر قبول کیا ہے لیکن یہ رنگ ان کے افسانوں پر حاوی ہیں۔

غلام نبی کمار نے مجروح کی غزل کے چند امتیازی پہلو میں کہتے ہیں مجروح کی غزل گوئی میں

کلاسیکی غزل کا رچاؤ بھی ملتا ہے ان کے ابتدائی عشقیہ اشعار میں کلاسیکی شعار صاف نظر آتا ہے ان کی ابتدائی شاعری کلاسیکی رنگ میں ڈھلنے کے باوجود حال کے تناظر میں سے اپنا دامن نہیں چھڑاتی اچھے شاعر کی خصوصیت بھی یہی ہے کہ اس کی شاعری مختلف رنگوں سے مزین نظر آئے۔ مسعود عالم نے گیتا کا اردو ترجمہ انور جلال پوری کے حوالے سے میں کہتے ہیں۔

گیتا ہندوستان کی ایک عظیم کتاب ہے اس کتاب کے بارے میں لوگوں کی عام رائے ہے کہ گیتا رومانی صحیفہ ہے گیتا انسانی بھلائی کی عالمی دستاویز ہے گیتا آدمی کو انسان بنانے کی بے انتہا کامیاب کوشش ہے گیتا کو پڑھنے میں لذت ہے سمجھنے میں سکون ہے اور عمل کرنے میں موکچھ نفی نجات ہے اور اب دور حاضری میں گیتا شاعری بھی ہے اور دانشوری بھی وسیم فرحت نے جاں نثار اختر کے خاندانی سلسلہ کو موضوع بنایا ہے اور اس کے خیر آباد گاوں کی ادبی اہمیت کو واضح کیا ہے محمود خوشتر نے سمری بختیار پور کا علمی وادبی منظر نامہ پیش کیا ہے اس طرح کے اور مضامین کو جگہ دیں۔ ہندوستان اور بھی بہت سے علاقے ہیں تلنگانہ میں بودھن شکر نگر کا ادبی منظر نامہ بھی پیش کیا جانا چاہئے شکیل احمد نے منشی نول کشور کی علمی وادبی صحافتی خدمات کا تفصیلی احاطہ کیا ہے چھ صفحات کافی نہیں مزید ایک گوشہ نمبر درکار ہے کے پی شمس تروکارڈ کیرالا کی واحد ناول نگار زلیخا حسین کے ناولوں اور انسانوں کا تجزیہ محاکمہ کیا ہے۔

کہتے ہیں عشق حقیقی اور عشق مجازی ایک ہی جذبے کے ظاہر و باطن دو روپ ہیں تارک الدنیا راہب رشتوں کی توسیع سے بے نیاز ہوتے ہیں ان کی ذات خود ان کے لئے فیض رساں تو ہوسکتی ہے مگر دنیاوی معاملات سے بے نیاز ہونے کے سبب وہ تنہائی پسندی کا شکار بھی ہوجاتے ہیں اس طرح بے کردار عالم کا علم طمع اور ریاکاری کے سبب عجیب عجیب شکلوں میں بھیس بدل کر اس کے کردار کو مشکوک بنا دیتا ہے اور یہ فیصلہ کرنا مشکل ہوجاتا ہے کہ کس کا علم نافع انسانیت کے لئے ہے یا مضر۔

(بانو سرتاج نے شبینا بائی سنت شاعری) میں انکی روحانی خدمات کی ترجمانی کی ہے ویسے مہاراشٹرا صوفیوں سنتوں کی سرزمین کام دیو۔ اور دیگر سنت مشہور ہوئے باقی مضامین مشمولات نیا پن لئے ہوئے ہے یہ رسالہ اردو زبان وادب کی عصری جدید انداز سے خدمات انجام دے رہا ہے اس میں مختلف علوم وفنون کو جگہ دی جارہی ہے سائنس ادب کیساتھ دیگر مضامین بھی شائع ہورہے ہیں ۲۱ ویں ۲۲ ویں صدی کو ایسے ہی نہج کے رسالے کی ضرورت ہے اردو دنیا اردو والوں کو عصری ماحول سے ہم آہنگ کررہا ہے اردو داں طبقہ اس رسالے سے خاطر خواہ استفادہ کریں اور طلبہ کے طبقہ کو چاہئے کہ وہ اسکے ہر شمارے کو پڑھ کر اپنا مستقبل سنوار سکتے ہیں۔ ☆

اردو دنیا کا شمارہ ماہ جون ۲۰۲۲

سرورق پر کتابوں کی تصویر ہے سائنس کیا ہے۔ حیوانات کی دلچسپ دنیا۔ پانی کی موت فلکیاتی نظارے ادب اطفال سائنس اور شاعری کی کتابیں ماحول نامہ۔ چندا ماموں۔ بچوں کا باغ وطنی نظمیں۔ کتابوں کی تصویر شائع ہوتی ہے NCPUL کی جانب سے بچوں کی دنیا۔ خواتین کی دنیا فکر و تحقیق سہ ماہی بڑی آب و تاب کے ساتھ شائع ہو رہے ہیں اور لوگ کما حقہ ان رسائل سے استفادہ کر رہے ہیں۔ مدیر شیخ عقیل احمد نے ہماری بات میں ادبی رسائل کی اہمیت وعظمت پر روشنی ڈالی ہے رسائل کا کردار ہمیشہ سے حرکیاتی رہا ہے زبان وادب کو بے شمار فائدے ادبی رسائل سے پہنچتے ہیں ادبی رسائل نئی و تازہ معلومات اکنشافات۔ حقائق تحقیقات علوم وادبیات وغیرہ کے سارے سلسلے اس کھڑکی سے قاری کے ذہن کا حصہ بنتے ہیں قلم کاروں کو تحریک ملتی ہے نیا تازہ مواد جگہ پاتا ہے آج بھی رسائل کی اہمیت ہے ہندوستانی ماحول میں اسٹیڈی کلچر سیل فون سے متاثر ہو رہا ہے نوجوان Reading نہیں watching کی طرف راغب مائل ہو گئے ہیں آئندہ پرنٹ میڈیا کی بقا و مستقبل اردو والوں کے لئے فکر مندی کا باعث ہے لوگ سب کچھ phone کے ذریعہ سے دیکھ رہے ہیں ایسے میں ورقی صحافت کے لالے پڑ جانے کا خدشہ ہے مشتاق احمد گنائی نے کہا کہ زبان کو زندہ رکھنے کے لئے ٹکنالوجی سے استفادہ کرنا چاہئے آپ نے انٹرویو میں اردو زبان کے مستقبل تاب ناک ہوگا کہا لیکن حالات مجموعی حیثیت سے مایوس کن ہوتے جا رہے ہیں ملازمت کی چکر میں اردو سے دور ہوتے جا رہے ہیں جو ایسا کر رہے ہیں وہ خسارے میں ہیں عبدالحق ۱۸۵۷ کے چند اردو ماخذ میں ۱۸۵۷ کے واقعات حالات پر روشنی ڈالی ہے بعض اہم تاریخی حقائق کا انکشاف ہوا ہے۔ ۱۸۵۷ تا ۱۹۴۷ تاریخ لکھنا باقی ہے مورخین خاموش ہیں ابرار احمد اجراوی پروفیسر لطف الرحمٰن مشرقی اقدار سے آشنا تنقید نگار میں ان کی شاعری اور تنقید پر اظہار کیا ہے حنا افشاں نے خواتین افسانہ نگار انیسویں صدی کے نصف آخر سے میں خواتین کی فکشن خدمات پر روشنی ڈالی ہے سرفراز جاوید کلام نجم الدین شاہ مبارک آبرو کا لسانیاتی تجزیہ کیا ہے اور الفاظ کی نشاندہی کی ہے علامہ سید سلیمان ندوی کے سفرناموں پر ایک نظر میں طلحہ احمد ندوی نے تجزیہ

محاکمہ سید وجاہت مظہر ندا فاضلی کی آپ بیتی دیواروں کے بیچ میں تنقیدی تجزیہ کیا ہے رضاالرحمٰن نے اردو زبان کی صوتی وسعت مخلوط زبان ہونے سے ایسا ہوا ہے آج اردو مخلوط زبان ہے دیگر جدید زبانوں کے الفاظ در آرہے ہیں۔آفتاب عالم نے ہندوستانی آئین میں اردو زبان کا مقام میں اردو کی اہمیت بتلاتے ہوئے دستور میں زبان کے تعلق سے کیا نظریات ہیں ترجمانی کی ہے دستور سے ہر زبان کی ترقی کی ضمانت دی ہے لیکن اردو کا دستوری موقف کمزور ہوتا جارہا ہے اردو کی وہ بہار کہاں جو آزادی سے پہلے تھی۔ادب اطفال سائنس اور شاعری کے ذیلی عنوان کے تحت بچوں کے ادب پر پانچ مضامین شائع ہوئے ہیں لیکن بچوں کا ادب بچے پڑھ رہے ہیں یا یوں ہی لکھ دیا جارہا ہے بچوں کا ادب جب تک بچے نہ پڑھیں اس سے استفادہ کر کے اپنے میں اصلاح تبدیلی لائیں۔لوگ بچوں کا ادب تخلیق کررہے ہیں حقیقت میں دیکھا جائے تو بچے اپنا وقت سیل فون پر کارٹون دیکھنے میں صرف کررہے ہیں اور دیگر گیمس تو پھر بچوں کا ادب پڑھنے لکھنے کیلئے وقت کہاں سے لائیں۔

۱) بہار میں شعری ادب اطفال رئیس انور

۲) ہندوستان میں بچوں کا سائنسی ادب عبدالودود انصاری

۳) بچوں کے ادب کی اہمیت مہمینہ خاتون

۴) اردو میں ادب اطفال ہلال احمد گنائی

۵) اردو میں بچوں کا سائنسی ادب

تجمل حسین راحت

خصوصی گفتگو میں سب ہی چاہتے ہیں کہ ان کی زبان زندہ رہے اردو کی بقاء کے لئے اردو داں حضرات کوشش کریں تاکہ عوام میں اردو زندہ رہے۔

لعل و گہر کے تحت

مولانا محمد یعقوب نانوتوی گمنام اور ان کا شعری سرمایہ ندیم احمد انصاری یوسف ناظم جہاں طنز ومزاح کا لاثانی ناظم قیصر الحق۔

افسانہ نگار ناقد اختر اور رضوی محمد حسین رضا

تہذیبی لسانی رشتے

مراٹھی زبان پر اردو کے اثرات ماہرہ بانو

خراج عقیدت سالک دھامپوری پر تعزیتی نوٹ عبدالرشید آعظمی نجوم وجواہر طارق جمیلی

کثیر الجہات فنکار محمد مرغوب عالم ضیا احمد بدایونی۔ایک ہمہ جہت شخصیت محمد فرحان خاں

نیا آسماں نئے ستارے انگریزی شاعری کے منظوم اردو تراجم محمد ریاض

کتابوں کی دنیا تعارف وتبصرہ۔خبرنامہ اردو دنیا کی خبریں۔

یہ مشمولات کے لئے کتنی محنت درکار ہے مواد متن معلومات موضوع اور موضوع سے انصاف یہ سب کچھ اردو قاعری کے لئے اہم حصہ ہے مشمولات میں تحقیق پر مضامین ہونی چاہئے تنقیدی مضامین زیادہ شائع ہو رہے ہیں اسی طرح تحقیقی مضامین کو بھی جگہ دیں۔ ہماری تحقیق ابھی Advance نہیں بنی بلکہ جامعات اور جامعات سے ہٹ کر تحقیق آزادی سے پہلے کا مرتبہ حاصل نہیں کرسکی حالانکہ جدید ٹکنالوجی آنے کے باوجود تحقیق کا مقام کمزور ہے۔ محقق محنت کو ایمان بنائے ۹۸ صفحات کا شمارہ جاندار شاندار ہے اردو والے اس سے کماحقہ استفادہ کریں۔ اردو طلبہ کے لئے مفید ثمر آور ثابت ہوگا۔ ہندوستان کے ہر اردو خاندان میں ہونا چاہئے۔اردو سے دوری اسلامی قدروں سے دوری کا موجب ہوتی ہے بچہ خدا اسلام اردو میں میں سمجھتا ہے اس لئے اپنے بچوں کو اردو رسم الخط سکھائیں تربیت دیں۔

☆

ماہ نامہ اردو دنیا کا شمارہ جولائی ۲۰۲۲

ماہ نامہ اردو دنیا اردو زبان وادب کی ترویج واشاعت ۱۹۹۹ء سے کر رہا ہے لگ بھگ ۳۳ سال سے اردو زبان کے گیسو سنوار رہا ہے ادب کے تینوں شعبہ تخلیق۔ تحقیق وتنقید پر مبنی مضامین تخلیقات شائع کر کے بے لوث خدمات انجام دے رہے ہیں یہ رسالہ زبان وادب کا مخزن العلوم بحر العلوم معلوم ہوتا ہے مدیر نے اردو زبان کی زمینی صورت حال پر خامہ فرسائی کی ہے آپ نے سچ کہا ہے کہ پہلے زمانے میں اردو سے محبت کرنے والے ہر طبقہ کے لوگ ہوتے تھے انہیں اردو زبان کے تکثیری کلچر سے محبت تھی۔ اردو والے اردو سے تعاون نہیں کر رہے ہیں اور اردو کم استعمال میں آ رہی ہے لوگ اردو مادری زبان کو بھلا دیتے ہیں انگریزی ملازمت کی زبان بن گئی ہے اردو غیر ملازمت والی زبان تصور ہو رہی ہے زبانوں کا معاش سے کیا تعلق ہے زبان وسماجی اظہار تربیت کا ذریعہ ہے اور زبانیں کسی کی ذاتی میراث نہیں اردو والے اور دیگر ابنائے وطن اردو سے اولاد کی طرح محبت کریں اور اپنی زندگی کا لازمہ اردو کو بنالیں جس طرح زندگی کے لئے بنیادی ضرورتیں ہوتی ہیں اسی طرح اردو کو بنیادی ضرورت بنالیں۔

ورنہ روحانی تشنگی کا شکار ہو جاؤ گے۔ بچے مذہب کو مادری زبان میں سیکھتے ہیں لیکن مادری زبان سے دور ہونا اخلاقی باختگی کا موجب بنتا ہے اردو اخلاق سازی۔ کردار سازی ذہن سازی تربیت سازی۔ سیرت سازی۔ شخصیت سازی اور اخلاق کا نائب مناب ہوتی ہے اردو ماحول غیر پروردہ بچے گھر میں کوئی آئے تو سلام بھی نہیں کرتے دین ومذہب سے دور ہی رہتے ہیں ان کو مذہب پر اتنی پختگی نہیں آسکتی۔ جب تک کہ اردو کو مادری زبان کے طور پر استعمال نہ کریں۔ اردو نہ سیکھنے سے بڑے چھوٹوں کا ادب بھی نہیں کرتے مذہبی اصولوں وقدروں سے دور ہو جاتے ہیں۔

مدیر نے زمینی حقائق کا انکشاف کیا ہے اردو والوں پر طنز ملتا ہے اردو والے ہی اردو سے دور ہوتے جا رہے ہیں تو پھر کون اردو کو فروغ دے گا۔ ربط والتفات کا کالم ہر شمارے کا قد وقامت اور معیار مقرر کرتا ہے اس کالم کو جاری رکھیں سید نفیس دسنوی نے تنقید نگاری کا فن پر عصری انداز سے روشنی ڈالی ہے وہ کہتے ہیں ہمارا تنقیدی سرمایہ ابھی ترقی پذیر ہے ماضی میں تنقید ہوتی وہ بھی نامکمل ہی

رہی۔لوگ چند دبستاں کو مقرر کر لیے اسی پیمانے سے جانچنے لگے تنقید ان سے مبرا ہے آزاد تنقید کا فروغ ہونا چاہئے محمد زبیر نے ممبئی میں اردو تحقیق کا علم بردار نجیب اشرف کی تحقیقی کاوشوں کا جائزہ لیا ہے بابر استعمال کرتے ہیں جس کے معنی ایک قسم کی گھانس ہے اردو زبان کے طور پر میر محمد طاحسین خاں تحسین نے استعمال کیا جن کی نوطرز مرصع کافی مفید ہوئی۔اس پر مزید تحقیق ہونی چاہئے اردو کا پہلا شاعر امیر خسرو اور پہلا نثر نگار خواجہ بندہ نواز گیسودراز ہیں ان کے دور میں اردو کا کیا نام تھا غور طلب امر ہے لغات تجریہ پر البحری تجزیہ ملتا ہے۔رئیس احمد فراہی نے مصحفی پر مضمون لکھا ہے مصحفی اور اس کا امروہہ پن میں امروجہ کی زبان بیان ماحول تہذیب غزل میں محبوب کا دور غرضی امروہیہ سے منسوب تمام خوبیوں خصوصیات کا جائزہ لیا ہے ارشاد خمر نے اردو تنقید کے نقوش پھر وہی بات اردو تنقید تذکروں سے شروع ہوتی ہے بار بار کا اعادہ ہے اس کے علاوہ اور تنقید کے آغاز ارتقاء پر نئی بات ہونی چاہئے تذکروں میں تنقید ہوتی ہے وہ سالم تنقید کے ذیل میں نہیں آتے حالی کی تنقیدی نظریات کا جائزہ لیا ہے وہ مزید کہتے ہیں تخلیق کیسے اعلیٰ درجے کے جمالیاتی مذاق لطیف احساس اور شگفتہ انداز بیان کی ضرورت ہوتی ہے مگر تنقید کے لے انتہائی بلند نظری راست فکری۔تعصبی اور غیر جذباتی منطق انداز درکار ہے قدیم جدید تقاریر میں تعارض میں تفاوت پایا جاتا ہے۔

عروسہ فاروق نے رومانیت اور افسانہ کا جائزہ لیتے ہوئے کہا کہ رومانیت ادب کی وہ تحریک ہے جس میں غیر حقیقی باتیں بیان کی جائیں رومانی جذبات اور احساسات کی قائل ہے اس تحریک نے پرانے اصولوں کے بجائے نئے اصول وضوابط پر زور ہے کہ خیال دنیا بسانے کی زیادہ توجہ دی۔اس تحریک نے زیادہ زور انفرادیت پر دیا رومانی مفکریں کے زیادہ اور انفرادیت پر توجہ دی۔اس تحریک نے زیادہ زور انفرادیت پر دیا۔

رومانی مفکروں کے مطابق ایک فرد صرف احساسات خیالات کے مطابق ایک فرد صرف احساسات خیالات جذبات کی مدد سے ہی حقیقت تک رسائی حاصل کرسکتا ہے۔سجاد احمد نجار نے رسم الخط ہی زبان کی شناخت ہے میں اردو رسم الخط کو ناگزیر قرار دیا رسم الخط بدلنے سے زبان مرجاتی ہے رسم الخط زبان کی روح جان ہوتی ہے لعل و گہر کے تحت اختر جاوید ایک پانچ سالہ بچہ بدنام نظر حیرت فرخ آبادی کا شعار تغزل بدر محمدی وامق جونپوری کی غزل گوئی اسود گہر تصوف اور شاعری بہادر شاہ ظفر کی صوفیانہ شاعری نیلوفر حفیظ اردو شاعری میں تصوف کی رنگارنگی نظر احمد گنائی چراغ محبت کے تحت گورروی

داس کے افکار ونظریات کی عصری معنویت مول درجے کبیر اوران کے نظریات منور عالم نے لکھا ہے کبیر داس محمد یسین خراج عقیدت رہے تھے نصرت ظہیر محمد اکرام سلسلہ صحافت زبیر رزوی میں لفظ معنی اور اسلوب زبان سے بحث کی گئی ہے محمد حنیف خاں نے بحث کی۔ جب کتابوں نے مجھے متاثر کیا علی شاہد دلکش نے کہا کہ ناانصافی کرنے والا دوزخی ہے کتاب دریچہ جن کتابوں نے مجھے متاثر کیا علی شاہد دلکش نیا آسمان نئے ستارے میں محمود الحسن خاں نے اردو زبان وادب میں تصور کیا تفہیم محمود الحسن خاں گٹو داس اوراڑیسہ ناول کا تقابلی مطالعہ میں دونوں تقابل کیا گفتگو کی دنیا میں تعارف وتبصرہ ہے۔ بہر حال اردو کے شاعری اردو میں روشنی پھیلائی نیا آسمان نئے ستارے وغیرہ باہر ہے باہر جانے کامل ہے کتابوں کی دنیا کتابوں کی دنیا میں تعارف وتبصرہ شائع ہوتے ہیں یہ خوش آئندہ عمل میں ہے لیکن اس میں تبصرے NCPUL کی شائع کردہ کتابوں پر ہوتے ہیں نیا سفر بھی ناگزیر ہے ان سے کہو کہ شمولات میں تنقیدی بصیرت غور کریں مشمولات بھر پور ہیں نئے نکات اور انکشافات پیدا ہوتے ہیں ذیلی کالم بھی مؤثر ہیں۔ اداریہ۔ خطوط۔ ادب زاویے اور جہات۔ زبان اور امینی صورت حال۔ لعل وگہر تصوف اور شاعری چراغ محبت خراج عقیدت۔ سلسلہ صحافت۔ کتاب دریچہ نیا آسمان نئے ستارے۔ کتابوں کی دنیا۔ عالمی اردو نامہ خبرنامہ اردو قاری رشتے ذیلی کالم پڑھنے کے بعد ماحول زندگی زمانے کے uptodates ہوجاتا ہے بہرحال اردو دنیا کے اسٹاف کو صحیح دل سے مبارک باد کہ انہوں نے اردو دنیا وماحول کو عصری رنگ میں مبتلا کردیا اور سائنس اور ٹکنالوجی کا شعور اجاگر کیا۔ اس اداریے کے ہر پہلو وزاویہ پر Ph-d ہونا چاہئے۔ اردو کا عظیم ادارہ ہے اور عظیم خدمات انجام دے رہا ہے ۱۰۰ صفحہ کے شمارہ میں وہ سب کچھ ملے گا جو اردو قاری چاہتا ہے۔

☆

اردو دنیا کا شمارہ۔اگست ۲۰۲۲

سرورق پر ذرا یاد کرو قربانی کے تحت جدوجہد آزادی کی تصویر شائع کی گئی ہے جس میں جنگ کا منظر پیش کیا گیا ہے ہندوستانی کے ہاتھ میں بھرمار اور تلوار دیکھائی دیتی ہے تحریک آزادی ہند کے تعلق کتابوں کا اشاریہ دیا گیا ہے جملہ ۲۷ کتابوں کا ذکر ملتا ہے مزید علاقائی کتابوں میں بھی جنگ آزادی کا ذکر ملتا ہے حیدرآباد میں مولوی علاء الدین طرہ باز خاں۔ میر گوہر علی خاق صدیقی آزادی کے جذبوں سے سرشار تھے ان کے بارے میں بھی حیدرآباد میں تحریک آزادی کے تحت ذکر ملتا ہے ان کتابوں کو جمع کر کے ایک کتب خانے میں یکجا کریں تو ہندوستان کے سب سے اہم بڑے chapter کی تکمیل ہوگی تحقیق کرنے والوں کو آسانی ہوگی۔ مدیر صاحب ہماری بات میں سچ کہا ہے کہ اردو محبت الفت کی زبان ہے اردو صحافت نے کلیدی رول ادا کیا ہے حب الوطنی کے جذبات وتصورات پر روشنی ڈالی ہے اردو میں تحریک آزادی کا بیش بہا سرمایہ ہے اس کی حفاظت ناگزیر ہے آئندہ نسلوں کے لیے آزادی ادب ثمر آور ثابت ہوگا میں اردو صحافت کا کردار میں تفصیل سے جن اخبارات میگزین ماہ ناموں نے حصہ لیا ہے ان کے کردار کو پیش کیا ہے انہوں نے لکھا ہے کہ

بہرحال اردو صحافیوں کی قربانیوں اردو اخبارات کی تحریک آزادی نیتاجی سبھاش چندر بوس کی للکار مہاتما گاندھی۔ پنڈت جواہر لال نہرو۔ مولانا ابوالکلام آزاد کی تحریریں اور تقریریں رنگ لائیں ۱۵ اگست ۱۹۴۷ کو ہندوستان انگریزوں کی غلامی سے آزاد ہوگیا۔ آج ۷۵ سال مکمل ہوگئے آزادی تو ملی لیکن آزادی کی حقیقی خوشی ندارد ہے اے کے علوی نے آزادی کی جنگ اور روہتاس میں آزادی کے سورماوں کے کارنامے جدوجہد کو پیش کیا۔ امیر حمزہ نے ۱۸۵۷ کی بغاوت میں اردو اخبارات کا کردار اخباروں کے کارناموں اور مدیروں کی آزادی کے لئے جدوجہد کی ترجمانی کی ہے مضمون جدید معلومات سے مزین ہے تحقیق میں مفید سود مند ثابت ہوگا۔ مسرت نے تحریک آزادی اور اردو فکشن میں اردو افسانوں اور ناولوں میں جنگ آزادی اور جدوجہد آزادی کے تصورات رول و کردار پر روشنی ڈالی ہے انہوں نے سوز وطن۔ گریز۔ شکست۔ لندن کی ایک رات ٹیڑھی لکیر کا تجزیہ کیا ہے اور تحریک آزادی کے

کردار کونشاندھی کی ہے عبدالسمیع نے تحریک آزادی میں اردو زبان کا کردار پر عکاسی کرتے ہوئے فرمایا کہ۔

اردو زبان ہی کی صحافت اور نظم نثر نے ایوان فرنگی کی بنیادیں ہلادی تھیں اور حکومت انگلستان کی نیند حرام کردی تھی آخری مغل بادشاہ بہادر شاہ ظفر جن کی قیادت میں ۱۸۵۷ کی جنگ آزادی کا بگل بجا اور آزاد ملک ہندوستان کے پہلے وزیر تعلیم مولانا ابوالکلام آزاد اردو زبان کے شیدائی تھے اردو زبان کے اشعار اقوال اور نغمے مجاہدین آزادی کی رگوں میں جوش ولولہ بھر دیتے تھے اور وطن کی محبت سے سرشار ہوکر مسکراتے ہوئے تختہ دار پر چڑھ جاتے اور سر کٹانے پر آمادہ رہتے تھے مزید کہتے ہیں۔

اردو زبان وادیب کا رشتہ تحریک آزادی سے اٹوٹ ہے اور اس کا کردار نا قابل فراموش ہے اردو و مجاہدین آزادی کی مشترکہ وراثت اور روایات کی ضامن یہ ملک کی آزادی کے بعد گنگا جمنی تہذب آپسی محبت ومودت اور اخوت و بھائی چارگی کا ذریعہ ہے جہد مسلسل سعی پیہم کی عمدہ مثال ہے۔

ملک وقوم کو اتحاد کے دھاگے سے جوڑتے رہنے والی زبان ہے مہر فاطمہ نے تحریک آزادی اور اردو شاعری میں بھکتی تحریک سے بات شروع کی اردو زبان وادب میں نظم کا جو کردار آزادی کے لئے تھا اس کی تفصیل سے روشنی ڈالی ہے اردو کی تمام شعری اصناف مرثیہ۔ قصیدہ۔ مثنوی غزل وغیرہ ہندوستانی عناصر اور تہذیب وثقافت ملتی ہے غلام علی اخضر نے حریت کے پرستار مجاہد آزادی ہند مولانا برکت اللہ بھوپالی کا حصہ کو پیش کیا ہے عقیلہ نے تحریک آزادی کا جلی عنوان اردو زبان شہر آہن کا شیشہ گر رونق دکنی سیمابی۔ کرامت علی کرامت محمد نہال افروز نے منٹو کے تعلق سے بدلتے نظریات میں کہتے ہیں۔

سعادت حسن منٹو اردو ادب کا جتنا بڑا نام ہے اتنا ہی متنازعہ نام بھی ہے اسے فراڈ کہا گیا جھگی سمجھا گیا اور فحش نگار ٹھیرایا گیا اور اس کے فن پر ہر طرح طرح کے اعتراض کئے گئے فحش نگاری کے الزام میں اس پر مقدمے تک چلائے گئے لیکن اچھا یہ ہوا کہ اس انتہا پسندی کو رد کردیا گیا اور منٹو کو ہر مورچے پر سرخروئی حاصل ہوئی۔ راہن شمع نے اردو تبصروں کا ابتدائی دور دانش کمال نے علی گڈھ تحریک انجمن پنجاب اور جمالیات محمد عادل نے ساغر صدیقی کی غزل میں سائنس عناصر۔ فیصل نذیر ناصر الدین الا لہ اللہ کے جوئے شیر کا فرہاد میں اپنے افسانوں کے ہر کردار میں خود جیتا ہوں۔ انورالحسنین اورنگ آبادی نے ریشا قمر کو فکر انگیز معلوماتی انٹرویو دیا ہے ادبی معلومات آگہی سے پر ہے ارشاد احمد سیوان میں اردو

غزل کا ارتقائی سفر محمد فہیم احمد کوٹہ کا علمی وادبی پس منظر ایم اے کنول جعفری نے ہندی غزل کا بیباک شاعر دشنیت کمار تنویر احمد علوی بحیثیت شاعر۔ حارث حمزہ لون نے امجد حیدر آبادی کی شعری انفرادیت جدوجہد آزادی اور اردو ادب پر صحافت ۱۳ مضامین شائع ہوتے ہیں ایک طرح سے یہ تو آزادی پر گوشہ نہیں بلکہ نمبر ہے جو آزادی کا امیرت مہا استو کا حق ادارہ نے ادا کیا ہے ذیلی عنوانات کے تحت جو مضامین ہیں وہ بہت معلومات سے پر ہیں اداریہ۔ خطوط آزادی کا امرت مہااتسو۔ ادب زاویے اور جہات۔ عربی ادبیات خصوصی گفتگو۔ نگر نگر اردو۔ لعل وگہر۔ نیا آسمان نئے ستارے۔ کتابوں کی دنیا عالمی اردو نامہ۔ خبرنامہ وغیرہ کو پڑھ کر یہ کہنا پڑتا ہے کہ یہ شمارے مخزن العلوم کے پیکر ہیں ادب کی جدید اور عصری معلومات فراہم کررہے ہیں۔ اردو والے اس کے شماروں سے کما حقہ استفادہ کریں تو مستقبل درخشاں ہوگا طلبہ طبقہ کے لئے اردو دنیا کے شمارے نعمت سے کم نہیں۔

☆

ماہ نامہ اردو دنیا۔ستمبر۲۰۲۲

سرورق پر دہلی کی شاہی وتاریخی عمارتیں شائع ہوئیں جس میں لال قلعہ انڈیا گیٹ جامع مسجد وغیرہ یہ قارئین میں تاریخی شور پیدا کرتے ہیں تصویر دیکھنے کے بعد پوری کہانی نظروں کے سامنے پھر جاتی ہے اس شمارے کا جلد نمبر۲۴ شمارہ ۹ ستمبر ۲۲۰۲ ہے مدیر ڈاکٹر شیخ عقیل احمد مشیر حقانی القاسمی معاونین عبدالرشید آعظمی نایاب حسن وابستہ ہیں اس کے ناشر ڈائرکٹر قومی کونسل برائے فروغ اردو زبان وزارت تعلیم محکمہ اعلی تعلیم حکومت ہند کمپوزنگ محمد اکرام ڈیزائنگ محمد زید گھر پر منگوانے کے لئے D D سالانہ 150 یا دوتین سال کے لئے خریدی کرنا ہوتو D D 300 یا 450 کا ہوگا آج کے زمانے میں یہ رقم کوئی حیثیت نہیں رکھتی D D اس پتہ پر روانہ کریں فروغ اردو ویسٹ بلاک 8 ونگ 7 آر کے پورم نئی دہلی 110066 فون نمبر 26109746 ایک میل sales@ncpul. in 22-7-110 تھرڈ فلور ساجد یار جنگ کمپلیکس بلک نمبر 5-1 پتھرگٹی حیدرآباد 500002 فون نمبر 24415194 -040 سے خریدی کر سکتے ہیں۔اردو طلبہ قارئین کے لئے یہ رسالہ اہمیت وعظمت کا حامل ہے کیونکہ اس میں زمانے کے لحاظ مختلف علوم وفنون کو جگہ دی جاتی ہے اور عصری ماحول تقاضوں سے ہم آہنگ کرتا ہے اس کا ہر شمارہ مخزن العلوم وبحر العلوم محسوس ہوتا ہے اس کے اداریے عصری اردو موضوعات مسائل پر مبنی ہوتے ہیں مسائل کا حل بھی پیش کر دیا جاتا ہے۔

ہماری بات اداریہ مدیر رسالہ شیخ عقیل احمد لکھتے ہیں۔

اس شمارے میں انہوں جشن آزادی جو ہندوستان کے ہر گھر ترنگا مہم کے تحت تمام طبقات جوش وخروش سے مناتی ہے آزادی کے 75 سال مکمل ہوگئے ہیں 76 واں منا رہے ہیں یہ ایسا عمل قومی عظمت ملک اور مٹی سے محبت عقیدت کا باعث آپ نے ترنگا کی عظمت پر تین نظموں کے شعری حوالے دیئے ہیں۔

جنگل کی آنکھوں کی صورت سبز ہے تیری دھاری
جیسے دھان کی پہلی کونپل سندر کومل پیاری

وقار خلیل۔

لہرا رہا ہے دیکھو آکاش پر ہر ترنگا
امن وامان کا پیکر جھنڈا وہ رنگ برنگا
اسکول جگمگایا ہر کھیت لہلہایا
کلیاں بھی مسکرائیں پھولوں نے گیت گایا
گنگا نے راگ چھیڑ جمنا نے گنگنایا
اونچا جو ہے ہمالہ وہ بھی تو سر جھکایا
لہرا رہا ہے دیکھو آکاش پر ترنگا
امن واماں کا پیکر جھنڈا وہ رنگ برنگا

بچوں کے شاعر شفیع الدین نیر نے بھی اس ترنگے کو یوں سلام کیا

سب سے اچھا سب سے نیارا
ترنگا پیارا پیارا
قوم کی امیدوں کا سہارا
دیس دلارا جگ اجیارا
دل کی ٹھنڈک آنکھ کا تارا

امرت مہوتسو کا سلسلہ اگلے سال تک جاری رہے گا

دراصل آزادی کا امرت مہوتسو منانے کا مقصد یہ ہے کہ عالمی سطح پر ہندوستان کی ثروت مند تہذیبی ثقافتی روایت کو فروغ دیا جائے اور تمام شعبوں میں ہندوستان کو حاصل ہونے والی ترقیات کو نمایاں کیا جائے اسی وجہ سے اس مہوتسو میں وشو گرو بھارت اتم نربھر بھارت۔

ہندوستان کا ثروت مند ثقافتی ورثہ۔گمنام مجاہدین آزادی اور آزادی ۲۰ جیسے بنیادی تعمیر کو شامل کیا گیا ہے تا کہ اس کے ذریعہ ہندوستان کی ہمہ جہت ترقی حصول یابی کے مختلف پہلوؤں کو واضح کیا جائے ہندوستان ابھی بھی ترقی پذیر ملک ہے وشو گرو بننے کے لئے تمام طبقات کے ساتھ اور تمام شعبوں محکموں کو ٹکنالوجی سے مربوط کریں اور قدرتی وسائل کے استعمال میں عصری ٹکنالوجی ناگزیر ہے تب عالمی لیڈر بن سکتا ہے۔

ربط والتفات خطوط کالم میں مشمولات کے تبصرے۔ تجزیے۔ محاکمہ تنقید کا شعور اجاگر ہوتا ہے قاری کو تخلیقی ادب کے معیار اور حسن وقبیح کا اندازہ ہو جاتا ہے تنقید و تجزیے سے مشمولات کی قدر متعین ہوتی ہے اس کو برقرار رکھیں۔

مشتاق آعظمی نے قیصر شمیم کی شاعری کی مخصوص لفظیات پر روشنی ڈالی ہر فنکار کا رویہ لفظ کے الگ الگ ہوتا ہے شاعری لفظوں کی صناعی مصدری ہے آئینہ لے کے میں تو نکلا ہوں

ہاتھ میں اپنے تو پتھر لا

بڑھتا ہے جب درد جگر

میر کی غزلیں پڑھتا ہوں

ان کی شاعری میں میر کی زبان۔ میر کی سادگی۔ میر کے تیور میر کی کاٹ اور سرعت آگئیں نشتریت سے بستیوں کی طرح قیصر شمیم بھی متاثر ہوتے ہیں۔

اختر کاظمی نے شبیر احمد کے افسانوی مجموعہ اعتراف اور ہو بہو کے افسانوں کا تجزیہ کیا ہے کاروں کی سماجی عصری تبدیلی اور ہند میں سماجی معاشرتی عصری تبدیلیوں کی عکاسی کی ہے یوسف رام پوری نے اختر ایمان کی شاعری کا موضوعاتی مطالعہ تجزیہ پیش کیا ہے ان کی شاعروں میں ترقی پسند عناصر روٹی کپڑا مکان اور مزدوروں سے ہمدردی ملتی ہے اور انسانی قدروں کے زوال پر روشنی ڈالتے ہیں زاہد ندیم حسن نے داستان کی اسطورہ فضا اور تخلیقی عمل پر روشنی ڈالی ہے۔ سبرس وجہی۔ قصہ مہر افروز دلبر ہوریانی کیتکی کی کہانی وغیرہ پر اسطوری عناصر کی نشاندہی کی ہے طلبہ کے لئے اہم ہے شیخ احرار احمد نے ماہیا۔ ثلاثی اور ترو ینی ایک جائزہ میں تینوں اصناف پر فنی اور موضوعاتی بحث کی ہے کیا ہم ان کو باقاعدہ اصناف کہہ سکتے ہیں یا ہئیت کے تجربوں کا ایک عمل ہے یک سطری نظم ایک سطر کا افسانہ بھی آرہا ہے بہرحال تجربے ادب کو فائدہ پہنچا سکتے ہیں تو کرنا چاہئے۔ انشائیہ۔ طنز و مزاح کے اجرائے ترکیبی مدون ہونا باقی ہے۔ محمد افروز عالم نے اردو شاعر اردو والے سائنس سے آج بھی دور ہے ادب ہوگا سائنس مشکل مضمون تصور کر کے اس سے اجتناب کرتے رہے لیکن ادب میں امیر خسرو سے لے کر انصاری تک سائنس شعور کی نشاندہی اجاگر ہورہی ہے۔ ادب زاویے اور جہات میں جو مضامین شامل ہیں وہ موضوع کے لحاظ فکر انگیز اور بصیرت افروز ہیں نواب یوسف علی خاں ناظم کے شعری کمالات رضیہ پروین مارکنڈے کی کہانیوں کی تفہیم شیو پرکاس چکبست کے شخصی مرثیے اسمٰعیل خاں ان کے ۹ شخصی مرثیوں پر جنہیں قومی لیڈر اور

خاندانی احباب شامل ہیں شخصی مرثیہ کی روایت غالب کا مرثیہ عارف حالی نے غالب کی رحلت پر مرثیہ غالب لکھا۔ مومن سیماب اکبر آبادی درگا سرور جہاں آبادی۔ اقبال اور چکبست نے اس روایت کو آگے بڑھایا۔ شخصی مرثیہ کسی اہم شاعر۔ ادیب سماجی۔ کارکن۔ مصلح قوم سیاست داں اور صاحب حیثیت شخصیت پر لکھا جاتا ہے۔ عزیز ترین شخصیت پر بھی مرثیہ لکھا جا سکتا ہے اس میں اجزائے ترکیبی نہیں ہوتے اور نہ فن شخصیت کی سیرت۔ کردار صفات بیان کرتے اظہار نم افسوس کیا جاتا ہے۔

محمد تنویر نے فکر تونسوی کی نظم نگاری پر روشنی ڈالی

یادیں باتیں ذیلی عنوان کے تحت عربی زبان کے مایہ ناز استاد پروفیسر محمد راشد ندوی عبدالماجد قاضی نے ان کی علمی ادبی خدمات پر روشنی ڈالی لعل و گہر کے تحت ادب کے سفیر مدن لال منچندہ سی موہن اقبال مجید کا تخلیقی سرمایہ جگد صبادوبے

آشفتہ چنگیزی کی غزلیہ شاعری فرقان احمد سردھنوی

ندرت خیال کا شاعر شبنم گورکھپوری عبدالرحمٰن

سلسلہ صحافت ندوۃ المصنفین اور اس کا مشہور رسالہ برہان محمد سراج الدین سب رس ڈاکٹر ناظم علی۔

زبان و تعلیم کے تحت اساتذہ کی تعلیم احمد حسین

دوسری زبانوں سے آخری دن احسان عبدالقدوس مترجم محمد قطب الدین میزان مترجم خورشید عالم دونوں بھی اچھے افسانے ہیں پہلا افسانہ یوروپ کی تہذیب تمدن معاشرت کے نقائص پر ہے وہاں شادی بیاہ کا تقدس نہیں ہے آزادہ جنسی دوش ہے دوسرا افسانہ ہندوستانی تہذیب مسائل کے پس منظر میں ہے۔

خصوصی گفتگو اردو میں انگریزی کی آمیزش سے گھبرانے کی ضرورت نہیں شہباز حسین خان محمد رضوان کی فکر انگیز باتیں بتلائی ہیں زبان نامیاتی ہے جس میں مختلف زبانوں کے الفاظ کا تبادلہ ہوتا ہے الفاظ کے داخل کو روک نہیں سکتے فطری بہاؤ کا عمل ہے اردو میں کنڑ۔ تلگو۔ ٹامل۔ ملیالم الفاظ آگئے ہیں عربی فارسی۔ انگریزی ۱۶۰۰ صدی سے شامل ہوگئے ہیں الفاظ کا لین دین چلتا رہے گا۔

فلم کے تحت تحریک آزادی اور ہماری فلمیں اس امر ہووی خواجہ احمد عباس اور عورت کی تصویر کشی مورخ احمد نیا آسمان نئے ستارے محمد علوی کی شاعری کی مخصوص لفظیات شفا مریم نیاز فتح پوری کی رومانی

افسانہ نگاری عامر اقبال کتابوں کی دنیا خبر نامہ شامل ہے۔

۱۰۰ صفحات کا یہ شمارہ اردو طلبہ۔ ڈگری۔ ایم اے۔ ایم فل Ph.D کے لئے تو ناگزیر ہے یہ شمارے پڑھ کر اردو طلبہ اپنا مستقبل درخشاں بنا سکتے ہیں جامعات کے طلبہ اس سے استفادہ کریں اس کے مندرجات مواد کو ذہن نشین کرلیں اردو کے ذریعہ سے حصول ملازمت میں آسانی ہوگی اور آپ کا مستقبل درخشاں تابناک ہوگا۔ اس رسالے کو ہندوستان کے ہر گھر کی زینت بنائیں۔

اور پڑھیں بہت کچھ علوم وفن سے آگہی ہوگی NCPUL اردو دنیا کے اسٹاف کو میر اسلام اس طرح کے شماروں کی تیاری کے لئے کتنی محنت تگ ودو کرنی پڑتی ہوگی۔ NCPUL کا پورا اسٹاف مبارک باد کا مستحق ہے ایسی معیاری علمی وادبی کام انجام دے رہا ہے۔

☆

اردو دنیا کا شمارہ اکتوبر ۲۰۲۲

ماہنامہ اردو دنیا کا شمارہ قبل از ماہ ۳۰ ستمبر ۲۲۰۲ کو ہم دست ہوا شمارہ ہاتھ میں آتے ہی سرورق پر پڑی گاندھی جی کی تصویر نظر آتی ہے اور یہ جملہ وقار مادر ہندوستان تھے ان کے نظر عدم تشدد کی وجہ سے دنیا کے لئے وقار عظمت کے حامل تھے بابائے قوم تھے۔ ان کا نظریہ عدم تشدد کو جنوبی کوریا نے اپنایا اور بعد میں دوسرے ممالک بھی اپنائے ہیں آج گاندھی کے فلسفہ عدم تشدد کی بے حد ضروری ہے ناگزیر ہے۔ مدیر شیخ عقیل احمد نے تحریک آزادی میں گاندھی جی کے کردار پر تفصیل سے بحث کی اور ان کے لسانی نظریہ ہندوستانی کی صراحت کی ہے ان نزدیک راشٹریہ بھاشا کا مطلب ہندی۔ اردو= ہندوستانی تھا وہ ہمیشہ ہندوستان کے تمام طبقات کے درمیان اتحاد اور یک جہتی کی تبلیغ کرتے رہے اور اس کا اثر ہندوستانی عوام پر بھی پڑا ان کا کہنا تھا کہ ہر مذہب کا سچائی کا راستہ دکھاتا ہے اسی لئے مذہبی بنیاد پر اختلاف یا تنازعے کا کوئی جواز نہیں ہے آج کی انسانیت سماج معاشرہ کو گاندھی جی کے نظریات و تعلیمات کی ضرورت ہے جس سے نفرت ختم ہو جائے گی۔ محبت خلوص ہمدردی عام ہوگی۔

ڈاکٹر م۔ق۔ سلیم نے ربط و التفات کے کالم صفحہ ۵ پر لکھا کہ مضمون میں چوک ہوتی ہے ماہ نامہ سب رس میں 1963 عصری سے زور نمبر نکلنا شروع ہوئے اس کا جلد نمبر ۲۶ شمارہ نمبر 12-11-10 ہے اس میں 12 مضامین ڈاکٹر زور کے فن پر اور ۳۳ مضامین ان کی شخصیت پر ہیں دوسرا پر ہیں دوسرا نمبر اکتوبر 1966 شمارہ نمبر ۱۰ جلد 29 تھی۔ تیسرا خصوصی نمبر نومبر 1980 جلد شمارہ ۱۱ جلد 43 چوتھا خصوصی نمبر نومبر و ڈسمبر 1996 شمارہ 12-11 جلد 58 اس کے علاوہ ڈاکٹر زور پر خصوصی گوشہ بھی شائع ہوئے مارچ 1983 شمارہ ۳ جلد -43 جنوری 1990 شمارہ جلد 199953 شمارہ ۹ جلد 61 نومبر 2003 وغیرہ قابل ذکر ہیں البتہ 1962 میں سب رس کا عام شمارہ جو ستمبر و اکتوبر شمارہ 9.10 جلد 25 میں حبیب ابراہیم نے ڈاکٹر زور کے آخری لمحات مضمون شائع کیا ہے خاص نمبر نہیں نکلا ہے 1963 سے زور نمبروں کا آغاز ہوتا ہے شمارے نکالنے میں بے اعتدالی کیا معنی رکھتی ہے پروفیسر ایس اے شکور مدیر بننے کے بعد حیدرآباد دکنی کے قلم کاروں کو جگہ مل رہی ہے اور آئندہ بھی ملتے رہے گی بے اعتدالی سمجھ

سے بالاتر ہے۔

محمد معظم الدین نے بیسویں صدی میں اردو کے اہم سفرنامے پر مضمون لکھا ہے اور سفرنامے کے فن وتقاضوں پر روشنی ڈالتے ہوئے کہا کہ

سفرنامے قوموں اور ملکوں کی جغرافیائی صورت حال۔ تہذیب وثقافت رہن سہن آداب معاشرت رسم ورواج اور اخلاق وعادات کا مرقع ہوتا ہے ان باتوں کو جتنی خوبی وسعت اور زمہداری کے ساتھ جگہ دی جاتی ہے وہ سفرنامہ اتنا ہی کامیاب ہوتا ہے ایک کامیاب سفرنامہ تاریخ کی سرحد میں داخل ہوجاتا ہے اوراس کی حوالہ جاتی حیثیت ہوجاتی ہے اس مضمون میں اردو کے سفرناموں کا تجزیہ محاکمہ کیا ہے جن میں یوسف خاں کمبل پوش کے سفرنامہ تاریخ یوسفی معروف بہ عجائبات فرہنگ۔ نواب کریم حاں کا سیاحت نامہ۔ فدا حسین کا تاریخ افغانستان مرزا ابوطالب خاں اصفہان کا سفر فرنگ مولوی مسیح الدین علوی کا تاریخ انگلستان۔(سفرنامہ لندن) سرسید کا مسافران لندن اور سفرنامہ پنجاب۔ مرزا نثار علی بیگ۔ کا سفرنامہ یورپ۔

شبلی نعمان کا سفرنامہ۔ روم ومصر وشام محمد حسین آزاد کا سیر ایران اور وسط ایشیاء اور محمد جعفر تھانیسری کا کالا پانی۔ مولوی عبدالرحمٰن دیگر سفرناموں کی تفصیل بھی ملتی ہے۔ امرتسری کا سفرنامہ بلاد اسلامیہ ان سفرناموں سے ملکوں۔ قوموں کے جغرافیائی۔ تاریخی۔ سیاسی۔ سماجی۔ تہذیبی۔ ثقافتی اقتصادی تنوع کوظاہر کررہے ہیں۔ بلکہ ان سے سفرنامہ نگار کے تجربات۔ مشاہدات تاثرات۔ احساسات نظریات وسعت معلومات اور انداز پیش کش اوران کے اسالیب کےتنوع کا بھی پتہ چلتا ہے نصرت جہاں نے نفسیاتی تنقید اور قبول کی میزان پر میں لکھتے ہیں۔

ارسطو کی بوطیقا تنقید کی پہلی کتاب قرار پاتی ہے اور اردو میں حالی کی مقدمہ شعروشاعری کو اردو کی پہلی تنقیدی کتاب قرار دیا جاتا ہے دونوں جگہ ہی فن کے اصول متعین کئے گئے ہیں اور نظریات سے بحث کی گئی ہے افلاطون سے اخلاقی نظریہ عام کیا جب کہ اس کے شاگرد ارسطو نے المیہ پر توجہ صرف کی اور پھراس کے نظریات کی مختلف شاخیں پھوٹنے لگیں۔ کولرج نے رومانیت پر زوردیا اور تخیل کو ادب میں کلیدی حیثیت گزارنا تخیل کا سرچشمہ لاشعور سے پھوٹتا ہے فرائڈ اور یونگ نے تحلیل نفسی اور آرکی ٹائپ کی اہمیت کو اجاگر کیا شعور۔ لاشعور اور تحت الشعور کے نظریے کو ادب سے جوڑنے کا عمل فرائڈ یونگ سے شروع ہوا جن کا سارا زور انسانی نفسیات پر تھا یہی نظریہ نفسیاتی تنقید کی بنیاد بنی۔ اور ادب میں یہی نظریہ

استعمال ہونے لگا۔

اس بات کا انکار نہیں کہ اردو میں نفسیاتی تنقید کا باقاعدہ ارتقا عہد جدید میں ہوا جس میں مغربی افکار و نظریات شامل رہے نفسیاتی تنقید کو باضابطہ طور پر متعارف کرانے کا سہرا میراجی کے سر ہے نفسیاتی الجھنیں میراجی کی نظموں کا خاص موضوع ہیں میراجی ساری زندگی نفسیاتی ذہنی کشمکش میں بسر کی۔ غم حیات۔ عشق میں ناکامی جنسی ناآسودگی ان کی شاعری میں صاف نظر آتی ہے میراجی کے بعد نفسیاتی تنقید نگاری میں حسن عسکری۔ رفیع الزماں۔ ریاض احمد۔ سلیم احمد۔ سید شبیہ الحسن۔ ڈاکٹر محمود الحسن رضوی۔ شکیل الرحمٰن وغیرہ فرائڈ کے نظریہ تحلیل نفسی کے حامی ہیں جب کہ وزیر آغا یونگ کے اجتماعی لاشعور۔ غزالہ فاطمہ نے مرداد یبوں کی تنقید میں تانیثی رجحان۔ چند مرداد یبوں کی تنقید میں تانیثی رجحان کا جائزہ لیں گے۔ شمس الرحمٰن فاروقی۔ گوپی چند نارنگ۔ عتیق اللہ سید عقیل احمد۔ دیوندر اسر ابوالکلام قاسمی۔ قاضی افغال حسین۔ نظام صدیقی محمود شیخ۔ یوسف سرمست ظہیر الدین۔ عقیل احمد صدیقی۔ خالد اشرف۔ علی احمد فاطمی۔ سلیم شہزاد۔ حقانی القاسمی۔ مشتاق احمد وانی۔ ناصر عباس نیر اکرم کنجاہی۔ ریاض صدیقی انیس ناگی۔ وارث میر نعیم صدیقی۔ منیر احمد۔ امین حسن یاسر جواد ز میر علی بدایونی۔ عبدالعزیز ہاشمی۔ ڈاکٹر مولا بخش۔ ڈاکٹر ندیم احمد قابل ذکر ہیں عائشہ ضیاء نے حنیف نقوی کی تذکرہ شناسی کے نمایاں پہلو کو تفصیل سے پیش کیا ہے محمد نسیم نے شمس الرحمٰن فاروقی کی سفارشات لغات روزمرہ کے حوالے سے ان کی خوبیاں خصوصیات بیان کی ہے ایک طرح کا تنقیدی تجزیہ ہے آفتاب احمد منیری نے جدید غزل کا ایک معتبر نام فضا ابن فیضی میں لکھتے ہیں۔

ادبی دانش کدے میں فکری بصیرت کے ساتھ مذہبی افکار کا بھرپور اظہار بھی فضا کے دست ہنر کا کمال ہے کس قدر خوب صورتی کے ساتھ وہ عصری احساسات سے بھرپور واقفیت نیز جدید تقاضوں سے مکمل آگہی کے ساتھ قدیم موضوعات کو موضوع سخن بناتے ہیں۔

☆

اردو دنیا۔نومبر ۲۰۲۲

سرورق پر ہمالیہ پہاڑی سلسلہ کو شائع کیا گیا ہے یقیناً ہندوستان کا ہر ذرہ دیوتا ہے یہاں کے قدرتی مناظر اور تہذیب۔ثقافت کی دنیا میں شناخت ہے کثرت میں وحدت تکثیری سماج۔رواداری۔میانہ روی۔مشترکہ قدریں۔قومی یک جہتی۔گنگا جمنی تہذیب۔فرقہ وارانہ ہم آہنگی دنیا میں مشہور ہے ہر ایک شہری محبت الفت ہمدردی کو عام کرے تاکہ ملک ہمہ جہت انداز سے ترقی کر سکتے ہر ذرہ روشنی عطا کرتا ہے چشم و چراغ عالم ہے سرزمین ہماری۔دنیا کو روشنی اور امن کا پیغام دیتا ہے۔

مدیر ڈاکٹر شیخ عقیل احمد مشیر حقانی القاسمی معاونین عبدالرشید آعظمی نایاب حسن اس کا جلد نمبر 24 شمارہ ۱۱ نومبر ۲۲۰۲ کا ہے۔

مدیر صاحب نے ہماری بات ادارہ میں قومی یک جہتی اور مشترکہ قدروں کو پروان چڑھانے کی بات کی ہے یہاں کی تہذیب کئی ہزار سال پرانی ہے ہمارا ملک قدرتی وسائل سے مالا مال ہے یہاں کی فضا پرسکون ہے ہمیں کما حقہ استفادہ کرنا چاہئے اس ملک کی تعریف حضرت محمد نے بھی کی ہے کہ میر عرب کو آئی ٹھنڈی ہوا جہاں سے چکبست کی نظم خاک وطن کا بند جس میں وطن پرستی کے جذبات ہیں آج ضرورت ہے کہ ہم تمام باشندگان ہندوستان کی عظمت پارینہ کی بازیافت کے لئے کوشش کریں اور اس ملک کی قدیم تہذیبی ثقافتی روایت کو زندہ کریں کہ اسی سے ہمارے ملک کی پوری دنیا میں شناخت ہے ربط والتفات کا کالم تنقیدی تحقیقی شعور عطا کرتا ہے کچھ تو نئے انکشافات نکات ملتے ہیں۔

منظور احمد گنائی نے اپنے انٹرویو میں کہا کہ زبان کو زندہ رکھنے کے لئے مقتضائے وقت اور عصری مطالبات کا التزام ضروری ہے بے شک وہی زبان زندہ رہ سکتی ہے جو زمانے کے عصری حالات کے تحت ہم آہنگ ہو جائے وقت کا تقاضہ کیا ہے اردو بھی عصری ٹکنالوجی اور عصری بدلتے حالات کے شانہ بہ شانہ چلے۔یہ بھی صحیح کہا کہ مادری زبان کے فروغ میں ماں باپ زمہ دار ہوتے ہیں بچے کی ملازمت کی خاطر اردو سے ان کو دور کرنا دانش مندی نہیں ہے بچوں کو مادری زبان سے محروم رکھنا ان کی روح تکلیف دینا ہے ان سعید نے ڈراما انارکلی میں ڈرامائی کنایہ مضمون میں ایک نئی جہت آشکار کی

ہے لوگ ڈراما دیکھتے ہیں کنایہ محسوس نہیں کرتے وہ کہتے ہیں ڈرامائی کنایہ ڈرامہ نگاری میں کسی مطلق حیثیت کا حامل نہیں ہوتا لیکن کسی ڈراما کی ڈرامائیت کوفزوں تر کرنے کا سبب ضرور بن جاتا ہے ڈرامائی کنایہ مرکزی وضمنی کردار ادا کر سکتے ہیں۔ ہندوستان کا نیا چاند ایک چکور چاہتا ہے یہ ڈرامائی کنایہ انارکلی کی زبان سے ادا ہوا ہے ڈرامائی کنایے فنی مرتبہ کو بلند کرتے ہیں یہ مضمون جدت ندرت کے ساتھ اردو زبان وادب میں نئی نیا موضوع متعارف ہوا ہے کنایہ تو شعری ونثری میں ہوتا ہے سمجھنا اور سمجھانے کے لطف پیدا ہوتا ہے۔

عرشیہ جبین نے ساحر لدھیانوی کی شاعری میں پیکر تراشی میں ان کے شعری حوالوں سے سمعی پیکر لمسی پیکر شمومی پیکر۔ بصری۔ مذوقی۔ وغیرہ کو پیش کیا ہے ساحر نے اپنے کلام میں اپنے تجربات ۔مشاہدات ذہنی تصورات اور نفسیاتی کیفیات کے ذریعہ مختلف موضوعات کو ان حسی پیکروں کے قالب میں اس طرح ڈھالا ہے کہ ان کے مخصوص لہجے کی انفرادیت واضح ہوکر سامنے آتی ہے ان کی شاعری داخلی اور خارجی تجربات مشاہدات اور جذبات واحساسات کی آئینہ دار ہے شاہ عالم میراجی کی فکری جہات میں لکھتے ہیں۔

میراجی کا شمار اردو نظم میں داخلیت کے سب سے بڑے عالم بردار کے طور پر ہوتا ہے میراجی نے جس رنگ کی شاعری کو رواج دیا وہ اپنے پیش رووٴں اور ہم عصروں سے بہت مختلف تھی میراجی کے یہاں موضوعات ہئیت اور اسلوب کے تجربے چونکانے والے تھے ان کی خلاقانہ صلاحیت نے اردو نظم میں اظہار کے نئے دریچے وا کئے نئے اسالیب اور نئے موضوعات کی تلاش سے نظم کا دائرہ وسیع تر ہوا۔

مجاہدالاسلام نے اردو کے دخیل الفاظ اور رشید حسن خاں میں لفظ مخرج۔ املا تلفظ پر سیر حاصل بحث کی ہے لکھتے ہیں علم اللسان ہمیں یہ بتاتا ہے کہ ہر زبان کے اپنے قانون ہوتے ہیں اور دوسری زبانوں کے جو لفظ کسی زبان میں داخل ہوتے ہیں یا اس کا جز ہوتے ہیں وہ اس زبان کے ضابطوں کے سانچے میں ڈھل کر جزو زبان بنتے ہیں۔

اردو میں دخیل الفاظ کو لے کر یہ باتیں کوئی ایسی بھی نہیں ہیں کہ جیسے پہلی بار رشید حسن خاں کہہ رہے ہوں بلکہ ان سے بہت پہلے یہ بات علامہ شبلی نعمانی نے اپنے مضمون املا اور صحت الفاظ میں اور علامہ سید سلیمان ندوی نے اپنے مضمون تہنید میں لکھ رکھی ہے یہ بالکل ممکن ہے کہ کسی دخیل لفظ کے معنی تلفظ جنس یا املا ہماری زبان میں وہ نہ ہوں جو اس زبان میں تھے جہاں سے وہ ہماری زبان میں

آیا ہے لیکن جب وہ ہماری ضرورت کے حساب سے ہماری زبان کا لفظ بن گیا ہے تو اسے ہم اپنے قواعد کے مطابق ہی برتیں گے جب کوئی لفظ ہماری زبان میں آ گیا ہے تو وہ لفظ اب ہمارا ہوگا محمد وحید الدین نے داستانوں کے مافوق الفطری تصورات کا ٹکنالوجی میں اطلاق کھل جا سم سم کو عصری تناظر میں اطلاق کمرشیل کمپلیکس۔ائرپورٹ وغیرہ جاتے ہیں تو دروازے کے قریب پہنچتے ہی دروازہ ازخود کھل جاتا ہے اور ہم اندر داخل ہو جاتے ہیں دروازہ ازخود بند بھی ہو جاتا ہے یہ عمل sensor کی وجہ سے ہوتا ہے الہ دین اور چراغ کو روبوٹ سے بدل دیا جو کہ انسانوں کے مختلف کام انجام دے سکتے ہیں آنے والو وقتوں میں ہمیں روبوٹوں کے مختلف نمونے اور کارکردگیاں دیکھنے کو ملیں گی۔ مشینی گھوڑا کو دیکھ کر رائٹ برادران نے 1903 میں ہوائی جہاز کو ایجاد کیا تھا اڑنے اولا غالیچہ یا قالین کو دیکھر Arcaspace نامی کمپنی نے ہوا میں اڑنے والا Acabord ہاوز بورڈ تیار کیاہ ے جمشید کا پیالہ دیکھ کر آئی پیڈ یا کمپوٹر میں انٹرنیٹ کی مدد سے دنیا جہاں کی معلومات حاصل کر سکتے ہیں جادو سے ہم شکل اختیار کرنا colonming کا طریقہ پیدائش سے قبل کا ہے اس کے ذریعہ سے ہم شکل پیدا کئے جاتے ہیں پریمی رومانی نے ب رج پریمی چند تاثرات میں لکھتے ہیں ڈاکٹر برج پریمی اردو کے معروف نقاد اور محقق تھے ادبیات کے موضوع پر ان کی دو درجن سے زائد کتابیں شائع ہو چکی ہیں ادب کے علاوہ وہ کشمیریات سے بھی گہرا لگاؤ رکھتے تھے انہوں نے کشمیر کی تاریخ ثقافت اور ادب کے بیش بہا پہلوؤں کو اردو محمود بیگ تشنہ نے قارئین تک پہنچانے کا گراں قدر کارنامہ انجام دیا ہے۔ساز برہانپوری کے بارے میں لکھتے ہیں۔

ساز برہانپوری ایک ہمہ جہت شخصیت کے مالک تھے انہوں نے شعر وادب سیاست۔ سماجی خدمات عوامی زندگی۔صحافت اور تعلیمی میدان میں اپنے گہرے نقوش چھوڑتے ہیں۔

یاسمین رشیدی نے ترنم ریاض قصہ گوئی نہ کہ جادو بیانی میں لکھتی ہیں۔

ان کے افسانے غیر ضروری ابہام سے پاک ہیں وہ کرشن چندر کی طرح آرائشی زبان استعمال نہیں کرتیں حالانکہ وہ بھی فطرت کی گود میں پلی بڑھی ہیں جن کے متعلق بیدی کا یہ جملہ مشہور ہے کہ میرا یار جادو ہی جگاتا رہے گا یا کہانی بھی کبھی لکھے گا ترنم ریاض جادو نہیں جگاتیں بلکہ کہانیاں لکھتی ہیں ہماری اور آپ کی کہانیاں یا یوں کہیں کہ نفس و آفاق کے قصے ان کی شعریات میں مبہم نہیں ہیں اسی لئے ان کا ورلڈ ویو بڑا واضح ہے صباز ہرار رضوی جدید نظم اور ندا فاضلی میں لکھتی ہیں۔

ندا فاضلی اس پوری کائنات کو کھلی آنکھوں سے دیکھا اور اس کی بیشتر اشیا کو اپنے باطن میں

اتارنے سنوارنے اور پھر الفاظ کے پیکر میں ڈھالنے کی کوشش کی ہے وہ اپنی مٹی اور جڑوں سے پیار کرتے ہیں شہر میں گاؤں کلیات Urban کردار کے بجائے دیہاتی کردار ابھرتا ہے۔قمر جمال نے راشد کی شاعری میں اساطیری حوالے ثاقب فریدی نے ن م راشد راشد بنیادی طور پر زندگی شکست تسلیم کرنے والے شاعر نہیں تھے حال میں رہ کر ایک روشن مستقبل کی تلاش کرنا موجودہ زندگی سے نبرد آزما ہونا بھی ہے وہ مشرق اور مغرب کے مابین کشمکش سے برخواستہ خاطر تو تھے لیکن انسان کو مشرق اور مغرب کے خانون میں دیکھنے کے لئے کسی طور پر سے آمادہ نہیں تھے یہی وجہ ہے کہ ماورا اور ایران میں اجنبی کے بدلہ انسان اور گمان کا ممکن میں ورثہ نے ایک ایسے انسان کو پیش کیا ہے جو زندگی کی تگ ودو میں خود اپنا وجود کھو بیٹھا ہے یہی انسان تجربوں کی اساس تک پہنچنے کی حقیقت پسندانہ کوشش ہے عالیہ بیگم احتجاجی فکر اور ن م راشد میں لکھتی ہیں۔

راشد کی شاعری اپنے عہد و ماحول کے سیاسی و معاشی بحران معاشرتی قباحت و بے ترتیبی انسانی وتہذیبی اعلی اقدار کی پامال قومی وملی انحطاط اور نوع انسان کی شکست ریخت اور فرد کی آزادی کا رزیہ ہیں جس میں تغزل کا رنگ بھی ہے اور شاہ نامہ فردوسی الیڈ کا عکس لطیف معید الرحمٰن اصغر عباس عشق کا نام جس سے روشن تھا میں لکھتے ہیں۔

پروفیسر اصغر عباس صاحب فکر سرسید کے امین والا گھر کے عاشق صادق بے حد نستعلیق اور اعلی اقدار حیات سے مزین تھے۔ صارفیت اور مادیت کے اس دور میں خود تشہیری کے بجائے علمی خلوص اور انہماک کے ساتھ تحقیق وتصنیف میں مشغول رہتے تھے ایک ایسے دور میں جب کہ ہر شخص ہر موضوع پر اپنے متجر علمی کا دعویدار ہو اصغر عباس صاحب جیسی شخصیت کو خاطر خواہ مقام نہ ملنا قابل افسوس نہیں ہے۔

باقی مشمولات بھی فکر انگیز ہیں سلسلہ صحافت میں کمپیوٹر پر دیدہ زیب صفحہ سازی کا طریقہ افضل مصباحی نکہت نیر طاوس چمن کو مینا۔ جذباتی رشتوں کا پر اثر بیانیہ حسینہ خانم نیر مسعود کی خاکہ نگاری ریاض احمد نجار عہد وسطی اقتدار حسین صدیقی کے چند مضامین کی روشنی مہتاب جہاں خصوصی گفتگو حبیب کیفی سے بات چیت اکمل نعیم صدیقی کتابوں کی دنیا تعارف وتبصرہ عالمی اردو نامہ اردو نامہ خبر نامہ اردو دنیا کی خبریں ۱۰۰ اصفحات کا یہ رسالہ اپنے اندر علمی وادبی ہمہ جہت خوبیاں لئے ہوتے ہیں اس کے مشمولات اردو اسکالر اردو اساتذہ۔تنقید نگار محققین ایم اے کے طالب علموں کے لئے مفید اور ثمر آور ثابت

ہو سکتے ہیں مشمولات میں نئے پرانے ادیبوں وشاعروں پر تنقیدی و تحقیقی مضامین شائع ہوتے ہیں۔ نسل نو بھی اس میں شامل ہیں اور اچھا لکھ رہی ہیں موضوع سے انصاف کر رہے ہیں یہ رسالہ ہر اردو خاندان اردو گھر اردو محلّہ۔ اردو آبادی کی اولین ضرورت ہونا چاہئے رسالہ کیا ہے علمی معلومات کا عکاس ہے آج ہی خریدی کے لئے بک کروائیں۔ DD بنا کر روانہ کریں۔

ماہنامہ اردو دنیا ڈسمبر ۲۰۲۰

ماہنامہ اردو دنیا وقت پر ہمہ دست ہوا سرورق پر اردو رسم الخط اب ت ث ج موجود ہے نسل نو کو رسم خط کا احساس ہوگا کہ ہمیں اسے سیکھنا چاہئے اس کا جلد نمبر ۲۴ شمارہ ۱۲ ہے مشیر حقانی القاسمی مدیر ڈاکٹر شیخ عقیل احمد معاونین عبدالرشید آعظمی نایاب حسن شامل ہیں اداریہ ہماری بات میں مدیر نے اردو زبان وادب کا دائرہ وسیع سے وسیع تر ہو رہا ہے بات کی ہے وہ کہتے ہیں بہت سے اجنبی علاقے اردو سے مانوس ہوتے جارہے ہیں ٹھیک ہے نسل نو کو اردو رسم الخط سکھانا ضروری ہے اردو کا مستقبل اور بقا کا دارومدار جدید نئی نسل پر منحصر ہے ہندوستان میں اردو کی زمینی صورت حال کمزور ہو رہی ہیں اب تو شمالی اور جنوبی ہندوستان جدید نسل اردو سے ناواقف و نابلد ہوتی جارہی ہے اردو کی جڑوں کو توانا مضبوط کرنا ہے پتوں کو پانی دینے سے کچھ بھی نہیں ہوگا۔ لوگ ملازمت اور معاشی کی دوہائی دے کر اردو سے دور ہوتے جارہے ہیں اردو کو ملازمت اور روزگار کی زبان بنانا ہوگا۔ پسماندہ اور مسلم علاقوں میں اردو سکھانے کے ساتھ ماہانہ ان کو 200 روپے اسکالرشپ دی جائے تو یہ لوگ مائل راغب ہوسکتے ہیں۔ اردو کی انجمنیں ہیں سیمنار ورک شاپ کانفرنس منعقد کرتی ہیں اردو کا اساسی کام پر توجہ دینا چاہئے اساسی کام اور نئی نسل کے ذریعہ ہی سے اردو آئندہ صدیوں میں زندہ رہے گی ورنہ اردو بولی بن کر رہ جائے گی۔ اردو زبان وادب کا ورثہ مضبوط باقی رکھنا ہو تو اردو زبان سکھانے کے مراکز جگہ جگہ قائم کئے جائیں یا عصری ٹکنالوجی کے وسیلوں سے اردو سکھائیں۔ ربط والتفات کے کالم سے شمارے کی قدر و قیمت متعین ہوتی ہے منظر اعجاز نے بیگم صغرا ہمایوں مرزا اور ان کی اصلاحی ادبی خدمات میں سماجی جہد کار وادیبہ شاعرہ صغرا ہمایوں مرزا کے کارناموں پر روشنی ڈالی ہے۔ وہ النساء کی مدیرہ تھیں محترمہ خواتین طبقہ کو بااختیار بنانا چاہتی تھی انہوں نے خواتین کو سماجی رتبہ عطا کیا اور اپنی تخلیقات کے ذریعہ خواتین کے مسائل حالات کوائف میں جدید تبدیلی لاتی ہے لیکن پردہ کے تعلق سے نظریہ غلط تھا عورت پردے میں رہ کر تمام نوعیت کے سماجی معاشی فرائض انجام دے سکتا ہے۔ اس کی مثال جدید معاشرہ میں مل رہی ہے ڈپٹی نذیر احمد اور علامہ راشد الخیری سے آگے نظر آتی ہیں۔ عورت کی آزادی کی قائل ہیں امام آعظم نے شبنمی نگاہ

کالا فانی شاعر میر تقی میر میں ان کی حیات اور شعری کارناموں کی خوبیوں خصوصیات پر روشنی ڈالی ان کی شاعری میں داخلی وخارجی حالات کی عکاسی ملتی ہے جنید احمد نے آصف جاہی نظم ونسق میں فارسی اصطلاحات کی بات کی ہے جتنے سرکاری محکمے تھے ان میں فارسی کا رواج تھا محکمہ مال بھی فارسی ہے بہرحال ایسی فارسی اصطلاحات جدید دور میں استعمال میں کم آرہی ہیں پہلے مروج تھیں عصری دور میں عدالتوں محکمہ مال اور دیگر محکموں میں اردو فارسی ندارد ہوگئی ہے محمد صالح انصاری نے اردو شاعری میں استادوں اور شاگردوں کی روایت مثلاًتم تذکروں سے یہ روایت ملتی ہے محمد ارشاد نے تانیثیت اور رشید جہاں کا تصور تانیثیت اوران کے افسانے ناولوں میں کردار کا تجزیہ کہا گیا ہے رشید جہاں تانیثیت کی بنیاد گزار تھیں محمد عاطف نے تحقیق میں مفروضے کی اہمیت میں لکھتے ہیں۔مفروضہ کسی شئے کا کوئی ایسا تصور یا تشریح جو کہ یہ کچھ معلومہ حقائق پر مبنی ہوتیں ابھی اس کو ثابت کیا جانا باقی ہو۔مفروضہ Hypotheis کہلاتا ہے مفروضے کا تفاعل۔مفروضے کی اقسام بافعل پر بحث کی ہے درخشاں زرین نے گوپی چند نارنگ کا لسانی ولسانیاتی شعور میں لکھتے ہیں۔

گوپی چند نارنگ نہایت ہی فعال اور متحرک شخصیت کے مالک تھے انہوں نے اپنی زندگی میں بہت کچھ کیا اور لوگوں کو کرنے کے لئے اکسایا بھی اور انہیں نئی نئی راہیں دکھائیں جہاں تک سوال اردو زبان کا ہے تو انہوں نے اردو زبان وادب کے تعلق سے مختلف گوشوں کو اپنی تعلیمی ادبی اور تحقیقی زندگی کا محور بنایا اور بڑھ چڑھ کر اس میں حصہ لیا خصوصا لسانیات سے ان کی بڑی گہری دلچسپی تھی انہوں نے لسانیات کی باضابطہ تعلیم حاصل کی اور بیرون ملک جا کر ان کے رموز ونکات سے واقف ہوئے انہوں نے لسانیات جدید کی تربیت امریکائی وسکانسس اور انڈیا نا یونی ورسٹی میں قیام کر کے حاصل کی اور ہندوستان آکر لسانیات کی مختلف شاخوں سے اپنے فطری ربط کا اظہار کیا۔

مزید لکھتے ہیں گوپی چند نارنگ نے ہندی اردو کے لسانی اشتراک پر بھی بہت کچھ لکھا ہے ان کی نظر میں ساخت اور قواعد کے بنیادی اصولوں کے مدنظر ہندی اور اردو دونوں کی بنیاد ایک ہی ہے یہ تین بعد میں یہ مستقل زبانیں ہوگئیں۔ان کے مطابق اردو کے لگ بھگ تین چوتھائی الفاظ ہندی الاصل ہیں اس لحاظ سے جتنا گہرا رشتہ ان دونوں زبانوں کے بیچ ہے شاید دنیا کی کسی دوسری زبان میں نہیں محمد موسیٰ رضا لعل بدخشاں کے ڈھیر چھوڑ گیا آفتاب پروفیسر گوپی چند نارنگ مرحوم کے تعلق سے کچھ یادیں کچھ باتیں میں لکھتے ہیں۔

پروفیسر گوپی چند نارنگ میں بہت سی خوبیاں تھیں جس کا زمانہ قائل تھا وہ ایک ایسے مقرر تھے جس کو سننے کے لئے مجمع میں پن ڈراپ سائلنس ہوجاتا ایک ایک لفظ نپا تلا سیدھے دل میں اترنے والا جب وہ محو گفتگو ہوتے تو الفاظ اس کے سامنے ہاتھ باندھے کھڑے رہتے اداریہ۔ ادب زوایے اور جہات یاد نارنگ کے تحت گوشہ شائع کیا زبان وتعلیم کے تحت اکیسویں صدی اور ہمارا نصاب تعلیم محمد اطہر حسین۔ چراغ منزل۔ ہندوستان کا میزائل مین ڈاکٹر اے پی جے عبدالکلام عبدالفاخر زین العابدین ڈاکٹر جہانگیر احمد۔ گہوارہ علم ودانش دلی کالج کی تین صدیاں شاریانہ مریم شان۔ میسور سنٹرل کالج اورالہ آباد یونی ورسٹی ندیم راعی مراد آبادی۔ زبان اورزمینی صورت حال زبان کی موت قوم کی موت ہے خطاب عالم شاذ تاریخ ایران کے صفوی سلاطین اوران کے ابداد امرہن عزیز لعل وگہر زلیخا حسین محمد امان اے کے متین اچل پوری اور ماحولیاتی ادب امیر حمزہ نگر نگر اردو سلاخ میں اردو فکشن محمد شریف نیا آسمان نئے ستارے ڈاکٹر محی الدین قادری زور کی لسانی خدمات سوشیل کمار کتابوں کی دنیا تعارف وتبصرہ خبرنامہ اردو دنیا کی خبریں شامل ہیں اس شمارے کا مواد بصیرت وفکر انگیز ہے عام اردو قاری کے علاوہ اردو اسکالر طلبہ کے لئے مفید ثمر آور ثابت ہوگا ۱۰۰ اصفحات پر مشتمل ہے۔

☆

شمارہ اردو دنیا جنوری ۲۰۲۳

اردو دنیا کا شمارہ بروقت ہمدست ہوا ہر ماہ کی ۳۰۔ یا ۳۱ کو تازہ شمارہ مل جاتا ہے بہت خوشی ہوتی ہے اس رسالے کو پڑھنے کے عادی ہو گئے ہیں ذوق وشوق سے پڑھتے ہیں سرورق پروانمباڑی میں منعقد شدنی کتاب میلہ کی نیوز ہے ٹامل ناڈو کا وانمباڑی ادب شناس شہر ہے داغ کا مصرعہ ہندوستان میں دھوم ہماری زبان کی ہے ہونا بھی چاہئے کیونکہ اردو ہندوستان کی زبان ہے دلی کے دوآبہ کے علاقہ اس کا جنم ہوتا ہے کھڑی بولی میں نکھر کر اردو تشکیل پاتی ہے اردو کو ہندوستان کے تمام طبقات گلے لگالیں۔

اس کو سیکھیں۔ فروغ عطا کریں۔ ہماری بات میں مدیر نے اردو زبان وادب میں تجربوں کی بات کی ہے ماضی میں کئی تجربہ تحریکات چلے آج کل کوئی تحریک تجربہ نہیں ہو رہا ہے دراصل ذہن اختراعی ہونا چاہئے تخلیقی ذہن میں فروغ وارتقا ناگزیر ہے اس لئے نئی رجحانات نظریات ادب میں ناپید ہو گئے ہیں ماضی میں ادبی نظریات مثبت قدریں عطا کی ان کے اشعار بیانات قول فیصل کی طرح معروف ہوئے لیکن 21 ویں صدی کا اردو ادب اس سے مبرا ہے ہر شمارے کے ذیلی عنوانات الگ الگ دیئے جارہے ہیں یہ بھی ایک اختراعی قوت کا نام ہے خطوط کا کالم مواد کے حسن وقبیح کو پیش کرتا ہے اور مشمولات کے تعین قدر کا ذریعہ ہے شاعری کہا ہے سید نفیس دسنوی نے لکھا ہے جس میں شاعری کی تعریف فن اصول تقاضوں کو پیش کیا ہے وہ لکھتے ہیں۔

آج کی برق رفتار زندگی میں شاعری ہمارے شعور کی ضرورت ہے جو تھکے ماندے ذہن کو سکون کے کچھ لمحات فراہم کرتی ہے اسی لئے جہاں ارسطو نے کہا ہے کہ شاعری بیمار روح کی دوا ہے وہیں نیومین کا کہنا ہے کہ شاعری روح کی غذا ہے جو دماغ اور ذہن سے افکار کا بوجھ کم کرتی ہے یہ قول مبنی بر حقیقت ہے کہ شاعری اعلی ترین شعور وآگہی کے سرچشمے سے پھوٹتی ہے جس کی ہمسری نہ سائنس کرسکتی ہے اور نہ فلسفہ محمد اسلم پرویز اسلم نے شمس الرحمٰن فاروقی کی روایت پسندی میں لکھتے ہیں شمس الرحمٰن فاروقی نے عروض آہنگ اور بیان میں کئی مقامات پر شعر کی خوبی اور خامی پر امیر حاصل بحث کی ہے اور قابل قدر نتائج برآمد کئے ہیں مثلاً تکرار تنافر عجز بیان۔ تعقد اور اشکال وغیرہ سے متعلق انتہائی کارآمد مواد ان

کتابوں میں موجود ہے خلاصہ کلام یہ ہے کہ بقول فاروقی قواعد زبان کے اغلاط شعر کے ظاہری ڈھانچے پر جو اصول منطق ہوتے ہیں ان کی پابندی نہ کرنا یہ سب کمزوریاں اپنی جگہ مسلم ہیں شعر کے الفاظ کو کس حد تک بامعنی یا معنی خیز بتایا گیا ہے۔

راشد میاں نے برجستہ گوئی اور فن اصلاح شعر کا ماہر سید محمود الحسن صولت کی غزلوں کا تنقیدی تجزیہ ملتا ہے شاکر علی صدیقی نے میر غلام ناز کی ایک غزل دو قرات میں لکھتے ہیں ادبی دنیا میں میر غلام ناز کی ایک غیر معروف شخصیت کا نام ہے لیکن ان کا کلام اپنی اصلیت فکر وفن کی بنیاد پر معرفت کا حق دار ہے مناسب ہے کہ پہلے ان کی شخصیت سے متعارف ہوا جائے کیونکہ بدون شخصیت کسی کے فکر وفن کو سمجھنا ناممکن نہیں تو مشکل ضرور ہے بقول آل احمد سرور شخصیت کا اتنا مطالعہ ناگزیر ہے جو فن کی تفہیم میں معاون ہو شخصیت کا پرتو تخلیق پر کبھی تند اور کبھی مدھم منعکس ہوتا ہے کبھی تو شخصیت کی بنیاد پر متن کا مفہوم واضح ہوتا ہے اور کبھی متن کی اساس پر شخصیت نمایاں ہوتی ہے محمد حسین نے اردو شاعرات کی نظموں میں اساطیری کردار میں لکھتے ہیں سیتا۔ مریم۔ عائشہ دروپدی۔ اقلیما۔ کرداروں کو واقعات کے ذریعہ بیان کیا گیا ہے ایک نیا معنوی جہاں تخلیق کیا ہے محمد ارشد نے اردو مثنوی میں مشترکہ ہندوستانی تہذیب میں لکھتے ہیں اردو مثنویوں میں مشترکہ کلچر کی عکاسی کی گئی۔ میر حسن کی سحر البیاں۔ نسیم کی گلزار نسیم میں ہندو مسلم کلچر کے عناصر مل جاتے ہیں۔ اردو میں مذہبی مثنویاں کثرت سے لکھی گئی ہے نیز دیگر موضوعات پر لکھی گئی مثنویاں میں جگہ جگہ اس کا عکس نظر آتا ہے اردو کی مثنویاں کسی ایک مذہب سے تعلق نہیں بلکہ مختلف ومتعدد مذہبوں کے تعلق سے لکھی گئی ہیں ہندوستان وہ ملک ہے جس میں مختلف مذاہب کے لوگ آباد ہیں اور سب کی اپنی اپنی مخصوص تہذیب اور کلچر ہے لیکن اس کے باوجود یہاں کا مشترکہ کلچر جس میں سبھی مذاہب اور قوموں کا رنگ نظر آتا ہے اپنی مثال آپ ہے جس کی مثال دنیا کے کسی ملک ومعاشرے میں نہیں ملتی اردو شاعری میں یہاں کے مختلف ومتعدد مذاہب کے لوگوں کے عقائد رسم ورواج کھان پان اور رہن سہن کا بھرپور ذکر ملتا ہے جس کی بہترین مثال صنف مثنوی نے قائم کی ہے اس صنف میں ہندو مسلم سکھ عیسائی اور یہاں کی دیگر مذہبی بولیاں اور مخصوص کلچر کا بیان اکثر وبیشتر کیا گیا ہے۔ شمالی اور جنوبی ہند دونوں مقامات کی مثنویوں میں عکاسی ملتی ہے۔

محمد طیب علی نے ادب شناس شہر وانمباڑی کی تاریخی تہذیبی ثقافتی ادبی علمی روحانی واقعات وحالات کو موضوع بنایا ہے ایک نظر میں وانمباڑی کی تصویر نظروں کے سامنے آجائے گی۔ سمیرا بانو نے

ترجمہ نگاری کے مراکز قائم کرنے کی ضرورت ہے شہر پہلے شہر ہیں کے تحت وانمباڑی شہر کی تفصیلات ہے زبان اور زمینی صورت حال لعل و گہر ذیلی عنوان کے تحت نازش پرتاب گڑھی انسانیت اور حب وطن کا شاعر تابش مہدی۔ظہیر دہلوی کی غزل گوئی حمیرا حیات جہان مذاہب مہا بھارت کے اردو تراجم شاہنواز فیاض۔اردو شاعری میں گیتا۔ بلوبندر سنگھ گرونانک دیو جی ایک انقلابی ہادی۔محمد موسیٰ۔سلسلہ صحافت اردو بلٹز کی صحافت ذاکر حسین ذاکر۔اردو صحافت ایک جائزہ محمد سجاد ندوی۔خراج عقیدت نئی نسل کی نئی غزل اور ابراہیم اشک شیخ مجیب ضمیر۔نیا آسمان نئے ستارے عابد سہیل کے ترجمے موسی رضا۔اردو آزادی اور وطنیت محمودہ قریشی سوشل میڈیا۔سوشل میڈیا تفہیم اور اثرات احمد خاں۔خصوصی گفتگو اردو ایک بین العلومی زبان ہے پروفیسر محمد نعمان خاں غضنفر اقبال کتابوں کی دنیا۔تعارف وتبصرہ۔عالمی اردو نامہ اردو نامہ خبر نامہ اردو دنیا کی خبریں۔اس کا ہر شمارہ کتاب کے مماثل ہے جس میں مختلف علوم وفنون آمیزیش مل جاتی ہے اردو ادب کے طلبہ کے لئے نعمت سے کم نہیں۔اردو کا ہر سطح کا طالب علم کے لئے معلومات کا خزانہ ہے خرید کر پڑھیں۔اردو کی خدمت ہوگی۔

☆

اردو دنیا۔فبروری ۲۰۲۳

سرورق پر عشق کتابوں سے پڑھ کر خوشی ہوتی ہے کتاب زندگی کا حقیقی سچا ساتھی ہے کئی کتابوں کی تصویر شائع ہوئی ہے ماضی میں ہندوستان میں کتابی کلچر تھا لوگ اپنے ساتھ ناول۔میگزین۔یا کوئی انگلش،اردو کتاب ساتھ رکھتے تھے اور فرصت اور وقت ملتے ہی جیب سے نکال کر پڑھتے تھے۔اب ویسا کلچر نا گزیر ہے طلبہ بھی امتحانی نقطہ سے مطالعہ کر لیتے ہیں وہ جنرل ادب کی کتاب پڑھنے سے دور ہوتے جا رہے ہیں۔کتاب کا مطالعہ کرنے سے نیند بھی اچھی طرح آتی ہے مزید ہماری بات میں مادری زبان پر روشنی ڈالی ہے مادری زبان میں تعلیم حاصل کرنے سے ذکاوت وذہانت میں تیزی پیدا ہوتی ہے۔صلاحیتیں اور لیاقتوں میں اضافہ ہوتا ہے لوگ مادری زبان پڑھ کر دانش ومفکر کہلائے۔مدیر کہتے ہیں کہ ہم مادری زبان کے ذریعہ ہی اپنے روشن ثقافتی تہذیبی تمدنی اور تاریخی آثار ونشانات اور علامات سے روشناس ہو پاتے ہیں اگر ہم مادری زبان سے رشتہ نہیں رکھیں گے تو ہمارے لئے تفہیم واظہار کی بہت سی راہیں مسدود ہو جائیں گی۔یقیناً مادری زبان میں تعلیم سے ہمہ جہت ترقی عطا کرتی ہے ترقیاں بلندیاں اونچے مقام عطا کرتی ہے۔

اسلم جمشید پوری 2022 کا فکشن اور فکشن تنقید میں عصری دور کے ناول نگاوں کے ناول کا تجزیہ ومحاکمہ جامع اور مختصر پیش کیا ہے اکیسویں صدی کے اردو ناول کے جائزہ تفصیلی طور پر لیا ہے۔سید یحیٰ نشیط نے کلام غالب سے متعلق فعل تمیز کا استعمال میں قواعد وفنی لحاظ سے جائزہ تجزیہ کیا ہے منی بھوشن کمار نے پریم چند کے انٹرویو ایک مطالعہ ادبی تخلیقی فنی لحاظ سے مفید ہے ادبی معلومات سے بھر پور ہے۔اردو میں بخشیہ وتعلیق مسائل اور حل ماضی کے ادب میں مروج تھا آجکل اس کا استعمال کم ہو گیا ہے کوئی اہم بات کی نشانی یا مسئلے پر روشنی ڈالی جاتی ہے۔سعدیہ صدف نے اکبرالہ آبادی رباعی گو درویش میں اکبر کی رباعیوں کا تجزیہ پیش کیا ہے جس میں تصوف درویشی نظریات پائے جاتے ہیں۔اعجاز رسول نے بہت خوب کہا ہے کہ وراثت کا تحفظ زندہ قوم کی شناخت ہے اور وہی ہندوستان کی وراثت ہے۔اس کی حفاظت کرنا قوم وملک کا فرض بنتا ہے۔انٹرویو میں نئے معلومات ہیں اردو کی ترقی کے تجاویز پیش کئے

گئے ہیں۔ افشاں بانو نے ممتاز احمد کا تنقیدی اختصاص پر ان کا تنقیدی طریقہ کار مثالوں سے واضح کیا ہے۔ سعدیہ اسجد نے سعید الظفر چغتائی پر تجزیاتی انداز سے روشنی ڈالی ہے فکشن کے رنگ میں مرزا رسوا کے ناول اختری بیگم کے نسوانی کردار محمد توحید خاں ناول امراؤ جان ادا ثقافتی بیانیہ کے تناظر میں جاوید احمد نجار دونوں نے تجزیہ وتبصرے تنقیدانداز سے کام لیا ہے۔ اردو اور سائنس۔ لعل وگہر۔ کتابوں کی دنیا۔ خبر نامہ یہ ایسے کالم ہیں جس سے اردو ادب کی عصری کیفیت کا ادراک حاصل ہوتا ہے۔ اردو اور سائنس میں سائنسی ادب کی کمی کا رونا آج بھی ہے اردو والے بہت کم سائنس کی طرف متوجہ ہوتے ہیں سائنس میں زیادہ محنت لگتی ہے تن آسانی کی وجہ سے سائنس سے اردو والے دور ہوتے جارہے ہیں۔ اس شمارے کے مشمولات ہر قسم کا علمی ادبی صفحاتی شعور عطا کرتے ہیں۔ اردو والے ضرور اس رسالے سے استفادہ کریں اردو کے طلبہ کے لئے یہ رسالہ ایک نعمت سے کم نہیں۔ عصری موقتی معلومات سے آگہی حاصل ہوتی ہے۔ اور مختلف علوم وفنون کا پیکر ہے۔ ۱۰۰ صفحات کے شمارہ میں آپ کو من پسند علمی ادبی مواد ملے گا۔ پڑھ لیں تو فائدہ حاصل ہوگا۔

☆

روشن ستارے حیدرآباد پر ایک نظر اردو اکیڈیمی ریاست تلنگانہ کا ترجمان۔ جون ۲۰۱۹ء

بچے قوم وملک کا مستقبل ہوتے ہیں۔ معمار ہوتے ہیں اور یہی ملک وقوم کو مستقبل میں ترقی سے ہمکنار کرنے والے ہیں۔ بچوں کی تربیت کے لئے ماں کی گود سے لے کر کئی رسائل ورسیلہ ہیں۔ ماضی بچوں میں کی ذہنی آبیاری وتربیت کے لئے کئی ایک بچوں کے رسائل نکلا کرتے تھے۔ جو بچوں کے ادب اور ذوق کی تسکین کے لئے جاری کئے گئے ان میں ادیب الاطفال ۱۹۱۱ء۔ المعلم ۱۹۱۴ء۔ نونہال ۱۹۲۱ء۔ تارے ۱۹۴۷ء۔ بچوں کی دنیا ۱۹۴۹ء۔ نوخیز ۱۹۵۴ء۔ بچپن ۱۹۵۴ء۔ گلشن ۱۹۵۴ء۔ نونہال ۱۹۵۴ء انعام ۱۹۵۸ء۔ ننھا۔ ۱۹۵۹ء۔ اور میرا رسالہ ۱۹۶۰ء جاری ہوئے۔ کھلونا۔ پھلواری۔ کلیاں۔ پیام تعلیم نے ادب اطفال کو بہت فروغ دیا اور نئی نسل کو تیار کیا۔ آج کے بچے کل کے بڑے ادیب وشاعر کہلاتے ہیں مذکورہ رسائل نے بچوں کی ہمہ جہت انداز سے تربیت کی ہے۔ فنکار۔ شعاع اردو۔ جنت کے پھول وغیرہ رسائل نکل رہے ہیں۔ لیکن زمانے کی تبدیلی کے لحاظ سے بچوں کے ذوق وشوق الگ الگ ہوتے ہیں۔ بچے ٹی وی سیل فون میں کارٹون اور دیگر گیم کو ترجیح دے رہے ہیں ان میں ہی اپنا وقت لگا رہے ہیں ۲۱ ویں صدی میں رسالوں کے ذریعہ سے تربیت کم اور ٹی وی اور دیگر برقی ذرائع ابلاغ کے ذریعہ سے زیادہ ہو رہے ہیں اور بچوں کا ادب تخلیق کرنا چاہئے اور بچوں کے رسائل میں بچوں کی تخلیقات کو فوقیت دینا چاہئے۔ بڑے ادیب جب لکھتے ہیں تو ان کو بچہ بن کر لکھنا پڑتا ہے۔ اور جب رسالہ بچوں کے لئے نکل رہا ہے تو بچوں کو ترغیب دے کر ان کو لکھنے کی تربیت دی جانی چاہئے۔ تاکہ مستقبل میں بڑے شاعر ادیب فنکار بن سکے۔

اردو اکیڈیمی تلنگانہ کے چیرمین محمد رحیم الدین انصاری نے دوسری میعاد کا جائزہ حاصل کرتے ہی اپنے ذہن کی اختراع سے نئی اسکیمات کو روبہ عمل لانا شروع کر دیا ہے۔ جو قوم وملت کے لئے سودمند ہے۔ انھوں نے قومی زبان کو مئی جون ۲۰۱۹ء کا شمارہ ملٹی کلر آرٹ پیپر پر شائع کیا جس کی وجہ سے اس کی

خوبصورتی میں اضافہ ہوگیا ہے۔انھوں نے بچوں کی تربیت وذہنی آبیاری کے لئے روشن ستارے ماہ نامہ جون ۲۰۱۹ء سے شروع کیا ہے اور یہ رسالہ بھی ملٹی کلر اور آرٹ پیپر پر شائع ہورہا ہے اس عمل سے اردو زبان وادب کا فروغ ہوگا اور بچوں میں تحریص وتحریک لکھنے کی پیدا ہوگی۔

تلنگانہ اسٹیٹ اردو اکیڈیمی نے نئی نسل کے لئے خوب صورت تحفہ ذہنی تربیت کے لئے پیش کیا ہے۔اس سے پہلے شمارے کے نگران کار محمد رحیم الدین انصاری صدر نشین تلنگانہ اسٹیٹ اردو اکیڈیمی مدیر محمد عبدالوحید آئی ایف ایس ریٹائرڈ ڈائرکٹر سکریٹری تلنگانہ اسٹیٹ اردو اکیڈیمی معاون مدیر سردار سلیم ،مجلس مشاورت میں پروفیسر عقیل ہاشمی، پروفیسر مجید بیدار، پروفیسر فاطمہ پروین قابل ذکر ہیں۔ اداریہ سنو بچو کے عنوان سے محمد عبدالوحید نے لکھا ہے ہم روشن ستارے کے ذریعہ ڈھیر ساری دینی اخلاقی، سائنسی، تاریخی اور عصری معلومات آپ تک پہنچائیں گے۔مولانا اسماعیل میرٹھی کی حمد جو بچپن میں سب لوگوں نے پڑھی ہے ’تعریف اس خدا کی جس نے جہاں بنایا۔کیسی زمیں بنائی کیا آسماں بنایا‘ جس میں خدا کی تعریف۔کبریائی اور قدرت کاملہ کو مختلف اشعار کے ذریعہ پیش کیا ہے۔

صفحہ ۷ پر علامہ اقبال کی نظم دعا کو شائع کیا ہے۔

لب پہ آتی ہے دعا بن کے تمنا میری
زندگی شمع کی صورت ہو خدایا میری
میرے اللہ برائی سے بچانا مجھ کو
نیک جو راہ ہو اس رہ پر چلانا مجھ کو

بچوں کی زبان سے نظم پڑھائیں تو اس کا لطف دوبالا ہوجاتا ہے۔اقبال نے اس نظم کے ذریعہ سے زندگی کے لئے دعا دی کہ بچے خدا سے دعا گو ہیں کہ اے اللہ ہماری زندگی کو علم وتعلیم کے نور سے مزین کر ہمارے وجود سے دنیا منور ہوجائے۔پھول سے چمن کی خوبصورتی باقی رہتی ہے اس طرح ہم سے وطن کا حق باقی رکھ۔مسعود حسن رضوی ادیب، پانی کا سفر میں پانی کی منتقلی وشعلوں پر روشنی ڈالی ہے پانی۔نالوں۔ندی ودریا سے ہوتے ہوئے سمندر میں جاملتا ہے۔اور کس طرح آبی بخارات بن کر بادل کی شکل میں آتا ہے اور کیسے پانی برستا ہے اس کی تفصیل لکھی ہے۔سائنسی معلومات پرسے ہے سہیل عالم کا مٹ آتے ہی ہوں گے ابوحیات سرسید احمد خاں۔آداب تلاوت قرآن۔کیا آپ کو معلوم ہے۔ مناظر حسین کی تدبیر۔ڈاکر حلیمہ فردوس بنگلور کا پیڑ کی فریاد۔ہنسو اور ہنساؤ۔سفید شیر۔جھوٹی تعریف پر

کان نہ دھرو۔ نظم حیدر آباد۔ حیدر بیابانی۔ امراوتی۔ محمد ارشد مبین زبیری۔ حضرت لقمان علیہ السلام کی نصیحت۔ گلابی چھتری۔ ناہید طاہر ریاض۔ کار آمد نسخے۔ والد کی عظمت۔ ناصر چشتی۔

بچوں کے شاعر اسمٰعیل میرٹھی۔ عمر احمد شفیق۔ مصری گنج حیدر آباد۔ برسات۔ عافیہ سیفی۔ اردو کے بارے میں معلوماتی سوالات۔ عزیز عدنان۔ ملے پلی حیدر آباد۔ تھامس ایڈیسن۔ چالاک درزی۔ حضرت رومی کی حکایت۔ نرالی غذا غپ چپ پروفیسر مجید بیدار۔ گل کاریاں۔ سفید ہاتھی کو رنگین بنائیں۔

کوئی گھوڑے کو گھاس تک پہنچادے۔ تصویر مکمل کرلیں۔

آپ کو جاننا چاہئے۔ اقوال زرین۔ محبان اردو کا پیام۔ کیریئر گائیڈنس۔ فاروق طاہر۔ تعلیمی خبرنامہ۔ آؤ ہم بن جائیں تارے۔ چراغ حسن حسرت۔ اتنی بے شمار مشمولات ہیں۔ جس سے استفادہ کے بعد بچوں کی علمی۔ تعلیم۔ ذہنی۔ اخلاقی تربیت ہوگی۔ یہ شمارہ ہمہ جہت صفات و خوبیاں لئے ہوئے ہے۔ ماں باپ رسالہ خرید کر بچوں کو پڑھائیں۔ اور خود پڑھ کر بچوں کو سمجھائیں۔ تو روشن ستارے اور مدیر اور ان کے رفقاء کار کی محنت چیز ہوگی۔ ورنہ کوئی شکایت نہیں۔ اردو ماحول میں جب کوئی چیز نئی آتی ہے تو لوگ چند دن تک استفادہ کرتے ہیں بعد میں بھول جاتے ہیں۔ روشن ستارے ماہ نامہ نئی نسل کے لئے ایک نعمت سے کم نہیں اس کے مشمولات سے والدین بچوں کو واقف کروائیں اور بچوں سے پڑھائیں تو یہ رسالہ ثمر آور بار آور ثابت ہوگا۔ ۴۶ صفحات پر مشتمل ہے۔

☆

ماہنامہ بچوں کا ادب۔ جون ۲۰۱۹ء

ہندوستان میں بچوں کے ادب کے رسائل کی ماضی میں بہتات تھی۔ کھلونا۔ گل بوٹے۔ اپنے کردار سے ایک تاریخ بنائی ویسے اخبارات۔ ادبی رسائل اپنے دامن میں بچوں کے ادب کی ترویج واشاعت کرتے رہے۔ بچوں کی تربیت ذہنی آبیاری اور زبان سکھانے کے لئے بچوں کے رسائل نے اہم رول ادا کیا ہے۔ ان کی ذہنی فطانت۔ ذکاوت۔ صلاحیت میں قابلیت پیدا کرنے میں بچوں کے رسائل اہم رول ادا کررہا ہے۔ آزادی کے بعد بھی بچوں کے رسائل کی بہار تھی۔ لیکن ٹی وی اور دوسرے عصری جدید ذرائع ابلاغ آنے کے بعد بچوں کے ذوق وشوق، دلچسپی کے سامان بدل گئے۔ ٹی وی۔ سیل فون۔ سمارٹ فون۔ فیس بک۔ واٹس ایپ۔ سوشل میڈیا وغیرہ نے بچوں کی زندگی کی قدریں بدل دی ہیں۔ بچوں کے عادات واطوار۔ طور طریقوں اور شوق میں تبدیلی آئی ہے۔ اب بچے اپنے زیادہ تر وقت سیل فون پر گیمس۔ کارٹون اور دیگر پروگرامس میں وقت سپرد کر رہے ہیں۔ ماضی میں بچوں کی تربیت کے لئے والدین۔ بڑے بزرگ اور ادبی رسائل اہم ذریعہ تصور کئے جاتے تھے۔ اب بچوں میں بچوں کے رسائل پڑھنے کا ذوق وشوق ماند وکم ہورہا ہے اس کے ذمہ دار ماں باپ اور معاشرتی سماجی ماحول ہے۔ ماحول میں سیل فون۔ ٹی وی کا چلن زیادہ ہے بچے بھی اس کو ترجیح دے رہے ہیں پھر بھی ایسے نامساعد وناگفتہ بہ حالات کے باوجود بچوں کی تربیت۔ نصیحت۔ تاکید۔ اخلاقی وروحانی درستگی۔ اصلاح کے لئے رسائل شائع ہورہے ہیں۔ میری دانست میں بچے بچوں کے رسائل پڑھنے میں دلچسپی لے رہے ہیں۔ لیکن ان کی تعداد شاید دس فیصد سے کم ہوگی۔ ہندوستان میں کتابی کلچر پڑھنے لکھنے کی عادت پر منفی اثر پڑ رہا ہے۔ آج بھی اخبارات۔ ادبی رسائل، انٹرنیٹ پر پڑھ لے رہے ہیں۔ گھر پر منگوانا بند کردیئے ہیں۔ کتاب اور رسائل سے دلچسپی لینے میں فرد کی شخصیت سازی۔ کردار سازی۔ اخلاق سازی کے علاوہ بڑے ادیب اور شاعر قلمکار بن سکتے ہیں۔ قابلیت وصلاحیت میں اضافہ ہوتا ہے۔ مطالعہ سے تعلیمی معیار بنتا ہے۔ وسیع معلومات کے علاوہ ذخیرہ الفاظ میں اضافہ ہوتا ہے۔ ہندوستان میں مطالعہ کا کلچر بتدریج معدوم ہورہا ہے۔ صرف ۵۰ سال کی عمر کے بعد کے لوگ پڑھنے سے

رغبت رکھتے ہیں طلبہ امتحانی نقطہ نظر سے مطالعہ کرتے ہیں بعد میں کتاب کو خیر آباد کر دیتے ہیں۔اور اردو ماحول میں کتابیں اور اخبارات ورسائل خریدنے کا جذبہ کم ہوتے جارہا ہے۔ ایسے میں زبان کا فروغ کیسے ہوگا۔ اردو کو مذہبی، سماجی، روحانی زبان سمجھ کر اس میں تعلیم حاصل کریں۔ دورِ حاضر میں اردو سے اولاد کی طرح محبت کریں اس کی پرورش پرداخت کریں تو اردو آئندہ صدیوں میں زندہ رہے گی ورنہ بولی بن کر رہ جائے گی۔

میرے زیر مطالعہ تلنگانہ اسٹیٹ اردو اکیڈیمی حیدرآباد کی جانب سے شائع ہونے والا بچوں کا رسالہ ہے پہلا شمارہ بغیر رجسٹریشن RNI کے جون ۲۰۱۹ء کو شائع ہوا جس کا جلد نمبر ا رشمارہ ا رجون ۲۰۱۹ء کا ہے۔ زیر نگرانی محمد رحیم الدین انصاری صدر نشین تلنگانہ اسٹیٹ اردو اکیڈیمی ہے۔ مدیر محمد عبدالوحید آئی ایف ایس ریٹائرڈ ڈائرکٹر سکریٹری تلنگانہ اسٹیٹ اردو اکیڈیمی اور معاون مدیر سردار سلیم کے علاوہ مجلس مشاورت میں پروفیسر عقیل ہاشمی۔ پروفیسر مجید بیدار۔ پروفیسر فاطمہ پروین ناشر وطابع تلنگانہ اسٹیٹ اردو اکیڈیمی چوتھی منزل حج ہاؤز نامپلی حیدرآباد ۵۰۰۰۰۱ تلنگانہ قیمت ۱۰/روپے تھی۔اس کے مشمولات سنو بچو اداریہ مدیر نے لکھا۔ وہ لکھتے ہیں کہ ہماری کوشش یہ ہے کہ ہم روشن ستارے کے ذریعہ ڈھیر ساری دینی۔ اخلاقی۔ سائنسی۔ تاریخی۔ اورعصری معلومات آپ تک پہنچائیں۔حمد۔تعریف اس خدا کی۔ مولانا اسماعیل میرٹھی۔ دعا لب پہ آتی ہے۔ علامہ اقبال۔ پانی کا سفر۔ معلوماتی مضمون۔ مسعود حسن رضوی ادیب۔ تدبیر کہانی۔ مناظر حسین۔

پیڑ کی فریاد۔ کہانی۔ ڈاکٹر حلیمہ فردوس۔ ہنسو اور ہنساؤ۔

سفید شیر۔ حیوانات۔ جھوٹی تعریف پر کان نہ دھرو مختصر کہانی۔ حیدرآبادی نظم۔ حیدر بیابانی۔

حضرت لقمان کی نصیحت تاریخ کے جھروکے سے محمد ارشد مبین زبیری گلابی چھتری کہانی۔ ناہید طاہر۔ والد کی عظمت۔ تربیتی واصلاحی مضمون۔ ناصر چشتی۔ بچوں کے شاعر اسماعیل میرٹھی۔ ادب رنگ عمر احمد شفیق برسات نظم عافیہ سیفی۔ اردو کے بارے میں معلومات مضمون۔ عزیز عدنان۔ تھامس الوا ایڈیسن۔ مختصر معلوماتی مضمون۔

چالاک درزی۔ حکایت۔ حضرت رومی۔ نرالی غذا غپ چپ نظم پروفیسر مجید بیدار۔ چٹھی آئی ہے۔ خطوط۔ ستاروں سے آگے۔ کیریر گائیڈنس۔ تعلیمی خبرنامہ گٹ اپ سٹ اپ بہت خوب ہے۔

بچوں کے لئے تخلیق میں بچوں جیسے جذبات دل اور بھولا پن ہونا چاہئے تب ہی انصاف کر سکتے

ہیں۔ ننھے منے جذبات احساس بچوں پر مرتسم ہو سکتے ہیں۔ ۴۶ صفحات پر مشتمل رسالہ بچوں کے لئے ثمر آور، بارآور اور مفید ثابت ہوسکتا ہے۔ بشرطیکہ بچے اسکو پڑھیں استفادہ کریں۔ چراغ حسن حسرت کی نظم آؤ ہم بن جائیں تارے طوالت کی وجہ سے تجزیہ نہیں کرسکا۔ عنوان سمجھ کر مفہوم اخذ کیا جاسکتا ہے۔ اس تسلسل میں اس کا دوسرا شمارہ جولائی کو شائع ہوا تھا۔ اس کی رسائی کم ہوئی۔ روشن ستارے۔ بچوں کا ماہ نامہ کا پہلا شمارہ ستمبر ۲۰۲۰ء کو جاری ہوا۔ نئی نسل کے لئے تلنگانہ ریاستی اردو اکیڈیمی کا خوب صورت تحفہ ہے۔ اس کا جلد نمبر ا رشمارہ ا رستمبر ۲۰۲۰ء زیرنگرانی ڈاکٹر محمد رحیم الدین انصاری صدرنشین تلنگانہ ریاستی اردو اکیڈیمی ۔ مدیر ڈاکٹر محمد غوث۔ ڈائرکٹر سکریٹری تلنگانہ ریاستی اردو اکیڈیمی معاون مدیر سردار سلیم کمپوزنگ ڈیزائنگ محمد منہاج الدین ناشر وطابع تلنگانہ ریاستی اردو اکیڈیمی چوتھی منزل حج ہاؤز نامپلی حیدرآباد ۵۰۰۰۰۹ تلنگانہ قیمت ۱۵ روپیہ ہے۔ اس کا ٹائیل رجسٹر ڈ نمبر TELUR DO 2156 ہے۔ سرورق پر ستمبر ماہ کے لحاظ سے ہندوستان کے دوسرے صدر جمہوریہ دانشور فلسفی و ماہر تعلیم ڈاکٹر سروے پلی رادھا کرشنن جن کی پیدائش ۵ رستمبر ۱۸۸۸ء وفات ۱۷ را پریل ۱۹۷۵ء کو ہوئی ہر سال ۵ ستمبر کو ان کی یاد میں یوم اساتذہ منایا جاتا ہے۔ ستاروں کا اہم کالم مستقل ہے اداریہ میں ڈاکٹر محمد غوث مدیر نے لکھا ہے کہ پیارے بچو تعلیم انسان کو انسان بناتی ہے۔ اور ایک اچھا انسان بننے کے لئے ضروری ہے کہ ہم زیادہ سے زیادہ علم حاصل کریں اور سب سے نفع بخش علم دین کا علم ہے چنانچہ عصری علوم کے ساتھ ساتھ ہمیں راہ راست پر چلنا سکھانے والا علم بھی لازمی طور پر حاصل کرنا چاہئے۔ اسی سے اخلاق سنورتے ہس ے جینے کا سلیقہ ملتا ہے۔

روشن ستارے کے قارئین کی خدمت میں صدرنشین اردو اکیڈیمی کا پیام محمد رحیم الدین انصاری یوم رقم طراز ہیں: اردو کی نئی نسلوں کو زبان وادب سے وابستہ کرنے کے مقصد سے ہم نے یہ خوبصورت ملٹی کلر معیاری بچوں کا رسالہ ماہنامہ روشن ستارے جاری کیا ہے۔ جنوبی ہند کے علاقے میں یہ اپنی نوعیت کا پہلا منفرد رسالہ ہے جو پوری طرح جدید عصری تقاضوں سے ہم آہنگ ہے۔ بچوں کے لئے دلچسپ اور سبق آموز قصے۔ کہانیاں۔ پند ونصائح۔ پر مبنی اخلاقی مضامین سائنسی۔ جغرافیائی تاریخی معلوماتی فن پارے۔ علمی ادبی کوئز۔ لطیفے اقوال زرین۔ الغرض یہ رسالہ رنگ برنگے خوبصورت پھولوں کا ایک گلدستہ ہے۔ جسے بڑی عرق ریزی کے ساتھ سنوارا سجایا گیا ہے مومن خاں شوق کی حمد کے چند اشعار قابل عمل ہیں۔

اللہ اللہ کہتے رہو تم
حمد اس کی کرتے رہو تم
امر ہو ایسے کام کرو تم
دیش کا روشن نام کرو تم

فیروز اختر نعت شریف میں کہتے ہیں۔
فلسفے سب پھیکے لگتے ہیں اسے قول احمد جس کو پیارا ہو گیا۔

پرویز شہر یار کا مضمون گاؤں کا خواب دھان کی کاشت سے متعلق معلوماتی ہے اور اجماعیت وقومی یک جہتی کا پیکر ہے مل جل کر رہنے کی تلقین ملتی ہے۔لیکن بعض الفاظ کے معنی ومفہوم تخلیق کے آخر میں دیئے جائیں تو بچوں کو آسانی ہوگی۔اساڑھ۔ساون بھادوں۔آشوین۔بوائی۔موسم باراں وغیرہ۔ عائشہ ماہر مخفی نے استاد گر نہ ہوتے تو کیا ہوتا پر روشنی ڈالی ہے۔ڈاکٹر۔انجینئر۔افسر۔کلرک۔لکچرر۔اہل ہنر نہ ہوتے۔

استاد کی اہمیت عظمت کردار کو اجاگر کیا گیا ہے۔ڈاکٹر مناظر عاشق ہرگانوی نے انسان کے لئے سوال میں شہری زندگی کی آلودگی کی ترجمانی ہے۔اس لئے پرندہ بھی اس آلودگی سے تنگ آکر صحرا جنگل کی طرف چلے جانا چاہتے ہیں۔شیخ سلیم عبدالحکیم نے کمپیوٹر ایک انقلابی ایجاد میں کمپیوٹر سے متعلق تمام خدوخال اور اہمیت کو اجاگر کیا۔قمر جمالی نے ننھی چڑیا میں خدا کی قدرت اس کی کبریائی وبرتری کو پیش کیا ہے۔وکیل نجیب نے روشن ستارے تو شیحی نظم لکھی ہے۔جس میں روشن ستارے کے کردار اور صفات پر روشنی پڑتی ہے۔سارے جذبات کی عکاسی۔بات رہتی نہیں کوئی پیاسی۔روز اس کا مطالعہ کرتے رہیں۔ اور اونچائیوں پر چڑھتے رہیں۔پے لین ڈوک۔ایک راہ نما۔کہانی۔اسکول کا رنر۔نیا سورج نئی صبح کہانی رحیم رضا۔دعاؤں کا تحفہ۔کہانی۔نورالسحر کی سکیل نظم شاہ حسین نزی آم کا باغ۔کہانی نما۔محمد یوسف بن نصر۔لالچی گیدڑ کہانی آفتاب حسنین۔ہنسو اور ہنساؤ۔لطیفے۔میری سہیلی کہانی۔انتونی اگروال۔بجلی کا استعمال کب شروع ہوا۔معلوماتی نظم کیریئر گائیڈنس۔فاروق طاہر۔تعلیمی خبرنامہ ۴۶ صفحات پر مشتمل ہے۔مشمولات ہر لحاظ سے بہت عمدہ سبق آموز اور تربیت کا پہلو لئے ہوئے ہیں۔بچے کما حقہ استفادہ کریں۔نام روشن کریں۔

☆

روشن ستارے۔ستمبر۲۰۲۰ء

رسائل رسل سے بنا ہے جس کے معنی پہنچنا۔ پہنچانے کے ہیں اپنی بات کی ترسیل اچھی طرح سے ہو۔رسائل اپنے مزج ومنہاج کے اعتبار سے کئی طرح کے ہوتے ہیں۔مذہبی علمی۔ادبی۔تہذیبی۔ثقافتی۔تاریخی۔طبی۔قانونی۔شخصی۔لسانی۔تعلیمی اور بچوں کا آرگن ہوتا ہے۔خواتین کے لئے علیحدہ ادبی رسالہ بھی نکلا کرتا تھا۔جس کا نام خاتون دکن تھا۔اس طرح مختلف اقسام کے رسالے ماضی اور حال میں نکلا کرتے تھے۔اورنکل رہے ہیں۔زیرنظر شمارہ ستمبر۲۰۲۰ءکونکلا تھا۔جس کا جلدنمبر(۱) شمارہ (۱) تھا اس سے پہلے بھی بغیر رجسٹریشن نمبر کے چند شمارے نکلے جو بعد میں بند ہوگیا۔اب اس شمارہ سے ٹائٹل رجسٹریشن نمبر TELURDO156 زیرنگرانی ڈاکٹر محمد رحیم الدین انصاری صدرنشین تلنگانہ ریاستی اردواکیڈیمی مدیر ڈاکٹر محمد غوث ڈائرکٹر رسکریٹری تلنگانہ ریاستی اردواکیڈیمی معاون مدیر سردار سلیم۔کمپوزنگ ڈیزائننگ محمد منہاج الدین وغیرہ شامل ہیں۔سنو بچو میں ایڈیٹر ڈاکٹر محمد غوث یوں مخاطب ہیں تعلیم انسان کو انسان بناتی ہے۔اورایک اچھا انسان بننے کے لئے ضروری ہے ہم زیادہ سے زیادہ علم حاصل کریں۔اورسب سے نفع بخش علم دین کا علم ہے۔چنانچہ عصری علوم کے ساتھ ساتھ راہ ہدایت (ہدی) سکھانے والا علم بھی لازمی طور پر حاصل کرنا چاہئے کہ اس سے اخلاق سنورتے ہیں اور جینے کا سلیقہ ملتا ہے۔

ڈاکٹر محمد رحیم الدین انصاری صدرنشین تلنگانہ ریاستی اردواکیڈیمی روشن ستارے کے قارئین کی خدمت میں لکھتے ہیں۔

اردو کی نئی نسل کو زبان وادب سے وابستہ کرنے کے مقصد سے ہم یہ خوبصورت ملٹی کلر معیاری بچوں کا رسالہ ماہ نامہ روشن ستارے جاری کیا ہے۔جنوبی ہند کے علاقے میں یہ اپنی نوعیت کا پہلا منفرد رسالہ ہے۔جو پوری طرح جدید عصری تقاضوں سے ہم آہنگ ہے۔بچوں کے لئے دلچسپ اورسبق آموز قصے کہانیاں پند ونصائح پر مبنی اخلاقی مضامین۔سائنسی جغرافیائی تاریخی معلوماتی۔فن پارے۔علمی ادبی کوئز۔لطیفے۔اقوال زریں۔الغرض یہ رسالہ رنگ برنگے خوبصورت پھولوں کا ایک ایسا گلدستہ ہے

جسے بڑی عرق ریزی کے ساتھ سنوارا گیا ہے۔ چونکہ یہ اس رسالے کا شروعاتی دور ہے تو لازمی طور پر ہمیں اپنے باذوق قارئین کے زرین مشوروں کی ضرورت بھی ہوگی۔اس سے پہلے شمارے کے مشمولات سبق آموز اور اصلاحی ہیں اور اخلاقی و نیکی کی تربیت بھی دیتی ہیں۔حمد و نعت مومن خاں شوق۔ فیروز اختر۔

گاؤں کا خواب کہانی پرویز شہریار۔

استاد گر نہ ہوتے۔نظم عائشہ باہر مخفی

انسان کے لئے سوال کہانی۔ڈاکٹر مناظر عاشق ہرگانوی۔کمپیوٹر ایک انقلابی ایجاد۔معلوماتی مضمون شیخ سلیم،عبدالحکیم۔ننھی چڑیا۔کہانی قمر جمالی۔

اردو کوئز

روشن ستارے توشیحی نظم وکیل نجیب

پے لین ڈوک ایک راہ نما کہانی

اسکو کارنر

نیا سورج نئی صبح۔کہانی رحیم رضا

دعاؤں کا تحفہ۔کہانی

نورالسحر کی سیکل۔نظم سارہ حسین ہنری

آم کا باغ۔

کہانی نما۔محمد یوسف بن نصر

لالچی گیدڑ۔کہانی آفتاب حسنین

ہنسو اور ہنساؤ۔لطیفے

میری سہیل۔کہانی استوتی اگروال

بجلی کا استعمال کب شروع ہوا۔معلوماتی مضمون

کیریئر گائیڈنس

تعلیمی خبرنامہ ۴۶ صفحات پر محیط ہے۔

اس شمارے کے آخر صفحہ پر شمس الرحمٰن فاروقی کی نظم چھپی ہے۔

جس میں حرکت وعمل کا پیغام ملتا ہے۔مختلف جانوروں کے نام کے استعمال سے انہوں نے مزاح پیدا کرتے ہوئے حرکت کا پیغام دیا ہے۔

اک چوہا اک چوہیا۔اک بلا اک بلی
اک کتا ایک کتیا۔اک گھوڑا اک گاڑی
اک تھالی ایک بیگن۔اک آلو اک شلغم
اک چوڑی اک کنگن۔اک چھکڑا اک ٹم ٹم
اک ہاتھی اک ہتھنی۔اک کرتا اک ساری
اک بندا اک نتھنی۔اک انجن اک لاری
سب نے مل کر دوڑ لگائی۔سب سے پہلے پہنچے تم
تم کا مطلب یعنی ہم۔دوڑ دھما دھم دوڑ دھما دھم

دوسرا زیر مطالعہ شمارہ جون ۲۰۲۱ء کا ہے جس کا جلد۲ شمارہ ۶ ہے۔اس شمارہ کے نگران ڈاکٹر محمد رحیم الدین انصاری صدر نشین تلنگانہ ریاستی اردو اکیڈیمی۔مدیر ڈاکٹر محمد غوث۔ڈائرکٹر سکریٹری تلنگانہ ریاستی اردو اکیڈیمی۔معاون مدیر سردار سلیم ترتیب وتزئین محمد اعظم علی وغیرہ تھے۔سرورق پر تین بچوں کو ہاتھوں میں کیمرا۔دوربین اور کمنڈہ میں جھاڑ لئے ہوئے بتایا گیا ہے۔ستاروں کے البم میں ننھے منے بچوں کی تصویر دی گئی ہے۔

بچوں سے گفتگو میں پیارے بچو کے تحت مدیر ڈاکٹر محمد غوث لکھتے ہیں ہم نے گزشتہ ماہ یعنی مئی ۲۰۲۱ء میں یوم ماں باپ ''مدرس ڈے''، ماں کا دن منایا تھا اور اب جون ۲۰۲۱ء میں ہم ''فادرس ڈے'' والد کا دن منا رہے ہیں دنیا میں ماں باپ سے بڑا کوئی اثاثہ نہیں ہے۔ماں باپ کی خوشی سے بڑھ کر کوئی خوشی نہیں ہے۔اگر تم دنیا میں ماں باپ کو خوش رکھو گے تو آخرت میں اللہ تعالیٰ تمہیں خوشیاں عطا کرے گا۔اور ماں باپ کی دعاؤں سے تمہیں دنیا میں بھی راحت ملے گی۔

صدر نشین کا پیام میں ڈاکٹر محمد رحیم الدین انصاری لکھتے ہیں۔

حضرت مجدد الف ثانی کا قول ہے کہ بچوں کو پیار کرنا بھی خدا کو خوش کرنا ہے۔سبحان اللہ سولہ آنے سچ۔بھلا دنیا میں ایسا کون سا انسان ہوگا۔جسے بچوں سے پیار نہ ہو۔ہمیں بھی تو بچوں سے بہت پیار ہے۔اور بہت لگاؤ ہے۔شاید اسی پیار اور لگاؤ کا نتیجہ ہے جو روشن ستارے کی اشاعت میں شرمندہ

تعبیر ہوا۔ حمد ونعت رزاق افسر۔ امجد حسین حافظ کرناٹک۔

ایک چیل کی کہانی۔ ڈاکٹر جمیل جالبی نے لکھا ہے۔

سالگرہ نظم مناظر عاشق ہرگانوی۔

کمپیوٹر کی کہانیاں۔ معلوماتی مضمون قاضی مشتاق احمد

تفریح وتربیت۔ بہت خوب نظم۔ شبیر احمد جامی

زراف۔ بہت بڑا ہے۔ جس کا دل معلوماتی کہانی منو ہرورما۔

بے جرم سزا۔

تاریخی جھلکی۔ مختار ٹونکی

ابا کی یادیں۔ نظم عاتکہ نور

عبدل کا مرغا۔ کہانی۔ محمد یعقوب اسلم

شاہی حلیم کہانی۔ سمیہ ناز

روشن ستارے۔ نظم۔ الیاس احمد انصاری شاداب۔

آسمانی بجلی۔ معلوماتی مضمون۔ عظیم اقبال

دھوکا بار بار نہیں چلتا۔ مختصر کہانی۔ کشور ناہید

سزا۔ ڈراما۔ شاہد پروین

بچوں کی دنیا۔ نظم۔ کشور سلطانہ

پلاؤ سے بریانی تک کا سفر۔ معلوماتی مضمون۔ نعیم سعید۔ ہنسو اور ہنساؤ۔ لطیفے

روشن ورق۔ سوال جواب۔ میر وقار الدین علی

اردو کوئز

فنکاروں کا صفحہ

ذہنی ورزش۔ انعامی معمہ۔ آؤ اردو سیکھیں الفاظ بنانے کی مشق۔

آسان اردو قواعد۔ علم صرف اور علم نحو۔ ڈاکٹر م۔ ق۔ سلیم

تعلیمی خبرنامہ شامل ہے۔ ۴۶ صفحات پر مشتمل ہے۔

مرتضی ساحل تسلیمی کی نظم پنگوئن لکھی ہے۔ ☆

قومی زبان کا شمارہ ماہ جون ۲۰۲۱ء

سرورق پر دو ادیبوں کی فوٹوز ہے ایک مولانا محمد حسین آزاد تاریخ پیدائش ۱۰ر جون ۱۸۳۰ء ابن انشاء تاریخ پیدائش ۱۰ر جون ۱۹۲۷ء اس کا ISSN 2321- 4627 ہے۔ جلد نمبر ۶ر شمارہ ۶ر جون ۲۰۲۱ء ہے زیر نگرانی ڈاکٹر محمد رحیم الدین انصاری مدیر ڈاکٹر محمد غوث ہے ہم کلامی اداریہ محمد غوث نے لکھا ہے۔ وہ کہتے ہیں۔ کورونا بحرانی میں بھی قومی زبان برابر نکل رہا ہے۔ اس میں اسکالرز کے مضامین ومقالے شامل ہیں۔ حالات سنگین ہونے کے باوجود اردو اکیڈیمی اپنی اسکیمات جاری رکھے ہوئے ہیں۔ اپنی بات میں صدر نشین تلنگانہ ریاستی اردو اکیڈیمی نے کہا کہ الفاظ کے پیچھے مت بھاگو مضامین کو تلاش کرو مضمون مل گیا تو الفاظ خود بہ خود چلے آتے ہیں۔

مولانا محمد حسین آزاد کا مضمون زبان اردو میں لکھتے ہیں:

بارھویں صدی عیسوی سے پہلے کوئی کتاب بھاشا کی پائی نہیں جاتی مگر مشہور شاعر اردو کے ۱۷۰۰ء سے شروع اور اٹھارویں صدی سے صاحب کمال ہونے لگے۔ محمد شاہ رنگیلا سے پہلے کوئی تصنیف نثر اردو کی میں نے نہیں دیکھی۔ البتہ محمد شاہ کے عہد میں ۱۱۴۵ھ میں فضلی شاعر نے ایک دو مجلس اردو میں لکھی ڈاکٹر رؤف خیر نے اردو سماج کے تعظیمی وتکریمی اطوار میں کہتے ہیں۔ عزت توقیر تعظیم کے رویے معیارات کو اشعار کے ذریعہ سے بتلایا ہے۔

پروفیسر صدیقی محمد محمود نے تدریس کی اخلاقیات میں معلم۔ طالب علم۔ سرپرست انتظامیہ ماحول کے رول پر روشنی ڈالی ہے۔ اساتذہ خوب جان لیں کہ کوئی بھی ملک اور قوم اپنے اساتذہ کے معیار سے بلند نہیں ہوسکتے۔ اور اگر اساتذہ اپنے آپ کو بلند مقام پر فائز دیکھنا چاہتے ہیں تو ان کے لئے ضروری ہے کہ وہ اس پیشے کے تقدس اور اخلاقیات کا لحاظ رکھیں۔ ڈاکٹر حمیرہ سعید پروین شاکر کی شاعری انسانیت کے آئینے میں لکھتی ہیں پروین شاکر نے اپنی شاعری کے ذریعہ جہاں کم سن لڑکیوں کے جذبات کی عکاسی کی ہے وہیں عورتوں کو درپیش مسائل پر بے باکانہ اظہار بھی کیا ہے شاعری کے اس سفر میں اپنے مخصوص ومنفرد دبینائی لہجے کے ساتھ وہ نسائی ادب میں ایک انفرادی مقام بنائے ہوئے ہیں۔

ڈاکٹر محمد سعادت شریف نے معیشت کے استحکام میں روزگار کی اہمیت چھوٹے پیمانے کی تجارت کے حوالے سے لکھتے ہیں کاروبار معاشی سرگرمیوں کا منبع ہے۔ چھوٹے پیمانے کا کاروبار ہندوستان جیسے زرعی ملک کے استحکام میں اہم کردار ادا کرتے ہیں۔ چھوٹے پیمانے کے تاجرین کو ضروری قرض کی فراہمی کو یقینی بنائیں۔ بلکہ ان کی ہمت افزائی کے لئے مخصوص رعایتیں بھی دی جائیں۔ روزگار سے مربوط تربیتی ادارے ہر منڈل سطح پر قائم کئے جائیں۔ بے روزگاروں کے خاتمہ کے لئے روزگار سے مربوط تعلیم کو یقینی بنایا جائے۔

ڈاکٹر نشاط احمد نے دکن کی صوفیانہ مثنویاں اور ڈاکٹر اکبرالدین صدیقی میں لکھتے ہیں انھوں نے کئی ایک دکنی مثنویاں مرتب کی ہیں۔

چندر بدن۔ مہیار۔ مقیمی بیجاپوری ۱۹۵۶ء

کلام بے نظیر۔ بے نظیر شاہ وارثی۔ ۱۹۵۸ء

دیوان عشق مرزا جمال اللہ عشق ۱۹۶۰ء

کلمۃ الحقائق حضرت برہان الدین جانم۔ ۱۹۶۱ء

کشف الوجود حضرت شاہ داول۔ ۱۹۶۵ء

ابلیس نامہ۔ علاء الدین فقیر ۱۹۶۵ء

بہ اشتراک سید مبارز الدین رفعت

خطوط عبدالحق ۱۹۶۶ء

اہل ہدیٰ۔ ترجمہ ۱۹۶۶ء

ارشاد نامہ۔ جانم۔ ۱۹۷۱ء

کلیات ممنون۔ ۱۹۷۲ء

میر نظام الدین ممنون

انتخاب محمد قلی قطب شاہ۔ ۱۹۷۲ء

شام غریباں۔ مؤلفہ شفیق ۱۹۷۷ء

فارسی شعراء کا تذکرہ

پھول بن۔ ابن نشاطی

بجھتے چراغ۔۱۹۷۵ء

تذکرہ مخطوطات جلد ششم ۱۹۸۳ء بہ اشتراک محمد علی اثر

شیخ محمود خوش دہاں اوران کا کلام ۱۹۸۸ء

مشاہیر قندھار۔۱۳۵۵ھ

فہرست مطبوعات ادارہ ادبیات اردو جلد اول تا سوم

سیف الملوک د بدیع الجمال دیونا گری رسم الخط ۱۹۵۵ء

نقش دل پذیر۔۱۹۷۷ء دکنی شعراء کا کلام

ڈاکٹر عبدالمغنی صدیقی آصف جاہ سابع کے دور میں تعلیم نسواں کا فروغ لکھتے ہیں:

آصفیہ دور میں تعلیمی نظام تیزی سے ترقی کی طرف گامزن تھا اسکول کالج اور یونیورسٹی میں تعلیمی نظام پر خاص توجہ دی گئی ہے جدید اور سائنسی تعلیمی نظام یہاں مقرر کیا گیا۔ یہی وجہ تھی کہ ریاست حیدرآباد کی خواتین مدراس یونیورسٹی کے بعد عثمانیہ یونیورسٹی میں تعلیم حاصل کرنے لگیں۔ بعد میں کیمبرج پھر عثمانیہ کا رخ کیا۔

ڈاکٹر وقارالنساء رجہانگیر عالم نے درس وتدریس میں انفارمیشن وکمیونکیشن ٹکنالوجی کا رول میں لکھتی ہیں۔

آج کالج۔ یونیورسٹی۔ یا اسکول کے طلباء کے ہاتھوں میں کتابوں کی جگہ موبائیل فون۔ سمارٹ فون۔ آئی پیڈ۔ ٹیاب لیٹ۔ لیاپ ٹاپ۔ وغیرہ نظر آتے ہیں طلباء کاپی اور پین کا استعمال بہت کم کر رہے ہیں۔ کیونکہ ان کے پاس موبائیل میں لکھنے کا ریکارڈ کرنے اور ویڈیو بنانے جیسی سہولتیں دستیاب ہیں یعنی کتابیں ڈیجیٹل ہوگئی ہیں۔ ہر کلاس کو کمپیوٹر سے لیس کر دینا چاہیئے تاکہ طلباء اور اساتذہ بھی اس سے منسلک ہوسکیں۔

محمد وحیدالدین اخباری اداریوں کی اہمیت وافادیت میں لکھتے ہیں۔

اداریہ کسی بھی اخبار کا ضروری حصہ ہوتا ہے۔ بعض مفکرین اسے اخبار کا ضمیر اور روح سے تعبیر کرتے ہیں اداریہ کے بغیر کوئی بھی اخبار اپنی تکمیل کو نہیں پہنچ سکتا۔ اس کے اداریوں سے ہی ہمیں اس کی بے باکی کا اندازہ ہوتا ہے اور اس کی پالیسی سے بھی واقف ہوسکتے ہیں۔

محمد علی عالم نے افسانوی نثر سے وابستہ بیسویں صدی کے انشائیہ نگار بیسویں صدی کے اہم

انشائیوں میں نیاز فتح پوری۔ سجاد حیدر یلدرم۔ منشی پریم چند قابل ذکر ہیں۔

گلنار خاتون نے عصر حاضر میں اور تعلیمی نظام میں اڈیشہ کے تعلیمی اداروں کا تعارف کروایا ہے کہتی ہیں:

اردو ہماری ضرورت ہے زبانیں صرف ترسیل یا تحریر کا ذریعہ نہیں ہوتیں بلکہ ادب کی شکل میں وہ اپنے اندر اس قوم یا طبقے کی تہذیبی وراثت بھی سمیٹے ہوئی ہیں اس کے اندر قوم کی صدیوں کی تبدیلی تاریخ پوشیدہ ہوتی ہے۔ ہمارے مذہبی عقائد رہنے سہنے کا طریقہ آداب واطوار۔ گفتگو کے انداز ذاتی جذبات واحسات گویا سب کچھ زبان وادب کے ذریعہ اظہار پاتے ہیں۔ ابن انشاء کا لکھیں گے گرچہ مطلب کچھ نہ ہو

شبانہ اقبال کا راحت جاں

حنیف سید یہ زحمت اب آپ کریں کریں ۸۲ صفحات پر مشتمل ہے۔

☆

بچوں کا ماہنامہ روشن ستارے ڈسمبر ۲۰۲۰ء

تلنگانہ ریاستی اردو اکیڈیمی حیدرآباد تلنگانہ کا نیا ماہنامہ روشن ستارے حیدرآباد نئی نسل اور بچوں کے لئے ایک تحفہ نعمت سے کم نہیں ہے۔اس کا پہلا شمارہ ستمبر ۲۰۲۰ء کو جاری ہوا زیر مطالعہ شمارہ ماہ ڈسمبر ۲۰۲۰ء جس کا جلد نمبر ا/شمارہ نمبر ۴/رہے۔اس شمارے کے نگران ڈاکٹر محمد رحیم الدین انصاری صدر نشین تلنگانہ ریاستی اردو اکیڈیمی، مدیر ڈاکٹر محمد غوث، ڈائرکٹر/سکریٹری تلنگانہ ریاستی اردو اکیڈیمی معاون مدیر سردار سلیم ترتیب وتزئین محمد منہاج الدین ناشر وطابع تلنگانہ ریاستی اردو اکیڈیمی چوتھی منزل حج ہاؤز نامپلی حیدرآباد ۵۰۰۰۰۱ تلنگانہ شائع ہوا ہے جس کا فون نمبر 040-23237810 ہے۔

ای میل roushansitare.tsua@gmail.com قیمت ۱۵/روپے سالانہ ۱۵۰/روپے ہے۔بچوں سے گفتگو میں ڈاکٹر محمد غوث نے بچوں کی تربیت اور ترقی کے لئے اقبال کے اشعار کے حوالے سے بات کی ہے۔

ستاروں سے آگے جہاں اور بھی ہیں
ابھی عشق کے امتحاں اور بھی ہیں

یعنی بچے تعلیم وعلم کے ذریعہ دنیا میں اعلیٰ مقام حاصل کریں اور بچوں کے رسالے پڑھیں تاکہ علمی۔اخلاقی تربیت ہو سکے۔ڈاکٹر محمد رحیم الدین انصاری صدر نشین تلنگانہ ریاستی اردو اکیڈیمی نے پیام کے تحت اردو اکیڈیمی کی اسکیمات پر روشنی ڈالتے ہوئے بچوں کی تعلیمی۔علمی ادبی تربیت کے لئے روشن ستارے اہم آرگن ہے کہا ہے۔

فراق جلال پوری۔علی بابا درپن کی حمد ونعت پر اثر روحانیت کا سرچشمہ ہے۔ڈاکٹر احتشام الدین خرم کا مضمون یادگار زمانہ کے تحت مولانا محمد علی جوہر کی زندگی اور کارناموں پر روشنی ڈالی ہے۔سنہری پوٹلی۔سراج فاروقی نے لکھا ہے۔سبق آموز کہانی ہے۔مرتضی ساحل مقیمی نے شتر مرغ پر نظم لکھی ہے۔اس میں شتر مرغ کی چال ڈھال۔کردار صفات کا مکمل بیان ہے۔پسندیدہ اشعار میں حیدرآباد دکن کے شعراء کے اشعار پیش کئے گئے ہیں۔انعام بھی علمی وتعلیمی اور رسالے کی اہمیت وعظمت کو واضح

کیا ہے۔ ڈاکٹر رؤف خیر نے مومن کے لئے کوئی تعطیل نہیں ہوتی۔ مومن ہمیشہ کام میں لگا رہتا ہے وہ کہتے ہیں مومن محنت مشقت کو ایمان بنا لے تو ترقی اس کے قدم چومے گی۔ کوا بولے کائیں کائیں میں ایمانداری کے جذبے کو اجاگر کیا ہے۔ مکہ مسجد میں تعمیر و تاریخ کو بیان کیا ہے سید ریحان نے منظوم معلوماتی نکات پیش کئے ہیں۔ عاتکہ نور نے دیوار چین تاریخی دیوار ہے۔ اس کے تعلق سے تاریخی معلومات ہیں۔

حکیم لقمان۔ پھول۔ یادیں۔ کہانی۔ آن لائن کلاسس۔ تازہ صورتحال اور ہماری ذمہ داری۔ گل کاریاں۔ اردو کوئز۔ ہنسو اور ہنساؤ۔ رنگ بھرو۔ مطالعہ کا کمال میں وزیر اعلیٰ کے چندر شیکھر راؤ کی ابتدائی تعلیمی زندگی بیان کی ہے کہ کس طرح تعلیم سے رغبت تھی۔ سنڈے کتنا پیارا ہے۔ مشہور تلمیحات کی مختصر تشریح۔ الفاظ بنانا سیکھیں۔ انعامی معمہ۔ چٹھی آئی ہے۔ تعلیمی خبرنامہ۔ اور سرگرمیاں کاروائی اردو رکنیت سازی مہم رسالوں کی پر تصاویر پیش کی گئیں ہیں ۴۶ صفحات کا یہ رسالہ بچوں کے لئے ایک نعمت سے کم نہیں۔ گھر کے بڑے بچوں کو پڑھ کر سنائیں اور مطلب بھی بتلائیں تا کہ بچوں میں تعلیمی علمی شعور بیدار ہو۔

☆

روشن ستارے اپریل ۲۰۲۱ء

اپریل ۲۰۲۱ء کا روشن ستارے کا شمارہ ملا سرورق پر بچے غباروں سے محظوظ ہورہے ہیں کھیل رہے ہیں اور علامہ اقبال کی تفکر میں ڈوبی تصویر اور ڈاکٹر بی آر امبیڈکر دستور کی کتاب ہاتھ میں لے کر تصویر شائع ہوئی ہے اس کا جلد۲ رشمارہ ۴ ر ہے۔ زیر نگرانی ڈاکٹر محمد رحیم الدین انصاری صدر نشین تلنگانہ ریاستی اردو اکیڈیمی، مدیر ڈاکٹر محمد غوث ڈائرکٹر رسکریٹری تلنگانہ ریاستی اردو اکیڈیمی معاون مدیر سردار سلیم، ترتیب وتزئین محمد اعظم علی بچوں سے گفتگو میں مدیر محمد غوث نے یقین محکم عمل پیہم محبت فاتح عالم میں لکھتے ہیں انسان کی مثبت عادتیں اس کی ترقی اور کامیابی میں اہم رول ادا کرتی ہیں۔منفی عادتیں نقصان پہنچاتی ہیں یقیناً انسان کو مثبت سوچ سے بے پناہ فائدے حاصل ہوتے ہیں۔ Positive Thinking سے نقصان نہیں ہوگا۔منزل پر جلد پہنچ جاتے ہیں۔

ڈاکٹر محمد رحیم الدین انصاری نے کہا کہ آج کے بچے ایسے ہی ذہین وفطین ہیں کہ ہر بات کا سائنٹفک ثبوت مانگتے ہیں۔ آج کے بچے سوال بہت کرتے ہیں۔ اچھی پرورش بچے کو اچھا انسان بناتی ہے۔

مسعود جاوید ہاشمی حیدرآباد کی حمد۔

میرے آقا رحیم ہے تو تو　　　　میرے مولا کریم ہے تو تو

شاہدہ پروین کی نعت شریف: میرے دعا ہیں جناب محمد میرے رہنما ہیں جناب محمد

روزہ اور سائنس شہزاد اختر کے مضمون کا اقتباس جس میں روزہ کی روحانیت کو افضلیت عطا کی ہے اور روزہ سے طبی فوائد حاصل ہوتے ہیں۔شوگر، بی پی کنٹرول میں رہتا ہے۔اور فاسد مادے جل جاتے ہیں۔

تبسم اشفاق شیخ نے گنا کے بے شمار فوائد بتلائے ہیں:

گنا کم قیمت میں فروخت ہوتا ہے مشکل سے چھیلا جاتا ہے۔ رسیلا میٹھا ہوتا ہے اس سے چینی گڑ بنتا ہے۔ بدن میں قوت، طاقت پیدا کرتا ہے، خون کی کمی اور ہڈیاں اچھی مضبوط بناتا ہے۔ دانتوں میں

مضبوطی لاتا ہے۔ بادشاہ کا فیصلہ میں یہ جھوٹ اور جرم سے بچنا چاہئے۔ روف خیر نے بابا صاحب امبیڈکر میں ان کی حیات خدمات کا تذکرہ کیا ہے۔

انسان اور پرندے۔ کیا آپ جانتے ہیں۔ شہروں کے نام ڈھونڈو۔ چچا غالب قمر ہاشمی نے غالب کی شاعری کی خصوصیات بیان کی ہے جوان کی زندگی کے واقعات جو پرلطف جوش کیا اشتیاق سعید نیا دوست ادب کا خیال رکھنا چاہئے، دوسروں کی مدد ہی انسانیت ہے۔ خوبصورتی کے بہترین راز۔ سنہری باتیں۔ انسانی کا وجود پانی سے ہے۔ پانی کیسا حاصل ہوتا ہے۔ اس کی شکلیں۔ Solid ٹھوس رقیق۔ Liqvied اور گیس میں ملتا ہے۔ انسانی زندگی اور دنیا ہوا۔ پانی کی عظمت اہمیت اجاگر کی گئی ہے۔ مرتضی ساحل تسلیمی پھل کے فوائد نظم میں بیان کرتے ہیں کہ روزہ کی روحانیت بیان کی ہے۔ اقوال زرین ہندو یا مسلمان قومی یک جہتی کا جذبہ۔ امیزان برساتی جنگل کی تاریخ پیش کی ہے۔ تاریخی جھلکیاں میں سبکتگین پر کہانی ہے۔ خواب ایک مچھلی کا۔ ہنسو اور ہنساؤ۔ ہند سے ملا تصویر بناؤ۔ اردو کوئز۔ راستہ بتاؤ۔ رنگ بھرو۔ آؤ اردو سیکھیں ذہنی ورزش۔ انعامی معمہ۔ تعلیمی خبرنامہ۔ ٹمریز کے صدر دفتر کا دور۔ برطانوی وزیر لارڈ طارق احمد۔ اقلیتی اقامتی اسکولوں سے متاثر تعلیمی خبرنامہ۔ طلبہ کو مثبت سوچ اور مضبوط لائحہ عمل کے ساتھ آگے بڑھنا ہوگا۔

حفیظ جالندھری کی نظم سونے والو جاگو میں وقت کے ساتھ کام کرو کا احساس دیا گیا وقت پھر ہاتھ آتا نہیں۔ ۴۶ صفحات کا یہ شمارہ بچوں کے لئے نعمت سے کم نہیں بچوں کی تربیت کے لئے بہت کچھ موجود ہے۔

☆

بچوں کا رسالہ روشن ستارے مارچ ۲۰۲۱ء

ریاستی اردو اکیڈیمی تلنگانہ نے بچوں کے رسالے کی اشاعت عمل میں لائی۔اس کا پہلا شمارہ دومرتبہ شائع ہوا۔RNI سے پہلے اور بعد میں بچوں کے ادب کو فروغ دینے کے لئے روشن ستارے حیدرآباد سے جاری ہوا۔اس کا مقصد بچوں میں علمی۔ادبی۔تعلیمی صلاحیت قابلیت پیدا کرنا ہے لیکن مشکل یہ ہے کہ بچوں کا ادب بڑے لکھتے ہیں۔حالانکہ ہونا تو یہ چاہئے تھا کہ بچوں کا ادب بچے لکھیں اور تصحیح کر کے شائع کریں۔جب بڑے ادیب،شاعر لکھتے ہیں تو انھیں چاہئے کہ بچے بن کر لکھیں۔اپنی تخلیق میں بچوں جیسے خیالات۔فکر۔انداز۔معنویت۔شوخی۔بچپن۔بچکانی انداز ہونا چاہئے لیکن اردو ادب کے علاوہ دیگر زبانوں کے ادب میں بچوں کے لئے بڑے تخلیق پیش کرتے ہیں۔نام بچوں کا ادب ہے۔بچے ہی لکھیں پڑھیں۔بچوں کی تربیت بھی ہوگی۔روشن ستارے نئی نسل کے لئے خوبصورت تحفہ ہے۔ستاروں کے البم میں بچوں کی ننھی منی تصاویر شائع ہوئی ہیں۔اس کا جلد نمبر۲ رشمارہ نمبر۳ رمارچ ۲۰۲۱ء ہے۔زیر نگرانی ڈاکٹر محمد رحیم الدین انصاری صدر نشین تلنگانہ ریاستی اردو اکیڈیمی،مدیر ڈاکٹر محمد غوث ڈائرکٹر رسکریٹری تلنگانہ ریاستی اردو اکیڈیمی معاون مدیر سردار سلیم ترتیب وتزئین محمد اعظم علی ناشر وطابع تلنگانہ ریاستی اردو اکیڈیمی چوتھی منزل حج ہاؤز نامپلی حیدرآباد ہے۔

مدیر محمد غوث نے بچوں سے گفتگو۔پیارے بچو! اداریہ یوں لکھتے ہیں انہوں نے اسٹیفن ہاکنگ۔آئزک نیوٹن کی مثال دی کہ انہوں نے سائنسی نظریات پیش کئے اور دنیا ان کے فکر ونظر سے استفادہ کر رہی ہے۔بچو تم بھی مطالعہ کرو۔بڑے سائنس داں بنو۔یہ زمین۔بحر وبر۔انسان۔چرند۔نباتات۔جمادات۔چاند ستارے۔یہ سب ہمیں غور وفکر کرنے کے لئے اللہ نے دیئے ہیں۔

صدر نشین کا پیام اکیڈیمی کی سرگرمیوں اور مقاصد پر تفصیلی روشنی ڈالی۔ظہیر رانی بنوری کی حمد۔

اے خدا علم وعمل کا دل سے ہم کو شوق ہے۔ خدمت قوم کو وطن پر دم کریں یہ ذوق دے

نعت شریف اقبال شانہ سب کے پیارے ہارے نبی۔ ہیں ہمارے ہمارے نبی۔

سونے کا پودا میں ملا نصر الدین کی کہانی سے یہ سبق ملتا ہے کہ حرص ولالچ بری بلا ہے۔قناعت

وتول کی زندگی گذارنی چاہئے۔مختار ٹونگی گیند کا کردار۔کھیل اوران کے رموز پراچھی ترجمانی کی ہے گوکہ کھیل کے شب وروز کی منظرکشی کو پیش کیا ہے۔ڈاکٹر ایم قدیر مشکل نہیں ہے کچھ بھی۔محنت ومشقت اور ذوق وشوق سے اپنے مقاصد منزلوں کو حاصل کر سکتے ہیں۔مستقبل بنانے کے لئے محنت کو ایمان بنائیں۔رفیعہ نوشین نے آم کے استعمالات اور کیفیت کو بیان کیا ہے۔

خواں گوہر میں نصیحت کی باتیں ملتی ہیں کیا آپ جانتے ہیں میں بندر۔مگرمچھ۔شیر کے تعلق سے معلومات ہیں۔چیونٹی معلوماتی مضمون ہے جس میں چیونٹی کی زندگی اس سبق صفات کردار کو پیش کیا گیا ہے۔اقسام بتلائے ہیں۔محمد محبوب خان افسر عثمانی سب کو۔روٹی کپڑا اور سب کو گھر دے زندگی کے لوازمات اور تقاضے بیان کئے ہیں۔نسیم بانو انصاری نے انصاف مرگیا پر انصاف حاصل کے تعلق سے لکھا ہے۔شاہ تاج خاں نے ایک کہانی سائنس فکشن۔بخارات۔جلد کے افعال۔وٹامن ڈی۔اور جلد کا رول پر سائنسی معلومات بھی ہیں۔

خیر المبین نے والد محترم نظم میں والد کی اہمیت،عظمت کو پیش کیا ہے۔والد کے بعد بچوں کی زندگی پریشانی میں گذرتی ہے۔شبینہ فرشوری نے جسے اللہ رکھے میں بزرگوں وبڑوں کے مشوروں، نصیحت اور تاکید پر عمل کرنے سے زندگی خوشحال گذرتی ہے۔ڈاکٹر ناظم علی نے اردو ہندوستان کی زبان ہے میں اردو کی اہمیت اور عظمت افادیت کو ظاہر کیا ہے۔

غائب ہوتے یہ جانور۔گینڈا۔برفانی ریچھ۔پین گوئن۔شیر۔کچھوا۔مگرمچھ۔ہنسو اور ہنساؤ میں لطیفے پیش کئے گئے۔استوتی اگروال نے تین سوال میں وقت کی قدر کرنے کی تلقین کی ہے۔وقت اور مستقبل کے ساتھ ساتھ رہتے ہیں کتابیں ہماری دوست میں کہتے ہیں کتابیں انسان کی بہترین دوست ہوتی ہیں۔کتابیں ادبی ہوں یا علمی۔تاریخی ہوں یا سیاسی۔اخلاقی معلوماتی ہر وقت ہمارا ساتھ دیتی ہیں۔

اردو کوئز کے تحت زبان وادب کے سوالات دیئے گئے ہیں۔راستہ بتاؤ۔تصویر میں رنگ بھرو۔آؤ اردو سیکھیں۔ذہنی ورزش۔انعامی معمہ۔تعلیمی خبر نامہ وغیرہ مکمل شمارہ ۴۶ صفحات کا ہے اس میں بچوں کے ذوق وشوق کے لئے ہمہ اقسام کا مواد سامان موجود ہے۔رسالہ گھر پر آتا ہے۔لیکن اردو والے اپنے بچوں کو پڑھائیں۔اور مشمولات سے آگاہ کریں۔اس میں بچوں کی علمی۔ادبی۔تعلیمی۔تہذیبی۔اخلاقی۔ثقافتی۔ذہانتی ذکاوتی تربیت کے سامان ومواد موجود ہیں خاطر خواہ استفادہ کروائیں تو بچوں میں صلاحیت قابلیت پیدا ہوسکتی ہے۔رسالہ خوبصورت اور ہمہ رنگی گٹ اپ سٹ اپ بہت خوب ہے۔☆

روشن ستارے۔مئی ۲۰۲۱ء

روشن ستارے ماہ مئی ۲۰۲۱ء کا زیر مطالعہ ہے۔اس کا جلد نمبر۲ رشمارہ ستمبر۵ رمئی ۲۰۲۱ء ہے۔زیر نگرانی ڈاکٹر محمد رحیم الدین انصاری صدر نشین تلنگانہ ریاستی اردو اکیڈیمی، مدیر ڈاکٹر محمد غوث ڈائرکٹر رسکریٹری تلنگانہ ریاستی اردو اکیڈیمی معاون مدیر سردار سلیم ترتیب وتزئین محمد اعظم علی شامل ہیں مدیر نے بچوں سے گفتگو میں بچوں کو مسلسل حرکت میں رہنا چاہئے تاکہ وہ ترقی کرسکیں۔علم حاصل کر کے اعلیٰ مقام بنائیں بچے لگن اور محنت سے تعلیم حاصل کر کے اعلی مقام ومرتبہ حاصل کریں یہی پیغام مدیر نے دیا ہے۔اور ایک شعر بھی شامل ہے۔

چلے چلیے کہ چلنا ہی دلیل کامرانی ہے
جو تھک کر بیٹھ جاتے ہیں وہ منزل پا نہیں سکتے

روشن ستارے میں شائع ہونے والی پیاری پیاری سبق آموز کہانیوں اور معلوماتی مضامین سے آپ ضرور استفادہ کریں دل لگا کر پڑھیں۔نصیحتوں پر عمل کریں اپنے رشتے داروں اور پڑوسیوں کا خیال رکھیں فی الحال یہی آپ کا فرض ہے۔زاہد ہریانوی کی حمد شامل شمارہ ہے۔

اشک آنکھوں سے جو اس در پہ بہادیتا ہے
میرا رب اس کے گناہوں کو مٹادیتا ہے

فرید سحر کی نعت شریف

حبیب کبریا کو جس نے بھی دل سے پکارا ہے
خدائے پاک نے تقدیر کو اس کی سنوارا ہے

رونق جمال نے عید مبارک والی تتلی سے کیا سبق دیا ہے۔اپنی سوچ۔فکر اور زندگی کو ترقی دینا ہے تو تعلیم کو حاصل کرو۔

رفیق گلاب نے عید الفطر نظم لکھی۔جس میں بچے عید کی تیاری کے لئے خوشی کا اظہار کر رہے ہیں۔اور گڑیوں کو سجاتے ہیں۔سرمہ۔مہندی بچے استعمال کرتے ہیں۔

پرندے بھی سفر کرتے ہیں میں محمد خلیل نے پرندوں کا سفر اور نقل مقام ان کے اڑنے کی رفتار سطح۔ ابابیل کے تعلق سے لکھا ہے۔ فیروزی اختر رابندر ناتھ ٹیگور کو بہ حیثیت شاعر ادیب منظوم خراج عقیدت پیش کیا۔ جو ان کے کارناموں کو بیان کیا ہے۔ چغل خور پیٹر محمد سراج عظیم نے لکھا ہے چغلی خوروں سے بچنا چاہئے یہ گناہ ہے حیرت انگیز مچھلی عجیب۔ وغریب مچھلی۔ ڈولفن کی صفات کردار خوبیوں کو بیان کیا ہے۔

محمد ارشد مبین نے سابق صدر جمہوریہ ہند فخر الدین علی احمد مجاہد آزادی فخر ہندوستان میں ان کی زندگی بچپن اور تعلیمی زندگی پر اظہار کیا ہے۔ ۱۳رمئی ۱۹۰۵ء دہلی میں پیدا ہوئے۔ ان کی سیاسی زندگی پر روشنی ڈالی ۲۰راگست ۱۹۷۴ء کو وہ ہندوستان کے صدر جمہوریہ بنائے گئے ڈاکٹر رضا الرحمٰن عاکف سنبھلی نے عید کے موقع پر جو خوشیاں بچوں میں پیدا ہوتی ہیں ان کو نظم کے ذریعہ پیش کیا ہے۔ عظیم چیز۔ دلچسپ معلومات۔ مجید صدیقی نے زادراہ لکھا۔ دیکھوں حیدر بیابانی نے لکھا۔ بدلتے موسموں کا حال بیان کیا ہے۔ بزدل شکاری یاسمین عبدالرب۔ ننھے قلم کاروں کا صفحہ۔ تاریخی جھلکی۔ اردو۔ فرض ایک سچی کہانی شیخ محمد صوفی جرنلسٹ، ڈاکٹر انورالدین نے تشدید والے الفاظ سے نظم بنائی ہے۔ کٹو۔ لٹو۔ شبو۔ بلی۔ لڈو۔ وغیرہ ڈاکٹر محمد کلیم ضیاء نے لالچی سپیرا۔ ہنسو اور ہنساؤ لطیفے۔ اردو کوئز۔ راستہ بتا۔ و بچو اس تصویر میں اپنی پسند کے رنگ بھرو۔ آؤ اردو سیکھیں۔ الفاظ بنانے کی مشق۔ انعامی معمہ۔ ذہنی ورزش۔ تعلیمی خبر نامہ ۴۶ صفحات پر مشتمل ہے۔ قتیل شفائی کی نظم لوہے کا پرندہ شائع ہوا پھیلائے پروں کو دھرتی سے اڑا ہے کچھ دور پہنچ کر دھیرے سے مڑا ہے۔ لوہے کا پرندہ۔

☆

قومی زبان۔ مئی ۲۰۲۱ء

قومی زبان ماہ مئی کا شمارہ زیر تبصرہ ہے۔ زیر نگرانی ڈاکٹر محمد رحیم الدین انصاری۔ مدیر ڈاکٹر محمد غوث کی ادارت میں شائع ہوا۔ حضرت داغ۔ سعادت حسن منٹو۔ پروفیسر علی محمد خسرو۔ پروفیسر سلیمان اطہر جاوید سے متعلق مضامین شامل ہیں۔ اس کا جلد نمبر ۶ رشمارہ ۵ رہے۔ مدیر نے شوکت عثمانیہ کے تعلق سے لکھا ہے اس کتاب میں آصف سابع نواب میر عثمان علی خاں بہادر کے عوامی علمی اور سماجی خدمات کو خراج عقیدت پیش کیا ہے۔ یہ مضامین ماضی اور حال کے ہمارے اسلاف کے کارناموں کا مرقع ہیں اپنی بات میں نگران محمد رحیم الدین انصاری نے آج کل کے تناظر میں ادبی نوادرات کی کہکشاں صفحات پر بکھری ہوئی ہے۔ پروفیسر سید فضل اللہ مکرم نے لکھا کہ: سلیمان اطہر جاوید نے شاعری کا مزہ بھی چکھا ہے گو کہ وہ میدان نثر کے شہ سوار تھے مگر شعر اور شعری مزاج سے آشنا تھے شعر کی دبیز پرتوں کو کھولنے میں ماہر تھے۔ ان کی کچھ غزلیں گو کہ روایتی ضرور ہیں مگر اپنے مخصوص لب ولہجہ کی بدولت منفرد نظر آتی ہیں۔

وہ آج تک بھی پشیماں جواب پر اپنے میں کاش اس سے نہ کرتا سوال ایسا تھا۔ ان کی شاعرانہ حیثیت اور تنقیدی وتحقیقی کارناموں کو اجاگر کیا۔ پروفیسر علی محمد خسرو پر بختیاری نے مضمون میں خسرو کے سفارتی اور معاشی خدمات، کارناموں کا اظہار کیا ہے۔ خسرو تدریسی۔ تنظیمی۔ انتظامی سفارتی نوعیت کے کئی اعلی عہدوں پر فائز رہے۔ ایک بلند اخلاق انسان اور عظیم دانشور کی حیثیت سے وہ ہمیشہ یاد رکھے جائیں گے۔ ڈاکٹر محمد کاشف منٹو ایک بے باک خاکہ نگار ہیں گنجے فرشتے کے خاکوں کے مجموعہ کا تجزیہ پیش کیا ہے۔ محمد آصف علی نے داغ دہلوی پر تنقیدی مضمون لکھا۔

محمد غوث مدیر نے سماجی وسائنسی تحقیق ایک اجتماعی اور ملی ذمہ داری پر سرسری مابعد کوویڈ مضمون لکھا ہے جعفر جری نے قطب شاہی اور عادل شاہی عہد میں غزل مسلسل سروری مابعد کووڈ۔ میڈیا کا منظر نامہ۔ فاطمہ تاج کی غزل گوئی۔ اے آر منظر ارشاد احمد سراج اورنگ آبادی کی غزلوں میں عشق حقیقی کا تصور۔ سارہ بتول اردو کی پہلی منظوم خودنوشت سوانح حیات، آئینہ در آئینہ۔ ایک مطالعہ۔ مظہر قادری۔ قصہ ماڈرن چہار درویش۔ جمیل نظام آبادی کی نظم رنگ۔ ڈاکٹر فرحت حسین خوشہ دل غزل، اقبال خلش، الطاف شہریار کی غزل شائع ہوتی ہے۔ ☆

روشن ستارے جولائی ۲۰۲۱ء

ریاست تلنگانہ میں اردو کو فروغ دینے کے لئے اردو اکیڈیمی قائم کی گئی ہے اور اردو اکیڈیمی نے فروغ اردو کے لئے کئی اسکیمات تخلیق کی ہیں ان میں بچوں کے رسالے کے لئے روشن ستارے کی دوسال سے اجرائی جاری ہے۔اس کا ترجمان ماہنامہ قومی زبان کئی سالوں سے نکل رہا ہے۔نئی نسل کے لئے بچوں کا ماہنامہ نکالنا خوش آئند عمل ہے۔اور بچوں کی ذہنی آبیاری تعلیم وتربیت کا عمدہ ذریعہ ثابت ہوگا۔اس کا گٹ اپ، سٹ اپ، خوبصورت قابل دید ومطالعہ ہے اس کے مشمولات میں ادبیت کے علاوہ مختلف ذیلی عنوانات کے تحت سلیقہ سے ترتیب دیا گیا ہے اس کا رجسٹریشن نمبر TELURDU2156 ہے۔ابھی آر این آئی نمبر عدم وصول ہے۔

ماضی میں حیدرآباد دیگر شہروں کی طرح بچوں کے رسالے کا مرکز تھا یہاں کے اخبارات میں بھی بچوں کے لئے صفحات مقرر تھے۔میزان۔رہبر دکن۔رہنمائے دکن۔سیاست۔اعتماد۔منصف۔صحافی دکن۔ ہمارا عوام وغیرہ میں آج بھی شائع ہوئے ہیں ماہ ناموں میں ادب الاطفال ۱۹۱۱۔المعلم۔ ۱۹۱۴ء۔نونہال ۱۹۲۱۔تارے ۱۹۴۷ء۔بچوں کی دنیا۔۱۹۴۹۔نوخیز ۱۹۵۴ء۔بچپن ۱۹۵۴۔گلشن ۱۹۵۴۔ نونہال ۱۹۵۴ء۔ ہمارے نونہال۔انعام ۱۹۵۸ء ننھا۔ ۱۹۵۹ء اور ہمارا فنکار میرا رسالہ ۱۹۶۰ء جاری ہوئے۔گلبن۔ ہمارا گلبن۔تارے وغیرہ۔ان اخبارات ورسائل میں بچوں کی علمی وتعلیمی ذہنی تربیت کے لئے کہانیاں۔معلوماتی مضامین۔لطیفے اور پیاری پیاری باتیں سبق آموز نظمیں شامل ہوتی تھیں۔ان کوششوں کے نتیجہ میں بچوں کی ایک نسل سامنے آئی اور آگے چل کر اپنی صلاحیتوں کا لوہا منوایا۔چناں چہ اسی روایت کو برقرار رکھنے کے لئے اردو اکیڈیمی تلنگانہ نے جون ۲۰۱۹ء کو پہلا شمارہ شائع کیا۔اس کے بعد Regd.No.-TELURDO2156 کے ساتھ دوبارہ پہلا شمارہ ستمبر ۲۰۲۰ء کو شائع ہوا اس طرح دوسالوں سے یہ شمارہ بچوں کی خدمت میں منہمک ہے۔

اب باقاعدہ شمارے نکل رہے ہیں پھر بھی حیدرآباد میں بچوں کے رسالے کی کمی ہے۔ایک دو سے کیا ہوگا۔روشن ستارے اس کی تلافی کر رہا ہے۔آجکل ڈاکٹر محمد رحیم الدین انصاری صدر نشین تلنگانہ

ریاستی اردو اکیڈیمی ۔ مدیر ڈاکٹر محمد غوث ڈائرکٹر سکریٹری تلنگانہ ریاستی اردو اکیڈیمی ، معاون مدیر سردار سلیم ۔ ترتیب وتزئین محمد اعظم علی ، تلنگانہ ریاستی اردو اکیڈیمی ۔ محکمہ اقلیتی بہبود حکومت تلنگانہ کی سرپرستی سے نکل رہا ہے ۔ مشمولات کے خدوخال اور ذیلی عنوانات اس طرح ہیں اردو کوئز ۔ راستہ بتاؤ ۔ ذہنی ورزش ۔ آؤ اردو سیکھیں ۔ آسان اردو قواعد ۔ الفاظ بنانے کی مشق ۔ تعلیمی خبرنامہ ۔ وغیرہ شامل ہیں ۔ اس کے مشمولات اس طرح سے ہیں ۔

بچوں سے گفتگو اداریہ میں محمد غوث معتمد وناظم کہتے ہیں بچو اگر کامیابی چاہتے ہو تو مسلسل محنت کرتے رہو حضرت مولانا جلال الدین رومی کا یہ قول سنہری لفظوں میں لکھنے کے قابل ہے کہ اس قول سے ہمیں یہ درس ملتا ہے کہ محنت کے قدموں سے چل کر ہی کامیابی کی منزل تک پہنچا جاسکتا ہے ۔ اور پھر مسلسل محنت یعنی علم کی راہ میں عمل کی راہ میں اگر تھکے بغیر آگے بڑھو گے راستوں کے پیچ وخم کو خاطر میں لائے بغیر اپنا سفر جاری رکھو گے تو ضرور بہ ضرور منزل تمہارے قدم چومے گی ۔

کچھ کئے جاؤ لے کے نام خدا
کچھ نہ کرنا بڑی خرابی ہے
کامیابی کچھ اور چیز نہیں
کام کرنا ہی کامیابی ہے

ڈاکٹر محمد رحیم الدین انصاری صدر نشین کا پیام میں کہتے ہیں ۔

پیارے بچو ہماری قوم کا آنے والا کل ہماری ملت کا سرمایہ ہے تمہارے ہاتھوں میں مستقبل کی باگ ڈور ہے ۔ اگر تم اپنے آپ کو محفوظ رکھو گے تو ہندوستان کا مستقبل محفوظ رہے گا ۔ خدا کا شکر ادا کرو کہ روشن ستارے جاری وساری ہے بچوں کی خدمت انجام دے رہا ہے ۔

اس ماہ کی کہکشاں کے عنوان سے مشمولات کو رکھا گیا ہے ۔ ان سے اندازہ ہو جائے گا یہ رسالہ بچوں کے لئے کتنا مفید وثمر آور ہے تمام مشمولات بچوں کی ذہنی ۔ ذہانتی ۔ علمی ۔ تعلیمی ۔ اخلاقی ۔ روحانی ۔ لسانی تربیت کا سامان ہے وسیلہ ہے ایسے ہی مضامین سے بچوں میں تربیت ہو جاتی ہے روشن ستارے بچوں کی صلاحیت قابلیت روشن کرے گا ۔ اور وہ بڑے ہو کر ملک وقوم کے معمار کہلائیں گے ۔ اس کے مشمولات اس طرح سے ہیں ۔

حمد ونعت ۔ سید جلیس ۔ ڈاکٹر نادر المسدوسی

کورونا کی بدائی۔ مختصر کہانی۔رونق جمال
عظیم قربانی۔ تاریخی جھلکی۔محمد ارشد مبین زبیری
بچے۔ نظم۔مومن خاں شوق
ونی دیو معلوماتی کہانی۔ڈاکٹر ایم اے قدیر
مفرور مینڈک۔ مختصر کہانی۔ڈاکٹر ضیاء الحسن
پتھر کی تحریر کہانی۔ڈاکٹر بانو سرتاج
کہہ مکرنیاں حیدر بیابانی
تفریح وتربیت
بربطی چڑیا۔ معمولاتی مضمون۔سید عابد علی
آرزو۔نظم ڈاکٹر رضا الرحمٰن عاکف
خوشی کے آنسو کہانی۔خرم عماد
نہ گھبراؤ بچو۔ نظم۔عمران آصف
بال کی کھال۔ سائنسی کہانی۔شاہ تاج
پہیلی نظم۔مختار ٹونکی
جب چڑیاں چگ گئیں کھیت کہانی۔مجید صدیقی
ہنسو اور ہنساؤ۔لطیفے
جنگل کی آغوش میں۔معمولاتی مضمون۔محمد یوسف بن ناصر
اردو کوئز۔میر وقار الدین علی خاں
فنکاروں کا صفحہ۔
ذہنی ورزش۔انعامی معمہ
آؤ اردو سیکھیں۔الفاظ بنانے کی مشق
آسان اردو قواعد۔ڈاکٹر م۔ق۔سلیم
تعلیمی خبرنامہ
کیف احمد صدیقی کی نظم انشاءاللہ آخری صفحہ پر شائع کی ہے۔

۴۶ صفحات کا یہ رسالہ جو ملٹی کلر اور آرٹ پیپر پر شائع ہو رہا ہے۔ حیدرآباد دکن میں اب اس کی شروعات ہوئی ہے۔ پبلک کا بہت اچھا ریسپانس مل رہا ہے۔ بچے پڑھ رہے۔ ماں باپ کہانیاں پڑھ کر سنا رہے ہیں تا کہ ان میں شعور بیداری اور عمدہ تربیت ہو سکے۔ حیدرآباد ہی نہیں ملک میں بچوں کے رسائل صرف انگلیوں پر گننے کے لائق ہو گئے ہیں۔ چند نکل رہے ہیں تو اردو داں طبقہ ان رسائل کو خرید کر پڑھیں تو اردو زبان وادب بچوں کے ادب کی بقا تر وتیج ارتقاء ہوگا۔ ورنہ کوئی شکایت نہیں۔

☆

روشن ستارے۔۲۰۲۱ء اگست

تلنگانہ ریاستی اردو اکیڈیمی حیدرآباد کی جانب سے بچوں کا رسالہ روشن ستارے دو برسوں سے شائع ہورہا ہے۔زیرتبصرہ شمارہ اگست ۲۰۲۱ء کا ہے جس کا جلد نمبر۲/شمارہ ۸/رہے۔زیرنگرانی ڈاکٹر محمد رحیم الدین انصاری صدرنشین تلنگانہ ریاستی اردو اکیڈیمی۔مدیر ڈاکٹر محمد غوث ڈائرکٹر/سکریٹری تلنگانہ ریاستی اردو اکیڈیمی، معاون مدیر سردار سلیم۔ترتیب وتزئین محمد اعظم علی کی ہے۔بچوں سے گفتگو مدیر ڈاکٹر محمد غوث نے بچوں کو علم وعمل کے میدان میں سرگرم رہنے کی تلقین کی ہے وہ کہتے ہیں کامیابی کوئی حادثہ نہیں ہوتی کامیابی محنت، مستقل مزاجی، سیکھنے۔پڑھنے۔قربانی اور سب سے بڑھ کر جو کام تم کررہے ہواس کام سے پیار کرنے کا نام ہے صدرنشین کا پیام میں محمد رحیم الدین انصاری لکھتے ہیں۔بشیر بدر کے شعر سے اپنی بات پیش کی ہے۔

سات صندوقوں میں بھر کر دفن کر دو نفرتیں
آج انسان کو محبت کی ضرورت ہے بہت

ملک آزاد ہوکر پون صدی کا عرصہ ہوگیا ہے۔آج ترقی اور عروج کے نہ جانے کتنے زینے ہم نے پار کرلئے۔پھربھی دلوں میں ایک تشنگی کا احساس ہے یہ صرف اس لئے ہے کہ ہم خدا کو بھول گئے ہیں جوسارا نظام ہستی چلا رہا ہے ہم نے مانہ کے زمانہ بدل گیا ہے مگراتنا بھی نہیں بدلا کہ پرندے آسمان میں اڑنا بھول جائیں۔چراغوں کی شکلیں بدل گئی ہیں۔مگر روشنی وہی ہے اگر ہم اپنے اندر کے اجالے کی لو بڑھائیں گے تو سب کچھ صاف نظر آئے گا۔ستار فیضی کی مناجات جس میں خدا سے دعا کی گئی ہے انسانوں سے بغض۔کینہ۔حسد۔جلن۔غیبت۔نکال دیں۔سب بلاؤں کو ختم کردے فضیل فوز نے نعت شریف لکھی۔

محمد سراج عظیم نے اپنے وطن کا سپاہی میں حب وطن اور وطن سے پیار محبت کے جذبہ کو پیش کیا ہے۔رحیم رضا نے نٹ کھٹ بابو میں بچپن کی شرارتیں کو مؤثر انداز سے پیش کیا ہے۔

محمد خلیل سائنٹسٹ، نے قدرتی گھڑی میں وقت کی اہمیت کو واضح کیا ہے۔جو انسان وقت کے

ساتھ چلتا ہے وہ بڑا مقام حاصل کرتا ہے۔

خاموشی میں حکایت سعدی بیان کی ہے جس میں خاموشی کے فوائد بیان کئے ہیں۔سفید باتیں میں عمل کی تلقین اور قرآن پڑھنے کی تاکید کی ہے۔سنہرے موتی میں اخلاقی باتیں ملتی ہیں۔کیا آپ جانتے ہیں مگر مچھ ۶۰ سال۔گھوڑا۔۳۰ سال۔ شتر مرغ ۷۵ سال۔بندر ۲۰ سال۔اونٹ ۴۰ سال۔شیر ۱۰ سال سے ۱۵ سال۔بلی ۱۶ سال زندہ رہتی ہے۔

ڈاکٹر ناظم علی نے ماں باپ کی عزت کرو میں ماں باپ کی عظمت اور اہمیت پر روشنی ڈالی ہے۔قمر جمالی نے مرغ اور مٹر دانہ میں ہمدردی۔ایک دوسرے کی مدد پر لکھا ہے۔ظہیر رانی بنوری میرا وطن میں وطن سے محبت کا گیت گایا ہے۔وطن کی ہر چیز سے محبت رکھنا ہے۔رفیعہ نوشین نے دل نشین انداز میں بچوں کو تلقین کی کہ وہ ترقی کا راستہ خود بنائیں۔دوسروں کے محتاج نہیں ہونا چاہئے۔نصیحت میں اچھے اور برے کی تمیز رکھنا چاہئے۔محمد قمر سلیم نے کاہل لڑکا میں گناہ پر توبہ کرنا ناگزیر ہے۔گناہ سے خدا کے پاس بھی پکڑ ہے۔محمد منیر رحمانی دل صاف تو ماحول بھی صاف ہے میں ماحول کی بقاء ضروری ہے۔انسانیت کو ترقی ہوتی ہے۔ڈاکٹر عزیز احمد عرسی نے ایک خیالی پرندہ ققنوس Proenix کی تاریخ اور تعارف پیش کیا ہے۔رفیق گلاب نے پڑھ کر لکھ کر کچھ بننا ہے۔نظم میں بچوں کو ترغیب دی ہے کہ وہ ڈاکٹر۔انجینئر۔ٹیچر۔کھلاڑی۔پائلیٹ۔مصنف۔فوجی۔افسر۔پولیس۔مصور۔لیڈر۔بننے کے علاوہ انسان بننے پر زور دیا ہے۔اردو کوئز۔راستہ بتاؤ۔تصویر میں رنگ بھرو۔انعامی معمہ۔۱۰/۱ اعضاء کے نام بتلانا ہے۔آؤ اردو سیکھیں۔آسان اردو قواعد۔تعلیمی خبرنامہ جیسے معلوماتی ذیلی عنوانات شامل ہیں ۴۶ صفحات کا یہ شمارہ اپنے اندر بہت سی خوبیاں لئے ہوئے ہیں۔جو بچوں کو فائدہ پہنچا سکتے ہیں۔اس کو دلچسپی سے پڑھیں اپنے میں تبدیلی لائیں۔

☆

روشن ستارے ستمبر ۲۰۲۱ء

سرورق پر طالبات کو کتابیں پڑھتے دکھایا گیا ہے۔ ستمبر میں ٹیچرس ڈے کی مناسبت سے ڈاکٹر سروے پلی رادھا کرشنن کی زندگی کارناموں کو پیش کیا ہے اس شمارہ کا جلد نمبر ۲ر شمارہ ۹ر ہے ستمبر ۲۰۲۱ء۔ مدیر ڈاکٹر محمد غوث ڈائرکٹر رسکریٹری تلنگانہ ریاستی اردو اکیڈیمی، معاون مدیر سردار سلیم۔ ترتیب وتزئین محمد اعظم علی نے کیا ہے۔ مختار ٹونکی کی حمد باری تعالی۔ نعت شریف بنوری۔ کی ہے۔ گونگے الفاظ ایڈوکیٹ حبیب ریتھ پوری کی ہے۔ عیدگاہ کا مختصر تعارف ہے۔ محمد اسحاق نے پرندوں کے گھونسلے کی تفصیل پیش کی ہے۔ مختلف پرندے۔ مختلف شکل۔ ہیئت کے گھونسلے بناتے ہیں پرندوں کے نام گوریا۔ کبوتر۔ فاختہ۔ تیتر۔ بٹیر۔ بطخیں۔ مرغیاں۔ گنگا مینا۔ کوڑلا۔ بتاسی۔ ابلق مینا۔ ابابیل۔ دیسی مینا۔ طوطے۔ دھنش۔ درزی چڑیا۔ بیا۔ وغیرہ تبسم اشفاق نے بارش نظم بہت سادہ لکھی۔ تاریخ کے دریچے سے میں یہ دنیا سرائے ہے انسان آتا ہے چلا جاتا ہے۔ حکایت سعدی محمود وایاز بیان کی ہے جو شخص دل میں سماتا ہے وہی آنکھوں کو بھاتا ہے۔ انسان کی قابلیت ان کے اچھے برتاؤ میں ہے اچھا رویہ سے لوگ ہمیں پسند کریں گے۔

ستار فیضی نے ڈاکٹر سروے پلی رادھا کرشنن کی زندگی، کارناموں کو پیش کیا ہے۔ آپ نے کتابیں لکھی۔ بھگوت گیتا۔ ہندوستانی دل۔ سرچ فارٹروتھ لکھی۔ متین اچل پوری نے مٹی کے کھلونے نظم لکھی۔ آم۔ جام۔ سنگترے۔ مٹی سے بنائے گئے ہیں پرشبینہ فرشوری نے پری اور کنواں لکھا ہے جس میں نرگس کو اس کے کردار کے عوض اعلیٰ مقام عطا ہوتا ہے۔ حالانکہ سوتیلی ماں کے زیر پرورش تھی۔

تھامس الوا ایڈیسن نے بجلی کا بلب ایجاد کیا ہمیشہ لیب میں ریسرچ کرتے تھے۔ انمول ہیرے۔ لاما۔ بھوک غائب ہوگئی ہے۔ تو شاہیں ہے پرواز ہے کام تیرا۔ بلندیوں کا مسافر۔ علی احمد بودھن۔ عمدہ پور کا ہمالیہ کی بلند چوٹی میں ماؤنٹ کانگڑا۔ آسٹریلیا کی ۲۲۲۸ بلندترین چوٹی سرکی۔ بھوک چہروں پہ لئے چاند سے پیارے بچے میں لکھتے ہیں: سفینہ عرفات، فاطمہ بچوں کو تعلیم دیں۔ عاتکہ نور میری امی میں ماں کی ممتا اور پیار جھلکتا ہے۔ دادی کا جواب نہیں۔ شاہ تاج خاں، فاطمہ نور نے اچھی

کتاب کی اہمیت کو اجاگر کیا مختلف مفکروں کے حوالے بیان کئے ہیں۔ سردار ساحل نے اقبال کا زمانہ میں قابل بچوں کی طرف اشارہ کیا ہے۔ توجہ ضروری ہے۔ میر وقار الدین علی خاں نے لکھا ہے کہ عام معلومات پر بچے نظر رکھیں۔ ہنسو اور ہنساؤ لطیفے ہیں۔ ہم پرورش لوح وقلم کرتے رہیں گے۔ بھٹکل کا کارواں، اردو کا دورہ، اردو کوئز۔ راستہ بتاؤ۔ گل کاریاں۔ ذہنی ورزش۔ آؤ اردو سیکھیں۔ آسان قواعد اردو ۶۴ صفحات پر مشتمل ہے۔

☆

روشن ستارے۔اکتوبر ۲۰۲۱ء

سرورق پر کارٹون بنائے گئے نسل نو کے لئے ریاستی خوبصورت مناظر کے ساتھ شاعری کا مختلف جانوروں کی تصاویر شائع کی ۔اس کا جلد شمارہ ۲۰ شمارہ اکتوبر جناب مدیر ڈاکٹر محمد غوث ڈائرکٹر سکریٹری تلنگانہ ریاستی اردو اکیڈیمی معاون مدیر سردار سلیم ترتیب وتزئین محمد اعظم علی ہے ماہانہ قیمت ۱۵ روپے اساتذہ ۱۵ سالانہ ۱۵۰ روپیہ ہے محمد غوث بچوں نے گفتگو میں پیارے بچو کے نام سے اداریے میں کہتے ہیں اچھی عادتیں انسان کو کامیابی کے راستے پر گامزن کرتی ہیں۔اگر تم مستقبل میں کچھ بننا چاہتے ہو تو پہلے اپنا جائزہ لوا پنے عادات واطوار کو وقت کے تقاضوں کے مطابق بدلنے کی کوشش کرو قومی ہیرو ڈاکٹر اے پی جے عبدالکلام کا قول ہے۔

تم اپنا مستقبل تو نہیں بدل سکتے لیکن تم اپنی عادت بدل سکتے ہو اور تمہارے عادات ہی تمہارا مستقبل بدلیں گی نئی نسلوں کو زیور علم سے آراستہ ہونے کے ساتھ ساتھ سائنس اور ٹکنالوجی سے بھی جڑنا ہوگا۔اور عمدہ اخلاق وکردار کو بھی اپنانا ہوگا۔کسی شاعر نے کہا

کردار سے بنائیے معیار زندگی

ماحول سے حیات کا سودا نہ کیجئے

حمد شفیع الدین نیر کی ہے اور نعت شریف کو کب ذکی کی ہے۔قاسم زبیری نے اس کو باڈاوٗنگ کا تعارف پیش کیا ہے اس کو باڈائیور کے لئے سمندر اور گہرے پانی میں ڈبکی لگانے اور سمندر کی تہ تک جانے کے بعد بحفاظت سے اوپر آجاتا ہے جادو کا پٹارا پدمہ شری جیلانی بانو نے لکھا ہے خالد شاہین گلہری میں گلہری کی محنت اقامت کی تعریف کی ہے وہ ہمدرد بھی ہے محنتی ہے نیوٹن کی زندگی نظریہ سائنس پر روشنی ڈالی ہے۔

محمد غوث خاں افسر عثمانی نے باپو نظم میں گاندھی کی تعلیم سیرت کردار کو پیش کیا ہے ڈاکٹر بانو سرتاج گاندھی جی نے شہزادہ فلپس کو تحفہ دیا میں سوٗت کا تیارہ کردہ کپڑا تحفہ میں دیا تھا۔

شمامہ کی ڈائری ڈریم قدیر نے لکھی جس میں اخلاق وکردار کی صفتیں ملتی ہے ڈاکٹر محمد ناظم علی نے

تعلیم کی اہمیت کو واضح کیا۔

آزاد سونی پتی نے پی وی سندھو ٹینس کھلاڑی کی سیرت حیات اور فن کو پیش کیا سید انور اشفاق نے مارنے والی لومڑی کا تعارف پیش کیا ہے بتاؤ تو بھلا میں خرافات میں ف نکال دیں رات میں بن جاتی ہے ثریا جبین نے کرو مہربانی میں اچھے اخلاق کی تلقین کی ہے صبر اخلاق اور بھلائی کو اپنا لیں الیاس احمد انصاری شاداب نے ایک دو تین حالی نظم لکھی۔

ایک دو تین بن کے سین۔ ڈاکٹر ذاکر حسین مرغی کا نرالا بچہ میں شرارت کی بیخ کنی کی ہے۔ شرافت اور نجات اچھی چیز ہے۔

ڈاکٹر ضیاء الحسن نے بے وقوف کچھوا میں بنیادی خیال مراٹھی سے لیا ہے وہ کہتے ہیں دوستی ہو یا رشتہ داری ہمیشہ اپنے برابر والوں سے ہی کرنا چاہے سماج میں اونچے سمجھے جانے والے لوگ ایک نہ ایک دن ہمیں ضرور شرمندہ کر دیتے ہیں۔

رمیش بیدی نے جنگلی جانوروں کا محافظ جم کاربٹ کی زندگی تبدیلی اور شکاری کے فن پر روشنی ڈالی ہے۔

ڈاکٹر سید عبدالوحید شاہ قادری نے خونی جھیل میں ہرن۔ بندر۔ مگرمچھ کے کردار پیش کیے۔ اس کہانی سے ہمیں یہ سبق ملتا ہے کہ اگر ہم بغیر کسی گھبراہٹ کے مل کر سی بھی مسئلہ کا سامنے کریں تو ہم اس سے چھٹکارا حاصل کر سکتے ہیں۔

ہنسو اور ہنساؤ میں لطیفے عمدہ پیش کرتے ہیں اردو کوئز میں محاورہ بنانا کا طریقہ بتلایا گیا ہے۔

دور کے ڈھول سوہانے

دیورا کے بھی کان ہوتے ہیں

کل کی مرغی سے آج کا انڈہ بہتر ہے۔

پھول نہیں تو پھول کی پتی سہی

گھڑی میں تولہ گھڑی میں ماشہ

ہند سے ملاؤ تصویر بناؤ۔ راستہ بتاؤ اس تصویر میں اپنی پسند کے رنگ بھرو گل کاریاں میں بچوں کے ہاتھ کے لکھے آرٹ تصاویر کو جگہ دی گئی ہے۔

ذہنی ورزش انعامی معمہ میں ۱۰ امما لک کے نام نکالنا ہے آوار دو سیکھیں میں لفظ بنانے کا طریقہ

بتایا ہے ڈاکٹر م۔ق۔سلیم نے آسان اردو قواعد میں مونث و مذکر کے طریقے بتلائے ہیں تعلیمی خبر نامہ شامل ہے ۴۶ صفحات کے اس ماہ نامے میں بچوں سے متعلق مختلف تخلیقات محرک ہ پیدا کر سکتے ہیں طلبہ کو پڑھیں اور شعور حاصل کریں ۴۶ صفحات کا شمارہ اپنے اندر علمی ادبی تخلیقات لے ہوئے ہیں نادک حمزہ پوری نے گھوڑا نظم لکھی ہے جس میں گھوڑا کی رفتار اور یہ چال کی حال خوداری کو پیش کیا ہے۔

☆

روشن ستارے نومبر ۲۰۲۱ء

روشن ستارے حیدرآباد شہر سے نکلتا ہے نئی نسل کے لئے تلنگانہ ریاستی اردو اکیڈیمی خوبصورت تحفہ بچوں کے لئے نکال رہی ہے اس کا رجسٹرڈ نمبر TELURDO2156 ہے اسکا جلد نمبر ۲۰ شمارہ ۱۱ ہے مدیر ڈاکٹر محمد غوث ڈائرکٹر سکریٹری تلنگانہ ریاستی اردو اکیڈیمی ہے معاون مدیر سردار سلیم اور ترتیب وتزئین محمد آعظم علی ہیں ۴۶ صفحات کے اس شمارہ میں مختلف موضوعات پر کہانیاں اور معلوماتی آئٹم موجود ہے اس ماہ کی کہکشاں میں مدیر نے بچوں سے گفتگو میں نومبر میں پیدا ہونے والے ادیب سیاست داں اورشاعروں کی تاریخ پیدائش وسن کا ذکر کیا ہے۔

ٹیپو سلطان ۲۰ نومبر ۱۷۵۰

علامہ اقبال ۹ نومبر ۱۸۷۷۔ یوم اردو منایا جاتا ہے۔

مولوی عبدالحق۔ ۱۶ نومبر ۱۸۷۰

مولانا ابوالکلام آزاد۔ ۱۱ نومبر ۱۸۸۸ یوم قومی تعلیم منایا جاتا ہے۔

پنڈت جواہر لال نہرو۔ ۱۴ نومبر ۱۸۸۹ یوم اطفال منایا جاتا ہے۔

مولانا اسمعیل میرٹھی۔ ۱۲ نومبر ۱۸۴۴ انہوں نے کہا کہ تعلیم حاصل کرنا بھی ثواب ہے موبائل فون کوضرورت کے تحت استعمال کریں تعلیم سے اونچا مقام حاصل کریں سلیم شہزاد کی حمد باری تعالی نعت شریف ڈاکٹر محمد انوارالدین۔ رئیس صدیقی نے بہادر بچے میں اسلامی تاریخی جھلکیاں پیش کی ہیں۔ بہادر بچہ کوئی اورنہیں حضور محمد ﷺ ہیں تبسم اشفاق شیخ نے ادب وعزت احترام قدر پر نظم لکھی ہے آتش فشاں مسعود حسن رضوی ادیب نے معلوماتی مضمون لکھا ہے۔

تھوڑا دو زیادہ لو ڈاکٹر عبدالحمید اطہری ندوی نے لکھا ہے اور خرچ کرنے میں برکت ہوتی ہے اس طرف اشارہ ہے۔

علامہ اقبال کی نظم نومبر کے ماہ کے اعتبار سے معنویت بن گئی ایک پہاڑ اور گہری میں مکالماتی انداز ہے یعنی اس دنیا میں چھوٹی چیز بھی فائدہ مند کارآمد ہوتی ہے مجید صدیقی نے ہوائی قلعے میں وقت کی

اہمیت بتلائی ہے گیا وقت پھر ہاتھ آتا نہیں افسر میرٹھی کی نظم چاند میں پریاں رہتی ہے میں بچوں کے لئے ایک تخیلی تصورات کارناموں کو اجاگر کیا ہے ہارون رشید دل نے پنڈت جواہر لال نہرو پر ایک نظم پنڈت جواہر لعل نہرو کے کارنامے زندگی اور قوم سے محبت کا جذبہ ابھرتا ہے وقار خلیل نے بچے نظم لکھی جس میں ان کے حصول تعلیم کا حال احوال لکھا ہے۔ ڈاکٹر سید اسرار الحق سبیلی نے وقت کی چوری میں وقت کا تحفظ استعمال اور وقت پر کام کرنے کی تلقین کی ہے متین اچل پوری نے ور کر پر بچپن کی یاد تازہ کریں۔

امتیاز احمد انصاری نے مسلم سائنس دانوں کے روشن کارنامے بیان کئے ہیں باقی مشمولات بچوں کے لئے افادیت بخش ہے بچوان شماروں سے ضرور فائدہ اٹھائیں گھر میں بڑوں سے پڑھوا کر سنیں معلومات میں اضافہ کے علاوہ آپ کی ذہنی آبیاری ہوگی۔

☆

ڈسمبر ۲۰۲۱ کا روشن ستارے

تلنگانہ ریاستی اردو اکیڈیمی حیدرآباد تلنگانہ کا بچوں کا ماہ نامہ رسالہ روشن ستارے حیدرآباد ہمدست ہوا۔ سرورق بچوں کے کھیل کود سے مزید ہے گورنمنٹ آف تلنگانہ اور تلنگانہ اردو اکیڈیمی کا لوگو بلندی پر شائع ہوا ہے۔ اس کا رجسٹریشن نمبر TELURDO2156 ہے محکمہ اقلیتی بہبود حکومت تلنگانہ کے ماتحت ہے ANISO9001-2015certifies organies: ہے اس کا جلد نمبر ۲ شمارہ ۱۲ ڈسمبر ۲۰۲۱ ہے مدیر ڈاکٹر محمد غوث ڈائرکٹر سکریٹری تلنگانہ ریاستی اردو اکیڈیمی معاون مدیر سردار سلیم ترتیب وتزئین محمد آعظم علی وابستہ ہیں ستاروں کا البم میں ننھے منے بچوں کی تصاویر ہیں اس ماہ کی کہکشاں کے تحت مشمولات رکھے گئے ہیں بچوں سے گفتگو ذیلی عنوان کے تحت مدیر نے کہا بچو باوقار زندگی گذارنا ہے تو با اخلاق بنو۔ برتاؤ۔ شائستہ ہو مزید کہتے ہیں کہ پیارے بچو ۱۹۲۲ کی بات ہے دہلی میں جامعہ ملیہ کے قیام کے بعد ماہر تعلیم صدر جمہوریہ ہند بھارت رتن ڈاکٹر ذاکر حسین کی سرپرستی میں ادب اطفال نے ترقی کی ایسی رفتار پکڑی جس کی کوئی مثال نہیں جب ہم بچے تھے ڈاکٹر ذاکر حسین الطاف حسین حالی اسماعیل میرٹھی علامہ اقبال اور مائل خیر آبادی وغیرہ کو شوق سے پڑھتے تھے۔ آج وقت کی رفتار اور زمانے کا معیار بدل گیا ہے جنگل پرستان۔ تتلیوں مچھلیوں اور چڑیوں کی رنگیں دنیا مزید رنگین ہوگئی سائنس اور ٹکنالوجی کی ترقی نے بڑوں کے ساتھ بچوں کی دنیا میں بھی انقلاب برپا کردیا بقول پروین شاکر

جگنو کو دن کے وقت پر کھنے کی ضد کریں بچے ہمارے عہد کے چالاک ہوگئے اس طرح بچوں کو اخلاق وکردار ونیکی کی ترغیب وتاکید کی گئی محمد نورالدین امیر نے حمد باری تعالیٰ لکھی

تیری یادوں سے روشن ہے میرے دل کا ہر ایک گوشہ
میری سانسوں میں جاری ہے خدایا تذکرہ تیرا

نیاز انصاری نے نعت شریف لکھی

کون سمجھے گا کیا ہے وقار آپ کا ذکر کرتا ہے پروردگار آپ کا مریم جہانگیر نے اناج کے دانے

میں ماں کی ممتا اور بچوں سے محبت وہ بھی طوفانی ہواؤں میں اناج کے دانے بچوں تک پہنچایا دراصل ممتا کا پیار ہے لیکن تصویر میں تین چڑیاں بتلائی گئی ہیں چار کہانی میں لکھا ہے۔

عائشہ فردوس نے جھوٹ مت بولو میں جھوٹ کے نقائص اور سچ کے فوائد بتلائے ہیں۔آج کے معاشرے میں جھوٹ جگہ بنالیا ہے اسے نکالنا ہوگا سچ کا بول بالا کرنا ہوگا۔حطیم صابر نے پیاری منی میں بچوں کے روزمرہ عادات واطوار کی طرف اشارہ کیا ہے بچے صبح اٹھتے ہی اسکول کی جانے کی تیاری کرتے ہیں سردار سلیم نے ہندوستان کی تحریک آزادی کا بڑا نام مولانا محمد علی جوہر میں ان کا بچپن تعلیم۔ اور تعلیمی خدمات سیاسی خدمات کے ساتھ ان کی والدہ بی امان نے بچوں کی پرورش میں کوئی کسر نہیں چھوڑی روشنی پڑتی ہے مثالی دوست رونق جمال نے عزت وناموس کو برقرار رکھتے ہوئے دوست کی بھوک مٹائی ہے مثالی دوست لیکن آج کل بھیک بھی بتا کر دیتے ہیں جس سے عزت چلی جاتی ہے۔کیسے کسی رہی ثریا جبین نے بیوقوف بنانے کا گر بتایا۔ارشاد احمد ارشاد نے بوجھو تو جانیں نظم لکھی۔میری تعلیم شاہ تاج نے مختلف مثالوں سے دل چسپی پیدا کی تعلیم کے حصول کے لئے سید انور اشفاق اونی ہاتھی کے ذریعہ برفانی دور پر روشنی ڈالی ڈاکٹر عزیز احمد عرسی نے عجیب وغریب ریلوے لائن پیرو میں ہے جو اونچائی پر ہوتا ہے جاتا ہے موتیوں کی تھال۔دوست کی اہمیت اجاگر کی گئی کیا آپ کو معلوم ہے۔

آگ برسانے والا درخت ملیشیا میں ہے اقبال کی پہلی نظم نالہ یتیم ہے ہیرے زیادہ جنوبی افریقہ میں کھٹمل بغیر کھائے ڈیڑھ سال زندہ رہتا ہے دنیا میں ۹۰۰ قسم کی مچھلیاں ہیں جاپان میں لاکر برف گرتی ہے ڈاکٹر خواجہ فریدالدین صادق نے چالاکی حاضر دماغی سے جان بچ سکتی ہے فیروز اختر نے ایک تھا راجہ ایک تھی رانی نظم لکھی اسکول کی کہانی ہے۔

کھانے پینے کے آداب بتلائے گئے ایم ریحانہ پروین ناہید نے مدد کرے گا کون میں آڑے وقت جو ہمدرد ہوگا وہی مدد کرے گا بہرحال مصیبت میں لوگوں کو دیکھ کر اس کی مدد کرنی چاہئے ڈاکٹر ناظم علی نے تاریخ کا دریچہ میں ادبی نالج دی ہے ڈاکٹر کلیم ضیا بکرا اور شیر کی کہانی بیان کی ہے۔

ہنسو اور ہنساؤ میں لطیفہ ہیں۔اردو کوئز راستہ بتاؤ گل کاریاں ذہانت کا امتحان۔آؤ اردو سیکھیں آسان اردو قواعد تعلیمی خبرنامہ وغیرہ ۴۶ صفحات کا یہ شمارہ بچوں کے لئے مفید کارآمد ہے بچے اسکو پڑھیں خاطر خواہ استفادہ کریں۔

☆

ماہ نامہ قومی زبان کا تعارف پہلا شمارہ

اردو اکیڈیمی آندھرا پردیش کی جانب سے ماہ نامہ قومی زبان کا پہلا شمارہ جون ۱۹۸۱ کو شائع ہوا جس کا جلد نمبر ا شمارہ ایک ہے ترتیب میں سب سے پہلے جناب داؤد نصیب کا ترانہ

میرے ہندوستان میرے ہندوستان
تو زبان وتمدن کا ہے پاسبان
کل مذاہب کا ملتا ہے تجھ میں نشان
گردوارے یہاں اور مکھیا یہاں
مندروں کی صدا مسجدوں کی اذاں
میرے ہندوستان میرے ہندوستان

اس نظم میں ہندوستان کے تمدن معاشرتی قدرتی عناصر پر خراج تحسین ملتا ہے اور یہ نظم قومی یک جہتی کی مظہر ہے سرورق پر اُس وقت کے وزیر اعلیٰ ٹی انجیا ملک الشعراء اوج یعقوبی کو تحفہ انجام وایوارڈ عطا کر رہے ہیں۔

اداریہ حرف آغاز میں مدیر چندسر پواستو نے باگا ریڈی۔ چنا ریڈی ٹی انجیا کی اردو خدمات کا ذکر کرتے ہوئے رسالے کے اغراض ومقاصد پر تفصیلی روشنی ڈالی ہے اس پہلے شمارے کے مشمولات میں مختلف شخصیتوں نے رسالہ کی اجرائی پر مبارکبادیاں دی ہیں پیامات روآنہ کئے ہیں توصیف نامہ ملک الشعراء اوج یعقوبی محکمہ تعلیمات حکومت آندھرا پردیش غزلیں ملک الشعراء جناب اوج یعقوبی منشی پریم چند اور آزادی وطن جناب سید سبط حسن مخدوم ادبی ایوارڈ طریقہ کار

غزل۔ جناب سردار جعفری

مخدوم ادبی ایوارڈ رپورٹ

توصیف نامہ علی سردار جعفری آندھرا پردیش اردو اکیڈیمی آندھرا پردیش میں اردو جناب ایم باگا ریڈی کتابوں پر اکیڈیمی کے انعامات منشی نولکشور کا مطبع ڈاکٹر نورالحسن ہاشمی اردو اکیڈیمی کی تیار کردہ

نصابی کتابیں

حسرت موہانی کے سیاسی کارنامے۔ جناب اختر حسن اصلاحی شعراء کا کلام

اردو اکیڈیمی کی مطبوعات

اردو اکیڈیمی کی جانب سے شاعروں ادیبوں اور صحافتوں کو امداد

اردو اکیڈیمی بورڈ ممبرس۔ اس شمارے کے فوٹو زایم اے رحیم نے ترتیب دی ہے قومی زبان کا یہ پہلا شمارہ ٦۳ صفحات پر مشتمل ہے۔

قومی زبان کے حقوقی نمبر و خاص گوشوں کی تفصیل

زینت ساجدہ نمبر۔ جولائی ١٩٨١

عصمت چغتائی نمبر۔ اگست ١٩٨١

صابر زیرکی امنوہر لال بہار نمبر۔ مئی جون ١٩٨٢

وٹھل راو نمبر اکتوبر ١٩٨٢

گوشہ روج یعقوبی ١٩٨٢

اندرا گاندھی نمبر۔ ١٩٨٤

وقار الدین نمبر۔ ١٩٨٦

قومی یک جہتی نمبر۔ ١٩٩١

گوشہ عوض سعید

گوشہ سیدہ جعفر

گوشہ علی سردار جعفری

گوشہ علی قلی خاں

گوشہ محبوب حسین جگر

گوشہ غالب۔ ڈسمبر ۲۰۰۳

سال نامہ اکتوبر ۲۰۰۴

سال نامہ اکتوبر ۲۰۰۵ء

سال نامہ اکتوبر ۲۰۰٦ء

گوشہ غالب۔ڈسمبر ۲۰۰۶ء

گوشہ غالب۔ڈسمبر جنوری ۲۰۰۸ء۔۲۰۰۹ء

گوشہ غالب۔ڈسمبر جنوری ۲۰۰۸۔۲۰۰۷ء

مولانا آزاد نمبر۔نومبر۔۲۰۰۸ء

گوشۂ غالب۔اپریل مئی۔۲۰۰۹ء

گوشہ اقبال۔جون جولائی ۲۰۰۹ء

اکبرالہ آبادی نمبر جنوری۔۲۰۱۰ء

بابائے اردو مولوی عبدالحق نمبر۔اپریل مئی ۲۰۱۰ء

امجد حیدرآبادی کے نام۔ستمبر ۲۰۱۰ء

ڈاکٹر عبدالحق نمبر۔ڈسمبر ۲۰۱۰ء

مولانا آزاد نمبر

مولانا آزاد نمبر

عزیز قیسی نمبر

اقبال متین نمبر

مولانا آزاد نمبر

مولوی عبدالحق نمبر

علی احمد جلیلی نمبر

جگر مرادآبادی نمبر

☆

صدائے شبلی۔ جولائی ۲۰۱۹ء

صدائے شبلی ماہنامہ شمارہ جولائی ۲۰۱۹ء زیر مطالعہ ہے کے جس کے مدیر ڈاکٹر محمد محامد ہلال آعظمی ،نائب مدیران میں ڈاکٹر سراج احمد انصاری۔ ڈاکٹر عبدالقدوس اور ابوہریرہ یوسفی قابل ذکر ہیں۔اس کی مجلس مشاورت میں پروفیسر اشتیاق احمد ظلی۔ استاد واساتذہ حضرت رحمٰن جامی۔ پروفیسر مظفر علی شہ میری۔ پروفیسر محسن عثمانی ندوی۔ پروفیسر ابوالکلام ۔ پروفیسر شاہد نوخیز اعظمی ۔ڈاکٹر محمد الیاس اعظمی۔ مولانا ارشادالحق مدنی۔مولانا محمد مساعد بلال احیائی۔اعجاز علی قریشی ایوڈکیٹ۔محمد سلمان انجینئر۔مجلس ادارت میں ڈاکٹر محمد رفیق۔ڈاکٹر حمران احمد۔ڈاکٹر جاوید کمال۔ڈاکٹر مختار احمد فردین۔ڈاکٹر غوثیہ بانو۔ ڈاکٹر سید امام حبیب قادری۔ ڈاکٹر سمیہ تمکین۔ ڈاکٹر فاروق احمد بھٹ۔ ڈاکٹر محمد زبیر۔ ڈاکٹر مصطفیٰ خان۔ڈاکٹر محمد فضیل ندوی۔ڈاکٹر مصلح الدین نظامی۔ابوہریرہ ایوبی۔محسن خاں شامل ہیں۔اس علمی، ادبی، سائنسی ، مذہبی ، سماجی اور معلوماتی شاہکار شمارہ کا جلد نمبر ۲ رشمارہ ۷ار ہے۔ اس کا ISSN 92162581- نمبر ہے۔اداریہ میں اپنی باتیں میں ہندوستان میں ہونے والے ہجومی واقعات کے تدارک کے لئے قانون سازی کو ناگزیر قرار دیا ہے ایسے واقعات سے ملک کی ترقی رک جائے گی۔ مسیح الدین نذیری کی حمد باری تعالی۔فضیل فوز کی نعت شریف۔ بہت عمدہ ہے۔علامہ شبلی نعمانی نے عبادات نبوی ﷺ میں نبی کی زندگی۔تعلیمات پر روشنی ڈالی ہے۔محمد الیاس اعظمی نے دیباچوں میں ذکر شبلی کا مطالعہ میں مولانا عبدالماجد دریابادی کے حوالے سے تفصیل سے لکھا ہے۔مولوی صفوۃ الرحمٰن صابر قرآن کو اللہ کی کتاب ماننے کا بنیادی تقاضہ میں قرآنی حوالوں سے بات کو ثابت کیا ہے۔ڈاکٹر مولانا محمد رفیق قاسمی مذہب اسلام اور قرآن کی حقانیت میں اسلام میں قرآن کی عظمت اہمیت کو بتلایا ہے۔

محمد منتظم نے فلسفہ دانائی کی تلاش کا نام ہے قرآن کے حوالوں سے اپنی بات رکھی ہے۔ظفر الاسلام ڈاکٹر شکیل اعظمی کی شاعری میں ان کی حیات اور فکر وفن کو پیش کیا ہے۔ ڈاکٹر سردار سلیم نے در مدح بیگن میں بیگن ترکاری میں جو خصوصیات پائی جاتی ہیں اور بیگن پر کتنے محاورے بن گئے ہیں ان کا مؤثر انداز سے احاطہ کیا ہے۔

فہمیدہ عائشہ نے اردو میں بچوں کے رسائل بہت کم نکلتے ہیں۔ بچوں کی اب تفریحات وذہن سازی کی چیزیں سیل فون۔ فیس بک۔ واٹس ایپ۔ میں مل جاتی ہیں۔ اس لئے رسائل کم نکلتے ہیں۔ خیر النساء علیم عورت ایک مکمل روپ میں عورت سے بننے والے رشتے عورت کی اہمیت۔ عظمت۔ کردار پر روشنی ڈالی ہے۔ سیدہ تبسم منظور ناڈکر ممبئی نے صبر لکھ کر تلقین کی ہے کہ صبر کا پھل میٹھا ہوتا ہے۔ اور اللہ صبر کرنے والوں کے ساتھ ہے۔ صبر سے بہت سے فوائد حاصل ہوتے ہیں۔ سلسلہ تذکرہ اولیاء ہند حکیم شاہ محمد خیر الدین قادری صوفی نبیرہ شاہ چراغ دکن حیدرآباد نے حضرت سید شاہ نور محمد قادری نجفی کی زندگی حیات اور کارنامے بیان کئے ہیں۔ عالم کی ہر چیز خدا کی گواہی دیتی ہے۔ اور امن اس کے راستے سے آئے گا۔ ڈاکٹر شیخ محمد اسماعیل بن قاسم کی کانفرنس کی روداد شامل ہے۔ ۴۲ صفحات کا رسالہ وشمارہ اپنے اندر ہمہ پہلو ادبی تقاضہ لئے ہوئے ہے۔ اور اسلام اور اسلامیات سے آگہی وشعور حاصل ہوتا ہے۔

☆

صدائے شبلی، جنوری ۲۰۲۰ء

ماہنامہ صدائے شبلی مدیر مولانا ڈاکٹر محمد محامد ہلال اعظمی کی ادارت میں شائع ہو رہا ہے۔ یہ رسالہ علمی ادبی۔ سائنسی۔ مذہبی۔ سماجی اور معلومات شاہکار ہے۔ اس کا جلد نمبر ۱۲/ شمارہ ۲۳ رہے اس کا ISSN2581-9216 نمبر ہے۔ سرورق پر بھارت کا آئین یکم جولائی ۲۰۱۳ء تک ترمیم شدہ اور پارلیمنٹ کی تصویر شائع ہوئی ہے۔ صفحہ دو پر غزالہ ساری اشتہار ہے۔ اس کے مدیر ڈاکٹر محامد ہلال اعظمی نائب مدیران میں ڈاکٹر سراج احمد انصاری۔ ڈاکٹر عبدالقدوس۔ ابو ہریرہ یوسفی۔ مجلس مشاورت میں پروفیسر اشتیاق احمد ظلی۔ استاذ الاساتذہ حضرت رحمٰن جامی۔ پروفیسر مظفر علی شہہ میری۔ پروفیسر محسن عثمانی ندوی۔ پروفیسر ابوالکلام۔ پروفیسر شاہد نوخیز آعظمی۔ ڈاکٹر محمد الیاس اعظمی۔ مولانا ارشاد الحق مدنی۔ مولانا محمد مساعد ہلال الیائی۔ اعجاز علی قریشی ایڈوکیٹ۔ محمد سلمان انجینئر۔ مجلس ادارت میں ڈاکٹر محمد رفیق۔ ڈاکٹر حمران احمد۔ ڈاکٹر جاوید کمال۔ ڈاکٹر ناظم علی۔ ڈاکٹر مختار احمد فردین۔ ڈاکٹر غوثیہ بانو۔ ڈاکٹر سمیہ تمکین۔ ڈاکٹر سید امام حبیب قادری۔ ڈاکٹر فاروق احمد بھٹ۔ ڈاکٹر غلام مصطفیٰ۔ خان۔ مولانا احمد نور عینی۔ ڈاکٹر مصلح الدین نظامی۔ ابو ہریرہ ایوبی۔ محسن خان۔ قابل ذکر ہیں۔ موبائیل فون 8317692718 - 9392533661 ہے۔ ای میل sadaeshiblili@gmail.com قیمت فی شمارہ ۲۰/ روپئے سالانہ ۲۲۰/ روپے ہے۔ محمد محامد ہلال اونر پبلشر پرنٹر ایڈیٹر۔ نے دائرہ الیکٹرک پریس میں چھپوا کر حیدرآباد تلنگانہ سے شائع کیا۔ خط وکتابت کا پتہ اس طرح ہے۔

Mohd Muhamid Hilal 17-6-352 BI- 2nd Floor Bafame Complex Near Asfya Masjid Dabirpura Road, Purani Havali. Hyd. 500023. T.S.

اس رسالے کے خصوصی معاونین میں
ابوسفیان اعظمی۔ مقیم حال ممبئی

الحاج محمد منیر الدین عرف ولی۔آغا پورہ حیدر آباد

ڈاکٹر جلیل حسین ایم ڈی علیگ ٹولی چوکی حیدر آباد

الحاج محمد عبدالستار۔سکھ ولیج۔سکندر آباد حیدر آباد

علی میاں احمد پٹھان رائے گڑھ مہاراشٹرا

علی احمد عبداللہ کونچائی رائے گڑھ مہاراشٹرا

الحاج رئیس احمد اقبال انجینئر سکھ ولیج سکندر آباد، حیدر آباد

جناب قاضی فیض الدین اپریل توڑیل مہاڈے رائے گڑھ مہاراشٹرا

محمد عبدالماجد ایڈوکیٹ سکندر آباد حیدر آباد

شہباز احمد۔ پروفیسر گورنمنٹ نظامیہ طبی کالج

مولانا عبدالقادر سعودنائس جوس سینٹر سکندر آباد

الحاج محمد قمرالدین نبیل کالونی۔بارکس حیدر آباد

اداریہ میں ملک میں پیدا ہونے والے حالات پر روشنی ڈالی ہے۔سیکولر اور جمہوری قدروں کی بقا،ترقی پر زور دیا ہے۔شاہین باغ والے جیالے بہادر ہیں۔ جب ظلم حد سے بڑھ جاتا ہے تو احتجاج ہوتا ہی ہے شاہین باغ والے کہتے ہیں۔

ہمیں شکوے کا کیا حق جب ہماری ہی حکومت ہے
نہ مسلم کی نہ ہندو کی یہ جمہوری حکومت ہے
یہ اپنا دیس اپنا راج ہی اپنی حکومت ہے
یہ آزاد و جواہر لعل نہرو کی حکومت ہے
خدا اس کی حفاظت میں ہم اپنی جان کر دیں گے
وطن پر سب متاع زندگی قربان کر دیں گے

علامہ شبلی نعمانی نے اخلاق نبوی ﷺ میں حضور کے اخلاق حسنہ بیان کیا ہے۔دیباچوں میں ذکر شبلی کا مطالعہ قسط ۱۹ ڈاکٹر محمد الیاس الآعظمی۔ایمان بالآخرت مولانا صدرالدین اصلاحی۔ڈاکٹر محمد حمید اللہ امتیازی کارنامے۔ڈاکٹر رفیق احمد قاسمی۔غزل ڈاکٹر قطب سرشار۔میرے پیارے ہم وطنوں آو دیش بچاؤ۔احمد نور عینی۔

ہم دیکھیں گے نظم۔ فیض احمد فیض

سائنٹفک سوسائٹی سرسید احمد

خان کی ایک قابل فخر کارنامہ۔ محمد شاکر

شاہ کا فرمان نظم۔ ڈاکٹر صابرہ خاتون

صالحہ صدیقی اور ڈراما علامہ کا ایک تجزیاتی مطالعہ   اویس احمد بٹ

کیفی اعظمی ترقی پسند و دیگر ناقدین کی نظر میں۔ عابد حسین گنائی

غزل۔ خوشنما   قومی یکجہتی کے علمبردار نظیر اکبر آبادی۔ شگفتہ

یوم جمہوریت نظم۔ نشور واحدی

غزل۔ ظہور ظہیر آبادی   ساحلوں کے شہر میں تبصرہ۔ مبصر وصیل خاں

۴۴ صفحات کا یہ رسالہ مختلف ادبی۔ سماجی۔ مذہبی صفات لئے ہوئے ہیں۔ اخبار ورسالہ جب شائع ہوجاتا ہے تو قوم وملک کا حصہ بن جاتا ہے۔ اخبارات کے علاوہ اردو رسائل کو سرکاری وخانگی شعبہ سے اشتہارات مل جاتے ہیں۔ بغیر اشتہار کے اخبار کیسا چلے گا اردو صحافت کو کارپوریٹ سیکٹر اور سرکاری طور پر امداد و تعاون ناگزیر ہے۔ ورنہ یہ رسالے چند ماہ چل کر بند ہو جائیں گے۔

☆

صدائے شبلی ماہ ڈسمبر ۲۰۲۰ء

سرورق پر جمہوریت میں آمریت ، فسطائیت اور فرقہ پرستی نہیں ہے۔ جئے جوان جئے کسان تصویر شائع ہوئی ہے۔ مدیر مولانا ڈاکٹر محمد محامد ہلال آعظمی ہے۔ اس کا ISSN 2581-9216 ہے۔ www.shibiliinternational.com

SIECT سے مسلمہ ہے۔ قیمت ۔۲۰ روپے۔ سالانہ ۲۲۰/روپے ہے۔ اس کا جلد ۳/شمارہ ۳۴/رہے۔ نائب مدیران ڈاکٹر سراج احمد انصاری۔ ڈاکٹر عبدالقدوس۔ ابو ہریرہ یوسفی۔ مجلس مشاورت میں پروفیسر اشتیاق احمد ظلی۔ استاذ الاساتذہ حضرت رحمٰن جامی ، پروفیسر مظفر شہ میری۔ پروفیسر محسن عثمانی ندوی۔ پروفیسر ابوالکلام پروفیسر شاہد نوخیز اعظمی، ڈاکٹر محمد الیاس اعظمی، مولانا ارشاد الحق مدنی، مولانا محمد مساعد ہلال احیائی، اعجاز علی قریشی ایڈوکیٹ، محمد سلیمان انجینئر۔ مجلس ادارت میں ڈاکٹر محمد رفیق ، ڈاکٹر حمدان احمد، ڈاکٹر جاوید کمال، ڈاکٹر ناظم علی، ڈاکٹر مختار احمد فردین، ڈاکٹر غوثیہ بانو، ڈاکٹر سید امام حبیب قادری، ڈاکٹر سمیہ تمکین، ڈاکٹر فاروق احمد بھٹ، ڈاکٹر مصطفیٰ خان، مولانا عبدالوحید ندوی۔ مولانا احمد نور عینی، ڈاکٹر مصلح الدین نظامی، ابو ہریرہ ایوبی۔ محسن خان۔

اپنی بات اداریہ میں حالات حاضرہ کے مضمون کو موضوع بنایا ہے۔ کہتے ہیں مارچ ۲۰۲۰ء سے اب تک ہم کورونا کی ہیبت سے باہر نہیں نکل پائے ہیں۔ عالمی اور ملکی نت نئے طریقے سے تبدیل ہو رہے ہیں۔ مزدور۔ غریب۔ تاجر۔ پرائیویٹ ملازمین بے حد پریشان ہیں کہ اس سے کس طرح نکلا جائے۔ شمس جالنوی نے کہا:

حالات سے سمجھوتہ ہم روز ہی کرتے ہیں
ایک زخم نہیں بھرتا کہ سو زخم ابھرتے ہیں

اخلاق نبوی ﷺ علامہ شبلی نعمانی نے لکھا ہے گداگری اور سوال نفرت۔ حجۃ الوداع میں آنحضرت ﷺ صدقات کا مال تقسیم فرما رہے تھے کہ دو صاحب آ کر شامل ہوئے۔ آپ نے ان کی طرف نظر اٹھا کر دیکھا تو وہ تنومند اور ہاتھ پاؤں سے درست معلوم ہوئے۔ آپ نے فرمایا اگر تم چاہو تو

میں اس میں سے دے سکتا ہوں۔ لیکن غنی اور تندرست کام کرنے کے لائق لوگوں کا اس میں کوئی حصہ نہیں ہے۔

دیباچوں میں ذکر شبلی کا مطالعہ ڈاکٹر الیاس الآعظمی 983857364، ایمان بالآخرت مولانا صدر الدین اصلاحی۔

حیوانات کے حقوق اور احکام۔ مفتی امانت علی قاسمی

غزل الرحمٰن جامی۔ حضور اکرم ﷺ کے اخلاق پوری انسانیت کے لئے نمونہ ہے۔

ڈاکٹر رقیہ رضیہ شکیل خاں۔ سیکولر اور فرقہ پرستوں کا اختلاف اور مسلم قیادت اہمیت وضرورت محمد زاہد ناصری القاسمی۔

جیلانی بانو کے ناولوں میں مسائل نسواں کی بازگشت رشیدہ شاہین

دکن میں فارسی زبان میں تاریخ نویسی اور مؤرخ کے خصوصیات محمد عبدالمعید اردو نعت گوئی میں مولانا احمد رضا خاں کا مقام، صدام حسین

ایک لڑکی تنہائی۔ نظم قیوم خالد

سیاست اور طلباء۔ شمیم مشتاق

تقدیر میں ہو تو آخری قسط۔ سیدہ زہرا جبین

۱۴۴ صفحات پر مشتمل ہے۔ اس میں علمی۔ ادبی۔ مذہبی۔ اسلامی مضامین شائع ہوئے ہیں۔

☆

ماہنامہ صدائے شبلی ۔ جنوری ۔ ۲۰۲۱ء

پیدائش ۸؍ اکتوبر ۔ ۱۹۳۴ء وفات ۲۰؍ جنوری ۲۰۲۱ء

ماہنامہ صدائے شبلی ۲۰۱۸ء سے شائع ہو رہا ہے۔ اور یہ رسالہ مولانا ڈاکٹر محمد محامد ہلال اعظمی کی ادارت میں شائع ہو رہا ہے۔ ہر ماہ بلا ناغہ شمارہ نکلتا ہے۔ بہت حوصلے دل گردہ کی بات ہے، اردو صحافت کی وہ بہار بنی رہے۔ جبکہ قاری اخباروں کے شماروں کے لئے آنکھیں بچھائے رہتا تھا اب ویسا ماحول نہیں رہا۔ تب بھی چند جیالے اردو کے دیوانے متوالے اخبار رسالہ نکال رہے ہیں۔ یہ شمارہ مارچ ۲۰۲۱ء کا ہے جس کا جلد نمبر ۱۴؍ شمارہ ۳۷ ہے۔ نائب مدیر ڈاکٹر سراج احمد انصاری۔ ڈاکٹر عبدالقدوس ابو ہریرہ یوسفی ہے۔ مجلس مشاورت میں بڑے علمی ادبی دشانور ہیں جن میں پروفیسر اشتیاق احمد ظلی۔ پروفیسر مظفر علی شہ میری۔ پروفیسر محسن عثمانی ندوی۔ پروفیسر ابوالکلام۔ پروفیسر شاہد نوخیز اعظمی۔ ڈاکٹر محمد الیاس اعظمی۔ مفتی محمد فاروق قاسمی۔ مولانا ارشاد الحق مدنی۔ مولانا محمد مساعد ہلال احیائی۔ اعجاز علی قریشی ایڈوکیٹ۔ محمد سلمان انجینئر۔

مجلس ادارت میں ڈاکٹر محمد رفیق۔ ڈاکٹر حمدان احمد۔ ڈاکٹر جاوید کمال۔ ڈاکٹر ناظم علی۔ ڈاکٹر مختار احمد فردین۔ ڈاکٹر غوثیہ بانو۔ ڈاکٹر سید امام حبیب قادری۔ ڈاکٹر سمیہ تمکین۔ ڈاکٹر فاروق احمد بھٹ۔ ڈاکٹر مصطفیٰ خاں۔ مولانا عبدالوحید ندوی۔ مولانا احمد نور عینی۔ ڈاکٹر مصلح الدین نظامی۔ ابو ہریرہ ایوبی۔ محسن خاں وابستہ ہیں۔ اس کا آر این آئی TELURD/2018/77022 اور ISSN2581-9216 ہے۔ حیدرآباد کی زمین شاعر خیز مردم خیز رہی ہے۔ یہاں اردو زبان کے بڑے اور باکمال شاعر پیدا ہوئے ہیں۔ ان میں حضرت عبدالرحمٰن جامی کا مرتبہ منفرد اور نرالا ہے۔ وہ اپنی الگ راہ نکالی ہے۔

سرورق پر حضرت رحمٰن جامی کی تصویر جو ہاتھ میں قلم اور گود میں بیاض رکھی ہوئی ہے شاید شعر لکھ رہے ہیں شعر تخلیق و نازل ہو رہا ہے۔ ان دو شعر سرورق پر اس طرح سے ہیں جنھیں فکر کی بلندی کے لئے اور کمال فن کی تاثیر عظمت کو پیش کیا ہے۔

کمال فن سے میرے سب کو فائدہ پہنچے
بھلا نہ ہو جو کسی کا تو پھر کمال نہ دے

یعنی شاعر سماج و معاشرہ کے لئے اصلاح و بہبود کا کام دے اور فن سے سماج کو فائدہ پہنچے۔

میں جب بھی دیکھتا ہوں آئینہ بس مسکراتا ہوں
میں جب بھی مسکراتا ہوں مدینہ یاد آتا ہے

فہرست مضامین کے بعد کے صفحہ پر حضرت عبدالرحمٰن جامی کی حمد باری تعالیٰ میں لکھتے ہیں:

جو تو نے شاعر مجھے بنایا تو اس کا احساس بھی جگایا
نہیں میری تخلیق ہوں خدایا بندہ تو خوش خصال تیرا

مناجات:

کہ زندگی میں کبھی پھر مجھے زوال نہ دے
کمال فن سے مرے سب کو فائدہ پہنچے

نعت:

شریعت میں طریقت میں حقیقت میں رسالت میں
بصارت ہیں بصیرت ہیں محمد مصطفیٰ میرے

احوال وکوائف: عبدالرحمٰن جامی میں تاریخ پیدائش۔ وطن محبوب نگر۔ ملازمت۔ مصروفیات۔ علمی اداروں سے وابستگی۔ تصانیف کے نام مع سنہ اشاعت۔ زیر طباعت تصانیف اعزازات۔ وانعامات

Ph.D کا کام UOH سے ۲۰۰۴ء میں ہوا۔ عائشہ صدیقہ نے کیا موضوع تھا۔ رحمٰن جامی کی شاعری میں فنی اور ہیتی تجربے ایک تنقیدی مطالعہ۔

ایم فل UOH سے محمد یونس نے بہ عنوان رحمٰن جامی شخص اور شاعر ۱۹۹۹ء کیا۔

اپنی بات میں محمد محامد ہلال اعظمی نے اداریہ میں لکھا کہ جس میں انھوں نے کہا کہ اس شمارے میں مخلصین حضرت جامی کے اوپر تاثرات، تخلیقات، اور تحقیقی وتنقیدی مضامین شامل ہیں جسے پڑھ کر حضرت جامی کی شخصیت اور ان کے فکر وفن کو سمجھنے میں آسانی ہوگی۔ حضرت جامی کو اردو زبان وادب میں اکیسویں صدی کا بڑا شاعر تسلیم کیا گیا۔ کیونکہ آپ کے سولہ مجموعہ کلام مطبوعہ اور غیر مطبوعہ مجموعہ کلام موجود

ہیں۔آپ کی شاعری میں مجموعہ اصناف سخن اور رنگ برنگ کے مختلف فکر وفن کا با مقصد جلوہ نظر آتا ہے۔ آپ کے پندرہ مجموعہ کلام ایوارڈ یافتہ ہیں۔مزید کہتے ہیں کہ احمد آباد میں خودکشی کا واقعہ عائشہ عارف کیا اس طرح کا اعادہ نہ ہو۔منظّم منصوبہ بندی کے ذریعہ واقعات کی روک تھام ہو۔

اللہ کا خود وعدہ ہے کہ ہم نے قرآن مجید کو نازل کیا اور ہم ہی اس کی حفاظت کرنے والے ہیں قرآن مجید شک وشبہ سے پاک ہے۔وسیم رضوی جیسے لوگ اپنے ملک اور خالق ومالک کے غدار ہیں امت مسلمہ کو اس منظرنامے میں خارجی فتنہ ور پلاننگ اور داخلی کمزوریوں پر نظر رکھنے کی ضرورت ہے۔

اخلاق نبوی ﷺ علامہ شبلی نے لکھا ہے جس میں محمد ﷺ کے اخلاق کو مثالوں سے اور زندگی کے عملی واقعات سے سمجھایا گیا۔

مولانا حبیب الرحمٰن سے نجات کا اٹل قانون لکھا۔سورۃ النحل۔مریم۔الرعد۔آیتوں کی تشریح ونغز کی ہے۔

پروفیسر رحمت یوسف زئی سابق صدر شعبہ اردو یونیورسٹی آف حیدرآباد سے آہ رحمٰن جامی عنوان سے مضمون میں لکھتے ہیں کہ رحمٰن جامی بنیادی طور پر پروگریسو تھے۔ان میں عصری حسیت کوٹ کوٹ کر بھری تھی۔وہ ایک حساس شاعر تھے۔کوئی بھی ایسی بات جو ان کے احساس کو متحرک کردے فوراً وہ شعر کی شکل میں پیش کر دیتے تھے۔اور یہ خصوصیت ان کے تقریباً ہر شعر میں دیکھی جاسکتی ہے۔یہ شعرا کے احساس کا مظہر ہے۔

یہ دنیا ہے یہاں ہم کو یونہی جینا ہے مر مر کے
مگر یہ زندگی پھر بھی بہت ہی خوبصورت ہے

دیباچوں میں ذکر شبلی کا مطالعہ ڈاکٹر محمد الیاس الاعظمی نے لکھا ہے۔اس میں دیباچوں کے حوالے سے بات کی ہے۔

صلاح الدین نیر نے کھرا انسان۔سچا دوست۔بہترین شاعر۔عبدالرحمٰن جامی مضمون میں لکھتے ہیں۔جامی کو ہر صنف سخن میں شعر کہنے کا ملکہ حاصل ہے۔شعری ادب میں جدت طرازی کے ساتھ نئے نئے تجربات کرتے رہنے کے عادی ہیں لیکن وہ اپنی بنیادی شاعرانہ روش سے انحراف نہیں کرتے۔یعنی غزل کے علاوہ پابند نظم کو دلی کیفیات۔تجربات۔مشاہدات اور تخیلات کے اظہار کا ذریعہ بناتے ہیں۔ ان کی شاعری میں جیتی جاگتی۔چلتی پھرتی زندگی کی وہ تمام دھڑکنیں ملتی ہیں جو حیات جاوداں کی طرح

فرحت افزا ہے۔موضوعاتی شاعری میں جامی اپنی مثال ہیں مختلف موضوعات پر بے شمار نظمیں لکھی ہیں۔

مولانا ڈاکٹر محمد محامد ہلال اعظمی نے فکر وفن اور محبت کا عظیم شاعر حضرت عبدالرحمٰن جامی ہے کہتے ہیں ان کا فکر وفن کی آفاقی ہے۔ان کے کمال فن سے ادباء وشعراء مستفید ہورہے ہیں۔حضرت جامی کی شاعری کمیت اور کیفیت کے اعتبار سے صنف غزل میں سموئی ہوئی ہے۔یا یوں کہا جائے کہ ان کی شاعری کا بیشتر حصہ صنف غزل پر مشتمل ہے۔جس میں دوغزلہ۔سہ غزلہ۔ایک غزل دواوزان جیسی صنفی صفات پائی جاتی ہیں۔حضرت جامی نے اپنے احساسات۔تجربات۔مشاہدات۔سوانحات۔کوتخیل کی تخم ریزی سے تغمل کے ساتھ صنف غزل میں ڈھال دیا ہے۔ان کی تقریباً ہر غزل میں ادب برائے ادب یا ادب برائے زندگی پائی جاتی ہے۔

حالی اگر شاعری میں مطالعہ کائنات۔تفص الفاظ اور سادگی

شبلی نے تخیل محاکات کو شاعری کا جزلا ینفک قرار دیا ہے۔

ان دونوں طرح کے خیالات جامی کی غزلیہ شاعری میں موجود ہیں۔

آج مجرم ہے جرم پر نازاں
لطف ہے کہ منصفی چپ ہے

ڈاکٹر محی الدین حبیبی نے بڑی مشکل سے ہوتا ہے چمن میں دیدہ ور پیدا۔ان کے کچھ چند اشعار سے ان کی شاعرانہ فنکاری کو آشکار کیا۔

میرے وجود میں ہیں کمالات نیک وبد
تہذیب وتجربات کا ایک دور مجھ میں ہے
پھول پھینکے کہ میری راہ میں پتھر پھینکے
جس کو جو پھینکنا ہے سوچ سمجھ کر پھینکے
لہر اٹھے گی تو یہ عکس بھی چھن جائے گا
پرسکوں جھیل میں اب نہ کوئی کنکر پھینکے

بندگی جب سے آئی جامی
عبدالرحمٰن ہوگیا ہوں

کشور سلطانہ نے میری استاد عبدالرحمٰن جامی پر مضمون میں ان کی زندگی، شاگردوں سے رویہ

کلام کی خصوصیات کو اجاگر کیا ہے۔

دختر حضرت عبدالرحمٰن جامی، امۃ الغفور حمیرا جامی کے تاثرات امۃ الغفور حمیرا جامی حیدرآباد مقیم حال دبئی نے ایک بیٹی کے تاثرات، محبت۔ شفقت۔ باپ سے وابستہ ہے اس کو اجاگر کیا ارکان خاندان سے رویہ اور سلوک کا اظہار کیا اور ان کی بچوں سے محبت اور ارکان خاندان سے لگاؤ کا والہانہ اظہار کا ان کی تصانیف کا ذکر ہے۔

۱۔ جام انا۔ غزلوں کا مجموعہ ۱۹۹۹ء ان کے بھائی قاری محمد عبدالیم صاحب نے مقدمہ لکھا تھا۔

۲۔ فسطاط۔ مجموعہ اصناف سخن۔ ۲۰۰۱ء

۳۔ ارغن۔ اصناف شاعری۔ ۲۰۰۲ء

۴۔ شبو۔ مجموعہ کلام ۲۰۰۲ء

۵۔ میکدہ۔ شعری مجموعہ۔ ۲۰۰۳ء

۶۔ بیخودی (عنفوان شباب کی غزلیں) ۲۰۰۵ء

۷۔ دوآنہ (عنفوان شباب کی نظمیں) ۲۰۰۵ء

۸۔ نے (کلام عہد شباب) ۲۰۰۶ء

۹۔ خما۔ کلام عہد شباب۔ ۲۰۰۶ء

۱۰۔ نشہ۔ کلام عہد شباب۔ ۲۰۰۷ء

۱۱۔ کیف۔ کلام عہد شباب۔ ۲۰۰۸ء

۱۲۔ سرور (دو ہے کی ۲۲۵ غزلیں ڈھائی ماہ میں) ۲۰۰۹ء

۱۳۔ محمد مصطفیٰ امیری (مجموعہ حمائد ونعود) ۲۰۱۲ء

۱۴۔ ساقیا۔ شعری مجموعہ ۲۰۱۶ء

۱۵۔ پیر مغاں۔ شعری مجموعہ۔ ۲۰۲۰ء

۱۶۔ جہاں اطفال بچوں کے لئے نظمیں۔ ڈسمبر ۲۰۲۰ء

ڈاکٹر نادر المسدوسی سے حضرت رحمٰن جامی آسمان شعر وادب کا ستارہ ٹوٹ گیا میں لکھتے ہیں۔ حضرت رحمٰن جامی آسمان شعر وادب کا ستارہ ٹوٹ گیا میں لکھتے ہیں: حضرت رحمٰن جامی ویسے تو بنیادی طور پر غزل کے ہی شاعر ہیں۔ اور انھوں نے روایتی اقدار کا پاسداری کی ہے کسی اور نظریات کو جو اس

دور میں سرابھار رہے ہیں تھے۔ جیسے جدیدیت اور کمیونسٹ تحریکات کے اثرات کو کسی بھی ازم اور فکر نو کو اپنی شعر گوئی میں داخل ہونے نہ دیا۔ ان کی تمیام شاعری روایتی اقدار ہی کے دائرہ کار میں افکار کی بلندیوں کے ساتھ جذبات۔ احساست اور مشاہدات کی عوام الناس اور اردو شعر وادب جیسے ترسیل کا ذریعہ بھی ہیں۔ انھوں ان اصناف پر بھی لکھا۔

سانیٹ۔ ہائیکو۔ ثلاثی۔ اینٹی لوری۔ پابند نظم۔ آزاد نظم۔ نثری نظم۔ رباعی۔ لکھی۔

صدی کی عظیم شخصیت حضرت عبدالرحمٰن جامی مضمون جناب حکیم صوفی سید شاہ محمد خیرالدین قادری شجاعت صوفی۔ صدر آل انڈیا صوفی علماء کونسل حیدرآباد۔ رحمانی جامی کے تعلق سے اپنے ذاتی وشخصی تاثرات پیش کئے۔ اوران کے روحانی اورادبی کارناموں کو بیان کیا۔ ڈاکٹر عبدالقدوس صدر شعبہ اردو گورنمنٹ ڈگری اینڈ پی جی کالج حسینی علم حیدرآباد تلنگانہ رحمٰن جامی کے بچوں کے ادب کی نظموں کی تشریح تعبیر تجزیہ پیش کیا۔ وہ کہتے ہیں کہ جامی صاحب کو طنز ومزاح سے بھی دلچسپی ہے۔ اس مجموعہ شامل کئی نظموں میں عصر حاضر کے مسائل پر طنزیہ انداز میں اظہار خیال کیا گیا ہے۔ جیسے حیدرآباد ہوگا۔ سنگاپور۔ متعصب لیڈر۔ سرکاری اسکول۔ نیا میدان اسکول۔ نیا جوتا۔ پرائیویٹ اسپتال۔ کریشن۔ سالگرہ اورٹی وی وغیرہ پر جن میں زیادہ تر بڑوں کی زبان استعمال کی گئی ہے۔ بعض نظموں میں مسائل تو بڑوں کے ہیں لیکن زبان بچوں کی ہے۔

محبوب خان اصغر نے رہنے کو سدا دہر میں آتا نہیں کوئی۔ آہ رحمٰن جامی میں ان کے تاثرات اور جامی کی ادبی خدمات کا ذکر کیا ہے۔ وہ کہتے ہیں نثر ہو کہ نظم جامی صاحب کا اسلوب سلیس اور سادہ تھا۔ گفتگو میں آسان الفاظ کا ہی استعمال کرتے تھے۔ حفظ مراتب کا خیال رکھتے تھے۔ اپنے چھوٹوں سے بات کرتے تو اخلاقی اصلاحی۔ اور مذہبی موضوعات کو ترجیح دیتے تھے۔ ہم عمر وہم عصر سے بات کرتے تو ادبی۔ تاریخی۔ تنقیدی۔ سیاسی۔ معاشرتی۔ موضوعات کو اٹھاتے۔ بہرحال سادگی۔ سلاست۔ روانی۔ بے تکلفی اور بے ساختگی کو اختیار کرتے تھے۔ ہر دوصنف میں خطیبانہ اور ناصحانہ انداز واضح دکھائی دیتا تھا۔

ڈاکٹر عائشہ بیگم اسسٹنٹ پروفیسر اردو گورنمنٹ ڈگری کالج ظہیرآباد ضلع سنگاریڈی ریاست تلنگانہ نے محبّ رسول حضرت رحمٰن جامی مرحوم میں تحقیقاتی اور تنقیدی انداز سے ان کی زندگی اور ادبی تصانیف پر روشنی ڈالی۔

ڈاکٹر صالحہ صدیقی الہ آباد نے رحمٰن جامی کے کائنات رباعیات کاف کر وفنی مطالعہ میں لکھتے

ہیں رحمٰن جامی کی رعابیات ان کے جذبات ۔احساسات ۔اور مشاہدات کے تخلیقی اظہار پر قادر ہیں۔عصری مسائل ومصائب کے ساتھ ساتھ رومانی جذبات بھی ان کی تخلیقات میں جا بہ جا محسوس کئے جاسکتے ہیں۔

نذیر نادر نے بحیثیت استاد حضرت عبدالرحمٰن جامی اپنی مثال آپ تھے۔ میں ارکان خاندان کا رویہ کردار۔سلوک۔اور محبت پر اظہار کیا ہے۔ان کی شخصیت اور حیات کے پہلوؤں کو پیش کیا ہے۔نذیر نادر نے شاعر اعظم حضرت عبدالرحمٰن جامی سے نذیر نادر کی گفت وشنید میں اردو اور سے متعلق تمام حالات کوائف کا ذکر سوالات کے ذریعہ سے جواب دیا ہے۔آہ رحمٰن جامی جمال ریاض حیدآباد نے لکھا ہے۔

جامی صاحب علم اوزان اور فن عروض کے ماہر تھے۔ادبی شخصیات اور مشہور شعراء اکرام کا کلام اوران سے متعلق معلومات کا اتنا ذخیرہ تھا کہ آپ انھیں چلتا پھرتا انسائیکلو پیڈیا کہہ سکتے ہیں۔

آہ میرے جامی بھائی حافظ وقاری ڈاکٹر محمد نصیر الدین منشاوی

عبدالرحمٰن جامی ایک اچھے استاد اور ایک اچھے مربی۔محمد معین الدین احمد نزملی۔حیدرآباد۔آہ میرے حضرت عبدالرحمٰن جامی۔فضیل فوز

اک دھوپ تھی جو ساتھ گئی آفتاب کے۔سید نبی پیر چشتی نظامی

شاعر اعظم حضرت عبدالرحمٰن جامی شخصیت اور کارنامے خالد نظامی خالد

آہ وشفیق سائباں اٹھ گیا۔سید شاہ محمد اعجاز الدین قادری صوفی

مرحبا میں بھی جام جامی ہوں۔عتیق فائق

الشاعر تلمیذ الرحمٰن۔محمد عبدالکریم کامل مستور

ٹوٹی ہوئی کڑی۔محمد ذکریا۔داماد حضرت جامی

میرے نانا پپا کے نام ایک خط۔امۃ الکریم نبیلہ

میرے پیارے نانا پپا کی یاد میں امۃ الرحمٰن مدیحہ

مختصر رپورتاز گورنمنٹ ڈگری کالج حسینی علم حیدرآباد۔منعقدہ۔۲۵۔۲۶ر مارچ بہرحال اس خصوصی شمارہ میں رحمٰن جامی پر منظوم تاثرات اور منثور تاثرات کے علاوہ اس کے مشمولات میں تنقیدی۔تخلیقی اور تاثراتی مضامین مل جائیں گے۔رحمٰن جامی شناسی کے لئے خصوصی شمارہ اہمیت عظمت کا حامل ہے۔ان کے غیر مطبوعہ اور مطبوعہ کلام کو یکجا کر کے دیوان کلیات شائع کردیں تو کلام بکھرے رہ جائے گا۔طلبہ کو تحقیق میں آسانی ہوگی۔ ☆

ماہ نامہ صدائے شبلی نومبر ۲۰۲۲

نائب مدیران ڈاکٹر عبدالقدوس۔ ڈاکٹر سرزر احمد انصاری ابوہریرہ یوسفی مشمولات اس طرح سے ہیں اپنی بات اور اداریہ ڈاکٹر محمد محامد ہلال آعظمی اخلاق نبوی ﷺ علامہ شبلی نعمانی۔ رحمت اللعالمین مولوی صفوۃ الرحمٰن صابر ڈاکٹر نادرالمسدوسی۔ عہد ساز شخصیت ڈاکٹر محمد ناظم علی۔ انحراف ڈاکٹر سید اسرار الحق سبیلی۔ خبرایوارڈ اردو اکیڈیمی تلنگانہ بارات میں کھو گیا ولیمہ۔ امدادالحق بختیار قاسمی۔

صاحب طرز ادیب مولانا نسیم اختر شاہ قیصر امانت علی قاسمی

نظم حب الوطن رفعت النساء کنیز۔

جدید تدریسی تقاضے اور اساتذہ کی اخلاقی و پیشہ وارانہ ترجیحات فاروق طاہر غزل ڈاکٹر نادرالمسدوسی۔ بی شیام سندر، مبشر حضور نظام وقائد پست کردہ اقوام احمد نور عینی۔ منہاج القران پبلی کیشنز کے تراجم کا جائزہ احمد ولی اللہ صدیقی نعت رسول قاری ولی محمد زاہد ہریانوی۔ نعتیہ مشاعرہ رپورتاز۔ ایڈیٹر روز نامہ راشٹریہ سہارا شہروں نے قریات تک ۴۲ صفحات پر مشتمل ہے۔

☆

ماہنامہ صدائے ڈسمبر ۲۰۲۲ حیدر آباد

ماہ نامہ صدا آئے شبلی سن ۲۰۱۸ سے نکل رہا ہے ابتدائے ایڈیٹر مولانا ڈاکٹر محمد ہلال آعظمی ہی ہیں البتہ مجلس مشاورت، مجلس ادارت میں کچھ نام کے حذف واضافے ہوتے ہیں اس کا issn 2581-9216

SIECT- RNITELVRD-2018-77022 سے مربوط ہے اپنی بات کے تحت اداریے لکھے جاتے رہے فہرست مضامین حسب ذیل میں درج ہیں۔

اخلاق نبوی ﷺ علامہ شبلی نعمانی

رحمۃ للعالمین مولوی صفوۃ الرحمٰن صابر

حیدرآباد میں بچوں کا ادب ڈاکٹر رحیم رامش

فرماں بردار بیٹا انشائیہ گپ شپ ڈاکٹر سید اسرار الحق سبیلی

ڈاکٹر ولا جمال الغیلی انشائیہ گپ شب

سید عظمت اللہ بیابانی اسکول کا زمانہ

خیر النساء علیم ہائے یہ نیا دور

غزل۔ظہور ظہیر آبادی دعا۔یٰسین حابیل

حضرت نادر اسلوبی ورنگل کے نامور منفرد لب ولہجہ کے شاعری تشکیل انور رزاقی سر سید احمد خاص اوران کی علی گڑھ تعلیمی تحریک۔منظر عالم منظر یونڈھوی اندھے پرواز احمد سیل فون وانٹرنیٹ ذہنی جسمانی امراض اور فکری بے راہ روی کا طوفان فاروق طاہر مرد سپاہی تھا وہ اس کی زرہ لالہ نفیسہ فاطمہ

اقبال مفکر اور شاعر ایک جائزہ۔

شاوین ضیاء بیگم غزل جہانگیر قیاس

مسلم ایجوکیشنل کانفرنس میں علامہ شبلی کا حصہ مبصر شکیل رشید

اثرات شبلی ڈاکٹر احمد علی برقی آعظمی ۴۰ صفحات پر مشتمل ہے۔ ☆

رنگ و بو کا علی سردار جعفری نمبر ۲۹ نومبر ۲۰۰۹ ءکو شائع ہوا

ماہنامہ رنگ و بو اشاعت کا ۱۶/رواں سال میں ہے مدیر صاحبزادہ مجتبیٰ فہیم، معاون مدیر سیدہ ذکیہ ۔اس کا جلد ۱۶/شمارہ (۱۱) ہے عزیز قیسی کی غزل چھپی ہے۔

شاخ گل کے کانپ جانے پر تڑپ جاتا ہے دل
قطرہ شبنم لرزتا ہے تو تھراتا ہے دل
ضبط غم کی انتہا دیکھی ترے بیمار نے
اب تو ٹکڑے ہو کے آنکھوں میں اڈتا ہے دل

متاع لب میں ''صاحبزادہ میکش'' کی غزل شائع ہوئی۔اشعار اس طرح ہیں:

جن کی یاد میں مدتوں تک آنسوؤں میں ڈھل گئیں
پھر انھیں بھولی ہوئی گلیوں میں لیجاتا ہے دل
ہر چمکتی چیز کو سونا سمجھ لیتے ہیں لوگ
آنکھ کے پانی کو بھی رونا سمجھ لیتے ہیں لوگ

اس اداریہ میں مشاعروں کے تعلق سے کہا جاتا ہے ایسے شعراء کو مدعو کیا جاتا ہے جن کو سامعین پسند کرتے ہیں تاکہ مشاعرے سے رقم زیادہ حاصل ہو۔دو چار شاعر شاعرات کو بلایا جاتا ہے۔ جو اردو ادب میں اپنا مقام رکھتے ہیں مگر ان کو داد کم ملتی ہے ان کے پاس ترنم اور اداکاری نہیں ہوتی۔علی سردار جعفری کی نظم ایک خواب اور ماضی کے سوغات، ذیلی عنوان سے رکھی گئی ہے۔

اور تعبیروں کے تپتے ہوئے صحراؤں میں
تشنگی آبلہ پا شعلہ بکف موج سراب
پھینک پھر جذبے بے تاب کی عالم پہ کمند
ایک خواب اور بھی اسے ہمت دشوار پسند
اسی دنیا میں دکھادیں تمہیں جنت کی بہار

شیخ جی تم بھی ذرا کوئے بتاں تک آؤ
پھر یہ دیکھو کہ زمانے کی ہوا ہے کیسی
ساتھ میرے مرے فردوس جواں تک آؤ
راستے بند ہیں سب کوچہ قاتل کے سوا
ہم کف دست خزاں پر بھی حنا مانگتے ہیں
کوئی نغمہ ہی نہیں شور سلاسل کے سوا
کہکشاں مانگ میں ماتھے پہ ضیاء مانگتے ہیں

پروفیسر قمر رئیس، سردار جعفری نیا تنقیدی شعور میں لکھتے ہیں:

خواہ ورڈس ورتھ ہو یا کولراج۔ آسکر وائیلیٹ۔ ایلیٹ۔ یا حالی۔ فراق سب کی تنقیدات کا ابتدائی محرک معروضی کم ذاتی زیادہ رہا ہے لیکن بتدریج ان کی تنقید ذاتی عوامل سے ارفع ہو کر فن وادب کی زیادہ پے چیدہ اور گہری سچائیوں کی تلاش میں سرگرداں ہوجاتی ہے۔ اور وہ بعض ایسی حقیقتوں کی دریافت پر قادر ہوتی ہے۔ جو ایک غیر تخلیقی نقاد کی رسائیوں سے پرے ہوتی ہے۔

سردار جعفری یوں تو زمانۂ طالب علمی سے ہی ادبی مسائل پر سوچنے اور لکھنے لگے تھے۔ لیکن ان کی تنقید کا باضابطہ آغاز ۱۹۵۰ء میں اس وقت ہوا جب ترقی پسند تحریک اپنے اولین سنہرے دور کی تکمیل کر چکی تھی اور خود جعفری اس کے ایک نمائندہ اور ہر دل عزیز شاعر کی حیثیت سے اپنی شناخت بنا چکے تھے۔ جب ان کی کتاب ترقی پسند ادب شائع ہوئی تو اگر ایک طرف ترقی پسند حلقے میں اسے متنازعہ دستاویز کا درجہ حاصل ہوا اور یہ فطری بھی تھا اس لئے کہ اس وقت تک ترقی پسند ادبی نظریات کے خط وخال واضح نہیں۔

سردار جعفری کی تنقیدی دانش کا ایک نمونہ پیغمبران سخن ہے جو کبیر داس میر۔ اور غالب تین شعرا کے بارے میں ان کے مقالوں دیباچوں پر مشتمل ہے۔ ۱۹۵۸ء سے ۱۹۶۵ء تک انھوں نے ہندوستان کے جن عظیم کلاسیکی شعراء سے کلام کا مطالعہ بڑی کاوشوں اور دقت نظر سے کیا اس کا اثر ان کی تخلیقی فکر اور جمالیاتی حیثیت پر بھی پڑا جیسا کہ ان کے بعد کے مجموعوں پیرہن شرار اور لہو پکارتا ہے سے اندازہ ہوتا ہے۔

جعفری نے بار بار کہا ہے انھوں نے ترقی پسند تحریک اور اپنی شعر گوئی کے محرکات کو سمجھنے اور توانا رکھنے کے لئے یہ مقالات لکھے ہیں ان میں بھی ان کی ارتقاء پذیر شخصیت کے وہی پہلو روشن ہیں جو ان کی

شاعری میں نظر آتے ہیں اس کے باوجود انھوں نے علمی اور معروضی نقطہ نگاہ پر زور دے کر اردو میں ادبی تنقید کے سائنسی نظریے کو تقویت بخشی جس کا آغاز ترقی پسند نقادوں نے کیا تھا۔

رضوان احمد نے مضمون سردار جعفری دشت جنوں کا آخری مسافر میں لکھتے ہیں: پیرہن شرر کے موضوعات میں پڑھنے کے بعد کہتے ہیں۔

دوسروں کے نفس سے پہلے اپنے نفس سے جہاد ضروری ہے۔ معاشی اور سیاسی نظاموں کی نا انصافیوں کو پہچاننا اور ان کے خاتمے کے لئے لڑنا برحق ہے۔ لیکن ساتھ ہی ساتھ صدیوں کی نفرت۔ ہوس۔ بدی۔ خود غرضی۔ غلط احساس۔ برتری اور اس قسم کے دوسرے تاریک جالوں سے دل ودماغ کی صفائی بھی برحق ہے اس کے بغیر نہ تو دنیا سے جنگوں کا خاتمہ ہوسکتا ہے اور نہ ناانصافیاں ختم کی جاسکتی ہیں۔

کام اب کوئی نہ آئے بس ایک دل کے سوا
راستے بند ہیں سب کوچۂ قاتل کے سوا

محمد علی صدیقی مضمون علی سردار جعفری کو خراج عقیدت میں لکھتے ہیں:

علی سردار جعفری اپنی شاعری کے اوائلی دور میں انیس۔ اقبال۔ اور جوش سے زیادہ متاثر رہے ہیں اقبال سے بالخصوص اور شاید اسی لئے ان کے یہاں بھی فیض کی طرف جھکاؤ زیادہ ہوتا جارہا تھا۔ جیسا کہ میں نے ٹورنٹو، کناڈا میں سردار جعفری کی سترہویں سالگرہ کی تقریب ۱۹۸۴ء کے موقع پر اپنی صدارتی تقریر میں کہا تھا۔ علی سردار جعفری نے شعری مجموعہ 'لہو پکارتا ہے' کے ذریعہ جس استعاراتی ڈکشن سے اپنی رغبت وموانست کا ثبوت بہم پہنچایا ہے۔ وہ اظہر من الشّمس ہے۔ سردار نے فیض کے رنگ شاعری کے بارے میں کہا۔

کاٹ تلوار کی شعروں کی عطا کرتی ہے
وہ کسک درد کی جو فیض کی آواز میں ہے

ادبی سوغات پیش نظر نظموں کا انتخاب بھی ایک تاریخی دستاویز کی حیثیت رکھتا ہے۔ اس میں ایسی نظموں کو جگہ دی گئی ہے۔ علیم صبا نویدی کی نظموں، غزلوں کا انتخاب شائع کیا ہے۔ اس شمارے میں صفحہ ۱۹ سے ۳۲ تک ہے۔ مختصر اًشعرا کا انتخاب ہے۔ قتیل شفائی کی نظم بھروسہ شامل ہے۔

ظہیر غازی پوری۔ ڈاکٹر شباب للت۔ اظہر نیر۔ افسانہ بدصورت اقبال انصاری۔ مشتاق قمر۔ بلاوجہ انشائیہ۔ ڈاکٹر علی عباس امید کی آپ بیتی یا نومبر ۲۰۰۹ء کا شمارہ ۳۲ صفحات پر مشتمل ہے۔ ☆

ماہنامہ رنگ وبو کا انشائیہ انتخاب نمبر۔ جنوری ۲۰۰۶ء

اشاعت کا بارہواں سال مدیر مجتبیٰ فہیم نے رنگ وبو کے کئی ایک گوشہ نمبر نکالے ان میں انشائیہ کا انتخاب نمبر یہ جس میں انشائیہ کے فکروفن اور انشائیوں کو شامل کیا ہے۔ معاون مدیرہ سیدہ ذکیہ جلد نمبر۱۲؍۱ جنوری ۲۰۰۶ء ہے۔ صاحبزادہ میکش کی غزل حیات

عزم سفر کے سوا کچھ اور نہیں
شمار شام وسحر کے سوا کچھ اور نہیں
یہ آب وگل کی نمائش یہ رنگ وبو کی نمود
نظر ہے حسن نظر کے سوا کچھ اور نہیں

متاع لب: میں مدیر کہتے ہیں۔ انشائیہ انتخاب نمبر شائع کرنے کا ارادہ میں تب کیا تھا جب پاکستان میں بزم انشائیہ انٹرنیشنل کے زیر اہتمام ۲۰۰۴ء میں انشائیہ کا گولڈن جوبلی سال منایا جارہا تھا۔ اس کے کنوینر اے غفار پاشا مجھ کو ان کی ادارت میں شائع ہونے والا ماہ نامہ پارسا بھیجتے رہے اور وہ ایک انشائیہ شائع کرنے کا اہتمام کیا۔ میر کارواں ڈاکٹر وزیر آغا نے انشائیہ کو مقبول عام بنانے میں اہم رول ادا کیا۔ جس کی وجہ سے کئی تخلیق کاروں نے انشائیہ لکھنے کا آغاز کیا۔

ماہ نامہ رنگ وبو کا انشائیہ نمبر اس بات کا ثبوت ہے کہ پاکستان اور ہندوستان کے کئی ادیب انشائیہ لکھ رہے ہیں جو شائستہ ادبی سوغات کا درجہ رکھتے ہیں۔ انشائیے کا انتخاب اوراق۔ پارسا۔ کاغذی پیرہن۔ اور شاعر وغیرہ سے لیا ہے۔ ڈاکٹر سلیم آغا قزلباش۔ شاہ نواز شاہ کا شکریہ ادا کرتے ہیں۔

ڈاکٹر وزیر آغا انشائیہ کی پہچان اوراق ماضی سے لیا گیا۔ اپنے مضمون اشاعت ۱۹۷۲ء میں انشائیہ نگاری کی کوئی تحریک موجود ہی نہیں تھی۔ البتہ طنزیہ مزاحیہ مضامین مدتوں سے لکھے جارہے ہیں چنانچہ جب اردو میں انشائیہ کا لفظ خالص اس کے لئے استعمال ہونا شروع ہوا تو ادبا نے اسے طنزیہ مزاحیہ ادب میں کا ایک نام سمجھا۔ اور یوں انشائیہ کی پرکھ اور پہچان کی طرف متوجہ نہ ہوئے۔ اردو کے بعض ناقدین انشائیہ کا مزاج متعین کرنے کی کوشش کی۔ انشائیہ کو Define کرنا ایک بات ہے اس کی

پہچان کرنا کروانا ایک بالکل جداگانہ مسئلہ ہے۔ یہ عمل ریاضت اور تربیت کے بغیر ممکن نہیں۔

اکبر حمیدی اردو انشائیہ اور نئے افق میں لکھتے ہیں:

۱۹۸۰ء کے بعد انشائیہ نقادوں کے ہاتھوں سے انشائیہ نگاروں کے ہاتھوں میں پہنچ گیا۔ ناقدین حضرات نے انشائیہ پر جو علمی مباحثہ کئے تھے۔ اس سے اصولی طور پر بہت سی باتیں واضح ہوئیں۔ جن میں سب سے زیادہ اہم بات یہ تھی کہ انشائیہ طنزیہ مضامین سے الگ ایک صنف ہے۔

ڈاکٹر وزیر آغا نے انشائیہ کی جو تعریف کی اس کا مطلب بھی واضح ہوتا چلا گیا کہ انشائیہ ایک اسی صنف نثر ہے جس میں انشائیہ نگار فکری جست کے ذریعہ بار بار ایک مدار سے دوسرے مدار کو چھوتا چلا جاتا ہے اس طرح شگفتگی سے مراد جو مزاحیہ اسلوب لیا جاتا تھا۔ اس کی بھی نفی ہوگئی۔

ڈاکٹر انور سدید نے لکھا۔ نقصان یہ ہوا کہ اسلوب کی شگفتگی کو طنز و مزاح کا مترادف تصور کرلیا گیا ۔ چنانچہ انشائیہ اور طنز و مزاح کی حدود کو آپس میں گڈ مڈ ہونے کا موقع مل گیا۔ کتاب انشائیہ اردو ادب میں مصنف ڈاکٹر انور سدید اس کے اسلوب میں لطافت اور شگفتگی ہونی چاہئے لطافت ایسی کہ انشائیہ مبتذل نہ ہونے پائے اور شگفتگی ایسی کہ مزاح نہ ہونے کے باوجود تحریر فرحت بخش ہو۔

وزیر آغا نے شگفتگی کے بجائے اسلوب اور خیال کی تازگی کے الفاظ استعمال کرنے شروع کئے۔ انشائیہ خیال افروزی کی صنف ہے نئے خیال کے یا پہلے سے موجود خیال کے نئے پہلو سامنے لانے کی صنف ہے۔ آج انشائیہ کو بحیثیت ایک صنف ادب کے پوری طرح تسلیم کرلیا گیا ہے حالانکہ اس پر کبھی بہت اختلافات ہوتے تھے۔ انشائیے کو پوری انسانی زندگی کا آئینہ دار ہونا چاہئے۔ انشائیہ کو ہلکے پھلکے انداز میں نہیں گھمبیر لب ولہجہ میں بھی لکھا جانا چاہئے۔ موضوع کے اعتبار سے اس میں وسعت ہونی چاہئے۔ سیاسی۔ تاریخی نظریاتی۔ فلسفیانہ موضوعات پر انشائیہ لکھنے کی ضرورت ہے۔ ان مضامین کے بعد ڈاکٹر وزیر آغا کا بارھواں کھلاڑی۔ انور سدید کا چھینک۔ احمد جمال باشاہ کا بے ترتیبی۔ ڈاکٹر محمد سلیم ملک تالیاں۔ شرون کمار ورما کیات۔ ڈاکٹر سلیم آغا قزلباش تھکن۔ ناصر عباس نیر۔ کائنات بوڑھی نہیں ہوئی۔ شاہد شیدائی۔ پہیہ اے غفار پاشا۔ سوئیاں۔ رام لعل نابھوی۔ پوسٹ کارڈ۔ پروفیسر پروین طارق ڈوپٹا۔ شفیع ہمدم ٹوٹی پھوٹی سڑکیں۔ مشینوں کی حکومت۔ عطیہ خان۔ شاہدہ صدیقی۔ اشتہار بازی۔

۴۸ صفحات پر مشتمل ہے۔ اس میں انشائیہ نگاری کے تقاضے۔ اصولوں فکر و فن سے بحث ملتی ہے۔ انشائیوں کا انتخاب بھی اچھا ہے۔ ۴۸ صفحات پر مشتمل ہے۔ ☆

رنگ و بو کا پرویز شاہدی نمبر جون ۲۰۰۶ء

اس شمارے کے مدیر مجتبیٰ فہیم، معاون مدیر سیدہ ذکیہ ہیں، جون ۲۰۰۶ء جلد ۱۲ر شمارہ ۶ ہے عزیز قیسی کی غزل شائع ہوئی۔

دشت اپنا نہ گھر کہاں جائیں
خاک اڑائیں کدھر کہاں جائیں

یادوں کے بت خانے شاعری کی کشمکش سے ملی ہے۔شاعری کو دل کی آواز بنا دیا۔ جو لوگ دل رکھتے ہیں، جذبات رکھتے ہیں، عشق کا احساس رکھتے ہیں، سچائی کے اظہار کی جن کے دل میں زیادہ اہمیت ہے۔ جھوٹ فریب اور مکاریوں سے جن کو کوئی علاقہ نہیں ایک طمانیت کا احساس ان کے دل میں پیدا ہوتا ہے۔نذیر فتح پوری:

جب بھی دل تنہا ہوتا ہے
جانے پھر کیا کیا ہوتا ہے
کاش کبھی وہ آکر پوچھے
درد ہمیں کتنا ہوتا ہے

ڈاکٹر اختر اورینوی: فن کار یا شاعر کے لئے یہ لازمی ہے کہ وہ حیات و کائنات کے جلوؤں کو اپنی شخصیت میں جذب کرلے اور اپنے تجربات کو اپنی شخصیت کی آنچ میں پکا کر صاحبان ذوق کے سامنے پیش کرے آرٹ ایک دوقی اور ذہنی دعوت ہے۔ اور اس دعوت میں ہمیں زندگی کا الش نہیں ملتا۔ یہ رس اور گھلاوٹ فن کار کی روح سے ٹپکتی ہے۔کسی شاعر کی شاعری کی قدر و قیمت متعین کرنے میں ایمانداری کی بھی جانچ ہوتی ہے۔ ممکن ہے کوئی تجربہ۔ مشاہدہ احساس۔ جذبہ۔ خیال۔ فکری نکتہ۔ عقیدہ۔ ناقد کے ڈھنگ کا نہ ہو لیکن اس کے باوجود ان میں شخصیت کی آنچ ہو۔ سوز و گداز موجود ہو۔

پرویز غزلیں بھی لکھتے ہیں اور خوب لکھتے ہے۔ میرا خیال ہے کہ جوش۔ فیض اور پرویز یہ تینوں اصل میں حسن و عشق کے شاعر ہیں نا کردہ گناہوں کی حسرت انہیں رومان فطرت کی رنگینیوں سے ہٹا کر

رومان انقلاب کی تلخیوں تک لے جا سکتی ہے۔ میرا خیال ہے کہ انقلابی شاعری میں علی سردار جعفری زیادہ کامیاب ہیں۔علی سردار کے یہاں انقلاب کی شعریت ہے۔ان کی دنیائے شاعری کا محور انقلاب ہے۔ بہر کیف پرویز عشقیہ شاعری اور فطرت کی شاعری میں زیادہ کامیاب ہے۔

ماہ خود اگانے ہیں کہکشاں بنانا ہے
اے زمیں تجھی کو آسماں بنانا ہے

پرویز غزل کی روایت کو پختگی سے برت سکتے ہیں لیکن انقلابی نظموں کے برتاؤ میں ان کے یہاں بڑی پختگی ہے۔

اپنے سرخ ہونٹوں کی مسکراہٹیں دے دو بجلیوں کی یورش میں آشیاں بنانا ہے۔

اس شمارے کے مشمولات میں غزل۔عزیز قیسی۔دست صبا۔متاع لب ادارہ ماضی کی سوغات پرویز شاہدی۔ ادبی سوغات لکشمی۔ پرویز شاہدی کی فنکاری ڈاکٹر اختر اوریںوی۔غزلیں۔راشد جمال فاروقی۔رفیق شاہین۔بے آب سمندر۔ڈاکٹر فراز حامدی غزلیں۔ظفر اقبال ظفر۔غزلیں ڈاکٹر فریاد آزر۔رفیق رضا۔غزل محسن عرفی آخری آرڈر نعیم زبیری۔منی افسانے ڈاکٹر عمران مشتاق۔تو نہیں اور سہی رفیق جعفر۔ اللہ میرے ملک کو۔رونق جمال۔غزل۔شرون کمار ورما۔سولا آنے سچ۔ڈاکٹر م۔ق۔سلیم۔ غزل ڈاکٹر قمر الزماں۔اردو یونیورسٹی کا اشتہار ۳۲ صفحات پر مشتمل ہے۔یہ خاص نہیں عام شمارہ ہے۔

☆

رنگ و بو ستمبر ۲۰۰۶ء

سرورق پر عزیز قیسی کی تصویر ہے اور ان کا مشہور شعر ہے۔

زمانہ ساز تھا قیس نہ زر شناس مگر
عزیز کیسے تھا جو شخص کامیاب نہ تھا

اشاعت کا ۱۲ رسوال ستمبر ۲۰۰۶ء جلد نمبر ۱۲ ر شمارہ ۹ ہے مدیر مجتبیٰ فہیم، معاون مدیرہ سیدہ ذکیہ ہے۔ عزیز قیسی کی غزل شائع کی ہے۔

ہر شام جلتے جسموں کا گاڑھا دھواں ہے شہر
مرگھٹ کہاں ہے کوئی بتا کہاں ہے شہر
مرجایئے تو نام ونسب پوچھتا نہیں
مردوں کے سلسلے میں بہت مہرباں ہے شہر
رہ رہ کے چیخ اٹھتے ہیں سناٹے رات کو
جنگل چھپے ہوئے ہیں ہیں پر جہاں ہے شہر
بھونچال آتے رہتے ہیں اور ٹوٹتا نہیں
ہم جیسے مفلسوں کی طرح سخت جاں ہے شہر
عزیز قیسی کے مرنے کے بعد دنیا میں
بہت ادس ہوں یارو بہت اکیلا ہوں

مدیر کہتے ہیں:

''محترم عزیز قیسی حق شناس بھی حق گو بھی، یہی وجہ ہے کہ ایسے اشخاص کو شہرت سے محروم کیا جاتا ہے۔ لیکن اس کے باوجود فن کبھی نہیں مرتا بلکہ انسان کے مرنے کے بعد بھی اس کی کوئی نہ کوئی بات وقت کی رفتار کی طرح گردش کرتی رہتی ہے۔ اور کبھی ایسا بھی ہوتا ہے کہ چاہنے والوں سے رشتہ جوڑ لیتی ہے۔ محترم عزیز قیسی کو فراموش کرنے میں کوئی کسر نہ چھوڑی۔ اس کے باوجود ان کے فن کو مٹا نہ سکے۔ عزیز

قیسی کی حق گوئی کی وجہ سے زندگی میں بھی ان کے ساتھ ایسا سلوک کیا گیا اور مرنے کے بعد بھی۔ لیکن قیسی کا ''فن'' آج بھی ادبی افق پر روشن ہے۔ اوران کے فن کو فراموش کرنے کے بعد بھی اوراق ادب پر بکھرا ہوا ہے۔ جو کبھی نہیں مٹے گا۔ ادارہ رنگ و بو کو خراج عقیدت پیش کرتا ہے۔

پیدائش ۵ر نومبر ۱۹۳۱ء تا ۳۰ر ستمبر ۱۹۹۲ء ممبئی۔

سب کو یقین ہے ہم سا کوئی دوسرا نہیں
خلوت کدوں میں ان کے کوئی آئینہ نہیں
تنہائی کا ہے جن کو گلہ کون ہے وہ لوگ
مجھ کو گلا ہے میں کبھی تنہا ہوا نہیں

انور خان نے مضمون زمانہ ساز تھا قیس نہ زرشناس مگر میں ان کی زندگی۔ اور حالات، کوائف زندگی۔ ادبی نسلی زندگی کو تفصیل سے پیش کیا ہے۔

عزیز قیسی کے ساتھ مشکل یہ ہوئی کہ ترقی پسند فکران کی گھٹی میں پڑی ہوئی تھی۔ جب جدیدیت پر متذکرہ بالا شرعوں سے ہٹ کر شمس الرحمٰن فاروقی اوران کے ہمنواؤں کا غلبہ ہوا تو انہوں نے ادب میں نظریے۔ سیاسی فکر اور سماجی شعور کی اہمیت کی مکمل نفی کی۔

۱۹۶۷ء میں دلی میں ذہن جدید کانفرنس ہوئی تو حسن نعیم اور دیوندر اسر کے ساتھ عزیز قیسی نے اس رویے کی بھی مخالفت کی۔ ہندوستان کے کسی بڑے شہر میں رہتے بستے یہ رویہ اپنایا بھی نہیں جا سکتا تھا۔ گذشتہ ۵۰۔ ۶۰ برسوں سے تحریکوں۔ دوستیوں۔ زور وزر اور ادبی گروہ بندیوں کا بڑا اثر رہا ہے۔ عزیز قیسی کو اس رویے سے بڑا نقصان پہنچا۔

ان کی آخری نظم شب خون کی شب تھی۔ ازل ابد

مشتاق مومن نے عزیز قیسی کی یاد میں لکھا ہے۔ ان کی نظمیں خود کلامی سے خالی نہیں۔ جو کبھی مکالمے کا روپ بھی اختیار کرتی ہیں۔ انہیں کہانی لکھنے کا بھی اچھا سلیقہ تھا۔ مکالمے یا خود کلامی جب کہانی کا روپ اختیار کرتی ہے تو نظم میں چار چاند لگ جاتے ہیں۔ عزیز قیسی نے اختر راہی کی مثنوی کا مقدمہ لکھا اور اصلاح کی ہے۔

کٹی زبانیں افسانہ شامل ہے۔ یہ شمارہ ۱۱۶ر صفحات پر مشتمل ہے۔

☆

رنگ و بو کا شاعر جمالیات محسن عرفی پر خصوصی شمارہ جنوری ۲۰۰۷ء

سرورق پر تصویر کے ساتھ ایک شعر ہے:

مری خطا پہ عطا اور لغزشوں پہ کرم
مجھے نواز نے والے تیرا جواب نہیں

جلد۔شمارہ۔ا رہے۔ مدیر مجتبیٰ فہیم نے اداریہ متاع لب میں لکھتے ہیں۔

ہر انسان اپنی ذہن کی بساط پر سوچ کے مہرے رکھتا ہے۔اور خود ہی کھیلتا ہے۔اور وہ ہار جیت کے فرق کو کبھی بھی محسوس کر نہیں سکتا۔محسن عرفی بھی اسی زمرے میں آتے ہیں۔کیونکہ وہ شاعری کی ہر صنف سخن میں طبع آزمائی کر چکے ہیں۔لیکن میری رائے ہے کہ وہ صرف غزل کے شاعر ہیں۔کیونکہ ان کا عام فہم انداز بیاں ان کو منفرد بنا دیتا ہے کسی بھی تخلیقی تجزیہ سے گریز نہیں کرتے۔کاش وہ اپنی جان غزل کو ہی سواریں تو یقیناً ان کا شاعرانہ قد کسی حد تک اونچا ہو جاتا۔اس شمارے میں محسن عرفی کے فن اور شخصیت پر کئی مضامین اور ان کی کائنات شاعرہ کا انتخاب شامل ہے۔سہ ماہی رنگ کے بعد ماہنامہ رنگ و بو نے خصوصی شمارہ شائع کیا ہے۔خوشنودی حمد کے اشعار ہیں۔

ہو بندگی خدا کی اطاعت ہو مصطفیٰ کی
خوشنودی مومنو تم حاصل کرو خدا کی
ہے بے نیاز وبرتر اعلیٰ صفات اس کی
مختار کل وہی ہے کل کائنات اس کی

ڈاکٹر سیفی سرونجی نے مضمون منفرد شاعر محسن عرفی میں لکھتے ہیں۔جن شاعروں نے ادبی رسالوں کے حوالے سے اپنی پہچان قائم کی ہے ان میں ایک نمایاں نام محسن عرفی کا بھی ہے۔ان کا پہلا شعری مجموعہ ۱۹۹۷ء لب شیریں پہلے ہی داد تحسین حاصل کر چکا ہے۔اور تازہ دوسرا شعری مجموعہ ۲۰۰۳ء حسن جاناں ہے ان کی غزلوں کے علاوہ بہت خوبصورت اور پیاری نظمیں خاص طور پر متوجہ کرتی ہیں۔ اپنے موضوعات کے اعتبار سے بھی اور ٹکنیک کے اعتبار سے بھی محسن عرفی کے یہاں حسن جاناں ہی

نہیں زندگی کے مسائل اور سماجی برائیوں پر طنز ہے۔

رؤف خیر مضمون شہر سنگ کی جوئے خوش رنگ میں محسن عرفی کے فکر وفن پر اظہار کرتے ہوئے محسن عرفی تقریباً ہر صنف سخن میں اپنے جوہر دکھاتے ہیں۔حمد نعت۔منقبت۔نظم۔غزل رباعیات قطعات۔ماہیے وغیرہ ان کے فکروفن کی ہمہ جہتی دراصل ان کی خلاقانہ صلاحیتوں کی دین ہے۔وہ جہاں نونہالوں کی تربیت کے سامان کرتے ہیں وہیں باکمالوں سے داد پانے کے جتن بھی کرتے ہیں۔

ان کا اصل نام محمد محسن علی خان تخلص محسن عرفی یکم جنوری ۱۹۴۷ء کو پیدا ہوئے۔گورنمنٹ ہائی اسکول تانڈور سے HSC کیا اردو فاضل کامیاب کیا۔محکمہ مال سے وابستہ تھے۔یکم جنوری سے ۲۰۰۵ء ملازمت میں سبکدوش ہوئے۔والد شاہ محمد ٰیس خان حکیم حاذق۔والدہ فاطمہ بیگم تھیں۔

شعری مجموعے:

(۱) شمع فروزاں ۱۹۹۲ء

(۲) لب شیریں ۱۹۹۷ء

(۳) حسن جاناں ۲۰۰۳ء شائع ہوئے۔

کئی ایک انجمنوں سے وابستہ تھے اور اعزازات وانعامات حاصل ہوئے۔

سعید رحمانی شاعر جمالیات:

شاعر جمالیات محسن عرفی میں کہتے ہیں۔انھوں نے تمام اصناف میں طبع آزمائی کی ہے۔عروض میں بھی دستگاہ رکھتے ہیں غزل کی زبان سادہ وہ سلیس ہوتے ہوئے بھی اس میں ایک طرح کی پرکاری پائی جاتی ہے یوں تو ان کی شاعری کی اساس جمالیات پر رکھی ہوئی ہیں جس میں حسن وعشق ہجر وصال، راز ونیاز۔اور لب ورخسار کے روایتی موضوعات، کلاسیکی ذائقہ کا احساس دلاتے ہیں عصری حالات کی ترجمانی کی ہے ان کی شاعری کلاسیکیت، اور جدیدیت کا ایک خوبصورت امتزاج بن گئی ہے جس میں خیال آفرینی بھی ہے اور فکری بلند پروازی بھی، صحیح معنوں میں ان کی غزلیں روح غزل کی نمائندگی کرتی ہیں۔

میرا چاند پہلو میں جس رات ہوگا
وہی رات سب سے حسیں رات ہوگی
یک بیک کیوں آپ شرمانے لگے
آپ بھی کیا فرمانے لگے

ان عشقیہ جذبات اور رومان پرور احساسات کی عکاسی کے علاوہ عصری کرب اور معاشرتی کشمکش کا بھی بڑا خوبصورت اظہار ان کے شعروں میں ملتا ہے۔ آؤ اردو سیکھیں نظم بڑی دین ہے۔ یہ نظم ایک Rhyme کی صورت میں ہے اپنی اختراع پسندی کا ثبوت دیتے ہوئے انھوں نے ایک نئی نظم بھی ایجاد کی ہے یہ نظم مخصوص بحر میں ن ۹ مصرعوں پر مشتمل ہوتی ہے اسے انھوں نے نورسی نظم کا نام دیا۔ ادبی حلقوں میں اس نظم کی بڑی پذیرائی بھی ہوئی ہے۔

ڈاکٹر فاروق شکیل نے رومان پرور شاعر محسن عرفی نے کہا کہ:

طالب علمی کے زمانے ہی سے ان کا رجحان شاعری کی طرف ہو گیا ابتداء میں دامودر پنت زکی سے شاعری کے رموز ونکات سے آگاہی حاصل کی پھر بسمل لکھنوی سے تلمذ حاصل رہا ان کی نظمیں آزاد نظمیں۔ ترائیلے۔ قطعات اور ثلاثیاں پڑھ کر ان کی فنکارانہ خوبیوں کا اندازہ لگایا جاسکتا ہے۔ خصوصاً ان کی نظموں میں اصلاحی انداز خوب ہے۔ جیسے نظم ساتھیو آؤ سپنے سجاتے چلیں۔ اور میکشی چھوڑ دو۔ بہت اچھی ہیں۔ مذہبی شاعری بھی عمدہ ہے۔

جلال عارف نے محسن کی شخصیت اور شاعری میں لکھتے ہیں:

محسن عرفی نے بھی روایت سے انحراف نہیں کیا ہے زبان وبیان کے حسن سے ان کی شاعری بے نیاز نہیں ز.بان عام فہم۔ شستہ اور شیریں ہے زمانے کی تلخیوں کا ذکر بھی ملتا ہے۔ گرد وپیش کے حالات یا عصری تقاضوں کے علاوہ معاشرت وتہذیب کے مختلف رنگوں کو استعمال میں لاکر ماحول کی تصویر کشی کی ہے۔ آج کے انسان کی تصویر۔

بغض دل میں اور کدورت ہے

دوستی جیسے بے ضرورت ہے
چاپلوسی حسد ریا کاری
آج انسان کی ضرورت ہے

مجتبیٰ فہیم: محسن عرفی کی شاعری کی زندگی کی لطافتوں کا جھرنا میں لکھتے ہیں:

ان کو صرف غزل پر عبور حاصل ہے بلکہ غزل ہی ان کی شاعری کی آبرو ہے اور ان کے فن کے قوس وقزح کے رنگ غزلوں میں بکھرے ہوئے ہوتے ہیں ان کی غزلوں میں خیال عام فہم ہے۔ ان کی غزلوں میں شوخی۔ تنہائی۔ کرب۔ اقرار۔ انکار۔ ہجر وصال کی کیفیت پائی جاتی ہے۔ جوان کی غزل کو نیا

آہنگ اور بانکپن دیتی ہے۔

عزیز آصف : نے مضمون احساسات اور جذبات کا شاعر محسن عرفی میں لکھتے ہیں۔ محسن کی شعر خوانی کا اندازہ بھی خوب ہے اس سے کلام کا لطف دوبالا ہو جاتا ہے۔ شاعر عام آدمی سے زیادہ حساس ہوتا ہے اور زیادہ قوت غور وفکر رکھتا ہے۔ عرفی اچھی تخلیقی قوتوں سے متصف ہیں ان کے کلام میں زور۔ بلندی پروازی اور خودداری کے علاوہ شوخی اور بانکپن بھی موجود ہے۔

نادر المسدوسی: نے مضمون شہریار غزل۔ محسن عرفی میں لکھتے ہیں۔

محسن عرفی غزل گو شاعر ہیں غزل گو میں روایات فن کا پورا احترام کیا ہے۔ غزل کے لئے تغزل لازمی ہے۔ تغزل کے بغیر غزل روح کے بغیر بدن کے مماثل ہوتی ہے۔ اور یہ بھی ایک حقیقت ہے کہ غزل تغزل ہی کی بنا پر شاعر کی آبرو قرار دی جاتی ہے۔ اور یہی وجہ تھی کہ غزل اپنے سدا بہار حسن سے ہر دور میں مقبول رہی ہے کیونکہ غزل جذبات اور احساسات اور تخیلات پر مبنی ایک شاہ کار ہوتی ہے۔

ڈاکٹر م۔ق۔ سلیم نے مضمون حسن جاناں کا شاعر محسن عرفی میں لکھتے ہیں:

ان کے دل کی حسن جاناں بڑی حسین ہے انھوں نے اپنی جان کو جس حالت اور ماحول میں پیش کی ہے۔ وہ روایتی بھی ہے اور جدید بھی زندگی کی تلخیوں کو پیش کر کے انھوں نے جاناں کو زندگی بخشی ہے وہ بے مثال ہی نہیں لاجواب بھی ہے۔

شاہنواز شاہ: نے زندہ دل شاعر محسن عرفی میں لکھتے ہیں:

محسن عرفی نے نئے نئے الفاظ اور تراکیب کا استعمال اس طرح کیا ہے کہ قاری اور سامع کو ان کے شعروں کا مفہوم سمجھنے میں دقت نہ ہو۔

تاج مضطر: نے محسن عرفی اور ان کی شاعری میں لکھتے ہیں:

محسن کی شاعری میں بلاغت۔ سلاست۔ اور حلاوت کے ساتھ ساتھ متانت اور تخیل کی اڑان نظر آتی ہے ان کا مجموعہ کلام لب شیریں ان کی شاعرانہ محنت شاقہ اور فکر جمیل کی بلند پروازی کے ساتھ ساتھ سیدھے سادھے اسلوب اور شگفتہ لب ولہجہ کا ترجمان و آئینہ دار ہے۔

حلیم بابر: نے ادب کا محسن عرفی میں لکھتے ہیں:

جناب محسن عرفی کے کلام میں شائستگی حالات کی عکاسی۔ مضامین کی ترتیب اور غزل کا وہ دلنشین بانکپن شامل ہوتا ہے جو غزل کی آبرو وستائش کو برقرار رکھتا ہے۔

ڈاکٹر خلیل صدیقی: محسن عرفی فن اور شخصیت کے آئینہ میں لکھتے ہیں۔

ان کے کلام کے مطالعے سے پتہ چلتا ہے کہ قدیم وجدید رنگوں کی سرحدیں ان کے کلام میں دو طرف سے آکر اس طرح ملتی ہیں کہ قوس قزح کی طرح کئی ایک اور خوبصورت رنگ پیدا ہو جاتے ہیں۔ ان شعروں میں زندگی سے پوری طرح مربوط اور اس کی ترجمان ہم آہنگ ہے۔ محسن عرفی نہایت با اخلاق۔ مخلص۔ محنتی۔ و نیک سیرت و نیک صفت انسان ہیں۔ نرم دم گفتگو، گرم دم جستجو کے مصداق۔ خوش پوش۔ خوش اخلاق۔ سنجیدہ طبع۔ نرم لہجہ۔ اگلی شرافتوں کا نمونہ۔ تحقیقی مزاج۔ استادانہ شفقت سے بھر پور ان کی شخصیت کا خمیر مشرقیت سے عبارت ہے۔ مجموعی طور پر آپ کی شرافت اور آپ کے خلوص نے اپنے دوست احباب کو آپ کا گرویدہ بنا دیا ہے۔

رؤف رحیم: غزل کا محبوب شاعر محسن عرفی۔ جناب محسن عرفی کا نعتیہ کلام حب نبی لئے ہوتا ہے تو غزلیات حسن جاناں۔ محسن نے نظمیں۔ قطعات اور ثلاثیاں لکھی ہیں۔

حسن مکی جامعی بحر ادب کا موتی محسن عرفی میں لکھتے ہیں: محسن صاحب پر امید شاعر ہیں مستقبل کے تعلق سے آپ مایوس نہیں ہیں بلکہ اپنی خوبصورت شاعری سے مایوس زندگی میں امید کی کرن پیدا کر رہے ہیں۔

شاخ انور محسن عرفی فن اور شخصیت میں لکھتے ہیں: محسن عرفی کی شاعری میں حقیقت نگاری۔ سادگی۔ روانی۔ اور آمد ہی آمد نظر آتی ہے۔ بے ساختہ پن پایا جاتا ہے۔

انجم شافعی: نے دور جدت میں روایت کا شاعر محسن عرفی لکھتے ہوئے اصناف شاعری میں انہوں نے واردات قلبی سے متاثر ہو کر اپنے نازک خیالات واحساسات کا اظہار کیا ہے۔

ان کی نظمیں۔ تاج محل۔ خوبصورت مکان۔ حسن انتظام۔ شہید محبت۔ دید اور عید۔ حسن اور عشق۔ لازم وملزوم۔ ایک پہلی کچھ نونہالوں سے۔ آؤ اردو سیکھیں۔ قابل ذکر ہیں۔ سنہ بیتیاں۔ ماں۔ باپ۔ ماں باپ۔ داشتہ آید بکار۔ جان ہے تو۔ بادشاہی۔ قدر ویر۔ چت بھی پٹ بھی میری۔ کم خرچ بالنشیں۔ دریا کے کنارے۔ ۴۸ صفحات پر مشتمل ہے۔

یہ نمبر محسن عرفی کے فکر وفن اور غزل کی خصوصیات پر روشنی ڈالتے ہیں۔ مختلف نقادوں نے ان کے شاعرانہ قد کو متعین ومقرر کرنے کی کوشش کی ہے اتنا بڑا شاعر آج بھی وقار آباد تانڈور کے علاقوں میں موجود ہے۔ گوشہ گمنانی میں چلا گیا ہے۔ لوگوں کو پتہ نہیں کہا ہے۔ آلہ گفتن پر کسی سے بات بھی نہیں ہوتی۔ ☆

رنگ و بو کا ایک شمارہ یوسف ناظم کے نام اگست ۲۰۰۹ء

۱۹۲۱۔۲۰۰۹ء مدیر صاحبزادہ مجتبیٰ فہیم

اس نمبر کا جلد ۱۵/شمارہ ۸/اگست ۲۰۰۹ کو مدیر مجتبیٰ فہیم اور معاون مدیر سیدہ ذکیہ کی ادارت میں نکالا ہے میکش کی غزل شائع ہوئی۔

گرتے گرتے ان کا دامن تھام لے
گرنے والے لغزشوں سے کام لے

متاع لب اداریہ میں مدیر کہتے ہیں

دنیا ادب اردو میں مشہور طنز و مزاح نگار یوسف ناظم صاحب عرصے تک اپنی تحریری سوغات سے ہنساتے رہے طنز کے نشتر چلاتے رہے مزاح کے پھول ہر کسی کے لبوں پر کھلاتے رہے اور ان کے تحریر کئے مضامین پڑھ کر لطف اندوز وہی ہوتے تھے جس کا ذہن معیار کی کسوٹی پر کھرا اترتا تھا لیکن آج وہی ہنسانے والا سب کو رولا کر رخصت ہوگیا یوسف ناظم کچھ اپنے بارے میں لکھتے ہیں وطن میرا جالنہ میری پیدائش سے پہلے جالنہ کو سونے کا پالنا کہا جاتا تھا۔ میرے والد سید محمد ایوب صاحب وکالت کرتے تھے۔ میری ددھیال فرخ آباد۔ ننھیال پتونجہ ضلع فتح گڑھ اور سسرال حیدرآباد تھی اور ہے۔ جالنہ سے میٹرک، اورنگ آباد سے انٹرمیڈیٹ کالج سے OUFA سے بی اے۔ ایم اے کیا۔۱۹۴۴ نومبر حیدرآباد میں ملازمت کی۔ بمبئی ۱۹۷۶ ڈسمبر میں ختم ہوئی۔ شعر کہنے کی عادت اسکول سے ہی تھی۔ مزاح نگاری ۱۹۴۴ سے شروع کی۔

میں اس بات کا قائل ہوں کہ مزاح نگاری شائستہ نگاری ہے۔ کیونکہ ظرافت نہ توام الخبائث ہے نہ بنت الطائف۔ یہ شرافت کی سہیلی نہیں بہن ہے اور بڑی اور اگر ظرافت کی شاخ ہے تو شرافت میں فن کی بات کہاں سے آگئی ہے شرافت نہ اداکاری ہے نہ فنکاری۔

احمد جمال پاشاہ ان کے فن کے بارے میں کہتے ہیں کیف وکم۔ فٹ نوٹ۔ دیوار یے ان سے ادب میں ان کی انفرادیت ہے۔

ڈاکٹر مظفر حنفی نے کہا یوسف ناظم کے ہاں کہیں لفظوں کی الٹ پھیر سے مزاحیہ فضا تشکیل پاتی تو کہیں مضحک صورت کے یہاں سے طنز کی کاٹ وجود میں آئی ہے زبان کی نزاکتوں اور طاقتوں سے ان کی گہری آشنائی ہے۔ چنانچہ اس آہنی لوہے کو موم کی طرح موڑ توڑ کر بڑی دلچسپ اور دکھی آہنی مصنوعی مضحکہ خیز مورتیں تیار کرتے ہیں۔

پروفیسر ظفر احمد نظامی: یوسف ناظم فن اور شخصیت میں لکھتے ہیں۔

۱۹۴۴ میں شاعری کا شوق چرایا مصرعہ پر مصرعہ لگایا۔ اساتذہ کے دواین کھنگالے دل میں نت نے درد پالے۔ پھر ہنسنے ہنسانے کے قائل ہوئے طنز و مزاح کی بابت مائل ہوئے راہ سخت اختیار کی۔ مزاح نگاری شکار کی۔ تراجم میں سر کھپاتے رہے کالم نگاری سے دل جلاتے رہے۔ اچھی بری تحریروں کی سفارش کی دھڑا دھڑا تبصروں کی بارش کی مضامین کے پہاڑ اٹھا دیتے۔ کتابوں کے ڈھیر لگا دیئے۔ ان کے قلم نے کرم کیا فٹ نوٹ کی کیف وکم کیا قلقل کا ظیفہ پڑھا۔ فی الحال کا جادو چڑھا فی البدیہ مضامین لکھے۔ ایک دو نہیں تین تین لکھے ہر مسئلہ پر غور کیا فی الحقیقت فی الفور کیا کھینچ کر خوب صورت ریکھا امریکہ کو اپنی عینک سے دیکھا۔

برائے نام سے نام کمایا منجملہ اپنا رنگ جمایا یاروں کا ذکر خیر کیا بیان قصہ غیر کیا۔ پھر ورنہ کو البتہ سے ملایا۔ ممبئی کو کلکتہ سے ملایا۔ دیوار پے سے سر مارا دوسروں پر غصہ اتارا۔ مائل بہ التفات ہوئے۔ وقف بالکلیات ہوئے۔ مزاح کو مشرف بہ شگوفہ کیا۔ بغداد کو متعارف کوفہ کیا۔ وجد کی کتاب نمائی کی تکمیل کی شاذ سرائی کی۔ برتری کے نغمے الاپے کبیر کے دوہے ناپے مصرف علیک سلیک ہوتے کبھی بسکٹ کبھی کیک ہوتے۔ مزاح کا رفقط کیا کوئی کام نہ غلط سلط کیا انہوں نے مزاح کو وقار بخشا طنز کو اعتبار رہے۔

زیر لب مسکراتے رہتے ہیں
دوسروں کو ہنساتے رہتے ہیں

ڈاکٹر وحید اختر کہتے ہیں ان کی حسن مزاح لطیف ہے چھوٹے چھوٹے ترشے ہوئے فقرے اور اشعار ان کے طنز کی خصوصیت ہے ان کے یہاں طنز و مزاح باہم اس طرح مل جاتے ہیں کہ ان میں فرق مشکل ہے۔ ان کے مزاح ہو یا طنز تبسم زیر لب کی کیفیت پیدا کرتا ہے اس باب میں دوسرا ان کا حریف نہیں۔

مسیح انجم کہتے ہیں یوسف ناظم دیکھنے کی چیز نہیں ہیں۔ محکمہ پولیس میں بھرتی کے لئے جو شرائط مقرر کی گئی ہیں ان کا اطلاق یوسف ناظم پر ہرگز نہیں ہوتا وہ صرف کے یوسف ہیں۔ پتہ نہیں خوب صورتی

کی تقسیم کے وقت کہاں تھے۔لیکن خدا نے اس کی تلافی یوں کی کہ سارا حسن قلم کو عطا کر دیا۔

ڈاکٹر سلیمان اطہر جاوید یوسف ناظم کا فن پر لکھتے ہیں:

ان کا طنز و مزاح کچھ ایسا اعلی۔علمی۔اور وقیع ہوتا ہے کہ عام آدمیوں کی فہم کی زد میں نہیں آتا۔ ان کے طنز و مزاح سے لطف اندوز ہونے کے لئے ایک خاص ذوق وذہن کی ضرورت ہے۔غور وفکر کی ضرورت ہے ان کی فکر فلسفیانہ ہے اوران کی تخلیقات اسی فلسفیانہ عنصر کے باعث معنویت کی گرہ فوراً نہیں کھولتیں انہیں پڑھے پڑھے اورغور وفکر کے کام لیجئے تب کہیں معنویت کے گہر ہاتھ آتے ہیں وہ اردو طنز ومزاح میں اس روایت کے امین ہیں جورشید احمد صدیقی اور مشتاق احمد یوسفی سے ہوتی ہوئی آگے بڑھ رہی ہے اسلوب اورزبان وبیان سے طنز ومزاح پیدا کرنے کی روایت جیسے جیسے شستہ وشائستہ طنز ومزاح پڑھنے کا ذوق عام ہوتا جائے گا یوسف ناظم کی مقبولیت اور ہردل عزیزی بھی عام ہوتی جائے گی۔اردو تنقید نے ان کی طرف توجہ دی ہے دیتی ہے۔

اپنا فرض اور یوسف ناظم کا حق ادا کرنے کی ضرورت ہے ان کے علاوہ جاوید کے ان کے افسانے اورتحریروں کا تجزیہ کیا ہے۔

ندیم صدیقی نے چراغ چشم تر پھر روشن ہوئے یوسف ناظم کی آمد ورفت کی روداد مکتبہ ہم زبان کراچی سے مضامین کا مجموعہ زیرغور ۱۹۸۹ میں شائع ہوا۔

بچوں کے لئے لکھا۔الف سے ے تک۔مرغی چار ٹانگیں۔بکرے کی تعریف امریکہ میری عینک سے ایک سفرنامہ بھی لکھا۔۱۹۸۸ میں شائع ہوا۔

رسائل کے نمبر بھی مرتب کیے۔

کتاب نما دہلی کا سکندر علی وجہ شاعر اور شخص شگوفہ کا ہندوستانی مزاح نمبر۔

تکمیل سہ ماہی کا عزیز پیسی نمبر

ان پر گوشہ نمبر نکالے رسائل نے

سیماب۔شاعر۔شگوفہ۔

دامن یوسف کتاب شائع ہوئی۔

خون آدم بہے سڑکوں پہ تو رنگینی ہے
آج کے دور کی قیمت ہی فلسطینی ہے

مجتبیٰ حسین نے ایک نظر میں لکھتے ہیں جوں جوں ان کی عمر بڑھتی جارہی ان کا قلم اتنا ہی شوخ وشنگ۔ چلبلا تیز طرار۔ برجستہ بے ساختہ۔ کھلنڈرا اور بے تکلف ہوتا جاتا رہا ہے۔ کلاسیکی ادب سے گہری واقفیت کے باعث ان کے اسلوب میں ایک ایسا رچاؤ آہنگ اور اہتمام نظر آتا ہے جو بہت کم مزاح نگاروں کو میسر آیا ہے ایسی یہ بساط کہ بھی بسیط ہو۔

ان کے افسانوں کو جگہ دی۔نشان ابہام۔بارات

موت مرزا غالب کی صحت جسمانی تبصرہ۔

ڈاکٹر رفیعہ شبنم عابدی ایک نظر میں غالب کی زندگی اور کارنامے کو مزاح رنگ دیا۔ان ہی کے انداز میں مراسلت ہو رہی ہے۔شاید غالب نے ایسے موقع پر کہا تھا۔

بلائے جاں ہے غالب اس کی ہر بات عبارت کیا اشارت کیا۔ادا کیا پروفیسر عائشہ شیخ نے صوفی جیسا مست قلندر یوسف ناظم منظوم نظم لکھی طنز ومزاح کا ایک سمندر یوسف ناظم۔علم وہنر کا روشن گوہر یوسف ناظم عقل وفہم روشن جس کی تحریروں میں ہرالجھن کا حل جس کی تدبیروں میں کرشن چندر کہتے ہیں۔یوسف ناظم رفتہ کے قائل ہیں ان کی ظرافت کے معیار۔متن۔شائستہ اور مہذب ہے۔اختصار کے فن میں وہ پطرس کے قریب ہیں اور اپنے اسلوب کے مزاح کے اعتبار سے رشید احمد صدیقی کے طرفدار نظر آتے ہیں۔اور یہ دونوں مدرسہ فکر مزاح کے باب میں ایک دوسرے سے اس قدر الگ الگ ہیں اور دور دور ہیں کہ حیرت ہوتی ہے کہ یوسف ناظم نے کیسے ان دونوں خوبیوں کو اپنی تحریر میں یکجا کر دیا ہے وہ بالکل نئی چیز معلوم ہوتی ہے۔

نریندر لوتھر۔موضوع کوئی بھی ہو اس پر ناظم کا لکھا ہوا مضمون قاری کو تبسم زیر لب پر مجبور کر دیتا ہے اور اس کے بعد بصیرت میں اضافہ کا ایک لطیف احساس پیچھے چھوڑ جاتا یوسف ناظم کا مطالعہ وسیع تر ہے نظر تیز اور دل حساس ان مرکبات سے تو صرف ایک ہی چیز پیدا ہو سکتی ہے ایک اعلی درجہ کا مزاح نگار اور وہی ہو ان کی تحریر کی روانی میں کہیں جھول نظر ہیں ۳۲ صفحات پر مشتمل ہے۔

☆

رنگ و بو مارچ اپریل ۲۰۱۰ گوشہ راجا مہدی علی خاں

یہ رسالہ صاحبزادہ میکش اور عزیز قیسی کی یاد میں ۱۶ سال شائع ہو رہا ہے جس کا جلد نمبر ۱۶ / شمارہ ۳ / ہے مدیر صاحبزادہ مجتبیٰ فہیم معاون مدیرہ سیدہ ذکیہ ہے عزیز قیسی کی نظم پورے چاند کی رات

حنا بدست سمن فام سو سنگھار کئے
حسین ہاتھوں میں مہتاب کا چراغ لئے
اتر رہی ہے شب ماہ نرم زینوں سے
قدم بچا کے ستاروں کے آبگینوں سے

متاع لب کے عنوان سے اداریہ خود انہوں نے لکھا ہے:

اس گوشہ میں راجا مہدی علی خاں کی مثنوی قہرالبیان کی اشاعت ہے اس کی اشاعت ۱۹۶۲ء دیں صلاح الدین احمد کے ادبی جریدے ادبی دنیا میں ہوتی تھی۔ تب اس مثنوی کے چرچے ادبی دانشوروں کے لب بام پر تھے۔ پھر یہی مثنوی ۱۹۷۱ / رسالہ آئینہ ادب میں شائع ہوگی اس کے بعد کاغذی پیرہن ۲۰۰۷ء میں شائع ہوئی۔ ماضی کے سوغات نواب داغ مرزا دہلوی

غضب کیا تیرے وعدے پہ اعتبار کیا
تمام رات قیامت کا انتظار کیا

پروفیسر وسیم بریلوی کہتے ہیں: شعر وادب کے حوالے سے شاعری کا درجہ اور شاعر کے تدفین کرنے کے سلسلے میں اردو کی تنقیدی اصطلاحات کا اتنا بے جا اور مجرمانہ استعمال ہوا ہے قابل ذکر شعری کاوش میں پر رائے زنی کے لئے لفظ تلاش بھی دخاصی شوار ہو کر رہ گئی ہے مگر سچ کو سچ کہنے کے لئے عقل لفظی آتش بازی کی چنداں ضرورت نہیں۔ لفظ دیہات سے چلے حسیب سوز ایسی ہی مضبوط زمین والے کھر درہ زمینوں کے کھر سہے مگر ہرے بھرے شاعر ہیں اپنی قصبائی اساسی کے باوجود انکی شاعری شہری زندگی کی بے رنگ نما ہمواریوں محرومیوں مجبوریوں اور ظالم ناانصافیوں کو چونکا دینے والے اندازہ میں پیش کرتے ہوئے پہلے دل پر چھاپ چھوڑتی ہے۔ بعد میں زبان وبیان کے غیر آزمودہ رویوں کے

بارے میں سوچنے کی اجازت دیتی ہے یہ ہنر انہیں ایسے فنکاروں میں لا کھڑا کرتا ہے جنہیں اپنے آج سے زیادہ آنے والے کل پر بھروسہ ہے۔ راجہ مہدی علی خاں کی مثنوی قہرالبیان۔ قہرالبیان کے اشعار پیش کیئے گئے ہیں۔

شاعراوریار

وزیرآغا سنو میری کہانی

اگرچہ یہ قلم کی ہے زبانی

کہانی درد سے بھرپور ہے یہ

کہ تصویر دل رنجور ہے یہ

دم آغاز دونوں اور اک واہ

میرے چہرے پہ اس کو رحم آیا

آغاز داستان یہ کوئی چھے برس پہلے کی بات ہے۔ نہ تھی جب فکر کوئی مجھ کو دن رات میرا اغوا۔ ولوخاں یہ حباب اندر۔ عہدو پیماں۔ میں اور ٹیس۔ آسماں کی کارکردگی۔ رہے نام اللہ کا قرض خوابوں سے جنگ۔ حسینہ سے میری پہلی مکاری۔ پہلا سبق۔ شاعر اصلی کی تعریف۔ شاعروں پر ایک لکچر معشوق کی چال۔ معشوق کی زلفیں قد محبوب۔ اچھی آنکھیں متفرقات عشق کا موسم ایک اور لکچر۔ حسینہ اور نو مہینے فراموش کردند عشق۔ شمع حزیں۔ مخدوش حالات پڑوسن کی تباہ کاری۔ حسینہ اور ادیب۔ بنت گراموفون۔ کچھ وزیرآغا کے بارے میں معرکہ کمزور اسلام۔ خون ریز جنگ بہشت آں جاں۔ چار رکعت نماز قرض۔ میری مختصر سی دعا۔ بہار آخر شد۔ آخری منظر۔

وزیرآغا اردو ادب کا فنا ڈو میں لکھتے ہیں: راجہ مہدی علی خاں زندگی کا کرب مسلسل ہے انہوں نے دکھ سہے اور کرب میں مبتلا رہے پھر بھی ہنساتے رہے ان کی زندگی اور فن پر روشنی ڈالی ہے۔

حیرت کی بات یہ ہے کہ یہ شخص جس کی زندگی ایک مسلسل کرب کی تصویر تھی جب شعر کہنے لگتا تھا تو اس کے قلم سے خون کے بجائے امرت چھلکتا تھا۔

آنسوؤں کے بجائے تبسم ریزہ ہو کر بکھر جاتا تھا اور ایک عالم اس کی میٹھی باتوں میں اپنے دکھوں کا مداوا تلاش کرتا تھا۔ راجہ مہدی علی خاں بھی اردو ادب کا فنا ڈو تھا کہ اگرچہ اس کی اپنی ذات دکھوں محرومیوں اور نارسا آرزؤں کی آماجگاہ تھی لیکن اس کی زبان اور قلم خوشیوں اور قہقہوں کی تقسیم پر مامور

تھے۔راجہ مہدی ایک عظیم مشن لے کر اس دنیا میں آیا اور تقریبا ۳۰ برس تک اس کام کے علاوہ اس نے کئی اور کام سے سروکار تک نہ رکھا۔

راجہ مہدی کا فن چپ کی آگ میں جل کر راکھ نہیں ہوا بلکہ اس آتش سے کندن بن کر نمودار ہوا تھا بیشک وہ اپنی ادبی زندگی کے ابتدائی دور ہی میں چند نا قابل فراموش نظمیں لکھ کر اردو کے طنزیہ اور مزاحیہ ادب میں ایک ابدی مقام حاصل کر چکا تھا راجہ مہدی کا کلام ایک ایسا آئینہ ہے جس میں ہمیں اپنی اصل صورت صاف نظر آتی ہے۔لیکن نہ اتنی مسخ شدہ حالت میں کہ ہم رو پڑیں۔اور نہ موئے قلم کے لمس مکرر کے ساتھ کہ ہم کسی فریب میں مبتلا ہو جائیں۔انکے برعکس وہ ایک ایسی تصویر پیش کرتا ہے جسے دیکھتے ہی ہم بے اختیار ہنس پڑتے ہیں اور ہمارے جذباتی ابال میں اعتدال اور توازن پیدا ہو جاتا ہے۔ فنی مہارت کے ساتھ یہ کام انجام دیا ہے۔

احمد جمال پاشاہ نے کہا راجہ مہدی علی خاں کے انداز بیان میں کہتے ہیں۔

ایوان ظرافت میں مہدی علی خاں کی نہیں سب سے معصوم منفرد صحت مند زندگی اور زندہ دلی سے بھر پور تھی۔ جینے اور جلانے کی ادائیں حیات کی جلوہ سامانیاں اور شوق وتبسم کی مستیاں ان کی باغ و بہار شاعری کے دامن خنداں میں ہمیشہ اسی طرح ان کی ہنسی کے کوندے کے لئے رہی ہو۔ پھول رسالے میں پہلی تخلیق شائع ہوئی بچوں کے نظمیں لکھیں۔

بچوں کی توبہ چور کی دعا۔چار بچے۔خرگوش کی غزل۔

ننھی جوگن خدا کی تلاش میں نگوڑا۔ مہربان ہو کے بلالو۔غالب اپنے گھر

غزل آبرو کیا خاک اس گل کی جو گلشن میں نہیں لاکھ بلواتا ہوں آتیں میرے آنگن میں نہیں

دیپک کنول کا افسانہ فوجی شائع ہوا جہاں رنگ و بو کے خطوط شائع ہوئے۔

اخباروں رسائل پر مناظر عاشق ہرگانوں کا تبصرہ لے کر مستقل کالم میرا مطالعہ شائع ہوا اخبار اردو اسپین۔تمثیل ظرافت رسائل پر تبصرہ ہے۔یہ شمارہ ۳۲ صفحات کا ہے اسی شمارے میں اپریل ۲۰۱۰ کا شمارہ شامل کر کے شائع کیا گیا جس کا جلد ۱۶ شمارہ ۴ ہے مشمولات میں غزل مکیش۔متاع دب۔اداریہ دست صبات ماضی کی سوغات ۔فراق ادبی سوغات اصغر ویلوری۔غزلیں ظہری غازی پوری ۔ زبانوں غزلیں ڈال کر قمر رئیس بہرائچی۔غزلیں کرشن پرویز کی شاعری گذر چکی ساحل احمد۔احمد امام کی غزل کے غربیلے مختار ٹونگی ۱۶ ر صفحات کا مختصر شمارہ ہے۔ ☆

ماہ نامہ رنگ و بو کا خصوصی شمارہ صاحبزادہ میکش کے نام

فبروری ۲۰۱۴ حیدرآباد

ماہ نامہ رنگ و بو لگ بھگ ۲۷ سالوں سے مدیر اور فرزند جناب صاحبزادہ میکش حیدرآبادی جناب مجتبیٰ فہیم کی ادارت میں نکل رہا ہے زیر نظر شمارہ کے سرورق پر صاحبزادہ میر محمد علی خاں میکش کی تصویر شائع ہوئی ہے۔ اس کا جلد نمبر ۲۰ رشمارہ ۲ رفروری ۲۰۱۴ ہے RNINO.52985-94 K-232-Press-8 B 1-123-94

یہ رسالہ صاحبزادہ میکش اور عزیز قیسی کی یاد میں ہر ماہ شائع ہوتا ہے۔ معاون مدیرہ سیدہ ذکیہ ہے ہر شمارے کے سرورق پر میکش کا ایک شعر

تو نے کی تخلیق اے محو خرام جستجو
قطرہ خون جگر سے کائنات رنگ و بو

ایک غزل بھی شائع ہوئی ہے جس کا مطلع اس طرح سے ہے۔

ہم ہنسی میں دل کے صدمے سہ گئے
ہنستے ہنستے قصہ غم کہہ گئے

میکش کا انتقال ۳۰ سال کی عمر میں ہوا۔ علامہ اقبال حضرت امجد حیدرآبادی نے بھی میکش کے کلام سے متاثر ہوئے بنا نہ رہ سکے اس سے مکیش کی عظمت شہرت مقبولیت کا اندازہ لگایا جاسکتا ہے۔ جواں مرگ شاعر کے فن اور شخصیت پر مضامین ہیں۔

صفحہ تین پر شجرہ دیا گیا ہے نواب میر قمر علی خاں ۱۷۲۴ میں ایک علاوہ مملکت آصف جاہی کا اعلان کر دیا میکش کے والد بزرگوار نواب میر جہاندار علی خان اور دادا میر جہانگیر علی خاں مہر سلطنت آصف جاہی میں بلند عہدوں پر فائز تھے۔ وہ طبقہ صاحبزادگان سے تعلق رکھتے تھے طبقہ صاحبزادگان ملازمت کرنا ایک معیوب بات سمجھتے تھے۔ صاحب اقتدار حکومت کرنا جانتے تھے کسی کے زیر نگیں پرورش پانا اس

طبقہ میں بہت حقیر بات سمجھی جاتی تھی لیکن میکش کے دادا نے طبقہ صاحبزادگان میں سب سے پہلے سرکاری ملازمت اختیار کی جاگیردارانہ نظام اور سماج میں سرکاری ملازمت کرنا کمزوری کی علامت سمجھی جاتی تھی۔

حدیث عمل کے تحت اشعار شامل ہے:

شان خود داری میں پنہاں بے خود کا راز ہے
لطف روز زندگانی غیر فانی ساز ہے

ماضی کی سوغات کے تحت

سکوت کوہ دریا کی روانی برق کی لرزش
خزاں کی وحشتیں ساون کے نغمے ابر کی گردش
یہ مانا تیرے دل میں آرزو بے چین رہتی ہے
رگوں میں خون بن کر آتش سیال بہتی ہے

میکش چند مشاہیر کی نظر میں:

علامہ اقبال سے جب لاہور میں میکش سے ملاقات ہوئی تو یوں کہا کہ اس عمر اور اس علمیت کا شخص اتنا مشہور شاعر ہوسکتا ہے منقول از محمد اکبرالدین صدیقی ۱۹۳۸۔

امجد حیدرآبادی نے ۱۹۳۸ء میں کہا کہ میکش کی بعض غزلیں سن کر حضرت امجد نے اپنے خاص انداز میں فرمایا تھا کہ کہنے والا کوئی اور ہے اور یہ واقعہ ہے کہ کہنے والے کی عمر اور اس کی جذبات اور خیالات کی نزاکتوں اور اسالیب کے لطف کو پیش نظر رکھتے ہوئے یہی بات زبان سے نکل جاتی ہے۔

ڈاکٹر روز ۱۹۳۸ء میں کہتے ہیں گر یہ تبسم جدید اردو شاعری میں ایک اضافہ ہے اور ظاہر کرتا ہے کہ اگر اس نوجوان شاعر کی کماحقہ قدر کی گئی تو اردو زبان مستقبل قریب میں ایک اچھے شاعر سے بہرہ مند ہوگی۔

ڈاکٹر عبدالقادر سروری ۱۹۳۸ میں لکھتے ہیں: واقعہ یہ ہے میکش کا کلام حسن خیال اور لطف گفتار کا عجیب اور دلاویز مجموعہ ہے حیات کے کافی وسیع پہلوان کی فکر کے موضوع بنے ہیں اور ان پر کہنہ مشق شعراء کی طرح انہوں نے دلکش نظمیں لکھی ہیں۔

ابوظفر عبدالواحد ۱۹۳۸ میں کہتے ہیں وہ بچپن سے شعر کہتے ہیں۔ بہت کم افراد کو ان کے

شاعر ہونے کا یقین ہوتا تھا کم عمری کے زمانے میں بھی بعض ایسے شعر کہے کہ بڑے بڑے صاحب سخن بھی دنگ رہ گئے ۔اوران کی فطری صلاحیتوں کا اعتراف کرلیا۔اس میں شک نہیں کہ یہ مجموعہ گریہ وتبسم ایک عہد اضطراب کا آئینہ دار ہے اضطراب کے یہ نشان آپ کو میکش کے ہاں بھی منزل بہ منزل ممکن ہے تاہم شدت احساس بلندی عزائم اور شباب عمل کی تڑپ ایک شاندار مستقبل کی نشاندہی کرتی ہے۔

ابراہیم جلیس ۱۹۳۸ میں کہتے ہیں۔ ہاں میکش اپنے دل کا لہو دے دے کر دکن کے بھیانک ادبی اندھیرے میں اپنی شاعری کا چھوٹا سا چراغ جلاتا رہا اس کے چراغ کی روشنی نے کتنے ٹھوکر کھانے والوں کو سنبھالا ہے اور سنبھلنے والوں کو کیا پتہ کہ یہ روشنی دراصل میکش کے جگر کا وہ لہو ہے جو تقطیہ ہو کر روشنی بن گیا۔

مغنی تبسم نے ۱۹۸۶ میں کہا کہ حیدرآباد کی ادبی تاریخ میں صاحبزادہ میکش اوران کے معاصر قلم کاروں نے نئے رجحانات کی ترسیل کے فریضہ انجام دے کر روایتی شاعری کو نئے افق سے آشنا کیا۔ میکش اپنے اسلوب کے منفرد شاعر تھے ان کے کلام کو پسند کرنے والوں میں علامہ اقبال اور حضرت امجد ایسے بزرگوں کے نام ہی میکش شناسی کے لئے دستاویزی اہمیت رکھتے ہیں۔

عزیز قیسی ۱۹۸۶ نے کہا کہ میکش کی وفات کے ساتھ ایک دو ہی نہیں کئی روایات کی بھی وفات ہوگئی میکش اپنی شاعری کی طرح اپنے کردار میں بھی بے مثال تھے۔حضور نظام نے فرمان کے ذریعہ جب انہیں محروم امارت قرار دیا تو میکش نے معافی نہیں مانگی اور زندگی کے نامساعد حالات کا پورے حوصلے سے سامنا کیا۔

یوسف ناظم ۱۹۸۶ء میں کہتے ہیں مخدوم اور میکش ایک شعر کے دو مصرعوں کے مصداق تھے۔

رشید قریشی ۱۹۸۶ میں لکھتے ہیں میکش زمانہ سازی اور زمانہ شناسی سے بے نیاز پرورش لوح وقلم کا منصب ادا کرتا رہا اس کی آواز بغاوت کی للکار اور زندگی کی لطافتوں کا جھرنا تھی۔

اختر حسن ۱۹۸۶ میں یوں رقم طراز ہیں میکش کا دور تاریخ کا ایک انقلابی دور تھا میکش میموریل سوسائٹی اس عہد کا ایک انقلابی دور تھا میکش میموریل سوسائٹی اس عہد کی گم شدہ کڑیوں کی بازیافت کا فریضہ انجام دے گی۔میکش اک عہد آفرین شاعر تھے ان کی شعری تخلیقات دنیائے ادب میں ہمیشہ زندہ رہیں گی۔میکش نے اپنے شعری سفر کا آغاز نشاط ومسرت کی سرحدوں سے شروع کیا اور حکمت وبصیرت اور عصری حسیت وذہانت کی منزلوں تک بے تکان آگے بڑھتے رہے۔

حسن چشتی شکاگو کا مرسلہ مضمون صاحبزادہ میکش ازشاہ بلیغ الدین پاکستان میکش کی زندگی جامعہ کی تعلیم اور مثنوی شعری سفر کے آغاز کے محرکات پر لکھتے ہوئے کہتے ہیں اس کی نظموں میں رومانیت کے ساتھ وطن کا دکھ درد آزادی کی تڑپ اور احترام آدمیت کا بھرپور جذبہ موجود ہے چاہے جامعہ عثمانیہ ہو جامعہ علی گڑھ ہو یا جامعہ پنجاب اس دور کی نئی نسل کے سبھی شاعروں میں یہ روح عصر موجود ہے۔

یوسف احمد صدیقی میکش کی رباعیاں یہ مضمون میکش کی یاد میں اقامت خانہ عثمانیہ کی ایک محفل میں پڑھا گیا اس میں ان کی رباعیات کا تجزیہ ملتا ہے کئی ایک رباعیات کا موضوع فکر وفن پر بات کی ہے یعنی رباعیات کی تشریح کی ہے میکش کے فکر وفن کے بارے میں کہتے ہیں۔

یہی وہ سرزمین تھی جہاں اس کے ذوق فکر کی نمو ہوتی تھی یہی فضاء تھی جہاں سے پہلی بار اس کا وجدان مصروف رقص ہوا تھا پہلے تو وہ صرف محمد علی خاں تھا اور اسی جگہ سے وہ میکش ہو کر نکلا کچھ ماضی کی یاد تڑپاتی ہے کچھ حال کا گذار ہوتا یہی وہ ہوائیں ہیں جن میں اب بھی میکش مخدوم وجہ نیر باقی اور ساز کی خوش الحانیاں گونج رہی ہیں یہی وہ پتھر ہیں جن کے سینوں میں ان کی ترنم ریزیاں دفن ہیں یہی درخت یہی ذرات یہی صبح یہی شام ان کے نظموں کے کبھی آشنا تھے سب کچھ جوں کا توں ہے فطرت نہیں بدل سکتی وہ نہیں بدلی ہم بھی میکش اور ان کے محاضرین شعراء کے نقش قدم پر چلیں۔

غزلیں شائع ہوئی۔

شراب ناب کو دو آتشہ بنا کے پلا
پلانے والے نظر سے نظر ملا کے پلا
گرتے گرتے ان کا دامن تھام لے
گرنے والے لغزشوں سے کام لے
میری محویت کو گرما کر ہنسے
برق سی ہونٹوں پہ لہرا کر ہنسے
تنہائیوں میں اکثر وہ دل پہ ہاتھ رکھ کر
سنتا ہوں میرے شعروں کو گنگنا کے روئے
میں ستم رسیدہ عشق ہوں مجھے یوں نظر سے گرانہ دے

میری حسرتوں کو فنا نہ کر میری آرزو کو مٹا نہ دے
کٹ جائے امتحان محبت میں زندگی
ہاں آزمالیا ہے تو پھر آزما کے دیکھ
بے چینیاں و نور محبت کی دل سے پوچھ
میرے بیان شوق کو اپنا بنا کے دیکھ

کشمکش ۔ ہندوستان ۔ ننھے فہیم سے نئی نسل کے نام اپنے دوسالہ بچے کی توسط چند رباعیات دی گئی ہیں۔ میرا مطالعہ کے تحت فکر و تحقیق تحقیقی زاویے ترسیل ۔ جہاں اردو۔ بزم ادب ۔پیش رفت کا جائزہ مطالعہ شامل ہے ڈاکٹر مناظر عاشق ہرگانوی کی مطبوعہ کتابیں ۱۵۶ کی فہرست دی گئی ہے۔ اور ہرگانوی پر جملہ۱۳ کتابوں کی فہرست دی گئی ہے۔۴۰ صفحات کے اس خصوصی شمارے میں میکش کے تعلق سے مشاہرین ادب کے تصورات اور رجحانات ان کی شاعری وفکروفن کے بارے میں ہے۔اقبال امجد نے جب تعریف کی ہے تو کتنا بڑا شاعر ہوگا۔ اپنی مختصر ۳۰ سالہ زندگی میں اردو ادب و شاعروں کو منفرد رجحانات موضوعات اسلوب دے گیا۔شاعری میں تنوع جدت ندرت بیدرکی اور محاضرین میں انفراد قائم کیا۔ دوآشتہ ایک مجموعہ ہے لیکن کئی شعری مجموعوں پر بھاری ہے۔اردو میں کم مختصر زندگی پانے والا شاید یہ واحد شاعر ہے۔ یہ انفرادیت سے کچھ کم نہیں۔

☆

ماہنامہ رنگ و بو حیدر آباد اکتوبر ۲۰۱۴ کا ڈاکٹر محمد علی اثر نمبر

مدیرہ ماہ نامہ رنگ و بو مجتبیٰ فہیم نے اکٹوبر ۲۰۰۴ کو ڈاکٹر محمد علی اثر نمبر نکالا اس کا جلد نمبر ۱۱ رشمارہ ۱۰ ار ہے معاون ذکیہ ہیں جملہ ۸۳ صفحات کا ہے سرورق پر بڑی تصویر محمد علی اثر کی ہے دوسرے اور صفحات پر ان کی ادبی خدمات پر مشتمل تصویر میں سمینار میں مقالے پڑھتے ہوئے دیکھا گیا ہے صاحبزادہ میکش کی غزل چھپی ہے۔

مسلسل محبت غم جاودانی ملی بھی تو ایسی ملی زندگی متاع لب میں مدیر کہتے ہیں پروفیسر محمد علی اثر ہمارے دور کے معتبر ادیب محقق شاعر اور نقاد ہیں جن کی تحقیقات اور تخلیقات اور تحقیقات اس کا ثبوت ہیں۔ اسی خصوصی نمبر میں اردو ادب کی قدر آور شخصیتوں کے مضامین جو شائع کئے جارہے ہیں ان کو پڑھنے کے بعد فن کے آئینے میں فنکار کا چہرہ صرف دکھائی دیگا۔ اس میں محمد علی اثر کے فن کے وہ گوشے بھی روشن نظر آئیں گے۔ جو قاری کی نظروں سے اب تک اوجھل رہے ادارہ رنگ و بو اس نمبر کی اشاعت پر دے دیا ہے حمیرہ فاطمہ نے پروفیسر محمد علی اثر سوانحی کوائف لکھا ہے۔

ان کا نام محمد علی تخلص اثر ہے والا حکیم شیخ محبوب صاحب مرحوم والدہ غفور النساء بیگم ۲۲ رڈسمبر ۱۹۴۹ء حیدر آباد میں پیدا ہوئے حیدر آباد میں ابتدائی اعلی تعلیم مکمل کی ۱۹۷۱ میں OU سے ایم اے کیا PhD بھی OU سے دکنی غزل کی نشو ونما پر کام کیا۔ OU میں ہی جز وقتی۔ اڈھاک۔ مستقل لکچر رشپ کی ریڈر پروفیسر پر ترقی ہوئی جملہ ۳۶ تصانیف ملتی ہیں سردار سلیم کا ایک مصاحبہ اثر نے میں ان کی زندگی حیات اور ادبی کارناموں پر گفتگو ملتی ہے۔ پروفیسر مرزا اکبر علی بیگ نے یار طرح دار میں لکھتے پروفیسر محمد علی اثر ایک پہلو دار شخصیت کے حامل ہیں وہ ادیب محقق نقاد ماہر دکنیات کامیاب استاد ہونے کے علاوہ ایک ممتاز شاعر بھی ہیں ابھی تک ان کے چار مجموعہ کلام شائع ہو چکے ہیں ان کے علاوہ تحقیق وتنقید کی ۷ کتابیں تدوین کی ۴ رپورتاژ کی ایک ترتیب کی کتابیں دیگر ترمیم واضافے ۲ روضاحتی کتابیات ۲ رتذکرہ شائع ہو چکے ہیں مذہبی شاعری کی طرف راغب ہوئے۔ نعت رسول خدا۔ انوار خط روشن شائع ہوئے ظہیر غازی پوری نے کہا کہ اثر محقق نقاد اور شاعر تھے۔

ڈاکٹر محمد علی اثر کی تحقیق میں گہرائی بھی ہے اور تنقیدی شعور بھی ایک اچھے مصنف کی طرح اپنی تحقیق کو اچھے اسلوب میں پیش کرنے کا سلیقہ بھی۔

بقول ڈاکٹر گیان چند جین جہاں کامیاب غزلیں جلوہ ساماں ہیں وہیں ان کی نظمیں اپنے دور کی سسکتی ہوئی دھڑکنوں اور اپنے اطراف واکناف سانس لیتے ہوئے چلتے پھرتے ہوئے کربناک مناظر کی بھرپور عکاسی بھی ہیں۔

وارث علی کے خیال میں ڈاکٹر اثر ایک خوش گو اور خوش فکر شاعر بھی ہیں۔

ڈاکٹر جمیل جالبی نے تو یہاں تک کہہ دیا ہے کہ جناب اثر روایتی شاعر نہیں عہد حاضر کی روح ان کی شاعری میں بلبل خوش نوا کی طرح زندگی کے تناور درخت پر چہکتی ہے ان کی لفظیات جدید ہے ان کا لہجہ لوچ دار اور مؤثر ہے۔ پروفیسر سلیمان اطہر جاوید کی نظر میں ڈاکٹر اثر کی کلاسیکل شاعری اور شعریات پر گہری نظر ہے زبان وبیان اور فن کی پابندیاں کا تو وہ لحاظ رکھتے ہی ہیں لہجے میں کھنک اور توانائی کا احساس ملتا ہے۔

پروفیسر مغنی تبسم نے کہا اثر اچھے غزل گو ہیں ان کی غزل کا اسلوب اس روایت سے منسلک ہے جیسے ناصر کاظمی نے پروان چڑھایا تھا اثر جذبے اور خیال کے بیان پر محسوسات اور کیفیات کے ایمانی اور استعاراتی اظہار کو ترجیح دیتے ہیں اور پیکر تراشی سے کام لیتے ہیں۔

اجڑ چکی ہے یہ بستی مگر وہ شخص ابھی بڑے خلوص سے دل کے کھنڈر میں رہتا ہے۔

ڈاکٹر سید بشارت علی نے اثر کی شاعری میں فکری جہتیں میں لکھتے ہیں اثر کی شاعری میں ان کی فکر کا دائرہ بے حد وسیع ہے اس میں انسان کی ذات اور اس کی حیات کائنات اور خالق کائنات کی جانب اور ان کے مخصوص رویے اور زاویے سمائے ہوئے ہیں ان کے یہ مخصوص روپ کی فلسفیانہ نظام فکر کی دین نہیں اور نہ انہوں نے ایک مفکر کی حیثیت سے انہیں ترتیب دیا ہے ایک صاحب نظر اور صاحب بصیرت شاعر ہیں۔

ڈاکٹر علی احمد جلیلی نے اثر شخص اور شاعر میں کہتے ہیں اثر نے دکنی اور دکنیات کے مطالعہ اور تحقیق میں نہ صرف اپنے پیش رو محققین کی روایت کے تسلسل کو جاری رکھا ہے بلکہ اس شعبے میں اپنی کثیر الجہت وسیع الاطراف اور عمیق تحقیق کے ذریعہ اس مناسبت وقیع اور گراں بہا اضافہ کیا ہے دکنی ادب کا کوئی طالب علم یا محقق ان کی تصانیف سے بے نیاز نہیں رہ سکتا۔

ڈاکٹر اثر کے تحقیقی نقوش میں پروفیسر گیان چند جین لکھتے ہیں اثر ایک خاموش طبع منکسر المزاج انسان ہیں انہیں کبھی بھی غیر ضروری مسائل سے دلچسپی نہیں رہی۔ ان کی ہر تحریر اہل علم کے لئے سند کا درجہ رکھتی ہے ان کی کتابوں میں جو کچھ پڑھنے کو ملے گا وہ مصدقہ معلومات کا حامل رہے گا۔ تحقیق میں قیاس آرائی سے کام نہیں لیا۔ اپنی ہر بات دلائل کے ساتھ سلیقہ کے ساتھ پیش کرتے ہیں پروفیسر مغنی تبسم نے اثر کے نوادرات تحقیق میں لکھتے ہیں۔

اثر جیسے پختہ کار محققین سے توقع کی جاسکتی ہے کہ وہ ان بنیادی مسائل پر توجہ دیں گے مجموعہ مضامین نوادرات تحقیق اہل علم ودانش کے لئے گراں قدر تحفہ ہے پروفیسر مناظر عاشق ہرگانوی اثر کی تحقیق نگاری میں لکھتے ہیں اثر کی تحقیق کی ایک نمایاں خوبی یہ ہے کہ وہ کسی بھی مسئلے پر کام کرنے کے لئے جس طریقے کو اپناتے ہیں اس کا دارومدار مسئلے کی نوعیت اور دستیاب ہونے والے مواد پر منحصر ہوتا ہے وہ دعوے کا مطالعہ محتاط طرز پر کرتے ہیں رسالے حقائق میں غلطیوں کا امکان کم رہتا ہے وہ صحیح نتائج ضرور حاصل کرتے ہیں طریقے تو نتائج تک پہنچانے میں رہنمائی کرتے ہیں۔

پروفیسر یوسف سرمست اثر کی تحقیقی کاوشوں کا گل سرسبد میں لکھتے ہیں اثر نے شہد کی مکھی کی طرح ریزہ ریزہ کر کے مواد جمع کیا ہے دکنی ادب پر لکھی گئی ہے ساری مطبوعہ کتابوں ہی کو نہیں مخطوطات کو بھی کھنگال کر اپنا مواد اکٹھا کیا ہے اور اسے بڑے سلیقے سے مرتب کیا ہے ان کا یہ تحقیقی کارنامہ اتنا اہم نہ ہوتا اگر تنقیدی اعتبار سے بھی اس کا پایہ بلند نہ ہوتا۔ تنقیدی بصیرت اس وقت تک پیدا نہیں ہوتی جدید وقدیم ادب کا مطالعہ ناگزیر ہو۔

پروفیسر معین الدین عقیل دکنی شاعری تحقیق وتنقید میں لکھتے ہیں۔

اثر ایسے ہی معاصر محقق دکنیات ہیں جو اپنی دید و دریافت اور تلاش وتحقیق کے باعث اردو تحقیق کے دبستاں دکنی کے عہد موجودہ کو اپنی تحقیقی مساعی سے نئی جہات دینے اور تازہ انکشافات میں مصروف ہیں انکی سابقہ کاوشوں نے دکنی تحقیقات کے لئے در وا کئے ہیں۔

پروفیسر سلمان اطہر جاوید کہتے ہیں کہ اثر کی چند تصانیف ہیں:

اثر عصری رجحانات موضوعات اور مسائل پر گہری نظر رکھتے ہیں اور اپنے اطراف واکناف سے باخبر ہیں۔

صلاح الدین نیر نے اثر کے بارے میں لکھا ہے کہ

ان کا کلام کلاسیکی رنگ میں ڈوبا ہوا ہے۔اور عصری حسیات کی ترجمانی کرنے والا ان کا کلام ذہنی وفکر کے تمام دریچے کھول دیتا ہے ان کے سارے کلام میں آمد ہے آور دنہیں نہایت سلیقہ پراثر لہجے میں شعر کہتے ہیں۔

ڈاکٹر راہی فدائی صدیق مکرم ڈاکٹر اثر میں لکھتے ہیں:

اثر صاحب نہایت خلوص لگن مستقل مزاجی کے ساتھ تحقیقی کام کرتے ہیں اور بڑی خوداعتمادی اور ذمہ داری کے ساتھ اپنی تحقیق کے ماحصل کو مضامین اور مقالات کا روپ دیتے ہیں ان کی تحریر سادہ لیکن اثر آفرین ہے ان کا طرز استدلال سائنٹفک اور منطقی ہے ان کی عبارت حشر وزائد اور مبالغہ آرائی سے پاک ہوگی۔ڈاکٹر عقیل ہاشمی نہ تخمیس برغزل ڈاکٹر اثر میں ان کی شعری تخلیقات پیش کی ہیں۔

پروفیسر حبیب ضیاء اثر کےاور تبصرے میں لکھتی ہیں۔

وہ بڑے خوش فکر اورخوش گوشاعر ہیں ان کی شاعری میں قدیم اورجدید کی بڑی خوبصورت Blending نظر آتی ہے اتنے سارے کلاسیکی شعراء کے وسیع مطالعے کے باوجود وہ جدید طرز اظہار سے بھی نہ صرف آشنائی رکھتے ہیں بلکہ تازہ استعاروں اور علامتوں کو بھی استعمال کرتے ہیں تحقیق اور تخلیق ان سے بڑی توقعات وابستہ ہیں ڈاکٹر فاروق شکیل اثر شخصیت اورفن میں لکھتے۔

تحقیقی جانفشانی کے ساتھ شعری گل افشانی کرنا اثر صاحبہ کی حیرت انگیز صلاحیت کا ثبوت ہے ان کی شاعری دل کی گہرائیوں میں جذب ہوکر فوراً اپنے اثرات پھیلائے ہیں اور دل کی گہرائیوں سے لب پر آہ اور راہ مچلنے لگی ہیں غزلوں کے اشعار میں خوبصورت لفظوں کے موتی اپنے اندر شاداب احساس اچھوتے پن کی کشش لہجے کا بانکپن عصری حسیت کا سوز اظہار کی شائستگی اور فنی نزاکت کا پورا شعور رکھتے ہیں زبان اور اسلوب میں کلاسیکی رجحان کے ساتھ ساتھ جدیدیت کا نکھار بھی نمایاں ہے۔

رنگ و بو کے آخری title صفحہ پر اکابرین کی آرا

پروفیسر خواجہ احمد فاروقی کہتے ہیں۔آزادی کے بعد حیدرآباد کے جن محققوں اور نقادوں نے علم وبصیرت اور اعتدال وتوازن کی بناء پر شہرت حاصل کی ہے ان میں عزیزی محمد علی اثر کا نام بہت نمایاں ہے مجھے یقین ہے کہ ان کی تحقیق اور تنقید سے اردو کو بہت فائدہ پہنچے گا اور حیدرآباد کی اعلی روایات زندہ رہیں گی۔

مشفق خواجہ ڈاکٹر محمد علی اثر تحقیق اور شاعری دونوں کا حق ادا کرتے ہیں جب وہ تحقیق کرتے

ہیں تو ماضی میں سانس لیتے ہیں شاعری میں وہ جدید ترین دنیا کے شہری ہیں کسی ایک شخص میں ایسا توازن کم ہی دیکھنے میں آتا ہے۔

ڈاکٹر جمیل جالبی۔ ڈاکٹر محمد علی اثر کی تحقیق میں گہرائی بھی ہے اور تنقیدی شعور بھی اور ایک اچھے مصنف کی طرح اپنی تحقیق کو اچھے اسلوب میں پیش کرنے کا سلیقہ بھی ڈاکٹر اثر ایک محقق ہونے کے ساتھ ساتھ ایک خوش گو شاعر بھی ہیں ان کی لفظیات جدید ہے ان کا لہجہ لوچ دار اور موثر ہے میں ان ک شاعری کا ان کی تحقیق کی طرح قائل ہوں۔

ڈاکٹر غلام عمر خاں۔ ڈاکٹر محمد علی اثر گذشتہ دود ہائیوں سے دکنی شعروادب کے میدان میں انہاک اور وقف شدگی کے ساتھ تحقیقی کام میں مصروف ہیں ان کی بعض کتابوں کو اہم ماخذوں کی حیثیت حاصل ہوگئی ہے ملک کی دوسری زبانوں میں بھی ان کے ترجمہ ہورہے ہیں ملک کے باہر بھی ان کی کتابوں کی مانگ ہے اور وہاں ان کے نئے ایڈیشن شائع ہورہے ہیں ان کی بعض کتابیں یونیورسٹی نصاب میں شامل ہیں۔

پروفیسر وارث علوی محمد علی اثر کے تحقیقی کارناموں نے دکنی اور گجری ادب کی بازیافت میں نمایاں عطیہ پیش کیا ہے اثر ایک خوش گو اور خوش فکر شاعری بھی ہیں اور حیرت ہوتی ہے تحقیق کی عرق ریزی کے ساتھ وہ شاعری کی گوہر بیزی کیسے کر لیتے ہیں وہ اتنے مخلص آدمی ہیں کہ ان کی رفاقت سرمایہ حیات میں اضافہ سے کم نہیں ان کے جیسا ادیب محقق اور نقاد وشاعر عصری دور میں اردو میں ملنا مشکل ہے اگر صحت ساتھ دیتی تو اردو میں بے پناہ اور وسیع و قیع ارفع سرمایہ تخلیق ہوگا اور ہورہا ہے علالت کے باوجود بھی تحقیق اور تنقید شاعری سے شغف رہتا ہے جامعہ عثمانیہ کے فرزندوں میں ہونہار ادیب پیدا ہورہے جس کی مثال ملنا مشکل ہے۔

شاغل ادیب نے اثر بہ حیثیت ماہر دکنیات میں لکھتے ہیں۔

اثر دکنی تحقیق وتدقیق دکنی تنقید اور دکنی شعریات وادبیات کو اہمیت وافادیت سے ساری اردو دنیا کو متعارف کرانے میں اپنا ایک الگ مقام رکھتے ہیں کہ دکنیات کے ایک سرگرم فعال ومتحرک محقق ونقاد ہیں اور یہی وجہ ہے کہ انھوں نے نہایت ہی قلیل عرصہ میں اپنے دکنی فن پاروں کا۔ایک ڈھیر سا لگا دیا۔

اسریٰ طیبہ استاد محترم پروفیسر اثر صاحب

پروفیسر اثر کو نظم اور غزل دونوں اصناف شعر پر دسترس حاصل ہے ان کی شاعری دراصل قدیم

اور جدید کے توازن کی آئینہ دار ہے اثر نے بیشتر غزلیں مترنم اور رواں بحروں میں کہتی ہیں انہوں نے اپنے تجربات زندگی مشاہدات اور محسوسات کو شعر کے قالب میں ڈھال دیا ہے بہ حیثیت محقق پروفیسر اثر نے مختلف اصناف سخن جیسے غزل۔ مثنوی۔ قصیدہ مرثیہ وغیرہ کی تحقیق وتنقید کا گراں قدر کام بھی انجام دیا ہے کہ شعراء وادبا کی حیات وسوانح کی تحقیق بازیافت کی ہے۔ڈاکٹر محمد عطا اللہ خاں اثر بحیثیت استاد محقق اور شاعر میں لکھتے ہیں:

اثر نے کم عمری میں جس قدر تیز رفتاری سے دکنیات کی تحقیق وتدوین کی ہے وہ اہم ہے اور مہکتی شاعری کی سوغات ملی ہے وہ ان کی انفرادیت کی شناخت ہے۔

ان کی بیوی ڈاکٹر راحت سلطانہ شخصیت تیری اثر ہے پر اثر میں لکھتے ہیں: اثر نے تحقیق تنقید میں بہت کام کیا ہے زندگی اور اولاد اچھی تربیت کی ہے وہ دن بھر کتابوں میں گھرے رہتے ہیں تصنیف وتالیف کے کام میں اس قدر منہمک رہتے ہیں کہ انہیں کھانے پینے اور سونے کا خیال نہیں آتا۔ اپنی طاقت سے زیادہ کام کرتے ہیں سردار سلیم نے تہنیتی اشعار لکھے ہیں کہتے ہیں۔شعر ہو تحقیق ہو تربیت ہو تالیف ہو جو بھی سوچا ہے بڑی شدت سے سوچا آپ قارون شکیل نے منتخب کلام غزلیں میں پیش کی۔

اپنی سوچوں میں روشن رکھتا
ہر تغیر کی آگہی رکھتا
دل کے شیشے میں یار پڑ ہی گیا
زندگی یا کمال ہونا تھا

محمد علی اثر کے نام مشاہیر کے خطوط جن میں خواجہ احمد فاروقی خواہ حمید الدین شاہد حمید الماس وغیرہ ۸۳ صفحات پر مشتمل ہے بہرحال یہ نمبر اثر شناسی اثر فہمی اور ان کی حیات ادبی کارناموں سے مزین ہے طلبہ تحقیق کے لئے کارآمد ہے۔

☆

ماہ نامہ رنگ و بو کا روحانی تحفہ ۵۴۰ نعت گو شعراء کے اشعار

جون ۲۰۱۶ء

ماہ نامہ رنگ و بو مدیر صاحبزادہ مجتبیٰ فہیم کی ادارت میں نکلتا ہے اشاعت کا ۲۲ واں سال ہے ۵۴۰ شعراء نے نعت کا ایک ایک شعر پیش کیا گیا ہے معاون مدیر سیدہ ذکیہ ہے میکش کا یہ شعر اس کی پیشانی پر ہر شمارہ میں ہوتا ہے۔

تو نے تخلیق اے محو خرام جستجو قطرہ خون جگر سے کائنات رنگ و بو اس کا جلد ۲۲ شمارہ ۶ ہے ابراہیم اشک کی حمد غیر منقوط شائع کی ہے۔

دل کا احوال کہا ہے اس سے
سارے سکھ دکھ کی دوا ہے اس سے
وہ مکمل ہے وہی ہے طاہر
حکم حاکم کی صدا ہے اس سے

اس مقدس ہستی حضرت محمد ﷺ کے اوصاف حمیدہ کا بیان تعریف وتوصیف ہمارے لئے اللہ تعالیٰ کی خوشی اور حضورؐ کی رضا کے لئے بہترین ذریعہ ہے غیر مسلم شعراء کی تعداد بھی بہت ہے رمضان المبارک کے اس مقدس مہینے میں ہم نے بڑی تگ ودو اور کوشش پیہم کے بعد ۵۴۰ شعراء کے نعتیہ اشعار جمع کر کے ماہ نامہ رنگ و بو کا یہ شمارہ ترتیب دیا ہے یہ روحانی تحفہ قلبی سکون۔ اور چراغ چشم تر کو روشن کرنے کا باعث بنے گا۔ اس سے قبل ماہ مارچ ۲۰۱۶ کے شمارہ میں ایک شاعر ایک شعر کے تحت کو برقرار رکھتے ہوئے اس شمارہ میں صرف ایک شاعر ایک نعتیہ شعر کی بنیاد پر ۵۴۰ شعراء کے اشعار پیش کئے جارہے ہیں امید کہ پسند آئے گا۔

سید عبدالقادر جیلانی۔ غلام حلقہ بگوش رسول سادا تم زہے نجات نمودن حبیب وآیا تم ابوالقاسم فردوسی طوسی۔ تیرا دین ودانش زہاند درست رہ رستگاری بہاید بجست مرزا اسداللہ خاں غالب نے حق

جلوہ گر زطرز بیان محمد است آرے کلام حق بزبان محمد است علامہ اقبال اس راز کو اب فاش کرائے روح محمد آیات الٰہی کا نگہبان کدھر جائے صدیق کوثر کہتے ہیں راتوں کو سجدہ ریز خدا کے حضور میں امت کے غم میں صاحب غار حرا املا جملہ ۳۶ صفحات پر نعت گو شعرا کے ایک ایک شعر کو شائع کہا گیا ہے نعت کا سننا۔ لکھنا۔ سننا و بولنا۔ پڑھنا عبادت ہے اس طرح ۵۴۰ شعراء کے ایک ایک نعتیہ شعر کو پیش کیا ہے ۳۶ صفحات پر مشتمل ہے۔

☆

رنگ و بو کا حضرت بیکل اتساہی کے نام (خصوصی شمارہ)

جنوری ۲۰۱۷ء

ماہنامہ رنگ و بو نے حضرت بیکل اتساہی کے نام خصوصی شمارہ جنوری ۲۰۱۷ کو شائع کیا جس کا جلد نمبر ۲۳ شمارہ (۱) ہے مدیر صاحبزادہ مجتبیٰ فہیم معاون مدیرہ سیدہ ذکیہ ہیں صفحہ ۲ پر حمد اور نعت بیکل اتساہی کی چھپی ہے۔

وہ چاہے ذرے کو ماہ کردے
گدا کو عالم پناہ کردے
نہ پوچھو مدینہ میں کیا دیکھ آئے
در پاک خیرالوریٰ دیکھ آئے

عزیز قیسی کی نظم داد نگر کو جگہ صفحہ ۳ پر

مجھے خبر ہے کہ آنسو فنا کا لمحہ ہے
اسے تیری نگہ جاوداں سے ربط نہیں
نہ جانے کیوں میرے دل میں خیال آیا ہے
کہ تجھ سے جا کے شکایت کروں زمانہ کی

متاع لب کے تحت اداریہ میں پھر چراغ چشم تر روشن ہوئے میں لکھتے ہیں:

اردو دنیا کے منفرد شاعر حضرت بیکل اتساہی ہم سے جدا ہو گئے ماضی کے کسی بھی مشاعرے میں ان کی شرکت مشاعرے کی کامیابی کی ضامن تھی۔

ماضی کی سوغات کے تحت بیکل اتساہی پیدائش ۱۹۲۴ تا ۲۰۱۶ء میں شامل کی ہیں۔ نئے کائنات کی وسعتیں ہے دیار دل میں بسی ہوئی ہے عجیب رنگ یہ غزل نہ لکھی ہوئی نہ پڑھی ہوئی ربط عکس جمال بھی وہی خبط حسن جمال بھی وہی ضبط خون وملال بھی شب ہجر رسم خوشی ہوئی حسن جلوہ نہیں عشق کا حاصل تنہا۔

کتنے جلوؤں کو سمیٹے ہے میرا دل تنہا
عزم محکم ہو تو ہوتی ہیں بلائیں پسپا
کتنے طوفان کو پلٹ دیتا ہے ساحل تنہا
سب کے ہونٹوں پہ تبسم تھا میرے قتل کے بعد
جانے کیا سوچ کے روتا رہا قاتل تنہا
ایک لمحے کی جلوہ آرائی
کتنی صدیوں کا جشن رعنائی

غزل کے شہر میں گیتوں کے گاؤں بسنے لگے میرے سفر کے ہیں یہ راستے نکالے ہوئے بیکل اتساہی ۔۱۹۲۸ءکو پیدا ہوئے ۲۰۱۶ کو انتقال کر گئے وہ ایک شاعر مصنف اور سیاست داں تھے۔ وہ ایک کانگریس اور اندرا گاندھی سے قریبی روابط تھے۔اور ایوان بالا کے رکن بھی تھے۔ وہ اردو۔ ہندی اودھی میں شاعری کرتے تھے۔ان کے کلام میں حمد ونعت نمایاں مقام حاصل ہے ہندی لب ولہجہ کا چلن زیادہ ہے قومی یک جہتی کے جذبوں کو عام کیا اس لئے رکن پارلیمان بنائے۔کئی ایوارڈ ملے پدم شری ایوارڈ عطا ہوا۔بیکل اتساہی نے میں نے بھی کچھ کہا ہے میں لکھتے ہیں میں شاعروں کو ذریعہ بنا کر غیر اردو داں حلقوں تک اردو کو پہنچانے میں اور اردو کا دلدادہ بنانے میں جو محنت اور مشقت کی ہے وہ کلاسیکل ۔جدیدیت ۔مابعد جدیدیت ۔تجریدیت ساختیات ۔ترقی پسند لوگوں نے یہ کام کیا ہے بنے بھائی نے کہا جو کام ترقی پسندوں کو کرنا چاہیے وہ بیکل اتساہی نے بہت پہلے کر دکھایا جس میں مزدوروں ۔کسانوں کی آواز اردو زبان کے علاوہ ہمارے ناقدین نے تمام اصناف سخن پر اپنی نقد ونظر صرف کیا مگر میرے اردو گیتوں پر قلم نہیں اٹھایا۔

سید محمد اشرف مارہروی۔ادبی سوغات کے تحت لکھتے ہیں۔

مقبول شاعری اور معروف شاعری جیسی اصطلاحات سے بے نیاز ترقی پسند اور جدیدیت کے گورکھ دھندوں سے دور لوک روایت کے امین عنایت کے وصف سے مالا مال اپنے ہی لہو کی آگ میں تپ کر کندن ہو جانے والی بیکل ہماری شاعری کا ایک قیمتی اثاثہ ہیں جنہیں فراموش کرنے میں ادبی تنقید نے کوئی کسر نہیں چھوڑی شاہد نعیم نے مضمون گنگا جمنا تہذیب کے علمبردار بیکل اتساہی میں لکھتے ہیں محمد شفیع خاں (محمد شفیع لودی) بیکل اتساہی کی پیدائش یکم جون ۱۹۲۸ءکو موضع گورامپور اترولہ ضلع گونڈہ کے ایک

جاگیردار گھرانے میں ہوئی ان کے والد کا نام محمد جعفر خان اور والدہ کا نام بسم اللہ بی بی تھا ابتدائی تعلیم گاؤں کے مکتب سے حاصل کی بلرام پور کے موجودہ inter collegeMPP سے انٹرمیڈیٹ پاس کیا۔ بعدازاں مختلف مقامات پر تعلیم حاصل کی بیکل اتساہی نے شاعری کا آغاز ۱۹۴۴ء سے کیا جوان کے موت کے سفر تک جاری رہا انہوں نے انگریز حکومت کے خلاف سیاسی شاعری کی جس کے نتیجے میں انہیں کئی بار جیل بھی جانا پڑا انہوں نے فرقہ پرستی کے خلاف سیکولرزم کے لئے ہندی اور اردو زبان کے امتزاج سے ایک نئی جہت فراہم کی حالانکہ بیکل اتساہی نے ہر اصناف سخن حمد مناجات۔نعت۔ درود۔ سلام۔ مناقب۔ قصیدے۔ مرثیے۔ غزلیں۔ نظمیں گیت۔ گیت نما۔ دوہے۔ ہائیکو اور ماہیے لکھے۔ لیکن نعت گوئی ان کا اوڑھنا بچھونا بیکل سادگی پسند اور فطرت کے شیدائی تھے۔ انہوں نے اپنی دھرتی کھیت کھلیان سے بے حد لگاؤ تھا۔ گاؤں کی صبح وشام اور بولیوں سے پیار تھا۔ یہی وجہ ہے کہ ان کی شاعری وطن کی مٹی سے رچی بسی ہوئی ہے اور سماج وزندگی کے اٹوٹ رشتے کو مضبوط دھاگے میں باندھتی ہے پروفیسر شہپر رسول نے کہا کہ بیکل شاعروں کے پریم چند تھے۔ ان کا دل کش ترنم سامعین کو مسحور کر دیتا تھا۔ شہنشاہ گیت تھے۔ ۲۲ تصانیف منظر عام پر آئیں۔

معری نظمیں کنڈلیاں۔ سویئے لکھی ۱۹۴۱ء میڈل اسکول کے دور سے نظمیں لکھنی شروع کی ابوالکلام قاسمی علی گڈھ نے بیکل اتساہی فن اور شخصیت میں لکھتے ہیں صفحہ ۱۴ پر لکھتے ہیں یوں تو بیکل صاحب کا شاعرانہ خمیر اردو کی کلاسیکی روایت سے اٹھا ہے مگر اس کے ساتھ علاقائی بولیوں کی گونج اور ہندی روایت نے بھی اس کے شعری مزاق کی تشکیل میں اہم ذمہ داری اٹھائی ہے ہندی بحروں کی شمولیت نے اردو کے عروض کے ساتھ ان کی شاعری میں ایک نئے آہنگ کا بھی اضافہ کردیا ہے غزل کے اشعار

زمین پیاسی ہے بوڑھا گگن بھی بھوکا ہے
میں اپنے عہد کے قصے تمام لکھتا ہوں
کواڑ بند کرو تیرہ بختو سوجا
گل میں یوں ہی اجالوں کی آہٹیں ہوں گی
کوئی ہے شام وطن پہ رقصاں کوئی ہے صبح چمن پہ نازاں
بساط میری ہے خاک طیبہ نکھار لے کر میں کیا کروں گا

گھر کے گھر خاک ہوئے مل کے ندی سوکھ گئی
پھر بھی ان آنکھوں میں جھانکا تو سمندر نکلا

پروفیسر مناظر عاشق ہرگانوی میں۔

بے بیکل اتساہی یادیں باتیں انٹرویو لیا تھا شائع کیا ہے جس میں ان کی پہلی تخلیق جدیدیت ترقی پسندی۔ادبی رجحانات۔تحریکات اور اصناف پر بات کی ہے ادب کے موضوعات کیسے ہوں۔

گاؤں کے شاعر میں مناظر لکھتے ہیں بیکل نئی فکر معیار اور قدر کو اہمیت دیتے ہیں ان کی ایسی شاعری سے معنی متشکل ہوتے ہیں اور الفاظ کی کلیت کی زندہ مثال ہے سامنے آتی ہے تخلیق کاری کے اس عمل میں گاؤں اور کسان کی زندگی کے محور اور کثیر المعانی تہہ دار حقیقت اور ارتباط دانش و بینش سے پر نکتہ اسی کا طلسم نمایاں نظر آتا ہے کسانوں کے سامنے یا گاؤں کے عام لوگوں کی زندگی میں الگ نصب العین اور الگ نظریہ حیات ہوتا ہے۔

ڈاکٹر مشاہد رضوی۔بیکل اتساہی نئے عہد کا سب رنگ شاعر میں لکھتے ہیں۔

۱) کلیات بیکل فاروق ارگلی نے مرتب کیا ۱۱۰۵ صفحات پر ہے خزینہ نعت وسلام کے تحت نغمہ بیکل۔حسن مجلیٰ۔تحفہ بطحا۔سرور جاوداں۔بیان رحمت جامہ گل۔توشہ عقبیٰ۔نور یزداں۔والضحیٰ۔والنجوم۔ والفجر۔

۱)مٹی ریت چٹان

۲)غزل سانوری

۳)پرروائیاں

۴)موتی اگے دھان کے کھیت

۵)موسموں کی ہوائیں

۶)دوہا

۷)پورم بیکل کے مجموعہ ہیں۔

قومی شاعروں۔اپنی دھرتی چاند کا درپن۔ایک دنگ خوشبو ایک

کومل مکھڑے بیکل

گیت

نظاوت ۔ بچوں کی پھلواری ایم فل اور پی ایچ ڈی کی سطح کی تحقیق ہوگی۔

بیکل کی شاعری میں ہندوستانیت کا بڑا گہرا رچاؤ پایا جاتا ہے پاسبان ملت علامہ مشتاق احمد نے بیکل مرحوم کے بارے میں لکھا ہے۔

ہمالہ کی ترائی ۔ کھیتوں کی ہریالی ۔ درختوں کی قطار ۔ پھولوں کی مہکار پپیہے کی رت کوئل کی پکار ۔ بلبل کی نواسنجی ۔ چکور کا اضطراب کسانوں کی مشقت مزدوروں کا افلاس ۔ گاؤں کا پیارہ اور دیہات کا بے لوث اخلاص شامل ہے۔

بیکل کی غزلوں میں عموماً اضطرابی کیفیات اداسی مایوسی ۔ سماجی نابرابری ۔ لوٹ کھسوٹ بے عملی ۔ لاقانونیت وغیرہ کا احساس ملتا ہے۔

سعید اختر آعظمی کلیات بیکل اتساہی میں لکھتے ہیں۔

فراق کی نظر میں بیکل فن امیجری کو صحیح سمت دینے والے اور ابہام کو نئی جہت سے روشناس کرانے والےعلی سردار جعفری ۔ انہیں مشاعروں میں گیتوں کو رواج دینے والاتسلیم کرتے ہیں۔

گوپی چند نارنگ ۔ انہوں نے ادب کی معیار بندی میں اضافہ کیا ہے۔

ڈاکٹر انصاری انہیں سرل سادھارن گیتوں میں تجلی ۔ فردوس کا بانکپن بھرنے والا مانتے ہیں۔

رفعت سروش ۔ دھرتی کی سگندھ کے ساتھ کھیتوں کی ہریالی اور باغ باغیچوں کی بہار کا اس سے انہوں نے اپنے گیتوں میں وصل وفراق ۔ چھیڑخوباں ۔ موسم باراں ۔ کی رومانیت وقہرسامانی ۔ اور سہاگن کے دل کی پکار کے ساتھ حالات حاضرہ پر اپنے کرب کا بھی اظہار ملتا ہے میرا مطالعہ میں مناظر نے رسائل تمہید ۔ پیش رفت ۔ دسترس ۔ نگینہ ۔ قرطاس ابجد ہدایت ۔ نور ۔ پیام رحمانیہ ۔ اردو ہماری زبان پر تبصرہ وتجزیہ پیش کیا ہے۔

☆

رنگ و بو کا گوشہ ڈاکٹر انور سدید۔فروری ۲۰۱۷ء

سرورق پر ایک خاتون جو کشمیری لگتی ہے بکرے کے بچہ کو گود میں لے کر بیٹھی ہے پس منظر میں جنگل اور جھرنے موجود ہے۔

اس کا جلد نمبر ۲۳ شمارہ ۲) مدیر مجتبیٰ فہیم کی ادارت میں نکلتا ہے متاع لب میں کہتے ہیں حضرت انور سدید نے ادب کی ہر صنف پر لکھا ہے جو تاریخی اہمیت رکھتا ہے غزل کی اشعار۔

موسم سرد ہواؤں کا
میرے گھر سے نکلا تھا
وہ جو دل میں طوفان تھا
قطرہ قطرہ برسا تھا
آگ لگی تھی دریا میں
لیکن ساحل چپ سا تھا
میں اجنبی نہیں ہوں مجھے روند کر نہ جا
نظریں ملا کے دیکھ پلٹ کر کلام کر

ادبی سوغات میں م۔ش نجمی پر اشتیاق سعید نے ان کی زندگی اور شعری فن پر اظہار خیال کیا ہے۔ان کے شعری کائنات میں جا بجا پیاس۔سمندر۔صحرا۔پیڑ۔پرندہ خوشبو۔بادل چاند۔آئینہ خواب دھوپ اور چھاؤں زندگی کا استعارہ بن کر متحرک معلوم ہوتے ہیں بڑی شاعری کی یہی خاصیت ہے کہ منجمد اشیاء کو بھی متحرک محسوس کر رہے تھے۔دھوپ اور چھاؤں دھوپ

کے ریلے سے لے کر چھاؤں کی دہلیز تک
نجمی تیری جستجو کی ہر کڑی اچھی لگی

اعجاز عبید نے بابائے ادب ڈاکٹر انور سدید کوائف کی روشنی میں لکھتے ہیں ان کا اصل نام محمد انور الدین قلمی نام انور سدید پیدائش ۴ر ڈسمبر ۱۹۲۸ء سرگودھا پاکستان میں پیدا ہوئے۔ابتدائی تعلیم سرگودھا

ڈیرہ غازی خاں کے عام اسکولوں میں ہوتی میٹرک درجہ اول سے کامیاب کیا۔F S C کا امتحان دیا ان کے افسانے بیسویں صدی نیرنگ خیال میں چھپنے لگتے ہمایوں میں بھی۔

تصانیف اردو ادب کی تحریکیں اردو افسانے میں دیہات کی پیشکش

اردو ادب میں سفر نامہ۔ پاکستان میں ادبی رسائل کی تاریخ اردو ادب میں انشائیہ ۲۲۵ کتابوں پر تبصرے ایک سال میں لکھا اردو کالم نگاری انگریزی کالم نگاری کی ہے کثیر التصانیف تھے۔

وزیر آغا شاعری کا دیار میں کہتے ہیں ص ۱۲

جدید اردو تنقید میں انور سدید کی حیثیت مستحکم ہے انہوں نے تنقید میں سچ بولنے کی روایت کو آگے بڑھایا تاہم انہوں نے Goldn mean کے موقف کو اس معاملے میں بھی ترک نہیں کیا۔

تنویر ظہور نے ڈاکٹر انور سدید کی باتیں یادیں میں لکھتے ہیں تاثراتی انداز ہے جس میں اپنے زندگی کے تجربات وزیر آغا سے روابط کا ذکر ہے اور فطری باتوں پر روشنی ڈالی ہے وہ یہ مقام کیا حاصل کیا ہے زندگی کے حالات کو پیش کیا ہے۔ مناظر عاشق سے انور سدید کی انشائیہ نگاری میں لکھتے ہیں۔

انور سدید کے انشائیے نفسیاتی تسکین دیتے ہیں فرد کے احساسات اور خیالات کے موازنے میں ہمدرد و معاون ثابت ہوتے ہیں اور تصورات نظریات اور معتقدات کو معنویت بخشتے ہیں۔

انور سدید کا ذکر اس پری وش کا انشاء شائع ہوا ہے۔ باقی مشمولات ٹھیک ہے مناظر کا کالم میرا مطالعہ میں رسائل پر تبصرہ ہے ساحل۔ فکر و تحقیق۔ اسباق۔ اردو۔ بزم ادب سویرا پر ہے ۳ صفحات پر مشتمل ہے۔

☆

رنگ و بو کا گوشہ سعادت حسن منٹو جولائی ۲۰۱۸ء

اشاعت کا ۲۴ رواں سال مدیر صاحبزادہ مجتبیٰ فہیم مدیر سیدہ ذکیہ معاون مدیر کی ادارت میں نکلتا ہے اس کا جلد نمبر ۲۴ شمارہ ۷ رہے عزیز قیسی کی غزل صفحہ ۳ پر ہے۔

الجھاؤ کا مزہ بھی تیری بات ہی میں تھا
تیرا جواب ترے سوالات ہی میں تھا
سایہ کسی مکیں کا بھی جس پر نہ پڑ سکا
وہ گھر بھی شہر دل کے مضافات میں تھا

متاع لب کے عنوان سے اداریہ میں اردو کتابیں اور رسائل خرید کر نہ پڑھنے کی شکایت ہے میکش کا ایک شعر ہے اس طرح۔

اجل بھی ایک کرم زندگی بھی ایک کرم
فنا کے نام سے تخلیق رائیگاں کیوں ہے

ماضی کی سوغات کے تحت غیاث متین کی رحلت پر اظہار تعزیت و تاسف کی ہے۔

غیاث متین اصل نام سید غیاث الدین کی تاریخ پیدائش ۱۰ رنومبر ۱۹۴۲ء ہے انہوں نے ایم اے جامعہ عثمانیہ امتیازی نشانات اور دوہرے گولڈ میڈل کے ساتھ تکمیل کرنے کی بعد شعری وینکٹیشورا یونی ورسٹی تروپتی سے بی ایڈ کیا بعدازاں پروفیسر مغنی تبسم صدر شعبہ اردو جامعہ عثمانیہ کی زیر نگران ن۔م۔راشد ایک تجزیاتی مطالعہ کے عنوان سے ڈاکٹریٹ کی تکمیل کی۔ابتداء میں پرائمری اسکول ٹیچر کی حیثیت سے شعبہ تدریس سے وابستہ رہے جنوری ۱۹۷۵ء کو شعبہ اردو جامعہ عثمانیہ میں لکچرار کی حیثیت سے ان کا تقرر عمل میں آیا۔۱۹۹۲ء میں پروفیسر کے عہدے پر فائز ہوئے۔۱۹۹۵ تا ۱۹۹۸ صدر شعبہ اردو اور ۱۹۹۶ تا ۱۹۹۸ چیرمین بورڈ آف اسٹیڈیز کی حیثیت سے خدمات انجام دیں نومبر ۲۰۰۲ کو وظیفہ پر خدمت پر سبکدوش کی حیثیت سے خدمات انجام دیں نومبر ۲۰۰۲ کو وظیفہ پر خدمت پر سبکدوش ہوئے ۲۱ راگست ۲۰۰۷ کو انتقال ۶۵ سال کی عمر میں ہوا غزل کے اشعار۔

آنکھ کی پتلی میں سورج سر میں کچھ سود اگا
پانیوں میں سرخ پودے دھوپ میں سایا اگا
یہ زمیں بوڑھی ہے اس کو پیٹھ سے اپنا اتارا
آسماں کو جیب میں رکھ لے نئی دنیا اگا
جزیرے ہوں کہ وہ صحرا بیوں خواب ہونا ہے
سمندروں کو کسی دن سراب ہونا ہے
وہ ظلمتیں جو اُجالوں کے گھر میں رہتی ہیں
انہیں بھی مثل سحر بے نقاب ہونا ہے

ادبی سوغات کے تحت وشال کھلر کا تعارف غزل شائع کی۔

میں زمینوں پر زمانوں میں فقط چلتا چلوں میرے سر میں آسماں ہی آسماں ہوتا ہوا۔

ڈاکٹر سید احمد قادری مضمون منٹو کے افسانوں کا فسانہ میں لکھتے ہیں صفحے پر حقیقت یہ ہے کہ منٹو نے اپنے گردوپیش رونما ہونے والے حادثات واقعات اور سانحات سے شعوری اور لاشعوری طور پر متاثر ہو کر اپنے مشاہدے اور فکروفن کی گہرائی و گیرائی اور نفسیاتی کیفیات سے اس طرح افسانے کی ساخت تیار کی جو متاثر کئے بغیر نہیں رہ سکتے منٹو کے افسانوں کا وصف یہ ہے کہ اس نے ہر افسانے کے موضوع۔ مواد۔ کردار۔ واقعات احساسات اور جذبات میں انفرادیت کا پرتو جھلکتا ہے منٹو کے ایسے افسانوں میں اس کا اسلوب پلاٹ۔ کردار رویہ جو فنکارانہ برتاؤ نظر آتا ہے وہ ان افسانوں کو نہ صرف اہم اور منفرد بناتا ہے بلکہ ان موضوعات پر لکھے گئے کئی عالمی شہرت یافتہ افسانوں کی یاد دلاتا ہے منٹو نے صرف جیسی نفسیات پر مسیحا افسانے نہیں تھے بلکہ غربت۔ افلاس۔ استحصال۔ مزدور اس کی پیشانی کا پسینہ غریبی۔ امیری کے درمیان خلیج سیاسی بازیگری۔ سماجی معاشرتی بکھراؤ ٹوٹتے بکھرے انسانی رشتے۔ فلمی دنیا کی مصنوعی چمک دمک وغیرہ موضوعات پر بھی بہترین نئی فکری صلاحیتوں کا مظاہرہ کیا ہے۔

اختر حفیظ نے فحش کون منٹو یا معاشرہ میں کہا کہ منٹو نے معاشرے کی غلاظت کو دیکھ کر ناک رومال رکھنا اور منہ موڑ لینا گوارا نہیں کیا آج یورپ اردو کے کسی حقیقت نگار کو جانتا ہے اور پڑھتا ہے تو وہ منٹو ہے ان کے افسانے آج بھی اس سماج کی عکاسی کرتے ہیں جس میں ہم سانس لے سکتے ہیں وہی سسکتی اور بلکتی صورتیں ہمارے اردگرد گھومتی نظر آتی ہیں ہر چیز میں حسین ہلو تلاش کرنے کا نشہ ہے۔

زیرک میر نے فحش نگار منٹو میں کیا کہ منٹو نے محسوس کیا کہ یہ معاشرہ کچرے کا ٹوکرہ ہے جس کی جتنی صفائی کروا تنا کچرہ نکلے گا وہ اس کا کھوج کرر ہے تھے۔لیکن پارسا لوگ اسے فحش سمجھتے رہے۔

سعادت حسن منٹو کے افسانے ٹوبہ ٹیک سنگھ راجو۔افسانے شائع کئے دیگر مشمولات کے ساتھ مناظر عاشق ہرگانوی کا میرا مطالعہ جس میں رسائل پر تبصرہ ہے دبستان نعت۔نعت۔دبستان علم وادب صدف دستاویز قابل ذکر ہیں ۳۴ صفحات پر مشتمل ہے۔

☆

رنگ و بو کا سلور جوبلی سال افسانہ نمبر ستمبر ۲۰۱۸

مدیر مجتبیٰ فہیم۔ معاون مدیرہ سیدہ ذکیہ جلد نمبر ۲۵ شمارہ ۹ ہے متاع لب میں کہتے ہیں سلور جوبلی سال کے آغاز پر اس شمارہ میں ہندوپاک کے افسانہ نگاروں کی تحریری سوغات اوراق ان رنگ و بو پر کہکشاں بن کر ابھری ہے اس کی روشنی آپ کے ذہنوں کو بھی منور کرے گی افسانے اس طرح سے ہیں۔

دست صبا متاع لب اداریہ ماضی کی سوغات عزیز قیسی۔ ادبی سوغات مومن خان شوق پروفیسر میر تراب علی مومن خاں شوق کے فکر وفن پر اظہار کرتے ہیں۔

مومن خاں شوق ایک ایسے مضمون شعری کردار کی حیثیت سے سامنے آتے ہیں جنہوں نے اچھے مومن خان شوق ایک ایسے مضمون شعری کردار کی حیثیت سے سامنے آتے ہیں جنہوں نے اپنے تخلیقی منصب کا پاس رکھا اور معاشی سیاسی ۔ سماجی ۔ تہذیبی ۔ مدو جزر کو اپنی آنکھوں سے دیکھتے ہیں ہوئے ان پر اپنے ردعمل کا اظہار کیا ہے مومن خاں شوق نے کئی شعری اصناف میں طبع آزمائی کی ہے لیکن غزل میں ان کی ادارئی قوت تخلیق بھر پور سانس لیتی ہے غزل کا فن جگر سوزی اور جان کاہی سے عبارت ہے اس فن کی آبیاری میں وہی لوگ شادکام ہوتے ہیں جو فن کی نزاکت کے ساتھ شرافت۔ شائستگی وضعہ داری اور ثقافت کے اعلیٰ اقدار کے علمبردار ہوتے ہیں۔

بقول پروفیسر سیدہ جعفر غزل کی کامیابی کا راز الفاظ کی خوبصورتی یا طرز اظہار کی لطافت اور رہنمائی کی رہین منت نہیں ہوتی بلکہ اس کی آب وتاب معنی کے طلسم کی بھی آفریدہ ہوتی ہے۔

اتنے برس تو گزرے یونہی ہنسی خوشی میں
افتاد آپڑی اکیسویں صدی میں
احساس درد مندی انسان کا ہے جوہر
اخلاص ہو جہاں بھی انسانیت وہاں ہے
ماحول جل رہا ہے ہر شئے سلگ رہی ہے
موسم بدل رہا ہے کیا لطف چاندنی ہیں

افسانہ روح کا سرگم۔ نعیم کوثر۔ پھول خوشبو اور کتاب گلزار جاوید۔

آدھی عورت آدھا خواب۔ رومانہ روی۔ کریا۔ رینو بہل۔ بھوک طیبہ خاں

عادت سیڑھی۔ سمن کرن۔ چشم بدو۔ انیسہ ارشاد۔ میرا مطالعہ ۱۴۲ پروفیسر مناظر عاشق ہرگانوی۔ ۳۲ صفحات پر مشتمل ہے۔ رسالوں پر تبصرہ ہے۔ تمثیل نو۔ انداز بیاں۔ عفت۔ شگوفہ۔ اقبال ریویو۔

☆

ماہنامہ رنگ و بو حیدرآباد ایک شمارہ عزیز قیسی کے نام ستمبر ۲۰۲۰ء

اس شمارے کے مدیر صاحبزادہ مجتبیٰ فہیم (میر مجتبیٰ علی) معاون مدیرہ سیدہ ذکیہ ہیں اشاعت کا ۲۷ واں سال اس کا جلد نمبر ۲۷ شمارہ ۹ ہے سرورق پر شہنشاہ جذبات دلیپ کمار یوسف خاں اور عزیز قیسی محو گفتگو نظر آتے ہیں اس کا NSSI-8432 صفحہ تین پر عزیز قیسی کی غزل ہے۔

والہانہ مرے دل میں مری جاں میں آجا
میرے ایماں میں مرے وہم وگماں میں آجا
آیت رحمت یزداں کی طرح دل میں اتر
ایک ایک لفظ میں ایک ایک بیاں میں آجا
کچھ تو ایمائے کرم ہونگہ زخم نواز
اب کے ابروئے کشیدہ کی کماں میں آجا

اداریہ متاع لب میں مدیر کے خالد عزیز قیسی کے انتقال کے وقت جو کیفیت ہوتی ہے اس کا بیان یہ آخری وقت کا منظر انہیں یاد ہے ساتھ رہے اس وقت کا والہانہ دلگیر بیان ہے ۲۸ برس کے بعد یاد کر کے اظہار تاسف کر رہے ہیں۔

مکان خالی ہے نظم میں یوں رقم طراز ہیں۔
وہ جا چکا ہے۔ اک اک چیز اٹھ گئی اس کی
وہ ایک کونے میں رہتا تھا جب سے ہر ایک کونے میں رہتا دکھائی دیتا ہے
خدا نہیں نہ سہی آدمی تو آجائے
مکان خالی ہے کب سے کوئی تو آجائے
حمایت علی شاعر عزیز قیسی کے بارے میں لکھتے ہیں۔

ان کا اصل نام عزیز محمد خاں تھا۔ ۵ نومبر ۱۹۳۱ء حیدرآباد دکن میں پیدا ہوتے پٹھان خاندان۔ پیشہ سپاگری۔ تعلیم بی اے جامعہ عثمانیہ سے حاصل کی عدالت خفیفہ حیدرآباد میں بہ حیثیت اہل کار LDC

1951 تا 1957 کام کیا۔ ۱۹۵۸ء بمبئی کو روانگی عمل میں آتی ہے ممبئی میں صحیفہ نگاری۔ فلمی کہانی نویس۔ منظر نامہ۔ اور مکالمہ نویسی۔ نغمہ نویسی فلمستان اسٹوڈیو سے وابستگی۔۱۹۶۴۔ا۔ ۱۹۶۹ء۵ فلموں کے لئے ہی لکھا۔

ان کی مشہور فلموں انگو۔ کنوارا باپ۔ خون کا رشتہ۔ جادو ٹونا۔ یاری دشمنی۔ آخری گولی نشان۔ تھیف آف بغداد۔ لنگا اور سورج۔ اپنے اپنے۔ دیا دان۔ مناصب۔ میں اختیار کئے فائن آرٹس اکیڈیمی کی حیدرآباد دکن میں بنیاد ڈالی یورپ۔ امریکہ اور کنیڈا میں ادبی کانفرنس وسمینار مشاعروں میں شرکت کی کئی اعزازات ایوارڈ ملے۔ تصانیف۔ا۔ دوسرے کنارے تک (ناول) ۱۹۷۳

۲) آئینہ در آئینہ۔ مجموعہ کلام۔۱۹۷۲

۳) گرد بار۔ مجموعہ کلام۔۱۹۸۵

کچھ فلمی گانوں کے بارے میں نمبر صبا جنوری فروری ۱۹۶۱ حیدرآباد سے نکالا گیا۔ چند مقالات ومضامین مخدوم نیا آدم نمبر حیدرآباد دکن ۔۱۹۷۰۔ مہندر ناتھ کہانی ختم ہوگئی۔ فن وشخصیت مہیندر ناتھ نمبر ۱۹۷۰۔ قتل شفائی نمبر غزلوں کا انتخاب ۱۹۸۲ سلیمان اریب تہ خانے کی روشنی یا ادیب مرتبہ صفیہ اریب ۱۹۸۳ حیدرآباد وغیرہ ان کے علاوہ عزیز قیسی نے کئی افسانے جو شمع بیسویں صدی سب رس صبا اور دیگر اں آئیں شائع ہوئے انہوں نے نہ صرف مختلف ڈراموں میں اداکاری کے جوہر دکھائے بلکہ اسٹیج کے لئے متعدد ڈرامے shadow play کے علاوہ ٹیلی پلے ریڈیائی ڈرامے گیت ترانے بھی تھے ان کا انتقال بہ عارضہ کینسر سینہ ۳۰ ستمبر ۱۹۹۱ ممبئی محمد خالد عابدی نے عزیز قیسی سے ایک انٹرویو لیا جس میں ان کی پیدائش۔ نام۔ تخلص شاعری کی ابتدائی۔ تعلیم ادبی وفلمی زندگی وغیرہ کا تفصیل سے ذکر و بیان ملتا ہے مجتبیٰ حسین نے مزاج اور طنزیہ انداز میں یادرفتگان عزیز قیسی میں ان کی راست بازی اور سچائی اور حقیقت پسندی کو ظاہر کیا ہے بالی وڈ میں جوڑ توڑ اور انا کو ٹھیس اور کئی ایک ان کہی باتوں کا ذکر ہے جس سے عزیز قیسی کا ماضی۔ حال۔ مستقبل پر روشنی پڑتی ہے ظفر گورکھپوری نے ان کی بیماری اور ادبی زندگی کا ذکر کیا وہ کہتے ہیں ممبئی کے اخبارات کے یہ خبر دی ہے کہ ۳۱ ستمبر ۱۹۹۲ کو انتقال کر گئے۔ مزید لکھتے ہیں ۱۹۵۲ کے آس پاس وہ ترقی پسندوں کے نوجواں نمائندہ شاعر کی حیثیت سے ابھرے تھے قیسی کی ترقی پسند مصنفین کی ماہانہ نشستوں میں بحثوں کے دوراں اکثر ان کی نظموں کے حوالے آجاتے تھے وہ کہتے تھے فلم ادب کی رقیب ہے۔

دراصل فلم کا سارا کام وہ مکالمہ نویسی ہو یا نغمہ نگاری میکانیکی انداز کا ہوتا ہے اور یہ میکانیکی انداز تخلیقی ذہن کے لئے زہر قاتل سے کم نہیں۔

آئینہ دار آئینہ اور گرد بار ان کے دو خوب صورت شعری مجموعہ ہیں انہوں نے نظمیں غزلیں۔ رباعیوں۔ افسانوں کے علاوہ تنقیدی مضامین ملتے ہیں وہ ان محفلوں میں جو کچھ بولتے کھرا بولتے صاف صاف بولتے ان کی گفتگو سے ان کے گہرے تنقیدی شعور اور وسیع تر مطالعے اظہار ہوتا تھا فنی نکات اور زبان و بیان کا باریکیوں پر ان کی گرفت بہت مضبوط تھی زور قلم تو بلا کا تھا۔

انور خاں نے زمانہ ساز تھا قیسی نہ زر شناش مگر

ترقی پسندوں کی ۱۹۵۲ء کی بھیونڈی کانفرنس میں یہ قرارداد منظور کی گئی کہ ترقی پسند ادیب وہی ہے جو اشتراکیت پر ایمان رکھتا ہو فرائڈ کو رد کیا گا اجتماعی فکر اور اجتماعی مسائل کو انفرادی فکر اور تجربوں پر ترجی دی گئی انفرادیت کے میلان کو غیر صحت مند اور ہئیت و اظہار کے نئے سانچوں کی جستجو کو بے راہ روی سے تعبیر کہا گیا اس سے بے چینی پیدا ہوئی۔ وہ شاعر جو اشتراکی کو نہیں مانتے تھے یا سیاسی فکر کو اہمیت نہیں دیتے تھے اور وہ بھی جو اشتراکی تھے لیکن فکر و نظر کی آزادی کے قائل تھے ادب میں نئے تجربات کے حامی تھے تحرک سے دور ہو گئے۔

خلیل الرحمٰن آعظمی۔ باقر مہدی۔ وحید اختر۔ حسن نعیم۔ عزیز قیسی ان کا کہنا تھا کہ ترقی پسند موضوع اور مواد کو ترجیح دیتے ہیں اور حلقہ ارباب ذوق کے ادیب انفرادی۔ داخلی احساس اور تجربے کو اجتماعی زندگی سے منقطع کر کے انفرادیت پسندی یا داخلیت پرستی کو حصار میں ہیں نئے شاعروں نے دونوں طریقوں کو مصنوعی اور فرضی قرار دیا اور شعری عمل میں مواد اور ہئیت کے ناگزیر اور نا میانی تعلق اور وحدت کو تسلیم کیا۔ ان کا کہنا تھا کہ نیا طرز احساس اور نیا مواد اپنے تخلیقی عمل کے نتیجے میں نئے اسلوب کی تشکیل کرے گا۔ خلیل الرحمٰن آعظمی نئی نظم کا سفر اس طرح عزیز قیسی نے زندگی کا کرب رہا اور ادبی فکری۔ فلمی جذبات انجام دی ہیں ان کی غزلوں کے اشعار اس طرح سے ہیں۔

اپنوں کے کرم سے یا قضاء سے
مرجائیں تو آپ کی بلا سے
سایہ کی مسکیں کا بھی جس پر پڑ سکا
وہ گھر بھی شہر دل کے مضافات ہی میں تھا

الزام کیا ہے یہ بھی نہ جانا تمام عمر
ملزم تمام عمر حوالات ہی میں تھا
کسی کی جان کا ضامن نہیں یہاں کوئی
امین شہر کی جانب سے یہ منادی ہے
آہ بے اثر نکلی نالہ نارسا نکلا
اک خدا پہ تکیہ تھا وہ بھی آپ کا نکلا
گرگیا اندھیرے میں تیرے مہر کا سورج
درد کے سمندر سے چاند یاد کا نکلا
عشق کیا ہوس کیا ہے بندش نفس کیا ہے
سب سمجھ میں آیا ہے توجو بے وفا نکلا
کریں جوشکوہ زباں کہاں ہے زباں میں تاب
فغاں کہاں ہے کہاں کا پردیس کہی غربت وطن کی گلیوں
میں لٹ گئے ہم نظموں میں صدائے گنبد بے روزن ودر
کاواک۔ چوربازار شائد ہوتی آخر
میں ۸ رباعیات دی آئی ہیں
۳۴ صفحات کا شمارہ ہے عزیز قیسی فہمی کے لے کار آمد ہے۔

☆

ماہ نامہ رنگ و بومئی ۲۰۲۱

ماہنامہ رنگ و بومدیر صاحبزادہ مجتبیٰ فہیم کی ادارت میں ۲۷ سالوں سے شائع ہورہا ہے اس کا پہلا شمارہ ۱۹۹۴ پہلا شمارہ اگست کو جاری ہوا۔ اس کا جلد نمبر ۲۷ شمارہ ۵ ہے معاون مدیرہ سیدہ ذکیہ ہیں اس کا ISSN 2348-7798 ہے یہ میگزین صاحبزادہ میکش اور عزیز قیسی کی یاد میں نکل رہا ہے ہر شمارے صفحہ ۳ پر اوپری حصہ پر میکش کا عمدہ شعر تونے کی تخلیق اے محوخرام جستجو قطرہ خون جگر سے کائنات رنگ و بو ۲۷ سالوں سے با قاعدہ نکل رہا ہے ایسے نا مساعد حالات میں اردو رسالے سے نکلنا ایک کرشمہ سے کم نہیں جب کہ ماحول میں اردو اخبار ورسالے خریدنے کا مزاج ختم ہوتے جارہا ہے صفحہ ۳ پر عزیز قیسی کی رومانی غزل شائع کی جائے کی گئی ہے مطلع یوں ہے

ہر حسین شخص کو کب چاہتے ہیں جس میں ہو کچھ تری چھپ چاہتے ہیں
اک تم ہی سے کھینچے ہو ورنہ چاہنے والوں کو سب چاہتے ہیں

دست صبا کے تحت مشمولات کی فہرست دی گئی ہے متاع لب کے تحت عنوان اردو پہ کرم کہہ کر میکش پہ ستم کیوں ہے میں اور اردو اکیڈیمی کی خامیوں کوتاہیوں کا ذکر کیا ہے کہتے ہیں اردو اکیڈیمی نے عمر رفتگان کے عنوان سے ایک کتاب جملہ ترتیب دینا چاہا اس کے لئے ان ہی پر پروفیسرس کی کمیٹی بنائی اور ان کی ترتیب دی ہوئی لسٹ سامنے آئی تو معلوم ہوا کہ ایک باحیات خاتون کو مرحومہ لکھدیا گیا ہے اردو ادب کے تعلق سے حیدرآباد دکنی کا ماضی وحال سے ناواقف پروفیسرس نے میکش حیدرآبادی کے علاوہ کئی اہم شخصیات کو شامل نہیں کیا۔ حیدرآباد میں ایسے صحافی شاعر دانشور مضمون نگار موجود نہیں ہیں جو حیدرآباد کی ادبی تاریخ سے بخوبی واقف ہیں جو چند غیر معتبر پروفیسرس ہی کمیٹیوں میں شامل کیا جاتا ہے ماضی کی سوغات کے تحت میکش کی دو نظمیں اک کسان جس میں کسانوں کی حالت اور ان کا مقام کو پیش کیا گیا ہے اہمیت وعظمت کو اجاگر کیا۔

برہنہ جسم پسینے میں غرق ننگے پاؤں مگر سکون ہے یوں دل میں جیسے سوندھی چھاؤں بھکا ان میں اس کے کردار کو پیش کیا گیا ہے۔

پاس سے جھلکتی ہے دروازے سے ٹکرا کر نظر مانگتی ہے ایک پیسہ اللہ کے نام پر میں بھیک مصیبت ملتی ہے۔ ادبی سوغات عنوان کے تحت پروفیسر مناظر عاشق ہرگانوی نے مجتبیٰ فہیم کی نظموں میں ممکن اجزاء منازل۔ ذہنی طریق کار اور شعوری عمل کے سلسلے ملتے ہیں ان کا دماغ ان تمام فکری کرنوں کا مرکز نظر آتا ہے جو فطرت اور معاشرے کی تصویروں میں ہر جگہ بکھری ہوئی ہیں حالانکہ ان میں انتشار ہے اکیسویں صدی میں زندگی کرگراں بار جہاں صنعتی شہر کی زد میں ہے وہیں ذات اور سماجی نا آسودگی ہے عمل ہے تصورات خیالات اور احساسات دھند کی گتھیوں میں ہیں شاعری خارجی حالات کے متنوع پہلو کے تابع ہے ڈاکٹر مناظر عاشق ہرگانوی کا قلم رک گیا اوراق سارہ سے سسکیوں کی صدائیں سنائی دے رہی ہیں میں مدیر نے ان کے ادبی وعلمی کارناموں پر خراج عقیدت پیش کیا ہے کہتے ہیں وہ اپنے عہد کے عظیم ناقد۔ مصنف۔ مرتب شاعر وانشائیہ نگار رنگ و بو میں میرا مطالعہ کالم لکھنا شروع کیا جس میں رسائل اور جریدوں پر بے لاگ تبصرے ہوتے ہیں۔

ڈاکٹر امام آعظم نے مناظر عاشق ہرگانوی داستانی طرز کے قلم کار میں مناظر عاشق ہرگانوی کی ادبی تخلیقات ناول۔ افسانے وغیرہ کا تنقیدی تجزیہ ومحاکمہ ملتا ہے۔ راحت علی صدیقی قاسمی۔ مناظر عاشق ہرگانوی اور اصلاح اطفال میں بچوں کے تعلق سے ادب تخلیق کیا ہے اس پر تبصرہ کیا ہے۔ ان کا افسانہ انصاف دوستی کو شائع کیا ہے جو معاشرتی کی مسائل پر ہے عبداللطیف جوہر اورنگ آباد کے افسانچے میں عصری دور کے حالات اونچ نیچ اور انسانی دکھ درد۔ انسانی دوریاں وغیرہ کو موضوع بنایا ہے۔

شرط استوارہ گلزار جاوید پاکستان نے لکھا ہے اور چند باتوں پر توجہ دیں۔ میں تجاویز اور تاکید اور مشورے دیئے ہوئے ہیں۔

اس کا ہر شمارہ ۱۳۱ صفحات پر منحصر ہوتا ہے یہ شمارہ مناظر کے خراج عقیدت پیش کرتا ہے۔

ڈاکٹر منصور خوشتر نے پروفیسر عاشق ہرگانوی سے لسانی مصاحبہ میں جو جوابات دیتے ہیں وہ دانش ورانہ پہلو لئے ہوئے ہیں۔

انگریزی میں نانا۔ نانی۔ دادا۔ دادی کے لئے Grand Father خالہ۔ پھوپھی۔ چچی اور ممانی کے لئے الگ الفاظ نہیں صرف Aunty ہے اردو سائنسی تقاضے بھی پورے کرتی ہے سرکاری۔ دفتری۔ عدالتی۔ تعلیمی اور کاروباری تقاضے کشمیر سے لے کر بہار تک آج بھی اردو کی آغوش بنے ہوتے ہیں۔

☆

رنگ و بو کا شمارہ جون ۲۰۲۱

زیر تبصرہ رسالہ شمارہ ہے رنگ و بو اگست ۱۹۹۴ سے صاحبزادہ میکش اور عزیز قیسی کی یاد میں ۲۷ سال سے نکل رہا ہے جون ۲۰۲۱ کا ہے جلد ۲۷ شمارہ ۶ ہے مدیر صاحبزادہ مجتبیٰ فہیم (میر مجتبیٰ علی) ہے معاون مدیرہ سیدہ ذکیہ ہے میکش کی غزل شائع ہوئی اگر کوئی بات ہی نہیں تھی تو بات ہی ایک بار کرتے کہا تھا کس نے آج ہی آپ ہم سے قول و قرار کرتے قفس میں بیٹھے ہوئے خزاں کی ستم گری دیکھتے رہے ہیں نہیں وہ آزادیاں میر کہ آزاد سے بہار کرتے۔ تلنگانہ اسٹیٹ اردو اکیڈیمی حاتم طائی کے نقش قدم پر متاع لب کے تحت اداریہ میں اس کی تازہ اشاعت شدہ کتاب شوکت عثمانیہ پر طنز ہے اس کی قیمت ۲۰۰۰ روپیہ رکھی گئی ہے ڈائرکٹر کی قیمت ۶۰۰ چند مہینوں کے بعد ۳۰۰ روپے اس طرح اس کی کارکردگی پالیسیوں پر طنز تنقید ہے۔

ماضی کی سوغات میں ۱۹۰۰ تا ۱۹۵۸ پنڈت ہری چند اختر کی دو غزلیں شامل شمارہ ہے۔

سیر دنیا سے غرض تھی محو دنیا کردیا
میں نے کیا چاہا مرے اللہ نے کیا کردیا
حسن نے پہلے تو سب مجھ پر حقیقت کھول دی
اور پھر خاموش رہنے کا اشارہ کردیا
عشق جا ان تیری باتوں میں نہیں آنے کے ہم
اچھے اچھے کو جہاں میں تو نے رسوا کردیا
دنیا کو خبر کیا ہے مرے ذوق نظر کی
تم میرے لئے رنگ ہو خوشبو ہو ضیاء ہو
یہ رنگ یہ انداز نوازش تو ہی ہے
شاید کہ کہیں پہلے بھی تو مجھ سے ملا ہو

ادبی سوغات کے تحت ڈاکٹر کلب حسن حزین کے کلام پر تبصرہ شراف حسین نے کیا ہے

آہنگ سلاسل ہے یا شور عنادل
پھر ہے یہ لہو کیسا مقتل ہے نہ قاتل ہے

ڈاکٹر کلب حسن حزیں کے کلام میں مختلف موضوعات کی جھلکیاں ملتی ہیں کہیں سوز وگداز کی چاشنی ہے تو کہیں فکر وفلسفہ کی گہرائیاں کہیں خیال کی نزاکت ہے تو کہیں رندوں کی سرمستیاں۔انہوں نے دل کے جذبات سے احساسات کو الفاظ کا جامہ پہنایا ہے غزل ان کی شاعری اپنی پوری آب وتاب اور فنی استحکام کے ساتھ جلوہ گر ہوتی ہے انہوں نے قدیم روایات کے حسن کو برقرار رکھتے ہوئے جدید طرز تغزل کو بھی اپنایا ہے قاری کے جمالیاتی ذوق کی تسکین کا سامان بہم پہنچایا ہے۔

شعری مجموعہ شعرے عنادل سے ایک غزل شائع کی ہے۔

نفرت کے جو چراغ جلے تھے بجھادیئے
ظلم وستم کے سارے منارے گرادیئے
فصل بہار کی جو شکایت ہوئی بہت
گلشن میں پھول کاغذی ہم نے لگادیئے
ان کا دل پگھل نہ سکا میری بات سے
حالانکہ میں نے اشک کے دریا بہادیئے

احمد سہیل نے پنڈت ہری چند اختر اردو کا خوش گو شاعری اور ایک دلچسپ انسان مضمون میں لکھتے ہیں۔

پنڈت ہری چند اختر کی ولادت ۱۵/اپریل ۱۹۱۰ء میں صاحباں گاؤں ہوشیار پور مشرقی پنجاب بھارت میں ہوئی۔ دسواں درجے میں کامیابی کے بعد منشی فاضل امتحان پاس کرنے کے بعد جامعہ پنجاب سے انگریزی میں ایم اے کی سند حال کی پنجاب میں قانون ساز اسمبلی میں ملازم رہے لالہ کرم چند کے جریدے پارس کے مدیر بھی رہے ان کے اداریوں میں ندرت اور زبان کی چاشنی ہوتی تھی لوگ آنکھ محفوظ کرلیا کرتے تھے۔ ہری چند اختر کی غزلیات کا لہجہ روایتی مزاج کا تھا۔ان کی شعری فضا میں اختراعات کا ساختیہ تشکیل پاتا ہے ان کی شعری جمالیات میں رجائیات کا احساس ہوتا ہے وہ مزاج میں سیکولر انسان تھے لاہور میں رہتے ہوئے بھی ترقی پسند تحریک یا حلقہ ارباب ذوق کا حصہ نہیں بنائے ہری چند نے نعتیں لکھی۔ایک ڈراما جل دیوتا۔لکھا ہے۔

نذیر فتح پوری نے مناظر شناسی میں ان کی حیات اور ادبی کارناموں کو اجاگر کیا علالت کے دوران ملاقات اور فون پر کوائف صحت کا تذکرہ ملتا ہے۔ مناظر ارتضٰی۔ کریم پر کتاب لکھنا چاہتے تھے وقت نہیں ملا۔ یہ ادیب کثیر اشاعت کثیر التصانیف ہے لگ بھگ ۲۵۰ کتابوں کے مصنف ہیں۔

اشرف جاوید اعتبار ساجد۔ ولی عالم شاہین۔ ڈاکٹر روف خیر۔ سعید رحمانی۔ نادر اسلوبی۔ ڈاکٹر کلیم محمد کلیم ضیاء ڈاکٹر ریاض احمد۔ جاوید زیدی۔ ڈاکٹر نبیل احمد انور ماہدی۔ غزلیں شامل ہیں۔ فرخندہ شبنم نے ماسک۔ انشائیہ لکھا۔ اصغر ندیم سید نے لوحہ افسانہ لکھا۔ ہردین نے کھبل پر انشائیہ لکھا۔

فلسطینیوں کا وہ کارنامہ جو بجلی بن کر صیہونیوں پر گرا۔ کونسا پھل کس وقت کھانا ہے کووڈ ۱۹ بچاؤ کے مختلف ماسک اور ان میں فرق۔

☆

رنگ و بو۔ جولائی ۲۰۲۲

ماہنامہ رنگ و بو اشاعت کا ۲۸/ واں سال ہے جولائی ۲۰۲۲ء کا ہے ISSN 2348-7798 مدیر صاحبزادہ مجتبیٰ فہیم (میر مجتبیٰ علی) شروع سے ادارت کے فرائض انجام دیتے رہے ہیں جن کا جلد نمبر ۲۸ شمارہ ۷ ہے معاون مدیرہ سید ذکیہ ہے 9912707786 ہے اور صفحہ پر میکش کا شعر ہے تونے کی تخلیق اے محوخرام جستجو خون جگر سے کائنات رنگ و بو رباعیات عزیز قیسی ۳ شامل ہیں دست صبا کے تحت فہرست مشمولات شامل کئے ہیں متاع لب کے تحت اداریہ کا عنوان اردو کا دوسوسالہ جشن !!! جس میں اردو صحافت کے دوسو سال ہو گئے لیکن کوئی بڑا جشن کا اہتمام حیدرآباد میں ندارد ہے حالانکہ صحافیوں نے کوئی خون جگر سے اردو کی آبیاری کی ہے ماضی کی سوغات قتیل شفائی آمد و رفت ۱۹۱۹۔۲۰۰۱ ہے غزلیں شامل ہے۔

ادبی سوغات ساحل سیب۔ سمندر سیدہ شان مورخ ظ۔ انصاری۔ سیدہ شان معراج سفیان خان نے قتیل شفائی فلمی نغمہ نگاری میں اپنی مثال آپ اوراق ماضی کے تحت قصہ اردو زبان کا گوپی چند نارنگ نظمیں رفیق جعفر پونہ دل کا معاملہ دعا کی خوشبو۔ اگلا منظر۔ جی کھول کے رولو۔ مدیر محمدی غزلیں۔ قاضی انصار غزلیں۔ جہانگیر قیاس غزلیں محمد فہد پاشاہ سراج فاروقی افسانچے خمار آلود آنچل۔ شکاری۔ خوبصورت الزام رات کا پچھلا پہر قہقہہ منیر فراز۔ ٹکی کی دنیا۔ رشید احمد صدیقی وکیل صاحب مشتاق احمد یوسفی پاکستان محراب ادب کے لطیفہ شامل ہیں ۳۰ صفحات کا شمارہ ہے۔

☆

ماہ رنگ و بو کا شمارہ افسانہ نمبر حیدر آباد

اکتوبر ۲۰۲۲

مدیر صاحبزادہ مجتبیٰ فہیم

ماہ نامہ رنگ و بو ۲۹ رسالوں سے مدیر صاحبزادہ مجتبیٰ فہیم کی ادارت میں نکل رہا ہے باقاعدہ بلا ناغہ شائع ہو رہا ہے اس کا ISSN 2348-7798 جلد ۲۹ رشمارہ ۱۰ رمعاون مدیر سیدہ ذکیہ اس کے سرورق کے بعد صفحہ پر میکش کا یہ شعر

تو نے کی تخلیق اے محو خرام جستجو
قطرہ خون جگر سے کائنات رنگ و بو
چاندنی رات نظم شائع کی
ہر اک قدم راہبر راہ بقا ہے
ہر ایک نفس میرے لئے بانگ درا ہے

دست صبا کے تحت مشمولات ترتیب دی گئی ہے متاع لب اداریہ لکھا گیا ہے جو افسانے ماہ نامہ رنگ و بو میں شائع ہوئے ان کو پرکھ کر چند منتخب افسانے شائع کئے ہیں کہتے ہیں۔

یوں تو ماہ نامہ رنگ و بو نے کئی شعراء ادبا جو باحیات ہیں یا وفات پا چکے ہیں ان کے خصوصی نمبر شائع کر چکے ہیں اس کے علاوہ انشائیہ نمبر۔ یادرفتگان نمبر ایک شاعر ایک شعر ادبی نعتیہ نمبر۔ افسانہ نمبر شائع ہو چکے ہیں۔

ماضی کی سوغات عزیز قیسی آمد و رفت ۱۹۳۱۔۱۹۹۲ کا کلام شائع کیا ہے غریب شہر نظم شامل ہے ادبی سوغات انوار آزر پر تبصرہ ہے۔

نہ کوئی نغمہ جاں سوز ہے نہ ساز حیات شکست خواب کی بکھری صدا ہے چاروں طرف محمود عالم کا شمار پنجاب میں عہد حاضر کے ان نمائندہ شعراء میں ہوتا ہے جو اردو غزل کے معیار اور وقار کو قائم رکھے ہوئے ہیں افسانوں کی ترتیب اس طرح ہے ان افسانوں میں سماج و معاشرہ کی حقیقتیں پائی جاتی ہیں

سماج و معاشرہ کے نشیب و فراز سماجی مسائل پر روشنی ڈالی گئی ہے۔

اقبال انصاری۔ بدصورت

ڈاکٹر عمران مشتاق۔ اپنا خون

رونق جمال۔ آنکھوں آنکھوں تک

آنند لہر۔ سمندر کا پانی

ڈاکٹر محمد ستر آلودگی

کسک خیر النسا علیم۔ کراسنگ مقصود اطہر

وہ ایک سجدہ جسے تو رعنا اعجاز حسین

سیدھا راستہ مسرت واحد خاں

زندگی خواب نہیں ہے رزاق شر شاہ آبادی

تخلیق کار شبینہ فرشوری

نجات وہ جن کے سوا سب کافر ہیں بھوک کے خواب میں دبے عدنان حسین کے افسانچے کامل کئے ہیں۔ ۳۴ صفحات کا یہ رسالہ ۱۹۹۴ء سے زبان و ادب کی خدمات میں مشغول ہے اردو کی ہر صنف پر ادبی سرمایہ کو جگہ عطا کرتا ہے غزل۔ انشائیہ۔ افسانہ۔ افسانچہ۔ نظم۔ رباعی وغیرہ کو فروغ عطا کرتا ہے لگ بھگ ۲۹ سال سے اردو زبان و ادب کے گیسو ہمہ جہت انداز سے سنوار رہے ہیں۔

☆

ماہنامہ رنگ و بو نومبر ۲۰۲۲ حیدر آباد

مدیر صاحبزادہ مجتبیٰ فہیم

اشاعت کا ۲۹؍سال ہے ۱۹۹۴ء سے شائع ہو رہا ہے۔ مدیر میکش حیدر آبادی کے فرزند ہیں اور شاعر وادیب مانے جاتے ہیں ان کی تصانیف میں ابر کا ڈیرہ شاعری ٹھنڈا چولہا افسانے۔ایک چٹکی خاک افسانچے۔ دشت بے صدا شاعری اس کے بعد کوزے میں سمندر اپنی آمد کی دستک دے رہا ہے صاحبزادہ مکیش اور عزیز قیسی کی یاد میں جلد ۲۹ شمارہ ۱۱؍ ہے۔

تو نے تخلیق اے محو خرام جستجو قطرہ خون جگر سے کائنات رنگ و بو

عزیز قیسی مری عمر کا سمندر نظم شائع کی دست صبا کے تحت مشمولات کو جگہ دی گئی ہے کہ متاع لب ادارہ نے اداریہ لکھا ہے لکھتے ہیں۔

تلنگانہ ریاست جب سے بنی ہے تب سے اردو زبان کے ساتھ ناانصافی کی جا رہی ہے صرف اردو داں طبقے کو خوش کرنے دوسری سرکاری زبان کا درجہ دیا گیا جیسے کہ کھلونے دے کے بہلایا گیا ہوں اردو زبان سے جوڑے ہوئے لوگ تماشائی بنے ہوتے ہیں۔ ماضی کی سوغات شاز تمکنت آمد و رفت ۱۹۸۵۔۱۹۳۳ مرا ضمیر بہت ہے مجھے سزا کے لئے تو دوست ہے تو نصیحت نہ کر خدا کے لئے ادبی سوغات میں سجے شوق کا مختصر تعارف دیا گیا ہے حسن رضا نے لکھا ہے قیصر عباس نے کبھی کبھی فہمیدہ ریاض کی ایک نظم اور ان کا فن میں ان کے ناول اور شاعری کا جائزہ لیا ہے قیصر کی زبان۔ بدن دریدہ۔دھوپ اور کیا تم پورا چاند دیکھو گے ان کی شاعری کے مجموعہ میں نثر میں خط مرموز گوداوری ناولٹ۔گلابی کبوتر دھوپ آدمی کی زندگی کھلے دریچے سے حلقہ میری زنجیر کا قافلے پرندوں کے یہ خانہ آب وگل ہم رکاب اپنا جرم ثابت ہے۔ میں مٹی کی مورت ہوں۔ کراچی۔ سب لعل و گہر مرزا قلیج بیگ۔ہم لوگ شامل ہیں خرم سہیل نے اسیر شہزادی فہمیدہ ریاض میر فراز شاعر مشرق کی شاعری اور صاحبان مشرق کے انشائیہ کیا ہے ڈاکٹر وزیر آغا غزلیں فرحت عباس شاہ شہزادہ تابش۔ علی درول ۔ یونس متین نظمیں آشفتہ چنگیزی۔ پروفیسر یوسف خالد۔ غزلیں نسیم سفر آفتاب ۔ مضطر کتبہ افسانہ غلام عباس۔ مشتاق احمد یوسفی ناریل صحت بخش پھل ۔۴۳ صفحات پر مشتمل ہے۔ ☆

ماہنامہ شگوفہ گولڈن جوبلی سال حیدرآباد اپریل ۲۰۱۸ء

(فکاہیہ نقاد یوسف ناظم کے نام ایک گوشہ)

حیدرآباد دکن سے طنز ومزاحیہ ادب کی ترویج وارتقاء میں کلیدی کردار ادا کرنے والا رسالہ شگوفہ لگ بھگ ۵۰ سال سے بلاناغہ اپنا سفر جاری رکھے ہوئے ہے اوراس کے مدیر ڈاکٹر مصطفیٰ کمال نے اس کے لئے اپنے آپ کو وقف کردیا۔ شگوفہ کو اپنی زندگی بنالیا ہے درس وتدریس کی خدمات سے سبکدوش ہونے کے بعد اس کی ترقی کی فکر میں لگے رہتے ہیں اور ایک منازل پر لا کھڑا کیا ہے زیر نظر شمارہ کا جلد نمبر ۵۱/اور شمارہ ۴ رہے اس کی مجلس ادارت میں ڈاکٹر حبیب ضیاء، ڈاکٹر فیاض احمد فیضی، نصرت ظہیر، ڈاکٹر نسیم الدین فریس، پروفیسر مقبول فاروقی، غلام نجم الدین قابل ذکر ہیں۔

اس کی مجلس مشاورت میں نریندر لوتھر، ایم اے باسط آئی پی ایس، سید انورالہدی آئی پیس ایس، ڈاکٹر محمد علی رفعت آئی سے ایس، جی اے نورانی آئی آر ایس شامل ہیں۔

اس کی اوورسیز کمیٹی میں آرکیٹکٹ عبدالرحمٰن سلیم (ریاض)، ایڈیٹر اوورسیز مہتاب قدر (جدہ)، شجاع عاطف (آسٹریلیا)، محمد عمران خاں (ابوظہبی) شامل ہیں۔ اس طرح اس سے وابستہ ممبران اعلی وبڑے عہدہ دار ہیں اور اکابرین ادب ہیں۔

اس شمارے میں اردو زبان کے دانشور طنز ومزاح ادیب یوسف ناظم کے تنقیدی وتبصراتی مضامین کو یکجا کر کے شائع کیا گیا ہے، یوسف ناظم کا ادب میں بڑا مقام ہے انھوں نے اردو کے ظرافتی ادب کو فروغ دینے میں کوئی کسر نہیں چھوڑی۔ ممبئی میں رہ کر اردو کے مزاحیہ وطنزیہ ادب کی اپنے مضامین، خاکے کے ذریعہ خدمت انجام دیتے رہے۔

مدیر شگوفہ ڈاکٹر مصطفیٰ کمال نے پھر ملیں گے اداریہ میں ان کا تعارف اور فکر وفن کا جائزہ لیتے ہوئے صفحہ ۵۸ پر یوں رقم طراز ہیں۔

یوسف ناظم طنز ومزاح کے بادشاہ تھے ان کے مزاج میں اخلاص اور اظہار میں مزاح ٹھاٹھیں مارتا نظر آتا تھا ان کی کوئی بات کوئی تحریر مزاح سے عاری نہیں تھی ان کا مزاح فطری تھا تصنع سے کوسوں

دور، پہاڑی جھرنوں کی طرح صاف وشیریں ہمکتا دمکتا، اچھلتا بڑھتی عمر کے ساتھ ان کے مزاح کی جولانی بھی زخندیں بھرتی تھی، انھوں نے لطیفوں کا سہارا کبھی نہیں لیا۔ خود رومزاح کا وہ ایک منبع تھے ان کی ہر بات میں اک بات تھی اور ہر تحریر میں لطف وانبساط انھوں نے پر مزاح مضامین انشائیوں، خاکوں، سفر ناموں، کالم، نثری پیروڈیوں، سوانح وخود نوشت، رپور تاژ، تعارف ناموں، تقاریظ، دیباچوں، خطوط اور کئی طرح کے نثر پاروں کے ذریعہ اردو طنز ومزاح کے ادبی سرمائے بلکہ ادب عالیہ میں بیش بہا اضافہ کیا، اس حوالے سے ان کی ظرافتی خدمات کا اور ہمہ جہت ادبی جذبات کا بھر پور اندازہ ہوجاتا ہے کہ انھوں نے ادب کی مختلف نثری اصناف کے ذریعہ اپنا کلیدی رول ادا کیا۔

اس شمارے میں ان کے منتخب تنقیدی مضامین وتحریروں کو شائع کیا گیا جن میں تقریظ، مقدموں، تعارف ناموں، دیباچوں، اور تبصروں کو یکجا کر کے شائع کیا گیا یہ کام محنت وریاضت چاہتا ہے مذکورہ مضامین میں تنقیدی بصیرت تو مل جاتی ہے لیکن ان میں مزاحیہ اسلوب ہر جگہ جلوہ گر ہے۔ ہندوستانی جامعات میں یوسف ناظم کے اس ادبی پہلو پر پی ایچ ڈی کی سطح کا کام ہوسکتا ہے، لیکن آج کل جامعات میں آسان اور ہلکے پھلکے موضوعات جس میں محنت کم لگے ان پر پی ایچ ڈی کرواتے ہیں۔ بہر حال اس شمارے سے یوسف ناظم کا ایک علاحدہ اور منفرد روپ ورنگ ہمیں نظر آتا ہے نیاپن، اور نیا رنگ دکھائی دیتا ہے۔ اب تک وہ طنزیہ ومزاحیہ ادیب نظر آتے تھے اب دانشور، نقاد نظر آتے ہیں۔

۵۸ صفحات کے اس شمارے میں مال مفت (انشائیے) ذیلی عنوان کے تحت چوری اور شہ زوری ڈاکٹر صفدر، فوٹو ۔ محمد رفیع انصاری کو شامل کیا گیا ہے۔

فکاہیہ نقاد یوسف ناظم کے نام ایک گوشہ کے تحت یوسف ناظم کے تنقیدی وتبصراتی مضامین کو یکجا کر کے شائع وشامل کیا گیا ہے جن میں ۔ شہر ظرافت کے پرویز یداللہ، قحط المزاح کے دور میں فیضی، منظور ہے گذارش، احوال۔ طنز ومزاح پر دست شفقت، راجہ مہدی علی خاں کی ادبی خدمات ۔ بتائی۔ باتیں ہماریاں کے بارے میں ہماری باتیں۔ بیرونی ارباب کمال اور حیدرآباد، اسد رضا کی شوخی، حیدرآباد کے طنز ومزاح نگار خواتین۔ دراصل پڑھنے کے بعد رشید احمد صدیقی کی ظرافت نگاری، دو یا تین باتیں۔ خوش کلامیاں قلم کاروں کی۔ کوثر صدیقی اور ان کا شعری مجموعہ۔ اردو ڈرامے کے فروغ میں منجو قمر کا حصہ۔ لوٹ پیچھے کی طرف، شگوفے کی قدیم فائل ہے۔ اعجاز وارثی اور دیوان چھپ گیا، چورن منظومات کے تحت سنیل کمار تنگ، کرشن پرویز۔ مختار یوسفی، ہادی منزہ، کرنل کریم نگری۔ ہارون سیٹھ سلیم،

ناری پہلوان، شامل ہیں ادبی خبریں اور ڈبے کے خط کے تحت مراسلے شائع کئے گئے ہیں۔ بہرحال مذکورہ شمارہ یوسف ناظم کے تعلق سے معلومات سے مزین شمارہ ہے، یوسف شناسی کے لئے اہم تصور کیا جائے گا۔شگوفہ نے ماضی میں بھی یوسف ناظم پر نمبر نکالے ہیں۔ادبی رسائل کے نمبروں کی اس لحاظ سے اہمیت ہوتی ہے کہ میں اس میں نئے نکات اور حقائق وانکشافات کا اظہار ہوتا ہے۔اور مشملات جدت وندرت پر مبنی ہوتے ہیں۔

☆

ماہنامہ شگوفہ کا پچاس واں سال

اردو زبان وادب میں طنز ومزاح کی تاریخ بہت قدیم ہے طنز ومزاح ایک ہی سکے کے دو رخ ہیں جب ادیب یا شاعر کے دل میں کسی بھی واقعہ۔ حالات وکوائف کو محسوس کر کے اس کے دل میں ہمدردی پیدا ہوتی ہے تو مزاح کا ادب پیدا ہوتا ہے۔ اور جب دل میں غصہ یا طیش پیدا ہو تو طنزیہ ادب تخلیق ہوتا ہے مزاح اور طنز قدیم کلاسک ادب میں مختلف شکلوں میں مل جاتا ہے ویسے داستانوں، ناولوں، خاکوں، سفرناموں، انشائیہ وغیرہ طنزیہ ومزاحیہ ادب کے نقوش مل جاتے ہیں۔ اس طرح کا ادب ادیبوں کے اسلوب میں دیکھا جاسکتا ہے۔ طرز اظہار کا نام طنزیا مزاح ہے۔ اب تک یہ باقاعدہ صنف نہیں بن سکی۔ باتوں میں گفتگو اور تقریر وتحریر میں طنز ومزاح خودکار طریقے سے تخلیق ہوتا ہے۔ اردو زبان وادب میں باقاعدہ طنز ومزاح مرزا محمد رفیع سودا کے قصیدوں میں اور جعفرزٹلی کی نظموں وغزلوں میں ملنا شروع ہوجاتا ہے۔ پھر ان کے بعد کی آنے والی نسلوں میں طنز ومزاح کا شعور ملتا ہے۔ وہ اپنی تخلیقات میں طنزیہ ومزاحیہ انداز اپناتے ہیں دلاور فگار نے طنزیہ ومزاحیہ ادب کو دوسرے درجہ کا ادب کہا تھا عزیز قیسی ان کی اس بات کو رد کرتے رہے۔ میری دانست میں طنزیہ ومزاحیہ ادب زمینی ماحول سے راست طور پر قریب ومربوط ہوتا ہے حالات واقعات سماج۔ معاشرہ۔ زندگی زمانے کی ناہمواریوں۔ بے اعتدالیوں۔ ناانصافی۔ حق تلفی اور اصلاح معاشرہ سماج سدھار کا کام۔ طنزیہ ومزاحیہ ادب سے انجام دیتا ہے۔ طنزیہ ومزاحیہ ادب مؤثر رول، سماج کی تطہیر وتعمیر میں ادا کرتا ہے ایسے ادب سے بے رخی برتنا زبان وادب کے زیاں کا موجب بنے گا۔ طنزیہ ومزاحیہ نظم ونثر عصری دور میں ایک اہم مقام رکھتا ہے ایسے ادب سے بڑے سے بڑے اصلاحی اور انقلابی کام لئے گئے، حکومت کا تختہ بھی الٹ سکتا ہے۔

اردو زبان وادب میں طنز ومزاح کی تاریخ میں ۱۹ ویں صدی کی ساتویں دہائی، سنگ میل کی حیثیت رکھتی ہے، کیونکہ اسی دور میں طنز ومزاح کے باقاعدہ ادبی رسائل کا اجراء عمل میں آیا رسائل مزاحیہ ادب کو تحریک عطا کرتے ہیں اور عمدہ سے عمدہ اعلیٰ درجہ کا ادب پیدا کرنے کا محرکہ پیدا کرتے ہیں چنانچہ منشی سجاد حسین مدیر اودھ پنچ نے طنزیہ ومزاحیہ ادب کو ترقی وفروغ عطا کرنے کے لئے مذکورہ رسالے کی

اجرائی عمل میں لائی لگ بھگ ۲۳ یا ۲۵ رسال کا سفر طے کر کے موقوف ہوگیا۔ منشی سجاد حسین کی لالہ زار شخصیت نے اپنے اردگرد ایسے تابندہ ستارے رکھ چھوڑے تھے جنھوں نے اودھ پنچ کو زندہ جاوید بنا دیا تھا اوران ادیبوں وشعراء میں اکبرالہ آبادی، تر بھون ناتھ ہجر۔ مرزا مچھو ستم ظریف، اورنواب سید محمد آزاد کے نام قابل ذکر ہیں۔ صحیح معنوں میں لکھنو میں طنز ومزاح کی عمارت کی داغ بیل نثر ونظم اسی دور میں پڑی۔ حیدرآباد کو یہ شرف حاصل ہے کہ اس نے بھی اس مشہور مقولے کو سچ کر دکھایا کہ تاریخ اپنے آپ کو دہراتی ہے۔

بیسویں صدی کے ابتدائی دور میں یوں تو کئی رسائل اور جرائد شائع ہوئے ہیں۔ دکن پنچ۔ آندھرا پنچ۔ مشیر دکن اور دیگر رسائل میں طنز ومزاحیہ ادب کو شائع کیا جاتا تھا لیکن بیسویں صدی کے چھٹے دہے کی سانس جب اکھڑ چکی تھی اس زمانے میں شگوفہ کا اجراء عمل میں آیا۔ شگوفہ کے پیچھے منظّم جماعت زندہ دلان حیدرآباد کا خلوص شامل تھا اور آج بھی ہے۔ طنز ومزاح نگاروں کی وہ روایت جو بیسویں صدی کے دوسرے دہے میں تقریباً دم توڑ چکی تھی اور جیسے ممتاز حسین اور شوکت تھانوی کی کوشش بھی ایک رجحان کی حیثیت نہ عطا کرسکتی تھی۔ اسے ایک رجحان کی حیثیت اور طنز ومزاح نگاری کو ایک سمت عطا کریں ان کا سہرا زندہ دلان حیدرآباد اور شگوفے کے سر بندھ جاتا ہے۔

شگوفہ کا پہلا شمارہ ڈاکٹر مصطفیٰ کمال کی ادارت میں نومبر ڈسمبر ۱۹۶۸ء میں شائع ہوا، ابتداء میں یہ ڈیڑھ دو ماہی شمارہ بعد میں ماہنامہ ہوا۔ اس کے پہلے شمارہ کے ایڈیٹر مصطفیٰ کمال جلد ا ر جلد ۲ ر مجلس مشاورت میں کرشن چندر۔ راجندر سنگھ بیدی، بھارت چند کھنڈہ، زینت ساجدہ اور مجلس ادارت میں احسن علی مرزا، مجتبیٰ حسین، حمایت اللہ جنرل منیجر ممتاز احمد منیجر، اشتہارات۔ حیدر صدیقی سرکیولیشن منیجر ممتاز احمد سرکیولیشن منیجر مصطفیٰ علی بیگ، سرورق سعادت علی خاں، کتابت غوث محمد، فخر الدین، بدر الدین، اور سلام خوشنویس، قیمت ایک روپیہ سالانہ ۱۰ ر روپئے۔ ۲۷ بیچلر کوارٹرس معظم جاہی مارکیٹ حیدرآباد۔ ا۔ فون ۵۱۵۲۰ مطبوعہ اعجاز پرنٹنگ پریس چھتہ بازار، طابع وناشر ایڈیٹر سید مصطفیٰ کمال تھے۔ روز اول سے آج تک ڈاکٹر مصطفیٰ کمال اس کے مدیر ہیں اور ایسی زندگی کو شگوفہ کے لئے سنوارنے، بنانے اور تعمیر تشکیل میں نذر کر دیا جس طرح کالج میں کچھ ہوجائے تو سارا دوش پرنسپل کو دیا جاتا ہے اسی طرح اگر رسالہ کے شماروں میں اونچ نیچ یا غلط ہوجائے تو مدیر پر عائد ہوتی ہے۔ ایسی گراں بہا ذمہ داری ادا کر رہے ہیں۔ ادارت کرتے کرتے نصف صدی گذر گئی۔ کوئی معمولی بات نہیں۔

شگوفہ کے ابتدائی قلمی معاونین میں فکر تونسوی، یوسف ناظم، بھارت چند کھنہ، برق آشیانوی، رشید قریشی، عاتق شاہ، خواجہ عبدالغفور، پرویز یداللہ مہدی، نریندر لوتھر، علی صاحب میاں، سلیمان خطیب، شکور بیگ، اسماعیل ظریف وغیرہ شامل تھے۔ اس کے بعد طنزیہ ومزاحیہ شعراء وادیب اس سے مربوط ہو گئے اور اپنا قلمی تعاون پیش کرتے رہے۔ اس رسالے نے شعراو ادیب گر کا کردار ادا کیا۔

نئے طنزیہ ومزاحیہ ادیبوں کو تیار کیا پوری اردو دنیا اس جریدہ کی قائل ہے کہ اس نے اودھ پنچ کی طرح لگ بھگ ۵۰ رسالوں سے طنز ومزاح کی خدمت میں مشغول و منہمک ہے اور بلاناغہ تواتر وتسلسل سے اس کے شمارے شائع ہو رہے ہیں اور اردو قاری استفادہ کر رہا ہے آج کل اس کی ہیئت وشناخت وتعارف اس طرح ہے، ماہنامہ شگوفہ گولڈن جوبلی سال حیدرآباد گوشہ بیاد غوث خواہ مخواہ فروری 2018ء جلد ۵۱ شمارہ ۲ راوورسیز کمیٹی آرکیٹکٹ میں عبدالرحمٰن سلیم۔ ریاض ایڈیٹر اوورسیز۔ مہتاب قدر جدہ۔ شجاع عاطف آسٹریلیا۔ محمد عمران خاں ابوظہبی مجلس مشاورت میں نریندر لوتھر۔ ایم اے باسط۔ آئی پی ایس۔ سید انوار الہدی آئی پی ایس، ڈاکٹر محمد علی رفعت آئی اے ایس، جی اے نیورانی آئی آر ایس، مجلس ادارت ڈاکٹر حبیب ضیاء، ڈاکٹر فیاض احمد فیضی، نصرت ظہیر، ڈاکٹر محمد نسیم الدین فریس، پروفیسر مقبول فاروقی۔ غلام نجم الدین اس کے ذیلی اور عنوانات اس طرح ہیں۔

اس تھیلی کے چٹے بچے۔ مال مفت، انتخاب کلام۔ چورن، ادبی خبریں، ۵۸ یا ۶۸ صفحات پر مشتمل ہوتا ہے۔

مدیر شگوفہ ڈاکٹر مصطفیٰ کمال نہ صرف ادارت بلکہ خصوصی اشاعتوں سے بھی دلچسپی رکھتے ہیں انھوں نے اب تک اہم شخصیات اور خاص موقعوں پر ۳۱ رخصوصی شماروں کی اشاعت کا کام انجام دیا ہے۔ ۱۰۶ رگوشے اور بہ یاد شمارے اور ۲۸ رسووینئر وسالنامے شائع کیے ہیں۔ شگوفہ کی خدمات وقیع اور وسیع واعلی ہے۔ پوری اردو دنیا اور اردو ماحول اس کے پچاس سالہ سفر پر فخر کرے گا۔ اس کے پچاس سال مکمل ہونے پر طنز ومزاح کی ایک عالمی کانفرنس حیدرآباد میں ہو۔ نئے لکھنے والوں کی ہمت افزائی کریں، نوآموز ادیب وشاعر بہت کم ہیں۔ شگوفہ کی روایت ووراثت کو برقرار رکھنے کے لئے نئے لکھنے والوں کو تیار کرنا ہوگا۔ پرانے لوگ چلے جائیں گے۔ تب طنز ومزاح کی باگ ڈور نئی نسل کے ہاتھوں میں ہوگی، لہٰذا اس طرح کے ادب کی بقاء ترقی کے لئے دور رس منصوبے بنانا ہوگا۔ تاکہ یہ رسالہ روایتی وعصری آن بان شان کے ساتھ صدیوں تک اپنا سفر جاری رکھ سکے۔ ☆

ماہنامہ شگوفہ کا حبیب ضیاء نمبر اکتوبر ۲۰۲۲

شگوفہ زندہ دلان حیدرآباد کا ترجمان جو ۵۴ رسال سے باقاعدہ بلا ناغہ شائع ہو رہا ہے اودھ پنچ کے بعد تسلسل تواتر سے طنز ومزاحیہ ادب کو فروغ عطا کر رہا ہے۔ اس کے مدیر میرے ڈگری کالج انوار العلوم کالج ملے پلی میں مجھ کو اردو زبان دوم پڑھایا وہ ڈاکٹر مصطفیٰ کمال ہمہ جہت ادبی خدمات کے مالک ہیں بہ حثیت صحافی ایک عہد کو متاثر کرتے رہے۔ آپ شگوفہ کے ابتداء وآغاز سے مدیر رہے اور آج بھی شگوفہ کی ترقی وفروغ میں ہمہ تن گوش اور جدوجہد کرتے رہے زیر تجزیہ حبیب ضیاء نمبر کے سرورق پر ان کی تصویر کے ساتھ کتابوں گوئم مشکل۔ انیس بیس۔ مژگاں۔ حیدرآبادی طنز ومزاح نگار خواتین۔ ہوتا ہے شب وروز۔ اور مجھے کچھ کہنا ہے شائع کی۔ ایڈیٹر ڈاکٹر سید مصطفیٰ کمال معاون ایڈیٹر پروفیسر شوکت حیات مجلس جلد ۵۵ شمارہ ۱۰ ہے۔ مجلس مشاورت میں ایم اے باسط آئی پی ایس۔ سید انورالہدی آئی پی ایس۔ ڈاکٹر محمد علی رفعت۔ آئی اے ایس۔ اے نورانی آئی آر ایس۔ اوورسیز کمیٹی میں آرکٹیٹکٹ عبدالرحمٰن سلیم، امریکہ۔ ایڈیٹر اوورسیز۔ مہتاب قدر (جدہ) شجاعت عاطف آسٹریلیا۔ محمد عمران خاں کنیڈا شامل ہیں۔

اداریہ میں مدیر ڈاکٹر مصطفیٰ کمال نے پھر ملیں گے میں لکھتے ہیں:

ڈاکٹر حبیب ضیاء کا پہلا مضمون ''ہمارے بھی ہیں امتحان'' حبیب توفیق کے نام سے ڈیڑھ ماہی شگوفہ کے شمارہ ستمبر اکتوبر ۱۹۷۲ء میں شائع ہوا تھا۔ ان کی دو کتابیں دکنی زبان کی قواعد اور پی ایچ ڈی کا مقالہ مہاراجہ کشن پرشاد شاد ۱۹۶۹ء اور ۱۹۷۸ء میں شائع ہو چکی تھیں خواتین مزاح نگاری میں کم نظر آتی ہیں۔ رشید موسوی۔ جیلانی بانو، رفیعہ منظور الامین، پروفیسر لئیق صلاح، فاطمہ تاج، نسیمہ تراب الحسن، ڈاکٹر شمیم علیم۔ ڈاکٹر رضیہ سلطانہ، بصیر ڈاکٹر شمیم ثریا۔ سعدیہ مشتاق۔ رئیسہ محمد۔ صفیہ شاہین۔ عزیزہ محبوب شفیقہ فرحت۔ حبیب ضیاء کل وقتی مزاح نگار کا رول ادا کیا۔ ڈاکٹر حلیمہ فردوس۔ ڈاکٹر فرزانہ فرح۔ ڈاکٹر حبیب ضیاء کے بارے میں بتایا گیا کہ وہ طالب علمی کے دور سے ہی شوخ وشریر۔ فقرے باز اور مزاح پسند تھیں۔ شگوفہ کے لئے وہ مضمون نگاری کے ابتدائی دور سے ہی لکھتی رہی ہیں۔ ان کے جملے

محض مشاہدے کی تحریف نہیں بلکہ دودھاری تلوار ہیں۔بھرپور مزاح کے بین السطور طنز کے تیر چھپے رہتے ہیں۔اس طرح مزاح نگار حبیب ضیاء میں سماجی برائیوں پر کڑھنے والی ایک محتسب خاتون پوشیدہ نظر آتی ہے حبیب ضیاء جو کچھ صبح شام دیکھتی ہیں اسے ظریفانہ اظہار کے سانچے میں ڈھال لیتی ہیں ان کے اکثر مضامین واقعاتی مزاح کی بہترین مثال ہیں۔ وہ فکشن نہیں لکھتی تلخ حقائق کا پردہ چاک کرتی ہیں۔ بے راہ رویوں۔ بے ایمانیوں۔ بے جوڑ حرکتوں۔ ناانصافیوں اور کج رویوں پر چھوٹے چھوٹے بلیغ جملوں میں فکاہیہ تاثرات بڑی سادگی کے ساتھ بیان کرتی ہیں۔ڈھیر سارے تاثرات کو اختصار کے ساتھ پیش کرنے کا فن وہ جانتی ہیں۔حبیب ضیاء،تنقید، تحقیق وطنز ومزاح نگاری لکھتی رہیں۔ان کی تصانیف حسب ذیل ہیں۔

(۱) دکنی زبان کی قواعد تحقیق پہلا ایڈیشن ۱۹۶۹ء، دوسرا ایڈیشن ۲۰۱۳ء

(۲) مہاراجہ سرکشن پرشاد شاد۔تنقید ۱۹۷۸ء

(۳) گوئیم مشکل۔طنز ومزاح ۱۹۸۱ء

(۴) انیس بیس۔طنز ومزاح۔۱۹۸۸ء

(۵) شاد و نیاز۔تنقید۔۱۹۹۳ء

(۶) جو مژگاں اٹھائیے طنز ومزاح ۲۰۰۱ء

(۷) حیدرآباد کی طنز ومزاح نگار خواتین۔تنقیدی تذکرہ۔۲۰۰۵ء

(۸) بڑے گھر کی بیٹی۔خودنوشت سوانح ۲۰۰۶ء

(۹) گلدستہ شاد ترتیب بہ تعاون ڈاکٹر نارائن راج وڈاکٹر بھاسکر۔راج سکسینہ ۲۰۰۹ء

نذر شاد ترتیب بہ تعاون ڈاکٹر نارائن راج ۲۰۰۹ء

مضامین نو۔تنقید ۲۰۰۹ء

مجھے کچھ کہنا ہے انتخاب طنزیہ ومزاحیہ مضامین ۲۰۱۵ء

ہوتا ہے شب و روز طنزیہ مضامین اور انشائیوں کا انتخاب ۲۰۲۱ء

تنویر ادب نصابی کتب بی۔اے سال دوم بہ تعاون اساتذہ ویمنس کالج۔۱۹۹۳ء

یوسف ناظم ڈاکٹر حبیب ضیاء لکھتے ہیں۔

حبیب ضیاء کی مزاح نگاری میں صبح سویرے چٹکنے والی کلیوں کا زیب لب تبسم اور سرشام دکھائی

دینے والی شفق کی گلنار جھلک۔ ان کے قاریوں کو مسرور و محظوظ کرنے اور ان سے داد و تحسین حاصل کرنے میں کبھی نہیں چوکتی۔ رشید قریشی چہ کنم میں لکھتے ہیں اپنی ذہنی استعداد سے مزاح کا ایک ایسا اسلوب اختیار کرتی ہیں جو خالص حبیب ضیائی ہے اسلوب میں نسوانیت کی جو نازک جھلکیاں نظر آتی ہیں وہ کہیں اور نہیں ملتیں۔

پروفیسر حبیب ضیاء میں فاطمہ عالم علی کہتی ہیں۔

اب تو حبیب ضیاء کی مزاح نگاری کو شہرت کے پر نکل آئے ہیں خواتین ان پر فخر کرتی ہیں۔ حبیب ضیاء لکھنے کا سامان معاشرے سے فراہم کرتی ہیں جب معاشرے کی بے راہ روی سے ان کا خون کھولتا ہے تو قلم کا سہارا لیتی ہیں بڑے گھر کی بیٹی پروفیسر حبیب ضیاء آئینہ میاضی ہے کہ پسماندہ جمشید میں لکھتے ہیں۔ جب ہم استاد گرامی قدر کی کتاب بڑے گھر کی بیٹی کا مطالعہ کرتے ہوئے صفحہ ۱۱ پر پہنچے تو اور یہ جملے پڑھے برسوں پہلے میری ساس نے مجھے بڑے گھر کی بیٹی کا خطاب دیا تھا۔ کاش وہ مجھے بڑے دل کی بیٹی کہتیں جی ہاں بڑے دل کی بیٹی میں نے دل بڑا کر کے ان کے بیٹے کو انھیں سوپ دیا۔ اب وہ مطمئن ہیں کہ ان کا چہیتا بیٹا ان کے بازو سو رہا ہے۔ معاً ہمیں ایک طنز نگار کی طنز نگاری بام عروج پر نظر آئی اس جملے میں پیکان طنز کے علاوہ طنز نگار کی طنز نگاری بام عروج پر نظر آئی اس جملے میں پیکان طنز کے علاوہ جو اشک کرب ہیں اس کی تفہیم تو اہل دل ہی کر سکتے ہیں۔

رشید عبدالسمیع جلیل بڑے گھر کی بیٹی پر منظوم تبصرہ لکھا ہے۔

وہ خاتون خانہ جو کنبہ سنبھالے بس اسی کی صدا ہے بڑے گھر کی بیٹی، بچہ باہر گیا ہے۔ جلسے۔ ہم نے فلیٹ خریدا۔ ہلمیٹ۔ پانی۔ آنکھوں دیکھا کانوں سنا۔ اکیلے اکیلے۔ کلام اور تکیہ کلام۔ بے بی۔ پان۔ وزیر کی سالی۔ بڑا ڈاکٹر۔ آٹو والے کا زنانی کفن۔ یوسف ناظم کی شخصیت خطوط کی روشنی میں۔ کہیں دیکھا ہے۔ واجد ندیم کی دو تولے کی زبان۔ بال کی کھال تبصرہ۔ ایسے ایسے لوگ مصنفہ شیخ رحمٰن اکولوی۔ دے کے خط مرسالے۔ پھر ملیں گے اداریہ ۶۱ صفحات کا یہ شمارہ حبیب ضیاء کی حیات اور ادبی خدمات مضامین فکر و فن پر ایک دستاویز ہے۔ حبیب ضیاء فہمی ہیں۔ معتبر و مستند نمبر ہے۔ اردو زبان و ادب میں ہمہ جہت کارنامے سے متصف ہے۔ محقق۔ نقاد۔ اور طنز و مزاح کے تخلیق کار کی حیثیت سے ادبی دنیا میں شہرت رکھتی ہیں۔

☆

ماہنامہ تلنگانہ کا شمار نومبر ۲۰۲۱ء

سرورق پر ہرے بھرے تلنگانہ کی جانب ایک قدم وزیر اعلیٰ شجر کاری مہم میں حصہ لے رہے ہیں اور دوسرے صفحہ پر جشن میلا دالنبی کا جلوس چار مینار سے گزرتے ہوئے بتلائے۔تصویر شائع کی گئی ہے۔ اس شمارے کا RNITELURD/2015/66635۔ISSN.2456-7140۔اس کا جلد نمبر ۶ رشمارہ ۵ رصفحات ۵۸ رشمارہ قیمت ۲۰ روپئے اور سالانہ ۲۲۰ روپئے مقرر ہے۔اداریہ میں ڈاکٹر علی باز ہر ہمانے ریاست۔عوام کے لئے محترم و منزل حیثیت رکھتی ہے جس میں ریاست کے عوام۔ حکومت۔اقتدار کا تعلق چولی دامن کا ہونا چاہئے انھوں نے کے سی آر کو دوراندیش۔ وعوام دوست و ہمہ مشرت نظریات کے حامل وزیر اعلی کہا اوران کے دور میں تلنگانہ مثالی ریاست بننے جارہی ہے۔اوران کی خدمات اوراسکیمات پروگروام کا ذکر کیا ہے۔ ہریتا ہارم۔ پچھڑے طبقات۔معذورین۔ بیوائیں۔ اورستاون سال۔شجر شمی جمی چٹو۔دھرم آستھا۔جمن ونم۔شمی کے جنگلات آنگن واڑی اساتذہ۔خواتین ٹیچرز کی یافت۔زرعی شعبہ۔ٹشو کلچر۔مچھلی پالن۔ بے روزگار نوجوان۔ریاست میں ٹورازم سیاحت۔ ثقافت۔سنڈے فنڈے۔کا ذکر کیا گیا ہے عالمی یوم برداشت اور رواداری اہمیت وضرورت میں اس کی افادیت اہمیت پرزور دیا ہے۔ ۱۶ رنومبر کو منایا جاتا ہے۔ ۲۰۰۵ء سے منایا جارہا ہے۔

میانہ روی۔ رواداری۔ تحمل۔ مزاجی۔ ایک دوسرے کو برداشت کرنا۔ معاف کردینا۔ اور انصاف کرنا۔ان خوبیوں سے معاشرے میں امن وچین رہے گا۔آنگن واڑی ٹیچر۔آنگن واڑی مراکز کی تفصیلی رپورٹ شائع کی ہے۔

۲۰۲۱ء میں تنزانیہ کے ناول نگار عبدالرزاق کو ادب کا نوبل انعام دیا گیا۔عمرو بن حسین باز ہر اطہر نے ڈاکٹر محمد ضیاء الدین احمد شکیب سے گفتگو میں ان سے لیا گیا انٹرویو شائع کیا۔جس میں ان کی زندگی۔خاندان۔کارنامے ادبی تاریخی خدمات کا احاطہ کیا گیا۔انٹرویو بہت معلوماتی ہے۔کرہ ارض پر ماحولیات کی تبدیلی کے لئے انسانی عوامل، زمدار میں ماحولیات کی اہمیت کو واضح کیا۔لیکن مختلف النوع اقسام کی آلودگی بڑھ رہی ہے۔ پلاسٹک آلودگی خطرے سے خالی نہیں ہے۔

نازش سلطانہ نے شجر شمی جٹی چٹومیتھ۔ پران اور سائنس کے آئینہ میں۔ شجر شمی جمی کی تاریخ اور اہمیت اور افادیت پر روشنی ڈالی ہے۔

مولانا ابوالکلام آزاد کی صحافتی خدمات محمد فہیم الدین اختر نے لکھا ہے کہ مولانا کی صحافتی خدمات کو تین ادوار میں تقسیم کر سکتے ہیں ایک وہ جس کا آغاز مولانا نے ہفتہ وار المصباح سے کیا تھا۔ اس کے بعد مولانا احسن الاخبار۔ الندوہ سہ روزہ وکیل۔ امرتسر ہفتہ دار السلطنت۔ لسان الصدق۔ علمی دور۔

دوسرا دور الہلال کا ہے۔ سیاسی

تیسرا دور البلاغ کا ہے۔ مذہبی واصلاحی

الہلال ۱۳؍جولائی ۱۹۱۲ء کلکتہ سے نکل رہا تھا۔ ۱۸؍نومبر ۱۹۱۲ء تک جاری رہا۔

البلاغ ۱۳؍مارچ ۱۹۱۲ء تک صرف پانچ مہینے۔

۱۱ سال بعد ۱۰؍جون ۱۹۲۷ء کو الہلال جاری ہوا۔ ۶ ماہ بعد ۹ ڈسمبر ۱۹۲۷ء کو بند ہو گیا۔

عظیم انسان۔ سیاست داں۔ مجاہد آزادی۔ ماہر تعلیم۔ ماہر لسانیات واعلی صحافی کا انتقال۔ ۲۲؍فروری ۱۹۵۸ء کو دلی میں ہوا۔ ۶۹ سال کی عمر میں انتقال ہوا۔ ڈاکٹر محمد ناظم علی نے ماہنامہ آندھرا پردیش اور تلنگانہ کا تعارف تاریخ پیش کی۔ ڈاکٹر م۔ق۔ سلیم نے اردو کیسے سیکھیں حصہ اول و دوم پر تبصرہ کیا گیا ہے۔ ۱۷؍نومبر یوم قومی صحافت کے موقع پر خراج محبوب حسین جگر مرحوم ایک قد آور شخصیت عظیم صحافی میں جگر صاحب کی حیات خاندان۔ بھائیوں کا ذکر اور صحافت اور جگر کی مکمل داستان تاریخ کو رقم کیا ہے جگر صاحب صحافت کے لئے وقف ہو گئے تھے۔

ایم اے رحیم۔ کے۔سی۔آر ملک کے مثالی وزیر اعلی۔ محمد مظہر الدین ایک شام چار مینار کے دامن میں ڈاکٹر محمد قطب الدین ابوشجاع شکاگو نے نبی کریم ﷺ دنیا کے سب سے عظیم ماہر نفسیات GHMC کی جانب سے ترقیاتی کام، مولانا فیاض الدین حیدر آباد، فاکہ فردوس نے الطاف حسین حیالی کا تصور آزادی۔ اردو میں بچوں کا ادب آغاز وارتقاء، ڈاکٹر شیخ کریم حکومت تلنگانہ کے فلاحی اسکیمات کی تفصیل دی گئی ہے۔ آخر میں علامہ اقبال کے نعتیہ اشعار دئے گئے ہیں ولادت ۹؍نومبر ۱۸۷۷ء وفات ۲۱؍اپریل ۱۹۳۸ء و۔

۵۸ صفحات کے اس شمارے میں ریاستی سرکاری اسکیمات، کارکردگی کے علاوہ اردو ادب پر کئی مختلف موضوعات پر بصیرت افروز مضامین پیش کئے گئے ہیں۔ ☆

ماہنامہ تلنگانہ کا شمارہ ڈسمبر ۲۰۲۱ء

سرورق پر کے سی آر کچھ اعلان کرتے تصویر پیش کی گئی ہے۔اس کا جلد ۶ شمارہ ۶ ہے۔سرورق کے دوسرے صفحہ پر صفائی کے معاملے میں بہتر کارکردگی پر مرکزی حکومت نے ریاست تلنگانہ کو۱۲ ارایوارڈ سے نوازا۔مدیر ڈاکٹر علی باز ہرہمانے گاؤں چھوٹا۔شہرت بڑی میں بھودن پوچم پلی کی تاریخی صنعتی اہمیت کو واضح کیا۔اچاریہ ونود بھاوے نے اس تحریک کا آغاز یہاں سے کیا۔شریک مدیر معاون،ڈاکٹر محمد کلیم محی الدین نے انسانی حقوق کی پاسداری وقت کا ایک تقاضہ انسانی حقوق کا سماج میں کیا موقف ہے۔کس طرح اس کی بقاوتحفظ کر سکتے ہیں۔اس پر روشنی ڈالی ہے۔

مدیر نے بلدیہ عظیم تر حیدرآباد میں ووٹر کی تعداد 88.55 لاکھ ضلع حیدرآباد کے اسمبلی حلقہ جات میں ووٹرس کی تفصیلات۔ضلع میڑچل کے اسمبلی حلقہ جات میں ووٹرس کی تفصیلات۔ضلع رنگاریڈی کے اسمبلی حلقہ جات میں ووٹر کی تفصیلات،تلنگانہ میں ایم بی بی ایس کی ۵۰۴۰ نشستیں کا تفصیلی ذکر کیا ہے۔نیٹ کے امتحان میں تلنگانہ کے طلبہ کا شاندار مظاہرہ۔بلدیہ حیدرآباد کی جانب سے ٹھیلہ بنڈی والوں کو مالی امداد صفائی کے معاملے میں تلنگانہ سارے ملک میں سرفہرست،کارپوریشن،میونسپالٹی حدود میں ۲۱۷ شہری قدرتی جنگلات گریٹر حیدرآباد میونسپل کارپوریشن کے فلاحی اقدامات بچوں کے تحفظ کے لئے بال رکشک گاڑیوں کا آغاز،غیر منظّم شعبہ سے وابستہ افراد کے لئے شناختی کارڈ (ای شرم کارڈس) جی ایچ ایم سی کی جانب سے ترقیاتی کام۔برکت صدیقہ نے نسائیت اور اس کا پس منظر میں نسائیت کی پہچان شناخت،تعریف تعارف اور ادب میں نسائی ادب پر بحث کی ہے۔

محمد فہیم الدین نے تلنگانہ میں الیکٹرانک بائیک کی فروخت پر روشنی ڈالی سید محمد افتخار مشرف نے عثمانیہ یونیورسٹی حیدرآباد کی دلچسپ تاریخ ۲۰۰ سالہ قدیم منڈی میر عالم کی عظمت رفتہ کی بحالی کے اقدامات ریاستی وزیر انفارمیشن ٹکنالوجی کا کامیاب دورہ فرانس۔ڈاکٹر م۔ق۔سلیم نے میری توشیحات نظمیں شاعر نذیر فتح پوری،توشیح۔مسجہ صنف شاعری ہے۔محمد مخدوم محی الدین نے شیخ عبدالقادر جیلانی رحمۃ اللہ علیہ کی زندگی،حیات کارنامے بیان کئے ہیں۔

پیدائش ۱۷؍مارچ ۱۰۹۷۸ءتا ۱۲؍فروری ۱۱۶۶ءعطیہ پروین نے عالمی یوم ایڈس پر روشنی ڈالی ہے۔ڈاکٹر شاہ جہاں گوہر نے جنوبی ہند کی منتخبہ شاعرات ایک تعارف میں شاعرات کا تعارف اور نمونہ شعر پیش کیا ہے۔رفعت سلطانہ نے اردو میں سنجیدہ ناول اور مقبول ناول کا تعارف کیا ہے۔پروفیسر مجید بیدار اورنگ آباد کی اولین منظوم سوانح عمری داستان نظام علی خاں لکھا،فرح بانو مصنوعی ذہانت ،ساجد منور نے سائنٹفک سوسائٹی علی گڑھ ایک تعارف ، ڈاکٹر محمد ناظم علی، تلنگانہ تاریخ۔تہذیب وثقافت پر معلوماتی کوئز ،فاطمہ اختر نے پروفیسر محمد انورالدین کی علمی وادبی خدمات، آمنہ اختر ادب کیا ہے۔محمد رفیع الدین نے بچوں کا ادب، ناقدین کی نظر میں ریاست کی پری میٹرک اسکالرشپ، اقلیتی اداروں کے لئے بجٹ کی اجرائی۔محمد عبدالقدوس نے یوسف ناظم کی خاکہ نگاری کے آئینہ میں جوش کی نعت ریاستی سکریٹریٹ کے مساجد کی تقریب سنگ بنیاد اس طرح اس میں حکومت اور حکمرانی کے علاوہ ادبی مضامین شامل ہیں۔

☆

ماہنامہ تلنگانہ جنوری ۲۰۲۲ء کا شمارہ

ماہنامہ تلنگانہ کا شمارہ جنوری کی ۵؍ تاریخ کو ہمہ دست ہوا۔ سرورق پر کے سی آر وزیر اعلی ریاست تلنگانہ مونگ پھلی کی فصل کا معائنہ کررہے ہیں۔ ان کے رفقاء بھی ساتھ تھے تصویر شائع ہوئی۔ جو گولا مبا میں معائنہ کیا دوسرے صفحہ پر کے سی آر کا دورہ ٹامل ناڈو کی تصویر شامل ہے۔ جس میں وہاں کے سی ایم اور ارکان خاندان کی فوٹو شائع کی گئی ہے اس شمارے کا جلد نمبر ۶ شمارہ ۷؍ صفحات ۵۸ ہے۔ اروند کمار آئی اے ایس کمشنر محکمہ اطلاعات وتعلقات عامہ کی زیر سرپرستی سید احسن ہاشمی ڈپٹی ڈائرکٹر محکمہ اطلاعات وتعلقامہ عامہ اڈوائزر سید محمد افتخار مشرف مدیر ڈاکٹر علی باز ہرہما اسوسی ایٹ ایڈیٹر ڈاکٹر محمد کلیم محی الدین شامل ہیں۔ اداریہ بہ عنوان حیدرآباد قبولیت کا دور وساطت میں حیدرآباد کی عصری ترقی پر روشنی ڈالی سی ایم اور Chief Justice of India فیونکس وی کے ٹاور۔ آربیٹریشن سنٹر کا افتتاح کیا۔ نیا سال اور یوم جمہوریہ ہند میں کلیم نے دستور کی اہمیت وعظمت پر روشنی ڈالتے ہوئے کہا کہ تمام طبقات کو دستور کی روشنی میں تمام حقوق ملنے چاہئے۔ ہم ایک دوسرے کی مدد کریں اور سب کی ترقی میں ملک بھی ترقی کرے گا۔ نازش سلطانہ نے نمس دواخانے کی تاریخ وتمہید بیان کرتے ہوئے کہا کہ جنوبی ہند کا پہلا ہڈیوں کی کثافت لیاب قائم ہوا ہے۔ جنوبی ہند کا پہلا طبی جنییاتی جینٹک لیاب قائم ہوا۔ فرح بانو نے حیدرآباد میں بین الاقوامی ثالثی مرکز کے لوگوں کی اجرائی پر روشنی ڈالی ہے۔ ریاست تلنگانہ کی پہلی خاتون آئی پی ایس عہدیدار شیخ سلیمہ کا تعارف ہے۔ آفرین بیگم نے شہر میں موجود قدیم تاریخی کنوؤں کی بحالی کی فہرست دی ہے۔ نانک رام گوڑہ کنواں۔ دارالعلوم کنواں اور بھی بہت سی باؤلیاں کنویں میں دریافت کرنا ناگزیر ہے۔ تاکہ ماحولیات کو فروغ حاصل ہو۔ ریاست تلنگانہ کے دور دراز علاقوں میں ۴۱۸ نئے ڈاک خانوں کا قیام ہوا ہے۔

گلی کوچوں میں کاروبار کرنے والوں کو قرض کی فراہمی میں ریاست تلنگانہ سرفہرست دوسرے مرحلے میں قرض کی فراہمی کے لئے درخواستوں کی وصولی۔ تلنگانہ میں بستی دواخانوں کا قیام، بستی دواخانوں کی تفصیل، آنگن واڑی مراکز کو مستحکم بنانے کے لئے اقدامات، محمد عبدالملک نے لکھا ہے۔

مقصود احمد وزیر اعلی کے چندر شیکھر راؤ نے سکریٹریٹ کے تعمیری کاموں کا معائنہ کیا۔ بیروزگار نوجوانوں کو روزگار فراہم کرنے کے لئے مختلف خانگی رضا کارانہ تنظیمیں۔ تلنگانہ میڈیا اکیڈیمی کی جانب سے متوفی صحافیوں کی افراد خاندان میں مالی امداد کی تقسیم۔ وزیر اعلی کی جانب سے کرسمس کی مبارکباد۔ شہر کے سرکاری دواخانوں میں نائٹ شلٹرس۔ حامد اللہ شریف ریاستی اہم اور مختصر خبریں۔ سید محمد افتخار مشرف۔ سید احسن ہاشمی نے کوویڈ ہو یا اومی کرون ویرینٹ سے احتیاط لازمی کریں۔ مولانا فیاض الدین نے GHMC کی جانب سے ترقیاتی کام، محمد محبوب نے تلنگانہ اردو اکیڈیمی کی ویٹ سائیٹ ایک جائزہ میں روایتی اسکیمات کا ذکر کیا ہے محمد غوث سکریٹری کے دور کے کارناموں کو اجاگر کرنا چاہئے تھے۔ نئے کارناموں کی تفصیل دیں۔ سعید باز ہر نے احمد فراز کی ایک غزل پوری اردو شاعری کے مستقبل کو روشن کر۔ پر روشنی ڈالی کہتے ہیں علی سردار جعفری نے کہا، احمد فراز کی یہ غزل پوری اردو شاعری کے مستقبل کو روشن تر کرتی ہے۔

سنا ہے لوگ اسے آنکھ بھر کے دیکھتے ہیں
سو اس کے شہر میں کچھ دن ٹھہر کے دیکھتے ہیں

اور تاب ناک رکھ سکتی ہے۔ سید ضمیر جعفری نے کہا کہ انھیں اردو شاعری و شاعر کا سکندر اعظم کہا تھا۔ ۲۶ رجنوری نظم ساحر لدھیانوی نے لکھا کہ مرزا غالب اور ان کی مزاحیہ شاعری میں مزاحیہ طنزیہ اشعار سے ان کا مقام متعین کیا۔ محمد عبدالقدوس تلنگانہ یونیورسٹی نظام آباد نے یوسف ناظم خاکہ نگاری کے آئینہ میں یوسف ناظم کی فن خاکہ نگاری کا جائزہ لیا اور چند لوگوں پر خاکہ کی مثالیں دی ہیں۔

امجد۔ علی سردار جعفری۔ سلام بن راز۔ انور خاں اور انور قمر۔ باقر مہدی۔ ڈاکٹر عبدالستار دلوی پر عمدہ خاکے لکھے ہیں۔ فہیم الدین نے دکن کا ابتدائی صدر مقام پیٹھن کا تاریخی پس منظر میں کہا ہے کہ ممتاز جہاں نے ندا فاضلی کی شاعری کی خصوصیات، صفات بیان کی تھی۔ شازیہ بیگم نے یوم جمہوریہ قومی جشن کا دن کی اہمیت عظمت بیان کی تھی۔ شازیہ بیگم نے یوم جمہوریہ قومی جشن کا دن کی اہمیت عظمت بیان کی تھی دستگیر نواز، نادر المسدوسی کی لغت شائع ہوئی۔ آخر میں نظم کوئی یہ کیسے بتائے کہ چند اشعار کیفی اعظمی، کے ہیں سید اطہر حسین ۱۴ ر جنوری ۱۹۱۸ء۔ وفات ۱۰ رمئی ۲۰۰۲ء

☆

ماہنامہ تلنگانہ کا شمارہ جون ۲۰۲۲ء ایک جائزہ

سرورق پر ہماری ریاست ترقی کی راہ پر وزیراعلیٰ کی تصویر جو کرسی پر براجمان ہے۔ اور سر پر ریاست تلنگانہ کا سرکاری پرندہ پالا پٹیا کی تصویر کے علاوہ زراعت میں عصری ٹکنالوجی اور ادویات کی کمپنیوں کی ترقی کی تصاویر میں کام کرتے ہوئے بتلایا گیا ہے یعنی تلنگانہ زندگی کے ہر شعبہ میں ترقی پر گامزن ان تصویر سے ظاہر ہوتا ہے۔ جئے جوان جئے کسان کے تحت دلی اور پنجاب کے کے سی آر کے دورہ کے موقع پر جو تصاویر ہیں ان کو شائع کیا گیا ہے۔اس شمارے کا جلد نمبر ۶ / (۱۲) شمارہ صفحات ۹۸ جون ۲۰۲۲ء کا ہے۔ اروند کمار آئی اے ایس کمشنر محکمہ اطلاعات وتعلقاتہ عامہ ہیں، زیر سرپرستی سید احسن ہاشمی ڈپٹی ڈائرکٹر محکمہ اطلاعات وتعلقات عامہ پر ڈاکٹر علی باز ہر ہما شریک مدیر ڈاکٹر محمد کلیم محی الدین ہیں۔اس کا ISSN.2456-7140 RNITELURD/2015/66635 ہے۔

نگاہ عاقبت کے تحت اداریہ میں مدیر نے کہا کہ

''ماضی کی مشکلات ومسائل اور مصیبتوں سے نجات دلاتے ہوئے روشن مستقبل کی جانب آگے بڑھتے ہوئے ریاستی حکومت عوام کے خوابوں کی تعبیر بن کر ان کی امیدوں کو ان کی آنکھوں کے سامنے سچ ثابت کر رہی ہے۔حکومت اپنے پچھلے آٹھ سالوں سے عوام اور سب کی بہتری کے کئی ایک مفید اقدامات کے ذریعہ نتائج حاصل کرتے ہوئے مسلسل آگے بڑھ رہی ہے۔حکومت بلاتفریق انسانی ہمدردی کو روا رکھتے ہوئے ہر کسی کا بھلا سوچتے ہوئے کئی ایک کامیاب فلاحی اسکیمات کو روبہ عمل لا کر سب کے سامنے تلنگانہ کو ایک مثالی ریاست کے طور پر پیش کرنے میں کامیاب ہے''۔

شریک مدیر نے بہ عنوان سنہرا تلنگانہ، شاداب تلنگانہ میں لکھتے ہیں آپ نے حکومت تلنگانہ کی اسکیمات جو فلاحی ہیں ان پر روشنی ڈالی ہے کہتے ہیں:

جون کا مہینہ تلنگانہ کی عوام کے لئے خوشی ومسرت لے کر آتا ہے طویل جدوجہد کے بعد ۲/ جون ۲۰۱۴ء کو علاحدہ ریاست تلنگانہ کا قیام عمل میں آیا تھا۔ یہ دن خوشی ومسرت کے ساتھ ترقی وخوشحالی کی سمت بڑھتے اقدامات سے بھی واقف کرواتا ہے ریاست تلنگانہ نے ۸/ سال کے عرصہ میں مسلسل ترقی

کی کافی منزلیں طے کی ہیں۔سنہرے تلنگانہ کی جانب حکومت کی اسکیمات میں کسانوں کی فلاح و بہبود۔ اقلیتوں کی فلاح و بہبود۔آئی ٹی کی ترقی۔فارما یونیورسٹی۔ پلے پرگتی۔رعیّتو بندھو ہریتا ہارم جیسے اسکیمات اورکئی فلاحی اسکیمات ہماری ریاست کی ترقی کے لئے مثال ہیں۔مزید براں یہ کہ اس پرچے میں تلنگانہ ریاست کے بارے میں معلومات یہاں کے مقامات اور علاقوں کے بارے میں مضامین بھی شامل ہوتے ہیں ایک مختصر گوشہ اردو ادب کے تعلق سے شامل کیا جاتا ہے اس کے علاوہ مذہبی مناسبت سے بھی مضامین شائع ہوتے رہتے ہیں۔سائنسی۔طبی۔معلوماتی مضامین بھی وقتاً فوقتاً ماہنامہ تلنگانہ کی زینت بنتے ہیں۔کیونکہ یہ خصوصی نمبر ہے جو تلنگانہ سے متعلق بھر پور ہے کئی مشمولات قلم کاروں کے ہیں،اس لئے موضوع اور عنوان مضمون کے نام پر اکتفا کیا جارہا ہے۔طوالت کے ڈر سے ایسا کیا جارہا ہے۔ ماہنامہ تلنگانہ کے قاری اردو قاری موضوعات دیکھ کر سمجھ جائیں گے کہ اس میں کس چیز کی ترجمانی کی گئی ہے۔۲۷ رمضامین کے موضوعات کا تجزیہ طوالت چاہتا ہے۔اس لئے تعارف پیش کرنے میں اختصار سے کام لیا جارہا ہے۔

یہ مشمولات قاری کو عصری شعور اور جدید حالات سے آگاہ کرتے ہیں۔نئی فکر اور بصیرت تلنگانہ کے تعلق سے ملے گی متنوع موضوعات کے علاوہ عنوانات بھی جدید عصری انداز کے ہیں جن میں قابل ذکر حسب ذیل میں درج کئے جارہے ہیں۔

پیشہ ورانہ طبقات پر حکومت کی نظرعنایت آفرین بیگم خواتین کے لئے ریاستی حکومت کی فلاحی اسکیمات،محمد شفیع الدین تلنگانہ کی خوش بختی کی علامت وزیر اعلی کے سی آر،سعید باز ہرہما زیر زمین پانی تلنگانہ کے سرسبز ماحول کا ضامن،شاذیہ بیگم قومی سیاست میں ۸ سال میں بے مثال ترقی سید نجف علی شوکت ہریالی کے ساتھ ساتھ گرین انڈیا،چیلنج محمد فہیم محی الدین حیدرآباد کے انتہائی دلکش چوراہے،ڈاکٹر علی باز ہرہما تلنگانہ میں اردو کا فروغ وزیر اعلیٰ کا قابل ستائش اقدام،محمد رفیق تشکیل تلنگانہ کے سنہرے ۸ سال،رفعت بیگم بنت ظفر غوری تلنگانہ ملک کے لئے اناج فراہم کرنے والی ریاست،سید احسن ہاشمی تیاری پر توجہ دیں کامیابی ملے گی۔مقصود احمد۔کے سی آر ملک اور قوم کی خدمت کے آرزومند ایم اے رحیم ۔تلنگانہ کی طاقت نکہت زرین،ڈاکٹر محمد کلیم محی الدین،تلنگانہ ملک کے لئے رول ماڈل ڈاکٹر ابوسعید میر اشفاق احمد،دیہی معیشت کو مستحکم کرنے کے لئے حکومت،کی کوشش۔یونس پرویز۔

نئی گرام پنچایتوں کے لئے جلد ہی مضبوط عمارتیں نازش سلطانہ حیدرآباد لائف سائنسز کیپٹل،عمر

بن حسین باز ہر تلنگانہ کے گروپ ا پرچہ کی تیاری کیسے کریں، محمد اعجاز الدین احمد عاجز، یوم تاسیس تلنگانہ کے سی آر زندہ باد۔ محمد ناظم علی تلنگانہ اقلیتی اقامتی مدارس، ڈاکٹر حافظ محمد خواجہ قادر صحافی نور الدین عبدالرحمٰن جامی افغانی، محمد عبدالمعید، اردو میں رپورتاژ نگاری کا مختصر جائزہ، ڈاکٹر واجدہ بیگم، جاوید حسین پالوجی کی افسانچہ نگاری ایک جائزہ، ڈاکٹر محمد عظمت الحق اورنگ زیب رواداری کے آئینہ میں، حلیم بابر، انشائیہ نگاری میں آغا حیدر حسن مرزا کا مقام ڈاکٹر فریدہ تبسم علامہ شبلی نعمانی کی تنقید نگاری، محمد غلام رسول قیصر، عازمین حج کی خدمت میں محمد مخدوم غوث الدین، خبریں تصویروں میں ادارہ ماں کی خدمت ایس ایم عارف حسین، اہل تلنگانہ کے نام، سیف الدین غوری سیف، ۹۸ صفحات کا یہ شمارہ اپنے دامن میں تلنگانہ کے تعلق سے بھرپور معلومات رکھتا ہے، اور حکومتی رعایا پرور اقدامات کا پیکر ہے۔ مضامین کی نوعیت عنوانات سے اندازہ لگ جائے گا۔ مسابقتی امتحانات میں حصہ لینے والے امیدوار اس کو خرید لیں، آجکل قومی نوعیت کے مسابقتی امتحانات میں تلنگانہ سے متعلق سوالات پوچھے جا رہے ہیں۔ اس سے بھرپور استفادہ کریں۔

☆

ماہنامہ تلنگانہ اکتوبر ۲۰۲۲ء

ماہنامہ تلنگانہ حکومت تلنگانہ کا ترجمان ہے اسی لئے اس میں حکومت کی رفاہی اسکیمات کا ذکر زیادہ ہوتا ہے۔اور حکومت عوام کے لئے کارکردگی کا ذکر ہوتا ہے۔سرورق پر نئی عمارت سکریٹریٹ امبیڈ کر کے نام معنون کی ہے تصویر شائع کی ہے۔جلد ۷ رشمارہ ۴ راور صفحات ۵۸ ہے۔اروند کمار آئی اے ایس کمشنر محکمہ اطلاعات وتعلقات عامہ زیر سرپرستی سید احسن ہاشمی ایڈیٹر ڈاکٹر علی باز ہرہما اسوسی ایٹ ایڈیٹر ڈاکٹر محمد کلیم محی الدین ہیں اداریہ میں ڈاکٹر علی باز ہرہما نے افسردہ طبقات کا چارہ گر میں دستور کے حقوق وفوائد افسردہ طبقات کے لئے جو ہیں ان کا حوالہ دیا ہے۔پسماندہ گریجنوں۔قابل سپوتوں کے سماجی۔تعلیمی۔معاشی حقوق کی بات کا ہے ہاتھ دھونے سے متعلق عوامی آگہی ناگزیر ہے۔ہاتھ دھونا صحت مندی کی علامت ہے۔

سلطنت آصف جاہی کی تعمیرات کی تعمیرات سید احسن ہاشمی سرپرست ماہنامہ تلنگانہ نے محبوب کالج ۱۸۶۲ء۔محبوبیہ کالج ۱۹۰۷ء، نظام کالج ۱۹۸۷ء، پائیگاہ مقبرے۔فلک نما پیالیس، تلنگانہ اسمبلی شہر کا ڈاک خانہ۔۱۸۶۶ء اسٹمنٹ سنٹرل لائبریری پر روشنی ڈالی۔سید نجف علی شوکت نے سدی پیٹ پام آئیل کاشت کا مرکز۔محمد انور اسمبلی اجلاس کامیابی کے ساتھ اختتام پذیر قومی یکجہتی تقاریب کے سلسلے میں اعلیٰ نشستیں سعید باز ہررانا۔بنجارہ بھون اور آدی واسی بھون کا افتتاح نازش سلطانہ، موبائیل ویٹرنری کلینک ملک کے لئے ایک مثال فرح بانو۔ریاست کے تمام اضلاع میں کینسرٹسٹ افروز قریش کے ٹی آر کے ہاتھوں موبائیل کلینک یونس پرویز، نئے ملازمتوں کے لئے نئے بجے اسکیل، محمد حامد اللہ شریف۔بتکما تہوار کے ضمن میں اعلیٰ سطحی اجلاس، ڈاکٹر حافظ محمد خواجہ قادری، ٹیلی میڈیسن خدمات میں توسیع، ڈاکٹر ابوسعید میر اشفاق احمد تلنگانہ میں بے مثال زرعی ترقی، آفرین بیگم، تلنگانہ یوم قومی یک جہتی تقاریب، ڈاکٹر علی باز ہرما۔امتیاز علی تاج اور ڈراما انارکلی، شاذیہ بیگم، غزل سیف الدین غوری سیف، اردو سفرنامہ میں داستانوں اور حقیقی انداز جمیل احمد، پروفیسر علی احمد فاطمی بحیثیت فکشن ناقد پروفیسر اسلم جمشید پوری، اے پی جے عبدالکلام کے اخلاق، محمد ظہیر الدین ثمر۔حضرت محمد ﷺ سے محبت، محمد مخدوم محی

الدین، رحمۃ اللعالمین کی دوسروں پر شفقت، محمد متیم اختر۔ بتھکما تہوار کے موقع پر ساڑیوں کی تقسیم، ڈاکٹر کلیم محی الدین، خبریں تصویروں میں، تلنگانہ حکومت کے پروگرام اور اسکیمات کی تشہیر ہوتی ہے۔ اور یہ حکومت کا ترجمان و عکاس ہے۔ اس لئے حکومتی اسکیمات کو ترجیح دی جاتی ہے۔ ادبی مضامین نہ کے برابر ہیں۔

☆

ماہنامہ تلنگانہ نومبر ۲۰۲۲ء

ماہنامہ تلنگانہ کا شمارہ نومبر ۲۰۲۲ء آفس جا کر لینا پڑ رہا ہے ڈاک کے ذریعہ ارسال کرنے کا نظم نہیں ہے، پتہ نہیں کب ہوگا۔ جتنے بھی خریدار لوگ ہیں سب مانصاحب ٹینک آفس آ کر لے جاتے ہیں۔ مضمون کے مسودے DTP کرنے کا انتظام بھی نہیں ہے صرف ان پیج مضامین شائع ہو رہے ہیں ، ہر اخبار ورسالے میں ڈی ٹی پی آپریٹر کی شدت سے ضرورت ہوتی ہے، ہاتھ سے لکھے ہوئے مسودہ اور ہاتھ کی تحریر اچھی معیاری چھپنے سے قاصر ہو جاتی ہیں ۔ ارباب مجاز اس مسئلے پر توجہ دیں اور ڈی ٹی پی آپریٹر کا انتظام واہتمام کریں۔اس شمارہ کا جلد ۷ رشمارہ ۵ رصفحات ۵۸ ہیں، کمشنر اروند کمار آئی اے ایس محکمہ اطلاعات وتعلقات عامہ زیر سرپرستی سید احسن ہاشمی ، ڈپٹی ڈائرکٹر محکمہ اطلاعات وتعلقات عامہ ایڈیٹر ڈاکٹر علی باز ہرہما، موبائیل نمبر 9000611930 اسوسی ایٹ ایڈیٹر ڈاکٹر محمد کلیم محی الدین، مدیر اردو ماہنامہ تلنگانہ دفتر محکمہ اطلاعات وتعلقات عامہ، سماچار بھون گراونڈ فلور اے سی گارڈ حیدرآباد ، 500028 طباعت کرشک آرٹ پرنٹرس ، ودیا نگر حیدرآباد 500044 اشاعت کمشنر محکمہ اطلاعات وتعلقات عامہ، سماچار بھون اے سی گارڈ حیدرآباد 28 سے شائع کیا گیا۔اس شمارہ میں اہل قلم حضرات نے انفرادی طور پر جن خیالات کا اظہار کیا ہے اس سے لازمی طور پر حکومت کا متفق ہونا ضروری نہیں۔

سرورق پر سرسبز حیدرآباد کی ایک تصویر شائع کی تلنگانہ کو ورلڈ گرین ایوارڈ ۲۰۲۲ء کی سند شائع کی ۔حیدرآباد گرین سٹی ایوارڈ دیا گیا۔ عالمی حدت کو کم کرنے کے لئے گرین سبزہ زیادہ اگائیں ۔ مددگار مدیر ڈاکٹر کلیم نے عالمی یوم مہربانی واحسان اور ہماری ذمہ داری میں The world kindness moment کا دن ۱۹۹۸ء سے شروع ہوا۔ سید احسن ہاشمی ، نے تلنگانہ حکومت کی فلاحی اسکیمات ، کلیان لکشمی ،شادی مبارک اسکیم ۲ را کتوبر ۲۰۱۶ء ۔آنکھ کی روشنی کنٹی ویلگو، کا آغاز ۱۵ راگست ۲۰۱۸ء کو ہوا۔ کے سی آر کٹ اسکیم ۔ ۴ رجون ۲۰۱۷ء کو شروع ہوا۔بستی دواخانے ۶ راپریل ۲۰۱۸ء کو آغاز ہوا۔ بالیکا آروگیہ رکشا (لڑکیوں کی نگہداشت صحت ۔ ڈائیلاسیز سینٹرز ، ۱۸ راگست ۲۰۱۷ء کو سدی پیٹ میں شروع کیا۔شی ٹیمس ۱۴ را کتوبر ۲۰۱۴ء کو خواتین کے خلاف چھیڑ چھاڑ ویلنس سنٹر ۲۴ رڈسمبر ۲۰۱۶ء خیریت

آباد میں شروع ہوا۔ دیہی موبائیل حیوانات کے دواخانے ۱۵ر ستمبر ۲۰۱۷ء کو شروع ہوا۔ بھیڑوں کی تقسیم اسکیم ۲۰ر جون ۲۰۱۷ء، ٹی۔ سیٹ نیک ورک کی اختراع ۲۶ر جولائی ۲۰۱۷ء کو شروع کیا۔ جناھتہ پروگرام عوام کے حق میں ۱۹ر جولائی ۲۰۱۷ء شروع ہوا۔

بنا تعطل بجلی کی سربراہی۔ یکم جنوری ۲۰۱۸ء۔ عملی مشق ۲۹ر اکتوبر ۲۰۲۰ء کو شروع ہوا۔ سعید باز ہر رانا ریسرچ اسکالر عثمانیہ بابائے قوم کے مجسمہ کی نقاب کشائی۔ کی نیوز۔ تلنگانہ میں بجلی کی پیداوار میں ملک کی سرفہرست ریاست سدی پیٹ میں فالج کی دیکھ بھال کا مرکز غریبوں کو طبی خدمات فراہم کرنے کے لئے ''الانا'' گاڑیاں سید نجف علی شوکت۔

ریاست تلنگانہ میں ویٹرنری ویکسین فرح بانو

ذہنی مسائل کے حل کے لئے ماہر نفسیات کی خدمات ڈاکٹر حافظ محمد خواجہ قادری نس میں ڈے کیر کیمو کا آغاز، ناز سلطانہ۔

یوم شہیداں پولیس۔ ایم فضل الرحمٰن

ریاست بھر میں موبائیل کیسز اسکرینگ ٹسٹ یونس پرویز

آیورویدک میں تمام امراض کا علاج موجود رئیسہ بیگم

مرض فیل پا کے خاتمہ کے لئے سہ روزہ خصوصی مہم، ڈاکٹر علی باز ہر ہما

ورنگل میں میڈیکل کالج وہاسپٹل کا افتتاح آفرین بیگم

گنڈی پیٹ پارک تفریح کے لئے بہترین مقام، محمد فہیم اختر

ناگول میں فلائی اوور کا افتتاح۔ محمد مخدوم محی الدین

ماں باپ کی عظمت۔ محمد عاطف حیدر آباد

افراد کائنات ہماری کائنات حیرت انگیز۔ مظہر محمد عبدالمعز

ڈاکٹر سید فاضل حسین پرویز کا ۴۰ سالہ صحافتی سفر سیدہ آمنہ مقبول

امام الہند مولانا ابوالکلام آزاد۔ شاذیہ بیگم

شمیم حنفی کی غزل گوئی۔ ڈاکٹر واجدہ بیگم

تلنگانہ میں قومی لائبریری دن۔ ڈاکٹر فریدہ بیگم

اردو کے فروغ میں تلنگانہ اردو اکیڈیمی کی خدمات محمد محبوب شاعر مشرق علامہ اقبال، قومی یکجہتی

اور شاہین رفعت بیگم،غزل سیف الدین غوری سیف،خبریں تصویروں میں ادارہ اس شمارہ میں موضوع عنوان دے کرخبریں شائع کی ہیں ادبی مضامین میں کم ہیں ان میں تبدیلی لانی چاہئے۔ایک دو صفحہ کے مضامین نہیں کہلاتے۔مراسلے ہوتے ہیں۔اس طرح ادبی مضامین کے تقاضے پورے کریں۔

☆

ماہنامہ تلنگانہ ڈسمبر ۲۰۲۲ء

سرورق پر تلنگانہ کی نئی عمارت میں سب کے لئے صحت وزیر اعلی نمستے کرتے ہوئے دکھائی دیئے ہیں۔ہارٹ بیٹنگ جانچنے کا آلہ وزیر آئی ٹی و بلدی نظم ونسق کے تارک راما راؤ نے شلپا لے آؤٹ فلائی اوور کا افتتاح انجام دیا ہے،تصویر شائع کی ہے یہ رسالہ تلنگانہ کی سرکاری سرگرمیاں، اسکیمات۔ کلچر۔ تاریخ تہذیب عصری حالات کو اجاگر کر رہا ہے۔کمشنر اروند کمار آئی اے ایس محکمہ اطلاعات وتعلقات عامہ زیر سرپرستی سید احسن ہاشمی ڈپٹی ڈائرکٹر محکمہ اطلاعات وتعلقات عامہ ایڈیٹر ڈاکٹر علی باز ہرہما اسوسی ایٹ ایڈیٹر ڈاکٹر محمد کلیم محی الدین شامل ہیں اداریہ تندرستی سب کے لئے میں کنٹی ویلو نامی اسکیم پر ترجمانی کی ہے۔

صحت نہ ہو تو سمجھ لیجئے
زندگی اداسیوں کا ڈھیر ہوتی ہے

عالمی یوم عربی زبان اور ہندوستانی مسلمان ڈاکٹر کلیم محی الدین نے لکھا ہے وہ کہتے ہیں:

عربی زبان موجودہ دور میں مدارس اسلامیہ کے علاوہ کالجوں اور یونیورسٹیوں میں پڑھائی جارہی ہے۔جن میں دہلی یونیورسٹی۔ جواہر لال یونیورسٹی۔ جامعہ ملیہ اسلامیہ۔ بنارس یونیورسٹی۔علی گڑھ مسلم یونیورسٹی۔الہ آباد یونیورسٹی۔ پٹنہ یونیورسٹی۔اگنو۔ مانو۔اور کالجس عربی زبان وادب کے فروغ میں مصروف ہے۔اگر چہ عربی ادب میں تخلیقی ادب کم ہے اور افسانوی ادب خاص طور پر ڈراموں وغیرہ کی حوصلہ شکنی کی گئی ہے۔لیکن سب کے باوجود جدید عربی ادب میں بڑی تعداد میں دیگر زبانوں سے عربی مواد منتقل ہوا ہے سید احسن ہاشمی سر پرست ماہنامہ تلنگانہ نے تلنگانہ کی ترقی کی راہ پر گامزن کے ٹی آر پر ترجمانی کی ہے۔ کیا یہ خبر نہیں ہے میڈیا کی نئی عمارت کا عنقریب افتتاح۔ ہنر اور قابلیت کی بنا سیاست میں داخلہ ناممکن۔ روزانہ ۱۳ ر پیپرس کا مطالعہ کرتے ہوئے۔فرخ بانو ایم ٹیک ہفتہ قومی لائبریری تقریب صحت سے متعلق حفاظتی ڈھال سعید باز ہررانا۔

ایک وقت میں ۸ سرکاری میڈیکل کالج کا افتتاح نازش سلطانہ

ملک کا پہلا کے جی سے پی جی کیمپس محمد یونس پرویز

سڑکوں کی مسلسل بحالی کی ہدایت وزیر اعلی آفرین بیگم

بنگلہ دیشی وفد نے تلنگانہ اسکیمات کی ستائش کی ڈاکٹر حافظ محمد خواجہ

ریاست میں ٹیکسٹائیل انڈسٹری کی ۲۹۰ کروڑ کی سرمایہ کاری سید نجف علی شوکت

سرسبز وشاداب شہر حیدرآباد۔ ڈاکٹر علی باز ہرہما۔ مرزا غالب اوران کی شاعری شاذیہ بیگم۔ طنز ومزاح کا قطب مینار حمایت اللہ ڈاکٹر محمد انورالدین۔ اردو شاعری میں حب الوطنی۔ ڈاکٹر شاہ جہاں بیگم گوہر۔ حیات اقبال ایک نظر میں۔ ڈاکٹر ابوسعید میر اشفاق احمد۔ نظم سیف الدین غوری سیف۔ افسانچہ نگاری میں رؤف خوشتر کا مقام ڈاکٹر اسمٰعیل خان۔ سماج کی عکاسی کرتا ہوا ناول آنگن۔ طلعت بیگم۔ حیدرآباد کے سینگ لیگ کا انقاد۔ محمد فہیم بیگم۔ تلنگانہ میں اردو زبان کے تحفظ کے اقدامات، محمد مخدوم محی الدین تلنگانہ ریاستی اردو اکیڈیمی کا رول ڈاکٹر ناظم علی۔ خبریں تصویروں میں ادارہ اس ماہ نامے میں حکومتی کارناموں اور اسکیمات کو خاص جگہ دی جاتی ہے۔ ادبی حصے بہت شائع ہوتے ہیں۔ ادبی میگزین بنانا ہوگا۔ سرکاری ماہنامے اس لئے سرکاری حکومت کے گن گاتا ہے۔ ۵۸ صفحات پر مشتمل تلنگانہ علاحدہ ریاست بننے کے بعد ۲۰۱۵ء سے شائع کیا جارہا ہے۔ اس شمارے کا جلد نمبر ۷ شمارہ ۶ ہے۔

☆

فکر ونظر رسالہ کے شمارہ کا تعارف وتبصرہ

سہ ماہی رسالہ فکر ونظر کا خصوصی شمارہ اگست ۱۹۸۹ء مولانا ابوالکلام آزاد سے متعلق ہے۔ اس خصوصی شمارہ کے مدیر شہر یار مدیر معاون محمد صابر تھے۔ مسلم یونیورسٹی علی گڑھ سے شائع ہوا تھا۔ اس کی مجلس ادارت میں چیرمین سید ہاشم علی اختر وائس چانسلر، پروفیسر وصی الرحمٰن پرووائس چانسلر پروفیسر وحید اختر شعبہ فلاسفی۔ پروفیسر کبیر احمد جاہتی شعبہ اسلامک اسٹڈیز، پروفیسر نسیم انصاری شعبہ جنرل سرجری۔

پروفیسر سعید الظفر چغتائی شعبہ فزکس۔ پروفیسر فصیح احمد صدیقی۔ شعبہ کیمسٹری۔ پروفیسر افضال قریشی۔ شعبہ نفسیات۔ اس شمارے کی قیمت ۲۰/روپے مقرر ہے۔ سیٹنگ ساجد علی خاں کی ہے۔ شہر یار نے اس اداریہ میں یوں رقم طراز ہیں کہ مولانا آزاد پر یہ خاص نمبر ہمارے حوصلوں کے مطابق نہیں ہے۔ کہ مولانا کی ہمہ جہت شخصیت اوران کے وقیع کارنامے اس سے زیادہ ضخیم اور معیاری نمبر کے متقاضی تھے۔ مزید لکھتے ہیں کہ مولانا آزاد کے بارے میں بعض وجوہ سے یہ غلط فہمی عام ہوگئی ہے کہ مولانا آزاد سرسید اور علی گڑھ کے مخالف تھے مولانا آزاد کی بعض تحریریں اور تقریریں میں اس کے ثبوت پیش کی جاتی ہیں ان دونوں بزرگوں کے افکار کا اگر معروضی مطالعہ کیا جائے تو یہ بات بالکل واضح ہوجاتی ہے کہ سرسید اور مولانا آزاد دو مختلف اور کسی حد تک متضاد زمانوں میں پیدا ہوئے۔ ان دونوں کی فکر اور عمل کی سمتیں مخصوص حالات کا ناگزیر نتیجہ تھیں۔ سرسید نے مسلمانوں کی اصلاح اور تعلیم کے لئے جتنی اور جیسی کوششیں کیں ان کی نوعیت کا صحیح اور منصفانہ اندازہ ہند کی پہلی جنگ آزادی (غدر) کے بعد کے ان نتائج حالات کے تناظر میں کیا جاسکتا ہے۔ جن سے ہندوستانی عام طور پر سے اور مسلمان خاص طور سے دوچار ہوئے۔ مولانا آزاد کا تخاطب ہندوستان کے ان مسلمانوں سے تھا جو بڑی حد تک عزت نفس کی منزل تک پہنچ گئے تھے۔ اور اپنے مستقبل کے لئے صرف انگریزوں کے دست نگر نہیں تھے۔ ہندوستانی نشاۃ الثانیہ کو راجہ رام موہن رائے اور سرسید جہاں تک لائے تھے۔ مولانا آزاد۔ گاندھی جی پنڈت نہرو۔ مولانا محمد علی جوہر۔ حسرت موہانی۔ ذاکر حسین۔ اور دوسرے ہندوستانیوں نے اس سے آگے کی منزلوں کی نشاندہی کی۔ اس طرح کئی ایک مغالطہ اور بدگمانیاں سرسید مولانا آزاد سے متعلق ہیں دور ہوجائیں

گی۔اس خصوصی شمارے کے مشمولات میں جو مقالے و مضامین شامل ہوں گے۔ان کے لکھنے والوں میں کئی ایک قدآور اور کئی ایک شخصیتیں شامل ہیں۔فہرست اس طرح ہے۔مولانا آزاد کا ایک قابل قدر مطالعہ ڈگلس کے قلم سے مولانا کی ذہنی اور مذہبی سوانح عمری از پروفیسر آل احمد سرور مولانا کا علمی تبحراز پروفیسر خلیق احمد نظامی۔

مولانا آزاد کی نثر نگاری ان کے شعری ذوق کی روشنی میں از پروفیسر جگن ناتھ آزناد

مولانا ابوالکلام آزاد کی انفرادیت۔جناب سید شہاب الدین دسنوی

مولانا ابوالکلام آزاد کا اسلوب تجزیہ۔جناب ابوعلی اثری

انڈیا ونس فریڈیم ایک مطالعہ۔پروفیسر ریاض الرحمٰن خاں شروانی

مولانا آزاد اور مولانا مہر۔ڈاکٹر ابوسلمان شاہ جہاں پوری

ابوالکلام آزاد ایک تجزیہ۔پروفیسر اولاد احمد صدیقی

مولانا ابوالکلام آزاد کی سیاسی عظمت۔پروفیسر محمد یسین

مولانا آزاد اور بھوپال۔پروفیسر حکیم سید ظل الرحمٰن

مولانا آزاد اور کانگریس لیڈروں سے ان کے اختلافات۔پروفیسر شان محمد

مولانا آزاد کی فکر قرآنی کا عمومی تجزیہ۔ڈاکٹر محمد یٰسین مظہر صدیقی

مولانا آزاد ایک حریت پسند انقلابی رہنما۔پروفیسر ابوالفضل عثمانی

مولانا آزاد کے سیاسی افکار الہلال کی تحریروں کا تجزیاتی مطالعہ

از جناب عبیداللہ فہد

مولانا آزاد کی ادبی نثر کا شخصی اسلوب از ڈاکٹر زکا الدین شایان

مولانا آزاد اور تعلیم۔جناب محمد قاسم صدیقی

تعلیم نسواں کی ابتدائی کوششیں اور مولانا ابوالکلام آزاد پرود فیسر ثریا حسین

مولانا آزاد کا ایک خط۔پروفیسر آل احمد سرور کے نام

نقش آزاد۔ڈاکٹر محمد ضیاء الدین انصاری

اس طرح سے یہ خصوصی شمارہ مولانا ابوالکلام آزاد شناسی وآگہی۔معتبر و مستند مانا جاتا ہے۔اور مولانا پر تحقیق کرنے والوں کے لئے کارآمد ثابت ہوگا۔یہ شمارہ ۲۱۰ صفحات پر مشتمل ہے۔☆

فکر ونظر کا شمارہ ناموران علی گڑھ کا تعارف وتبصرہ

سہ ماہی رسالہ فکر ونظر علی گڑھ کا شمارہ خصوصی مارچ ۱۹۹۱ء کو ناموران علی گڑھ کا تیسرا کارواں جلد دوم شائع ہوا جس کے مدیر شہریار اور مدیر معاون محمد صابر اس کے مجلس ادارت میں چیرمین پروفیسر محمد نسیم فاروقی وائس چانسلر پروفیسر محمد ظل الرحمٰن خاں شعبہ طبعیات، پروفیسر وحید اختر شعبہ فلاسفی، پروفیسر کبیر احمد جائسی شعبہ اسلامک اسٹڈیز، پروفیسر سعید الظفر چغتائی، شعبہ طبعیات، پروفیسر فصیح احمد صدیقی شعبہ کیمسٹری، ڈاکٹر مرزا خلیل احمد بیگ شعبہ لسانیات ویمنس کالج اس شمارہ کی قیمت ۳۰/روپئے ہے۔

ناموران علی گڑھ کے تیسرے کارواں کی دوسری جلد حاضر ہے۔ اس نمبر کی موجودہ شکل کو دیکھ کر آپ کو احساس ہوگا کہ اس میں شامل تمام مضامین معیاری ہیں اور اس خاص ضرورت کو پورا کرتے ہیں جس کے لئے یہ نمبر شائع کیا گیا ہے لکھنے والوں کے علمی مرتبے کے بجائے شخصیات کی وفات کی تاریخ کے اعتبار سے مضامین کو مرتب کیا گیا ہے۔ وہ لوگ جو زندگی کے مثبت اور روشن پہلوؤں پر نظر رکھتے ہیں اور منفی اور تاریک پہلوؤں کو نظر انداز کرتے ہیں ان کو یہ نمبر پسند آئے گا۔ سابق وائس چانسلر سید ہاشم علی اختر کے دور میں اس نمبر کی داغ بیل ڈالی گئی تھی وہ موجودہ وائس چانسلر پروفیسر نسیم فاروقی صاحبہ کے دور میں اس کی اشاعت عمل میں آئی۔

ناموران علی گڑھ کی ترتیب اس طرح ہے:

سید عاشق علی۔ از پروفیسر حکیم سید محمد کمال الدین حسین ہمدانی

سجاد علی انصاری۔ ڈاکٹر قمر الہدی فریدی

جوزف ہورویز۔ ڈاکٹر ظفر الاسلام

مولانا سید سلیمان اشرف۔ ڈاکٹر عبد الباری

مولانا راغب بدایونی۔ ڈاکٹر محمد ضیاء الدین انصاری

ڈاکٹر رشید جہاں۔ پروفیسر ثریا حسین

سعادت حسن منٹو۔ ڈاکٹر ابوالکلام قاسمی

اسرار الحق مجاز۔ڈاکٹر حمیدہ سالم

پروفیسر محمد الیاس برنی۔جناب الطاف حسین ندوی

مفتی عبداللطیف۔پروفیسر ریاض الرحمٰن خاں شیروانی

پروفیسر ڈی پی مکرجی۔پروفیسر اولاد احمد صدیقی

پروفیسر عمر الدین۔ڈاکٹر اخلاق احمد

ڈاکٹر ناظر یار جنگ۔جناب مولانا ہادی نقشبندی

محمد فاروق دیوانہ۔ڈاکٹر معتصم عباس آزاد

پروفیسر محمد حبیب۔ڈاکٹر محمد یسین مظہر صدیقی

حبیب الرحمٰن شاستری۔پروفیسر کبیر احمد جائسی

سید محمد ٹونکی۔پروفیسر نسیم انصاری

ڈاکٹر عبدالعلیم۔جناب عابد سہیل

جاں نثار اختر۔ڈاکٹر عقیل احمد

نواب علی یاور جنگ۔جناب مصطفیٰ شروانی

پروفیسر خلیق الرحمٰن اعظمی۔ڈاکٹر مرزا خلیل بیگ

شاہ حسن عطا۔جناب سید نقی حسین جعفری

جوش ملیح آبادی۔جناب ملک اسمٰعیل خاں

پروفیسر سید بشیر الدین۔جناب حبیب الرحمٰن چغتائی

مولانا سعید احمد اکبر آبادی۔ڈاکٹر محمد یسن مظہر صدیقی

خواجہ احمد عباس۔پروفیسر زاہدہ زیدی

مولانا سید علی نقی نقوی۔جناب سید مرتضیٰ حسین بلگرامی

مجنوں گورکھپوری۔پروفیسر محمد یسین

اس طرح ۳۸۹ صفحات پر مشتمل ناموران علی گڑھ کا فکر و نظر نمبر کافی معلومات افزا اور ادبی و علمی بصیرت کا حامل شمارہ ہے۔

☆

رسالہ فکرونظر کا شمارہ کا تعارف و تبصرہ

مولانا حالی پر رسالہ فکرونظر نے اکتوبر ۱۹۹۱ء میں حالی نمبر خصوصی شمارہ شائع کیا۔ اس خصوصی نمبر کے مدیر شہر یار تھے۔ اور مدیر معاون محمد صابر علی گڑھ مسلم یونیورسٹی علی گڑھ سے شائع ہوا۔ لیتھو کلر پرنٹرس ،ٹال تائی، علی گڑھ سے شائع ہوا۔ اس شمارے کی مجلس ادارت میں چیرمین پروفیسر محمد نسیم فاروقی وائس چانسلر۔ پروفیسر ایس ایم یحییٰ پروچائس چانسلر، پروفیسر محمد ظل الرحمٰن خاں شعبہ طبعیات، پروفیسر وحید اختر، شعبہ فلاسفی، پروفیسر کبیر احمد جائسی شعبہ اسلامک اسٹڈیز، پروفیسر سعید الظفر چغتائی، شعبہ طبعیات، پروفیسر فصیح احمد صدیقی، شعبہ کمسٹری، ڈاکٹر مرزا خلیل احمد بیگ، شعبہ لسانیات، ویمنس کالج اس شمارے کی قیمت ۲۵ روپے ہے۔ سٹنگ ساجد علی خاں کی ہے، مدیر شہر یار نے ادار یہ میں اظہار خیال کرتے ہوئے فرمایا ہے کہ حالی سے علی گڑھ تحریک کے مقاصد کو جتنی اور جیتی تقویت پہنچی اس کا اعتراف اب ان کے مخالف بھی کرنے لگے ہیں۔ اردو شعر و ادب کی دنیا میں حالی کے اثر سے جو انقلاب آیا اس کی اہمیت اور معنویت موجودہ حالات میں کچھ اور بڑھ گئی ہے، مقدمہ شعر و شاعری، یادگار غالب، حیات جاوید، مسدس حالی، اور مرثیہ غالب حالی کے وہ کارنامے ہیں جس کی تاریخی اور معنوی عظمت میں وقت گذرنے کے ساتھ اور اضافہ ہوا ہے، حالی اردو ادب و شعر کے لئے ایک ایسا حوالہ ہیں جس کے بغیر نہ تو قدیم ادب پر غور کیا جا سکتا ہے نہ جدید ادب کو سمجھا جا سکتا ہے۔ اس شمارے کی مشمولات میں جو مضامین ہیں ان کے لکھنے والے ادب کے معتبر دانشور نقاد ہیں اس شمارہ سے حالی شناسی اور حالی کے تعلق سے بھرپور آگہی ہو جاتی ہے، مقدمہ شعر و شاعری کی معنویت از پروفیسر آل احمد سرور سادگی اصلیت اور جوش جناب شمس الرحمٰن فاروقی۔

حالی کی تنقید۔ ڈاکٹر وزیر آغا

حالی اور استعارے کا خوف۔ پروفیسر یوسف سرمست

مشرقی روایت نقد اور حالی کی تنقید ڈاکٹر قاضی افضال حسین

حالی کا تصور لفظ۔ ڈاکٹر قاضی افضال حسین

حالی کا تنقیدی نظام ۔ڈاکٹر خورشید احمد

حصہ دوم میں مسدس کی زبان اور لب ولہجہ جناب سید حامد

حالی کی نظم نگاری کی معنویت ۔ڈاکٹر عقیل احمد صدیقی

حالی کی غزل ۔ڈاکٹر قاضی جمال حسین

حصہ سوم

اے آنکہ زنور گہر نظم فلک تاب ۔ پروفیسر خلیق احمد نظامی

دامن بہ چراغ مہ واختر زدہ باز

حالی اور نقد غالب ۔ پروفیسر اسلوب احمد انصاری

حالی اور شیخ سعدی ارتباع وانتقاد ۔ پروفیسر وارث کرمانی

حالی مجالس النسا۔اور تعلیم نسواں ۔ پروفیسر عتیق احمد صدیقی

مولانا حالی اور مسلم ایجوکیشنل کانفرنس ۔ پروفیسر نورالحسن نقوی

نقش حالی ۔ڈاکٹر محمد ضیاء الدین انصاری

مولانا حالی کے چار نادر غیر مطبوعہ خطوط

پنڈت پدم سنگھ شرما کے نام ۔ پروفیسر حکم چند نیر

۲۱۶ ۔صفحات کا خصوصی حالی نمبر اپنے دامن میں بہت کچھ لئے ہوئے ہے۔اس سے استفادہ کریں تو حالی شناسی اور حالی آگہی ہوگی ۔☆

رسالہ فکر ونظر کے رسید نمبر کا تعارف وتبصرہ

۲ رسالہ صدی تقارب کے سلسلے

سرورق پر سرسید احمد خاں کی فوٹو بڑی سائز کی شائع ہوئی۔فکر ونظر اکتوبر ۱۹۹۲ء کے اس خصوصی شمارہ سرسید نمبر کے مدیر شہر یار اور مدیر معاون محمد صابر تھی علی گڑھ مسلم یونیورسٹی علی گڑھ کا وہ یہ ترجمان رسالہ ہمہ نوعیت کی صفات رکھتا ہے۔ادبی تحقیق وتنقید میں منفرد مقام رکھتا ہے۔اس کی مجلس ادارت میں چیرمین پروفیسر محمد نسیم فاروقی وائس چانسلر، پروفیسر ابوالحسن صدیقی پرووائنس چانسلر، پروفیسر فرید غنی، ڈائریکٹر اکیڈمک پروگرامس، پروفیسر محمد ظل الرحمٰن خاں ڈپارٹمنٹ آفس فزکس، پروفیسر وحید اختر ڈپارٹمنٹ آف فلاسفی، پروفیسر کبیر احمد جائسی ڈپارٹمنٹ آف اسلامک اسٹڈیزڈ، پروفیسر سعید الظفر چغتائی، ڈپارٹمنٹ آف فزکس، پروفیسر فصیح احمد صدیقی ڈپارٹمنٹ آف کیمسٹری۔ڈاکٹر مرزا خلیل اللہ بیگ ڈپارٹمنٹ آف لینگوسٹکس شامل تھے۔اس شمارہ کی قیمت فی شمارہ ۳۶ ر روپے تھے۔سیٹنگ ساجد علی خاں، لیتھوبیسٹ پرنٹرس، اچل تائی، جی ٹی روڈ علی گڑھ، فون نمبر 22365-24185 تھا۔

اس شمارہ کا اداریہ پروفیسر شہر یار نے لکھا۔انتساب بین الاقوامی سرسید تقاریب میں شریک ہونے والے مندوبین کے معنون ہے۔اداریہ یکم اکتوبر ۱۹۹۲ء کو لکھا گیا۔اداریہ کے ابتداء میں شہر یار لکھتے ہیں ”فکر ونظر کا یہ خصوصی شمارہ سرسید اور علی گڑھ تحریک کی بنیادی جہتوں، مقاصد اثرات اور نتائج کے جائزے پر مشتمل ہے،فکر ونظر کے پہلے شمارے میں اس کی اشاعت کے مقاصد بیان کرتے ہوئے اول مدیر ڈاکٹر یوسف حسین خاں نے اس بات پر زور دیا تھا کہ اس سے پہلے میں جہاں یونیورسٹی کے موجودہ علوم کے ماہرین کو اداریہ اردو میں اظہار خیال کی دعوت دی جائے گی۔

اس سے متعلق ایسے علمی اور تحقیقی مضامین بھی شائع کئے جائیں گے جن سے سرسید اور علی گڑھ تحریک کے مقاصد اور دور عصری میں ان کی معنویت نمایاں ہو اور وہ تعصّبات اور تحفظات دور ہوں جو کبھی کم علمی اور کبھی زیادہ علم کی وجہ سے عام ہو گئے ہوں۔یوسف حسین خاں کے دور ادارت میں یہ سلسلہ پابندی سے جاری رہا بعد میں پھر تقریباً ختم ہو گیا۔سرسید اور علی گڑھ تحریک پر اب تک انفرادی یا اجتماعی سطح

پر جو کام ہوا ہے۔ چھوٹے پیانے پر ہی یہ نمبراس میں اضافہ ہو۔آج بھی یہ رسالہ زبان وادب کی خدمت کے ساتھ سرسید اور علی گڑھ تحریک کوفروغ عطا کرر ہا ہے۔اس شمارہ کی خوبی یہ ہے کہ اس میں سرسید کے مجموعی کارناموں کو تین حصوں کے تحت تقسیم کر دیا گیا ہے۔ پہلا فکری تناظر، دوسرا تحریکی تناظر اور تیسرا تصنیفی تناظران کے تحت مختلف دانش وروں کی تحریروں کو یکجا کیا گیا ہے۔

فکری تناظر کے تحت پروفیسر اسلوب احمد انصاری نے سرسید کا نظریہ عقل اور فطرت پر مختلف حوالوں سے مذہبی تاویلات پیش کی ہیں۔انھوں نے مذہب سے ہی تعلیمی اور اصلاحی شعور حاصل کیا۔ کہتے ہیں۔سرسید بنیادی طور پر مذہبی فکر واحساس کے حامل تھے۔ ددھیال اور ننھیال دونوں جانب سے مذہب کی طرف جھکاؤ انھیں ورثے کے طور پر ملا تھا۔ بلکہ یہ کہئے کہ یہ ان کی فطرت میں پوری طرح رچا بسا تھا۔

قرآن کی تفسیر بھی لکھی۔اور تہذیب الاخلاق میں وقتاً فوقتاً مذہبی مسائل پر اظہار خیال سے باز رکھا۔عتیق احمد صدیقی نے مضمون تعلیم وتربیت سرسید کی نظر میں ذکر کرتے ہیں۔

پڑھنا لکھنا آجانے سے منطق یا فلسفی ہوجانے سے کامل تربیت خیال نہ کر لینی چاہئے، قطع نظر اس کے کہ علوم مفید کچھ بھی مفید نہیں ہوسکتے۔صرف پڑھ لکھ لینے سے تربیت کا حاصل نہیں ہوجاتی۔ بہت سے پڑھے لکھے ایسے موجود ہیں جو ہر لحاظ سے تربیت کے محض ایک کندہ ناتراش ہونے سے کچھ زیادہ رتبہ نہیں رکھتے۔ابوالحسن نقوی ذریعہ تعلیم کا مسئلہ سرسید کا نقطہ نظر میں لکھتے ہیں۔ذریعہ تعلیم کے سلسلے میں انھیں حالات اور اپنے ذاتی تجربے کی روشنی میں اپنے موقف میں تبدیلی کرنی پڑی۔اس تبدیلی کو بعض اہل نظر نے تلون مزاجی کا نام دیا۔بعض نے اسے مصلحت اندیشی ٹھہرایا۔

سائنٹفک سوسائٹی کے قیام کا اصل مقصد ومنشاء یہی تھا کہ علم وحکمت کے جوخزانے دوسری زبانوں میں موجود ہیں ان سے اپنی زبان کو مالا مال کرلیا جائے گویا دیگر بالخصوص مغربی زبانوں کی اہم کتابیں اردو میں منتقل کرلی جائیں۔کتابوں کا انتخاب ہوااوراس مرد بزرگ کی کوشش سے ایک اہم کام کا آغاز ہوگیا۔ یہ مہم جاری رہتی تو ہماری زبان کا سرمایہ آج وقیع تر ہوتا۔اس طرح سرسید نے انگریزی اور جدید تعلیم کے ثمرات پر زور دیا۔ ابوالکلام قاسمی نے مضمون سرسید کا تہذیبی شعور میں تحریر کرتے ہیں کہ تہذیب کا لفظ اگر اپنے اصطلاحی معنوں میں تصور اقدار اور اس کی موضوعی اور مادہ تمام جہات کا اعادہ کرتا ہے تو سرسید کا تہذیبی شعور صحیح معنوں میں ایک ایسا ہمہ گیر تہذیبی شعور تھا جس میں روحانیت کے ساتھ

مادیت اور دنیا کے ساتھ دین کا توازن برقرار رکھنے کا رجحان نمایاں ہے۔سرسید کے تہذیبی رویے کو ان کے پورے دائرہ کار کے تناظر میں رکھ کر نہ دیکھنے کا نتیجہ اب تک سہل پسندانہ فیصلوں اور فتوؤں کی شکل میں سامنے آرہا ہے۔ضرورت اس بات کی ہے کہ سرسید کے فکر وعمل کو انیسویں صدی کی سماجی اور سیاسی صورتحال اسلامی اور مغربی فکر کی تاریخ اور تشکیک اور بے یقینی کی سرحد پر کھڑے ہندوستانی مسلمانوں کی ذہنی کیفیت جیسے تمام مسائل کو پس منظر میں از سرنو مطالعہ کا موضوع بنایا جائے۔سرسید کے تہذیبی شعور اور سماجی بصیرت کی قدر و قیمت کے تعین کا کام ہنوز غیر مشروط ذہن اور صحیح زوانہ نگاہ کی تلاش میں ہے۔
قاضی افضال حسین سرسید کا تصور الہ میں رقم طراز ہیں، سرسید احمد خاں اس حقیقت پر مکمل یقین کا اظہار کرتے ہیں کہ اسلام بنیادی طور پر کامل توجہ کا مذہب ہے اگر اسلام کو صحیح طور پر پیش کیا جائے تو یہ اس معنی میں دوسرے مذاہب سے ممتاز نظر آتا ہے کہ صداقت کو توحید کی حیثیت سے قبول کر کے یہ دنیا کو ایک ایسا تصور کائنات دیتا ہے جو نہ صرف سچا ہے بلکہ اتنا معروضی ہے کہ اس کا مشاہدہ ممکن ہے۔سرسید کی خطابیات کا ایک پہلو میں خورشید احمد نے اظہار خیال کرتے ہوئے فرمایا کہ سرسید کی نثر کا خطابیاتی یعنی رٹاریکل تجزیہ ہونا ابھی باقی ہے حالانکہ خطابیات سے ہماری مراد اگر یہ ہو کہ کون کس غرض کے تحت موضوع پر کس کی طرف مخاطب ہے تو سرسید کی نثر خطابیاتی شعور کا اعلیٰ نمونہ ثابت ہوگی۔خطابیات کے لوازم یعنی متکلم مخاطب۔موضوع اور مدعا ایک دوسرے سے علاحدہ نہیں ہوتے بلکہ ایک دوسرے سے متاثر ہوتے اور ایک دوسرے کو متاثر کرتے ہیں۔اس کے باوجود یہ بات کہی جاسکتی ہے کہ ہماری قدیم خطابیات میں موضوع کو مرکزی اہمیت حاصل تھی۔عقیل احمد صدیقی سرسید کا نظریہ علم میں لکھتے ہیں کہ آج کے ہندوستانی مسلمانوں کا قصہ ہے یہ قوم دنیا کی عظیم جمہوریت کا بے خوف شہری ہونے کے بجائے کٹی پتنگ کی مانند ہواؤں کے رحم وکرم پر زندہ ہے، اسے نہیں معلوم کہ آنے والا کل اتنے مسئلے خوشیوں کی یا دکھوں کی سوغات ہوگا۔اس فراموش شدہ قوم کو یہ جاننے اور سوچنے کی فرصت نہیں کہ مبادا اس کی آنکھوں کی نیند ہمیشہ یا طویل عرصہ کے لئے اس سے روٹھ نہ جائے۔یہ دنیا کو آئینہ دکھانے کے بجائے خود اپنا ہی آئینہ بن چکی ہے۔جس میں اسے اپنا چہرہ دیکھنے کی تاب نہیں اب اس کی حیثیت ایک مجہول اور مظلوم نامعلوم قوم کی ہے، ایسا کیوں ہوا۔اس کی ذمہ داری کس کے سر ہے۔
۱۹۴۷ء کی تقسیم؟۔انگریزی حکمرانوں کی حکمت عملی۔سرسید اور ان کے رفقاء یا اس سے پچھے ہندوستان کے مسلم حکمراں یا مسلمان خود۔ظفر الاسلام اصلاحی نے سرسید کا تصور تعلیم میں کہتے ہیں کہ

سر سید کے تصور تعلیم کا سب سے نمایاں پہلو یہ ہے کہ انھوں نے تعلیم کو ایک عظیم مقصد سے مرتب کیا۔ اور وہ تھا سیاسی وسماجی زبوں حالی کا ازالہ اور معاشرتی وثقافتی ترقی کا حصول انھوں نے صاف صاف لفظوں میں یہ فرمایا کہ کسی بھی قوم کی تنزلی کے دور کرنے کا علاج، اس کے سوا اور کچھ نہیں ہے کہ تعلیم کی اشاعت میں دلچسپی لی جائے اور مختلف علوم فنون کے فروغ پر توجہ دی جائے۔ اس شمارے کے حصہ دوم میں تحریکی تناظر کے تحت کئی مضامین کو جگہ دی گئی ہے۔ اقتدار حسین صدیقی نے سر سید پر ولی اللہی تحریک اور وہابی تحریک کے اثرات میں کہتے ہیں سر سید احمد خاں کی پیدائش شہر دہلی میں ۱۷/اکتوبر ۱۸۱۷ء کو ہوئی تھی۔ اس سے کافی پہلے اٹھارویں صدی عیسوی کے نصف آخر میں دین اسلام کی تجدید اور مسلمانوں کے اخلاقی اور مذہبی اصلاح کا کام ملک گیر پیمانہ پر شروع ہو چکا تھا۔ اس کام کے پیچھے اسلامی تاریخ کا تصور تھا کہ ہر صدی کے اختتام پر مسلم معاشرے کو اخلاقی اور سماجی برائیوں سے نجات دلانے کے لئے ایک مجدد پیدا ہوگا جس کا مشن تجدید اور احیاء دین ہوگا۔ جب مسلمانوں کا سیاسی اور اخلاقی انحطاط آخری حدوں سے گزرنے لگا تو شاہ ولی اللہ ۱۸۶۲ء نے تعلیم اور تالیفات کے ذریعہ تجدیدی کام شروع کیا۔ ان تحریک کا مرکز دہلی میں ان کا مدرسہ احمدیہ جس کو ان کے والد شاہ عبدالرحیم نے عہد اورنگ زیب میں قائم کیا تھا۔

مرزا خلیل احمد بیگ نے سر سید احمد خاں اور ایم اے او کالج کا قیام میں انگریزی زبان کے مطالعے پر خصوصی توجہ کے ساتھ ہندوستان میں سیکولرازم کا باقاعدہ طور پر آغاز ۱۸۱۶ء میں کلکتے میں ہندو کالج کے قیام سے ہوا۔ بہ حیثیت مجموعی ایک مسلمانوں کا ہی طبقہ ایسا تھا جو سیاسی اور سماجی تبدیلیوں کو بروئے کار لانے میں دیر کر رہا تھا اور ان رجحانات سے بے خبر تھا، جو ملک کو تیزی کے ساتھ کہیں سے کہیں لے جا رہے تھے، سر سید نے ۱۸۵۸ء میں مراد آباد میں ایک اسکول قائم کیا جس میں انھوں نے علامہ شرفیہ کے ساتھ ساتھ ابتدائی سطح پر انگریزی زبان کی تعلیم کا سلسلہ شروع کیا۔ سید محمد کمال الدین حسین کا قیام علی گڑھ کا تاریخی پس منظر میں کہتے ہیں، علی گڑھ تحریک ہی کے تحت علی گڑھ میں سائنٹفک سوسائٹی قائم ہوئی اور مسلمانوں کی تعلیم کے لئے روز شنبہ ۲۴ رمئی ۱۸۵۷ء کو مدرسۃ العلوم مسلمانان کی ابتداء ہوئی جو آج عظیم الشان علی گڑھ مسلم یونیورسٹی علی گڑھ کی صورت میں معراج پا کر دنیا کی عظیم یونیورسٹیوں میں ایک ممتاز درجہ حاصل کر چکی ہے۔ عبدالباری نے مسلمانوں کی فکری تاریخ میں سر سید کا منصب میں لکھتے ہیں: سلام نے انسانی برداری کو ایک مکمل نظام حیات دیا، زندگی گذارنے کا ایک ایسا طور طریقہ جس میں انفرادی اور اجتماعی دونوں حیثیتوں سے اولاد آدم اشرف المخلوقات کے درجے پر فائز ہو جاتی ہے لیکن یہ

بھی ایک حقیقت ہے کہ اسلامی فکر کا انسانی زندگی میں جاری وساری رہنا ایک جہد مسلسل چاہتا ہے، یعنی اچھے اور نیک کاموں کو خود بھی کرنا اور دوسروں کو بھی اس کی تلقین کرتے رہنا اسی طرح انسانی سماج کو نقصان پہنچانے والے اور برے کاموں سے خود بھی بچنے کی کوشش کرنا اور دوسروں کو بھی بچنے کی تلقین کرتے رہنا اسلام کی زبان میں اس دینی اور سماجی عمل کو امر بالمعروف اور نہی عن المنکر کہا گیا ہے۔

شان محمد نے سرسید اور تخلیق پاکستان میں لکھا ہے کہ سرسید نے ہندو اور مسلمانوں کو ہندوستان کی خوبصورت آنکھیں بتایا اور کہا کہ ایک کی بدنمائی سے ہندوستان کی خوبصورتی پر اثر پڑے گا اور خدا کی یہ مرضی ہے کہ ہندو اور مسلمان اس زمین پر جئیں اور ان پر مریں۔ محمد یسین نے کہا کہ مسلمانوں کی موجودہ صورتحال میں سرسید کی معنویت میں لکھا ہے کہ مسلمانوں کی موجودہ صورت حال میں سرسید کی معنویت علی گڑھ تحریک کی محرکات ومقاصد کی روشنی میں ہی متعین کی جاسکتی ہے اس محاسبہ کے لئے وسط انیسویں صدی میں روح عصر اور امت مسلمہ کے سیاسی، سماجی، تعلیمی، ثقافتی، اور مذہبی حالات کو مدنظر رکھنا بہت ضروری ہے۔ موضوع زیر بحث کے ضمن میں یہ امر اظہر من الشمس ہے کہ تاریخی مقدرات اور سیاسی انقلاب کے جلو میں ذہنی انتشار، معاشی بدحالی، تعلیمی پسماندگی، اور معاشرتی بے راہ روی کے باعث مسلمان مایوں ہو کر کسی میر کارواں کے منتظر تھے، کہ سرزمین علی گڑھ سے وہ ہادی قوم نمودار ہوا جسے عرف عام میں سرسید کہتے ہیں۔ ظفر احمد صدیقی نے سرسید احمد خاں اور مولانا محمد قاسم نانوتوی میں تحریر کرتے ہیں کہ سرسید احمد خان، ۱۸۱۷ء تا ۱۸۹۸ء اور مولانا محمد قاسم نانوتوی، ۱۸۳۲ء تا ۱۸۸۰ء کو عام طور پر دو متحارب شخصیتوں کی حیثیت سے پیش کیا جاتا ہے، اس طرح ایم او کالج علی گڑھ اور دارالعلوم دیوبند کو بھی ایک دوسرے کا حریف ثابت کرنے کی کوشش کی جاتی ہے، حالانکہ فی الواقع ایسا نہیں ہے ابوسفیان اصلاحی نے عیسائی مبلغین ومورخین اور سرسید احمد خان میں لکھتے ہیں سرسید چونکہ ایک علمی آدمی تھے، انھیں خداوند قدوس نے غیر معمولی بصیرت وحکمت عطا کی تھی اس لئے انھوں نے ایک طرفہ تمام عیسائی مبلغین ومورخین کو مورد الزام قرار نہیں دیا۔ بلکہ اگر کسی مستشرق نے مذہب اسلام کے سلسلے میں حقیقت پسندی سے کام لیا ہے، تو آپ نے اس کی علمی صداقت کی داد بھی دی ہے۔

قمر الہدی فریدی نے مضمون سرسید احمد خاں ادبی اور سماجی انفرادیت میں لکھتے ہیں اور سرسید کی مادری زبان تھی اپنی زبان سے ہر شخص کو محبت ہوتی ہے، سرسید کو بھی تھی لیکن ان کی محبت اندھی نہیں تھی، ثقل کی ڈور سے بندھی ہوئی تھی، انھوں نے اس کی شعری وادبی سرمائے کا ایک محتسب کی نظر سے جائزہ لیا

کھرے اور کھوٹے کو پرکھا اور بے باکی سے اپنے تاثرات کا اظہار کیا، زبان کی ترقی کی راہ میں حائل رکاوٹوں کو محسوس کیا، دوسروں سے کام بھی لیئے ، اردو پر سرسید کا یہ بڑا احسان ہے، اشفاق احمد غازی نے سرسید تحریک اور صوبہ بہار میں لکھتے ہیں، سرسید تحریک سے متعلق جن مقامات پر مضامین اور مقالات لکھے جاتے رہے، ان میں پنجاب ، لاہور، حیدرآباد اور بنارس وغیرہ شامل ہیں، انھیں میں بہار وہ فراموش صوبہ ہے جو سرسید تحریک کی حمایت اور اثرات کے گہرے اور نہایت واضح نقوش کے ساتھ علی گڑھ کی تاریخ میں ایک خاص اہمیت اور امتیازی مقام رکھتا ہے۔ تصنیفی تناظر کے تحت جو مضامین لکھے گئے ہیں ان کی تخلیقات وتصانیف پر روشنی ڈالی گئی ہے۔ محمد یسین مظہر صدیقی سرسید کی نگاری خطبات احمدیہ کے حوالے سے محمد انصار اللہ آثار الصنادید۔ اقبال حسین نے اسباب بغاوت ہند ایک تجزیہ محمد ضیاء الدین انصاری سرسید اور علی گڑھ تحریک منتخب کتابیات ۲۹۶ صفحات کا یہ نمبر سرسید شناسی میں اہم وسیلہ ہے، شائع ہونے پر نئی نسل میں سرسید کے تعلق سے شناسی وآگہی حاصل ہوئی۔

☆

فکر ونظر کا سرور نمبر نومبر ۲۰۰۳ء

مدیر پروفیسر آزرمی دخت صفوی نائب مدیر محمد صابر

شبلی روڈ علی گڑھ مسلم یونیورسٹی علی گڑھ

اس مجلس ادارت میں چیرمین جناب نسیم احمد۔ وائس چانسلر

پروفیسر ابوالکلام قاسمی۔ شعبہ اردو۔ پروفیسر عالم حسین نقوی۔ شعبہ اپلائیڈ فزکس۔ ڈاکٹر محمد اعظم قاسمی شعبہ اسلامک اسٹڈیز، ڈاکٹر محمد آصف نعیم صدیقی شعبہ فارسی

اداریہ۔ پروفیسر آزرمی دختر صفوی

قصیدہ۔ پروفیسر اے۔ ایم۔ کے شہریار

شخصیت اور کارنامے

سرور صاحب کی یاد۔ ڈاکٹر محمد الٰہی

مؤسس اقبال انسٹی ٹیوٹ سرور صاحب۔ پروفیسر کبیر احمد جائسی

لائے کہاں سے دنیا مثل ونظیر اس کا۔ پروفیسر محمد انصار اللہ

پروفیسر آل احمد سرور۔ پروفیسر محمد یسین

پروفیسر آل احمد سرور اور علی گڑھ۔ ڈاکٹر سلطان احمد

نقد ونظر غالب جدید ذہن اور آل احمد سرور۔ پروفیسر شمس الرحمٰن فاروقی

پروفیسر آل احمد سرور ایک دانشور۔ پروفیسر باقر مہدی

نقاد اور شاعر

آل احمد سرور اور تنقید کی آبرو۔ ڈاکٹر خلیق انجم

آل احمد سرور کی تنقید نگاری۔ پروفیسر عتیق اللہ

سرور صاحب کا تصور نقد۔ پروفیسر قاضی افضال حسین

دانشور سرور۔ پروفیسر عابد رضا بیدار ☆

انجمن ریختہ گویان، جولائی ۲۰۱۹ء

ترجمان رسالہ سہ ماہی ریختہ نامہ۔ مدیر ڈاکٹر مرزا مصطفیٰ علی بیگ جاوید کمال یہ شمارہ جولائی ۲۰۱۹ء جس کا جلد نمبر ۲ شمارہ ۳ ہے، یعنی اس کے دو سال مکمل ہو چکے ہیں، دوسرے سال کا تیسرا شمارہ ہے اس کی قیمت ۲۵ روپے ہے اس کے سرورق پر طرز بیدل میں ریختہ کہنا۔ اسداللہ خاں قیامت ہے۔

غالب عبدالقادر بیدل کی زبان ریختہ یعنی اردو زبان میں بیدل کے طرز شاعری کی تعریف کی ہے اسلوب منفرد ہے اس کی مجلس مشاورت میں پروفیسر ایس اے شکور، ڈاکٹر عقیل ہاشمی، ڈاکٹر فاروق شکیل، مولانا مظفر علی صوفی ابوالعلائی، ڈاکٹر انیس عائشہ، ڈاکٹر ممتاز مہدی، جناب محمد عبدالرحیم خان، پروفیسر مجید بیدار، جناب ایم اے ماجد، جناب محمد مصطفیٰ علی سروری، ڈاکٹر فضل اللہ مکرم، پروفیسر شوکت حیات، جناب سعید حسین شامل ہیں۔ مجلس ادارت میں ڈاکٹر حمیرہ سعید۔ لطیف الدین لطیف۔ ڈاکٹر عطیہ مجیب عارفی۔ ڈاکٹر گل رعنا۔ معظم علی بیگ قابل ذکر ہیں۔

اس شمارے کے مشملات میں سلیقہ سے ذیلی عنوانات کے تحت جو مشمولات ترتیب دیئے گئے ہیں ان میں ایوان شعروادب سے پہلے اداریہ ڈاکٹر مرزا مصطفیٰ علی بیگ جاوید کمال نے شاید کہ ترے دل میں اتر جائے میری بات، قارئین سے مخاطب کرتے ہوئے اردو اکیڈیمی کے ایوارڈ مخدوم اور مولانا ابوالکلام آزاد جو تنازع میں ہے اس پر تکنیکی انداز سے اظہار کیا ہے۔ وہ کہتے ہیں اردو میں ماحول حسد و جلن سے بھرا ہوتا ہے۔ اب یہ غلط روایت قائم ہوگئی ہے کہ ناانصافی پر کورٹ کا دروازہ کھٹکھٹایا جا رہا ہے۔ جو اچھی علامت نہیں ہے۔ ڈاکٹر محمد یعقوب درد کی حمد و نعت سے آغاز ہوتا ہے۔ پروفیسر مجید بیدار نے صنف مثنوی کے فن۔ تقاضے اور اردو میں مثنوی نگاری کا ذکر کیا ہے۔ پروفیسر مغنی تبسم کی کتاب تحسین شعر سے کچھ اشعار کا مفہوم تشریح بیان کی ہے۔

علیم صبا نویدی ٹاملناڈو کا لہجہ تراش شاعر مضمون ڈاکٹر آصفہ شاکر چینئی، مت دان، افسانہ یسین احمد۔ غزل نظم رفیق جعفر۔

ڈاکٹر قطب سرشار کی شاعری میں سچے فکری ماخذ کی نشاندہی مضمون محبوب خاں اصغر، دستور ہند

اور تحریر وتقریر کی آزادی، مضمون محمد عثمان شہید۔ غزلیں سمیع اللہ سمیع۔ ڈپریشن کیا ہے۔ مضمون فریدہ راج۔ اردو ڈراما اور منجو قمر کی خدمات مضمون قمر جمالی۔ صابرہ بیگم۔ افسانہ۔ ڈاکٹر جاوید کمال۔ نظم غزل عاتکہ نور۔ شاداب بے دھڑک مدارسی۔ اعلیٰ حضرت میر عثمان علی خاں کی اعلیٰ ظرفی، مضمون سعید حسین۔ ایک رات پرندوں کے ساتھ۔ آپ بیتی جہانگیر قیاس۔ غزلیں اجمل محسن۔ پروفیسر احمد حسین خیال ورنگل۔ ریختہ نامہ تبصرہ افتخار عابد۔ نقار خانہ طنز ومزاح۔ معشوق سے خطاب نظم علی صائب میاں۔ گھر چلو مزہ بتاتیوں۔ انشائیہ ڈاکٹر حبیب ضیا غزلیں پاگل عادل آبادی۔ پینا انشائیہ۔ ڈاکٹر ممتاز مہدی

غزلیں فرید سحر۔ آخر ہم نے شاپنگ سے توبہ کرلی انشائیہ سلطان سبحانی

غزلیں شاہد عدیلی

ادبی معرکہ آرئیاں۔ تیسرا ریاستی علمبردار اردو ایوارڈ، فنکشن برائے خواتین، رپورتاژ، رفیعہ نوشین، مستند ہے میرا فرمایا ہوا۔ مشاہیر اردو کی آراء، علیم صبا نویدی چینئی، رفیق جعفر۔ پونہ۔ انجم قدوائی لکھنو۔ عبدالقادر نقشبندی ورنگل۔ شمارہ ادبی کیفیت وکمیت کے لحاظ سے عمدہ ہے۔ اس میں مزید تنقیدی وتخلیقی تحقیقی مضامین کو جگہ دی جائے۔ مزاحیہ ادب اور سنجیدہ ادب کا آمیزہ ہے، مزید اردو زبان وادب کے قد آور، ادیب، شاعر، نقاد، محققین کے مضامین شامل کریں۔ رسالہ کی قدر وقیمت میں اضافہ ہوگا۔ ۶۴ صفحات پر مشتمل ہے۔

☆

ریختہ۔ سہ ماہی جنوری تا مارچ ۲۰۲۱ء

اردو کی ادبی۔ علمی وثقافتی سرگرمیوں کا ترجمان جس کا جلد ۴ رشمارہ ۱ رہے۔ ۲۰۱۸ء سے شروع ہوا۔ مدیر ڈاکٹر مرزا مصطفیٰ علی بیگ جاوید کمال دفتر انجمن ریختہ گویان سعید آباد، حیدرآباد ۵۹، تلنگانہ سے شائع ہوا۔ گوشہ ڈاکٹر نادر المسدوسی شائع ہوا۔

مجلس مشاورت میں پروفیسر ایس اے شکور، ڈاکٹر عقیل ہاشمی۔ ڈاکٹر فاروق شکیل، مولانا مظفر علی صوفی ابوالعلائی۔ ڈاکٹر انیس عائشہ، ڈاکٹر ممتاز مہدی۔ جناب محمد عبدالرحیم خان۔ پروفیسر مجید بیدار، جناب ایم اے ماجد۔ جناب مصطفیٰ علی سروری، ڈاکٹر فضل اللہ مکرم، پروفیسر شوکت حیات، مجلس ادارت میں ڈاکٹر حمیرہ سعید۔ لطیف الدین لطیف، ڈاکٹر عطیہ مجیب عارفی۔ ڈاکٹر نکہت آراء شاہین۔ معظم علی بیگ۔

اس شمارے میں اداریہ جاوید کمال نے لکھا ہے جس میں شمارے کے مشمولات پر تبصرہ شامل ہے۔ حمد۔ نعت۔ ڈاکٹر نادر المسدوسی کی ہے۔ ایوان مجاہدین آزادی ذیلی عنوان کے تحت محمد تقی ایڈیٹر ورق تازہ ناندیڑ، اردو صحافت تحریک جنگ آزادی۔ میں صحافت کے کرداروں پر سیر حاصل گفتگو کی ہے۔ علیم صبا نویدی نے چینائی نے تحریک آزادی میں اردو کا کردار میں اردو کی خدمات اور کردار صفات۔ پر بحث کی ہے۔ بہادر شاہ ظفر کی غزلیں شائع کی ہیں۔

محمد عثمان شہید نے دستور ہند اور تحریر وتقریر کی آزادی میں عصری تناظر میں بات کی ہے۔ ۱۸۵۷ء کا انقلاب ڈاکٹر منظور احمد دکنی گلبرگہ سید رحمت علی حیدرآباد نے اولین مجاہدین آزادی، سراج الدولہ، ٹیپو سلطان، اشفاق اللہ خان، جاوید رشید عامر مراد آباد نظم، برباد کر کے رکھ دیا ہندوستان کو، مولانا برکت اللہ بھوپالی شاہد عمادی مراد آباد، نظم سورج فیض آبادی۔ نظم خاتون ہند علیم صبا نویدی۔ آزادی کے سورما مسرت شہید۔ غزل حسرت موہانی، مولانا محمد علی جوہر مرزا ارشد بیگ مراد آباد۔ غزل رام پرشاد بسمل، تحریک آزادی اور متحدہ قومیت، عادل صدیقی، اردو غزل کا محافظ حسرت موہانی، ڈاکٹر فردوس جہاں لکھنو، قومی نظریے۔ سید رحمت علی۔

ریختہ نامہ۔تبصرہ۔ڈاکٹر محمد تقی ناندیڑ

گوشۂ نادرالمسدوسی (۱) تعارف،(۲) محمد صلاح الدین نیر۔ڈاکٹر عقیل ہاشمی، پروفیسر مجید بیدار۔ڈاکٹر اسلام الدین مجاہد۔حلیم بابر۔یوسف روش۔ڈاکٹر راہی۔حمید الظفر۔تہنیتی کلام۔نمونہ کلام نادرالمسدوسی۔ادبی معرکہ آرئیاں۔

اردو کو زندہ رکھنے میں۔ڈاکٹر مسعود جعفری۔اردو شعراء کی ڈائرکٹری کی رسم اجراء۔عروض دانی کورس کا انعقاد۔کے ایم عارف الدین کے سانحہ ارتحال پر تعزیتی پیامات، مستند ہے میرا فرمایا ہوا۔معین الدین عثمانی۔۹۶ صفحات کا شمارہ اپنے اندر قومی آزادی۔تاریخ جدوجہد آزادی کے ہیروز کی زندگی کارناموں کو پیش کیا ہے۔

☆

سہ ماہی رسالہ ریختہ نامہ کا شمارہ اپریل تا جون ۲۰۲۱ء

گوشہ جیلانی بانو

رسالہ ریختہ نامہ اردو کی ادبی علمی وثقافتی سرگرمیوں کا ترجمان ہے اس کا RNI.No. TELURD/2018/76808، آئی ایس ایس این نمبر 1814-2582 ہے۔اس کا جلد نمبر ۴/ اورشمارہ ۲/ ہے۔ ۲۰۱۸ء سے نکل رہا ہے۔نوعیت میعاد سہ ماہی ہے سال میں چار شمارے نکلتے ہیں، آج کے دور میں رسالہ یا اخبار نکالنا گھاٹے کا سودا ہے کیونکہ اردو والے اخبار رسالہ خرید کر پڑھنے کے عادی نہیں انٹرنیٹ کے دور میں ہر کوئی موبائیل ڈاٹا آن کر کے اخبارات رسائل پڑھ لے رہا ہے، تو اخبار رسالہ کیسے فروخت ہوگا۔ لمحہ فکریہ ہے، وقت کی پکار وللکار ہے۔اس کا اثر مستقبل میں پرنٹ میڈیا پر منفی اثر مرتب ہوگا۔

اس کی مجلس مشاورت میں ۱۲/ادبی شخصیتیں مشورہ دینے والوں میں شامل ہیں۔جن میں پروفیسر ایس اے شکور، ڈاکٹر عقیل ہاشمی۔ڈاکٹر فاروق شکیل، مولانا مظفر علی صوفی ابوالعلائی۔ڈاکٹر انیس عائشہ، ڈاکٹر ممتاز مہدی۔ جناب محمد عبدالرحیم خان۔ پروفیسر مجید بیدار، جناب ایم اے ماجد۔ جناب مصطفیٰ علی سروری، ڈاکٹر فضل اللہ مکرم، پروفیسر شوکت حیات، مجلس ادارت میں ڈاکٹر حمیرہ سعید۔لطیف الدین لطیف، ڈاکٹر عطیہ مجیب عارفی۔ڈاکٹر نکہت آراء شاہین۔معظم علی بیگ شامل ہیں۔

جشن ریختہ گویان جنوری ۲۰۲۱ء کی تصویری جھلکیاں شائع ہوئیں ہیں مدیر نے اداریہ میں ادبی سمیناروں کا گرتا ہوا معیار پر کہتے ہیں۔

"کسی بھی ادبی تقریب یا پروگرام کا مقصد نہ صرف اردو زبان وادب کی ترقی وترویج ہوتا ہے بلکہ اردوادب سے متعلق کی جانے والی تحقیق کے ذریعہ ہونے والے نئے نئے انکشافات کو منظر عام پر لانا اور اردوداں طبقے کو ادب کے ان نئے نئے پہلوؤں سے روشناس کرانا ہوتا ہے۔خاص طور پر ادبی سمینارس کا مقصد تو یہی ہونا چاہئے۔

صحیح کہا ہے سمینار برائے سمینار نہیں بلکہ ادبی سمینار میں مقالے کے موضوع سے متعلق نئی جدید اور نا معلوم حقائق اشکار ہوں۔

حمد میں خدا کی تعریف۔ محمد حمایت اللہ نے یوں کی خالص دکنی انداز ہے۔

آسمان پو دھنک دیا سو وہ اللہ کیسا ہوئینگا
پاترنی کے پروں کو رنگا سو وہ اللہ کیسا ہوئینگا

اکبر خاں اکبر نے نعت شریف لکھی

نبی کا عشق گردل کو میرے حاصل نہیں ہوتا
خدا کو منہ دکھانے کے بھی میں قابل نہیں ہوتا

تحسین شعر پروفیسر مغنی تبسم کی کتاب سے لئے گئے اشعار جس میں آنکھوں کی خوبصورتی اور کیفیت کو اجاگر کیا گیا ہے، آنکھوں کی دلکشی اور ساحرانہ کیفیت کو ظاہر کرنے کے لئے ہرن اور نرگس کی آنکھوں سے تشبیہ دی ہے۔

تجھ لب کی صفت لعل بدخشاں سو کہوں گا
جادو ہیں ترے نین غزالاں سو کہوں گا

قومی زبان کراچی میں شائع مضمون غالب کی تمثیل نگاری ایک نیا مطالعاتی رویہ ڈاکٹر انور معظم کی تحریک پر نذیر محمد خاں کی تحریر کردہ تمثیل کے حوالے سے ادارہ ڈاکٹر معین الدین عقیل نے لکھا ہے اس سے غالب شناسی اور غالب فہمی کا انداز ملتا ہے۔ شموئیل احمد گلبرگہ لمبالیٹ میں معاشرتی قدرتیں مسائل پر اچھا افسانہ بدلتی وجدید قدروں سے ماضی کی قدریں متاثر ہوتی ہیں۔ زمانے کے بدلتے رنگ ڈھنگ سے بڑوں کی اہمیت کو گھٹا دیا ہے۔ ماں باپ کی قدر ہر دور میں رہی ہے ان کی عدم موجودگی سے گھر ویران نظر آتا ہے۔

مضطر مجاز کی غزل شائع کی ہے۔

تھے سب کے آنکھ ناک کوئی اس میں شک نہ تھا
دیکھا تو اتنی بھیڑ میں ایک چہرہ تک نہ تھا

سمیع اللہ سمیع

ضرورت تیر وخنجر کی نہیں ہے میرے قاتل کو

کمان ابروؤں پر تیرے مژگاں لے کے نکلا ہے

اس میں حسن و عشق ادائیوں کی طرف اشارہ ہے۔

حامد کاشمیری مضمون مولانا ابوالکلام آزاد کی ادبی شخصیت غبار خاطر کے آئینے میں کہتے ہیں کہ مولانا کا یہ مجموعہ خطوط کا نہیں بلکہ انشائیوں کا ہے، انشائیہ میں مصنف کی شخصیت کے پرتو ہر جگہ نظر آتے ہیں۔ جو قاری کے دل و دماغ کو منور کرتے ہیں۔

مولانا آزاد کے اسلوب کی خوبی یہ ہے کہ تعقلی۔ منطقی انداز کے باوجود اس میں شعری لطافت موج زیریں طرح موجود ہے۔ نتیجے میں فلسفے سے خشک مباحث بھی دلچسپ ہوگئے ہیں۔ انہوں نے گاہے گاہے فطرت یا اشیاء کی جو تصویر کشی ہے۔ وہ لاجواب ہے۔ ان کا لہجہ شعریت آشنا ہے۔ شعریت زدہ نہیں۔

مولانا یہ خطوط قلعہ احمد نگر مہاراشٹرا میں جہاں وہ قید تھے نواب صدر یار جنگ کے نام لکھے ہیں۔

مولانا آزاد کی ادبی شخصیت میں وزن اور وقار ہے وہ اپنے مکاتب میں زنداں کے شب و روز یاد یادشت میں محفوظ گھریلو سماجی زندگی کے بیان ہی پر اکتفا نہیں کرتے۔ بلکہ ایک مفکر کی طرح مابعد الطبعیاتی مسائل مثلاً ہنسی۔ کائنات خدا۔ اخلاق اور مذہب پر بھی غور فکر کرتے ہیں۔

محمد مجیب نے بیساکھی افسانچہ میں ہمدردی کا ایک تاثر پیش کیا۔ بیساکھی، لکڑی کا نام لیکن مدد کے لئے نعمت سے کم نہیں۔

علیم صبا نویدی چینائی نور دکن کے عنوان سے ایک سانیٹ پروفیسر سلیمان اطہر جاوید کے نام لکھا۔ ان کی ادبی تنقیدی اردو خدمات پر منظوم خراج عقیدت پیش کی ہے۔ دعائیہ قاضی انصار کھنڈوا نے لکھا۔

ہر جگہ امتحان دکھائی دے
سرخروئی دے رہنمائی دے

محبوب خاں اصغر نے رہنے کو صدا دہر میں آتا نہیں کوئی آہ رحمان جامی، پر اظہار تعزیت کرتے ہوئے ان کی شعری ادبی خدمات پر خراج پیش کیا۔ محمد عبدالرحمٰن جنیدی نقشبندی المعروف جامی ۸؍ اکتوبر ۱۹۳۴ء کو ضلع رائچور میں پیدا ہوئے تھے والد کا نام مولوی قاری شیخ محمود صاحب تھا۔ جامی کا انتقال ۱۹؍ جنوری چہارشنبہ کی صبح چار بجے اور ۲۰۲۱ء کو آخری سانس لی۔ حاجی اپنے عہد کے ترجمان اور عکاس

ہی نہیں بلکہ ایک مفکر تھے۔ان کی شاعری میں ایک پیام ملتا ہے،انھوں نے وطنیت ،محبت ،سیاست اور ہندو مسلم اتحاد کے گیت گائے۔

جہانگیر قیاس نے عمدہ رپورتاژ لکھا۔انجمن ترقی اردو انجمن ریختہ گویان کی کامیاب پہل شعر فہمی کورس کا کامیاب انعقاد نومبر ۲۰۲۰ء تا جنوری ۲۰۲۱ء منعقد ہوا۔قاضی انصار کھنڈوا غزل کا ایک شعر ہے جس میں حادثہ رونما ہونے کا خدشہ ظاہر کی ہے۔ایک دن انصار یہ بھی حادثہ ہوجائے گا۔آگ پانی اور ہوا سے سامنے ہوجائے گا۔سلیمان خطیب نے لندن پلٹ بیٹا باپ کی قبر پر نظم میں لندن سے واپس آکر باپ کی قبر پر آتا ہے تو بیٹے کے تاثرات جذبات پیش کیا ہے۔اس میں طنز اور مزاح بھی بچے کو انگلش تہذیب سکھائی گئی۔دین اور اخلاق سے دور ہے۔

اشرف حسین پون نے ٹی وی کی مہربانی اور اس سے ہونے والے نقصانات کو نظم میں اجاگر کیا۔

آپا نماز چھوڑے پاپا قرآن چھوڑے
جس گھر میں ٹی وی آیا سب بن گئے نگوڑے

گوشہ جیلانی بانو اردو کی ممتاز ومعروف افسانہ وناول نگار،آصف قرنی ۲۰۱۴ء میں مضمون لکھا کو چہ خوش بخت کا دریچہ جیلانی بانو کے افسانوں میں راستے سے اور منزلیں میں جیلانی بانو کے افسانوں۔ ناولوں،ناولٹ کا تجزیہ،تشریح محاکمہ کیا ہے،ان کا پہلا افسانہ موم کی مریم ہے دیگر افسانوں میں روشنی کے مینار،آگ کے پھول۔جگنو اور ستارے۔ڈریم لینڈ۔پرایا گھر ۱۹۷۹ء میں شائع ہوئی۔اسکوٹر والا۔ کلچرل اکیڈیمی۔اے دل اے دل،سنہرا ہرن۔بہار کا آخری گلاب۔جے معرف ہاتھ۔نروان۔زندگی کی کاش۔تماشہ۔ارود۔اسٹیل لائف۔اجنبی شہرے۔چابی کھوگئی۔راستہ بند ہے۔ابارشن۔گڑیا کا گھر۔

آصف خرنی نے ۱۹۸۹ء میں جو انٹرویو لیا اس میں چلو بات کر کے دیکھتے ہیں۔ان کی زندگی۔ افسانے لکھنے کا طریقہ۔محرکہ۔افسانے ناول۔ناولٹ کا پس منظر۔فکر وفن غرض تمام امور کا احاطہ کیا گیا ہے۔جیلانی بانو کے فکر وفن کو سمجھنے کے لئے انٹرویو عمدہ ہے۔نئے انکشافات حقائق ملیں گے۔

جیلانی بانو تصویروں میں پورا ماضی جھلکتا ہے۔

چٹھی آئی ہے بانو خطوط کے آئینہ میں تصانیف پر مبارک بعد اور دیگر شخصی وادبی اور فکر وفن پر اظہار ملتا ہے کئی ایک مشاہیر کے خطوط ہیں جنھوں نے بانو کو لکھے ہیں۔

حمایت علی شاعر ۶/ ڈسمبر ۱۹۵۵ء۔ احمد ندیم قاسمی ۱۷/فروری ۱۹۵۷ء۔عصمت چغتائی

۱۹۵۸ء ۔قرۃ العین حیدر ۔ ۱۶ر ڈسمبر ۱۹۵۸ء ۔خدیجہ مستور ۶ ر جون ۱۹۵۸ء ۔کرشن چندر ۵ر ستمبر ۱۹۵۸ء محدوم ۔ ۱۹۵۸ء ۔ خواجہ احمد عباس ۔ ۲۰ر جون ۱۹۶۴ء ۔ رشید احمد صدیقی ۲۳ر اکتوبر ۱۹۶۴ء ۔ امرتا پریتم ۔۲۱ر جنوری ۱۹۷۱ء ۔ راجندر سنگھ بیدی ۔۲۳ر ستمبر ۱۹۷۱ء ۔ ہاجرہ مسرور ۴ر اکتوبر ۱۹۷۵ء ۔سردار جعفری ۔ ۱۳ر جولائی ۱۹۷۶ء ۔ مجتبیٰ حسین ۹ر اگست ۔ ۱۹۷۶ء ۔فکر تونسوی ۱۴ر اپریل ۱۹۸۰ء ۔ والد سلام سوکولوف ۔ ۲۵ر اپریل ۱۹۸۰ء ۔جمیل جالبی یکم اکتوبر ۱۹۸۰ء ۔ وزیر اغا یکم اگست ۱۹۸۳ء ۔ ظ ۔ انصاری ۔ ۹ر ستمبر ۱۹۸۵ء ۔مرزا ادیب لائیو ۔۲ر نومبر ۱۹۸۸ء ۔ گوپی چند نارنگ ۔ ۲۱ر اکتوبر ۱۹۹۸ء ۔ ہائیڈ برگ ۔ ۱۸ر مارچ ۱۹۹۷ء ۔شمس الرحمٰن فاروقی ۔ ۲۶ر نومبر ۲۰۰۱ء ۔شمیم حنفی ۔ ۱۸ر نومبر ۲۰۰۱ء ۔ اچھن شیں غاز قنوج ۔۳ر ستمبر ۱۹۸۰ء ۔ اسحاق ابوظہبی ۲۸ر اگست ۱۹۷۷ ۔ اسد علی اسد بیکانیر راج وغیرہ ۔

جملہ ۲۷ خطوط مشہور دانشور و نقادوں کے ہیں یہ بڑی بات ہے کہ خط لکھنا ۔ بانو کی دابی شخصیت کی شناخت ہے ۔ ورنہ ایسے بڑے ادیب چھوٹے فنکاروں پر خط نہیں لکھتے ۔ تجربہ مشاہدہ شاہد ہے ۔

بانو کے افسانے ریل کی پٹریوں پر پڑی ہوئی کہانی افسانہ میں ریل حادثوں پر ایک طنز بھی ملتا ہے ۔غریب لوگوں کی زندگی کو موضوع بنایا ہے ۔ دوشالہ ۔کل رات ہمارے گھر مرزا غالب اور عصمت چغتائی افسانہ ہے ۔

جیلانی بانو کی ناولوں اور کہانیوں کے تراجم دوسری زبانوں میں ایوان غزل (ناول) ہندی ترجمہ سر جیت دہلی ۱۹۸۱ء، بارش سنگ (ناول) ہندی ترجمہ پتھروں کی بارش دہلی ۱۹۸۷ء، مراٹھی ترجمہ پنچ دھارا، کوڈی کوڑ ۲۰۰۰، ملیالم ترجمہ سلا ورشم حیدر آباد ۱۹۹۰۔ ۱۹۸۹ء

جگنو اور ستارے ناولٹس ہندوی کہانیاں ۔ دہلی ۔ دوسرا ایڈیشن ۲۰۰۹ء

کیدارم کہانیاں تلگو ترجمہ داسرتھی ان چاری حیدر آباد ۱۹۷۷ء

کچی تا ھارے ۔تلگو ترجمہ ۔مہک حیدر آبادی

یوروپی زبانیں ۔ روسی ۔ جرمن

ادبی معرکہ آرائیاں کے تحت حیدر آباد میں منعقدہ ادبی اجلاس تقاریب کی خبریں نیوز شامل ہے ۔

جشن ریختہ گویان کی تقاریب سے وزیر داخلہ جناب محمد محمود علی اور دوسروں کا خطاب ، انسان

اپنی ماں ، مادر وطن اور مادری زبان کو کبھی نہیں بھولتا۔ حیدرآباد جرنسلٹ فورم کے زیر اہتمام اردو ادب وصحافت حال و مستقبل کے عنوان پر سمینار۔

اشعار کی تقطیع کے لئے صحیح تلفظ بے حد ضروری۔

درس عروض وشعر فہمی کے اجتماع سے استاد سخن شاہد علی عدیلی کا خطاب۔ مستند ہے میرا فرمایا ہوا۔ تعریف وتوصیف کے کلمات ادا کئے ان میں رفعت صدیقی۔ اصغری بانو۔ پروفیسر عزیز بانو۔ منظور دکنی۔ گلبرگہ۔ شیخ احمد ضیاء نظام آباد۔ مصطفیٰ علی سروری۔ فرحان عزیز۔ خالد محی الدین سینئر صحافی۔ ڈاکٹر کفیل احمد۔ ڈاکٹر نادر المسدوسی۔ سیف نظامی۔ جشن ریختہ گویان، جنوری ۲۰۲۱ء کے ایوارڈ یافتگان ایوارڈ لینے کی والوں تصاویر شائع کی ہیں۔ ۹۲ صفحات پر مشتمل شمارے میں بہت کچھ معلومات حاصل ہو سکتے ہیں۔

☆

ارمغان جشن الماس جامعہ عثمانیہ ۱۹۱۸ء تا ۱۹۷۸ء

جامعہ عثمانیہ کے ۵۰ سالہ سفر بہار میں مکمل ہونے کے بعد ارمغان جشن الماس جامعہ عثمانیہ ۱۹۱۸ء تا ۱۹۷۸ء شائع کیا گیا۔اس شمارہ کی مجلس ادارت ارمغان اردو جشن الماس جامعہ عثمانیہ حیدرآباد ۱۹۷۹ء اور تقاریب جشن الماس جامعہ عثمانیہ سوونیئر کمیٹی میں پروفیسر وی ۔اے شہانے صدر اور مجلس ادارت میں انگریزی سونیئر ڈاکٹر آئیزک سیکورا۔ پروفیسر انگریزی (کنویز) مسٹر کے وینکٹ چاری۔ ریڈر انگریزی۔ مسٹر تقی علی مرزا ریڈر انگریزی ڈاکٹر ایم ۔سیوا رام کرشنا راؤ۔ ریڈر انگریزی۔ ہندی سوونیئر ڈاکٹر آر کے پانڈے۔ پروفیسر ہندی (کنویز)، ڈاکٹر سری رام شرما، ریڈر ہندی، ڈاکٹر آر کے کھنڈیلوال، ریڈر ہندی۔

تلگو سوونیئر ڈاکٹر بی راماراجو۔ پروفیسر تلگو کنویز، ڈاکٹر سی نارائن ریڈی، پروفیسر تلگو، ڈاکٹر جی وی سبرامنیم ریڈر تلگو، اس طرح مجلس ادارت ارمغان جشن الماس جامعہ عثمانیہ اردو۔ پروفیسر غلام عمر خاں، صدر شعبہ اردو کنویز، پروفیسر رفیعہ سلطانہ، شعبہ اردو، جناب عابد علی خاں ایڈیٹر سیاست شامل تھے۔

حرف آغاز کے تحت غلام عمر خاں کنویز مجلس ادارت ارمغان جشن الماس جامعہ عثمانیہ یوں رقم طراز ہیں ’’جامعہ عثمانیہ کے جشن الماس کے موقع پر اردو کے ایک یادگار مجلّہ کی اشاعت کے سلسلے میں ہم نے جامعہ سے وابستہ ممتاز اصحاب قدیم عثمانین۔ اور اس اساتذہ درخواست کی تھی کہ وہ اپنے عہد وابستگی کی یادوں، تاثرات اور افکار پر مشتمل مضامین کے ذریعہ قلمی تعاون کریں ہمیں مسرت ہے کہ جامعہ عثمانیہ کے متعدد فاضل سپوتوں نے اشتیاق اور آمادگی کے ساتھ ہماری خواہش کی پذیرائی کی خاطر خواہ تعداد میں مضامین وصول ہوئے۔ ہم نے کوشش کی ہے کہ عثمانین اور عثمانیہ سے وابستہ ممتاز اصحاب کی تحریریں۔ جس حد تک ممکن ہوں اس رسالہ میں محفوظ ہو جائیں۔ جامعہ عثمانیہ کے ابتدائی دور کے بیشتر فرزند اب ہم میں نہیں رہے جدید نسل دور اول کے سپوتوں سے بڑی حد تک ناآشنا ہے ہم نے ایک ایسی محفل سجانے کی کوشش کی ہے کہ جس میں جامعہ عثمانیہ کی چھ دہوں کی تاریخ کے مختلف عہدوں کی نمائندہ شخصیتیں اور مجلّہ

عثمانیہ یونیورسٹی کی ساٹھ سالہ زندگی کے مختلف ادوار اور پہلوؤں کی رنگا رنگ جھلکیوں ایک مرقعہ کی شکل اختیار کر سکے۔

HEH the Nizam VII the Sovenir of the Osmania University.

Dr. N.SANJIVA REDDY Presedent of India Sri Morarji Desai Prime Minsiter of India.

Sri K.C.Abraham Chancelor Osmania University

Dr. M.Chana Reddy Cheif Minister Andhrapradesh

Professor G.Ram Raddy Vice Chancellor, Osmania University

شامل مجلّہ میں شامل ہیں۔اس شمارے کے قلمی معاونین کی تصاویر بھی شائع کی گئی ہیں جن میں قابل ذکر ڈاکٹر محمد رضی الدین صدیقی جامعہ عثمانیہ کے اولین دور کے ممتاز فرزند اور نامور سائنس دان، پروفیسر سید علی اکبر۔ جناب فیض احمد فیض جناب مخدوم محی الدین، جسٹس شرف الدین احمد۔ بیگم سلطانہ اشرف الدین۔ جناب حسن الدین احمد IAS، جناب عابد علی خاں، جناب ہاشم علی اختر IAS، پروفیسر خواجہ حمید الدین شاہد، ڈاکٹر رحیم الدین کمال، ڈاکٹر کاظم حسین، ڈاکٹر محشر عابدی، جناب ظفر الحسن، جناب بھارت چند کھنڈہ IAS، جناب ڈاکٹر محمد ابراہیم، جناب علی احمد جلیلی، جناب قدیر زماں، جناب شاذ تمکنت، ڈاکٹر محمد ہاشم علی، مجید بیدار، جناب ساغر ملک۔ جناب محمد رحمت علی۔ محترمہ شاکرہ بیگم، جناب عقیل ہاشمی، ڈاکٹر سلیمان اطہر جاوید، جناب محمد علی اثر، ارمغان جشن الماس کنویز و معاونین میں محمد علی اثر، ریسرچ اسکالر شعبہ اردو، محمد عبدالرحمٰن قریشی، معتمد اردو، ڈاکٹر مغنی تبسم، ریڈر شعبہ اردو، پروفیسر غلام عمر خاں صدر شعبہ اردو کنویز ہیں۔مجلّہ عثمانیہ کے اولین دور کے مدیر ۱۹۲۷ء تا ۱۹۳۵ء میں جن میں ڈاکٹر سید محی الدین قادری زور مدیر حصہ اردو۔ ۱۹۲۷ء معین الدین قریشی مدیر حصہ اردو ۱۹۲۷ء۔ عبدالجلیل مدیر حصہ انگریزی ۱۹۲۸ء، اکبر وفا قانی مدیر حصہ اردو، شیخ چاند مدیر حصہ اردو ۱۹۲۹ء عبدالقیوم خاں باقی مدیر حصہ انگریزی ۱۹۲۹ء، نور الحسن شمیم مدیر، حصہ اردو ۱۹۲۹ء بی این چوبے مدیر حصہ انگریزی ۱۹۳۰ء جلال الدین اشک، مدیر حصہ اردو ۱۹۲۹ء، حسن اصغر مدیر حصہ اردو ۱۹۳۲ء، مخدوم محی الدین شریک مدیر حصہ اردو ۱۹۳۴ء۔نور الہدیٰ مدیر حصہ انگریزی ۱۹۳۴ء، جی ایم خاں مدیر حصہ اردو ۱۹۳۴ء

سعادت علی رضوی مدیر حصہ اردو ۱۹۳۵ء۔ مرزا سرفراز علی مدیر حصہ انگریزی وشریک مدیر حصہ اردو ۱۹۳۵ء، حسن مینجنگ ایڈیٹر و مدیر حصہ انگریزی، ۱۹۳۵ء شامل ہیں۔

عثمانیہ یونیورسٹی کی مختصر تاریخ میں پہلا مرحلہ ۱۹۱۸ء تا ۱۹۴۸ء دوسرا مرحلہ ۱۹۴۸ء تا ۱۹۶۸ء۔ جنرل ایجوکیشن کا رواج۔ خصوصی بی اے بی کام اور بی ایس سی کا انتظام تین سالہ ڈگری کورس۔ نئے تعلیمی نصاب۔ شعبہ سائنس۔ مطبوعات۔ تعلیمی سہولتوں میں اضافہ۔ ملازمین کے لئے تعلیمی سہولتوں میں توسیع۔ صنعتی بنیاد پر مشتمل کورسس کا آغاز۔ طبعی سہولتیں۔ عمارتوں کا پروگرام۔ ٹیگور صدی تھیٹر۔ شعبہ قانون اور جیوفزکس کی عمارتیں۔ نیا مہمان خانہ۔ نئے اقامت خانے، ایڈمنسٹریٹو بلڈنگ، زائد نصابی سرگرمیاں۔ سے بحث کی گئی ہے۔ تیسرا مرحلہ کا آغاز ۱۹۶۸ء سے ہوتا ہے۔ سید ہاشم علی اختر نے جامعہ عثمانیہ ۱۹۳۸ء تا ۱۹۴۴ء تک کے حالات وکوائف کو پیش کیا ہے۔ علی احمد جلیلی کی نظم جامعہ عثمانیہ کو جگہ دی گئی۔

جامعہ اے مرکز دانشوراں
جامعہ اے علم وفن کے آستاں
دور عثمانی کی ہے تو یادگار
وقت کے لب پر ہے تیری داستاں
وہ تری تعلیم تیری تربیت
وہ تری تدریس کی سرگرمیاں
وہ تری تہذیب وہ تیرا شعار
وہ روایت کی تری تہہ داریاں
یہ تری خدمات یہ کار عظیم
ہے تیری احسان مند اردو زباں

بیگم آمنہ انصاری نے آرٹس کالج سے آرٹس کالج تک یہ تاثرات یادیں جو جامعہ سے منسوب تھیں والہانہ انداز سے پیش کیا ہے۔ ڈاکٹر سید محمد محسن۔ محشر عابدی نے عثمانیہ یونیورسٹی کے سائنسی معمار پر تفصیلی مضمون لکھا ہے۔ اس دور کے سائنسی شعبہ جات کا تعارف بیان کیا ہے۔

شعبہ ریاضی وفنی اعداد وشمار Dept. of Mathamatic of Statistics

شعبہ طبعیات Dept. of Physices

شعبہ کیمیاء Dept. of Chemistry

شعبہ حیاتیات Dept. of Biology

شعبہ نباتات Dept. of Botney

شعبہ حیوانیات Dept. of Zology

شعبہ اراضیات یعنی طبقات الارض Dept. of Geology

یونورسٹی کالج آف انجینئرنگ University College of Engineering

یونیورسٹی کالج آف اگریکلچر زراعت Univrsity College of Agriculture

قائم تھے۔

جناب بھارت چند کھنہ نے جامعہ عثمانیہ چند یادیں یادیں پاروں کا ذکر کیا۔ شاذ تمکنت نے نذر جامعہ عثمانیہ لکھی جن کے چند شعر ذیل میں درج ہیں۔

جامعہ تیرے دروبام کی تابانی میں
میں نے آفاق کے چہرے کی ضیاء دیکھی ہے
شوق انگیز وجنوں خیز تری شام وسحر
موسم علم تری آب وہوا دیکھی ہے

جناب محمد ابراہیم نے عثمانیہ یونیورسٹی چند یادیں مضمون لکھا، اوراس دور کے اساتذہ کا ذکران کی درس وتدریس خصوصیات کا کیا۔ یہ لوگ جامعہ کے بانی اساتذہ متصور کئے جاتے ہیں۔ انگریزی کے لئے پروفیسر ولنکیر۔ پروفیسر حسین علی خاں۔ ڈاکٹر سید عبداللطیف۔

اردو کے وحیدالدین سلیم

فارسی کے مولانا شمسی

عربی کے مولانا عبدالقدیر صدیق

ریاضی کے قاضی محمد حسین۔ بابوامرت لال سیل۔ پروفیسر کشن چند۔

طبعیات کے پروفیسر وحیدالرحمٰن۔ مسٹر نصیر احمد عثمانی۔

کیمیا کے چودھری برکت علی۔ مسٹر محمود احمد خاں۔

فلسفہ کے خلیفہ عبدالحکیم۔ تاریخ کے پروفیسر ہارونی خاں شیروانی

معاشیات کے پروفیسر الیاس برنی

دینیات کے مولانا عبدالواسع ۔مولانا مناظر احسن گیلانی مشہور تھے۔

ڈاکٹر سلیمان اطہر جاوید نے انہی کے فیض سے میری نگاہ روشن ہے۔ڈاکٹر رحیم الدین کمال جامعہ عثمانیہ یادوں کے مرقعہ۔محمد علی اثر نے جامعہ عثمانیہ کی نذر نظم لکھی۔

جناب حسن الدین احمد نے جامعہ عثمانیہ کا تخیل ۔بیگم سلطانہ شرف الدین احمد۔ کے اب تک اثر خواب ہے۔شاکرہ بیگم عثمانیہ یونیورسٹی لائبریری۔ جناب ایس کے سنہا۔ پرانے استاد۔ جناب سید علی اکبر نے جامعہ عثمانیہ چند تاثرات ۔ پروفیسر محمد رضی الدین صدیقی ، جامعہ عثمانیہ چند یادیں۔ پروفیسر غلام عمر خاں عثمانیہ یونیورسٹی ۱۹۷۹ء۔ رہنمائے اور راہیں۔ وائس چانسلر پروفیسر جی رام ریڈی سے ایک گفتگو۔ جناب مرزا ظفر الحسن یادوں کی یلغار۔فیض احمد فیض مخدوم کے انداز میں مخدوم کی جامعہ کی نذر۔

آپ کی یاد آتی رہی رات بھر۔ چاندنی دل دکھاتی رہی رات بھر۔ڈاکٹر ثمینہ شوکت ۔میرے اساتذہ۔ چند یادیں کچھ تاثرات ۔ جناب محمد ابراہیم پروفیسر عبدالرحمٰن خاں سابق پرنسپل عثمانیہ یونیورسٹی کالج ۔ڈاکٹر محمد ہاشم علی ۔دکنی تحقیق کے ارتقاء میں فرزند جامعہ عثمانیہ کا حصہ۔ڈاکٹر سید کاظم حسین ۔مکتبہ طیبہ جامعہ عثمانیہ کی روایات ۔ جناب ملک ساغر حسین کالج آف ایجوکیشن ۔

خواجہ حمید الدین شاہد۔ میرے اساتذہ۔ جناب غلام جیلانی نے چند یادوں کی نوازش ہے۔ فسانہ کیا ہے۔عقیل ہاشمی نے نظم فرزندان جامعہ کی نذر ہے۔ جناب محمد علی کچھ بھولی بسری باتیں۔ جناب مجید بیدار دارالترجمہ جامعہ عثمانیہ میں قیام درالترجمہ۔ دارالترجمہ کے مقاصد۔ اصطلاح سازی۔ زبان کی نمائندگی ۔فن کی نمائندگی۔ اصطلاحات کا شمار۔ ناظر ادبی و مذہبی ۔نظماء ومترجمین ۔دارالترجمہ کا اختتام سے تفصیلی بحث کی ہے۔قدیر زماں نے چنگاریاں اور خاکستر ۲۳۹ صفحات کا یہ ارمغان جشن الماس جامعہ عثمانیہ اپنے اندر جامعہ عثمانیہ کی مکمل تاریخ اور علمی ادبی سائنسی معلومات سے مزین ہے۔نئی نسل کے لئے نعمت سے کم نہیں کتب خانوں سے ایسے مجلّہ وساونیئر سے استفادہ کریں تو بیش بہا معلومات حاصل ہوسکتی ہیں۔

☆

سوونیئر بسلسلہ پلاٹینم جوبلی جامعہ عثمانیہ ۱۹۹۷ء

مادرعلمی جامعہ عثمانیہ حیدرآباد کی دیدہ زیب و پرشکوہ عمارت جامعہ عثمانیہ کی ۷۵ سالہ شاندار تعلیمی خدمات کوخراج عقیدت پیش کرنے کے لئے یہ سوونیر شائع کیا گیا ہے۔ زیراہتمام بزم عثمانیہ جدہ سعودی عربیہ ۳۰ رربیع الاول ۱۴۱۸ھ، ۵ر اگست ۱۹۹۷ء بمقام حیدرآباد انڈیا، مدیر عارف قریشی صدر بزم عثمانیہ جدہ، سعودی عربیہ شائع ہوا ہے۔ سرورق پر عثمانیہ یونیورسٹی کی تصویر ہے اس کے بعد کے صفحہ پر حضور نظام اعلیٰ حضرت میر عثمان علی خان بہادر بانی عثمانیہ یونیورسٹی ۱۹۱۹ء کی تصویر شائع ہوئی۔ دیگر تصاویر میں آصف سابع اعلیٰ حضرت نواب میر عثمان علی خاں بہادر اپنے قلم مبارک سے عثمانیہ یونیورسٹی کے قیام کا فرمان جاری فرمارہے ہیں۔ ۱۹۱۹ء میں قائم کی گئی عثمانیہ یونیورسٹی کی خوبصورت ودیدہ زیب عمارت مرتبہ جناب عارف قریشی صدر بزم عثمانیہ جدہ سعودی عربیہ۔ سن اشاعت اگست ۱۹۹۷ء، تعداداشاعت ایک ہزار۔ قیمت۔ مفت۔ مقام اشاعت حیدرآباد دکن۔ کمپیوٹر کتابت اردو کمپیوٹر سنٹر۔

فہرست مضامین میں بزم عثمانیہ کی سرگرمیاں تصویروں کی زبانی۔ بزم عثمانیہ کی سرگرمیاں تصویروں کی زبانی۔ بزم عثمانیہ جدہ کے عہدیدار۔ جدہ میں مقیم چند ممتاز عثانین کی تصاویر عثمانیہ یونیورسٹی کے چانسلرز۔ وائس چانسلرز۔ سرکردہ شخصیات نے پیامات روانہ کیئے۔

(۱) پروفیسر وی راما کشٹیا وائس چانسلر جامعہ عثمانیہ

(۲) جناب افضل امان اللہ قونصل جنرل ہندوستان برائے سعودی عرب

(۳) جناب سید ہاشمی علی اختر وائس چانسلر جامعہ عثمانیہ

(۴) جناب پرنس مفخم جاہ بہادر

(۵) پروفیسر ملا ریڈی سابق وائس چانسلر

(۶) جناب ڈاکٹر افضل محمد وائس چانسلر امبیڈکر اوپن یونیورسٹی

(۷) ڈاکٹر ایم چنا ریڈی گورنر راجستھان

(۸) جناب سلطان صلاح الدین اویسی رکن پارلیمنٹ وصدر کل ہند مجلس اتحاد المسلمین

(۹) جناب بشیر الدین بابو خاں منسٹر فار میجر انڈسٹریز حکومت آندھرا پردیش

(۱۰) جناب محمود بن محمد سابق سفیر ہند برائے سعودی عرب

(۱۱) جناب زاہد علی خاں مدیر روزنامہ سیاست

(۱۲) جناب خلیل الرحمٰن سابق رکن پارلیمنٹ

(۱۳) جناب احمد الدین اویسی صدر بزم سعودی عرب مدینہ جدہ

پیش لفظ میں عارف قریشی مدیر سووینئر صدر بزم عثمانیہ جدہ عثمانیہ یونیورسٹی کے سنگ میل ۱۹۱۸ء ۔۱۹۹۳ء تحریر کیا۔

عثمانیہ یونیورسٹی کی مختصر تاریخ مجلّہ عثمانیہ کے گولڈن جوبلی نمبر سے

عثمانیہ یونیورسٹی ۷۵ سال کا طویل اور عظیم سفر۔سعید صدیقی

مادر عثمانیہ عثمانیہ ۱۹۱۸ء تا ۱۹۹۳ء پروفیسر ایم ملا ریڈی ترجمہ خالد قادری

جامعہ عثمانیہ کیوں اور کیسے سعید محسن باغزال

مادر جامعہ عثمانیہ اور ہم ڈاکٹر سید عبدالمنان

دکن کالج آف میڈیکل سائنس اویسی ہاسپٹل اور ریسرچ سنٹر کی ترقی پر ایک طائرانہ نظر۔سید ابراہیم۔جامعہ عثمانیہ کی مختصر تاریخ جامعہ عثمانیہ میں دارالترجمہ کا قیام۔ڈاکٹر محمد ایم اے خالق

دائرۃ المعارف العثمانیہ ڈاکٹر محمد عبدالخالق

تعلیمی تحریک کا مستقبل جامعہ عثمانیہ اور ہماری ذمہ داری محمد آفتاب احمد

بیتے دنوں کی یاد۔الحاج مرزا شکور بیگ

شعبہ اردو عثمانیہ یونیورسٹی کی خواتین اساتذہ پروفیسر سیدہ جعفر

یونیورسٹی کالج فار ویمن۔ماضی کی خوشگوار یادیں۔ڈاکٹر حبیب ضیاء۔

ویژن آف عثمانیہ منور علی

دانش وری کا ملبہ۔اظہر ہاشمی

مادر جامعہ عثمانیہ۔بیسویں صدی کا علمی وادبی معجزہ۔ذہانت علی بیگ

تہذیب کی فیکٹری۔محمد طارق غازی

جامعہ عثمانیہ اور بزم عثمانیہ۔علیم صدیقی

عثمانیہ میڈیکل کالج اینڈ عثمانیہ جنرل ہاسپٹل ڈاکٹر سی ایم حبیب اللہ

شاعری میں جن شعراء نے غزل نظم لکھی ہیں ان ی تفصیل اس طرح سے ہے۔

(۱)مزدروں کا پیغام طلبائے جامعہ عثمانیہ کے نام۔سکندر علی وجد

(۲)ترانہ جامعہ عثمانیہ۔ڈاکٹر وحید اختر

(۳)ترانہ جامعہ عثمانیہ۔صلاح الدین نیئر

(۴)ترانہ عثمانیہ یونیورسٹی۔ناظم الدین مقبول

(۵)شاعرہ بزم عثمانیہ جدہ۔عرفان بارہ بنکوی

(۶)علم وفن کا شہر عثمانیہ یونیورسٹی۔ڈاکٹر یوسف اعظمی

(۷)ترانہ جامعہ عثمانیہ۔ناظر قدوائی

(۸)رباعی وغزل۔ممتاز عثمانین کرنل حسن السعودی

(۹)غزل۔حمایت علی شاعر گولڈ مڈلسٹ

(۱۰)غزل۔ڈاکٹر سید عثمان عبدالقادر

(۱۱)غزل۔اعتماد صدیقی۔سرپرست بزم عثمانیہ جدہ

(۱۲)غزل۔ظفر صدیقی

(۱۳)غزل۔راشد علی راشد

(۱۴)غزل۔شاہد انور

(۱۵)غزل ابوبکر محمد وہاج الدین قمر کاملی

(۱۶)غزل۔عبدالباری انجم

(۱۷)غزل۔نسیم سحر

(۱۸)سید قمر حیدر قمر

(۱۹)غزل۔محسن علوی

(۲۰)غزل۔نعیم بازید پوری

(۲۱)غزل۔احمد سعود قاسمی

(۲۲)غزل۔ڈاکٹر علی احمد جلیلی

(۲۳) غزل۔صلاح الدین نیر

(۲۴) غزل۔رئیس اختر

(۲۵) غزل۔ڈاکٹر صادق نقوی

(۲۶) غزل۔اثر غوری

(۲۷) غزل۔پرنس شہامت جاہ

(۲۸) غزل۔مومن خاں شوق

(۲۹) غزل۔علی الدین نوید

(۳۰) غزل۔ناصر کرنولی

(۳۱) غزل۔شفیع اقبال۔

۱۲۳۔صفحات کا یہ سوونیر اپنے اندر ہمہ پہلو صفات وخوبیاں لئے ہوئے ہے۔

☆

مجلّہ عثمانیہ یادگار شاذ تمکنت ڈسمبر ۲۰۰۷ء

مرتبہ پروفیسر میمونہ مسعود شعبہ اردو جامعہ عثمانیہ

کتاب کا نام یادگار شاذ تمکنت ۔ مرتبہ پروفیسر مسعود سن اشاعت ڈسمبر ۲۰۰۷ء تعداد ۵۰۰ قیمت ۳۰۰ر سرورق فواد تمکنت ۔ کمپیوزنگ محمد منہاج الدین ۔ انتساب اساتذہ شعبہ اردو جامعہ عثمانیہ حیدرآباد پیش لفظ ۔ پروفیسر میمونہ مسعود نے لکھا ہے ۔ مجلّہ عثمانیہ پانچ حصوں پر مشتمل ہے ۔ (۱) شاذ کے فکر و فن کا جائزہ دوسرا حصہ خاکوں پر مشتمل ہے ۔ تیسرا حصہ سفرنامہ کراچی شامل ہے ۔ چوتھے حصہ میں شاذ پر لکھی گئی نظمیں یکجا کر کے شائع کی گئی ہیں ۔ پانچویں حصہ میں شاذ کا منتخب کلام پیش کیا گیا ہے ۔ مشمولات اسطرح سے ہیں ۔ شاذ تمکنت پر ایک نظر شجرہ پیش کیا ہے ۔ مضامین شاذ تمکنت کی شاعری پروفیسر مغنی تبسم ۔ شاذ کی تحقیق تنقید اور انشا پردازی پروفیسر یوسف سرمست، شاذ تمکنت ۔ رت جگوں کی سوغات پروفیسر شمیم حنفی ۔ تاثرات پروفیسر خلیق انجم ۔ میں اور شاذ شاذ اور میں ۔ پروفیسر شیو کے کمار ۔ شاذ تمکنت پروفیسر انور معظم ۔ شاذ تمکنت پروفیسر اشرف رفیع ۔ شاذ تمکنت پروفیسر بیگ احساس ۔ شاعر تغزل و تفکر شاذ تمکنت ۔ ڈاکٹر عقیل ہاشمی ۔ بیاض شام کا شاعر جناب زبیر رضوی ۔ شاذ تمکنت کی تنقیدی وبصیرت اور انشا پردازی پروفیسر میمونہ ۔ مصور فطرت شاذ تمکنت ۔ پروفیسر فاطمہ بیگم ۔ شاذ تمکنت کا تحقیقی و تنقیدی ادراک پروفیسر مجید بیدار ۔ شاذ محقق ۔ ڈاکٹر عبدالشکور ۔

خاکے ۔ شاذ تمکنت ۔ مجتبیٰ حسین ۔ شاذ تمکنت عوض سعید ۔ سرگوشی اقبال متین ۔ یار عزیز پروفیسر سلیمان طہر جاوید ۔ شاذ تمکنت یادوں کے آئینہ میں ۔ سید خالد قادری ۔ دل بھر آیا جو تیری مہر و وفا یاد آئی ۔ سید امتیاز الدین ۔ بابا کی یاد میں سید نثراد تمکنت ۔ سفرنامہ کراچی ۔ شاذ تمکنت منظوم خراج عقیدت ۔

اور ہے کیا دیکھنے کو ۔ پروفیسر شہریار	شاذ تمکنت کی یاد میں ۔ مصحف اقبال توصیفی
شاذ تمکنت کی یاد میں ۔ پروفیسر محمد علی اثر	ورق انتخاب ڈاکٹر عقیل ہاشمی
شاعر دکن ۔ پروفیسر فاطمہ بیگم	انتخاب کلام ۔ پروفیسر مغنی تبسم

۲۴۶ صفحات پر مشتمل ہے ۔

☆

مجلّہ عثمانیہ مرتبہ شعبہ اردو جامعہ عثمانیہ ۲۰۰۹ء

مجلّہ عثمانیہ جامعہ عثمانیہ کے ۹۰ سال کی تکمیل کے ضمن میں شعبہ اردو جامعہ عثمانیہ کی علمی وادبی خدمات پیشکش شعبہ اردو جامعہ عثمانیہ ۲۰۰۹ء نے کی ہے۔ سرورق پر جامعہ عثمانیہ کا باب الداخلہ کی تصویر ہے مجلّہ عثمانیہ ۲۰۰۹ء کے مدیر پروفیسر فاطمہ بیگم پروین صدر شعبہ اردو جامعہ عثمانیہ، مدیر پروفیسر سید عبدالمجید بیدار، چیر پرسن بورڈ آف اسٹڈیز۔ مجلس ادارت میں پروفیسر میمونہ مسعود، سابق صدر شعبہ اردو۔ پروفیسر محمد علی اثر ویمنس کالج۔ پروفیسر تاتار خاں آرٹس کالج، پروفیسر عطیہ سلطانہ صدر شعبہ اردو ویمنس کالج۔ پروفیسر ایس اے شکور۔ صدر شعبہ اردو نظام کالج۔ ڈاکٹر معید جاوید سینئر اسسٹنٹ پروفیسر آرٹس کالج۔ مسٹر نذیر احمد اسسٹنٹ پروفیسر ویمنس کالج معاونین اسکالرس میں سید فاضل حسین پرویز۔ محمد عبدالقوی شامل ہیں۔ سرورق محمد عبدالحق جرنلسٹ۔ کمپیوٹر گرافک محمد منہاج الدین۔ محمد شعیب رضا خاں نے کی ہے۔

مجلّہ عثمانیہ ۲۰۰۹ء کا انتساب جامعہ عثمانیہ کے طالب علموں کے نام ہیں۔ حرف آغاز کے عنوان سے پروفیسر فاطمہ مجید صدیقی لکھتی ہیں۔ مجلّہ عثمانیہ کا اس سال کا شمارہ ۹۰ سالہ جشن تاسیس جامعہ کے ضمن میں ترتیب دیا جارہا ہے۔ نئی نسل کی جامعہ کے قیام سے عدم واقفیت کے پیش نظر اس شمارہ میں آصف جاہی سلطنت کے آغاز وارتقاء سے واقف کراتے ہوئے قیام جامعہ کا مفصل حال پیش کیا جارہا ہے اس کے ساتھ ہی مختلف ادوار سے تعلق رکھنے والے فرزندان جامعہ کے شعری سرمیہ کو منسلک کیا جارہا ہے۔ ڈاکٹر سید داؤد اشرف نے تاریخی۔ تہذیبی وادبی پس منظر صفحہ ۱۹ میں لکھتے ہیں۔

ریاست میں فارسی کی بجائے اردو کو سرکاری زبان کی حیثیت سے رائج کرنے کی تجویز کا گہرائی سے جائزہ لینے کے بعد ابتدائی اقدامات کا آغاز کیا جاچکا تھا۔ لیکن ریاست کے محکمہ جات میں اردو کے استعمال کے لئے تمام اہم احکام سالار جنگ دوم کے دور مدارالمہامی میں جاری ہوئے۔ سالار جنگ دوم کے مدارالمہام مقرر ہونے کے چند دن بعد ہی عدالتوں میں اردو کے مکمل نفاذ کا حکم نامہ ۲۱ر فروری ۱۸۸۳ء کو جاری ہوا۔ اس طرح گشتی مورخہ ۳ر جون ۱۸۸۳ء کے ذریعہ مال کے دفاتر میں فارسی کی جگہ

اردو کے رواج کے احکام جاری کئے گئے۔ عدالت اور مال کے دفاتر میں اردو کے رواج کے احکام جاری ہونے کے بعد سرکاری زبان اردو کے لئے عمومی حکم جاری ہوا۔ یہ حکم اگست ۱۸۸۴ء میں مدارالمہام کی جانب سے ہوا۔اور ریاست کے تمام دفاتر کو فارسی کی بجائے اردو میں کام کرنے کے لئے پابند کیا گیا۔

سید فاضل حسین پرویز نے بانی جامعہ عثمانیہ نواب میر عثمان علی خان آصف جاہ سابع لکھتے ہیں۔ نظام ہفتم بلاشبہ ہندو مسلم اتحاد کے علمبردار تھے۔ بنارس ہندو یونیورسٹی ہو یا جامعہد یو بندان کی مالی امداد کیلئے مذہب کی کوئی قید نہ تھی۔ نظام حیدرآباد سے مالی امداد حاصل کرنے والے اداروں کی فہرست میں علی گڑھ مسلم یونیورسٹی۔ رابندر ناتھ ٹیگور کی شانتی نکتین لیڈی ہرڈنگ کالج۔ برٹش ریڈ کراس شامل ہیں امرتسر کے گولڈن ٹمپل کو بھی سالانہ عطیہ جاری کیا جاتا تھا اس طرح سے میر عثمان علی خاں نے سیکولر سلطان ہونے کا ثبوت دیا۔ڈاکٹر مصطفیٰ کمال نے اردو ذریعہ تعلیم کی پہلی جامعہ جامعہ عثمانیہ تحریک قیام اور تجربہ کی کامیابی میں تحریر فرماتے ہیں۔نواب میر عثمان علی خاں نے اس تجویز کی معقولیت اور اہمیت کے پیش نظر جامعہ کے قیام کی منظوری عطا کرتے ہوئے دو ہی دن میں یعنی ۲۶/اپیرل ۱۹۱۷ء کوفرمان جاری کیا۔

''اس یونیورسٹی کا اصول یہ ہونا چاہئے کہ اعلیٰ تعلیم کا ذریعہ ہماری زبان اردو قرار دی جائے اور انگریزی زبان کی تعلیم بھی بہ حیثیت ایک زبان کے ہر طالب علم پر لازم گردانی جائے، لہٰذا میں خوشی کے ساتھ اجازت دیتا ہوں کہ میری تخت نشینی کی یادگار میں حسب مذکورہ اصول محولہ عرضداشت کے موافق ممالک محروسہ کے لئے حیدرآباد میں یونیورسٹی قائم کرنے کی کارروائی شروع کی جائے اس یونیورسٹی کا نام عثمانیہ یونیورسٹی حیدرآباد ہوگا۔''

جامعہ عثمانیہ کومنظوم خراج عقیدت و تحسین پیش کرنے والوں میں قابل پروفیسر مولانا وحیدالدین سلیم سابق صدر شعبہ اردو جامعہ عثمانیہ نے فرزندان جامعہ عثمانیہ سے خطاب میں۔

اے مطلع عثمانیہ کے ستارو
ہمت نہ کبھی علم کی تحصیل میں ہارو
تھے علم میں مشہور جو اسلاف تمہارے
کرتے ہیں وہ عالم بالا سے اشارے
چمکے گی اس علم سے تقدیر تمہاری
یہ ملک تمہارا ہے یہ جاگیر تمہاری

سید محی الدین قادری زور سابق صدر شعبہ اردو جامعہ عثمانیہ نے کہا کہ:

جامعہ عثمانیہ اور نونہالان دکن میں

مژدہ اے ہم صفیرو پھر بہار آنے کو ہے
شاہد ملک دن پر پھر نکھار آنے کو ہے
ظلمت جہل زبوں کافور ہوتی جائے گی
کلفت ادبا نکبت دور ہوتی جائے گی
جامعہ عثمانیہ اب جلوہ گاہ طور ہے
ہر طرف پر تو فگن علم و عمل کا نور ہے

محمد علی نیر نے فرزندان جامعہ عثمانیہ

فکر و دانش کی بہاروں نے سنوارا ہے ہمیں
علم و فن کے لالہ زاروں نے ابھارا ہے ہمیں
چشمہ خورشید کی صورت ابل سکتے ہیں ہم
وقت کی رفتار سے آگے نکل سکتے ہیں ہم

صاحبزادہ میر محمد علی میکش ۔ جامعہ عثمانیہ

اے کہ تیری خدمتیں سرمایہ دار علم ہیں
تیرا مقصد زیست کا آغاز خوش انجام ہے

سکندر علی وجد ۔ جامعہ عثمانیہ کے فرزندوں سے

علم دار اخوت الفت خواب گراں کب تک
یونہی گھائل رہے گا تو سن طبع رواں کب تک
تو مشرق زاد ہے غافل نہ ہو مشرق کے بیڑے سے
سفینوں کو بچا طوفان مغرب کے تھپیڑے سے
دستگیر غازی درس گاہوں کے لئے روشن تیری تحریک ہے۔

جامعہ عثمانیہ اے مادر علم و ہنر
تو سلامت تا قیام بحر و بر شمس و قمر

دولت علم وہ ہنر سے فیضیاب وسرفراز
محترم فرزند تیرے آج بھی ہیں نامور

علی احمد جلیلی جامعہ عثمانیہ

جامعہ اے مرکز دانش وراں
جامعہ اے علم وفن کے آستاں
دور عثمانی کی ہے تو یادگار
وقت کے لب پر ہے تیری داستاں

ڈاکٹر واجد اختر۔ جامعہ عثمانیہ کا ترانہ

علم وتاریخ وتہذیب کی مشعلیں
ہم ہیں اپنے لہو سے جلاتے ہوئے
بحر علم وصداقت ہے لا انتہا
اس کی موجوں کا کوئی ساحل نہیں

شاذ تمکنت۔ نذر جامعہ عثمانیہ

جامعہ تیرے در وبام کی تابنی میں
میں نے آفاق کے چہرے کی ضیاء دیکھی ہے

امیر احمد خسرو۔

حیدرآباد میں ایک علم کا گہوارہ ہے   جگمگاتا ہوا ایک نور کا مینار ہے

ڈاکٹر عقیل ہاشمی۔ فرزندان جامعہ کی نذر

تیرے ایوان فلک وقوم کے گہوارہ الفت
فن وعلم وعمل کے واسطے مینار نصرت
عقیل ہاشمی کی یہ دعا ہے اے خداوندا
رہے تا حشر میری جامعہ کا نام تابندہ

۸۶ صفحات کا یہ مجلّہ عثمانیہ اپنے دامن میں جامعہ کی تاریخ۔ تہذیب اور ثقافتی اقدار اور منظوم
قدر میں آئے ہوئے ہیں۔

☆

سوونیئر

شعبہ اردو گری راج گورنمنٹ نظام آباد کی جانب سے دو روزہ قومی اردو سمینار بتاریخ ۵/اور ۶/ فروری ۲۰۱۳ء زیر اہتمام یو جی سی پی ای گرانٹس منعقد ہوا۔ اس سوونیئر کے مشملات میں:

زبان کی تہذیب اور اردو۔ ڈاکٹر محمد ناظم علی

اردو زبان اور رسم الخط تحفظ اور ہماری ذمہ داریاں۔ تبسم سلطانہ

انفارمیشن ٹیکنالوجی اور اردو۔ ڈاکٹر محمد اسلم فاروقی

اردو صحافت نئے رجحانات اور نئے چیلنجز۔ ڈاکٹر سید فضل اللہ مکرم

اردو جرنلزم اور روزگار کے مواقع۔ محمد مصطفیٰ علی سروری

اردو رباعی اور اخلاقی قدریں۔ ڈاکٹر محمد ابرار الباقی

یوروپ میں خواتین کا افسانہ ہجرت کے حوالے سے۔ ڈاکٹر سید شجاعت علی

کالجوں میں اردو نصاب مسائل اور تجاویز۔ ڈاکٹر شیخ سلیم

فکر اقبال کی آفاقیت۔ محمد عبدالعزیز

غوث خواہ مخواہ کی مزاحیہ شاعری اور عصر حاضر کا سماج۔ ضامن علی حسرت

اردو ادب میں ماں کا ذکر۔ محمد محبوب

اکیسویں صدی میں غیر افسانوی ادب مسائل اور امکانات۔ محمد عبدالعزیز سہیل

اردو طنز و مزاح میں سماجی عناصر۔ ریاست کرناٹک کے حوالے سے۔ ڈاکٹر طیب حرادی

اردو ڈراما اور ہمارا سماج۔ سید حامد

عصر حاضر اور بچوں کا ادب۔ شمیم سلطانہ

اردو تعلیم اور روزگار کے مواقع۔ ڈاکٹر سلمان عابد

ضلع نظام آباد اور شعر و ادب۔ محمد عبدالبصیر

عصر حاضر میں خواتین کے مسائل۔ اور ایک مثالی عورت اقبال کی نظر میں۔ مریم فاطمہ

۱۰۵ر صفحات پر مشتمل ہے۔

شعبہ اردو گری راج گورنمنٹ کالج اور قومی کونسل برائے فروغ اردو زبان نئی دہلی کے زیر اہتمام ایک روزہ قومی اردو سمینار بہ عنوان اردو ادب تہذیبی قدریں ماضی حال اور مستقبل پر بتاریخ ۲۰ر ستمبر ۲۰۱۴ء منعقد ہوا۔

اس سوونیر کے مشملات میں

اردو ادب میں تہذیبی قدریں ماضی حال اور مستقبل۔ڈاکٹر محمد اسلم فاروقی

دکنی زبان کا آغاز محمد قلی قطب شاہ کی شاعری اور ملی جلی ہندوستانی تہذیب۔ڈاکٹر محمد عطاء اللہ خان

داستان سب رس اعلیٰ انسانی قدروں کا پہلا منشور۔جے محمد شفیع

کلام میر انیس میں اخلاقی اقدار ڈاکٹر عسکری صفدر

انسانی تہذیب کا علمبر دار شاعر اقبال۔ڈاکٹر محمد ناظم علی

نظیر کی شاعری میں تہذیبی قدریں۔ڈاکٹر محمد ناظم الدین منور

محمد قلی قطب شاہ کی شاعری میں قومی یکجہتی۔عارفہ شبنم

فسانہ عجائب امراؤ جان ادا اور لکھنو کی تہذیب۔ڈاکٹر آمنہ آفرین

اکبر الہ آبادی کی شاعری میں اخلاقی اقدار۔ڈاکٹر مسرور سلطانہ

عورتوں پر مظالم کے تدارک کے لئے اردو ادب کی مساعی۔تبسم سلطانہ

فانی بدایونی کی رباعیوں میں انسانی اقدار۔ابوبکر ابراہیم عمری

حیدرآباد دکن میں اردو زبان اور تہذیبی قدریں دور آصفی میں۔ڈاکٹر محمد عبدالعزیز سہیل

ناول نالہ شب گیر تہذیب کا ایک نیا دور۔سراج احمد انصاری

اردو صحافت پر تقسیم ہند کے اثرات کا تہذیبی مطالعہ۔عبدالحئی

صحافت نسواں کا تہذیبی مطالعہ جاں نثار معین

اردو شاعری اور میڈیا میں عورت کی پیشکش۔احتشام الحسن مجاہد

قومی یک جہتی اور اقبال۔ڈاکٹر ابرار الباقی

ولی اردو غزل کی تہذیب کا اولین ستارہ۔ناہیدہ بیگم

آن لائن اردو صحافت عصری اقدار اور تقاضے۔ سید مکرم نیاز
فراق گورکھپوری کی رباعیوں میں ہندوستانی ادب۔ عبدالقدوس
سماج میں اقدار کے فروغ میں اردو ڈراما کا حصہ۔ ڈاکٹر سید حامد مہتاب
اکبر کی نظم تعلیم نسواں کا تہذیبی مطالعہ۔ جویریہ
اردو مرثیہ کا تہذیبی مطالعہ۔ محمد عبدالبصیر
۹۰۔ صفحات پر مشتمل ہے۔

سوونیئر 2015

شعبہ سماجی علوم ایم وی ایس گورنمنٹ ڈگری کالج محبوب نگر کے زیر اہتمام ۲۳رفروری ۲۰۱۵ء کو ایک روزہ سمینار منعقد ہوا۔ سمینار کا عنوان تھا سماجی علوم کی اہمیت مسائل اور امکانات بہ اشتراک قومی کونسل برائے فروغ اردو زبان نئی دہلی منعقد ہوا۔

ISBN نمبر 97887930334 اس کے مشملات میں

اکیسویں صدی اور عالمیانہ کا تصور۔ شیخ عطااللہ

اردو زبان کی پکارا پنے ہی گراتے ہیں نشین پر بجلیاں۔ غلام مصطفیٰ خان

عصر حاضر کا سماجی انتشار اور انسان کی بے حسی معاشی علاقائی مذہبی اور لسانی تعصبات کے تناظر میں۔ سیدہ اعزاز طیبہ

قانون حق معلومات۔ یاسمین سلطانہ

آبادی کی دھماکو صورتحال اور ہندوستانی سماج۔ عرشیہ سلطانہ

اردو زبان اور ہندوستانی سماج۔ عرشیہ سلطانہ

قطب شاہی آصف جاہی عہد اور حیدرآبادی گنگا وجمنی تہذیب۔ شیخ حاجی حسین

انسانی زندگی کے ارتقاء پر تاریخ کا اثر۔ محمد تنویر

قانون حق اطلاعات ۲۰۰۵ء اہمیت اور نفاذ۔ سید فریدالدین

سماجی مطالعہ اور سماجی مسائل کا جائزہ موجودہ دور کے تناظر میں۔ محمد اکبر احمدی بیگم فرحین نازنین

آندھرا پردیش ریاستی اقلیتی مالیاتی کارپوریشن کی کارکردگی۔ محمد عبدالرحیم

مسلم خواتین کی سیاسی شرکت مسائل اور امکانات۔ ریاض النساء

ریاست تلنگانہ کے مسلمانوں کا تعلیمی اخراج۔ محمد مجیب الدین

مسلمانوں کی تعلیمی تحصیل پر اثر انداز ہونے والے سماجی معاشی اور سیاسی اسباب کا مطالعہ۔ سید

شجاع الدین

قطب شاہی آصف جاہی عہد اور حیدرآبادی تہذیب ۔ محمد جہانگیر

حیدرآبادی تہذیب ۔ سیدہ فاطمہ النساء

آزدیانہ خانگیانہ عالمیانہ کا تصور ۔ حبیبہ سعید

تہذیبی تنوع ۔ حمیرہ سلطانہ

آزادیانہ خانگیانہ اور عالمیانہ اور ہندوستان ۔ سیدہ طلعت فاطمہ

قطب شاہی عہد محمد قلی قطب شاہ اور حیدرآبادی تہذیب ۔ ڈاکٹر حمیرا سعید

عصری چیلنجز اور سماجی علوم ۔ آفرین سلطانہ

ہندوستان کی قدیم اور عصری تہذیب ۔ عارفہ جبین

اکیسویں صدی میں ماحولیات کا تحفظ مسائل اور اقدامات ۔ آمنہ مختار جہاں ۔

غربت اور نئے امکانات ۔ قمر شاہ جہاں

آؤٹ سورسنگ خدمات وسعت مسائل اور امکانات ۔ ڈاکٹر عزرا بانو

سماجی علوم میں معاشیات کی اہمیت ۔ بدر سلطانہ

سماجی شعور کی بیداری میں سوشیل میڈیا کا رول ۔ ڈاکٹر اسلم فاروقی

عصری دور میں سماجی علوم کی اہمیت مسائل اور امکانات ۔ ڈاکٹر محمد ناظم علی

برصغیر کی مسلم سماجی مذہبی اصلاحی تحریکات ۔ ڈاکٹر محمد ذاکر اللہ فردوسی

بہتر معاشرے کی تشکیل میں سماجی علوم کا کردار ۔ ڈاکٹر سید اسلام الدین مجاہد

مسلمانوں میں شہریانہ کی اعلی شرح تدراک کے اقدامات ۔ ڈاکٹر عبدالقیوم ۔

☆

سووئیر ۲۰۱۹ء بہ سلسلہ سوسالہ عظیم تاریخی اور تعلیمی خدمات جامعہ عثمانیہ

Soveniur 2019 Hitorical & Grand Education 100 Years of Services Osmania University

سرورق پر عثمان علی پاشاہ کی تصویر کے ساتھ جن کے ہاتھ میں قلم اور نوٹ بک رکھی ہوئی ہے۔ ۲۶ راپریل ۱۹۱۷ء کو آصف سابع اعلیٰ حضرت میر عثمان علی خاں بہادر اپنے قلم مبارک سے عثمانیہ یونیورسٹی کے قیام کا فرمان جاری فرمارہے ہیں۔ ہندوستان میں ۱۹۱۹ء میں قائم کی گئی اردو ذریعہ تعلیم کی پہلی یونیورسٹی مادر علمی جامعہ عثمانیہ حیدرآباد دکن کی خوبصورت و نایاب پرشکوہ عمارت۔

جامعہ عثمانیہ کی ۱۰۰ سالہ عظیم تاریخی اور تعلیمی خدمات کو خراج عقیدت پیش کرنے کے ئلے یہ سوویئر شائع کیا جارہا ہے۔ زیر اہتمام بزم عثمانیہ جدہ سعودی عرب مدیر عارف قریشی صدر بزم عثمانیہ جدہ سعودی عرب بمقام حیدرآباد دکن بعد کے صفحات میں سعودی عرب کے بانی باشاہ عبدالعزیز السعود۔ محمد بن سلمان وزیر دفاع سعودی عربیہ۔ سلطان ہند عبدالعزیز زیرنگرانیدو مساجد مقدسہ سعودی عربیہ صدر جمہوریہ ہند سری رام ناتھ کووند۔ نائب صدر جمہوریہ۔ ایم وینکٹیشور نائیڈو وزیر اعظم نریندر مودی۔ تاریخ وسن اشاعت ۲۲ رجون ۲۰۲۲ء فہرست مشمولات و پیغامات وزیر داخلہ تلنگانہ محمد محمود علی نے کہا کہ عارف قریشی کی ۴۶ سالہ اردو خدمات پر روشنی ڈالی۔ اردو ذریعہ تعلیم کی پہلی یونیورسٹی جامعہ عثمانیہ ۱۹۱۹ء میں قائم کیا گیا اے کے خان مشیر برائے اقلیتی بہبود نے کہا کہ نواب میر عثمان علی خان کے فرمان پر سال ۱۹۱۸ء میں جامعہ عثمانیہ کا قیام عمل میں لایا گیا۔ اسدالدین اویسی نے عارف قریشی کے کارناموں کو خراج تحسین پیش کیا ہے۔ زاہد علی خاں مدیر روزنامہ سیاست پروفیسر ڈی رویندر وائس چانسلر جامعہ عثمانیہ۔ پروفیسر سید عین الحسن وائس چانسلر مانو۔ احمد الدین اویسی صدر بزم اتحاد سعودی عرب۔ مدینہ منورہ پروفیسر محمد سلیمان صدیقی، جامعہ عثمانیہ کے قیام اور کارناموں پر روشنی ڈالی۔ ڈاکٹر حبیب ضیاء نے عارف قریشی بزم عثمانیہ جدہ کی فعال شخصیت پر تعارف لکھا۔ عارف قریشی نے بزم عثمانیہ جدہ کا قیام مختصر تعارف

اور خدمات اپنے وطن سے بیاد میں حب الوطنی کا اظہار ہے۔ پروفیسر اشرف رفیع نے عثمانیہ یونیورسٹی کا قیام دارالترجمہ کا قیام مراحل اور اسبالیب۔ جشن صد سالہ جامعہ عثمانیہ جناب ای اسماعیل سابق سیشن جج ورکن حقوق انسانی کمیشن آندھراپردیش حالیہ تلنگانہ

نسیمہ تراب الحسن میر عثمان علی خاں آصف سابع کی شاعری

پروفیسر مجید بیدار جامعہ عثمانیہ کے آغاز کے خوش گوار مرحلے

پروفیسر ایس اے شکور عثمانیہ یونیورسٹی کے چانسلر اور وائس چانسلر پر ایک نظر

ڈاکٹر محمد ناظم علی۔شعبہ اردو جامعہ عثمانیہ کی خواتین کی ادبی خدمات

ڈاکٹر آمنہ تحسین جامعہ عثمانیہ اور تعلیم نسواں کا فروغ ایک جائزہ

ڈاکٹر نوری خاتون۔ میر عثمان علی کی تعلیمی خدمات

مولانا سید محمود باشاہ قادری زرین کلاہ۔ نے میر عثمان علی خاں بہادر آصف جاہ سابع نورہ اللہ مرقدہ کی دینی خدمات۔ میر عثمان علی خاں اور عثمانیہ یونیورسٹی کا قیام عارف قریشی نے لکھا۔

ڈاکٹر خواجہ فرید الدین صادق نواب میر عثمان علی خاں بہادر نظام ہفتم حیدرآباد دکن حیات اور کارنامے۔

امجد خان نے۔ میں ۱۰۰ سالہ عثمانیہ یونیورسٹی بول رہی ہوں۔

ڈاکٹر محمد نجم الدین نے جامعہ عثمانیہ شان دکن فخر ناز ہند۔

حلیم بابر۔ جناب عارف قریشی حیدرآباد۔ سعودی عرب میں ۴ دہوں سے مقیم ایک مجاہد اردو۔ ایک ادب نواز ایک ممتاز علمی وادبی شخصیت بزم عثمانیہ جدہ۔ کی سرگرمیوں اور عہدہ دار واراکین کی تفصیل دی گئی ہے۔ ہمارا وطن۔ میرا وطن نظمیں شائع کی ہیں۔

نعت شریف از نواب میر عثمان علی خاں صدیقی عثمان۔ نعت شریف بحر العلوم۔ مفسر قرآن حضرت محمد عبدالقدیر صدیقی حسرت۔ نعتیہ اشعار حضرت سید شاہ سخن احمد قادری الشطاری کامل۔ ممتاز نعت گو شاعر حضرت مرزا شکور بیگ مرزا صاحب دور آصفیہ کے چند باقیات کا منظوم تذکرہ۔ میر عثمان علی خاں بہادر کی تعمیر کی گئی عمارتیں آج بھی ہیں۔ غزلیں پرنس معظم جاہ شجیع۔ پرنس شہامت جاہ۔ ترانہ جامعہ عثمانیہ۔ سید شاہ احمد اللہ قادری۔ ترانہ جامعہ عثمانیہ مہتاب قدر جوہ مزدوںؒ۔ کا پیغام طلبائے جامعہ عثمانیہ کے نام از سکندر علی وجد۔

شاعرہ بزم عثمانیہ جدہ۔عرفان بارہ بنکوی جدہ۔قاضی انور نے جامعہ عثمانیہ تیری الگ ہی شان ہے۔حلیم بابر کی غزل شائع کی ہے۔غزلیں۔اطیب اعجاز رشید الدین رشید۔محمد اقبال بیلن نظام آبادی۔رنجن کمال گوئل۔الطاف شہریار جدہ سعودی عرب۔شیراز مہدی ضیاء الخبر سعودی عرب۔داغ دہلوی کی مشہور غزل۔

حقوق اللہ۔حقوق العباد۔نماز کو قائم کرنا۔زکوۃ کا ادا کرنا۔رمضان کے روزے رکھنا۔حج کرنا حسب استطاعت۔حقوق العباد۔اللہ کے بندوں کے حقوق۔

جیسے والدین کے حقوق۔ بیوی کے حقوق۔ بچوں کے حقوق۔ رشتہ داروں کے حقوق۔ پڑوسیوں کے حقوق۔ بیوی کے حقوق۔بچوں کے حقوق۔رشتہ داروں کے حقوق۔پڑوسیوں کے حقوق۔ دوستوں واحباب کے حقوق۔ حضرت امجد حیدرآبادی کے منتخب رباعیات۔ پچاس سالہ بھولی بسری دلچسپ اورخوشگوار یادیں۔خدمت خلق۔خدمت قومی یکجہتی۔خدمت حب الوطنی کا سفر حیدرآباد دکن سے ۱۹۷۰ء سے شروع کیا گیا۔۱۹۷۶ء تک جدہ میں ۱۹۷۶ء سے ۲۰۲۲ء تک جاری وساری ہے۔بزم عثمانیہ جدہ اور انڈین کلچر سیل سوسائٹی کی جانب سے ۴ سوئز کی ہمارا ہندوستان نظم علامہ انورالدین ماہری نے لکھی۔اظہار تشکر عارف قریشی نے ادا کیا۔۱۶۴ صفحات کا سوونیر ہے۔عارف قریشی دیار غیر میں رہ کر اردوزبان وادب کی بے لوث خدمات انجام دے رہے ہیں۔اسے بزم عثمانیہ جدہ تنظیم کے ذریعہ سے ملک وملت اور اردوادب کی خدمت میں مشغول ہیں۔سوونیر کے ذریعہ نواب میر عثمان علی بادشاہ کے تہذیبی۔ثقافتی۔ملکی قوم۔خاص کر اردوزبان وادب کے شیدائی ہیں جدہ میں اردو کی محفلیں آراستہ کرتے ہیں۔اورآج بھی وہ اردو کے لئے ایک تڑپتا ہوادل رکھتے ہیں۔سوونیئر ۱۹۹۲ء سے نکال رہے ہیں۔اس میں حیدرآباد دکن اور میر عثمان علی خاں کے کارناموں۔تاریخ۔ادب۔تعلیم اور دیگر ہمہ جہت کارناموں سے بحث ہوتی ہے۔ان پر ریسرچ کرنے والوں کے لئے یہ سوونیر مفید ثمرآور ثابت ہونگے۔اب تک یہ ۱۹واں شمارہ ہے ہر سال شائع ہوتا ہے۔جدہ حیدرآباد سے شائع کرتے ہیں۔اس طرح اور مما لک میں عارف قریشی کی طرح اردو شخصیتیں ہوں تو وہاں اردوزبان وادب زندہ و پائندہ رہے گا۔خلیجی اور یوروپی مما لک میں بھی اردو کو پھیلانے کی کاوشیں ہونی چاہئے۔نوآبادیاتی علاقوں میں اردو جاری ہے۔لیکن اردوزبان سکھانے سیکھنے کا عمل ندارد ہے۔اردو رسم الخط سکھانے کا کام بیرون ملک ہونا چاہئے۔تب اردو آفاقی عالمی زبان بن جائے گی۔ ☆

ماہنامہ شاداب انڈیا جنوری ۲۰۲۱ء

جنوبی ہند سے شائع ہونے والا اپنی طرز کا منفرد رسالہ مدیر ڈاکٹر محبوب فرید کی ادارت میں لگ بھگ ۲۰۱۳ء سے شائع ہو رہا ہے جس کا جلد نمبر ۹ رشمارہ ۱ رہے۔ دینی، علمی، ادبی وسماجی اقدار کا ترجمان ہے۔ مشیر قانونی جناب اعجاز علی قریشی ایڈوکیٹ ایل ایل ایم فون نمبر 9885398282، ای میل: mehboobfared@gmail.com، اعانت کے لئے۔

Shadab India, A/c.No. 7554020001156

IFS Code BARBOVJVCHY Bank of Baroda

V.N.Colony Hyd. T.S.

RNI No. APBIL/2013/50665/ ISSN 2349-025x

اداریہ سنہ ۲۰۲۰ء کیا کھویا کیا پایا۔ میں لکھتے ہیں: یہ سال عموماً فکر و پریشانی غم واندوہ جانی و مالی نقصانات کا سال رہا۔ ہوسکتا ہے کہ لوگوں کے لئے فائدے کا سال رہا ہو۔ کووڈ ۱۹ کی عالمی وبا نے پوری دنیا میں ایک تہلکہ مچادیا۔ ۳ر جنوری ۲۰۲۱ء تک WHO کی جانب سے جاری کردہ اعداد وشمار کے مطابق۔ دنیا میں افراد اس مہک مرض سے متاثر ہو چکے ہیں۔

متاثر 82579788

فوت 1818849

امریکہ فوت 35859645

ہند میں 1030578

متاثر 149218

اس کے مشمولات

فرمان الٰہی۔ سورہ طہٰ سلسلہ وار آیات ۷۱تا۷۶

مناجات۔ سعید رحمانی کٹک

تاریخ کے جھروکوں سے خون بولتا ہے۔عبدالرحمٰن دانش

حضرت عمر ابن خطاب کے سنہرے اقوال

نومولود میں دل کی بیماری۔ڈاکٹر ممتاز نسرین

کوڈ ۱۹ اور امراض قلب۔ایضا

غزل وہ گلستاں کہ جہاں اپنا آب ودانہ ہے حسن چشتی شکاگو

آپ کا۔ایڈیٹر

افسانہ دوسرا سائبان۔شہانہ اقبال ٹولی چوکی

غزلیں۔مومن خاں شوق۔شاداب انجم۔نفیس غازی پوری

غزلیں۔کلام اساتذہ داغ دہلوی۔مرزا غالب

طنز ومزاح انڈہ۔جھاڑ پہ۔ڈاکٹر محبوب فرید

وفیات زمین کھا گئی۔آسماں کیسے کیسے۔شمس الرحمٰن فاروقی

حسن چشتی خان اطہر۔

انگریزی حصہ میں

Life changing future -

Vovid-19- Vaccines

Simple- Etiquen Her to Practice

32 صفحات پر مشتمل شمارہ اپنے اندر مختلف صفات لئے ہوئے ہے۔

☆

شاداب انڈیا حیدرآباد جولائی ۲۰۱۹ء

پہلے شاداب ماہنامہ کے روپ میں محمد قمرالدین صابری نکالا کرتے تھے چند سالوں کے بعد بند ہوگیا تھا۔اب اس کو محبوب فرید نام میں جزوی تبدیلی کرتے ہوئے شاداب انڈیا حیدرآباد کے نام سے شائع کررہے ہیں۔یہ رسالہ دینی۔علمی۔ادبی۔طبی۔سائنسی اقدار کا ترجمان ہے۔سرورق پر صحت مند دل کی دھڑکن رفتار اور آواز تصویر کے ذریعہ پیش کیا ہے۔Heart Beat کس طرح چلتی ہے بتلایا گیا ہے۔زیرنظر شمارہ جولائی ۲۰۱۹ء۔جلد ۷/شمارہ ۷ رہے۔مدیر ڈاکٹر محبوب فرید۔مشیر قانونی جناب ایم اے رشید ہیں۔اس کی مجلس مشاورت میں ڈاکٹر شمیم سلطانہ۔نسیم بانو۔مومن خاں شوق۔پروفیسر ڈاکٹر ایم ایم انور۔ڈاکٹر نسیم الدین فریس۔پروین سلطانہ۔غزالہ ہیں۔اس کا نمبر I S S N 2349-025X ہے۔اس کا اداریہ دنیا تیسری جنگ عظیم کے دہانہ پر میں سیاسی وعالمی سیاسی تبدیلیوں کا ذکر کیا ہے وہ کہتے ہیں۔کہ دنیا تیسری جنگ عظیم کے دہانے پر آگئی ہے تیسری جنگ عظیم سائبر۔کیمیائی اور ایٹمک جنگ ہوگی۔جس کے اثرات سے شاید ہی کوئی ملک محفوظ رہ سکے تیسری عالمی جنگ پہلی اور دوسری سے خطرناک ہوگی۔پہلی جنگ عظیم بلقان سے ۲۸/جولائی ۱۹۱۴ء تا ۱۱/نومبر ۱۹۱۸ء۔دوسری جنگ عظیم یکم ستمبر ۱۹۳۹۔تا ۲/ستمبر ۱۹۴۵ء جس میں ۳۰ مما لک کے سوملین افراد نے حصہ لیا تھا۔اس جنگ میں ۵۰ تا ۸۵ ملین اموات ہوئی تھیں۔امریکہ نے ۶/اگست اور ۹/اگست ۱۹۴۵ء کو جاپان کے دوشہروں ہیروشیما اور ناگاساکی پر دوایٹم بم گرائے تھے۔جس کی وجہ سے ہیروشیما میں ۹۰۰۰۰ سے ۱۴۰۰۰۰ افراد مارے گئے اور ناگاساکی میں ۳۹۰۰۰ تا ۸۰۰۰۰ ہزار ارات ہوئیں۔مزید کہتے ہیں ایران کی حمایت میں ترکی۔چین۔روس۔سیریا۔لبنان۔کویت اور عراق امریکہ کا ساتھ اسرائیل۔انگلینڈ۔فرانس۔جرمن۔سعودی عربیہ اس طرح اداریہ میں تیسری جنگ کی پیش قیاسی کی ہے۔رکوع آیات کا ترجمہ وتفہیم بیان کی گئی ہے خیر النساء علیم کی واپسی اعمال کی میں نسائی جذبوں کی اہمیت واضح کی ہے۔عورت بغیر شوہر کے رہ سکتی ہے لیکن اسلامی تقاضہ کچھ اور ہیں۔عورت اور مرد اسلامی تقاضوں کے تحت رہنے سے ہی بھلائی و بہبود حاصل ہوتی ہے۔ڈاکٹر یونس بٹ نے کہا کہ کچھ مجازی خدا کے بارے میں

شوہر کے کردار پر روشنی ڈالی گئی ہے۔ شوہر بھی عورت کی طرح قربانیاں دیتا ہے لیکن سماج اعتراف نہیں کرتا لیکن بعض شوہر گھر کی ذمہ داری پوری نہیں کرتے۔ ایمان محمد ابوظہبی جامن کے فوائد کو پیش کیا ہے۔ جامن ذیابیطس کے مریضوں کے لئے اکسیر ہے۔ شوگر لیول کنٹرول میں رہتا ہے۔ ذیابیطس غلط طرز حیات کا نتیجہ ہے ذیابیطس کی چند علامات بتلائی گئی ہیں۔ شدت سے بھوک پیاس کا احساس۔ بار بار پیشاب آنا۔ گردوں یا پیشاب کی نالی میں انفکشن۔ وزن بڑھنا یا گھٹنا۔ منہ خشک ہونا۔ تھکاوٹ کا احساس ہونا۔ چڑ چڑا پن۔ آنکھیں چندھیانا۔ زخموں کا دیر سے مندمل ہونا۔ متلی ہونا شامل ہے۔ دل کی دھڑکن۔ رفتار اور آواز۔ ایس ایم عارف حسین۔ موجودہ معاشرہ اور اجتماعی ذمہ داری۔ مزاحیہ نظم دلہن کے ساتھ جاؤ۔ حافظ خدا تمہارا۔ جدید ازدواجی محاورے ادارہ افسانہ اشک سلمی محمد مسکرائیے۔ لطیفے۔ اداریہ۔ غزلیں رباعی انیس بشیر بدر وسیم بریلوی۔ غزلیں۔ سدرہ صادق۔ فاطمہ اعوان۔ پروین شاکر۔

تاریخ کے جھروکے سے عبدالرحمٰن دانش۔

اہم خبریں تلنگانہ اردو اکیڈیمی کے ایوارڈ ادارہ

کالیشورم پراجکٹ کا افتتاح پروفیسر یوسف سرمست کا انتقال

مشمولات فکر انگیز اور فکر وفن لئے ہوئے ہے۔ انگلش سات صفحات پر اسلامی تعلیمات اور تہواروں سے متعلق جانکاری ہے۔ ۲۴۔ صفحات پر مشتمل ہے۔

☆

ماہنامہ گونج مارچ ۲۰۱۹ء کا شمارہ

ماہنامہ گونج مارچ ۲۰۱۹ء کا شمار جس کا جلد نمبر ۴۷ رشمارہ ۹ تا ۱۲ ہے۔ اردو کے معروف شاعر وافسانہ نگار کی ادارت میں لگ بھگ ۱۹۷۳ء سے شائع ہورہا ہے۔ اس شمارے کی مینجنگ ایڈیٹر طاہرہ کوثر ہیں۔

اس کا رجسٹریشن نمبر RN 21161/73 پوسٹل رجسٹرڈ نمبر No.Cr/H-N2b/14 اس کے ہر شمارے میں درج ذیل شعر شائع ہوتا ہے کس کا ہے خود مدیر کو نہیں معلوم۔

اور پھیلوں گا جو لوٹاؤگے آواز مری
اتنا گونجوں گا کہ صدیوں کو سنائی دوں گا

مدیر نے اداریہ میں صدر جمہوریہ کی حقیقت بیانی پر تبصرہ کیا ہے کہ صدر جمہوریہ اپنے خطاب میں یہ بھی کہا کہ اب ملک کو پھر انتخاب کا سامنا ہے۔ انھوں نے ایسے ملک کے عوام کو درپردہ یہ مشورہ بھی دیا ہے کہ وہ ان انتخابات میں ایسی جماعتوں کی تائید کریں جو جمہوری انداز کی پاسداری کرتے ہوں اور جو عوام کے سیاسی سماجی معاشی اور مذہبی امور کی حفاظت کرنے کی پابند ہوں۔ ووٹ ضمیر کی آواز پر دیں کسی کے دباؤ میں نہ آئیں۔ روشن آیات سے قارئین کے مذہبی واسلامی معلومات میں اضافہ ہوتا ہے۔

صابر کاغذنگری کی حمد

پیارے ہیں مجھ کو جان سے تیری ثناء کے پھول
سنتا ہوں میں اذان سے تیری ثناء کے پھول

عسکر نزمل۔ نعت۔ محمد سا نبی کو ہم دیا ہے

خدا کا یہ کرم ہے بے انتہا ہے

اظہر کورٹلوی۔ ہر نبی معتبر ہے مگر مصطفیٰ
آپ تو سب سے ہیں معتبر

ڈاکٹر محسن جلگانوی کیوں آئے میرے ذات میں باہر کا آدمی

میرے خلاف ہے مرے اندر کا آدمی

ڈاکٹر مسعود جعفری

پھر سے آنسو تری پلکوں سے بہا ہو جیسے
گھنے جنگل کا سفر میرا رکا ہو جیسے

قاضی مشتاق احمد نے اردو فکشن میں ابن صفی کی معنویت میں صفی اس کی زندگی اور ناولوں سے بحث کی ہے۔اور تبصراتی انداز ہے۔

محمد طارق۔موسم و بھاگ۔مجید صدیقی وہ بھکارن

حنیف سید تجدید سہارگ رات کی

اردو ذریعہ تعلیم کے مواقع اور مسائل۔ڈاکٹر ناظم علی

مثالی فیصلہ۔قدیر دانش

شعور کی ودعائیں جن کا وقت مقرر نہیں تھا۔سید علیم الدین

یادیں۔باتیں۔ملاقاتیں

لہولہودھنک ایک خوشگوار اور دلچسپ شعری کارنامہ

عنایت نامے کے تحت خطوط قارئین کو جگہ دی گئی ہے۔۳۲صفحات کا شمارہ نثر و نظم کا حسین مرقع سنگم معلوم ہوتا ہے۔

گونج کا ۴۷ سال کا سفر کافی ہوگیا ہے۔اس کی ادبی خدمات وسیع و قیع ہیں۔

☆

ماہنامہ گونج مئی ۲۰۱۹ء کا شمارہ

ماہنامہ گونج اردو سے مشہور شاعر وافسانہ نگار جناب جمیل نظام آبادی کی ادارت میں ۱۹۷۳ء یعنی لگ بھگ ۴۷ سال سے نکل رہا ہے۔اور بلا ناغہ سب رس اور شگوفہ کی شائع ہورہا ہے۔اس رسالے کے ذریعہ انھوں نے اردو زبان وادب کی بے پایاں خدمات انجام دے رہے ہیں مالی عدم ذرائع کے باوجود رسالہ نکال رہے ہیں۔کوئی اشتہار بھی نہیں ملتا۔اس کا جلد ۴۷ رشمارہ ۱۷ تا ۲۰ ہے۔ مینجنگ ایڈیٹر طاہرہ کوثر ہیں۔گونج نے ابتداء میں نوجوان قلمکاروں کی ہمت افزائی کی ہے اس کے قلمی معاونین میں پروفیسر بیگ احساس۔فضل اللہ مکرم اور دیگر قد آور ادیب شاعر تھے۔اور ہیں۔مدیر نے حسب روایت ادب کو بھی سیاسی وجمہوری موضوع پر اداریہ تحریر کیا۔الیکشن کمیشن کی ذمہ داری میں انتخابات کے موضوع پر تفصیلی روشنی ڈالی اور سخت آفیسر ٹی این سیشن کی اصول پسندی کو یاد کیا۔ٹی این سیشن نے پورے ملک میں ایک ہی دفعہ چناؤ کراویا اور الیکشن قواعد کی خلاف پر متعلقہ عہدیداروں کو معطل وسسپنڈ کیا۔ جو الزامات موجودہ الیکشن کمیشن پر ہے اس کا الزالہ ہوجائے۔یہ بات بھی میری سمجھ سے باہر ہے کہ کیا کوئی بھی بٹن EVM کا دبائیں تو ایک پارٹی کو ووٹ پڑتا ہے۔اس پر تحقیق کی ضرورت ہے۔ٹیکنیشن اور ماہرین ہی صحیح اشکار کرسکتے ہیں۔آیت شریف حدیث شریف اور روشن آیات مذہبی آگہی کا ذریعہ بنادیا ہے۔حمد میں اللہ کی تعریف کی جاتی ہے۔جناب افسر عثمانی نے لکھا کہ

تیرے حکم کے تابع یہ کائنات سبھی
نصیب اس کا جڑا کردگار ہے تجھ سے

صابر کاغذنگری نے کہا کہ اسلام نے علم کے ذریعہ سے جاہلیت کو دور کیا حضور نے علم کی روشنی سے سارے عالم کو منور کیا۔

جاہلیت کو آپ نے اقراء پڑھادیا
علم وشعور والا محمد کا نام ہے

سید علی نے حمد میں کہا

ہر شئے میں اس کا جلوہ افروز عام ہے
اس کے ہی دم سے حسن حسر اور شام

میں تصوف کے پردہ میں خدا کی عظمت و کبریائی بیان کیا ہے۔

ڈاکٹر یوسف صابر میر دیے کے واسی میں تعلیم کی تلقین کی ہے ہندوستانی عالمی سماج تعلیم، وعلم سے منور ہو جائے تو اندھیرا خود بہ خود چھٹ جاتا ہے۔

ڈاکٹر اشفاق احمد افسانچے میں پردہ۔ اصل چیز۔ کھلونا۔ میں عصری معنویت پیدا کی ہے ہم معاشرہ میں خواتین کی وجہ سے جہیز لین دین کی وبا پھیل رہی ہے۔ اس کی بیخ کنی ہونی چاہئے، عورت کو پردہ کرنا چاہئے۔ اس سے بہت سے فائدے ہیں۔

ڈاکٹر مسعود جعفری نے قطعات میں کہا کہ

کتنی تلخی ہے اس کی باتوں میں، میں مسلم معاشرہ کی تاریخی حقیقت سے کام لیا ہے ماضی میں مسلمانوں کے ہاتھوں میں تخت و تاج اور تجارت حکومت تھی اور آج بے بس ہو گئے۔ ویزا لے کر باہر روزی کے لئے جاتے ہیں۔

محمد طاہر نے ہر افسانہ میں ملک میں جو حالات گائے کی وجہ سے رونما ہوئے ہیں گائے کی سیاست کی وجہ سے معصوم جانیں تلف ہوئی ہیں۔ اور مسلمانوں پر ظلم کی داستان کو بیانیہ پیش کرنے کی کوشش کی ہے۔

جمیل نظام آبادی نے محبت بھی سزا دیتی ہے میں تجسس کو روا رکھا۔ انیس شاہین۔ معین جمال۔ تین کردار ہیں۔ انیس سے محبت کرتا ہے لیکن شادی شاہین سے ہو جاتی ہے اس افسانے میں وقت بہت بڑا کردار ہے۔ وقت کے ہاتھوں انسان مجبور ہے اور قسمت کا کھیل ہے کہ حالات معین جمال کا ساتھ نہیں دیتے اس طرح کے حالات ہمیں سماج میں مل جاتے ہیں ایسے حالات میں معین جمال ہمت حوصلے کی مثال بن جاتا ہے۔ انہیں اس کی زندگی میں آنے کے بعد بھی بہت کچھ ناہمواری دکھ درد سہتا ہے۔ آخر میں انجام ایمن کا بھی کالج کی وجہ سے انتقال ہو جاتا ہے۔ برے حالات میں افسانہ نگار ہمت عزم کی تلقین کرتا ہے۔ افسانہ سبق آموز ہے۔

سید قاسم انجینئر نے تاج محل چھ چھ مصرعوں میں لکھ کر نیا انداز پیدا کیا ہے۔ تاج محل سے ساحر۔ سکندر علی وجد کی یاد آئی۔ قاسم نے تاج محل پر خراج تحسین۔ خراج عقیدت پیش کیا ہے۔ مفتی عبدالقیوم کا

مضمون درددل کے واسطے پیدا کیا انسان کو میں انسانی قدروں۔انسانیت کا تحفظ کی بات کی ہے انسان کو دنیا میں ایک دوسرے کی خدمت، درددوکھ باٹنے کے لئے پیدا کیا ہے۔مفتی صاحب نے خواجہ میر درد کے مصرع کے ذریعہ آج کے انسان کو انسانیت کے سبق دیئے ہیں۔جواز حد ضروری ہے۔سید علیم الدین امیر بن کرکون شخص دوزخ سے نجات پانے کا سبب اسلامی شعور، آگہی حاصل ہوتی ہے باقی مشملات فکر انگیز اور سبق آموز ہیں رسالہ کو خرید کر پڑھیں۔اور اپنے گھر خاندان میں منگوالیں۔رسالوں میں نیا اور جدت وندرت کے لئے ہوئے مواد و مضامین ہوتے ہیں۔تاکہ اردو زبان وادب کی خدمت ہو سکے۔

عنایت نامہ سے شمارے کی قدر و قیمت کا تعین ہوتا ہے۔اور معیار کتنا ہے اس پر روشنی پڑتی ہے۔۳۲ صفحات کا شمارہ اپنے اندر بہت کچھ لئے ہوئے ہے۔

☆

ماہنامہ پروانہ دکن حیدرآباد یکم جنوری ۲۰۲۱ء

شفیع اقبال اردو زبان وادب کے شاعر و دیب وصحافی مانے جاتے ہیں۔آپ نے ۱۹۷۱ء سے ماہنامہ پروانہ دکن حیدرآباد سے شائع کررہے ہیں لگ بھگ ۵۱ سال سے شائع ہورہا ہے۔زیرنظر شمارہ کا جلد ۴۹ رشمارہ (۱) ہے جام سخن کے تحت غزل حضرت سید محمد وزیر آواز جلیلی کے شعری مجموعہ آواز کا لمس سے منتخبہ ایک غزل قارئین کے لئے پیش کی گئی ہے۔

لبوں سے متصل برگ گل رخسار ہوجائے تو پھر صید بیاں بھی بلبل گلزار ہوجاتے وزیراب ختم کردو قافیہ بندی تمسخر کی۔ یہ کیا جس سے کہ زائل خوبی اشعار ہوجائے۔اداریہ بہ عنوان اور پھر بیاں اپنا کے تحت عصری موضوعات کسانوں کے مطالبات حکومت کی سردمہری میں لکھتے ہیں بہرحال سکھ قوم کی تاریخ سے یہ واضح ہوجاتا ہے کہ سردار قوم اپنے خلاف ظلم وزیادتی کو برداشت نہیں کرتی بلکہ بڑی بڑی طاقتوں سے ٹکرانے کا عزم مصمم رکھتی ہے دیکھنا یہ ہے کہ اس جنگ میں جیت کس کی ہوگی۔

علامہ اقبال پر دو قدیم ترین تحریریں خلیل احمد منگمری نے لکھا ہے شاہین سلطانہ ریسرچ اسکالر نے بانو طاہرہ سعید کے حالات زندگی فکروفن پر اظہار خیال کیا ہے۔

نہ تو نغمہ نہ کوئی سر نہ تو شہنائی ہے
زندگی جیسے کوئی گوشہ تنہائی ہے

نواب محمد نورالدین خان حیدرآباد دکن نے حسن چشتی یوسف گم گشتہ میں ان کے ادبی کارنامے حیات فکروفن سے بحث کی ہے۔انیس قیوم فیاض سینئر رکن محفل خواتین کا افسانہ ذرا عمر رفتہ کو آواز دینا شائع کیا عورت کا المیہ پیش کیا ہے۔شمس الرحمٰن فاروقی ادب کا ایک عہد رخصت ہوا۔خرم سہیل نے ان کی زندگی ادبی کارناموں کو بیان کیا ہے پاکستان کے ممتاز شاعر احمد مشتاق کے مصرع سے لیا۔

کئی چاند تھے سر آسماں کہ چمک چمک کے پلٹ گئے
نہ لہو میرے ہی جگر میں تھا نہ تمہاری زلف سیاہ تھی

فاروقی کے نال کئی چاند تھے۔سرآسمان کا تجزیہ پیش کیا ہے۔

ہمارے شمس الرحمٰن فاروقی محمد حمید شاہد نے لکھا۔اس میں فاروقی کی ادبی خدمات اردو ناول پر تبصرہ ملتا ہے۔افروز عنایت حقیقی خوشی افسانہ شائع کیا ایک شاعر دو غزلیں۔ڈاکٹر منیر الزماں منیر کی ہیں۔

کندن کی طرح تپتا رہا جو تمام عمر
سمجھا ہوں آج میری وفا کے اثر میں تھا

۴۳صفحات پر مشتمل ہے۔اس کا ISSN 2456-8627 ہے۔

سرورق پر تصاویر انڈیا گیٹ۔تاج محل۔قطب مینار۔بھاکی ٹمپل شائع کی ہے۔جو قومی یک جہتی کا پیکر معلوم ہوتا ہے۔آخر میں ۲۰۲۱ء کا نیا سال مبارک پھولوں کا گلدستہ کی تصویر شائع کی ہے۔

☆

پندرہ روزہ صیانت اوقاف حیدرآباد

ایڈیٹر محمد واجد مسعود اکتوبر ۲۰۲۲ء ۱۹۸۰ء سے شائع ہورہا ہے آر این آئی نمبر 377881/80 ہے۔ 42 سال سے دین اور اردو زبان کی خدمت انجام دے رہا ہے۔ ۲۲ رواں سالانہ خصوصی شمارہ بضمن جشن میلاد النبی ﷺ اکتوبر ۲۰۲۲ء مطابق ماہ ربیع الاول ۱۴۴۴ھ زیر نگرانی ڈاکٹر مولانا نادر المسدوسی خطیب وادیب وشاعر وصدر بزم علم وادب حیدرآباد مجلس مشاورت میں ڈاکٹر مولانا شاہ محمد فصیح الدین نظامی سابق مہتمم کتب خانہ جامعہ نظامیہ حیدرآباد، جناب محمد حمید الظفر فاروقی نقشبندی وقادری سابق پی آر او اردو اکیڈیمی آندھرا پردیش، ڈاکٹر محمد ناظم علی، سابق پرنسپل گورنمنٹ ڈگری کالج موڑتاڑ واکیڈیمک سنیٹ ممبر تلنگانہ یونیورسٹی۔ ڈاکٹر سید شاہ اکرام الدین حسینی چشتی القادری تلگو جرنلسٹ ڈاکٹر مختار احمد فردین صدر آل انڈیا اردو ماس کمیونکیشن سوسائٹی فار پیس جناب محمد خیرات علی۔ جناب ادریس علی قریشی مدیر محمد واجد مسعود۔ 09391233048 ترتیب وتزئین محمد حامد شہریار۔

ای میل siyahateawkef@gmail.com، سلسلہ نمبر مضامین اداریہ محمد واجد مسعود نے لکھا۔ چھوٹے نہ کبھی ہاتھ سے امان محمد ﷺ کہتے ہیں سرکار دو عالم کی سیرت ہمارے لئے روشن اور درخشاں نمونہ ہے۔ سورہ فاتحہ کا منظوم ترجمہ ڈاکٹر نادر المسدوسی نے لکھا ہے ام کوثر شبنم نے دعا منظوم لکھی ہے۔

اندھیرے چھا رہے ہیں چار سو الحاد ونفرت کے

ہمیں اخلاص دے یا رب ہمیں نور بصیرت دے۔ مفتی حافظ سید صادق محی الدین نے ربیع المنور کے انوار میں لکھتے ہیں علوم الہیہ کا عظیم سرچشمہ قرآن حکیم ہے۔ جس کی آیات پاک پیغام توحید سے معمور ہیں۔ رشد وہدایت کا اس میں سامان ہے۔ خشوع وخضوع ہے۔

تلاوت دلوں کا زنگ دور کرتی ہے۔ تاریک لوگوں کو نور سے منور کرتی ہے۔

ساری دنیا کے لئے بعثت نبوی ﷺ کا منشا ومقصد، پروفیسر مجید بیدار نعت پاک حضرت یوسف روشن صوفی سلطان شطاری۔

مصطفوی نظام ڈاکٹر مولانا شاہ محمد فصیح الدین نظامی نعت پاک جہانگیر قیاس کل جہانوں کی رحمت ہیں، شاہ رسم مفتی حافظ محمد وجیہ الدین سبحانی نقشبندی نعت شریف، ڈاکٹر مبشر احمد نشتر دنیا و آخرت میں کامیابی کا راستہ، ڈاکٹر نادر المسدوسی غلاموں کا آقا ہمارا نبی، مولانا مفتی محبوب عالم خان اشرفی ثانی تو بڑی چیز ہے سایہ نہ ملے گا، محمد عبدالمجید نور، کیا ہم ان کے ہیں پروفیسر اشرف رفیع۔ نعت رسول مقبول محبوب خان اصغر، اللھم صلی علی سیدنا محمد وعلی آلہ و بارک وسلم سیدہ عقیلہ خاموشی اتباع سید المرسلین کی اہمیت وضرورت، سیدہ عابدہ کریم نعت شریف، قاری ولی محمد زاہد ہریانوی ہے، اتباع آپ قرب خدا کا راز خیر النساء علیم، نعت شریف قاری انیس احمد انیس۔ عید میلاد اور ہم ممتاز جہاں سات سیرت النبی۔ رضیہ چاند۔

نور خدا ہے کفر کی حرکت پہ خندہ زن پھونکوں سے یہ چراغ بجھایا نہ جائے گا۔ ۴۰ رصفحات پر مشتمل ہے۔ ہر سال اس کی خصوصی شمارہ سیرت النبی شائع ہوتا ہے۔

شعیب نظام آباد نے زندہ کلاسک اور زبیر شفائی کی شاعری پر مضمون میں لکھتے ہیں۔ ان کی شاعری میں حواسی قوتوں کی شدت کا احساس قاری کو قدم قدم پر ہوتا ہے۔ جذبے کا کھرا پن اور سرشاری ان کی تمام غزلوں میں آپ کو نظر آئے گی۔

وہ سر سے پا تک ہے فوارہ روشنی کا
تمام مضامین اک اک شمع جل رہی ہے
میں بلا تاخیر مرنا چاہتا ہوں
زہر کی تاثر میں حائل دعا ہے

انظر نبی ڈار صحرائے جمالیات کا تنہا قیس شکیل الرحمٰن میں لکھتے ہیں:

اردو میں جمالیات اور شکیل الرحمٰن دونوں لازم وملزوم ہو چکے ہیں ان کی کتابیں پڑھنے کے بعد جو تاثیر میرے باطن پر ابھرتی ہے وہ یہ ہے کہ یہ شخص ناظر جمالیات نہیں بلکہ باصر جمالیات ہے حد رسائی اور حد نظر تک جہاں بھی جمال ہے وہاں پروفیسر شکیل الرحمٰن کی چشم باصر پہنچ جاتی ہے اور جمال کے باطن میں اتر جاتی ہے، عبدالواسع نے متصوفانہ اقدار اور دارا شکوہ کی شاعری میں لکھتے ہیں ا۔

دارا شکوہ ایک دانش ور، صوفی، مترجم، اور ادیب کے ساتھ ساتھ اعلیٰ ذوق کا حامل شاعر بھی تھا وہ قادری تخلص کرتا تھا، اس کے دیوان کا نام اکسیر اعظم کے نام سے ہے، اس کی شاعری میں غزلوں اور

رباعیات کی صنف ملتی ہے، مطالعہ وسیع تھا۔ تصوف اور عرفان میں فنا و بقا کے تصور کو ایک کلیدی حیثیت حاصل ہے۔ فنا میں عارف اپنے آرام وو جود کو ختم کر دیتا ہے، پھر اس کے بعد اسے حق تعالیٰ کا وصل ہو جاتا ہے۔ فنا بقاء کے حصول کا ابتدائی زینہ ہے فنا کے ذریعہ بندہ صفات خداوندی سے متصف ہو جاتا ہے اور بقائے حقیقی کو حاصل کر لیتا ہے۔ دارا ایک صوفی منش شاعر تھا اس کے کلام میں فنا و بقا کے تعلق سے اشارے ملتے ہیں۔ فیاض احمد نے دارا شکوہ اور اس کے ہم عصر معروف صوفیاء بے شمار امیر بینوں نے رسم الخط میں زبان کی شناخت ہے۔ بقا ہے نذیر نیازی کی شاعری میں ذکر گاندھی کا ذکر ملتا ہے۔ سعید رحمانی نے پروفیسر کرامت علی کرامت ایک ہمہ جہت شخصیت میں ان کی علمی ادبی شعری خدمات کا محاکمہ ملتا ہے اسمٰعیل وفا نے بھارتی ڈاک ٹکٹ اور اردو قلم کار میں جن ادیبوں وشعراء پر ڈاک ٹکٹ جاری ہوئے ہیں ان کا مختصر تعارف پیش کیا ہے اب تک ۲۴ر پر ڈاک ٹکٹ جاری ہوئے، باقی مشمولات فکر انگیز بصیرت افروز ہیں ۱۰۰ر صفحات کے شمارے میں ادب کی ہمہ جہت صفات موجود ہیں۔ UG۔ PG۔ ایم فل اور Ph.D کے طلبہ کے لئے نعمت سے کم نہیں۔

☆

گلشن سعید بنگلور ستمبر ۲۰۱۵ء

گلشن سعید ماہنامہ ۲۰۰۸ء سے نکل رہا ہے بیادگار حضرت شاہ ابوالسعو داحمد وحضرت مولانا منیر ربانی اردو انگریزی زبان میں سرزمین کرناٹک کا دینی علمی فکری اورادبی رسالہ جلد نمبر ۸/شمارہ ۹/مدیر اعلیٰ مولانا سید عبدالرحیم سعید رشادی مدیر مفتی سید عبدالرشید مفتاحی حسامی معاون مدیر، نیر ربانی منیجر، سید عبدالمجید مفتاحی سرکیولیشن منیجر، مولانا طفیل احمد رحمانی، ماہنامہ گلشن سعید دارالعلوم سعیدیہ سعید نگر کادل بیر سندرا بنگلور ۵۶۰۰۳۲ برائے رابطہ۔ 9019875596 ہے فہرست بہ عنوان آئینہ گلشن سعید میں درس قرآن، درس حدیث، اداریہ حضرت مولانا سید عبدالرحیم سعید رشادی، لبیک اللھم لبیک حضرت مولانا قاضی مجاہد الاسلام صاحب، سفر حج کا مقصد رضائے الٰہی ہو، حضرت مولانا سید عبدالرحیم سعید رشادی، تھوڑی دیر کا ساتھی، حضرت مولانا مفتی محمد تقی عثمانی، عشرہ ذی الحجہ کے فضائل، حضرت مولانا مفتی محمد شفیع صاحب، توبہ سے اللہ تعالیٰ کتنے خوش ہوتے ہیں، مولانا محمد اسحاق، حج کے فضائل وبرکات، مولانا مفتی عبدالرؤف صاحب، قصص بخاری، مولانا ظفر اقبال، عراق کا سفر، حضرت مولانا مفتی محمد تقی عثمانی، ذخیرہ معلومات حضرت مولانا سید عبدالرحیم سعید رشادی، دارالعلوم سعیدیہ کے شب وروز ادارہ صفحات ۳۶ ہے ان کے انگریزی کے صفحات ۳۵/پر مشتمل ہیں، اس طرح انگریزی میں بھی اسلامی تصورات اسلامی تعلیمات پرمبنی مضامین شائع کئے گئے ہیں۔

☆

اردو ماہنامہ سائنس، نئی دہلی

سائنس اردو ماہنامہ نئی دہلی ۶ ۳۴۔۱۹۹۴ء سے شائع ہو رہا ہے ہندوستان اردو داں طبقہ میں سائنسی شعور اجاگر کرنے کے لئے نکالا گیا خاص کر مسلمانوں میں سائنسی بیداری اور مسلم طلبہ میں سائنس کی طرف رجحان راغب کرنے کے لئے مذکورہ ماہنامہ ۲۸ رسالوں سے ملک وملت اور اردو والوں کی سائنسی خدمات انجام دے رہا ہے۔ آج بھی مسلمانوں اور اردو داں طبقہ میں سائنسی شعور کا فقدان ہے وہ سائنسی مضامین کے بجائے دیگر آسان سبجیکٹ لے کر ڈگریاں حاصل کرتے ہیں زیر نظر شمارے کا جلد نمبر ۲۹ راور شمارہ نمبر ۱۱ر ہے مدیر اعزازی سابق وائس چانسلر مانو ڈاکٹر محمد اسلم پرویز ہیں نائب مدیر اعزازی ڈاکٹر سید محمد طارق ندوی فون نمبر 9717766931، nadvitarriq@gmail.com مجلس مشاورت ڈاکٹر شمس الاسلام فاروقی علی گڑھ ڈاکٹر عابد معز حیدرآباد سرکیولیشن انچارج محمد فہیم 7678382368 خط وکتابت (۲۶) ۱۵۳ذاکر نگر ویسٹ نئی دہلی ۱۱۰۰۲۵ء سرورق محمد جاوید کمپوزنگ فرح ناز وابستہ ہیں اس کا RNI Reg.No.57347/94، پوسٹل رجسٹرڈ نمبر Delhi ،22-23-LPC Delhi PSO.،NODL(S)-01/3195/2021 6-Posted India 2nd evenu center 25- October 2022 page 60

یہ ہندوستان کا پہلا سائنسی اور معلوماتی ماہنامہ اسلامی فاؤنڈیشن برائے سائنس و ماحولیات نیز انجمن فروغ سائنس کے نظریات کا ترجمان ہے۔

ایک قابل تحسین کوشش میں رسالے کے مندرجات مشمولات پر تعریفی نوٹ لکھا گیا ہے عناصر ۱۱۰ بتلائے گئے ہیں سائنس داں اور کیمیا دان مرکبات سے عناصر بناتے ہیں۔

ڈاکٹر عبدالمعز شمس علی گڑھ نے عالمیوم نمونیہ جو ہر سال ۱۲ر نومبر کو منایا جاتا ہے۔ جس کا مقصد دنیا بھر میں نمونیہ کے مرض سے آگاہی بالخصوص بچوں میں اس مرض سے اموات کو روکنے اور اس سے بچاؤ کا شعور اجاگر کرتا ہے۔

اس شمارہ کی ترتیب اور مشمولات سے اندازہ ہوجائے گا کس طرح کے تنقیدی تحقیقی تاثراتی سائنسی مضامین شامل ہیں۔ پیغام، ڈائجسٹ، عالمی یوم نمونیہ ڈاکٹر عبدالمعز شمس، سیل فون وانٹرنیٹ، فاروق طاہر، نیوٹن اور آئن سٹائن ایک موازنہ، ذکریا درک وقت کیسے ناپتے ہیں، پروفیسر وصی حیدر، باتیں زبانوں کی ڈاکٹر خورشید اقبال سائنس کے شماروں سے۔ پودوں کی دنیا ڈاکٹر اسرار آفاقی ڈاکٹر محمد اسلم پروفیسر کوسٹر، اور گوٹن برگ، پروفیسر حمید عسکری۔ لائٹ ہاؤس، وقت کا مسافر، غلام حیدر، ہائیڈروجن فیول سیل گاڑی محمد احمد خان فوق انگلیہ، اینڈرسل گلینڈس، بنال، ساغر مشورین۔

پتنگے، زاہد حمید، انسائیکلوپیڈیا، ناپید ہونے والے جانور نعمان طارق خریداری تحفہ فارم www.urdusivee.org آج بھی باقاعدہ ہر ماہ شمارے شائع ہوتے ہیں، اردو داں طبقہ کا تعاون لازمی ہے، ہندوستانی ماحول میں صرف اردو میں ایک سائنسی رسالہ ہے بہ طور تبرک نہیں بلکہ روزانہ ماہنامہ کا مطالعہ کریں، سائنسی معلومات تحقیق میں اضافہ ہوگا۔ ملت میں سائنسی معلومات کی کمی ہے، اس لئے اس ماہ نامے سے خاطر خواہ استفادہ کریں۔

☆

زبان وادب بہار اردو اکادمی کا ماہنامہ مجلّہ اکتوبر ۲۰۲۲ء

اردو زبان وادب میں ہندوستان کی اردو اکیڈیمیاں اہم رول ادا کر رہی ہیں۔ اکیڈیمی زبان وادب کی توسیع۔ ارتقا ترقی میں اپنے بجٹ کے حساب سے کام کرتی ہیں اس کا پتہ ہے بہار اردو اکیڈیمی اردو بھون۔ اشوک راج پتھ پٹنہ۴ ۸۰۰۰۰ ہے، مدیر عظیم اللہ انصاری سکریٹری بہار اردو اکیڈیمی معاون مدیر انور محمد عظیم آبادی جلد ۴۳ شمارہ ۱۰را اکتوبر ۲۰۲۲ء زر تعاون پندرہ روپے سالانہ ایک سو پچاس روپے ترسیل زر اور خط وکتابت کا پتہ سکریٹری بہار اردو اکیڈیمی اردو بھون چوہٹہ اشوک راج پتھ پٹنہ۴ ۸۰۰۰۰ بہار، zabanoadabua@gmail.com کمپوزنگ پروین اشرفی تزئین زیبا پروین،

اداریہ حرف آغاز عظیم اللہ انصاری، مقالات کلیم عاجز بحیثیت نظم نگار پروفیسر ڈاکٹر توقیر عالم، طنز وظرافت کا بادشاہ اکبر الہ آبادی، ڈاکٹر ظہیر محمد، ضیاء عظیم آبادی کی عشقیہ شاعری اور صاحب جان سلطان آزاد۔

سہ ماہی ادیب جامعہ علی گڑھ شمارہ جنوری

جلد ۱۵ ارشمارہ ۴-۳، جولائی ڈسمبر ۱۹۹۱ء طابع وناشر رجسٹرار جامعہ اردو علی گڑھ، مطبع زیر اہتمام لیتھوکلر پرنٹرز اچل تال علی گڑھ، کتابت سلطان احمد جمال پورہ علی گڑھ، قیمت ۱۰ اروپے۔

اداریہ، فن اور تکنیک، داستان ناول اور افسانہ ڈاکٹر دردانہ قاسمی، مختصر افسانہ فن اور ٹکنیک ڈاکٹر اشرف النھار بیگم، کہانی افسانہ خیال کی اکائی، جناب زاہد نوید۔

مسائل ومباحث:

اردو کے پہلے ناول نگار مولوی نذیر احمد، سنبل نگار، عبدالحلیم شرر کے تاریخی ناول ڈاکٹر انجم آراء انجم، پریم چند کی ناول نگاری، ڈاکٹر قمر الہدی فریدی، پریم چند کے افسانے، پروفیسر قمر رئیس ایک جائزہ، منٹو کا تخلیقی ذہن، پروفیسر حامد کاشمیری، منٹو ر کے بعد اردو افسانہ، شخصیات اور رجحانات ڈاکٹر ابوالکلام قاسمی، کرشن چندر اردو کے سب سے بڑے افسانہ نگار، جناب شہزاد منظر، راجندر سنگھ بیدی کی افسانہ نگاری، ڈاکٹر مناظر عاشق ہرگانوی۔

تنقیدی تجزیے:

امراؤ جان ادا۔ ایک تجزیاتی مطالعہ پروفیسر نورالحسن نقوی، میدان عمل ایک مطالعہ، ڈاکٹر سردار احمد علیگ، ایک چادر میلی سی، کا تجزیاتی مطالعہ، ڈاکٹر الطاف حسین ندوی، روشنی کی رفتار ایک تنقیدی مطالعہ، ڈاکٹر صفیر افراہیم، جائزہ۔

اردو ناول پاکستان میں ڈاکٹر علی حیدر ملک، قلمی معاونین۔

۱۷۲ صفحات پر مشتمل ہے۔ اس پرچے کے مدیر مرزا خلیل بیگ ہیں۔

کتاب نما کا خصوصی شمارہ پروفیسر آل احمد سرور شخصیت اور ادبی خدمات

ماہنامہ کتاب نما جامعہ نگر نئی دہلی ۲۵ / مدیر شاہد علی خاں، مہمان مدیر خلیق انجم، معاون ایم حبیب خاں، پہلی بار ڈسمبر ۱۹۹۲ء کو شائع ہوا، خلیق انجم نے اداریہ مہمان مدیر کی حیثیت سے لکھا ہے۔

سرور صاحب کی خودنوشت خواب باقی ہیں، ڈاکٹر گیان چند، خواب باقی ہیں، شافع قدوائی، خواب باقی ہیں، خلیق انجم، آل احمد سرور ایک ناقد کامل۔ ڈاکٹر عبدالمغنی، روشنی کا سفر، ڈاکٹر نورالحسن نقوی، ایک دن، سرور صاحب کے ساتھ، ڈاکٹر عتیق احمد صدیقی، پروفیسر سرور اوران کا اسلوب نگارش میری نظر میں، ڈاکٹر رفیعہ سلطانہ، آل احمد سرور ایک تاثر، ڈاکٹر کمال احمد صدیقی، پروفیسر آل احمد سرور، چند یادیں، ایم حبیب خاں، آل احمد سرور کی ادبی شخصیت اور میرے ڈاکٹر ذکا الدین شایان، رشتے، پوچھتے ہیں وہ کہ، ڈاکٹر اطہر پرویز، غالب اور پروفیسر آل احمد سرور، نائلہ انجم، پروفیسر آل احمد سرور مشاہیر کی نظر میں، شمیم جہاں، جناب سید حامد، پروفیسر جگن ناتھ آزاد، شمس الرحمٰن فاروقی، پروفیسر ظہیر احمد صدیقی، جناب ابوالفیض سحر سوانحی خاکہ پروفیسر احمد سرور، ۸۸ صفحات پر مشتمل ہے۔

☆

ماہنامہ کتاب نما۔نئی دہلی ۲۵ر ڈسمبر ۲۰۱۸ء

نظریاتی تنازعوں کے دور میں غیر جانب دارانہ روایت کا نقیب، ڈسمبر ۲۰۱۸ء جلد ۵۸ شمارہ ۱۲ر ISSN 348-3563 مدیر ڈاکٹر عمران احمد عندلیب، نائب مدیر محمد محفوظ عالم، صدر دفتر مکتبہ جامعہ لمیٹیڈ جامعہ نگر نئی دہلی ۱۱۰۰۲۵، فون نمبر 01126987295، سرپرست پروفیسر شاہد اشرف نائب شیخ الجامعہ جامعہ ملیہ اسلامیہ نئی دہلی، مجلس مشاورت صدر پروفیسر صدیق الرحمٰن قدوائی، شاہد علی خاں، سید شاہد مہدی، پروفیسر مشیر الحسن، پروفیسر محمد میاں، پروفیسر شمیم حنفی، ڈاکٹر خواجہ محمد شاہد، پروفیسر اختر الواسع۔ پروفیسر شہزاد انجم، اس شمارے میں حسرت دیوبندی کی غزل گذرا ہوا زمانہ شائع کی گئی ہے۔

ایک قطرہ ہوں سمندر تو نہیں ہوں یارو پر کسی بحر سے کمتر تو نہیں ہوں یارو، اداریہ لہو خورشید کا ٹپکے، ڈاکٹر عمران احمد عندلیب نے لکھا ہے، جس میں اردو صحافت اردو کے وطنی کردار پر تبصرہ ہے، اس شمارے کے مضامین میں چراغ دیر، بنارس، پروفیسر عراق رضا زیدی، قرۃ العین حیدر، تہذیب و تاریخ کی داستان گو ڈاکٹر سید احمد قادری، فیض احمد فیض کی شاعرانہ عظمت ڈاکٹر نبی احمد۔ کیفی اعظمی کی نسائی شاعری ڈاکٹر احسان حسن۔

اقبال کا تصور خلافت، ڈاکٹر شبنم اسد، پہاڑ کاٹنے والے زمین سے ہار گئے۔ ڈاکٹر سید محمد عامر، خواجہ حسن ثانی نظامی کی ترجمہ نگاری۔ ڈاکٹر سعودی عالم، بیدی کے افسانوں کی عظمت گلشن آراء۔ احمد فراز کی مزاحمتی شاعری۔ سریر احمد بٹ۔

نظمیں۔غزلیں

غزل۔مظفر علی شہ میری۔غزل رفیق جعفر۔غزل۔مرلی دو طالب،

شاعر مشرق علامہ اقبال۔ممتاز نادر۔غزل۔محمد زاہد الحق۔

غزل۔اسلم خورشید اسلم۔غزل مقصود آفاق۔غزل۔بدر محمدی

افسانہ

کردار ولایت کاتب لونا روی

اقتدار ادب نام کتاب

قاضی عبدالستار کی افسانہ نگاری۔ مہناز عبید

ایک لفظ کی موت۔ ڈاکٹر عشرت ناہید

پھندہ ڈالنے والے۔ کمال احمد

مبصر

ڈاکٹر خالد جاوید۔ اسعد اللہ۔ عمران عاکف خان

۶۴ صفحات پر مشتمل ہے۔

☆

جامعہ اردو کا علمی و تدریسی مجلّہ سہ ماہی ادیب جامعہ اردو علی گڑھ

جلد ۱۶ / جولائی ڈسمبر ۱۹۹۲ء شمارہ ۳۔۴ مدیر مرزا خلیل احمد بیگ اداریہ ترتیب

مضامین میں غالب کی شاعری کی خصوصیات۔ پروفیسر آل احمد سرور، اردو نظم کا تاریخی وفنی ارتقا۔ پروفیسر سید احتشام حسین، مرزا رسوا کا نظریہ ناول نگاری۔ ڈاکٹر سلیم اختر، فورٹ ولیم کالج۔ ڈاکٹر ظہیر الدین مدنی، مولوی نذیر احمد کا اسلوب نگارش۔ ڈاکٹر خورشید نعمانی ردولوی، انیس سے قبل لکھنو کی مرثیہ نگاری۔ جناب سید وقار حسن، سودا میر اور میر حسن کی مثنویاں۔ ڈاکٹر صغیر افراہیم، باغ و بہار تحقیقی وتنقیدی جائزہ۔ ڈاکٹر قمر الہدیٰ فریدی، مکالمہ جبریل وابلیس ایک تجزیہ۔ ڈاکٹر ممتاز نذیر بصیر، چکبست کی وطنیت۔ جناب حامد علی خاں، امراؤ جان ادا کا تنقیدی جائزہ۔ محترمہ کہکشاں علوی، اردو کب کہاں اور کیسے پیدا ہوئی۔ ڈاکٹر مرزا خلیل احمد بیگ۔ کوائف اردو۔ اردو یونیورسٹی۔ پروفیسر مسعود حسین خاں، تبصرہ قارئین کے خطوط اور کوائف جامعہ ۱۶۰ صفحات پر مشتمل ہے۔

☆

سہ ماہی ریختہ نامہ۔ حیدرآباد سالنامہ انشائیہ نمبر جنوری تا مارچ ۲۰۲۳ء

ڈاکٹر جاوید کمال کی ادارت میں سہ ماہی ریختہ نامہ ۲۰۱۸ء سے نکل رہا ہے اس کا آر این آئی نمبر TELURD/2018/76808 اور آئی ایس ایس این 25821814 ہے۔ ۲۰۱۸ء سے اردو کی ادبی علمی وثقافتی سرگرمیوں میں مصروف کار ہے اور اس کا ترجمان ہے اس کا جلد نمبر ۶ شمارہ ۱۰ ہے، ایڈیٹر ڈاکٹر مرزا مصطفیٰ علی بیگ (جاوید کمال) قیمت ۴۰ روپے دفتر انجمن ریختہ گویان سعید آباد حیدرآباد ۵۹ تلنگانہ ہے۔ زیر نظر مطالعہ شمارہ جنوری تا مارچ ۲۰۲۳ء کا ہے سالنامہ انشائیہ نمبر ہے۔ اس کی مجلس مشاورت میں پروفیسر ایس اے شکور۔ ڈاکٹر فاروق شکیل، مولانا مظفر علی صوفی ابوالعلائی، ڈاکٹر انیس عائشہ۔ ڈاکٹر ممتاز مہدی، پروفیسر شوکت حیات، جناب غلام یزدانی ایڈوکیٹ، پروفیسر مجید بیدار، جناب ایم اے ماجد۔ جناب محمد مصطفیٰ علی سروری۔ ڈاکٹر فضل اللہ مکرم۔ خواجہ نصیرالدین نمائندہ خصوصی شکاگو۔ مجلس ادارت میں ڈاکٹر حمیرہ سعید۔ لطیف الدین لطیف۔ ڈاکٹر نکہت آراء شاہین۔ معظم علی بیگ۔ ڈاکٹر زیبا انجم شامل ہیں۔ فون نمبر 9246585833، ای میل jaweedkamal@hotmail.com ہے۔

اداریہ پھر بھی کہتے ہیں ہم سے میں لکھتے ہیں۔

حجاب اسلام کا لازمی جز ہے خواتین کو پردہ کا حکم ہے لیکن چند مٹھی بھر افراد کو خواتین اور لڑکیوں کا حجاب کرنا کھٹکنے لگا اور ان لوگوں نے وہ ہنگامہ برپا کر دیا کہ ساری دنیا میں ملک کی سیکولر ساکھ متاثر ہوگئی، لوجہاد کے نام پر نوجوان طبقے اور خاص طور پر کالجوں اور جامعات میں مل جل کر پڑھنے والے طلباء کے ذہنوں میں فرقہ واریت کا زہر گھولنے کی کوشش کی جارہی ہے۔

پھر بھی کہتے ہیں ہم سے یہ اہل چمن
یہ چمن ہے ہمارا تمہارا نہیں

انشائیہ نمبر کے لحاظ سے پروفیسر مجید بیدار نے غیر افسانوی صنف انشائیہ کے فن۔ اصول اور تقاضوں کو مبسوط اور جامع انداز میں پیش کیا ہے۔ لکھتے ہیں:

عربی لفظ انشاء کے معنی عبارت لکھنا۔ عبارت آرائی کرنا۔ طرز تحریر یا کوئی بات پیدا کرنا کے ہوتے ہیں اردو میں اسی لفظ انشاء سے انشائیہ کا وجود ہوا، انشائیہ اردو نثر کی ایک غیر افسانوی صنف ہے ایسے تمام مضامین جن میں خیالی یا انہونی باتوں کے بجائے زندگی۔ عمل اور تجربات کی باتیں بیان کی جائیں انہیں مضمون کے بجائے انشائیہ کہا جائے گا کسی سائنسی ادبی مذہبی غرض کے کسی بھی عنوان پر لکھی ہوئی تحریر مضمون کہلاتی ہے، جب کہ انشائیہ کے دوران بیساختہ خیالات کو دلچسپ انداز میں بیان کر کے مضمون نگار اپنے دل کا غبار نکالتا ہے انگریزی لفظ Personal Essay-Light Essay، کے متبادل کے طور پر اردو میں انشائیہ کا لفظ رائج ہے جس میں کوئی منصوبہ بند طریقہ سے باضابطہ مواد یکجا کر کے اظہار خیال نہیں کیا جاسکتا بلکہ دل ودماغ پر اثر انداز ہونے والے خیالات کو عبارت کے ذریعہ پیش کرنا انشائیہ کے ذیل میں آتا ہے عام انداز میں بیساختہ اور لاابالی تحریر کو انشائیہ کی صنف میں شمار کیا جائے گا۔ غرض انشائیہ کے مقاصد اور تقاضوں کو ملحوظ رکھتے ہوئے تعریف کی گئی ہے تادم تحریر انشائیہ کے باقاعدہ اصول اجزائے ترکیبی مدون ومرتب نہیں ہوسکے وزیر آغا نے بہت بحث کی ہے اور بھی مفکرین نے تعریف کی وہ نامکمل نظر آتی ہے۔ انشائیہ ایک کیفیت کا نام ہے باقاعدہ صنف نہیں ہے۔ اس ریختہ نامہ کے مشمولات میں نظم، مضمون، انشائیے شامل کئے گئے ہیں تبصرہ وتجزیے سے گریز کیا جارہا ہے طوالت بڑھ نہ جائے صرف فہرست مشمولات کا نام وصنف درج کیا جارہا ہے قاری کو اندازہ ہوجائے کہ انشائیہ نگار اپنے انشائیہ ومضمون نظم میں کیا ہے لکھا ہے ظاہر انشیائیہ میں طنز مزاح کے علاوہ اصلاح کا پہلو ہوتا ہے۔

اداریہ ڈاکٹر مرزا مصطفیٰ علی بیگ (جاوید کمال)، حمد ونعت۔ محمد اکبر خاں، ڈاکٹر منیر الزماں منیر، غیر افسانوی صنف، انشائیہ، پروفیسر مجید بیدار، پڑیئے گر بیمار۔ مشتاق احمد یوسفی، گلشن امید کی بہار۔ محمد حسین آزاد، شریک زندگی۔ نظم شوکت تھانوی، گلاب تمہارا کیکر ہمارا۔ خواجہ حسن نظامی، دیمکوں کی ملکہ سے ایک ملاقات مجتبیٰ حسین، خود ساختہ ڈاکٹر۔ نظم ہرفن لکھنوی، انشائیہ کے بانی ڈاکٹر وزیر آغا۔ مضمون تبسم آرا ریسرچ اسکالر، کرسی۔ ڈاکٹر منظور الامین، شاعر اور فقیر۔ نظم سلیمان خطیب۔ بی جمالو۔ ڈاکٹر زینت ساجدہ، غزلیں۔ انور مسعود، امیر نصرتی، شوہر کی چمچہ گیری۔ پرویز یداللہ مہدی، ڈھنڈورا۔ شفیقہ

فرحت، کھٹملوں کی فریاد۔ نظم طالب خوندمیری، خاموش تالیاں۔ پروفیسر شہہ میری، چلی ہے رسم۔ سلیمہ فردوس بنگلور، سیل کا کھیل۔ فرزانہ فرحت بھٹکلی، فیشن ایبل داماد۔ نظم گلی نلگنڈوی، جو جیتا وہی چیتا۔ حمید عادل حیدرآباد، پی ایچ ڈی ایک ضروری حماقت۔ ڈاکٹر زینت پروین مہاراشٹرا۔ جھگڑنا۔ ڈاکٹر ممتاز مہدی، چرغ شعبدہ باز۔ میر ناصر علی، سن۔ مشتاق احمد یوسفی۔

ادبی معرکہ آرئیاں۔ شعبہ اردو میں عالمی سمینار جامعۃ البنات، میرا شہر، مستند ہے میرا فرمایا ہوا۔ انیس عائشہ پروفیسر ایس اے شکور کا شمارہ پر ایک سطری تبصرہ شامل ہے۔

۲۷ صفحات پر مشتمل ہے ۲۰۱۸ء سے زبان وادب کی خدمت میں مصروف ہے۔

☆

تاریخ دکن حیدرآباد جولائی ۲۰۲۱

تاریخ ہند ماہنامہ ادب، تہذیب اور تاریخ کا آئینہ ہے اس کے مدیر ڈاکٹر سید حبیب امام قادری ہیں اس کا پہلا شمارہ جولائی ۲۰۲۱ء کو شائع ہوا۔ زیر نظر شمارہ جلد نمبر ا شمارہ دو ہے اس رسالے کے سرپرست حضرت مولانا سید شاہ نصرت ہاشمی قادری، ڈاکٹر اقبال احمد انجینئر، ڈاکٹر میر شمس الدین احمد خاں، سید سیف الدین قادری، ایڈیٹر پرنٹر، پبلشر، پروپرائٹر ڈاکٹر سید حبیب امام قادری 9660297253 ہے۔ مدیر معاون ایم اے نجیب، ڈاکٹر مختار احمد فردین، سید وحید الدین قادری، شیخ محمد غوث، یٰس خان، محمد آصف علی، شجاع قادری، سید صادق علی خضر، سید مقبول انا، محسن خان، حبیب محمد العیدروس، ڈاکٹر وسیم اختر، محمد حسن۔

مشاورتی کمیٹی:

سید افتخار الدین ہزی، سید معز الدین ہزی، سید محمد امام قادری، ڈاکٹر سید عبدالمہیمن قادری، ڈاکٹر سید تنویر عالم قادری، محمد صدیق، ڈاکٹر جہانگیر احساس، عبدالرحمٰن پاشاہ، اکرام الدین، محمد ہارون عثمان، سید عظمت ہاشمی، محمد سمیع، سید اطہر احمد اللہ حسینی، دوحہ قطر محسن حبیب 9746675675 دہلی، مکی احمد 9561812966 مہاراشٹرا،

ہماری بات اداریہ میں کہتے ہیں مائنا ریٹی ایجوکیشنل گائیڈنس اینڈ ویلفیر سوسائٹی کے اردو ترجمان ماہنامہ تاریخ دکن کا خصوصی شمارہ آزادی ہند نمبر پیش خدمت ہے، دکن کی تاریخی حیثیت اور آزاد ہندوستان کی تعمیر میں مسلمانوں کی حصہ داری قومی یکجہتی کو پروان چڑھانے کے لئے ادارہ کی اس سعی کو مستحسن نظروں سے دیکھا جائے گا۔ آج ہمارے ملک اور ہماری ریاست کو پہلے سے کہیں زیادہ فرقہ وارانہ اتحاد کی ضرورت ہے اور ایک ترقی پذیر ملک یا ریاست میں فرقہ وارانہ اتحاد مستحکم ہو تو اس کی ترقی ناگزیر ہے۔

اس کے مشملات میں ہندوستان کی جدوجہد آزادی سے متعلق مضامین ہیں تحریک آزادی میں خواتین کا رول بھی شامل ہے۔

برادران وطن کے ساتھ جدو جہد جاری رکھنا، سنت نبوی ﷺ، سید عظمت ہاشمی، آزادی (نظم) صابر ابو ہری، ملک کی آزادی میں مسلمانوں کا عظیم کردار لیکن ثمرات سے محرومی، محمد عبدالحفیظ اسلامی آزادی میں علمائے کرام کا کردار، شہید ملت مولانا مفتی سید کفالت علی کافی کے حوالے سے۔ سید حسینی پیراں، تاریخ دکن نظم محسن حبیب محسن، مولوی صدر الدین کالا پانی کی سزا پانے والے مجاہد آزادی، محمد آصف علی، وطن نظم۔ رضا امروہوی، مسلم تحریکات آزادی ایک نظر میں۔ فرزانہ تسنیم، ہمیں اپنی آزادی کا از سر نو جائزہ لینے کی ضرورت کیوں ہے۔ ایم ایم عارف حسین، جدوجہد آزادی میں اردو شاعری۔ ڈاکٹر م۔ ق۔ سلیم، رباعی۔ باوا کرشن گوپال مغموم، امن اور خوش حالی کے لئے قومی یک جہتی کی ضرورت جناب ایم اے نجیب، قطعہ۔ گڑھی گھسیٹا۔ تحریک آزادی میں خواتین کا کردار۔ ممتاز فاطمہ، جدوجہد آزادی اور اردو زبان و ادب۔ ڈاکٹر محمد عبدالعزیز سہیل، شہید اشفاق اللہ خاں کی ملک کی آزادی کے لئے عظیم قربانی۔ محمد ہارون عثمان، امام الہند مولانا ابوالکلام آزاد اور جدوجہد آزادی۔ فریدہ بیگم، جنگ آزادی میں خواتین کا رول۔ عبدالحامد، جنگ آزادی مسلمان اور اردو زبان۔ محسن خان، رکھشا بندھن راکھی پونم۔ موتی لال رائے، راکھی بندھن نظم۔ امام اعظم، ٹوکیو اولمپکس ۲۰۲۰ ہندوستان کی اب تک کی سب سے تاریخ ساز کامیابی ایک جائزہ، ۷۴ صفحات پر مشتمل ہے۔

☆

اوج یعقوبی ۔ ہمارا پھولبن ، اپریل ، مئی ، جون ۲۰۲۱ء

ہمارا پھولبن رسالہ سہ ماہی اردو آرٹس ایوننگ کالج اولڈ بوائز اسوسی ایشن حمایت نگر حیدرآباد کا ترجمان ہے اپریل مئی جون ۲۰۲۱ء کا شمارہ جس کا جلد نمبر ۶ شمارہ ۲۰ ہے، ۲۹ ویں اشاعت ہے اس کے اڈوائیزر محمد عبدالرحیم خاں ایڈیٹر محمد معین الدین اختر، ایم اے ایل ایل بی عثمانیہ جوائنٹ ایڈیٹرس ایم اے حمید۔ بی اے عثمانیہ حسین علی خاں ایم اے۔ سید جعفر حسین بی اے عثمانیہ۔ مذکورہ رسالے سے وابستہ ہیں اس رسالے نے اوج یعقوبی گوشہ سے پہلے کئی ایک گوشے ادیبوں وشاعروں پر اجراء کئے ہیں جن میں قابل ذکر۔

پروفیسر حبیب الرحمٰن، ڈاکٹر سید محی الدین قادری زور، ڈاکٹر حسینی شاہد، ڈاکٹر راج بہادر گوڑ، پروفیسر ہارون خاں شروانی، سلیمان خطیب، ڈاکٹر زینب ساجدہ، ڈاکٹر سید عبدالمنان، مرزا فرحت اللہ بیگ، ڈاکٹر مغنی تبسم، حضرت امجد حیدرآبادی، حضرت حافظ محمد انوار اللہ فاروقی فضیلت جنگ ، سلطان محمد قلی قطب شاہ، پروفیسر آغا حیدر حسن مرزا، بحر العلوم حضرت محمد عبدالقدیر صدیقی حسرت۔

☆

عدسہ کا جمیل شیدائی نمبر ڈسمبر ۲۰۲۱ء

میر فاروق علی محکمہ آبکاری میں سب انسپکٹر تھے اور ایک اچھے ادیب ہے دو کتابیں منظر عام پر آئیں ہیں (۱) بے کار کی باتیں (۲) تنکے کا سہارا جو ڈاکٹر قطب سرشار کے شعری فقروں سے منسوب ہے۔

بیکار کی باتیں ہوں کہ تنکے کا سہارا
کیا ذوق جراحت ہے یہ فاروق تمہارا

زیر نظر شمارہ جمیل شیدائی پر ان کی زندگی۔ شخصیت۔ کردار۔ ادب میں بحیثیت شاعر۔ مترجم۔ ڈرامانگار وغیرہ پر مضامین ملتے ہیں ان کے مکمل کارناموں پر تنقیدی و تحقیقی مضامین تجزیاتی انداز میں شائع ہوئے ہیں جمیل شیدائی کے فکر وفن پر جناب قطب سرشار نے سیر حاصل بحث کی ہے، فکر وفن سے ادبی معیار و مرتبہ اور ادب میں تعین قدر و مقام متعین ہوتا ہے ایک سرورق پر جناب جمیل شیدائی کی تصویر شائع ہوئی ہے اس شمارے کے ایڈیٹر میر فاروق علی مجلس ادارت میں ڈاکٹر رحمت یوسف زئی۔ ڈاکٹر فضل اللہ مکرم۔ ڈاکٹر قطب سرشار اور مجلس مشاورت میں عقیل دانش شامل تھے۔ منیجر محمود سلیم ترتیب وتزئین محمد ذکی الدین لیاقت تھے۔ فی شمارہ ۲۰/روپے سالانہ ۲۰۰/روپے مقرر ہے اس کا جلد نمبر ۱۶/شمارہ (۱۲) ہے اس کے صفحہ اول پر پروین شاکر کا شعر اس طرح سے ہے۔

اس چمن زار میں ہم سبزہ بیگانہ سہی، آپ ہم کو نظر انداز نہیں کر سکتے، اداریہ بہ عنوان اور اب جمیل شیدائی نمبر میں عدسہ ماہ نامہ کا ادبی سفر اور خاص خصوصی گوشوں کی تفصیل ہے۔

(۱) میلاد النبی نمبر ۲۰۰۶ء (۲) علامہ اقبال (۳) غالب نمبر (۴) ادب اور کتا نمبر ۱ (۵) ادب اور کتا نمبر ۲ (۶) ادب اور بلی نمبر (۷) ادب اور گھوڑا نمبر (۹) ادب اور پرندہ نمبر (۱۰) ادب اور حشرات الارض نمبر (۱۱) شہادت نمبر (۱۲) سید ہاشم علی نمبر (۱۳) ادب اور گدھا نمبر (۱۴) ادب اور بہائم نمبر (۱۵) خواتین نمبر (۱۶) پطرس بخاری نمبر (۱۷) مجتبیٰ حسین نمبر (۱۸) نعیم زبیری نمبر (۱۹) بہادر شاہ ظفر نمبر (۲۰) غلام مصطفیٰ نمبر (۲۱) پروین شاکر نمبر (۲۲) مجاہدین آزادی نمبر (۲۳) شاذ تمکنت نمبر (۲۴)

قرۃ العین حیدر (۲۵) مضطر مجاز نمبر (۲۶) اقبال سہیل نمبر (۲۷) احمد فراز نمبر (۲۸) علامہ اقبال نمبر (۲۹) عزیز احمد نمبر (۳۰) علامہ اقبال نمبر ۲ (۳۱) عبدالحمید عدم نمبر (۳۲) دامودھرز کی نمبر (۳۳) ڈاکٹر مجید خاں نمبر (۳۴) ڈاکٹر یوسف نمبر (۳۵) خاتون نمبر (۳۶) ڈاکٹر قطب سرشار نمبر (۳۷) آہ نمبر (۳۸) عطیہ نورالحق قادری نمبر (۳۹) گفتگو نمبر (۴۰) اقبال نمبر ۳ (۴۱) ڈاکٹر مزاح نگار نمبر (۴۲) بیوی نمبر (۴۳) جمیل شیدائی نمبر۔

اس عیسوی اور ماہ جلد وشمارہ کا نام دیتے تو تحقیقی افادیت ہوتی اس نمبر میں جمیل شیدائی کی شخصیت اورادبی خدمات کا احاطہ کیا گیا ہے۔ایسی ہمہ جہت شخصیت پر پی ایچ ڈی ہونا لازمی ہے اس شمارے کے مضامین نگاروقلم کاروں نے جمیل شیدائی پر تنقیدی۔ تحقیقی اور تاثراتی انداز سے مضامین لکھے ہیں جس میں ان کی شخصیت ،کارنامے پر تفصیل سے روشنی ڈالی گئی ہے فکروفن پر کم لکھا گیا ہے۔صرف ان کی حیات شخصیت ادبی کارناموں کوموضوع بنایا ہے پھربھی جمیل شیدائی سناشی کے لئے اہم شمارہ ہے مع محققین ونقادوں اوراسکالرز کے لئے ثمر آور ثابت ہوگا۔

رحمت یوسف زئی نے آہ جمیل میں ان کی یادوں سے وابستہ واقعات قلمبند کئے ہیں اور ادبی وعلمی کارناموں پرروشنی ڈالی ہے وہ کہتے ہیں:

جمیل نے اپنی ادبی زندگی کا آغاز شاعری سے کیا ہے لیکن انھیں ڈراموں سے مقبولیت حاصل ہوئی ان کے ان گنت ڈرامے میں آل انڈیا ریڈیو حیدرآباد سے نشر ہوئے اوراور پسند کئے گئے لب گفتار اور غالب خستہ کے بغیر ڈراموں کے مجموعہ ہیں اہل ادب نے پسند کیا ہے۔ ریڈیو ڈرامے میں صرف صوتی۔ تاثرات۔ موسیقی اور موقع کی مناسب سے مختلف آوازوں کے ذریعے اپنی پیش کش کوسامعین تک پہنچانا ہے جمیل ان نزاکتوں سے کما حقہ واقف تھے اس کتاب پیش لفظ جمیل شیدائی نے لکھا ہے۔

ڈاکٹر قطب سرشار نے جمیل شیدائی ایک منفرد تمثیل نگاراور مترجم میں لکھتے ہیں جمیل کے ڈرامے کے آغاز ہی سے جو قاری کی توجہ کو اپنی گرفت میں لئے چلتے ہیں تو کلائمکس تک ان کی گرفت برقرار رہتی ہے یہ عمدہ صحافتی محاسن ہیں جو ہمیں اردو کے مشہور سری ادب خالق ابن صفی کی ناولوں اور جمیل شیدائی کے ڈراموں میں قدر مشترک کے بطور نظر آتی ہے، جمیل شیدائی نثری اظہار کے لئے سادہ عام فہم اور سلجھی ہوئی زبان پر یقین رکھتے ہیں یہاں تک کہ وہ تبصروں اور تنقیدی مضامین میں بھی اپنے اس نظرے کو بروئے کار لاتے ہیں جمیل نے اپنی تمثیل نگاری میں نفسیات، عاشقانہ جذبات واحساسات اور تہذیبی

تناظر میں پیش کرنے کی کوشش کی ہے یہ سلجھے ہوئے انداز میں کسی نظریے کا تجزیہ کرتے ہوئے قاری کو ایک مستحکم نتیجے تک پہنچادیئے ہیں ان کا پہلا ڈراما ۱۹۶۴ء کو ماہنامہ شاعر میں شائع ہوا۔

ڈاکٹر محسن جلگانوی نے یادرفتگان جمیل شیدائی میں ان کے تخلیقی، تنظیمی اور تنقیدی وغیرہ پر خامہ فرسائی کی ہے۔ ان کے ڈراموں کا تعارف پیش کیا لب گفتار، غالب خستہ کے بغیر۔ زیر اشاعت ڈرامے کی تنقید۔ ڈراما کیسے لکھیں وہ لکھتے ہیں:

جمیل شیدائی نے جہاں اردو میں ڈرامے لکھے وہیں انگریزی ڈراموں کا اردو ترجمہ کیا ڈراموں سے ہٹ کرانھوں نے کئی انگریزی نظموں کا سلیس اور جامع ترجمہ بھی کیا وہ غزل اور نظم کے بہت اچھے شاعر تھے۔ بحیثیت مبصر انھوں نے کئی کتابوں پر تبصرے بھی لکھے جمیل شیدائی کو انجمن سازیوں اور انجمن کاروں سے ہمیشہ اجتناب رہا انھوں نے شاید اقلیم ادب کے بعد اردو رائٹر فورم سکندرآباد ہی سے وابستگی قبول کی تھی۔ لیکن وہ ہرادبی انجمن کے ادبی کام میں بھرپور تعاون کرتے تھے۔

ڈاکٹر جہانگیر احساس اک روشنی ساتھ گئی آفتاب کے میں کہتے ہیں۔

جمیل صاحب کے کارنامے کئی ہیں نثر نگار ڈراما نگار اور انجمن کے سرگرمیاں وغیرہ ہیں۔

انورسلیم نے جمیل شیدائی۔ ڈاکٹر رؤف خیر شیدائی علم وادب۔ محبوب خاں اصغر مجھے یاد ہے سب ذرا ذرا۔ انگریزی سے اردو ترجمہ خوشونت سنگھ کا تبسم پاش جاپان Earheaa Aemi gway۔ Cot in the Rain ترجمہ کیا۔ صحرائی گھوڑا موبیاں کی کہانی گدھا۔ انگریزی ادیبہ Pamela Mosher مکوڈا۔

جمیل شیدائی نے میر فاروق علی صاحب ایک تعارف مبسوط وجامع پیش کیا۔ جمیل شیدائی کی تخلیقات ماہراز دواجیات۔ نامور تمثیل نگار ومترجم شیدائی دکھتی رنگ پر ایک سرسری نظر۔ جمیل شیدائی۔ واردات ڈرامہ کچھ ریڈیو ڈراما کے بارے میں۔ جمیل شیدائی فشار ریگ۔ اجمالی جائزہ۔ محبوب خاں اصغر نے مرزا غالب اکیڈیمی حیدرآباد کے قیام کے دوسوسال کی سرگرمیاں پیش کیں۔ ۵۶ صفحات کا یہ نمبر جمیل شیدائی سناشی کے لئے مفید ثابت ہوگا۔

☆

پندرہ روزہ صیانت اوقاف حیدرآباد نومبر ۲۰۲۱

مدیر محمد واجد مسعود۔ سالانہ ۲۱ واں خصوصی شمارہ
بضمن جشن میلاد النبی ﷺ نو

صیانت اوقات نام سے ظاہر ہے کہ اوقافی جائیدادوں، اثاثہ کی حفاظت اور تحفظ کیا جائے۔ ۱۹۸۰ء سے شائع ہو رہا ہے۔RNI No.37768/80 زیر نگرانی ڈاکٹر مولانا نادرالمسدوسی ممتاز خطیب ادیب وشاعر صدر بزم علم وادب حیدرآباد مجلس مشاورت میں مولانا شاہ محمد فصیح الدین نظامی مہتمم کتب خانہ جامعہ نظامیہ حیدرآباد جناب محمد حمید الظفر فاروقی نقشبندی وقادری سابق پی آر او اردو اکیڈیمی آندھراپردیش ڈاکٹر سید شاہ اکرام اللہ حسینی چشتی القادری تلگو جرنلسٹ، ڈاکٹر محمد مختار احمد فردین۔ صدر آل انڈیا اردو ماس کمیونکیشن سوسائٹی فار پیس ترتیب وتزئین محمد حامد شہریار 09391233048 ایڈیٹر پرنٹر پبلشر محمد واجد مسعود نے صحیفہ پریس آعظم پورہ حیدرآباد کے لئے دائرہ آفسیٹ پریس چھتہ بازار حیدرآباد میں چھپوا کر دفتر صیانت اوقاف بلڈنگ آعظم پورہ حیدرآباد ۲۴۔ سے شائع کیا ہے، ڈاکٹر مولانا نادرالمسدوسی کی حمد باری تعالیٰ

تو سمیع ہے تو بصیر ہے نہیں تجھ سے کچھ بھی چھپا ہوا
تری اک نظر کا ہے یہ کرم سنبھل گئی مری زندگی

آصف جاہ ہفتم نواب میر عثمان علی خاں بہادر

دل کو خدا نے اپنی محبت سے بھردیا
تسبیح کو زبان دی سجدہ کو سر دیا

مدیر نے اداریہ سرکار ﷺ کی سیرت مبارکہ ساری دنیا کے لئے ایک مکمل نمونہ حیات ہے۔ لکھتے ہیں:

سیرت کے پہلوؤں کو انسانی زندگی کے لئے خوش آئند بتایا ہے پڑوسیوں کو تکلیف نہ دینا ان کے دکھ درد میں شریک ہونا مسلمانوں اور غیر مسلموں کی مدد کرنا انسانوں سے محبت کرنا شامل ہے۔

نادرالمسدوسی نے رسول اکرمﷺ قرآن وحدیث کی روشنی میں ،مولانا فصیح الدین نظامی زمین سے آسمانوں تک محمدﷺ، یوسف روش اجمل محسن کی نعت پیش کی گئی ہے۔

مولانا محبوب عالم اشرفی نے ختم الانبیاء بن کر نبی تشریف لائے ہیں۔

سیدہ عقیلہ خاموشی نے تو خدا کا آخری پیغام ام کوثر اقبال فاطمہ احساس زباں۔سیدہ عابدہ کریم رحمۃ اللعالمینﷺ کے خواتین پر احسانات۔خیر النساء علیم سرکار دو عالمﷺ کا اپنی صاحبزادیوں کے ساتھ حسن سلوک۔ممتاز جہاں عشرت ام المؤمنین حضرت بی بی عائشہ صدیقہ۔رضیہ مؤظف ٹیچر سرکار دو عالمﷺ کے معجزات ،ختم نبوت کیا ہے، ڈاکٹر ساجد خاکوانی، ۴۸ صفحات میں حضورﷺ کی سیرت، شخصیت ،تعلیمات اوران کی زندگی کے علمی نمونوں کو پیش کیا گیا ہے صیانت اوقاف ،سیرت اور حضور کی تعلیمات کو عام کرنے کے لئے اہم کردار ادا کر رہا ہے۔لگ بھگ ۱۹۸۰ء سے نکل رہا ہے اور مذہبی کردار کے ساتھ سماج میں حضور کی تعلیمات کو عام کرنے میں مشغول ومنہمک ہے۔

☆

سہ ماہی ادب گاؤں۔جنوری تا مارچ ۲۰۲۰ء

ترتیب وتہذیب اشتیاق سعید مدیر عبدالباری ایم ۔ کے08425069385 معاون مدیر سراج فاروقی08108894969 کی ادارت میں نکلتا ہے، وقت ادب اور ثقافت کا ترجمان ہے، سرورق پر ایک ضعیف خاتون کو سر پر پانی کا گھڑا لاتے ہوئے بتلایا گیا ہے اس کے بعد کے صفحہ پر مشن اسکول چلو اسکول چلیں بچے کی تصویر شائع کی، ممبئ سے شائع ہوتا ہے، اس شمارے کا انتساب جو ممبئ یونیورسٹی کے پروفیسر اردو تھے ڈاکٹر صاحب علی کے نام جو برسہا برس ہمارے دلوں میں زندہ رہیں گے، ۲۵ /جنوری ۲۰۲۰ ءکو انتقال ہوا مدیر نے ایک خلارہ جائے گا، اداریہ میں ڈاکٹر صاحب علی کے انتقال پر اظہار تاسف کیا ہے، ترتیب کے تحت مشمولات اس طرح ہیں:

پنچایت۔ایک خلارہ جائے گا عبدالباری ایم کے، چوپال ۔ ے بے بات کی بات اشتیاق سعید، پتنکھی، نقش لائل پوری سے مکالمہ اشتیاق سعید، قصہ سرائے۔ گاؤں کی لاج۔علی عباس حسینی۔ایک زندہ کہانی نگار عظیم سونے کا ڈھکن افشاں ملک۔رنڈی شگفتہ مسکین۔ گستاخی۔سعید ظفر ہاشمی۔عبادت رونق جمال۔رشتوں کی صلیب تنویر احمد تماپوری۔دوتابوت۔توصیف بریلوی۔جے این یو کمرہ نمبر ۲۵۹ ناول غفران عاکف خان، افسانچے تنویر اختر رومانی۔

دیس بدیس۔تھالی مارو کا سفر (سرائیکی) مسرت کلانچوی مترجم عقیلہ منصور جدون، دام انگریزی از ابیل آئند سے مترجم سید کاشف رضا۔اگھوری (ہندی) مترجم۔عبدالباری ایم۔کے۔مضمون پور۔ اردو کے تناظر میں کھڑی بولی حبیب سیفی۔

شاعر آباد میں ن م راشد۔راہی معصوم رضا۔معراج فیض آبادی۔افتخار امام صدیقی، جمال اویس۔رفیق جعفر، ذکی طارق، احسان سیوانی، محمد یوسف شیخ، شبیر احمد، شاد۔م۔ش۔نجمی، ہنر رسولپوری، ذکیہ شیخ مینا۔تماشہ نگر کے تحت ڈراما کی صنف کو رکھا گیا سب کا دشمن ہندی ڈراما، سویم پرکاش۔مترجم انور مرزا، سنیما گنج، فلم تا ہنا جی، انور مرزا، کتاب گڑھ۔باہم دگری، عارف اعظمی شیر کا احساس سراج فاروقی، ڈنک، سراج فاروقی، ڈاک خانہ، زنفر کھوکھر۔رونق جمال۔ جمال اویس۔حبیب سیفی۔ڈاکٹر اظہار

الحق۔

کتب منڈی۔ شیر کا احساس، بارشیں مرے تصور میں، رنگ بھر دو، اپنی طبیعت کا ہے الگ موسم وادی غزل۔ دشا بھرم۔ قلمی کہکشاں فساد اور دیگر نظمیں میرے بھی خواب یہ شمارہ ۱۶۰ صفحات پر مشتمل ہے اس رسالے میں گاؤں سے متعلق ادب کو شائع کیا جاتا ہے۔ ادب گاؤں کے فروغ میں اس کا کلیدی کردار ہے بعض تخلیقات کے تراجم ملتے ہیں۔ ۲۰۱۹ء سے ۲۰۲۰ء تک ایک سال مکمل ہو گیا ہے۔ رسائل کو انٹرنیٹ پر بھی ڈالیں تا کہ قارئین ناظرین کی تعداد میں اضافہ ہو سکے۔

سہ ماہی اردو امراوتی جنوری تا مارچ ۲۰۲۲ء

مدیر وسیم فرحت علیگ، دس سالہ سالگرہ نمبر حصہ اول۔ وزارت ثقافت۔ بھارت سرکار کی جانب سے قومی ایوارڈ یافتہ مجلّہ UGC Ceneuirex جنرل ISSN2278-229x سرورق کے بعد آگے کے صفحہ پر شعر اس طرح ہے۔

حیات جہد مسلسل کا نام ہے فرحت
جمود سے بھی مقدر نہیں بدلتا ہے

یو جی سی منظور شدہ سہ ماہی امراوتی جلد نمبر ۱۱ شمارہ ۱/ امراوتی مہاراشٹرا ہند اس کے سرپرست جناب منور پیر بھائی پونہ مدیر وسیم فرحت علیگ 09370222321 نائب مدیران کلیم ضیاء، احسن ایوبی مشیر شمیم فرحت ہیں، خط و کتابت کے لئے:

Waseem Farhat Alis Post Box No. 55.H.O Amrawati 444601 M.S.

مدیر اداریہ میں لکھتے ہیں:

معزز سامعین قارئین نہایت فخر و طمانیت کے ساتھ یہ دس سالہ سالگرہ نمبر آپ کے سپرد کر رہا ہوں بفضل خداوندی سہ ماہی اردو سے اپنا دس سالہ سفر مکمل کیا ہے، گزشتہ ایک دہائی میں اردو کے خصوصی نمبرات یونیورسٹی میں بطور حوالہ جاتی کتب بروئے کار لائے جاتے ہیں، جن میں لدھیانوی نمبر ۴۰۰، صفحات ندا فاضلی نمبر ۳۰۰، صفحات جانثار اختر نمبر ۶۰۰ صفحات گوشہ پروین شاکر۔ گوشہ فضیل جعفری، گوشہ پروفیسر صادق، گوشہ معراج حاجی، گوشہ نذیر فتح پوری، گوشہ ڈاکٹر کلیم ضیاء، گوشہ زبان اردو، گوشہ ترقی پسند تحریک وغیرہ عوام و خواص نے تعریف کی۔ ۲۰۱۲ء سے شائع ہو رہا ہے۔

خم خانہ جاوید دس سالہ سالگرہ نمبر اداریہ مضامین اس طرح سے ہے، حصہ اول خودنوشت شارب رودلوی ایس ایم سعید لکھنو، خلیل فرحت کی شاعر، ڈاکٹر حنا افشاں کانپور، منشی پریم چند کی ناول نگاری، ڈاکٹر غوث احمد سولا پور، دریچہ دس سالہ لازوال انتخاب، غالب ایک تناظر، فراق، سراجی، شمس الرحمٰن

فاروقی، منٹو، گوپی چند نارنگ، پیشہ سپہ گری کا ہواؤ وارث علوی، ترقی پسند تحریک فضیل جعفری، ایس سعادت بزورنیست، ڈاکٹر محبوب راہی، اردو افسانہ ایک جائزہ، حامد کاشمیری سری نگر، میر کا نظریہ اور زبان۔عبداللہ جاوید کینڈا، مشاعروں کا رستم۔منور رانا۔حیدر علوی لکھنو، اقبال اور قادیات۔احمد سہیل امریکا۔

حصہ دوم ماضی کے جھروکوں جوش۔ضیاء شیخ آبادی۔راجہ مہدی علی خاں، دلاور فگار، دلاور فگار سنت مہتاب، ذیلی عنوان کے تحت کتابوں پر تبصرے شامل ہیں۔ ۱۱۷صفحات پر مشتمل ہے سن تو ہی جہاں میں ہے۔ تیرا فسانہ کیا۔

☆

اردو بک ریویو سہ ماہی

جنوری ،فروری ، مارچ ، اپریل ، مئی ، جون ۲۰۲۲ء نئی دہلی یہ رسالہ سہ ماہی نوعیت کا ہے، ۱۹۹۵ء سے جاری وشائع ہو رہا ہے اس کا RNI No 63106/95 موبائیل فون 9953630788 ایڈیٹر عارف اقبال ہیں، پہلے ماہ نامہ تھا بعد میں سہ ماہی کر دیا گیا جلد XXXVI شمارہ ۲۹، ۳۰ ہے۔ مدیر عارف اقبال مدیر اعزازی ڈاکٹر سید تنویر حسین سرکیولیشن منیجر ندیم عارف مجلس ادارت میں ڈاکٹر شمس بدایونی بریلی اے یو آصف ،نئی دہلی ، سید خالد حسین سنگاپور، کاشف الہدیٰ یو ایس اے۔ شفیق الرحمٰن نئی دہلی، سعید اختر اعظمی ریاض سعودی عرب نمائندے عارف محمود انصاری مسقط، عمان، رضوان احمد فلاحی لندن، احمد ابوسعید حیدر آباد 9949035356 عبدالرحمٰن صدیقی ممبئی، 9223408623، اعزاز حسن دہلی فون 9717617450، سرورق پر تصاویر وتبصرے۔ اشتہاری ملزم ناول ص ۴۵، اجالوں میں سفر ص ۳۳، ترقی پسند تحریک اور ص ۳۷، رشید حسن خاں اور ص ۵۵۔ فکر انقلاب ص ۸۰، خودنوشت حیات سر سید ص ۹۲، اردو زبان کا قاعدہ ص ۴۱، سنگھ کے بانی ڈاکٹر ص ۶۳، بکھرے موتی اصناف ادب اور شعر وسخن کا مجموعہ ص ۵۲، پرنٹر پبلشر اور اونر محمد عارف اقبال کے اصیلا آفیسٹ پرنٹرز ۸۰-۱۳۰۷ کلاں محل دریا گنج نئی دہلی ۲ سے چھپوا کر اردو بک ریویو دفتر اردو بک ریویو ۱۷۳۹۳ دہلی منزل نیو کوہ نور ہوٹل پٹودی دریا گنج نئی دہلی ۲ سے ترسیل زر اور ادارتی وانتظامی امور میں رابطے کا پتہ Patudi House Darya Gang, New Delhi 110002 کمپیوزر محمد عمران ہیں قیمت ۴۰ر روپیہ ہے۔

ترتیب مشمولات اس طرح سے ہیں مدیر نے اداریہ میں اردو صحافت کے دوسو سال اور ابن صفی کی ادبی صحافتی خدمات میں لکھتے ہیں:

”آزاد ہندوستان کی تعمیر میں اردو پرنٹ میڈیا کا کردار حوصلہ بخش نہیں رہا ہے اس تلخ حقیقت کو جاننے کے لئے کلکتہ کی اردو صحافت کے ایک بزرگ صحافی اور یو ایس آئی ایس کے سابق اردو ایڈیٹر ریٹائر؛ جناب رضوان اللہ ص ۱۵، جولائی ۱۹۳۱ء کی خودنوشت آپ بیتی اوراق ہستی ۲۰۲۰ء کا مطالعہ کیا جاسکتا ہے، واضح ہو کہ آزادی سے قبل ۱۹۲۲ء میں جام جہاں نما کے نام سے کلکتہ میں ہی اردو صحافت

پروان چڑھی تھی اس وقت کلکتہ انگریزوں کا دارالسلطنت تھا یہ بات بھی قابل ذکر ہے کہ ۱۸۲۲۔۱۸۵۷ء اور ۱۸۵۸ سے ۱۹۴۷ء تک اردو صحافت ایک مشن کے تحت کام کر رہی تھی اس لئے ہندوستان کی جنگ آزادی میں اردو صحافت کی خدمات یقینی طور پر ناقابل فراموش ہیں، اردو کے نامور نقاد مولوی محمد حسین آزاد کے والد مولوی محمد باقر جو دہلی اردو اخبار کے ایڈیٹر تھے، انگریزوں کے خلاف احتجاج کرنے پر جام شہادت نوش کیا وہ اردو کے پہلے شہید صحافی قرار پائے۔

ہندوستان کی آزادی کے بعد الہ آباد ایک ایسا علمی و ادبی مرکز تھا جہاں نکہت پبلی کیشنز کے مالک عباس حسینی کے علاوہ ابن صفی۔ راہی معصوم رضا۔ جمال رضوی۔ مجاور حسین۔ قمر جائسی۔ نازش پرتاپ گڑھی۔ مصطفیٰ زیدی۔ ڈاکٹر سید اعجاز حسین وغیرہ پر مشتمل ایک ایسا گروپ تھا جس کا اولین مقصد اردو زبان وادب کی خدمت رہا۔ عباس حسینی نے اس کام کے لئے ایک ماہنامہ نکہت ۱۹۴۸ء میں جاری کیا جس میں مختلف ادیبوں کے جاسوسی۔ رومانی اور تاریخی ناول شائع ہوتے تھے لیکن افسانہ نگار اور انشائیہ پرداز ابن صفی پر اپریل ۱۹۲۸ء بروز جمعہ کا نام سنہرے حروف میں لکھے جانے کے قابل ہے کہ انہوں نے ۱۹۵۲ء سے اپنی حیات ۱۹۸۰ء تک ماہنامہ نکہت کو تقریباً ہر ماہ ایک ناول دیا جس کا سرکیولیشن ایک لاکھ سے تجاوز کر گیا تھا۔ اس کے قارئین میں طلبا اور اساتذہ کے علاوہ ڈاکٹرز۔ انجینئر۔ تاجر۔ سیاست داں۔ اسکالرز۔ دانشور۔ ادیب ونقاد۔ شاعر ہر طبقے کے افراد تھے معروف مؤرخ حسن عسکری پٹنہ سید شاہد مہدی ابن صفی کی تحریروں کے ہیں۔ ۱۹۹۵ء میں راقم الحروف نے اپنے چند احباب کے مشورے سے اردو بک ریویو جاری کیا۔ جس کا بنیادی مقصد اردو بک انڈسٹری کے اقدار کو مستحکم کرنا اور مطالعہ کتب کے رجحان کے ساتھ تعلیمی ادارے میں اردو کی حقیقی ترقی کے تصور کو عام کرنا رہا ہے۔ اردو دنیا کا یہ بین الاقوامی مجلّہ اردو کے ہر موضوع کی کتابوں پر تبصرے اور تجزیے کے لئے وقف ہے۔ گزشتہ ۲۷ برسوں سے اس میں نئی کتابوں New Arrivals کی موضوعاتی فہرست شائع ہو رہی ہے اردو دنیا کے اسکالرز، دانشور اور اہم شخصیات کی وفیات کے اہتمام کے ساتھ بلاتفریق مذہب وملت ومدت باحیات اردو اسکالرز مجلّہ اردو اور اساتذہ کے تعارف اور انٹرویو بھی شائع ہوئے ہیں۔ فہرست کی ترتیب اس طرح سے ہے:

عرض ناشر طب یونانی اور اردو۔ قارئین کے تاثرات۔ بلاتبصرہ سود پر مبنی سرمایہ دارانہ معاشی نظام۔ فکر ونظر اردو میں دخیل انگریزی الفاظ۔ کتاب زندگی۔ سید جلال الدین عمری دہلی۔ رضوان اللہ

فاروقی نئ دہلی۔ پروفیسر ابن کنول نئ دہلی۔ ڈاکٹر ظفریاب ابراہیم امریکا۔ ڈاکٹر تابش مہدی نئ دہلی۔ شکیل رشید ممبئ۔ ایم طاہر نوئیڈا اتر پردیش۔ تنویر اختر رومانی۔ جمشید پور جھارکھنڈ۔ سیر حاصل مفصل تبصرہ۔ اجالوں میں سفر خود نوشت۔ مولوی اسمٰعیل میرٹھی کی اردو نصابی کتابیں جدید ایڈیشن۔ نقد ونظر تبصرہ۔ جائزہ انگریزی کتاب۔ جائزہ اردو کتب و رسائل۔ ۱۰۸ صفحات پر مشتمل ہے اس نے اردو زبان وادب میں تبصرہ۔ تجزیہ۔ تنقید خاص نئے کتابوں پر تبصرے شائع کر کے ادبی کتابوں کی قدر و قیمت تعین قدر مقرر کی ہے۔ تخلیقی کتاب کی اہمیت۔ تبصرے تنقید سے ہوتی ہے ۱۹۹۵ء سے یہ کردار ادا کر رہا ہے۔

☆

رسالہ قومی زبان۔ستمبر ۲۰۱۷ء

رسالہ قومی زبان تلنگانہ اسٹیٹ اردو اکیڈیمی کا علمی ادبی، لسانی، فنی وسائنسی جریدہ ہے جو پروفیسر ایس۔اے۔شکور کی ادارت میں نکلتا ہے اس شمارہ کا جلد نمبر ۲ رشمارہ ۹ ہے۔مصور وبالتصویر شمار ہے۔سرورق پر جامعہ عثمانیہ کی خوب صورت تصویر شائع کی گئی ہے جوفن تعمیر کا شاہ کار نادر نمونہ معلوم محسوس ہوتا ہے سرورق کے بعد کے صفحہ پر مرقع حیدرآباد کی رسم اجرائی کی تصویر شائع ہوئی۔جس میں مصنف علامہ اعجاز فرخ کے علاوہ جناب بنڈار ودتاتریہ معزز رکن پارلیمنٹ وسابق مرکزی وزیر جناب اے کے خان مشیر اقلیتی بہبود حکومت تلنگانہ۔جناب سید عمر جلیل سکریٹری محکمہ اقلیتی بہبود اور پروفیسر ایس اے شکور ڈائرکٹر رسکریٹری تلنگانہ اسٹیٹ اردو اکیڈیمی موجود تھے۔اس کے آگے کے صفحہ پر رستم دوراں، ارسطوزاں والمملوک، آصف جاہ سابع، مظفر الملک، نظام الملک، نظام الدولہ، نواب میر عثمان علی خان صدیقی خان بہادر، سپہ سالار فتح جنگ ہزاگزالٹیڈ ہائی نیس نظام آف حیدرآباد وبرار بانی جامعہ عثمانیہ کو ہاتھ میں کتاب لئے ہوئے بتلایا گیا ہے۔اس طرح دیگر تصاویر میں نواب میر عثمان علی خان آصف جاہ سابع کو عثمانیہ یونیورسٹی کے افتتاح کے موقع پر گارڈ آف آنر پیش کیا گیا۔نواب میر عثمان علی خان آصف جاہ سابع آرٹس کالج عثمانیہ یونیورسٹی کے افتتاح کیلئے جلسہ گاہ میں داخل ہوتے ہوئے دکھایا گیا۔نواب میر عثمان علی خاں آصف جاہ سابع آرٹس کالج عثمانیہ یونیورسٹی کے افتتاح کے موقع پر خطاب کرتے ہوئے۔

عثمانیہ یونیورسٹی کی لائبریری اور ریڈنگ روم۔عثمانیہ یونیورسٹی کالج میں۔عثمانیہ یونیورسٹی کلاس روم۔کالج آف لاعثمانیہ یونیورسٹی۔سرمحمد اکبر نذر علی حیدری معتمد تعلیمات حکومت آصفیہ ان تصویروں سے ۱۹۱۷۔۱۹۱۸۔۱۹۱۹۔۱۹۲۰ء کی جامعہ کی سرگرمیوں پر نظر پڑ جاتی ہے واران تصویروں کے ذریعہ سے اس دور کی کہانی نظروں کے سامنے گھوم جاتی ہے۔یہ تصویریں معنویت سے بھرپور اور جامعہ کے احوال کا پتہ دیتے ہیں۔

اس شمارے کے مدیر پروفیسر ایس اے شکور ناظم رمعتمد تلنگانہ اسٹیٹ اردو اکیڈیمی ہیں ناشر طابع بھی وہیں ہیں ترتیب وتزئین محمد ارشد مبین زبیری کی ہے صورت گری محمد جنید اللہ بیگ، کی ہے سرورق سید مجیب الدین۔طباعت طہ پرنٹ سسٹمس بڈس حیدرآباد ترسیلی اختیارات تلنگانہ اسٹیٹ اردو

اکیڈیمی کو حاصل ہے قرینہ کے مشملات شامل ہیں ہم کلامی میں مدیر پروفیسر ایس اے شکور کہتے ہیں، ماہ ستمبر ۲۰۱۷ء کا شمارہ آپ کی خدمت میں پیش ہے ہم نے حسب وعدہ اس شمارے کو عثمانیہ یونیورسٹی صد سالہ تقاریب کے نام سے کیا ہے اس شمارے میں ماہ مئی میں عثمانیہ یونیورسٹی صد سالہ تقاریب کے سلسلے میں محکمہ اقلیتی بہبود حکومت تلنگانہ اور تلنگانہ اسٹیٹ اردو اکیڈیمی کے اشتراک سے منعقدہ دو روزہ قومی سمینار میں فرزندان جامعہ عثمانیہ، ناموراد یبوں اور ممتاز اسکالرس نے اپنے مقالے پیش کئے تھے انہیں اپنے خصوصی شمارے کی زینت بنایا ہے ان کے علاوہ سینئیر عثمانین اور جدید اسکالرس کے مضامین بھی شامل کئے ہیں۔ مزید کہتے ہیں آصف جاہ سابع نے بڑی فراخدلی کے ساتھ اس عظیم یونیورسٹی کا قیام عمل میں لایا جہاں پر میڈیکل انجینئرنگ ۔ آرٹس ۔ سائنس وٹکنالوجی۔ طبیعیات۔ صنعت وحرفت زبان وادب اور دیگر علوم کے شعبے قائم کئے گئے۔ اوراس جامعہ کا ذریعہ تعلیم اردو رکھا۔ جامعہ عثمانیہ دنیا کی پہلی جامعہ کہلاتی ہے جس کا ذریعہ تعلیم دیسی زبان وملکی زبان میں تھا۔ اس شمارے کے مضامین لکھنے والوں میں قدیم وجدید عثمانین کا امتزاج ملتا ہے جن میں قابل ذکر پروفیسر محمد سلیمان صدیقی۔ سوانح رتذکرہ عثمانیہ یونیورسٹی، پروفیسر بیگ احساس۔ جامعہ عثمانیہ کا پس منظر، علامہ اعجاز فرخ۔ حیدرآباد کا نظام تعلیم اور جامعہ عثمانیہ، پروفیسر اشرف رفیع۔ عثمانیہ یونیورسٹی کا نام۔ دارالترجمہ کا قیام مراحل واسالیب۔ م۔ ز۔ خان جامعہ عثمانیہ آصف سابع کا عظیم کارنامہ، پروفیسر مجید بیدار۔ وضع اصطلاحات، پروفیسر فاطمہ بیگم پروین۔ جامعہ عثمانیہ کی تہذیبی روایت، پروفیسر احمد اللہ خاں۔ اردو زبان میں قانون کی تعلیم جامعہ کا کامیاب تجربہ، ڈاکٹر عقیل ہاشمی۔ جامعہ عثمانیہ کا قیام، ڈاکٹر سید فضل اللہ مکرم۔ آصف سابع میر عثمان علی خان کا تصور تعلیم، ڈاکٹر مسعود جعفری۔ عثمانیہ یونیورسٹی کے سو سال۔ ایک کرشمہ، جان نثار معین۔ جامعہ عثمانیہ ودارالترجمہ، ڈاکٹر احتشام الدین خرم۔ عثمانیہ یونیورسٹی میں اسلامی تاریخ وتمدن پر تحقیق، محمد ارشد مبین زبیری۔ جامعہ عثمانیہ کا قیام علم کی ترقی کا ضامن، ڈاکٹر گربچن سنگھ خالصہ۔ جامعہ عثمانیہ یادگار آصف سابع مرحوم، ڈاکٹر عسکری صفدر۔ جامعہ عثمانیہ شعبہ اردو کی خواتین کی علمی وادبی خدمات، ڈاکٹر محمد ناظم علی۔ شعبہ اردو جامعہ عثمانیہ کے صدور وسربراہان کا مختصر تعارف، حلیم بابر۔ نواب میر عثمان علی خاں جامعہ عثمانیہ اور صدی تقاریب۔

۱۱۸ رصفحات کا یہ شمارہ جامعہ عثمانیہ کی تاریخ۔ تہذیب۔ ثقافت۔ رواداری۔ تعلیمی وعلمی کوائف۔ تاسیس۔ پس منظر۔ علوم وفنون۔ زبان ولسانیات وغیرہ سے آگہی عطا کرتا ہے جامعہ اور میر عثمان علی بادشاہ کے تعلق سے معلومات کا خزانہ ہے ریسرچ اسکالر کے لئے یہ شمارہ نعمت سے کم نہیں۔ ☆

ماہنامہ قومی زبان۔اپریل ۲۰۱۸ء

ادبی رسالہ قومی زبان تلنگانہ اسٹیٹ اردو اکیڈیمی کا علمی۔ادبی۔لسانی۔فنی وسائنسی حالات کا ترجمان ہے۔زیرنظر شمارہ جس کا جلد نمبر۳ رشمارہ۴ رہے۔سرورق پر علامہ اقبال کا تصویر شائع ہوئی ہے جس میں وہ نیند لیتے نظر آتے ہیں لیکن فکر مند دکھائی دیتے ہیں۔قومی زبان نے ماضی میں کئی ایک نمبر وگوشے شائع کیے ہیں۔اب اردو کے دانشور شاعروادیب علامہ اقبال پر نمبر شائع کیے ہیں۔اقبال پر جتنا لکھا جائے کم ہے کیونکہ غالب کی طرح اقبال نے زندگی وزمانے کو اپنے فکر سے متاثر کیا اور ان میں اصلاحات پیدا کی ملک وقوم کی تعمیر وتشکیل میں اقبال کا کلام مدومعاون ثابت ہوتا ہے۔

اداریہ ہم کلامی میں مدیر پروفیسر ایس اے شکور کہتے ہیں۔

''شاعر مشرق علامہ اقبال کی شخصیت ان کے علمی نثری وشعری کارنامے کسی تعارف کے محتاج نہیں علامہ نے اپنی شاعری کے ذریعہ قوم اور ملت کو جہاں جہاں درس خودی یا حوصلہ وہمت پیدا کی وہیں خالق حقیقی سے سچی محبت کے ساتھ ساتھ وطن عزیز سے محبت کا بھی درس دیا۔ان کے شعری مجموعہ بانگ درا۔بال جبریل۔ضرب کلیم اور ارمغان حجاز کی غزلوں،نظموں ۔رباعیوں اور قطعات کے ذریعہ علامہ نے جہاں قوم کی بےحسی، بداعمالی اور سماج کی خرابیوں کا تذکرہ کیا ہے وہیں نوجوانوں کو ہمت دلائی ہے انھیں غفلت ومایوسی کے اندھیروں سے نکالنے کی کوشش کی ہے ان میں خودی۔اعتمادی اور جدوجہد کے جذبات پیدا کرنے کی بھرپور کوشش کی۔اقبال نے شکوہ جواب شکوہ کے ذریعہ انسان کی عجزونیازی۔ عبادات۔نیک کاموں بداعمالی بےصبری۔بےثباتی۔خدا سے دوری۔احسان فراموشی۔اور دین سے بیزاری اور برائیوں کے تدارک جیسے تمام واقعات کو یکجا کیا۔بہرحال اقبال نے نوع انسانی کو اخلاق اور ہمدردی کا درس دیا۔وہ اپنے اشعار سے اصلاح اور انقلاب پیدا کرنا چاہتے ہیں۔علامہ اقبال کے فکروفن کو ۲۱ویں صدی میں عام کرنے کی ضرورت ہے۔اقبال کے تعلق سے محفلوں میں زیادہ سے زیادہ نسل نو کو بیٹھنے سننے کی ترغیب دیں۔ادبی محافل میں ۵۰ سے اوپر عمر والے اشخاص شریک ہوتے ہیں۔ نوجوانوں میں اقبال کے فکروفن کو مزید عام کرنے کی ضرورت ہے۔اور اس شمارہ میں جملہ ۱۵ مضامین

ہیں جو اقبال کی شاعری۔فکروفن کے مختلف پہلوؤں کا احاطہ کرتے ہیں۔

اس شمارے کے مشملات میں اقبال اور حیدرآباد۔ پروفیسر محمد علی اثر، علامہ اقبال اور فرزندان اسلام۔ڈاکٹر عقیل ہاشمی، فکر اقبال کا بنیادی ماخذ۔ڈاکٹر قطب سرشار، اقبال کے فکروفن کا گراف۔ڈاکٹر رؤف خیر، دیارعشق میں اپنا مقام پیدا کر۔ڈاکٹر اسلم فاروقی، ستاروں سے آگے جہاں اور بھی ہیں۔ ڈاکٹر ابرارالباقی، شاعر مشرق کی حیات سنین کے آئینہ میں۔ڈاکٹر محمد انورالدین، کلام اقبال میں تقدیر کے چند مباحث۔ڈاکٹر وصی اللہ بختیاری، اقبال اور عظمت انسانی۔ڈاکٹر محمد ناظم علی، نظم عقل ودل ایک مطالعہ۔سید محبوب قادری، کلام اقبال میں واقعہ کربلا کی عصری معنویت۔ڈاکٹر نکہت جہاں، علامہ اقبال کا تصور حسن وعشق۔محمد ارشد مبین زبیری، اقبال کا مرد مومن۔ ڈاکٹر عظمت اللہ، علامہ اقبال اور عشق رسول۔اعجاز علی قریشی، شاعر مشرق علامہ اقبال اور سیدہ عابد امۃ النعیم وغیرہ کے مضامین قابل ذکر ہیں۔ اس شمارہ میں اقبال کی حیات شعری خصوصیات فکروفن کے جلوہ شامء کئے گئے ہیں اور وہ ریسرچ اسکالر اور اقبالیات پر کام کرنے والوں کے لئے قومی زبان کا یہ شمارہ اہم مآخذ کے طور پر کام آئے گا۔ میں پروفیسر ایس اے شکور اور ان کے رفقاء کو مبارکباد دیتا ہوں انھوں نے اقبال پر نمبر نکال کر ان کو خراج عقیدت پیش کیا اور اردو والوں کو اقبال پر بصیرت افروز مواد فراہم کیا ہے۔

☆

قومی زبان فبروری ۲۰۱۹ء

قومی زبان فروری ۲۰۱۹ء جس کا جلد نمبر ۴ ر شمارہ ۲ ر ہے۔ یہ رسالہ تلنگانہ اسٹیٹ اردو اکیڈیمی کا علمی۔ ادبی۔ لسانی۔ فنی سائنسی جریدہ ہے۔ مدیر سید عبدالشکور کی ادارت کا آخری شمارہ ہے اسکی ترتیب وتزئین محمد ارشد مبین زبیری نے کی ہے۔ صورت گری محمد جنید اللہ بیگ سرورق سید مجیب الدین نے بنایا ہے۔ مدیر سید عبدالشکور نے ہم کلامی اداریہ میں شمارے کے مشملات کا تعارف پیش کیا ہے۔ اور اکیڈیمی کی اسکیمات پر روشنی ڈالی ہے۔ ڈاکٹر معید جاوید نے اردو سفرنامہ میں سفر کی تعریف وفن پر روشنی ڈالتے ہوئے اردو کے سفرناموں پر تفصیل سے لکھا ہے اب سفرنامہ بہت کم لکھے جارہے ہیں۔ ڈاکٹر حمیرہ سعید نے دکنی ادب میں حکایت کی روایت کلمۃ الاسرار کے حوالے سے لکھا ہے۔ حلیم بابر نے شہنشاہ اورنگ زیب عالمگیر رواداری کے آئینہ میں تمام مذاہب کا رہنما ومحافظ میں بادشاہ کی رواداری اور ہمہ مذہبی قدروں سے محبت کا اظہار ہے اورنگ زیب نے تمام مذہوں کے ماننے والوں کا احترام کیا ہے۔ سید محبوب قادری نظامی نے حضرت انوار منفرد لب ولہجہ کے نعت گوشاعر پر ان کے کارنامے بیان کئے ہیں۔ راجا نرسنگھ راج عالی بحیثیت رباعی گوشاعر میں راجا کی رباعیات کی تفہیم وتشریح کی ہے ان کی رباعیات کا موضوع حب الوطنی، بھائی چارگی، یک جہتی اور امن وامان ملتا ہے۔

شفیق اطہر جرنلسٹ نے مولانا محمد علی جوہر کے کارنامے پر مبنی مضمون لکھا ہے جس میں ان کے صحافتی کارنامے اور حریت کے جذبوں کو مثالوں سے پیش کیا ہے۔

ہاشمی سید وہاج الدین نے اردو ترجمہ قرآن کی پہلی مترجم خاتون محمود النساء بیگم کے مذہبی ودینی کارناموں کا احاطہ کیا ہے۔ سیدہ سارہ سلطانہ ہندوستانی سماج میں لڑکی کا مقام ومرتبہ مختلف طبقات کے حوالے سے ایک مطالعہ۔ میں عورت کا موقف اور اس کی تعلیمی سماجی معاشی حالت کا نقشہ پیش کیا گیا ہے۔ ڈاکٹر جاں نثار معین نے ویلن ٹائن ڈے کی تلخیص۔ کلیدی الفاظ۔ تشریح وتفہیم کی ہے۔ محمد ابراہیم خلیل سبیلی نے طلباء کی نشو ونما میں استاد کا کردار میں استاد کی اہمیت کو اجاگر کیا ہے۔ استاد طلبہ کی کرداری سازی۔ شخصیت سازی، سیرت سازی کرتا ہے باخلاق بناتا ہے۔ حشمت کمال پاشاہ نے غالب بچوں کی

محفل میں لکھا ہے اقبال مجید اللہ نے دعوت نامہ کا ایک انداز یوں بھی میں دعوت دینے کے طریقوں اور مختلف انداز سے بیان کیا ہے آجکل واٹس اپ پر دعوت نامہ پیش کیئے جارہے ہیں۔عبادہ محبوب نے ماں کا دل افسانہ عمدہ لکھا ہے ماں کی ممتا دنیا میں مشہور ہے سب کچھ مل جاتا ہے لیکن ماں نہیں ملتی۔ سیما طہ آفندی نے افسانہ لکھا۔سعادت احمد نے دل نے جسے چاہا لکھا۔ثریا جبین نے سخت جگر کی خاطر افسانہ لکھا۔کہانی مل گئی رستوگی اگروال۔صلاح الدین نیر۔ڈاکٹر سلیم عابدی۔ڈاکٹر رؤف خیر۔جہانگیر قیاس کی شامل ہیں۔۸۲صفحات کا یہ رسالہ اپنے اندر ہمہ جہت صفات وخوبیاں رکھتا ہے ماہانہ باقاعدہ شائع ہوتا ہے۔ادبی رسائل خرید کر پڑھیں بچوں کو اردو سکھائیں، پڑھائیں۔اردو زبان کی بقاء کے لئے سب مل کر آگے آئیں۔اردو تحریک چلائیں۔گھر گھر خاندان در خاندان نسل در نسل، اردو سکھائیں تب اردو کی بقا ہوسکتی ہے۔

☆

قومی زبان مارچ ۲۰۱۹ء

مارچ ۲۰۱۹ء کا قومی زبان زیر نظر زیر مطالعہ ہے یہ ماہ نامہ تلنگانہ اسٹیٹ اردو اکیڈیمی کا علمی ادبی لسانی۔فنی وسائنسی جریدے ہے۔اس کا ISSN 2321-4627 ہے۔اس رسالے کے سرپرست محمد رحیم الدین انصاری صدر نشین تلنگانہ اسٹیٹ اردو اکیڈیمی ہے۔ مدیر محمد عبدالواحید ڈائرکٹر سکریٹری تلنگانہ اسٹیٹ اردو اکیڈیمی کی ادارت میں مذکورہ پہلا شمارہ اجراء ہوا ہے اس کا جلد نمبر ۴ رشمارہ ۳ رماہ مارچ ۲۰۱۹ء ہے۔قرینہ کے تحت مشملات ترتیب دئے ہیں۔ ہم کلامی میں پروفیسر ایس اے شکور ہیں مدیر نے عہد کیا ہے کہ اردو زبان کی ترقی وترویج کی دیگر اسکیمات کا اپنے اپنے وقت پر شفافیت کے ساتھ تکمیل کو پہنچانا اردو اکیڈیمی کا نصب العین ہے۔ بہرحال میری کوشش رہے گی کہ اردو زبان وادب کی ترقی کا عمل جاری وساری رہے گا۔ بلکہ اس میں ازید تیزی آئے اوراس زبان کو باقی وزندہ رکھنے کی کوشش جاری رہے۔ یہ عبدالوحید نے لکھا ہے جواس شمارے کے مدیر ہیں۔

ڈاکٹر عقیل ہاشمی نے غیر منقوط کلام نظم ونثر ایک مطالعہ کو تفصیل سے تحریر کیا ہے اوراردو میں غیر منقوط ادب لکھنے والوں میں انشاء اللہ خان انشاء میر انیس ودبیر۔

صنعت منقوط غلام امام شہید نے لکھا۔

شفیق شیخ سے فیض بخش چشتی نے جتنے شیب بخشے بخشی جی نے بنے تخت چن چن بیچے جب تین تخت بچے تب نہ بیچے

صنعت فنی اعتبار سے مشکل ہے لیکن فارسی عربی اردو میں طبع آزائی کی گئی ہے۔ ڈاکٹر معید جاوید نے اردو میں سوانح نگاری مضمون میں تعریف اورتاریخ پیش کی ہے۔سوانح نگاری کی قسمیں، سوانح نگاری کی شرائط، اردو میں سوانحی ادب پر موجود اہم مواد کو بیان کیا ہے۔ مجید صدیقی نے حیدراباد دکن کے ممتاز شاعر سکندر علی وجد ایک تجزیہ فکروفن کے آئینہ میں ان کے شعری فکروفن سے بحث کی ہے۔ان کی نظموں کی تشریح وتجزیہ پیش کیا ہے۔ان کے نظموں کے عنوانات یہ نہیں۔طلباء جامعہ عثمانیہ کے نام۔ عابد روڈ کی بھکارن۔ ایک کلاس۔ فرزند جامعہ عثمانیہ۔ جامعہ عثمانیہ کی چاندنی۔ علی ساگر۔ نظام آباد۔

چار مینار۔اقبال۔حیدرآبادی نوجوانوں سے خطاب۔حیدرآبادی طالب علم سے خطاب کالج ترانہ۔شیخ چاند۔ان کے دوست حیدراابادکی صلح۔عاشق شہنشاہ۔چاند بی بی۔جگنو۔مزار عالمگیر۔وادع اقبال۔جیالے چراغ۔غریب الوطنی۔یادچکبست۔مخدوم کا خیال۔اشفاق کے نام۔وقت کی آواز۔تاج محل۔والد مرحوم۔مہاراجہ کشن پرشاد شاد۔اورنگ آباد دکن۔حضرت زربخش بہادر یار جنگ کے نام محمد علی۔حضرت شاہ خاموش حیدرآبادی۔سچی باتیں۔یادنشاط۔مرقع احباب۔چلاگیا۔ڈاکٹر حامد علی حیدرآبادی۔نظیراکبرآبادی۔صبح نو۔جوہری بم کی تباہ کاری۔ایلورا۔اجنتا۔امید۔پیام اقبال۔جمنا کی فریاد۔کاروان زندگی۔نقش ناتمام۔رقاصہ۔جواہرلال نہرو۔عالم آشوب۔طبیہ۔نذرمیری نواز جنگ۔اے دوست۔ایک تمنا۔نذر وطن۔حیدرآباد۔حسین کی تصویریں۔اندرا گاندھی۔دولت بیدار۔امن کا پھول۔پروین سلطانہ (مغنیہ) مہاتما ملک۔مضامین میں سرسید احمد کی صحافتی خدمات۔محمد یوسف شاس۔پروفیسر محمد علی اثر کے وضاحتی اشاریےفہمیدہ بیگم۔

گوشہ خواتین:

لطف النساء امتیاز بحیثیت مثنوی گوشاعر،ڈاکٹر نوری خاتون،عصمت چغتائی کے افسانوں میں مسائل نسواں کی بازگشت،محمد مسرورنون۔

ادب اطفال کے تحت عصر حاضر میں بچوں کا ادب اور بچوں کے مسائل ڈاکٹر عزیز سہیل،ادب اطفال اور علامہ اقبال،ڈاکٹر شیخ عمران۔طنزومزاح کے تحت انداز اپنا اپنا۔پروفیسر حبیب ضیاء۔بنت حوا کہاں جائے۔شبانہ اقبال۔افسانے گندم کی برکت۔ڈاکٹر سعید بن مخاش۔بے زمینی کا المیہ۔ڈاکٹر علی عباس۔حصہ نظم میں ڈاکٹر مسعود جعفری۔انجم شافعی۔اقبال شیدائی۔کوکب زکی۔کشور سلطانہ وغیرہ شامل ہیں۔

۸۲ صفحات کا شمارہ اپنے اندر مختلف نوع کی ادبی صفات رکھتا ہے خرید کر پڑھیں تو ادب کی خدمت ہوگی۔

☆

ماہنامہ قومی زبان اپریل ۲۰۱۹ء کا شمارہ

اپریل ۲۰۱۹ء قومی زبان کا شمارہ زیر مطالعہ رہا جس کا جلد نمبر۴ رشمارہ ۴ رہے اس شمارے کے سرپرست محمد رحیم الدین انصاری صدر نشین تلنگانہ اسٹیٹ اردو اکیڈیمی مدیر محمد عبدالوحید ہیں جو ڈائرکٹر سکریٹری تلنگانہ اسٹیٹ اردو اکیڈیمی ہیں یہ رسالہ تلنگانہ اسٹیٹ اردو اکیڈیمی کا علمی ادبی لسانی فنی وسائنسی جریدہ ہے۔ سرورق پر شاعر مشرق علامہ اقبال کی مفکرانہ انداز کی تصویر ہے۔ اس کاISSN-232146127 ہے۔ سرورق کے بعد کے صفحہ پر آل انڈیا اردو ماس کمیٹی فار پیس اور تلنگانہ اردو کونسل کی جانب سے جناب محمد رحیم الدین انصاری صدر نشین تلنگانہ اسٹیٹ اردو اکیڈیمی کو تہنیت پیش کی گئی۔ دوسری تصویر میں محمد عبدالوحید آئی ایف ایس ریٹائرڈ کی ڈائرکٹر سکریٹری مقرر کئے جانے پر گل پوشی کی گئی اس ماہنامہ کے مدیر محمد عبدالوحید ناظم رمعتمد تلنگانہ اسٹیٹ اردو اکیڈیمی۔ ناشر وطابع محمد عبدالوحید ناظم معتمد تلنگانہ اسٹیٹ اردو اکیڈیمی ترتیب وتزئین محمد ارشد مبین زبیری سرورق سید مجیب الدین طباعت طہ انٹر پرائزز س ریڈ ہلز لکڑی کا پل حیدرآباد۔ ماہ اپریل جلد ۴ شمارہ ۴۔ استحقاق تمام حقوق تلنگانہ اسٹیٹ اردو اکیڈیمی کی تحویل میں ہیں۔ مبادلہ ماہانہ ۱۵روپے مبادلہ سالانہ ۱۵۰ روپے۔

مشمولات قرینہ عنوان کے تحت اداریہ ہم کلامی میں مدیر نے اردو اکیڈیمی کی اسکیمات کو جلد روبہ عمل لانے کا وعدہ کیا اور یہ بھی روشنی ڈالی کہ اردو مدارس کو کارکرد بنانے ،طلباء کے کلاس روم کے ماحول کو بہتر بنانے کی کوشش کی جائے ،مدارس کو عصری تقاضوں سے ہم آہنگ ہونا چاہئے۔ مجید صدیقی حیدرآباد، ڈاکٹر علامہ اقبال کے مکاتیب کا جائزہ وتجزیہ پیش کیا۔ انہوں نے کہا کہ ڈاکٹر اقبال نے حیدرآبادی شخصیتوں کو جو خط لکھے اس کا اقتباس دیا ہے۔ اور خط شائع کیا ہے جن میں قابل ذکر صغرا بیگم ہمایوں مرزا۔

نصیر الدین ہاشمی۔ پروفیسر صلاح الدین الیاس برنی کو جو خط لکھے ان کو شائع کیا ہے۔ اور اس دور کے عصری حالات کی ترجمانی مکتوب کی گئی ہے۔ خط سادگی اور سلاست کا پیکر ہے۔ اردو اسلوب سادہ مؤثر ہے۔

ڈاکٹر رؤف خیر حیدرآباد اورنگ آباد اور اقبال میں اقبال کی اورنگ آباد آمد پر تفصیلی روشنی ڈالی ہے پوری روداد اورنگ آباد اقبال کی بیان کی ہے۔ ڈاکٹر مسعود جعفری حیدرآباد، شاعر مشرق اقبال کی فکر ونظر کا نچوڑ میں اقبال کے فقر کے فلسفہ کو مختلف اشعار سے تشریح کی ہے اور اقبال صرف رومانی و اسلامی جمہوریت کے قائل تھے ڈاکٹر بلال احمد میر اقبال کی مذہبی۔ سیاسی اور تہذیبی شعری کائنات کی عصری معنویت میں ان کی مذہبی اور سیاسی فکر خیالات کو مدلل اشعار کے ذریعہ سے سمجھانے کی کوشش کی ہے۔ اقبال پر ایک گوشہ شائع کیا گیا۔لیکن مزید مضامین میں اضافہ کر سکتے تھے۔ڈاکٹر قطب سرشار نے غالب کی شاعری حسی تجربوں کا تخلیقی ارتکاز جو غالب اکیڈیمی حیدرآباد کے افتتاح کے موقع پر سنایا۔مختلف غزلوں کے اشعار کے ذریعہ غالب کے حسی تجربوں کو پیش کیا ہے لیکن غالب کو سمجھنے کے لئے عرب ۔ایران ۔توران ۔عجم۔ ہند کی تاریخ وتہذیب کو سمجھنا ضروری ہے تب تک غالب کو نہیں سمجھ سکتے۔ڈاکٹر ضامن علی حسرت نے تحریک آزادی میں اردو شعراء کا کردار میں جن اردو شعراء نے تحریک آزادی میں حصہ لیا اور اس کا جگن ناتھ آزاد کی شاعری میں تصوف کی روشنی میں شعری حوالوں سے تصور کی نشاندہی کی ہے ہمہ اوست سب کچھ خدا ہے کا تصور ملتا ہے۔

عابد حسین گنائی نے فیض احمد فیض کی حبیہ شاعری میں یہ بتلانے کی کوشش کی ہے کہ فیض نے جیل کے زمانے کی جو شاعری کی ہے وہ فنی شہہ پارے ہیں۔اور عوام کے مختلف طبقعات سے قریب ہوئے ہیں ویسے فیض اشتراکی تحریک سے متاثر تھے انھوں نے روٹی کپڑا مکان اور کمزور غریب محنت کشوں کے مسائل کو پیش کرتے رہے۔

سجاد احمد صوفی نے موضوع کا جادوگر احمد فراز میں ان کے شعری رویے فکر وفن پر گفتگو کی ہے۔ اور احمد فراز کو عشق کا شاعر بتلایا ہے اس کے علاوہ زندگی اور زمانے وانسانیت کی باتیں احمد فراز کے پاس مل جاتی ہیں فراز انسانی دکھ درد کو اپنا دکھ درد سمجھا ہے فیض ان کی شاعری وفن کے معترف ہیں۔ بلال احمد ڈار نے مولانا شبلی بہ حیثیت سوانح نگار میں مولانا نے جو سوانح عمری اسلامی ہیرو پر لکھی ہیں ان کو حوالوں سے تجزیہ کرتے ہوئے بیان کیا ہے۔شبلی علم کے دھنی تھے جہاں جائے علم کا حصول جاری رہتا ہے۔ زندگی وزمانے میں علم کو اہمیت دیئے۔ یہی ان کا خاصہ تھا۔نظیر احمد گنائی نے پروفیسر یوسف سرمست کی تنقید نگاری کا مجموعی جائزہ میں یوسف سرمست کو مختلف دلیلوں پر انھیں کے ساتھ ان کے تنقید کے منصب ومقام کو متعین کیا ہے کہتے ہیں۔

''غرض نظریاتی تنقید میں ادب کے جمالیاتی پہلوؤں کے کی تلاش وجستجو کے ساتھ ساتھ تاثرات کے شدت سے اظہار کوضروری خیال کرتے ہیں۔ساتھ ہی مصنف کے عہد اس کے نفی اثرات اس کے عہد کے حاملات اور ماحول کے علاوہ تہذیبی واخلاقی قدروں پر بھی زور دیتے ہیں علاوہ ازیں انھوں نے نفسیاتی عوامل کی اہمیت کو بھی تسلیم کیا ہے۔''

مزید کہتے ہیں۔

''یوسف سرمست کی تنقید میں وضاحت وصراحت ہے وہ نظریاتی تنقید ہو یا عملی تنقید اپنے مطالعات میں اپنی آواز کو مدلل اور وضاحت کے ساتھ پیش کرتے ہیں۔شارب ردولوی نے کہا کہ یوسف سرمست ترقی پسند تحریک کے عظیم نقادوں میں شمار ہوتے ہیں۔ڈکٹر رفیعہ نسیم نے ادبی صحافت کے فروغ میں حیدرآبادی خواتین کا حصہ میں حیدرآباد سے شائع ہونے والے رسالے جوخواتین سے وابستہ تھی۔ان میں قابل ذکر صغرا بیگم ہمایوں مرزا۔النساء۔معلم نسواں۔محبّ حسین۔خاتون دکن۔صالحہ الطاف حسین۔قلم کار۔احمدی بیگم۔شعور دوماہی۔مغنی تبسم اور اختر جہاں۔شعر وحکمت سہ ماہی۔جنوری ۱۹۷۰ء اختر جہاں ہیں۔

ڈاکٹر بانو سرتاج ادب اطفال اہمیت اور تقاضے میں بچوں کے ادب پر تفصیل سے عکاسی کی ہے ادب اطفال کی تعریف منی بیان کی ہے انگریزوں کے حوالے سے بات کی اور کہتی ہیں کہ بچوں کا ادب کے لئے بچے بن جائیں تب اچھا ادب تخلیق ہوتا ہے۔غزلوں میں رحمان جامی۔جمیل نظام آبادی۔محمد محبوب خان۔افسر عثمانی۔مختار ٹونکی۔محمد خان کی غزلیں شامل ہیں اور عصری حالات وحوادث کو موضوع بنایا ہے۔۸۲ صفحات کا یہ شمارہ گوشہ علامہ اقبال کے مضامین۔گوشہ خواتین۔گوشہ اطفال۔حصہ نظم پر مشتمل ہے۔میں صدر نشین وسکریٹری کو صمیم قلب سے مبارک باد دیتا ہوں ایسا معیاری رسالہ وشمارہ شائع کیا ہے۔

☆

قومی زبان۔ مئی جون۔ ۲۰۱۹ء

ریاست تلنگانہ کی اردو اکیڈیمی حیدرآباد کی جانب سے ماہنامہ قومی زبان برسوں سے نکل رہا ہے لیکن محمد رحیم الدین انصاری نے جو اس کے نگران کار ہیں نے ماہ مئی جون ۲۰۱۹ء کے شمارے کا گٹ اپ اور سٹ تبدیل کر کے اسکو ملٹی کلر آرٹ پیپر پر شائع کر رہے ہیں۔ اس شمارے کے نگران کار محمد رحیم الدین انصاری صدر نشین تلنگانہ اسٹیٹ اردو اکیڈیمی۔ مدیر محمد عبدالوحید آئی ایف ایس ریٹائرڈ۔ ڈائرکٹر سکریٹری تلنگانہ اسٹیٹ اردو اکیڈیمی ناشر و طابع تلنگانہ اسٹیٹ اردو اکیڈیمی ترتیب وتزئین محمد ارشد زبیری۔ کمپوزنگ ڈیزائننگ محمد منہاج الدین قابل ذکر ہیں۔ قومی زبان کا یہ شمارہ اردو دنیا نئی دہلی کے نہج پر نکل رہا ہے اس کا گٹ اپ اور سٹ اپ کے علاوہ رسالہ کا شمارہ بہت خوبصورت محسوس ہو رہا ہے۔ شاید ہی جنوبی ہند میں اس نوعیت کا رسالہ نکلتا ہو۔

ہم کلامی کے عنوان سے اداریہ لکھا گیا ہے جس میں تعلیم اور علم کی اہمیت کو واضح کیا ہے اور علم حاصل کرنے کی تلقین کی ہے ساتھ ہی اردو کے فروغ کے لئے سب کو آگے آنے کی بات کی ہے۔ اپنی بات میں چیرمین اردو اکیڈیمی محمد رحیم الدین انصاری نے قومی زبان اور روشن ستارے کی اجرائی پر روشنی ڈالتے ہوئے اردو اکیڈیمی کی اسکیمات پر تفصیلی بات کی ہے ڈاکٹر عقیل ہاشمی نے عہد آصف جاہی میں تصوف کی روایت اور صفی شعراء کے اشعار سے تصوف کی تشریح وتعبیر کی ہے بہت سارے حیدرآباد دکن کے شعراء کے حوالے سے تصوف کو بیان کیا ہے۔

پروفیسر مجید بیدار نے دکن کے علاقوں کا تعین میں دکنی کی اصل سے بحث کی ہے اور دکن کے حدود وار بعہ بتلاتے ہیں کہ دکن کے قدیم علاقے۔ وغیرہ پر روشنی ڈالی ہے۔ ڈاکٹر اسلم فاروقی نے عزیز احمد کا ناول شبنم ایک مطالعہ میں عزیز احمد کے ناولوں کا تعارف پیش کرتے ہوئے شبنم ناول کا تجزیہ کیا ہے یہ ناول دراصل عثمانیہ یونیورسٹی کے ایک لیڈی پروفیسر شعبہ اردو کے پس منظر میں لکھا گیا ہے۔ ڈاکٹر عرشیہ جبین نے یوسف ناظم منفرد مزاحیہ انداز کا ادیب میں یوسف ناظم کے فکر وفن اور ادبی خدمات کا احاطہ کیا ہے ڈاکٹر شاہانہ مریم شان نئی دہلی نے عصمت چغتائی اور نیا ادبی رجحان میں عصمت کی فکشن

میں انفرادیت قائم کرنے کی کوشش کی ہے۔ ڈاکٹر حارث حمزہ نون نے کشمیر میں مسند اقبال تاریخ کے آئینے میں علامہ اقبال کی کشمیری زندگی اوران کے کلام کی تشریح کی ہے کشمیر میں اقبال کے فکروفن کے تجزیہ کے لئے ایک اقبال چیر قائم کی گئی۔ ڈاکٹر عبدالمغنی صدیقی نے مغلیہ سلطنت ۱۷۰۷ء سے نادر شاہ کے حملے تک مغل دور کے تاریخی حالات کا احاطہ کیا ہے۔ محمد خوشتر نے آل انڈیا ریڈیو حیدرآباد کی اردو نشریات کا مکمل تعارف تاریخ بیان کی ہے طٰہٰ آفندی کا افسانہ راج نیتی میں سیاست کے داؤ پیچ کو پیش کیا ہے۔ سماج میں سیاست سے کیسا انتشار پیدا ہوتا ہے اس پر روشنی پڑتی ہے۔ حنیف سید نے ہیں کہاں بچوں کے سب۔ صفیر تمکین قرض خواہ آخری صفحات پر عثمان علی خاں، شاذ تمکنت۔ فاروق شکیل، خواجہ شوق، بلال عارف۔ محسن جلگانوی۔ سردار سلیم، صلاح الدین نیر۔ مومن خاں شوق کی غزل شامل ہیں۔ ۸۲ صفحات پر مشتمل ہے۔

☆

قومی زبان ماہنامہ جولائی ۲۰۱۹ء

قومی زبان کا پہلا شمارہ جو آرٹ اور ملٹی کلر میں شائع ہوا، مئی جون ۲۰۱۹ء کا تھا، جناب محمد رحیم الدین انصاری جب سے صدر نشین اردو اکیڈمی کے عہدہ پر فائز ہوئے ہیں۔ اختراعی اسکیمات جو انکے ذہن کی ہیں پر عمل کرنا شروع کیا ہے اردو سکھانے کے مراکز، بچوں کے لئے روشن ستارے، قومی زبان آرٹ پیپر و ملٹی کلر، اضلاع میں اردو سمینار اور اردو زبان اور ہماری ذمہ داریاں، کل ہند مشاعرہ اب تک تین اضلاع میں نظام آباد۔ محبوب نگر۔ ورنگل میں منعقد کئے جا چکے ہیں۔ اردو اکیڈیمی کو چاہئے کہ وہ اردو کی بنیادی اور اساسی تعلیم و تربیت پر توجہ دے، اور اردو سیکھنے والوں کو ماہانہ اردو اکیڈیمی سے اسکالر شپ دیں۔ اور ایک عالمی سمینار و مشاعرہ حیدرآباد میں منعقد کریں۔ اردو اکیڈیمی کو مزید حرکیاتی بنانا ہوگا۔ اور سکریٹری کا مستقل تقرر کریں اردو مزاج و مذاق کے حامل سکریٹری ہونا چاہئے۔ یہ رسالہ علمی۔ ادبی۔ لسانی۔ فنی و سائنسی نوعیت کا ہے۔ اس میں تنقیدی۔ تحقیقی اور ادبی تخلیقات نظم و نثر شائع ہوتے ہیں۔ سرورق پر وزیر اعلیٰ ریاست تلنگانہ کے سی آر کی تصویر اور تلنگانہ کے ہنر خواب کی تعبیر کالیشورم لفٹ اریگیشن پراجکٹ جو عصری ٹکنالوجی کے استعمال سے بنایا گیا ہے تصویر شائع کی ہے۔ اس کا ISSNo2321-4627 ہے۔ بی شفیع اللہ آئی ایف ایس ایڈیٹر نے ہم کلامی عنوان کے اداریہ میں قلمی معاونین کا تعارف مشمولات کی تفصیل پیش کی ہے۔ محمد رحیم الدین انصاری صدر نشین تلنگانہ اسٹیٹ اردو اکیڈیمی نے اپنی بات میں اردو اکیڈیمی کی نئی اسکیمات پر عمل پیرا ہونے کا عزم ظاہر کیا ہے۔ جن میں نئی نسل کو اردو زبان سکھانا ہے۔ مدارس کو موجودہ دور کے حساب سے نئی ٹکنالوجی سے ہم آہنگ کرنا شامل ہے۔ صفحہ ۶ پر مرزا غالب کی غزل بس کہ دشوار ہے ہر کام کا آساں ہونا۔ آدمی کو بھی میسر نہیں انسان ہونا۔ پوری غزل شائع کی گئی ہے۔

ڈاکٹر سید داؤد اشرف نے مولانا ظفر علی خاں کا ترجمہ۔ خیابان فارسی کئی اعتبار سے اہم اور یاد رکھنے کے قابل کتاب ہے۔ لارڈ کرزن کی کتاب انگریزی میں ایران ہے اس کا ترجمہ خیابان فارس ظفر علی خاں نے کیا ہے۔ علامہ اعجاز فرخ جوش ملیح آبادی۔ راس بھی دو دن زمانے کی ہوا آئی تو کیا میں

حیدرآباد میں جوش کی ادبی سرگرمیاں اور روز وشب کی مصروفیات اور حکومت شاہی عتاب کی تفصیلی باتیں بیان کی ہیں مضمون مرصع اور معلوماتی ہے۔محمد ضیاء الدین نیر نے اقبال کی شاعرانہ شخصیت میں ان کی نظموں کے اشعار کی تشریح وتعبیر کرتے ہوئے اقبال پر بھرپور مضمون معلوماتی لکھا۔وہ مشہور رسالہ شاعر کا حوالہ دیتے ہوئے لکھتے ہیں کہ شاعر کا اقبال نمبر ۱۹۸۸ء میں ۶۸۰ سے زائد صفحات پر مشتمل شائع ہوا جس کے عنوانات اس طرح سے ہیں۔اقبال کی تاریخ ولادت۔اقبال کے والد کا نام۔بڑی شاعری۔ اقبال کے تہذیبی رویے۔اقبال خطبات اور شاعری۔اقبال اور قادیانیت۔اقبال اور احمدیت۔اقبال کا ادبی وتنقیدی شعور۔۱۹۸۶ء کا اقبالیاتی ادب ان نو مضامین میں صرف جگن ناتھ آزاد کا مضمون اقبال خطابت اور شاعری اقبال کے فن سے متعلق ہے ماہر اقبالیات عالم خوندمیری کی کتاب کشش اور گریز ۹ مضامین پر مشتمل ہے (۱) انسانی تقدیر اور وقت (۲) فکر اقبال میں شخصیت تقدیر اور وقت (۳) اقبال کے شاعرانہ عرفان کے آئینہ میں۔(۴) جاوید نامہ کا فکری پس منظر (۵) اقبال تصوف۔کشش اور گریز علامت وروایت شامل ہیں۔ڈاکٹر محمد جلگانوی نے ناصر کاظمی نئی شاعری کی نمائندہ آواز میں ناصر کے فکر وفن اور شعری رویہ پر تفصیلی مضمون لکھا ہے۔اور تقسیم المیہ پر اشعار کی تشریح کی ہے۔ناظم علی نے آل احمد سرور بہ حیثیت دانشور میں ان کی تخلیقات اور فکر وفن پر بحث کی ہے۔ڈاکٹر ضامن علی حسرت پروفیسر حبیب ضیاء نامور محقق۔ممتاز طنز ومزاح نگار میں ان کی نثری خدمات کا جائزہ پیش کیا ہے۔ڈاکٹر محمد انور الدین نے مثنوی پنچھی باچھا میں مذہبی تعلیمات کا جائزہ لیا ہے اور اشعار کے حوالے سے تلمیحات کی نشاندہی کی ہے۔

مثلاً : نوح کے طوفان سے گر ڈوبا جہاں
کیا کمی ہوگئی ہوا کیا کم وہاں

حضرت سید عبداللہ شاہ صاحب کی اردو ادبی خدمات میں ڈاکٹر حافظ محمد صابر پاشاہ قادری نے شاہ صاحبہ کی زندگی۔روحانی فیض اور علمی ادبی خدمات کا ذکر کیا ہے۔ڈاکٹر سید احمد قادری نے راجندر سنگھ بیدی کی افسانہ نگاری۔ہلال احمد شاہ نے پریم چند کے افسانوں میں قومی یکجہتی کا تصور۔راجندر سنگھ بیدی کا افسانہ بھولا شائع کیا ہے۔ابراہیم جلیس کا افسانہ الٹی قبر۔لمحوں نے خطا کی تھی افسانے کے تحت شامل شمار ہے۔رپورتاژ فروغ اردو اور ہماری ذمہ داریاں ڈاکٹر محمد اسلم فاروقی نے محبوب نگر میں منعقدہ سمینار ومشاعرہ کی رپورٹ پیش کی ہے۔مقالہ جات سمینار میں تلنگانہ میں اردو کا فروغ مسائل اور

امکانات ڈاکٹر محمد عبدالعزیز سہیل، فروغ اردو زبان ایک جائزہ، ڈاکٹر بشیر احمد تبصرہ رسالہ روشن ستارے۔ مبصر ڈاکٹر محمد اسلم فاروقی۔ حصہ نظم میں غزلیں، رحمٰن جامی۔ ڈاکٹر سلیم عابدی۔ ثلاثیاں غزل۔ جمیل نظام آبادی۔ انجم شافعی۔ حلیم بابر۔ محمد شاہد پٹھان۔ کوکب زکی۔ کشور سلطانہ شامل وقابل ذکر ہیں۔ ۸۲ صفحات کا یہ شمارہ اپنے اندر ادبی صفات لئے ہوئے ہے۔

قومی زبان اکتوبر ۲۰۱۹ء

تلنگانہ اسٹیٹ اردو اکیڈیمی کا علمی ادبی لسانی فنی وسائنسی جریدہ حیدرآباد سے شائع ہورہا ہے، ٹائیٹل صفحہ کے بعد دوسرے صفحہ پر شاعر مشرق علامہ اقبال کی تصویر مع نظم پیام صبح شائع کی گئی ہے۔ جس میں صبح کی کیفیت کو بیان کیا گیا ہے۔ اور پیام صبح میں انسانوں کو حرکت وعمل کی ہدایت ملی ہے۔ اس ماہ نامہ کے شمارہ کا جلد ۴ رشمارہ ۱۰ ہے۔ سرپرست محمد رحیم الدین انصاری صدرنشین تلنگانہ اسٹیٹ اردو اکیڈیمی ایڈیٹر شاہنواز قاسم آئی پی ایس ڈائرکٹر رسکریٹری تلنگانہ اسٹیٹ اردو اکیڈیمی ہے۔ مدیر شاہ نواز قاسم ناشر وطابع شاہنواز قاسم ترتیب وتزئین محمد ارشد مبین زبیری، سرورق سید مجیب الدین طباعت طہ انٹرپرائزس ریڈ ہلز حیدرآباد شائع ہے۔ ہم کلامی کے عنوان کے تحت اداریہ لکھا گیا ہے جس میں مشمولات ومضمون نگاری کی اہمیت عظمت اور تعارف پیش کیا ہے۔ مضامین میں عبداللہ قطب شاہ پروفیسر محمد علی اثر روشن ضمیر نعت گو پروفیسر محمد علی اثر۔ ڈاکٹر فرحت حسین خوشدل ہندوستان کی آزادی میں اردو زبان وصحافت کا حصہ سید اسرار الحق سبیلی بابائے تعلیم سرسید احمد خاں۔ واجد علی خاں۔

حضرت سید یحییٰ پاشاہ قادری حاذق۔ ڈاکٹر حافظ صابر پاشاہ قادری۔ ناول نرملا ہندوستانی عورت کی مظلومیت کا المیہ ڈاکٹر حکیم رئیس فاطمہ، نسیمہ تراب الحسن کی خاکہ نگاری، نذیر احمد غنائی، ترقی پسند تحریک میں اردو نظم کا دستور، عبدالرزاق۔ یادرفتگان۔ طنز ومزاح کے نامور شاعر حضرت غوث خواہ مخواہ سے ایک یادگار انٹرویو ڈاکٹر ضامن علی حسرت، فرد حکمت کا امین حسرت عمیر مبین مضطر مجاز۔ محبوب خان اصغر۔ فسانہ۔ نفس امارہ۔ علی عباس حسینی۔ طنز ومزاح۔ صلہ اعزاز کا۔ ڈاکٹر معین افروز، حصہ نظم غزلیں، ڈاکٹر قطب سرشار۔ ڈاکٹر محسن جلگانوی، شفیع اقبال۔ ذعیم ذومرہ شامل ہیں۔ ۸۲ صحافت کا یہ شمارہ غزل۔ افسانہ اور مضمون لئے ہوئے ہے۔

☆

رسالہ قومی زبان نومبر ۲۰۱۹ء

تلنگانہ اسٹیٹ اردو اکیڈیمی ریاست تلنگانہ کا رسالہ قومی زبان ۱۹۶۳ء میں جناب چندر سریواستو کی ادارت میں انجمن تحفظ اور آندھراپردیش کی جانب سے شائع کیا جاتا تھا اور یہ برصغیر میں کافی مقبول ہو چکا تھا مدیر کی مصروفیات کی وجہ سے اس کی اشاعت مسدود ہو گئی۔ بعد میں اس کی اشاعت کی ذمہ داری اردو اکیڈیمی آندھراپردیش کے تفویض کی گئی یہ ابتداء میں اردو اکیڈیمی کی جانب سے خبرنامہ کے طور پر شائع ہوتا رہا۔ اس میں اردو اکیڈیمی کی سرگرمیوں سے تعلق سیاسی ادبی واقعات شائع کئے جاتے رہے یہ سلسلہ ۱۹۷۹ء سے مئی ۱۹۸۱ء تک رہا۔ اس کے بعد اس کو باقاعدہ ادبی جریدے کے طور پر جون ۱۹۸۱ء سے شائع کیا جانے لگا۔ اس کے پہلے شمارہ کے ایڈیٹر جناب چندر سریواستو تھے۔ اور اس کے سرپرست مولانا حافظ ابو یوسف تھے اس کی مجلس مشاورت بھی تشکیل دی گئی جس میں حسینی شاہد اعجاز قریشی۔ اکرام جاوید۔ اختر حسن شامل تھے۔ قومی زبان بلاناغہ اردو زبان وادب کی ترجمانی ترویج واشاعت کر رہا ہے لگ بھگ ۵۶ سال سے اردو زبان وادب کی بے پایاں و بے لوث خدمت انجام دے رہا ہے جو بنا کسی رکاوٹ کے ماہ بہ ماہ جاری وساری ہے۔ اس سے عام شماروں کے علاوہ کئی ایک ادیب وشعراء پر گوشہ اور نمبر نکالے ہیں۔ اور یہ سلسلہ آج بھی چل رہا ہے۔

زیر نظر شمارہ نومبر ۲۰۱۹ء کا ہے جس کا جلد نمبر ۴ شمارہ ۱۱ ہے۔ سرپرست محمد رحیم الدین انصاری صدرنشین تلنگانہ اسٹیٹ اردو اکیڈیمی مدیر شاہنواز قاسم آئی پی ایس ڈائرکٹر رسکریٹری تلنگانہ اسٹیٹ اردو اکیڈیمی ہیں اس کے ناشر وطابع شاہنواز قاسم، ناظم رمعتمد اسٹیٹ اردو اکیڈیمی، ترتیب وتزئین محمد ارشد زبیری، سرورق سید مجیب الدین۔ طباعت طہ انٹر پرائزس ریڈ ہلز حیدرآباد قیمت ۱۵ر روپے۔ مبادلہ ۱۵۰ر روپے سالانہ مقرر ہے۔ اس کا ISSN2321-4627 ہے۔ اس رسالہ اداریہ ہم کلامی کے عنوان سے شاہنواز قاسم آئی پی ایس نے لکھا ہے۔ جس میں شمارہ کی اشاعت غرض وغایت، اور مقصد کے علاوہ مضامین لکھنے والے قلم کاروں کا مجمل تعارف پیش کیا ہے۔ اور مشمولات پر تنقیدی نظر ڈالی ہے اس کی افادت کو واضح کیا ہے۔ اس کی انفرادیت اس لحاظ سے ہے کہ اس میں نومبر کے ماہ میں پیدا ہونے

والے ادیبوں۔شعراء۔مدیر۔دانشوروں کو یکجا کر کے ان پر مضامین جمع کر کے شائع کیا ہے۔صفات کی کمی کی وجہ سے مزید ادیبوں وشعراء کو شامل نہیں کیا گیا ہے۔ابتداء میں مولانا اسماعیل میرٹھی کی حمد باری تعالیٰ شامل شمارہ ہے۔جو عوام میں زبان زد خاص وعام ہے۔

تعریف اس خدا کی جس نے جہاں بنایا
کیسی زمیں بنائی کیا آسماں بنایا

اس کے ہر مضمون میں شعراء وادباء کی سنین پیدائش ووفات دی گئی ہے۔

اسماعیل میرٹھی ۱۲ نومبر۔۱۸۴۴ء تا ۱۹۱۷ء

اکبر الہ آبادی۔۱۶ر نومبر ۱۸۴۶ء

بابائے اردو مولوی عبدالحق ۱۶ر نومبر ۱۸۷۰ء

علامہ اقبال اور جگن ناتھ آزاد۔۹ر نومبر ۱۸۷۷ء تا ۱۹۳۸ء

علامہ سید سلیمان ندوی۔۲۲ر نومبر ۱۸۸۳ء

مولانا ابوالکلام آزاد ۱۱ر نومبر ۱۸۸۸ء

سجاد ظہیر ۴ر نومبر ۱۹۰۷ء　　علی سردار جعفری ۲۹ر نومبر ۱۹۱۳ء

کرشن چندر ۲۳ر نومبر ۱۹۱۴ء　　احمد ندیم قاسمی ۲۰ر نومبر ۱۹۱۶ء

یوسف ناظم ۷ نومبر ۱۹۲۱ء　　پروین شاکر ۲۴ر نومبر ۱۹۵۲ء

اس طرح ۱۲ر اردو کے شعراء ادیبوں وادنشوروں پر اردو کے مدیروں ودانشوروں نے مضامین تحقیق وتنقیدی انداز سے لکھے ہیں۔

اس کے مشمولات پر غور کرنے سے آپ کو اندازہ ہو جائے گا۔تبصرہ کی ضخامت کی وجہ سے تجزیہ ومحاکمہ نہیں کیا جارہا ہے۔کیونکہ سب ہی مضامین میں شامل ادیبوں وشعراء کی تخلیقات۔حیات۔فکر وفن سے بحث ملتی ہے۔ان کی حیات اور ادبی خدمات کو بیان کیا گیا ہے۔جن میں قابل ذکر اسمٰعیل میرٹھی کی نظم بارش کا پہلا قطرہ کی عصری معنویت از ڈاکٹر اسلم فاروقی۔اکبر الہ آبادی کا لہجہ جرأت وظرافت۔ڈاکٹر قطب سرشار بابائے اردو مولوی عبدالحق کے تحقیقی کارنامے ڈاکٹر احتشام الدین خرم علامہ اقبال اور جگن ناتھ آزاد، ڈاکٹر عقیل ہاشمی، اقبال کی شخصیت اور شاعری کے منفرد پہلو ہلال احمد ڈار، علامہ سید سلیمان ندوی کا تاریخی شعور، مفتی تنظیم عالم، مولانا ابوالکلام آزاد کے عہد کا ہندوستانی سماج پروفیسر مجید بیدار،

مولانا ابوالکلام آزاد کی نثر نگاری، پرشوتم سنگھ، سجاد ظہیر کی یاد، ڈاکٹر فضل اللہ مکرم، سردار جعفری ظہور ذات وصفات کا شاعر، ڈاکٹر مسعود جعفری، کرشن چندر کے افسانوں میں موسیقی کا صورت وآہنگ ڈاکٹر حبیب نثار، کرشن چندر کا رپورتاز اور حیدر آباد کی یادیں ڈاکٹر محمد ابرار الباقی، احمد ندیم قاسمی حقیقت پسند افسانہ نگار، محمد ارشد مبین زبیری، شگفتہ نثر کے خالق یوسف ناظم، از ڈاکٹر ناظم علی، خواب اور خوشبو کی شاعرہ پروین شاکر، صابر علی سیوانی، پروین شاکر کی غزل شائع کی گئی ہے۔ ۹۰ صفحات کا یہ رسالہ کا شمارہ منفرد ہے۔ آئندہ بھی اس نہج ونوعیت کا شمارہ شائع کریں کیونکہ ہر ماہ میں اردو زبان وادب کے ادیب وشاعر پیدا ہوئے ہیں اس قسم کے شمارے کے مشمولات اور اسکالر نو آموز محقق کے لئے سود مند ثمر آور ثابت ہونگے۔ ایسے شماروں کے اجراء سے زبان وادب میں اضافہ ووسعت پیدا ہوگی۔ ابتداء میں اردو اکیڈیمی کے ایوارڈ کی رپورٹ شائع کی گئی ہے۔ جن میں محدوم، ابوا کلام اور کارنامے حیات۔ بسٹ ٹیچر ایوارڈ شامل ہیں۔

☆

رسالہ قومی زبان ڈسمبر ۲۰۱۹ء

ریاست تلنگانہ کا ماہنامہ قومی زبان جو لگ بھگ اردو اکیڈیمی ریاست تلنگانہ کی جانب سے برسوں سے نکل رہا ہے یہ ماہنامہ تلنگانہ اسٹیٹ اردو اکیڈیمی کا علمی۔ادبی لسانی۔فنی وسائنسی جریدہ ہے۔ حیدرآباد سے شائع ہو رہا ہے۔اس کا ISSN نمبر 2321-4627 ہے۔جلد۴/شمارہ۱۲/ماہ ڈسمبر ۲۰۱۹ء کا ہے۔اس کے سرپرست محمد رحیم الدین انصاری صدرنشین تلنگانہ اسٹیٹ اردو اکیڈیمی ایڈیٹر شاہنواز قاسم آئی پی ایس ڈائرکٹر/سکریٹری تلنگانہ اسٹیٹ اردو اکیڈیمی ہیں،شاہنواز قاسم آئی پی ایس کی نگرانی میں آخری شمارہ ہے اس کے بعد جنوری ۲۰۲۰ء سے اس کے ڈائرکٹر سکریٹری محمد غوث فائز ہو گئے ہیں۔سرورق کے ابتداء کا صفحہ میں جناب کپلا ایشور عزت مآب وزیر برائے شیڈول کاسٹس ڈیولپمنٹ اقلیتی بہبود و بہبودی سینئر سٹیزن حکومت تلنگانہ اور جناب محمود علی عزت مآب وزیر داخلہ مجالس وفائر سرویسیز حکومت تلنگانہ نے کرسمس کے موقعہ پر حکومت کی جانب سے منعقد ہونے والی ڈنر پارٹی اور دیگر سرگرمیوں کو تصویروں کے ذریعہ ظاہر کیا گیا ہے۔اس کے مدیر شاہنواز قاسم۔ناشر وطابع شاہنواز قاسم۔ ترتیب وتزئین محمد ارشد مبین زبیری،سرورق سید مجیب الدین،طباعت طہ انٹر پرائزیس ریڈ ہلز حیدرآباد مبادلہ ماہانہ ۱۵/روپے مبادلہ سالانہ ۱۵۰/روپے ہیں۔ہم کلامی کے عنوان سے اداریہ شاہ نواز قاسم نے لکھا ہے جس میں مشمولات ومضامین لکھنے والوں کا مختصر مگر جامع تعارف پیش کیا ہے۔ڈاکٹر امیر علی نے حضرت امیر خسرو شخصیت اور شاعری میں ان کی ادبی خدمات اور صوفیانہ نظریات ومسالک پر روشنی ڈالی ہے۔مجید صدیقی نے عصر حاضر اور ڈاکٹر علامہ اقبال میں ان کے اشعار کے حوالے سے تفسیر وتشریح سے اپنی بات کو پیش کیا ہے۔پروفیسر اسلم جمشید پوری غیر افسانوی اور نثر چند معروضات میں سب کچھ غلط سلط کر دیا ہے۔خاکہ۔سفرنامہ۔انشائیہ۔سوانح۔رپورتاژ۔طنز ومزاح۔مضامین۔خطوط۔ڈائری۔ صحافت۔تنقید۔تحقیق کے اصولوں سے بحث کی ہے۔اور انھوں نے یہ بھی لکھا ہے کہ سفرنامہ میں انشائیہ ۔خاکہ کا شائبہ ہوتا ہے۔اور انشائیہ سوانح میں سفرنامہ کی جھلکیاں ہیں۔وزیر آغا نیر مسعود نے انشائیہ کے اجزاء کے تعلق سے بہت بحث کی ہے۔مذکورہ اصناف کو صنف میں شامل کیا گیا ہے۔لیکن صنف کے

تقاضے اصول واجزائے ترکیبی ابھی تک مرتب نہیں ہوتے ہیں۔ ان مسائل پر اردو زبان وادب کے دانشور غور کرنا چاہئے۔ کسی بھی صف کے غزل اور مرثیہ قصیدہ کی طرح اجزائے ترکیبی ندارس ہیں نہ مدون ترتیب دیئے گئے ہیں۔ مذکورہ اصناف بغیر اصولوں اور اجزاء کے لکھے جارہے ہیں اس لئے تو آج تک آب حیات محمد حسین آزاد کی تصنیف ملحق معلق ہے اس کو کس صنف میں شمار کریں گے۔ بعض لوگ کہتے ہیں یہ ادبی تاریخ ہے۔ بعض تو تذکرہ۔ تو بعض تاریخ اور تذکرہ کے درمیان کی کڑی ہے۔ اس لئے اصناف کو اس کے مواد۔ شکل وصورت سے پہچانا جارہا ہے باقاعدہ باضابطہ اصول مدون نہیں ہوتے ہیں۔

اگر اجزائے ترتیبی مرتب ہوجائیں تو مذکورہ اصناف بھول بھلیاں بن جانے سے جاتے ہیں۔ ڈاکٹر سید سرار احمد نے امیر مینائی اور نعت میں ان کا مقام متعین کرنے کی کوشش کی ہے ڈاکٹر محمد عظمت اللہ خاں احساس نے سید شاہ شیخین احمد قادری الشطاری کامل کی حیات اور شاعری میں محاورہ کی کھل کر نشاندہی کی ہے اور اشعار کی تشریح کی ہے۔

ڈاکٹر خلیل مجاہد ریسرچ گائیڈ شعبہ اردو گلبرگہ یونیورسٹی سے کرناٹک نے افسانہ کفن کا تنقیدی جائزہ لیا ہے اس کو کئی ایک زبانوں میں ترجمہ کیا گیا ہے۔ افسانہ کفن دراصل ایک گاؤں کے خاندان کی کسمپرسی اور غربت اور غریبی کو بتلایا گیا ہے۔ پہلی زچگی لڑکی کے ماں باکرتے ہیں ایسی روایات کا ذکر ضروری نہیں افسانہ نگار کو کہانی بیان کرنا مقصود ہے نہ کہ روایات ویسے گاؤں میں غریب۔ ہریجن گریجن خاندان کی حالت بہت خستہ ہوتی ہے ان کا کوئی نہیں ہوتا۔ رشتہ دار بھی نہیں ہوتے۔ وہ مہاجن سیٹھ ساہوکاروں کے رحم وکرم پر جیتے ہیں۔ ان کو سماجی مرتبہ بھی نہیں ملتا۔ دروازہ میں پڑوس کے لوگ بھی نہیں آتے۔ گھیسو مادھو میں اتنا شعور کہاں شعور ہوتا تو دردر کی ٹھوکریں کیوں کھاتے۔ کہانی مؤثر سبق آموز ہے اگر انسان ایک ٹھوکر میں نہیں سنبھلا تو عمر بھر پریشان رہتا ہے۔ بہر حال مضمون نگار کی سوجھ بوجھ کے مطابق ان کی بات بھی صحیح ہے دیہات میں غریب لوگوں کو کوئی پوچھتا ہی نہیں۔ بڑے لوگ چھوٹے لوگوں کا ہمیشہ استحصال کرتے ہیں۔ لیکن پریم چند کے مضمون میں اعتراض نہیں ہونا چاہئے امرناتھ راہ گیر نے دہلی میں جدید اردو افسانے کا رجحان میں دہلی سے وابستہ افسانہ نگاروں نے افسانوں کا حوالے واقتباس دیتے ہوئے ان کا تنقیدی تجزیہ بھی کیا ہے۔ شازیہ رئیس ریسرچ اسکالر شعبہ اردو علی گڑھ مسلم یونیورسٹی علی گڑھ اتر پردیش نے ترقی پسند تحریک کے ایک اہم نقاد احتشام حسین کا رنگ تنقید اور تنقیدی عمل

میں ان کا رویہ پر تفصیل سے بحث کی ہے۔ احتشام حسین نے کارل مارکس کی Das Kapital پڑھی تھی انھوں نے مارکسی نظریات کو اپنانا شروع کیا اوراس لئے ترقی پسند عناصران کی تنقید میں در آئے وہ کہتی ہیں۔

''وہ مارکس کے اشتراکی نظریے سے متاثر ہیں لیکن اس کا مطلب نہیں ہے کہ ان کی تنقید طبقاتی کشمکش اور ذرائع پیداوار کے اعداد وشمار پر مبنی ہوتی ہے۔ وہ ادب میں تاریخی حقیقت۔ مادیت۔ جمالیاتی حسن۔ تاثراتی لکشی۔ نفسیاتی دروں بینی اور زندگی کی جدلیاتی حقیقت کو دیکھ کر اس کے اقدار کا یقین کرتے ہیں ان کے تنقیدی اسلوب میں شعور کی پختگی اور فلسفیانہ تفکر کی گہرائی ملتی ہے۔ اسطرح ان کے تنقیدی نظریہ میں گہرائی۔ توازن ملتا ہے۔ سید عبدالعزیز نے کتب خانہ اسلامیات۔ مکہ مسجد میں موجود کتب اور مخطوطات اور کتابوں کی تفصیل دی ہے اس کتب خانہ کی غرض وغایت اور کب قائم ہوا لکھا ہے۔

سرور علم ہے کیف شراب سے بہتر۔ کوئی رفیق نہیں ہے کتاب سے بہتر

عابد حسین گنائی نے بانو قدسیہ کے افسانوں میں نفسیاتی عناصر میں بانو قدسیہ کے افسانوں کا تجزیہ وتشریح وتنقیدی تبصرہ کیا ہے۔ عرشیہ بدنے تہنیت النساء تہنیت کی نعت گوئی پر مضمون میں ان کی زندگی۔ خاندان۔ شجرہ حسب نسب کو موضوع بناتے ہوئے انکی نعتوں کی تشریح وتعبیر اور فن پر روشنی ڈالی ہے۔ یہ پہلی خاتون نعت نویس ہے۔ طنز ومزاح دائرہ عابدہ محبوب۔ انشائیہ تصویر کے بدلتے انداز۔ اقبال مجید اللہ۔ معاشرت ایک نئ روش جس کا تدارک ضروری ہے۔ شاہانہ اقبال۔ حصہ نظم میں انجم شافعی۔ ڈاکٹر رؤف خیرؔ سید مسرور عابدی۔ جمیل نظام آبادی کی غزلیں شامل ہیں۔ ۸۴ صفحات کا یہ شمارہ اپنے اندر گوناں گوں صفات رکھتا ہے۔ مصور رسالہ ہے حکومت کی سر پرستی حاصل ہونے سے بلاناغہ اور باقاعدہ شائع ہو رہا ہے۔ اس میں تحقیق۔ اور تنقید اور دیگر قدیم وجدید اصناف پر مضامین شائع ہونا چاہئے۔

☆

قومی زبان ۲۰۲۰ء کا شمارہ

رسالہ قومی زبان ریاستی اردو اکیڈیمی کی جانب سے شائع ہو رہا ہے یہ علمی۔ادبی۔لسانی۔فنی وسائنسی جریدہ ہے اس کا آئی ایس ایس نمبر 23214627 ہے سرورق پر انڈیا گیٹ۔تاج محل۔قطب مینار کی تصویر کے ساتھ قارئین کو یوم جمہوریہ مبارکباد دی ہے۔اس شمارہ کا جلد نمبر۵/شمارہ ا/جنوری ۲۰۲۰ء ہے زیرنگرانی محمد رحیم الدین انصاری صدرنشین تلنگانہ اسٹیٹ اردو اکیڈیمی مدیر ڈاکٹر محمد غوث ڈائرکٹر/سکریٹری تلنگانہ اسٹیٹ اردو اکیڈیمی ناشر وطابع تلنگانہ اسٹیٹ اردو اکیڈیمی چوتھی منزل حج ہاؤز نامپلی حیدرآباد ۵۰۰۰۰۱ تلنگانہ،ترتیب وتزئین محمد ارشد مبین زبیری کمپوزنگ وڈیزائننگ محمد منہاج الدین قیمت ۱۵/روپے سالانہ ۱۵۰ روپے ہے۔۸۴ صفحات پر مشتمل ہے۔فون نمبر 040-23237810 ای میل quamizaban.tsu9215@gmail.com۔قومی زبان کی خریداری کے لئے چیک ڈرافٹ یا منی آرڈر بنام ڈائرکٹر/سکریٹری تلنگانہ اردو اکیڈیمی روانہ کریں اور وضاحت طلب امور کے لئے وہیں رابطہ فرمائیں۔قومی زبان میں شائع شدہ مضامین میں اظہار کردہ خیالات سے ادارہ کا متفق ہونا ضروری نہیں ہے۔صفحہ تین پر حسرت موہانی،منشی پریم چند،راجندر سنگھ بیدی،فیض احمد فیض کی تصویروں کے ساتھ فہرست مشمولات شائع کی ہیں۔ہم کلامی کے عنوان سے ڈاکٹر محمد غوث ناظم اردو اکیڈیمی نے اسکیمات پر عمل آوری اور دیگر اعلی افسران صدرنشین کا شکریہ ادا کیا کہ انھوں نے مجھ پر اعتماد کیا ہے۔

نیا سفر ہے نئی منزلیں بلاتی ہیں
مسافرو روش کارواں بدل ڈالو

اپنی بات کے عنوان سے محمد رحیم الدین انصاری صدرنشین تلنگانہ اسٹیٹ اردو اکیڈیمی رسالہ قومی زبان کی ہیئت وساخت پر روشنی ڈالتے ہوئے روشن ستارے بچوں کے رسالے پر اظہار خیال کیا، اور اردو کی اسکیمات پر عمل آوری کا اعلان کیا۔ پروفیسر قطب سرشار نے محمد رحیم الدین انصاری کے خاندانی سلسلے اور سیرت شخصیت کے ساتھ ان کے اردو کے ترقی کے تعلق سے کارناموں کو اجاگر کیا ہے۔

ڈاکٹر مسعود جعفری نے محمد بن تغلق عہد وسطی کا ایک منچلہ حکمراں میں محمد بن تغلق کی پالیسی اور کارناموں سے بحث کی ہے۔ ڈاکٹر رؤف خیر نے علم وادب کی مایہ ناز شخصیت حسن الدین احمد پر مضمون میں ان کی سیرت شخصیت کے مختلف پہلوؤں کو اجاگر کرتے ہوئے ادبی۔ سماجی۔ کارناموں کو بتلایا ہے۔ ڈاکٹر جعفر جری نے ڈاکٹر تقی عابدیے اور فیض شناسی پر روشنی ڈالی اور مختلف مشاہیر کی آراء وتبصروں پر اکتفاء کیا۔ ڈاکٹر رئیسہ بیگم ناز مقدمہ نگاری اور عبدالستار دلوی کی مقدمہ نگاری میں مقدمہ کے فن اور دلوی صاحب کی مختلف تصانیف میں مقدمہ نگاری کا تجزیہ محاکمہ کیا ہے کہتی ہیں۔

تقریظ۔ دیباچے۔ پیش لفظ۔ مقدمہ۔ یہ سب الفاظ بڑی حد تک مترادف ہیں ممکن ہے از روئے لغت ان میں بہت فرق ہو لیکن از روئے استعمال کو یہ ایک ہی سانچے ہیں جن میں پیش پا افتادہ باتوں۔ منصف کی تعریف۔ اور کتاب کی تعریف کو ڈھال کر کسی بھی کتاب کی ضخامت بڑھائی جاسکتی ہے۔ افکار عبدالحق ص ۱۲۔ محمد محبوب نے ہندوستان کا دستور ملک کی روح مضمون میں دستور کی خصوصیات، صفات اور ترمیمات پر روشنی ڈالی ہے۔

ڈاکٹر توصیف نے راجندر سنگھ بیدی کی فنکارانہ جہت افسانہ لاجونتی کے خصوصی حوالے سے اس افسانے کے فکر وفن اور تجزیہ ومحاکمہ کا احاطہ کیا ہے ریاض احمد وانی علامہ اقبال کی شاعری میں منظر نگاری میں اقبال کی نظموں میں فطرت ومنظر نگاری کے عنوان ونقش نقوش کو اجاگر کیا ہے وہ کہتے ہیں اقبال فطرت نگار تھے فطرت پرست نہیں تھے۔ ثمینہ بیگم حیدرآبادی ڈھولک کے گیت کے فن اور گیتوں کا تجزیہ وتنقید پیش کی ہے گیت ڈھونلک کے لوک ادب میں نمایاں مقام رکھتے ہیں۔ نفیسہ خان نے حدیث وقرآن میں چیز کو ڈھونڈو۔ زندگی کا ترجمہ حدیث وقرآن کو بناؤ اے بنت حرم جاگ زرا محمد ابراہیم خلیل سبیلی نے لکھا۔ منشی پریم کا افسانہ ریاست کا دیوان۔ خوشبو ایک چندن کی سلیم اقبال رحمٰن جامی۔ سردار سلیم۔ صابر کاغذنگری۔ ڈاکٹر ضامن علی حسرت۔ اختر کاظمی۔ قاضی اسد ثنائی نظم جشن جمہوریت قاری ولی محمد زاہد ہریانوی وغیرہ۔ ۸۴ صفحات کا یہ شمارہ اپنے اندر ہمہ جہت صفات خوبیاں لئے ہوئے ہے ذیلی عنوانات موضوعات مضامین۔ معاشرت۔ افسانے۔ حصہ نظم شامل ہے۔ یہ شمارہ آرٹ پیپر پر شائع ہوا ہے۔

☆

ماہنامہ قومی زبان حیدرآباد فروری۔مارچ۔اپریل ۲۰۲۰ء

سرورق پر مضامین کی نوعیت و معنویت کے لحاظ سے جگن ناتھ آزاد۔مخدوم محی الدین۔آل احمد سرور کی تصویر شائع ہوئی ہے۔تلنگانہ اسٹیٹ اردو اکیڈیمی کا علمی۔ادبی لسانی فنی وسائنسی جریدہ ہے اس کا جلد نمبر ۵ رشمارہ ۲ ر ہے۔زیر نگرانی محمد رحیم الدین انصاری صدر نشین تلنگانہ اسٹیٹ اردو اکیڈیمی مدیر ڈاکٹر محمد غوث ڈائرکٹر سکریٹری تلنگانہ اسٹیٹ اردو اکیڈیمی ترتیب وتزئین محمد ارشد مبین زبیری کمپیوزنگ وڈیزائننگ محمد منہاج الدین کی ہے مدیر ہم کلامی عنوان سے لکھتے ہیں: تلنگانہ اسٹیٹ اردو اکیڈے ی نے اپنے ادبی سفر کے ساتھ اردو ذریعہ تعلیم کے فروغ کے لئے اپنی کوششوں کا آغاز کر دیا ہے اس خصوص میں پہلے مرحلے کے طور پر اردو انڈر گریجویٹ کے ساتھ ساتھ ڈگری کے طلباء کے لئے جنگی خطوط پر سماجی علوم کی نصابی کتابوں جن میں سیاسیات۔تاریخ۔ومعاشیات کی کتابیں شامل ہیں کی تیاری کا کام شروع کر دیا گیا ہے اس سلسلے میں ماہرین سے مشاورت کے ساتھ نصابی کتابوں کے ماڈل بھی تیار کئے جارہے ہیں ہماری کوشش ہے کہ نئے تعلیمی سال تک یہ کتابیں شامل نصاب ہو کر طلباء کے ہاتھوں میں آئیں۔اس سے آگے ہمارا ادارہ سائنس وٹکنالوجی کی نصابی کتابوں کی تدوین کا بھی اس جانب بھی یونیورسٹی وکالجس کے سربراہوں تعلیم وتعلم کے ذمہ داروں۔ماہرین نصاب واساتذہ صاحبان سے مشاورت جاری ہے مدیر اور صدر نشین اردو کے تعلق سے پر عزم ہیں اور اردو کام وکاز کے لئے ہمیشہ حرکت میں رہتے ہیں۔ان کا اردو کے فروغ وترقی کا خواب پورا ہوگا۔آمین۔

امیر مینائی کی غزل جو روایتی جذبے سے بھر پور ہے جس میں عصری معنویت بھی ہے۔

تیر پر تیر لگاؤ نہیں ڈر کس کا ہے
سینہ کس کا ہے میری جان جگر کس کا ہے

پروفیسر مجید بیدار کا مضمون نئے تخلیقی عمل میں روایت اوراس کی نوعیت میں کہتے ہیں اردو کا تخلیقی ادب اگر چہ داستان ناول۔افسانہ۔ڈرامہ۔اور ناولٹ پر مشتمل ہے لیکن صرف ناول میں سمونے والی تخلیقی حسیت پر غور کیا جائے اور تخلیقی عمل کے اعتبار سے رادو کے ناولوں کا جائزہ لیا جائے تو پتہ چلتا ہے

کہ ناول کے تخلیق کاروں سے نئے تخلیقی عمل کو جس طرح فنی کاریگری کے ساتھ منظر عام پر لایا ہے اور اس میں مختلف نوعیّتوں کو شامل کر کے نئے تجربات سے وابستہ کیا ہے اس سے تو اردو کی ناول نگاری میں روایت اور تخلیقی اعتبار سے پوری طرح جدت طرازی کا عنصر کارفرما ہے غرض تخلیق کار کا ذہن بلاشبہ ایجادی اور اختراعی قصوں کو پیش کرنے اور ان کے ذریعہ قاری کو متاثر کرنے کی صلاحیت سے مالا مال ہوتا جارہا ہے۔ جس سے نئے تخلیقی عمل میں روایت کی پیشکشی اور اس کی بدلتی ہوئی نوعیّتوں کا اظہار بھی ہوتا ہے۔اور یہ عمل اردو کے تخلیقی ادب کو زندہ رکھنے کے لئے کافی ہے۔تخلیقی عمل تجربہ سے آگے بڑھتی ہے۔ڈاکٹر محمد ناظم علی نے آل احمد سرور بہ حیثیت شاعر میں ان کی شاعری کی خصوصیات وخوبیوں فکر وفن کا احاطہ کیا ہے۔

اجالوں کا سفر جاری رہے گا کرنوں سے ستارے ماند ہوتے ہیں تو سورج بھی تو اگتے ہیں۔آل احمد سرور کی شاعری سادگی کی حامل ہے وہ خیالات کو روانی کے ساتھ پیش کرتے جاتے ہیں۔وہ اچھی شاعری کو نثر سے تعبیر کرتے ہیں یعنی وہ خیالات کی روانی اور تسلسل کے حامی ہیں۔ڈاکٹر ابرارالباقی نے مخدوم کی نظم انقلاب ایک مطالعہ میں لکھتے ہیں بہتر مستقبل کی امید اس نظم کا بنیادی خیال ہے یہ انسان کی فطرت ہوتی ہے کہ وہ اپنے حال سے مطمئن نہیں رہتا اور ہمیشہ بہتر مستقبل کی امید رکھتا ہے۔

مشتاق فاروق نے سودا کے دو اہم محققین شیخ چاند اور ڈاکٹر خلیق انجم کے مود اپر تحقیقی کارناموں کو اجاگر کیا گیا ہے اور دونوں کی مواد پر تحقیقی انداز وطریقہ کار اور کلام کی تدوین غیر مطبوعہ کلام پر روشنی ڈالی ہے۔سارہ بتول نے پروفیسر جگن ناتھ آزاد کی خودنوشیت میرے گذشتہ روز وشب کا تجرباتی مطالعہ میں کی ہیں من جملہ یہی کہا جاسکتا ہے کہ اس خودنوشت میں پروفیسر جگن ناتھ اازاد نے اپنی داستان حیات۔ روداد۔ واقعات حیات اپنی شب وروز کی کہانی، ذاتی مسائل داخلی ودلی کیفیات حالات۔تجربات۔ ومشاہدات مشاغل زندگی کے علاوہ اپنے آس پاس کے ماحول کو بھی بیان کرتے ہوئے کافی احتیاط برتا ہے۔انھوں نے جب علمی زندگی میں قدم رکھا لاہور کی پرسکون زندگی اور علمی ادبی وشاعری کی دنیا ے اور ادب نواز لوگوں کے ساتھ تعلقات بڑھ گئے تھے۔غرض آذر کی زندگی فکروفن اور اقبال پر ان کا کام قابل ذکر ہے۔محمد نسیم نے اخلاقی اقدار کے بحران کا عکاس افسانوی مجموعہ شکستہ بتوں کے درمیان کے حوالے سے میں سلام بن رزاق کے افسانوں شکستہ بتوں کے درمیان۔ دوسرا قتل۔ ہدف۔ بنارسی ساڑی کا تجزیہ وفکروفن کو اجاگر کیا ہے۔ڈاکٹر رئیسہ بیگم ناز نے سندی تحقیق اور تخلیق پر تحقیق کے مسائل میں تحقیقی مراحل منزلوں اور مشکلات کے علاوہ تحقیق کس طرح کی جاتی ہے اصول طریقہ بتلائے گئے۔

موضوع کا انتخاب ناہموار تعلقات۔مواد کی فراہمی۔تخلیقی جلدوں کی غیر موجودگی۔تازہ تخلیق۔ مواد کی ترتیب۔محقق کی تحقیقی اصولوں سے عدم واقفیت۔کارڈ سسٹم۔فنی نو درات سے ناآشنا۔عملی تنقید سے ناواقف۔نتائج اخذ کرنا۔جانب داری۔ناراضگی۔گلزار احمد ماگر نے نعت گوئی کے فن اور نعت گو شعراء کے اشعار سے تشریح وتعبیر کی ہے اردو میں بچوں کے رسائل ایک جائزہ ڈاکٹر محمد نثار احمد نے لکھا یہیں ہندوستان سے نکلنے والے بچوں کے رسائل کا تجزیہ پیش کیا۔

سید مکرم نیاز نے اردو ادب اطفال کی ترویج میں کارٹون وکامکس پر روشنی ڈالی ہے۔ڈاکٹر صفیہ بانو اے شیخ بچوں کا ادب اور اخلاقی قدریں میں بچوں کے ادب سے اخلاق سنورنا چاہئے۔اخلاقی تربیت کے لئے ادب تخلیق کریں۔اردو تدریس اور انٹرنیٹ میں اردو کو عصری ٹکنالوجی سے مربوط کرنے کی کاوش کا ذکر ہے۔مخدوم کی غزل پھر چھڑی رات بات پھولوں کی۔رات ہے یا برات پھولوں کی۔انجم شافعی۔دبستان فرنگی کو نہیں یہ چاشنی حاصل فصاحت شوکت لفظی سے آراء زباں میری۔جمیل نظام آبادی۔

تیرا عکس نگاہوں میں چھپا رکھا ہے خانہ دل تیری یادوں سے سجا رکھا ہے

تاج مضطر:

زمانہ ہاتھ میں خنجر لئے کھڑا ہے ندیم میں ایسے وقت سہاروں کی بات کرتا ہوں

کوکب زکی:

فضائے شہر مکدر نہ کر تو اے ناداں
دلوں میں پیار ہے امن وامان رہنے دے

احمد ندیم:

آئینے کو جواب کیا دوں گا اپنی پہچان کھوگئی مجھ سے

عمران راقم:

اس علاقے میں محبت کی فراوانی ہے
کچھ فرشتے بھی ملے ہم کو نئے پاگل میں

اکیڈیمی سرگرمیوں کا احاطہ اکیڈیمی نامہ میں کیا ہے۔

۸۲ صفحات کا یہ شمارہ اپنے اندر ادبی ہمہ جہت صفت خصوصیات لئے ہوئے ہے اکیڈیمی کے اسٹاف کو مبارکباد اتنا اچھا رسالہ نکال رہے ہیں۔☆

ماہنامہ قومی زبان مئی جون جولائی ۲۰۲۰ء

ماہنامہ قومی زبان تلنگانہ ریاستی اردو اکیڈیمی کا علمی۔ادبی۔لسانی۔فنی وسائنسی جریدہ ہے اس کا ISSN2321-46321 ہے۔ قیمت ۱۵ار روپے ہے سرورق پر ڈاکٹر محمد رحیم الدین انصاری صدر نشین تلنگانہ ریاستی اردو اکیڈیمی نے کرونا وائرس سے بچاؤ کے لئے چند تجاویز پیش کی ہیں جن میں قابل ذکر ہجوم سے بچنا۔اپنے جسم کو صاف رکھنا خاص طور پر ہاتھوں کو بار بار دھونا اپنے دافتر اور کاروباری مقامات کو سینٹی ٹائز کرواناو۔ماسک کا استعمال کرنا۔ضعیف افراد کا باہر نکلنے سے پرہیز کرنا۔

اس کا جلد نمبر ۵ رشمارہ ۵۔۶۔۷ رزیر نگرانی ڈاکٹر محمد رحیم الدین انصاری۔صدر نشین تلنگانہ ریاستی اردو اکیڈیمی۔مدیر ڈاکٹر محمد غوث ہیں۔معتمد ناظم۔ہم کلامی میں مدیر نے کہا کہ آخر میں ایسے طلباء ونو جوانوں جو اردو زبان سیکھنا چاہتے ہیں ان کیلئے میرا مشورہ ہے کہ انٹرنیٹ پر مختلف پروگرامس ایسے مل جاتے ہیں جن پر اردو زبان سکھائی جاتی ہے۔ان ذرائع کو استعمال کریں اور اپنی مادری زبان کو آن لائن سیکھیں۔والدین سرپرتوں سے بھی میری پرخلوص گذارش ہے کہ اپنی نئی نسل کو مادری زبان اردو سیکھنے کی طرف راغب کریں۔

ڈاکٹر قطب سرشار نے امعان غالب سے پیام اقبال تک میں غالب اور اقبال کے فکر وفن پر گفتگو کی ہے۔اور تقابل بھی کیا ہے۔ڈاکٹر مسعود جعفری نے تاریخی مضمون راجا ٹوڈرمل دربار اکبری کا انمول رتن میں اس کی حیات کارناموں کو اجاگر کیا ہے ڈاکٹر فہیم الدین احمد دکن میں احادیث کے اردو ترجمے کی اولین کاوشیں اور پہلا ترجمہ نشاط العق کو قرار دیا کہ ڈاکٹر جنید ذاکر نے مسلمانوں کی مذہبی کتابوں میں قرآن کے بعد احادیث شریفہ کا بڑا ونقا مقام ہے۔اسلام کے بنیادی ماخذات میں قرآن مجید کے بعد اس کو اولیت حاصل ہے۔ڈاکٹر احتشام الدین خرم نے ریاست تلنگانہ کے تحت اضلاع۔ آبادی۔آبی ڈیم۔تعلیمی اداروں وغیرہ کی تفصیلات دی ہیں۔

ڈاکٹر محمد اکبر نے راشد الخیری کے افسانوں میں تانیثی مسائل پر روشنی ڈالی ہے۔علامہ خیری مصور غم مصور فطرت تھے۔ان کے افسانوں کا تجزیہ فکر وفن پر بات کی ہے۔سات روحوں کے اعمال نامے۔قطرات۔اشک۔طوفان اشک۔جوہر عصمت۔سیلاب اشک۔سنجوگ۔سوکن کا جلاپا۔حور اور

انسان۔ خدائی راج۔ نانی عشو۔ بیلہ میں میلہ۔ شہید مغرب ۔ ولایتی شخص۔ مسلی ہوئی پتیاں۔ تمغہ شیطانی۔ وغیرہ ڈاکٹر آمنہ آفرین اسلوبیاتی پر ایک نظر میں اسلوب کے فن خصوصیات، خوبیوں پر روشنی ڈالی ہے وہ کہتی ہیں اسلوبیات جدید لسانیات کی ایک شاخ ہے۔ اسلوبیاتی تنقید میں ادبی تنقید کا تجزیہ یا ادب میں زبان کا مطالعہ پیش کیا جاتا ہے۔ یہی چیز ایک فن کار کو دوسرے فن کار سے ممتاز بنانے میں اہم کردار ادا کرتی ہے ہر ادیب یا شاعر کے بیان یا ہر فن پارے میں زبان کے استعمال کی خصوصیات ملتی ہیں۔ جنھیں اسلوبیاتی خصوصیات کا نام دیا جاتا ہے ڈاکٹر عمیر منظر نے ڈاکٹر محمد اسلم پرویز کی خاکہ نگاری کے مجموعے گھنے سائے میں ڈاکٹر اسلم پرویز نے جن لوگوں کو بہت قریب سے دیکھا یا جن کی رفاقت انھیں سیراب ان کا خاطہ نہ صرف دلچسپ اور معلوماتی ہے بلکہ دونوں کے روابط اور حسن ادا کے بہت سے گوشے سامنے آتے ہیں۔ جب کہ اس کتاب میں بعض لوگوں پر لکھے گئے ان کے مضامین میں وہ رنگ نہیں ابھر سکا ہے جسے خاکے سے تعبیر کیا جائے۔ اور اس لئے انھوں نے اس کتاب کے نام ذیلی سرخی کچھ خاکے کچھ شخصی مضامین کی لگائی ہے اس شخصی مضامین میں ابوالکلام آزاد۔ آنند نرائن ملا۔ خواجہ غلام السیدین وغیرہ کے نام لئے جاسکتے ہیں۔ جگن ناتھ آزاد نامور سنگی پر خاکے مل جاتے ہیں۔ ظ۔ انصاری۔ رشید حسن خاں۔ خلیق انجم۔ خواجہ احمد فاروقی۔ بسمل سعیدی۔ نثار احمد فاروقی۔ چچی۔ خاکے اپنے عہد اور سماج سے مرگئی۔ مکالمے کے بغیر یہ ادھورا ہی تصور کیا جائے گا۔ اسلم پرویز کے خاکے ہماری ادبی۔ تہذیبی۔ اور سماجی زندگی کے سرگرم آئینہ دار ہیں۔ ان کے خاکوں کی فکری اور فنی جہت اس قدر بلند ہے کہ وہ ہمیں بار بار پڑھنے کے لئے اکساتے ہیں۔

ڈاکٹر شیخ عمران اردو صحافت پر ایک نظر میں صحافت کی تعریف قسمیں فن پر بحث کی ہے۔ اس کی تاریخ بیانی کی وجہ وہ کہتے ہیں صحافت ایک جادو ہے جس کے بول میں خیر وشر کی بجلیاں روپوش ہیں ایک معمولی خبر ایک افواہ یا ایک غلط بیانی کے دوررس نتائج مرتب ہوتے ہیں جن پر قابو پانا مشکل ہوجاتا ہے۔ کسی شخص کو بام عروج پر پہنچانا ہو ذلت میں ڈھکیلنا ہو کسی تحریک کو قبولیت کی سند عطا کرنا ہو یا اس سے متنفر کرنا ہو حکومت کی پالسی کو کامیاب بنانا یا ناکام کرنا ہو یا مختلف اقوام میں جذبات نفرت یا دوستی پیدا کرتا ہو تو یہ صحافت کا ادنی کرشمہ ہے۔ اس کی طاقت کو اکبرالہ آبادی محسوس کیا کرتے ہیں۔

کھینچو نہ کماں کو نہ تلوار نکالو
جب توپ مقابل ہو تو اخبار نکالو

Gerage Berveard she- All Grea literature is Jourhassiv

Mathve Arhad Jowhairgn is a vitertiv a atterny

ٹیلی ویژن۔ وی سی آر۔ انٹرنیٹ۔ اردو صحافت کا فن

ڈاکٹر نکولن کے۔ وی کیرالا نے مضامین منٹو کی لسانی وفکری توانائیاں میں لکھتے ہیں کہ منٹو ہر ایک بات میں ایک علاحدہ حقیقت پسندانہ نطقہ نظر رکھتے ہیں۔ حالانکہ بہت سارے اردو نقادوں نے انہیں غیر حقیقت پسندانہ ادیب ثابت کرنے کی کوشش کی وہ گہری نظر سے دیکھا جائے تو منٹو کی ہر غیر حقیقت پسندانہ بات میں حقیقت پسندانہ عناصر دیکھنے کو ملتے ہیں۔ منٹو کے فن کی تہہ تک پہنچنے کے لئے ہمیں ان کے حالات زندگی سے بڑھ کر ان کے ماحول اور پس منظر کا گہرا ادراک ہونا چاہیے۔ منٹو کے مضامین کے مطالعے سے جو میرا موضوع گفتگو ہے منٹو شناسائی کے لئے کافی مواد فراہم کئے جاسکتے ہیں۔ محمد وصی الدین نے عہد آصفیہ کا عدالتی نظام دارالقضاء۔ عدالت دیوانی۔ فوجداری۔ عدالت عروب۔ عدالت بیرون۔ بلدیہ چھو کے مقدمات کی عدالت۔ جاگیرات صرفخاص اور سمستان کی عدالتیں۔

راہبہ الفار۔ دیوداس ایک تنقیدی مطالعہ میں شرت چندرا کا ناول دیوداس کا تجزیہ پیش کیا گیا ہے یہ ناول ۱۹۱۷ء میں منظر عام پر آیا۔ اس کا ترجمہ نہ صرف ہندوستانی زبانوں بلکہ غیر ہندوستانی زبانوں میں بھی ہوا۔ ۱۶/ابواب پر مشتمل یہ ناول ایک عشق کی داستان ہے۔ جس کا اختتام المناک ہے۔ اس ناول میں تین کردار دیوداس پاروتی۔ چندر مکھی۔ دیوداس مرکزی کردار جس کے حرکات وسکنات آخر الذکر دونوں کرداروں کی زندگی کو متاثر کرتے ہیں۔ اس ناول میں شرت چندر نے جاگیردانہ نظام۔ ذات پات۔ بے میل شادی اور طوائف کے مسائل کو موضوع بنایا ہے۔ مفتی امانت علی قاسمی۔ کرونا وائرس اور اسلامی ہدایت، انسانیت آواز دے رہی ہے۔ مفتی تنظیم عالم قاسمی۔ ڈاکٹر صفیہ بانوا ے شیخ تھم گئے قدم۔ برداشت نظیر احمد گنائی۔ تنگ آمد بہ جنگ آمد۔ فاضلہ سلطانہ،

۸۲صفحات کا یہ شمارہ اپنے میں ادبی۔ علمی۔ فنی خوبیاں لئے ہوئے ہے۔ اس میں تنقید۔ تحقیق۔ تخلیق۔ پر مضامین ہونا چاہیے۔ بہرحال قومی زبان کا کردار نا قابل فراموش ہے۔ کئی برسوں سے زبان وادب کی خدمت میں مشغول منہمک ہے۔ صدر نشین وسکریٹری کی انتھک کاوشوں سے قومی زبان کے سٹ گپ اپ میں ایک انقلاب آ گیا ہے تمام اسٹاف کو صمیم دل سے مبارک باد۔ ☆

ماہنامہ قومی زبان اگست۔ستمبر ۲۰۲۰ء

تلنگانہ ریاستی اردو اکیڈیمی کا علمی ادبی لسانی فنی وسائنسی جریدہ۔اگست ستمبر ۲۰۲۰ء خصوصی شمارہ بیادمجتبیٰ حسین مرحوم۔

ماضی میں شہر حیدر آباد فرخندہ بنیاد سے کئی ایک ادبی۔علمی۔طبی۔قانونی۔ذراعتی۔تدریسی۔اخلاقی۔بچوں۔خواتین کے لئے رسائل کی اجرائی عمل میں آئی تھی۔برصغیر میں حیدر آباد رسالوں کا شہر اہم مرکز تھا۔اس دور کے رسائل نے زبان وادب کے فروغ میں کوئی کسرنہیں چھوڑی۔آزادی کے بعد ادبی رسائل مختلف خصوصیات کی بنیاد پر موقوف وبند ہوگئے۔پھر بھی کچھ رسائل نے اپنا حرکیاتی اور اہم رول ادا کیا جن میں شعر وحکمت۔مبصر۔اقبال ریویو۔سب رس۔شگوفہ اور قومی زبان قابل ذکر ہیں۔قومی زبان کو حکومت کی سرپرستی حاصل ہے اس کا مالیہ اخراجات اقلیتی مالیتی کارپوریشن سے حاصل ہوتا ہے۔ادارہ ریاستی اردو اکیڈیمی شائع کرتی ہے ناشر طابع پبلشر ہے یہ رسالہ ۱۹۶۳ء میں جناب چندر سرایواستو کی ادارت میں انجمن تحفظ اور آندھراپردیش کی جانب سے شائع کیا جاتا تھا۔بعد میں اردو اکیڈیمی کی جانب سے خبرنامہ کے طور پر شائع ہوتا رہا۔ایسا ۱۹۷۹ء تا ۱۹۸۱ء چلتا رہا۔اس کے بعد اس کو باقاعدہ ادبی جریدے کے طور پر جون ۱۹۸۱ء سے شائع کیا جانے لگا۔جو آج اپنی اشاعتوں سے زبان وادب کی ترویج ارتقاء فروغ وترقی میں اہم کردار ادا کر رہا ہے اس کے خصوصی وخاص گوشوں میں قابل ذکر۔

زینت ساجدہ نمبر جولائی ۱۹۸۱ء

عصمت چغتائی نمبر اگست ۱۹۸۱ء

صابر زیرکی رمنوہر لال بہار نمبر۔مئی جون ۱۹۸۲ء

وٹھل راؤ نمبر۔اکتوبر ۱۹۸۲ء

گوشہ اوج یعقوبی ۱۹۸۰ء

اندرا گاندھی نمبر ۱۹۸۶ء

وقارالدین نمبر ۱۹۸۶ء

قومی یک جہتی نمبر ۱۹۹۱ء

گوشہ عوض سعید

گوشہ سیدہ جعفر

گوشہ علی قلی خاں

گوشہ محبوب سین جگر

گوشہ غالب ڈسمبر ۲۰۰۳ء

سال نامہ اکتوبر ۲۰۰۴ء

سال نامہ اکتوبر ۲۰۰۵ء

سال نامہ

گوشہ غالب ڈسمبر ۲۰۰۶ء

گوشہ غالب ۔ڈسمبر جنوری ۲۰۰۸ء ۔ ۲۰۰۹ء

گوشہ غالب ۔ڈسمبر جنوری ۲۰۰۷ء ۔ ۲۰۰۸

مولانا آزاد نمبر ۔نومبر ۲۰۰۸ء

گوشہ غالب ۔اپریل مئی ۔ ۲۰۰۹ء

گوشہ اقبال ۔جون جولائی ۲۰۰۹ء

اکبرالہ آبادی نمبر جنوری ۲۰۱۰ء

بابائے اردو مولوی عبدالحق نمبر ۔اپریل مئی ۲۰۱۰ء

امجد حیدرآبادی کے نام ۔ستمبر ۲۰۱۰ء

ڈاکٹر عبدالحق نمبر ڈسمبر ۲۰۱۰ء

جاسوسی ادب کے بے تاج بادشاہ ابن صفی ۔اگست ستمبر ۲۰۱۱ء

مولوی نصیرالدین ہاشمی مارچ 2012ء

عزیز قیسی نمبر ۲۰۱۲ء نومبر

اقبال متین نمبر ۲۰۱۲ء ماہ اکتوبر وغیرہ

اقبال نمبر اور دوسرے ادیبوں وشاعروں کی زندگی فکروفن مزید کئی نمبر و گوشے نکالے گئے۔ ان نمبرات و گوشوں سے ان کے زندگی کے حالات فکروفن سے آگہی حاصل ہوتی ہے۔

میرے زیر مطالعہ وتبصرہ مجتبیٰ حسین مرحوم کا خصوصی نمبر ہے اس کا جلد ۵/شمارہ ۹۔ ۸/اگست ستمبر ۲۰۲۰ء زیرنگرانی ڈاکٹر محمد رحیم الدین انصاری صدرنشین تلنگانہ ریاستی اردو اکیڈیمی مدیر ڈاکٹر محمد غوث ڈائرکٹر/سکریٹری تلنگانہ ریاستی اردو اکیڈیمی میں شائع ہوا ہے۔ ناشر وطابع تلنگانہ اردو اکیڈیمی۔ ترتیب وتزئین محمد ارشد مبین زبیری۔ کمپیوزنگ وڈیزائننگ محمد منہاج الدین کی ہے۔ ماہانہ قیمت ۵/روپے اور سالانہ ۱۵۰/روپے ہے۔

مدیر نے اداریہ میں ہم کلامی۔ آہ درد کو ہنسی میں بدلنے والا ہم سے رخصت ہوا۔ میں ان کی زندگی کے حالات فکروفن بیان کرتے ہوئے لکھتے ہیں طنز ومزاح کے جتنے بھی گر ہیں مجتبیٰ حسین ان سب سے واقف تھے۔ پیدائشی مزاح نگار تھے۔ انھوں نے انسانی زندگی میں پیش آنے والے خوشی وغم کے حالات کو اپنے مضامین وکالموں میں اس خوش اسلوبی اور خوش مزاجی سے بیان کئے ہیں کہ حالات سے متاثر انسان اپنا غم بھول جاتا ہے۔ اپنی بات میں جناب مجتبیٰ حسین مرحوم کی رحلت پر اظہار تعزیت میں لکھتے ہیں۔ مجتبیٰ حسین کی کوئی ۲۴ سے زیادہ تصانیف ہیں جن میں تکلف برطرف۔ قطع کلام۔ قصہ مختصر۔ الغرض۔ بہرحال۔ آخر کار۔ بالآخر۔ (مزاحیہ مضامین کے مجموعہ آدمی نامہ۔ خاکے۔ سو ہے وہ بھی آدمی۔ چہرہ در چہرہ۔ ہم دوست جس کے خاکے۔ جاپان چلو جاپان چلو۔ سفرنامہ۔ سفر لخت لخت۔ سفرنامہ۔ میرا کالم (کالموں کا) انتخاب) مشہور ہیں۔ ان سب مضامین خاکوں اور سفرناموں میں مجتبیٰ حسین نے وقت اور حالات کی نامساعدگیوں الجھے مسائل۔ اپنے اپنے وقت کے سیاسی وسماجی حالات میں درپیش مسائل کو مزاح اور طنز کے انداز میں پیش کر کے اپنا دلچسپ بنایا ہے کہ انھیں پڑھنے اور سننے والا اپنے اندر بے زاری محسوس نہیں کرتا کہ وہ جس محفل میں بھی جاتے اپنے انداز مزاح کو برقرار رکھتے واقعات وحالات کو ایسے پیش کرتے، محفل زعفران زار ہو جاتی۔

پروفیسر مظفر شہ میری وائس چانسلر ڈاکٹر عبدالحق یونیورسٹی کونول نے پیغام کے تحت انکے فکروفن پر یوں رقم طراز ہیں۔ پروفیسر مجتبیٰ حسین نے اردو طنز ومزاح کو جس طرح مالا مال کیا ہے اس کی دوسری مثال مشکل سے ملے گی ان کی تحریریں ہمہ جہت مطالعہ کی متقاضی ہیں۔ جہاں ان کی نثر میں فطری روانی اور بے جا شگفتگی پائی جاتی ہے۔ وہیں ان کا تخلیقی رنگ اہل فن کو اپنی جانب کھینچتا ہے۔ اور بجا طور پر اپنی

اہمیت کا احساس دلاتا ہے۔ پروفیسر گوپی چند نارنگ نے مجتبیٰ حسین فن کے چند پہلو جاپان چلو جاپان چلو کی رسم اجراء کی تقریب میں تقریر کی تھی۔ مضمون کی شکل میں شائع ہوا ہے۔ راقم تبصرہ وتجزیہ نہ کرتے ہوئے اس شمارے کے مشمولات کو جوں کا توں تحریر کردیتا ہوں تاکہ اردو قائرین اسکالرز کو اندازہ ہوجائے کہ مجتبیٰ حسین کی زندگی فکروفن پر کیسی کیسی قدآور ادبی شخصیتوں نے مضامین تبصرے، تجزیئے پیش کئے ہیں اسکالر اس کو خرید کر پڑھیں اور مجتبیٰ فہمی، مجتبیٰ شناسی میں شعور آگہی حاصل کریں۔ کیفیت وکمیت کے لحاظ وقیع شمارہ ہے اس میں مجتبیٰ حسین کی تحریریں خاکے۔ سفرنامے۔ انشائیے وغیرہ پر مضامین، تنقیدی تاثرات، رجحانات مل جاتے ہیں۔ تبصرہ کی طوالت کی وجہ سے تبصرے گریز کیا جارہا ہے۔ مجتبیٰ حسین اور طنز ومزاح نگاری، شمس الرحمٰن فاروقی، آدمی نامہ۔ ایک جائزہ۔ پروفیسر شمیم حنفی۔ مجتبیٰ حسین بہ حیثیت مزاحنگار۔ سوزوکی تاکیشی جاپان۔ ایسا کہاں سے لاؤں۔ پروفیسر بیگ احساس۔ مجتبیٰ حسین تلاش کرمری محفل مرامزارنہ پوچھ۔ علامہ اعجاز فرخ۔ انڈرا کلیس حسین۔ نریندر لوتھر۔

مجتبیٰ حسین اور حیدرآباد۔ حیدرآباد اور مجتبیٰ حسین پروفیسر فاطمہ پروین۔ ہنسانے والا رلا کر چلا گیا۔ محمد تقی ناندیڑ۔ دکن کا ممتاز مزاح نگار مجتبیٰ حسین ڈاکٹر سید عباس متقی۔ ابھی اس راہ سے کوئی گیا ہے۔ سید امتیاز الدین۔ مجتبیٰ حسین مشتبہ آدمی۔ پروفیسر نثار احمد فاروقی، مجتبیٰ حسین کی خاکہ نگاری۔ ڈاکٹر اشرف رفیع۔ مجتبیٰ حسین کا فن چند باتیں۔ مصحف اقبال توصیفی۔ ایک روشن دماغ تھا نہ رہا۔ ڈاکٹر گل رعنا۔ اردو مزاح کا ایک معتبر نام مجتبیٰ حسین۔ ڈاکٹر حمیرہ سعید۔ فن خاکہ اور مجتبیٰ حسین۔ صفدر امام قادری۔ مجتبیٰ حسین کے مداحیوں میں معنوی آہنگ۔ ڈاکٹر قمر رئیس۔ اردو ادب کا پیرہن مجتبیٰ حسین۔ ڈاکٹر شہریار۔ برسات میں دھوپ۔ علی باقر۔ کچھ مجتبیٰ حسین کے بارے میں۔ اختر حسن۔ مجتبیٰ حسین کیلئے دو کالم۔ انتظار حسین۔ مجتبیٰ حسین کا شناس نامہ حیدرآباد۔ پروفیسر وحید اختر۔ مجتبیٰ حسین۔ کنور مہندر سنگھ بیدی۔ مجتبیٰ حسین ایک منفرد اور علمی ساز انشائیہ نگار۔ منظر کمال۔

آخر میں مجتبیٰ حسین کی ۵ تحریروں کو شامل کیا گیا ہے جن میں اپنی یاد میں غزل سپلائنگ اینڈ مینو فیکچرنگ کمپنی۔ مشاعرے اور مجرے کا فرق۔ خشونت سنگھ کی یادیں۔ سوئز بنک میں کھاتا ہمارا۔ توقیت مجتبیٰ حسین میں مرتبہ سید امتیاز الدین نے ان کی مکمل زندگی اور کارنامے کو تفصیل سے پیش کیا ہے۔ ۶۲/ صفحات کا یہ خصوصی شمارہ مجتبیٰ حسین کی مکمل زندگی اور فکروفن کا بھرپور احاطہ کرتا ہے۔ ان پر لکھنے والی شخصیتوں میں اردو کے سرکردہ سربرآوردہ نقد نگار، تحقیق۔ تخلیق کار اور دانش ور شامل ہیں اور طلباء وتحقیق کے لئے ایک نعمت سے کم نہیں۔ ☆

ماہنامہ قومی زبان اکتوبر ۲۰۲۰ء

ماہنامہ قومی زبان تلنگانہ ریاستی اردو اکیڈیمی کا علمی ادبی۔لسانی۔فنی۔وسائنسی جریدہ ہے۔لگ بھگ ۱۹۶۳ء سے نکل رہا ہے اس کے سرورق پر سرسید، میرانیس اور راحت اندوری کی تصاویر شائع ہوئی ہیں۔زیر نگرانی ڈاکٹر محمد رحیم الدین انصاری صدر نشین تلنگانہ ریاستی اردو اکیڈیمی مدیر ڈاکٹر محمد غوث ڈائرکٹر سکریٹری تلنگانہ ریاستی اردو اکیڈیمی ترتیب وتزئین محمد ارشد مبین زبیری۔کمپوزنگ وڈیزائننگ محمد منہاج الدین شامل ہیں۔اس کا جلد نمبر ۵ ر شمارہ ۱۰ ار ہے۔محمد غوث ڈائرکٹر سکریٹری نے اردو کی اختراعی اسکیمات واس پر عمل آوری کے لئے روشنی ڈالی ہے صدر نشین نے بھی اردو ادب میں ویبنار کرنے کی روایت پڑ چکی ہے۔آئندہ بھی منعقد کریں گے۔عصر حاضر میں اردو زبان وادب فروغ مسائل وامکانات پر قومی سمینار ویبنار کیا گیا تھا جو کامیاب رہا۔سرسید احمد خاں ۱۷ را اکتوبر ۱۸۱۷ء کو دہلی میں پیدا ہوئے، اکتوبر مناسبت سے معمار تعلیم سرسید احمد خاں کا تعارف کارنامے پیش کئے گئے۔قومی ویبنار ۱۲ر مقالے پڑھے گئے۔پروفیسر سید فضل اللہ مکرم صدر شعبہ اردو یونیورسٹی آف حیدرآباد نے کلیدی خطبہ دیا۔وہ کہتے ہیں زبان کو روزگار سے جوڑنے کی روایت قدیم ہے۔ہمیشہ سے یہ شکوہ رہا ہے کہ اردو سے روزگار کے مواقع کم ہیں یہ مسئلہ پچاس سال پہلے بھی تھا اور آج بھی ہے روزگار کا تعلق صرف زبان بلکہ علم سے بھی نہیں علم روزگار کے لئے حاصل نہیں کیا جاتا روزگار کا تعلق ہنر سے ہے جو شخص اپنے علم کو ہنر میں تبدیل کرنے کی اہمیت رکھتا ہے وہ کبھی بے روزگار نہیں ہوسکتا اردو زبان کے ساتھ انگریزی اور علاقائی زبان پر عبور حاصل کرنا ضروری ہے درس وتدریس کے علاوہ میڈیا بھی اہل زبان کے لئے ایک دلچسپ اور منفعت بخش پیشہ ہے۔

میڈیا فلم اشتہار سازی اور تجارت ہر جگہ اردو کا دخل ہے اردو کے بغیر ان کی ترقی ممکن نہیں ہمیں ان شعبہ جات میں بنیادی معلومات حاصل کرنا چاہئے اور روزگار کے مواقع تلاش کرنا چاہئے یہ بھی ایک ستم مانتے ہیں۔اردو اور دیگر مبانوں میں تعلیم حاصل کرنا اخلاق کو سدھارنا انسان بنانا ہے نہ روزگار۔روزگار ہنر سے ہوسکتا ہے۔

ڈاکٹر محمد ناظم علی سابق پرنسپل نے فروغ اردو کے عملی اقدامات پر عمدہ مدبرانہ احاطہ کیا ہے۔اردو کواولاد کی طرح دیکھ بھال و پرورش کریں تو زبان زندہ رہے گی۔ڈاکٹر اسلم فاروقی نے عصر حاضر میں اردو تدریس کے جدید وسائل۔وہ کہتے ہیں زبان ایک نامیاتی شئے ہے اگر اسے بولا جائے اس میں تعلیم وتدریس ہو تو زبان زندہ رہے گی۔اردو کا ماضی جس قدر شاندار تھا اس کا حال بھی بہتر ہے اور ہم اپنے عمل سے اردو کے مستقبل کو سنوار سکتے ہیں۔

ڈاکٹر محمد ابرار الباقی جامعات میں اردو تحقیق وتدریس کے مسائل اوران کا حل۔مختلف نکات پیش کیئے۔(۱) اردو تحقیق کی طرح طلباء کی دلچسپی۔(۲) داخلوں میں دشواری (۳) ریسرچ کے لئے مناسب موضوع کی تلاش (۴) مواد کی فراہمی (۵) مقالے کی تسوید کے مسائل (۶) اردو ریسرچ اسکالر کی شناخت کا مسئلہ۔(۷) شعبہ میں خود ماہانہ سمینار ہو۔

(۸) فارسی اور دکنی سے عدم واقفیت۔

(۹) ریسرچ کے اخراجات

(۱۰) اردو تحقیق کے دیگر مسائل۔تحقیق کی تدریس

ڈاکٹر سید اسرار الحق سبیلی۔سرسید اور بچوں کا ادب میں لکھتے ہیں سرسید کے مضامین کے مطالعہ سے اندازہ ہوتا ہے کہ انھیں بچوں کی نفسیات، عادات، فطری اور جبلی خواہشات کا بخوبی علم تھا اور وہ اپنے مضامین میں بطور مثال وتمثیل ان فطری خواہشات کا اظہار کر کے ملک وقوم کے بچوں اور بڑوں کی اصلاح وتہذیب نفس کا کام لیتے تھے۔امید کی خوشی میں کتنے دلچسپ تمثیلی انداز میں امید کی خوشی ومسرت کا اظہار کیا ہے۔

ڈاکٹر عسکری صفدر سابق پرنسپل نے شعریات انھیں ایک مطالعہ میں لکھتی ہیں اور مرثیہ حقوق انسانی کی بازیافت ہے کا اعلان نامہ ہے۔ڈاکٹر محمد عظمت اللہ خاں احساس سراج الصوفیہ علامہ پروفیسر سید عطا اللہ حسینی قدسی فکر وفن کے آئینہ میں کہتے ہیں ان کے کلام میں ایک وصف خاص ان کا سہل ممتنع انداز بھی ہے چھوٹی چھوٹی بحروں میں انھوں نے طبع آزمائی کی ہے مگر اشعار میں بلا کی سادگی و پرکاری ہے۔جو کسی طور پر حالی از لطف نہیں۔

ڈاکٹر رشید میاں اختر شیرانی بحیثیت حقیقت پسند شاعر میں کہتے ہیں ان کی زندگی پر خاص طور پر دو چیزوں کا گہرا اثر پڑا ایک تو علم کا اس وجہ سے کہ وہ ایک عالم کے گھر میں پیدا ہوئے تھے۔اوران کے

ماحول پر چاروں طرف علم پرور فضائیں چھائی ہوئی اور دولہ رومان کا اس لئے ٹونک ایسی بستی ہے جہاں کے ذرے ذرے میں ارمان مچلتا ہے۔

ڈاکٹر عبدالرحمٰن فضیل نے نظریہ تصوف ، شاعری اور سماجی اہمیت میں لکھتے ہیں تصوف کے تاریخی مطالعے سے یہ بات بالکل واضح ہے ہ اس کا تعلق اسلام یعنی مسلمانوں سے ہی اسلامی نقطہ نظر سے مذہب کے دو پہلو ہیں ایک ظاہری اور دوسری باطنی ۔ مولانا اشرف علی تھانوی کے خلیفہ کہلائے جانے والے مولانا محمد مسیح اللہ خاں تصوف کے تعلق سے کہتے ہیں کہ اعمال باطنی سے متعلق شریعت کا شعبہ تصور اور سلوک کہلاتا ہے اعمال ظاہری سے متعلق شریعت کا شعبہ فقہ کہلاتا ہے۔

احمد رشید نے صنف افسانہ ایک مکالمہ۔ میں افسانے کے فن اور اجزاء اور موقف پر تفصیلی روشنی ڈالی ہے۔

باقی مشمولات میں ڈاکٹر ایس آر سجانی جنھوں نے ایشیائی ممالک میں ہمعصر عالمی مسائل۔ ڈاکٹر شیخ عبدالغنی اردو میں سنسکرت الفاظ کا استعمال ریاض احمد نے اردو اور اس کی اہم بولیاں۔ کہکشاں جبیں عاتق شاہ کی افسانہ نگاری۔ محمد آصف علی اور پرتگالی۔ یونانی اور لاطینی زبانوں کے اثرات۔ طہ آفندی حیدرآباد انتقام۔ افسانہ محسن خاں عصر حاضر میں اردو زبان وادب کا فروغ مسائل تلنگانہ ریاستی اردو اکیڈیمی کے زیر اہتمام پہلا قومی بینار ۸۲ صفحات کا مصور رسالہ اپنے اندر بہت کچھ لئے ہوئے ہے۔ نئی نسل خاص اردو اسکالر طلبہ اس سے استفادہ کریں تو معلومات حاصل ہو سکتے ہیں۔

☆